首届全国科技金融征文文集
（2013）

The first national essay collection on
science and technology finance

中国科技金融促进会 编

经济管理出版社
ECONOMY & MANAGEMENT PUBLISHING HOUSE

图书在版编目（CIP）数据

首届全国科技金融征文文集（2013）/中国科技金融促进会编. —北京：经济管理出版社，2014.8

ISBN 978-7-5096-3308-3

Ⅰ.①首⋯　Ⅱ.①中⋯　Ⅲ.①科学技术—科技金融—首届　Ⅳ.①G322

中国版本图书馆 CIP 数据核字（2014）第 192727 号

组稿编辑：陈　力
责任编辑：勇　生　王　琰
责任印制：黄章平

出版发行：经济管理出版社
　　　　　（北京市海淀区北蜂窝 8 号中雅大厦 A 座 11 层　100038）
网　　址：www. E-mp. com. cn
电　　话：（010）51915602
印　　刷：三河市延风印装厂
经　　销：新华书店
开　　本：720mm×1000mm/16
印　　张：37.75
字　　数：643 千字
版　　次：2014 年 11 月第 1 版　2014 年 11 月第 1 次印刷
书　　号：ISBN 978-7-5096-3308-3
定　　价：98.00 元

　　本书出版得到国家社科基金重大项目"创新型国家背景下的科技创新与金融创新结合问题研究"（批准号：11&ZD139）资助。

科技投融资丛书编委会

主　任：王　元

编　委（排名不分先后）：

科技投融资丛书编写说明

1985 年，《中共中央关于科学技术体制改革的决定》提出："广开经费来源，鼓励部门、企业和社会集团向科学技术投资。"经过近 30 年的发展，中国的科技投资为全社会知识与技能储备的快速增加，为高新技术产业竞争能力的大幅提升做出了巨大贡献，从而为我国在 21 世纪迎头赶上世界新科技、新经济发展浪潮奠定了坚实基础。

2006 年，中共中央、国务院召开全国科技大会部署实施《国家中长期科学和技术发展规划纲要（2006~2020 年）》，胡锦涛同志在题为"坚持走中国特色自主创新道路 为建设创新型国家而努力奋斗"的讲话中，阐述了强化科技投融资建设的重大意义："世界各国尤其是发达国家纷纷把推动科技进步和创新作为国家战略，大幅度提高科技投入，加快科技事业发展，重视基础研究，重点发展战略高技术及其产业，加快科技成果向现实生产力转化，以利于为经济社会发展提供持久动力，在国际经济、科技竞争中争取主动权"；我国则"要把对科技事业发展特别是提高自主创新能力的投入作为战略性投资……形成多元化、多渠道、高效率的科技投入体系，提高科技资源共享利用的效益，为提高自主创新能力提供坚实保障"。

回顾我国改革开放的实践历程就会发现，科技进步不断对我国投融资体制和机制建设提出新的需求，财政、税收、金融、国有资产管理等制度则为促进科技发展进行了持续的制度创新。科技部门和金融部门通过共同提出决策建议、落实中央政策和联合制定部门文件等方式，推动了我国科技投资实践的跨越发展。20 世纪 80 年代，财政科技经费分配办法实施改革，创业投资的概念和经验引入中国，经由星火计划、火炬计划建立国有银行服务科技型中小企业的"科技贷款"机制；90 年代，制定高新技术企业所得税政策，通过捆绑科技类中小企业方式尝试推出"高新技术产业开发区企业债券"，建立了科技成果等国有科技资产流转处置、投资入股的激励和奖励机制，提出设立中国创业板（及其前身——证券市场"高新技术企业板块"）的意见。

21 世纪，科技部和金融部门向国务院建议并成功在中关村科技园区试点未上市高新技术企业进入证券公司代办系统进行股份转让。为鼓励创业投资发展，《公司法》、《证券法》和《合伙企业法》等陆续修订，国家创业投资引导基金设立。

高新技术企业税收政策优化调整后载入《企业所得税法》，企业研究开发费用加计扣除政策得以实施，银行、担保、证券、租赁、保险等支持科技创新的新机构、新机制和新工具不断涌现，各类科技金融服务平台纷纷建立。上述科技投融资机制建设的每一次前进，都使科技成果向现实生产力的转化过程变得更好、更快，同时也极大丰富了我国全社会投融资体系的层次与内容，大批投资机构和金融机构通过服务实体经济内生增长而切实获益。

中国科学技术发展战略研究院科技投资研究所前身是中国科学技术发展促进研究中心创业投资研究所，专职于科技投融资机制与政策研究，具体包括科技与金融结合、财政科技投入预算与绩效、科技创新税收政策、国有科技资产管理制度、全国创业投资行业调查分析以及国家重大科技项目的投融资机制等。自成立以来的十多年中，研究所的同仁们有幸亲眼见证了科技投融资的建设进程，参与了许多相关支撑性研究工作，深深体会到这一研究领域的重要和魅力，也深刻认识到目前研究总体上还处在片段化、应对性的浅表阶段，其深入化、系统化、规范化和科学化的任务艰巨而紧迫。为此，不断提升自身的研究质量责无旁贷，促使更多社会力量关注和加入科技投融资研究领域同样义不容辞。编写本套丛书的基本设想是：科技投资研究所的研究者们集结自己的研究成果，并不断梳理和摸索；所抛出的"引子"和"靶子"，供感兴趣的研究者们批判和创新。本套丛书要力争成为一个支持新力量、新创作的有效工具。科技投资研究所计划利用承担的国家社科基金重大项目"创新型国家背景下的科技创新与金融创新结合问题研究"等国家级课题资助、支持丛书编写和出版。

在此感谢中国科学技术发展战略研究院的领导和同事们的支持。还要感谢科技部科研条件与财务司、政策司、计划司、火炬中心、监管中心、风险中心等单位的领导和有关同志多年来对科技投融资研究给予的指导。特别感谢丛书编委会中院外专家们的关怀，他们主要在选题等方面给予学术指导，但丛书中的具体观点、事实和数据均由相应著（编）者负责。

我们希望丛书真正成为一个开放性平台，期待与各方在此汇合，开展多方位合作，共同探索立足实践、面向未来的科技投融资理论体系，为走中国特色自主创新道路增添不竭的智力支持。

中国科学技术发展战略研究院科技投资研究所

2013 年 3 月

本书说明

为加强科技和金融结合，推进科技金融理论发展与实践创新，繁荣中国特色自主创新道路理论体系，2013 年 4~12 月，中国科技金融促进会联合国家社科基金重大项目"创新型国家背景下的科技创新与金融创新结合问题研究"课题组、《中国科技金融（内刊)》编辑部，面向全国开展了首届科技金融征文活动。

此次征文活动共收到来自政府机构、高等院校、金融与投资机构单位和个人的 100 余篇高质量文稿，主题涵盖了创业风险投资、科技信贷、多层次资本市场、科技保险、科技金融服务平台、科技金融实践探索与创新、国际科技金融理论新进展、科技金融案例研究等方面。

经过专家匿名评审，本届征文活动评出一、二、三等奖获奖论文 40 余篇，优秀奖若干篇。我们编辑了获奖论文并出版，旨在增进研究观点互动，提高科技金融领域学术水平，推动我国科技和金融的深入结合。希望各位专家、学者与朋友借助这个平台和机会，相互交流思想，汇集智慧，共商我国科技金融事业发展大计，为建设创新型国家贡献力量。

中国科技金融促进会

2014 年 3 月

目　录

综　合

创业风险投资

银行信贷

资本市场

科技保险

科技金融平台

互联网金融

金融科技

地方实践

其　他

附　录

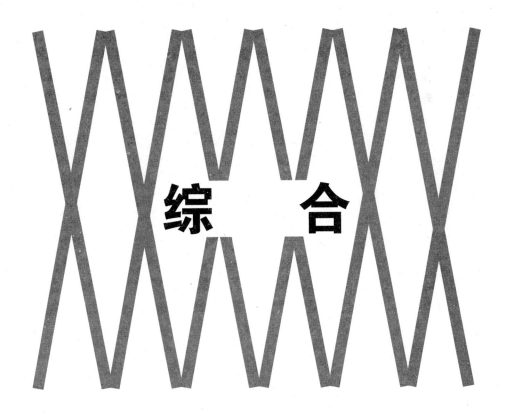

综　合

运用综合金融手段解决中小企业
融资问题

——对杭州"路衢模式"的调研与思考

经济发展史及各国实践表明，中小企业在国民经济整体中的重要性与个体的弱势地位并存，其融资是一个国际性的难题，普遍面临"麦克米伦缺口"①，突出表现为"融资难、融资贵"。我国政府十分重视解决中小企业融资问题，通过搭建科技金融合作平台、开展科技金融结合试点和知识产权融资试点、设立专项财政基金和政策性担保公司、向金融机构和中小企业提供财政补贴等方式，积极构建中小企业融资体系，引导银行等商业性金融机构加大信贷投放力度、创新融资模式，向中小企业提供融资支持，在一定程度上缓解了"融资难、融资贵"的问题，有力地支持了中小企业发展。但是，也存在着政府支持力度有限、商业性金融机构内在动力不足、财政资金使用效益不高等方面的问题，"融资难、融资贵"依然是困扰中小企业发展的重大问题。需要在深入研究中小企业融资问题深层次原因的基础上，进一步创新政府支持方式和融资模式，统筹利用多方面资源，探索建立并逐步完善适合中小企业特点的金融支持体系。

一、 中小企业"融资难、融资贵"的根源

（一）原因分析

从当前中小企业融资的主要方式看，其融资行为涉及中小企业、银行、担保机构、创业投资机构、民间资本和政府（财政）等几个方面。从各方的特点和（商业）行为逻辑考虑，不可否认中小企业"融资难、融资贵"问题具有一定的必然性。

---

① 1931 年，英国麦克米伦爵士在调研了英国金融体系和企业后，提交给英国政府一份《麦克米伦报告》，该报告阐述了中小企业发展过程中存在的资金缺口，即资金供给方不愿意以中小企业提出的条件提供资金。

1. 中小企业自身特点及融资特点导致"融资难、融资贵"

一方面，中小企业往往存在信息不对称、公司治理及组织架构不完善、财务数据不规范等问题，特别是科技型中小企业，往往是轻资产型的，核心资产是知识产权和人力资本，缺乏房地产、土地等不动产，而且经营业务的不稳定导致中小企业资金需求往往呈现出小、急、频的特点。这些内生特征与我国银行业主导的间接金融体系对于企业的要求不相匹配，导致中小企业难以获得足够的债权类金融服务。另一方面，在中小企业成长初期过早使用股权方式融资，则会稀释创业团队股权；同时，由于初期创业团队缺乏议价能力，股权融资在事后看犹如"卖青苗"，成本高昂。

2. 银行向中小企业提供融资服务缺乏内在动力

（1）由于信息不对称的客观存在，银行因缺乏行业判断能力而对中小企业看不懂、拿不准。

（2）金融监管政策及银行风险内控的规定，要求房地产、土地等抵押物，并要求银行对中小企业进行烦琐的贷前、贷中审核和贷后管理，成本高昂。

（3）中小企业融资小、急、频的特点与银行业务运作流程不合拍。主流银行更愿意为规模大、经营稳定、资金需求量大的大企业、国有企业及有土地等不动产抵押的政府性融资平台提供金融服务，并可因此获取丰厚收益。如果没有业务转型压力和业绩压力，主流银行将视中小企业金融业务为"鸡肋"。所有这些，都造成银行向中小企业融资缺乏内生动力和意愿。

3. 在现行担保商业模式下，民营担保公司盈利难、政策性担保公司可持续性差[①]

担保的商业模式是依靠承担风险、为风险背书获取利润，在金融链条上处于劣势。而且，现行金融监管政策对担保放大倍数和担保费率的限制性规定，也使得担保业务近乎无利可图甚至亏损。民营担保公司出于盈利性的考虑，往往会游走在担保行业规定的"灰色地带"，无暇顾及中小企业；尤其是在经济下行阶段，民营担保公司的生存更为艰难。政策性担保公司在财政支持下实现支持中小企业融资的政策意图，可以承受一定的政策性亏损，但是也面临着资本金亏损后、在没有财政资金持续补充的情况下业务经营难以为继的窘境，可持续性差。

4. 创业投资机构面临发现和争夺优质企业资源的挑战

创业投资的基本逻辑是"高风险、高收益"，是愿意为追求高收益而承担中小企业成长的高风险。但是，在目前创业投资机构遍地开花的环境下，对优质企业资源的竞争日趋激烈。能够以某种合适的方式及早发现优质企业、消除信息不对称问

---

① 财政部财政科学研究所课题组. 财政支持中小企业信用担保政策研究 [J]. 经济研究参考，2010 (31).

题并有机会以较低价格投资于优质企业，对创业投资机构而言变得越发重要。

5. 民间资本缺乏投资于中小企业的规范的金融渠道

当前民间资本投资于中小企业，或者通过与创业团队的人脉关系，或者通过高利贷形式，投资渠道过窄且不规范，而且存在一定的法律和契约风险。投资渠道供给不足限制了民间资本的出路，致使大量的民间资本闲置并派生出一系列的诸如炒大蒜、炒绿豆、炒普洱茶等资产炒作问题，既未能发挥民间资本为中小企业发展服务的功能，又催生了资产泡沫和金融风险。

6. 财政支持引导解决中小企业融资问题，面临效率提高困难、杠杆放大效应不高、可持续性差的尴尬

（1）财政直接补贴和奖励等支持方式，要求财政部门借助专业评审机构对中小企业及其申报项目做出评价，无法有效避免相关企业弄虚作假、评审机构设租寻租的情况发生，可能导致稀缺的财政资金误配置，有悖初衷。

（2）中小企业融资问题在一定程度上也是社会问题，存在着社会效益较高而经济效益低下的矛盾，虽然有财政支持引导，相关金融机构在商业模式未理顺的情况下，出于自身利益考虑往往选择消极应对，致使财政资金"四两拨千斤"的作用不能充分发挥。

（3）很多财政支持项目均是采用无偿拨付资金的形式，具有典型的消耗性特征，不能实现循环使用，在经济增速趋缓、财政收入压力增大的当下，其可持续性面临严峻考验。

可见，中小企业"融资难、融资贵"问题的产生，表面上看是由于资金供求各方不能达成有效对接，而其根源，则在于信息不对称问题及风险—收益不匹配问题。

（二）解决中小企业融资难的可行性

那么，金融机构、资本市场及民间资本是否愿意为中小企业提供融资服务呢？是否中小企业"融资难、融资贵"问题无解呢？答案是否定的。

中小企业（特别是科技型中小企业）具备较新的业务模式和创新的产品与技术，一定程度上代表着先进生产力的发展方向和未来的产业趋势，具有很高的成长性和价值。如果能够使得中小企业的风险性与其成长性相匹配，进而以金融工程办法解决中小企业融资的风险—收益匹配问题，则"融资难、融资贵"就可以在很大程度上得到缓解。

（1）当前我国金融业正在推进的利率市场化改革和银行业务转型，增大了传统银行的盈利压力，中小企业逐渐被视为未来业务发展的"蓝海"。服务于现在看来还属于"中小"的企业，陪伴其一起成长壮大并由于业务黏性使之成为未来的优质客户，对银行来说具有越来越大的吸引力——毕竟，未来银行业竞争的一

个重要方面就是优质资产数量的竞争。

（2）我国资本市场的逐步开放和与国际接轨，使得国内企业（包括中小企业）在上市地点上有多种选择，在国有大型企业已经基本上市完毕的情况下，国内资本市场希望吸引和留住越来越多的优质中小企业，在为其提供融资服务的同时扩大自身影响力。

（3）近几年屡屡发生的中小企业公开发行上市后批量产生千万富翁的财富效应，通过新闻媒体的披露曝光，越来越吸引创业投资机构和民间资本的目光。这些，都说明资金供给方渴望以一种合适的方式向中小企业融资，从而分享其成长带来的高收益。资本的逐利性与中小企业的成长价值，在一定的机制模式设计下是完全可以形成良性匹配的。

二、解决中小企业融资问题的综合金融手段：杭州"路衢模式"

2008 年 9 月~2012 年 4 月，在杭州市政府支持下，浙江中新力合股份有限公司共发行"小企业集合债权基金"产品 9 只、15 期，募集资金 7.298 亿元，向 323 家中小企业提供了融资支持。除 3 家企业出现违约（违约金额共 900 万元），其余 320 家企业全部顺利还款。在获得融资支持后的一年中，企业营业收入、净利润、总资产等均有较快速度增长，部分企业还得到了银行、风险投资等的后续融资支持[①]。杭州市首创的"小企业集合债权基金"，被称为解决中小企业融资问题的"路衢模式"。如图 1.1 所示。

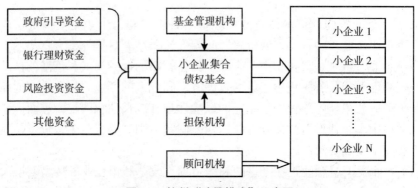

图 1.1 杭州"路衢模式"示意图

---

① 统计数据来源于本课题组 2013 年 7 月杭州调研期间浙江中新力合股份有限公司提供的有关材料。

（一）"小企业集合债权基金"的运行机理

本文以名为"宝石流霞"的一只"小企业集合债权基金"为例，剖析其运行机理，其余各只在产品设计上大同小异，在机理上是相同的。"宝石流霞"于2009年2月以信托产品形式发行，规模6000万元，期限一年，利率为8.39%，面向杭州市文化创意小企业，截至2010年2月到期共向29家符合条件的小企业发放贷款，未出现违约现象。

1. 针对小企业的筛选、评价与辅导支持，解决信息不对称问题

"宝石流霞"更关注企业的商业模式、经营状况、创业团队等，将企业的知识产权、数字版权等无形资产纳入信用考量范围，而不重视房地产、土地等抵押物，以适合于文化创意小企业的方式评估企业价值。据统计，共有386家文化创意企业提出申请，其中129家完成评审、61家通过担保审核，最终29家获得贷款。颇具特色的是，作为"宝石流霞"参与方之一的顾问机构在该一年内向受支持的小企业提供技术、市场等方面的辅导支持，通过帮助企业成长的方式降低违约风险。

2. 针对各融资参与方的差异化风险—收益机制设计，解决风险—收益不匹配问题

"宝石流霞"的认购人包括财政资金、银行理财产品、创业投资公司等各方，分别认购1000万元、4700万元和300万元。担保公司为包括政府资金及银行理财资金在内的5700万元提供全额担保，对创业投资公司认购的300万元劣质资金不提供担保。在收益安排上，财政资金不要求收益，只要求本金到期安全退出；银行理财产品要求相当于标准贷款利率（即5.5%）的收益；创业投资公司因承担高风险而要求最高30%的收益，并拥有后续以股权方式投资于受支持小企业的权利；担保公司收取担保费，顾问机构收取信息咨询费。

3. "债权先行、股权跟进"的思路及后续融资，加大融资支持力度

针对创业投资机构的"债权现行、股权跟进"的安排，给了创业投资机构以较低债权成本近距离了解企业、消除信息不对称问题的便利，提高了后续股权投资的成功率。而且，银行、信托等金融机构的参与帮助企业积累了信用，有利于企业获得后续银行贷款。据统计，在"宝石流霞"发行后的一年内，受支持的29家企业共获得银行跟进贷款3000万元，获得风险投资资金4425万元。

从实际运行效果看，"宝石流霞"在1000万元财政资金的支持引导下，撬动了共计1.3425亿元的资金为文化创意小企业服务，财政资金的杠杆放大系数达13.4倍，较大程度解决了入选文化创意小企业的融资问题。

（二）杭州"路衢模式"的实质及其理论解释

杭州"路衢模式"的实质是综合金融手段，是中小企业融资模式和支持方式的创新。直面并通过结构化设计，化解困扰中小企业融资的深层次的信息不对称问题和风险—收益不匹配问题，在政府的支持引导下，金融中介机构创新金融产品，统筹整合银行、信托、担保、创业投资、民间资本等各类金融资源，以符合各类资金商业逻辑、满足其利益诉求的市场化的方式，破解中小企业"融资难、融资贵"问题。

诸参与主体各得其所。符合条件的中小企业以相对较低的成本获得了债权融资支持，为其经营运转和业务拓展注入了血液、插上了翅膀。财政资金成功发挥杠杆放大作用，吸引金融机构及民间资金投向中小企业，实现了政策支持意图；而且财政资金到期收回，能够循环使用，解决了财政支持的可持续性问题。银行通过发行理财产品的方式筹集资金，不占用本身信贷额度，在现有条件下能够提早介入为中小企业提供金融服务，将"潜在客户"培育为"准客户"。担保公司在承担风险收取担保费的传统业务之外，通过提供顾问咨询服务、信息中介服务（"路衢模式"中担保公司与顾问机构多是属于同一家公司）等拓宽了利润来源。民间资本通过购买银行理财产品的形式投资于中小企业，拓宽了投资渠道。通过增加高质量资产的供给，扩大了民间资本的金融选择权，也有利于增加城乡居民的财产性收入（前面部分已对创业投资机构的"各得其所"做出了表述，此处略）。

使用包括债权、股权、信托、创业等多种金融工具在内的综合金融手段，找到各类资金与中小企业融资的契合点，从而实现资源的有效配置，是杭州"路衢模式"得以成功实施的关键所在。每种金融工具都有其适合的客户类型和随之而来的风险—收益状况，中小企业自身及融资方面的独特性使得其在使用传统金融工具融资时面临困难。以商业银行贷款为例，商业银行向中小企业提供贷款，就面临着交易成本高昂、风险控制困难、难以有效评估企业价值等方面的问题。利用综合金融手段创新金融产品，可以使得各类金融机构各得其所、各种金融工具都能发挥功能，从而解决中小企业融资问题。

金融中介机构（浙江中新力合股份有限公司，以下简称中新力合公司）通过创新金融产品，发挥了统筹整合的重要功能，是杭州"路衢模式"得以成功实施的"黏合剂"。中新力合公司系统全面地了解政府支持政策和银行等金融机构的商业逻辑，深入真实地了解中小企业的相关情况和融资需求，引入专业评估机构，应用金融工程的方法创新金融产品，引入政府专项扶持资金，通过银行理财产品等方式吸引社会民间资金、通过风险收益激励机制等引入创业投资机构资金，最终达到政策整合使用、资金提高效率、破解中小企业融资难题的目的。

值得指出的是，"路衢模式"能够在浙江杭州取得成功，是有一系列配套条件支撑的。一是浙江是民营经济大省，有着十分丰富的优质中小企业资源，融资需求巨大——从另一个角度看，也可视作优质资产供给充足。二是浙江金融业发达、民间资本充裕，融资供给巨大——从另一个角度看，也可视作优质资产需求强烈。这种融资供求、优质资产供求的双重匹配，是"路衢模式"成功的基础，但这也在一定程度上限制了"路衢模式"在其他省（市）和地区的可复制性。

三、借鉴"路衢模式"原理，针对薄弱环节，优化财政支持方式

在宏观经济降中趋稳、中国经济"升级版"路径探索进行中的当下，在经济改革方向被锁定为坚定不移市场化的大背景下，中小企业在托住经济增速及就业增长"下限"、实现经济发展创新驱动中无疑将发挥越来越重要的作用，困扰中小企业发展的"融资难、融资贵"问题也亟须得到有效解决。中小企业融资问题归根结底是一个金融问题，最终需要用金融的手段来解决，财政应创新支持方式、统筹、整合各类金融资源，引导实现财政可持续、多方参与、运作方式市场化的融资模式。

（1）系统梳理检讨现行支持政策措施，在推进落实的同时，考虑各市场主体的行为逻辑，呼应其利益诉求，以市场化的方式构建中小企业融资的长效支持机制。长期以来——特别是2008年国际金融危机爆发以来，我国出台了多项支持政策、措施，基本形成了包括法律法规、部门规章和实施办法在内的全方位的政策体系，致力于支持中小企业发展、解决中小企业"融资难、融资贵"问题，但现实经济运行表明中小企业融资问题仍未从根本上得到解决。这固然与中小企业自身特点有关，但也不可否认与支持政策未有效落实甚至有些支持政策不具可操作性有关。下一步，在狠抓政策落实的同时，应该检讨已出台政策的可行性问题，结合地方实际，细化政策落实方案，建立切实可行的激励引导机制，力争使银行金融机构及相关各方不是出于政治考量"响应号召"，而是出于自身行为逻辑自发性地参与解决中小企业融资问题。

（2）大力支持发展中介力量，促进银、政、企、保等相关方的紧密结合，鼓励金融中介创新金融产品，以综合金融手段凝聚各方力量。中小企业融资难题需要全社会各方面的相互配合来破解，不仅包括中小企业自身经营和管理的改善、政府的政策扶持、银行的信贷意愿，更需要金融中介机构的广泛参与。发展金融中介的模式可以不拘一格，既可以由政府主导，也可以由市场主导，两者各有所

长。政府（包括园区）主导建立的金融综合服务平台或中小企业服务中心，可以更好地协调科技、金融、财政、园区、工商等政府部门，更大程度地发挥政策合力。市场主导建立民间金融机构中介，具体对接和整合政府政策、中小企业、银行、民间资本和创投机构等资源，运作方式更为市场化、效率更高。杭州"路衢模式"中的中新力合公司即是民间金融机构中介的典型。应采取必要的财税、金融等优惠政策支持金融中介发展，鼓励其创新金融产品，发挥乘数效用，撬动社会资金，更好地为中小企业融资服务。

（3）构建能够合理评价风险与价值、适合中小企业特性的新型信用评价体系，从根本上解决信息不对称问题。新型信用评价体系是发展中小企业金融的基础设施，是银行等金融机构决定是否向中小企业提供融资、以什么价格提供融资的决策依据，是从根本上解决中小企业"融资难、融资贵"问题的关键环节，需要下大力气构建。针对中小企业的资产负债特点和经营特点，可以探索使用互联网技术、云计算和大数据技术，更多、更好地将中小企业运营数据、商业交易数据、财务数据、知识产权数据以及创业团队信用等综合纳入信用评价体系，以合适的方式与中国人民银行征信系统的企业和个人信用信息基础数据库形成贯通，并形成闭环持续跟踪与更新机制，力图较为全面客观地对中小企业成长性、风险性和价值做出评价。

（4）根据地方特色创新财政支持方式，引导形成银行、信托、担保、资本市场、创业投资、民间资本等多方参与的综合金融支持体系及运行机制。财政应明确在中小企业融资中的角色和定位，创造性地利用财政部门作为宏观经济管理部门的职能优势，以及财政资金"公共性"和"无偿性"的优势，在化解深层次的信息不对称及风险—收益不匹配上下工夫，致力于形成解决中小企业融资问题的新模式和新机制。通过向中小企业提供直接补贴和奖励、对银行贷款提供贴息、支持担保行业发展、设立专项基金和专项引导基金、扶持科技金融信息平台建设等多种方式，向中小企业提供融资支持。特别是在当前"新三板"扩大试点范围、区域性股权交易市场在各地方逐步建立的情况下，财政更应创新支持方式，深入研究并充分考虑各类金融主体的业务模式和利益诉求，针对本地区中小企业状况和特点，找准支持切入点和着力点，在增强可持续性的同时引导使用综合金融手段，解决中小企业融资问题。

参考文献

[1] 贾康，孟艳. 我国政策性金融体系基本定位的再思考 [J]. 财政研究，2013（3）.

[2] 贾康. 从"微型金融"看金融多样化改革 [J]. 英才，2013（2）.

[3] 贾康. 中国政策性金融向何处去 [M]. 北京：中国经济出版社，2010.

[4] 龙小燕，崔志明. 美国支持小企业发展的财税政策及启示 [J]. 现代产业经济，2013（5）.

［5］刘飞.科技型中小企业金融服务政策研究［D］.财政部财政科学研究所博士学位论文，2013.

［6］李扬.国民经济发展新阶段的金融改革［R］.新浪·长安讲坛第236期，2013-05-16.

［7］邓天佐.科技与金融发展思考［J］.中国科技投资，2012（6）.

［8］财政部金融司.支持加大对中小企业的金融服务力度［EB/OL］.财政部网站，http://www.mof.gov.cn.

［9］宗禾.财政"组合拳"助推科技创新［N］.中国财经报，2013-05-13.

［10］浙江中新力合股份有限公司汇报材料及网站，http://www.upg.cn.

（作者：崔志明　龙小燕）

科技金融统计研究

一、科技金融统计的目的与基本内容

（一）科技金融统计的目的

我国科技金融工作走过了近30年的历程，国家投入了大量的资源，但是科技金融工作的成效究竟如何，目前还缺乏权威的统计数据加以衡量。由科技部、财政部、国务院国资委、国家税务总局和"一行三会"（即中国人民银行、中国银监会、中国证监会和中国保监会，全书以后简称"一行三会"）于2011年10月20日联合发布的《关于促进科技和金融结合，加快实施自主创新战略的若干意见》第二十五条指出："加强科技和金融结合，实施成效的监测评估。制定科技金融发展水平和服务能力评价指标，建立相应的统计制度和监测体系，并在监测基础上建立评估体系，对科技和金融结合实施成效进行动态评估。"

科技金融统计是监测科技和金融结合实施成效以及评价科技金融发展水平和服务能力的基础性工作，科技金融统计的目的：一是为测度科技金融结合成效、衡量科技金融发展水平提供基本数据支持；二是为了掌握科技企业从全社会融入资金的数据，了解科技企业的融资渠道、融资环境、融资现状以及融资趋势，为政府部门出台相关政策提供决策依据；三是通过开展科技金融统计工作，建立科技企业、金融机构、研究机构和政府部门共享的科技金融数据库，为科技金融政策的制定、科技金融产品的开发、科技金融研究的开展提供强有力的数据支持。

（二）科技金融统计的基本内容

科技金融是为科技创新及商业化和产业化提供整体金融服务的金融新业态，其核心是引导金融资源向科技企业积聚，在促进科技创新的过程中，推动金融创新和金融发展。或者说，科技金融就是要应用金融创新的思维来整合财政和金融资源，综合运用组合产品，为科技企业融资提供整体解决方案，在此过程中形成相应的制度安排，并形成与科技创新相匹配的金融新业态。

从科技企业融资的角度看，科技金融包括如下六个方面：①直接融资，主要包括风险投资、私募股权投资等非公开上市企业的股权投资；首次公开发行（IPO）、再融资发行、公司债券、可转换公司债、企业短期融资券、企业债券、中期票据等资本市场融资工具。②间接融资，主要包括各类商业银行、政策性银行、小额贷款公司等信贷融资工具。③信贷担保，主要包括各类担保机构为科技企业信贷融资所提供的担保。④新型融资，主要包括信托机构和租赁机构为科技企业提供的融资服务。⑤科技保险。⑥财政科技投入。

根据科技企业融资的来源和渠道，科技金融统计的基本内容包括以下七个方面：①VC/PE 融资统计。②资本市场融资统计。③科技信贷统计。④科技担保统计。⑤新型融资统计。⑥科技保险统计。⑦财政科技投入统计。

二、科技金融统计的对象界定

科技金融统计的对象是科技企业，但科技企业标准却是多元的，没有明确的定论。

（一）由政府相关政策引申出来的科技企业定义

1999 年 5 月 21 日，国务院办公厅转发了《科学技术部、财政部关于科技型中小企业技术创新基金的暂行规定的通知》，在这个暂行规定中，对科技型中小企业的认定是："企业已在所在地工商行政管理机关依法登记注册，具备企业法人资格，具有健全的财务管理制度；职工人数原则上不超过 500 人，其中具有大专以上学历的科技人员占职工总数的比例不低于 30%，经省级以上人民政府科技主管部门认定的高新技术企业进行技术创新项目的规模化生产，其企业人数和科技人员所占比例条件可适当放宽。""企业应当主要从事高新技术产品的研制、开发、生产和服务业务，企业负责人应当具有较强的创新意识、较高的市场开拓能力和经营管理水平。企业每年用于高新技术产品研究开发的经费不低于销售额的 3%，直接从事研究开发的科技人员应占职工总数的 10% 以上。对于已有主导产品并将逐步形成批量和已形成规模化生产的企业，必须有良好的经营业绩。"

2007 年 7 月 6 日财政部和科技部联合发布了《科技型中小企业创业投资引导基金管理暂行办法》，该办法中的初创期科技型中小企业是指主要从事高新技术产品研究、开发、生产和服务，成立期限在 5 年以内的非上市公司。享受引导基金支持的初创期科技型中小企业，应当具备下列条件：①具有企业法人资格。②职工人数在300人以下，具有大专以上学历的科技人员占职工总数的比例在30%以上，直接从事研究开发的科技人员占职工总数比例在10%以上；③年销售额在3000万元人民币以下，净资产在2000万元人民币以下，每年用于高新技术研究开发的经费占销售额的5%以上。

2008年4月14日科技部、财政部和国家税务总局发布了《高新技术企业认定管理办法》，该办法所称的高新技术企业是指在《国家重点支持的高新技术领域》内，持续进行研究开发与技术成果转化，形成企业核心自主知识产权，并以此为基础开展经营活动，在中国境内（不包括港、澳、台地区）注册一年以上的居民企业。高新技术企业认定须同时满足以下条件：

（1）在中国境内（不含港、澳、台地区）注册的企业，近三年内通过自主研发、受让、受赠、并购等方式，或通过5年以上的独占许可方式，对其主要产品（服务）的核心技术拥有自主知识产权。

（2）产品（服务）属于《国家重点支持的高新技术领域》规定的范围。

（3）具有大学专科以上学历的科技人员占企业当年职工总数的30%以上，其中研发人员占企业当年职工总数的10%以上。

（4）企业为获得科学技术（不包括人文、社会科学）新知识，创造性运用科学技术新知识，或实质性改进技术、产品（服务）而持续进行了研究开发活动，且近三个会计年度的研究开发费用总额占销售收入总额的比例符合如下要求：①最近一年销售收入小于5000万元的企业，比例不低于6%。②最近一年销售收入在5000万~2亿元的企业，比例不低于4%。③最近一年销售收入在2亿元以上的企业，比例不低于3%。其中，企业在中国境内发生的研究开发费用总额占全部研究开发费用总额的比例不低于60%。企业注册成立时间不足三年的，按实际经营年限计算。

（5）高新技术产品（服务）收入占企业当年总收入的60%以上。

（6）企业研究开发组织管理水平、科技成果转化能力、自主知识产权数量、销售与总资产成长性等指标符合《高新技术企业认定管理工作指引》（2008年7月8日发布）的要求。

2009年5月5日中国银监会和科技部联合发布了《关于进一步加大对科技型中小企业信贷支持的指导意见》，该指导意见中的科技型中小企业是指符合以下条件的企业：①符合中小企业国家标准；②企业产品（服务）属于《国家重点支持的高新技术领域》的范围；③企业当年研究开发费（技术开发费）占企业总收入的3%以上；④企业有原始性创新、集成创新、引进消化再创新等可持续的技术创新活动，有专门从事研发的部门或机构。

从上述文件来看，对科技企业的认定依据主要包括以下三个方面：一是企业产品或服务是否属于《国家重点支持的高新技术领域》的范围；二是具有大专以上学历的科技人员占职工总数的比例和直接从事研究开发的科技人员占职工总数的比例；三是企业当年研究开发费（技术开发费）占企业总收入或销售额的比例。

（二）政府有关部门对科技企业的认定

现行的科技企业认定主要由两部分构成：一是由地方县级以上科技部门进行的民营科技企业认定；二是由省级（直辖市、计划单列市）以上科技部门进行的高新技术企业认定。

1. 民营科技企业的认定

1993 年 6 月，国家科委和国家体改委联合发布了《关于大力发展民营科技型企业若干问题的决定》《（以下简称《决定（1993）》），这是政府文件第一次正式定义民营科技企业。1999 年 6 月，科技部和国家经委联合发布了《关于促进民营科技企业发展的若干意见》（以下简称《意见（1999）》），进一步明确了科技企业概念的内涵。《决定（1993）》和《意见（1999）》发布以后，各级地方政府纷纷出台了民营科技企业认定办法。这些认定办法完全遵循《决定（1993）》和《意见（1999）》关于民营科技企业概念内涵的基本规定，同时又不同程度地增加了若干更为具体、更具操作性的认定条件。这些认定条件按照其要求高低的不同基本上可以分为两类：一类只要求企业处于高科技产业领域或符合民营科技企业的经营范围，符合国家或本地的产业政策、技术政策、环境保护政策（如深圳）；另一类则对企业专利或非专利技术、科技成果、收入结构、研发投入等提出了要求，但这些要求各地又不尽相同。例如，湖南、河南、厦门要求研发经费投入占营业总收入的比例达到 3%以上；广东、湖南要求科技人员占职工人数的比例达到30%以上；江苏、安徽等要求研发经费投入占营业总收入的比例达到 2%以上，科技人员占比达到 20%以上。

2. 高新技术企业的认定

1991 年国务院发布了《国家高新技术产业开发区高新技术企业认定条件和办法》（以下简称《办法（1991）》），主要用于对于国家高新技术产业开发区内的企业进行认定。1996 年，国家科委制定并发布了《国家高新技术产业开发区外高新技术企业认定条件和办法》（以下简称《办法（1996）》），用于对国家高新技术产业开发区外的企业进行认定。2000 年，国家科委对《办法（1991）》进行了调整，发布了新的《国家高新技术产业开发区高新技术企业认定条件和办法》（以下简称《办法（2000）》）。

2008 年 4 月，科技部、财政部和国家税务总局联合发布了《高新技术企业认定管理办法》，启动了新一轮的高新技术企业认定工作。

（三）科技企业的认定原则、依据和程序

1. 科技企业认定的原则

（1）宽口径原则。目前，中央各部委、金融监管部门和地方政府对科技企业的认定采用了不同的标准。如科技部、财政部和国家税务总局发布了《高新技术企业认定管理办法》，中国银监会和科技部联合发布了《关于进一步加大对科技型中小企业信贷支持的指导意见》等。我们认为，对科技企业的认定，应该采取宜宽不宜窄、就低不就高的原则，尽量覆盖各种类型的科技企业。从企业规模来看，既要包括大型科技企业，又要包括中小微科技企业；从科技创新程度来看，既要包括具有很强自主创新能力的高新技术企业，又要包括只有少量知识产权的一般性科技企业；从科技创新类型来看，既要包括以工业产权为主的制造企业，又要包括以著作权为主的创意企业。

（2）低成本原则。在对科技企业进行认定时，应该考虑到认定成本问题，尽可能降低认定成本，这就要求认定标准不能过于复杂，认定程序不能过于烦琐，应该尽可能简单、容易操作和实施。从目前的情况来看，高新技术企业的认定比较复杂，引入了第三方进行独立评估，认定成本较高。高新技术企业数量较少，国家有税收优惠政策，因此企业有激励积极配合，主动参与。但若将此模式推广到所有科技企业，显然很不现实，缺乏足够的激励且成本高昂，势必招致科技企业的消极抵制。因此，科技企业的认定标准要简化，认定程序要简单，认定结果要可用。

2. 科技企业认定的依据

（1）部分单位或机构实际采用的标准。根据宽口径和低成本的认定原则，充分利用现有认定结果，部分金融机构形成了自身对科技企业的认定标准。例如，江西省科技担保公司规定，凡符合下列条件之一的企业均可认定为科技企业：①已经被认定为高新技术企业。②省科技厅备案的民营科技企业。③近三年实施了市级及以上科技计划项目的企业。④正在实施自主知识产权的企业。

部分地方政府也出台了相关的标准。例如：天津市制定了《天津市科技型中小企业认定管理办法（试行）》，该办法规定科技型中小企业是指拥有一定科技人员，掌握自主知识产权、专有技术或先进知识，通过科技投入开展创新活动，提供产品或服务的中小企业。

（2）科技企业的量化标准和定性标准。在现行《工业企业科技项目情况》和《工业企业科技活动及相关情况》①的统计中，已经包括了科技活动人员情况、科

---

① 《工业企业一套表统计调查制度》(2011年年报和2012年定期报表)，江西省统计局印制，2011年11月。

技活动费用情况、科技项目情况、科技活动产出情况及相关情况等指标。其统计对象是辖区内规模以上工业法人单位，自 2011 年 1 月起，规模以上工业企业指的是年主营业务收入达到 2000 万元的工业企业。对规模以上的工业企业实行全面调查，由政府统计部门负责实施；对没有达到规模起点的工业企业则进行抽样调查或科学核算，由政府统计调查大队负责实施。在当前的统计工作中，只有建筑业、批发业、交通运输业、房地产开发经营、租赁和商务服务业等行业包括了小型企业，其他行业都只包含了大中型企业。

规模以上企业的统计口径，大多数遗漏了小型企业和微型企业。因此，在科技企业认定的时候，可以区分规模以上企业和规模以下企业。对规模以上的科技企业采取量化的认定标准；对规模以下的科技企业采取定性的认定标准。

对规模以上的科技企业，采取相对严格的定量标准，要求满足两个条件：一是企业科技活动费用占营业收入的比重达到 3% 及以上，二是科技活动人员占企业职工总数的 30% 及以上。

对规模以下的科技企业，可以采取相对宽松的定性标准，凡符合下列条件之一的，皆认定为科技企业：①已经被认定为高新技术企业。②省科技主管部门备案的民营科技企业。③近三年实施了市级及市级以上科技计划项目的企业。④正在实施自主知识产权的企业。

3. 科技企业的认定程序

对规模以上的科技企业，可以由科技部门出台具体的定量标准，科技企业向统计部门申报，纳入相应的统计工作中。

规模以下的科技企业的认定工作由县（区、市）科技主管部门实施，各基层科技主管部门负责收集辖区内的科技企业名录和机构代码，对科技企业备案。

三、科技金融统计的组织实施

科技金融统计工作组织实施的基本思路是，将科技企业区分为两大类：一类是规模以上的科技企业；另一类是规模以下的科技企业。参照现行工业企业的统计制度，对规模以上的科技企业实行全面调查，由政府统计部门负责实施；对没有达到规模起点的科技企业则进行抽样调查或科学核算，由政府统计调查大队负责实施。

（一）规模以上科技企业的金融统计

1. 规模以上科技企业的融资情况统计

工作流程与统计报表。在统计实践中，年主营业务收入在 2000 万元以上的工业企业被视为规模以上工业企业。在开展科技金融统计的时候，与现行统计制度对接，年主营业务收入在2000万元以上的科技企业被视为规模以上的科技企业。对于规模以上的科技企业，其统计工作的基本流程是：首先由统计部门根据现行统计报表《工业企业科技活动及相关情况》和《财务状况》中获得的数据，按照科技部门规定的科技企业认定标准进行筛选，然后对符合认定标准的科技企业要求填报《规模以上科技企业融资活动及相关情况表》（见表2.1）。根据前面的论述：对规模以上的科技企业，采取相对严格的定量标准，要求满足两个条件：一是企业科技活动费用占营业收入的比重达到3%及以上；二是科技活动人员占企业职工总数的30%及以上，满足这两个条件的企业被认定为科技企业。科技企业按照统计部门规定的时间填写并按规定的渠道报送《规模以上科技企业融资活动及相关情况表》（见表2.1）。

表 2.1 规模以上科技企业融资活动及相关情况表

组织机构代码：

科技企业详细名称：　　　　　　　　　　　　　　　有效期至：××××年××月

指标名称	计量单位	代码	本年实际
甲	乙	丙	1
一、非公开上市股权融资情况	—	—	
非公开上市股权融资总额	千元	2	
其中：募股价格	元	3	
募股数量	股	4	
二、公开发行股票融资情况	—	—	
公开发行股票融资总额	千元	5	
其中：发行价格	元	6	
发行数量	股	7	
发行费用	千元	8	
三、公开发行债券融资情况	—	—	
公开发行债券融资总额	千元	9	
其中：发行价格	元	10	
票面利率		11	
发行金额	千元	12	
发行费用	千元	13	
四、信贷融资情况	—	—	
信贷融资总额	千元	14	
（一）银行信贷	千元	15	
1. 其中：短期借款	千元	16	
中长期借款	千元	17	
2. 其中：抵押贷款	千元	18	
担保贷款	千元	19	
信用贷款	千元	20	

续表

指标名称	计量单位	代码	本年实际
甲	乙	丙	1
（二）政策性银行信贷	千元	21	
1. 其中：短期借款	千元	22	
中长期借款	千元	23	
2. 其中：抵押贷款	千元	24	
担保贷款	千元	25	
信用贷款	千元	26	
（三）其他金融机构贷款	千元	27	
1. 其中：短期借款	千元	28	
中长期借款	千元	29	
2. 其中：抵押贷款	千元	30	
担保贷款	千元	31	
信用贷款	千元	32	
（四）民间借贷	千元	33	
1. 其中：短期借款	千元	34	
中长期借款	千元	35	
2. 其中：抵押贷款	千元	36	
担保贷款	千元	37	
信用贷款	千元	38	
五、新型融资情况	—	—	
（一）信托融资总额	千元	39	
其中：股权信托	千元	40	
信托贷款	千元	41	
融资费用	千元	42	
（二）融资租赁总额	千元	43	
其中：融资期限	年	44	
融资费用	千元	45	
六、科技保险情况	—	—	
其中：保险金额	千元	46	
保费金额	千元	47	
七、财政科技投入情况	—	—	
（一）科技项目财政经费	千元	48	
（二）财政贴息	千元	49	
（三）财政奖励	千元	50	
（四）科技保险补贴	千元	51	
（五）研究开发费用加计扣除减免税	千元	52	
（六）高新技术企业减免税	千元	53	

2. 规模以上科技企业的绩效统计

对已获认定的科技企业，统计部门综合《从业人员及工资总额》、《工业企业科技活动及相关情况》和《财务状况》三张报表，从中采集数据形成《规模以上科技企业绩效统计表》（如表 2.2 所示）。表中各指标释义参见江西省统计局印制（2011 年 11 月）的《Ⓑ 工业企业一套表统计调查制度》。

表 2.2 规模以上科技企业绩效统计表

组织机构代码：
科技企业详细名称：   有效期至：××××年××月

指标名称	计量单位	代码	本年实际
甲	乙	丙	1
从业人员期末数	人	1	
从业人员工资总额	千元	2	
工业总产值	千元	3	
出口交货值	千元	4	
企业内部用于科技活动的经费支出	千元	5	
委托外单位开展科技活动的经费支出	千元	6	
当年形成用于科技活动的固定资产	千元	7	
使用来自政府部门的科技活动资金	千元	8	
引进国外技术经费支出	千元	9	
引进技术的消化吸收经费支出	千元	10	
购买国内技术经费支出	千元	11	
技术改造经费支出	千元	12	
专利申请数	件	13	
有效发明专利数	件	14	
专利所有权转让及许可数	件	15	
专利所有权转让及许可收入	千元	16	
新产品产值	千元	17	
新产品销售收入	千元	18	
新产品出口收入	千元	19	
拥有注册商标	件	20	
形成国家或行业标准	项	21	
营业收入	千元	22	
其中：主营业务收入	千元	23	
营业成本	千元	24	
其中：主营业务成本	千元	25	
营业税金及附加	千元	26	
其中：主营业务税金及附加	千元	27	

指标名称	计量单位	代码	本年实际
甲	乙	丙	1
其他业务利润	千元	28	
销售费用	千元	29	
管理费用	千元	30	
其中：税金	千元	31	
差旅费	千元	32	
工会经费	千元	33	
财务费用	千元	34	
其中：利息收入	千元	35	
利息支出	千元	36	
资产减值损失	千元	37	
公允价值变动收益（损失以"-"号记）	千元	38	
投资收益（损失以"-"号记）	千元	39	
营业利润	千元	40	
补贴收入	千元	41	
营业外收入	千元	42	
营业外支出	千元	43	
利润总额	千元	44	
应交所得税	千元	45	
净利润	千元	46	

（二）规模以下科技企业的金融统计

1. 规模以下科技企业的融资情况统计

工作流程与统计报表。根据前文的论述，对规模以下的科技企业，可以采取相对宽松的定性标准进行认定，凡符合下列条件之一的，皆认定为科技企业：①已经被认定为高新技术企业；②省科技主管部门备案的民营科技企业；③近三年实施了市级及市级以上科技计划项目的企业；④正在实施自主知识产权的企业。

规模以下的科技企业融资情况的统计工作流程是：首先由各地科技部门按照上述条件来认定本地区的科技企业，建立本地区的科技企业名录（包括科技企业详细名称、组织机构代码、注册地址及区划等通用基本信息，具体参考《法人单位基本情况》；其次由省级科技部门收集本地区的科技企业名录，再交由同级政府调查统计大队开展抽样统计调查工作并报告统计结果。

政府调查统计大队根据《规模以下科技企业融资活动及相关情况表》（如表

2.3 所示），向样本企业发放调查表收集相关数据，表中的指标释义在本文第五部分"科技金融统计的指标设计"中已有论述。

表 2.3　规模以下科技企业融资活动及相关情况表

组织机构代码：

科技企业详细名称：　　　　　　　　　　　　　　有效期至：××××年××月

指标名称	计量单位	代码	本年实际
甲	乙	丙	1
一、非公开上市股权融资情况	—	—	
非公开上市股权融资总额	千元	2	
其中：募股价格	元	3	
募股数量	股	4	
二、公开发行债券融资情况	—	—	
公开发行债券融资总额	千元	5	
其中：发行价格	元	6	
票面利率		7	
发行金额	千元	8	
发行费用	千元	9	
三、信贷融资情况	—	—	
信贷融资总额	千元	10	
（一）银行信贷	千元	11	
1. 其中：短期借款	千元	12	
中长期借款	千元	13	
2. 其中：抵押贷款	千元	14	
担保贷款	千元	15	
信用贷款	千元	16	
（二）政策性银行信贷	千元	17	
1. 其中：短期借款	千元	18	
中长期借款	千元	19	
2. 其中：抵押贷款	千元	20	
担保贷款	千元	21	
信用贷款	千元	22	
（三）其他金融机构贷款	千元	23	
1. 其中：短期借款	千元	24	
中长期借款	千元	25	
2. 其中：抵押贷款	千元	26	
担保贷款	千元	27	
信用贷款	千元	28	
（四）民间借贷	千元	29	
1. 其中：短期借款	千元	30	

指标名称	计量单位	代码	本年实际
甲	乙	丙	1
中长期借款	千元	31	
2. 其中：抵押贷款	千元	32	
担保贷款	千元	33	
信用贷款	千元	34	
四、新型融资情况	—	—	
（一）信托融资总额	千元	35	
其中：股权信托	千元	36	
信托贷款	千元	37	
融资费用	千元	38	
（二）融资租赁总额	千元	39	
其中：融资期限	年	40	
融资费用	千元	41	
五、科技保险情况	—	—	
保险金额	千元	42	
保费金额	千元	43	
六、财政科技投入情况	—	—	
（一）科技项目财政经费	千元	44	
（二）财政贴息	千元	45	
（三）财政奖励	千元	46	
（四）科技保险补贴	千元	47	
（五）研究开发费用加计扣除减免税	千元	48	
（六）高新技术企业减免税	千元	49	

2. 规模以下科技企业的绩效统计

对规模以下的科技企业，政府调查大队向样本企业发放《规模以下科技企业绩效统计表》（见表 2.4）并收集相关数据。表中各指标释义参见江西省统计局印制（2011 年 11 月）的《Ⓑ工业企业一套表统计调查制度》。

表 2.4　规模以下科技企业绩效统计表

组织机构代码：

科技企业详细名称：　　　　　　　　　　　　　　　有效期至：××××年××月

指标名称	计量单位	代码	本年实际
甲	乙	丙	1
从业人员期末数	人	1	
从业人员工资总额	千元	2	
工业总产值	千元	3	

续表

指标名称	计量单位	代码	本年实际
甲	乙	丙	1
出口交货值	千元	4	
企业内部用于科技活动的经费支出	千元	5	
委托外单位开展科技活动的经费支出	千元	6	
当年形成用于科技活动的固定资产	千元	7	
使用来自政府部门的科技活动资金	千元	8	
引进国外技术经费支出	千元	9	
引进技术的消化吸收经费支出	千元	10	
购买国内技术经费支出	千元	11	
技术改造经费支出	千元	12	
专利申请数	件	13	
有效发明专利数	件	14	
专利所有权转让及许可数	件	15	
专利所有权转让及许可收入	千元	16	
新产品产值	千元	17	
新产品销售收入	千元	18	
新产品出口收入	千元	19	
拥有注册商标	件	20	
形成国家或行业标准	项	21	
营业收入	千元	22	
其中：主营业务收入	千元	23	
营业成本	千元	24	
其中：主营业务成本	千元	25	
营业税金及附加	千元	26	
其中：主营业务税金及附加	千元	27	
其他业务利润	千元	28	
销售费用	千元	29	
管理费用	千元	30	
财务费用	千元	34	
营业利润	千元	40	
补贴收入	千元	41	
营业外收入	千元	42	
营业外支出	千元	43	
利润总额	千元	44	
应交所得税	千元	45	
净利润	千元	46	

（作者：桂荷发）

科技金融的统计指标体系构建

一、引　言

　　发展科技产业已成为国家战略，要求政府、金融机构、企业等参与主体之间建立起多层次的科技资本市场，充分发挥新兴金融机制在市场导引、资金配置方面的优势，积极拓展面向科技产业的投融资渠道，这就是科技金融问题。科技金融是科技与金融的结合，是金融资本介入科技创新投入的集成方式，是经济发展到一定阶段后金融发展与科技发展的必然趋势，也是产业转型和升级的必经之路。《国家中长期科学和技术发展规划纲要（2006~2020年）》（以下称《规划纲要》）的制定，把科技金融从配角直接转换为主角；科技部与"一行三会"开展的促进科技金融结合试点，加紧落实科技部、财政部等八部（委）发布的《关于促进科技和金融结合，加快实施自主创新战略的若干意见》也在中共十八大后加速推进；广东省金融强省战略把科技金融提升为重点发展的五大金融之一。

　　然而，由于科技金融系统的界定尚无定论，也没有从理论上形成通识内涵；而科技金融的产生缘由是希望借助它能解决科技创新过程中政府投入覆盖不全而金融资本参与积极性又不高的科技创新中间阶段投入不足的问题，因此它必然有别于一般的金融。那么科技金融的投入产出绩效评价就显得尤为重要了，这关系到经济增长方式转为创新驱动的战略能否顺利推进，因此推进科技金融发展过程中必须首先解决科技金融结合效益评价问题。科学的评价金融资本之于科技创新的作用，有赖于一套科学、可行、完备的科技金融统计指标体系。一套好的科技金融评估指标体系不仅可以有助于判别区域金融环境是否有利于区域科技产业发展，而且还可以通过这个体系中指标的度量找出区域金融结构中不利于甚至阻滞科技产业发展的因素所在，更好地营造科技与金融互相促进的良好局面。

　　截至2009年底，国家层面出台的《规划纲要》78项配套政策细则中，有20多项属于科技金融范畴，内容涉及银行、保险、担保、创业投资、资本市场、债券等。因此，科技金融统计指标体系的建立需多层次、多角度地深入研究科技金融各参与主体的主要方面，比如科技金融如何区别于一般的金融、科技创新如何考虑科技的行业性特征和科技自身的规律、政府的效率如何衡量等。本文试图在解决这些问题的基础上建立科技金融统计指标体系。

二、现　状

　　针对现行的科技企业统计指标体系、政府科技金融工作效率统计指标体系、金融类统计指标体系等在运行中出现新兴指标缺失、分析功能不强、比较功能弱化、采集功能受限等问题，国内学者从不同层面不同角度进行了改进。

　　关于科技层面的统计指标体系，赵培亚（1997）认为现行的统计指标体系不能从本质上反映技术改造投资的情况，而且没有体现出资金来源和行业特征。而资金来源渠道和行业特征恰恰是科技金融发展的重要冲击因素，关于科技企业技术创新规律的深入探析，有赖于设计新的指标。王娟、仇菲菲（2009）在构建的企业自主创新能力评价指标体系里引入了创新资源投入能力、创新实施能力和创新管理能力，并设计 R&D 成功率、新产品利税率等指标。这些指标一定程度上能反映技术创新的成效。王明珠等（2004）提出反映企业资产活力能力的资产贡献率指标，反映能源利用率的综合能耗产出率和反映环境变化的环境质量指数指标等，继续扩充科技统计指标。鉴于指标增加时会引起重复不一致等问题，张绍勇等（2012）及新兴产业评价指标体系划分成综合指标、创新指标、成长和竞争指标和效益及质量指标四块。由于知识表现形式越来越多样化，高凤云（2007）指出我国现有科技统计指标体系存在的一个主要问题是缺乏计算机阅读型资源的统计指标。

　　关于金融统计指标的不足、应用和创新的研究近年来出现较多，蒋国政、张恒瑞（2005）认为现行银行统计指标体系应在指标分类、统计口径上进一步规范，关于中小企业贷款业务这一块应单独统计。中国人民银行常德市中心支行课题组（2005）开展的研究认为现有的金融统计指标体系存在片面追求全科目、部分统计指标不统一、设置指标与功能不契合、所设指标不能反映金融在不同行业和不同产业里的具体分布等问题。因此，蔡则祥（2004）等另辟蹊径，从经济货币化、经济信用化、经济证券化和经济虚拟化四个方面构造了经济金融统计指标体系。也有学者认为评价指标体系应体现层次性，周国富、胡慧敏（2006）构建金融效率评价指标体系时将金融效率分成宏观金融效率和微观金融效率。宏观金融由于涉及多个主题，因此指标体系的设计应充分考虑多个维度，中国人民银行洛阳市中心支行课题组（2006）开展研究尝试从经济发展水平、金融资源水平、社会信用及法制环境四个方面构建宏观性的金融生态环境评价指标体系。

科技与金融结合的统计指标实际上是金融统计指标体系、科技企业统计指标体系等的重构，因此这方面的文献由于研究视角不同而呈现出较大的差异性。曹颢等（2011）将科技金融发展指数按照"科技资源—经费投入—产出效率"的思路进行设置，分为科技金融资源指数、科技金融经费指数、科技金融产出指数和科技金融贷款指数四个方面。王海等（2003）在研究科技资金投入与科技活动产出的结合效益时选择科技活动经费作为金融对科技的投入，而科技产出该文献则认为应分三个阶段处理。徐雪竹等（2007）选择科技三项费、科学事业费、R&D经费及占GDP的比重三个指标作为科技投入指标，获得省部级以上科技成果奖励数，就业人员发明专利授权量，人均GDP作为科技产出指标。崔毅等（2010）对金融投入界定为政府资金、企业资金和银行贷款，而科技产出包括科技活动产出水平、技术成果市场化以及高新技术产业化三个方面的指标。单薇（2003）选用科技投入占财政支出的比重、财政科技投入占GDP的比重、大中型企业技术开发投融资增长率、技术开发支出占产品销售收入比重、研究与开发经费支出占GDP的比重、GDP增长率这6项指标作为科技金融绩效评价指标支撑体系。孙伍琴、朱顺林（2008）选择金融相关率、金融结构指标、金融活动率三个指标来评价金融体系的特征；选择研发投入经费、专利数量、科技论文发表数来反映金融发展促进技术创新的最终效果。谷泓睿（2009）选取创新投入、创新产出、创新结构、创新效率作为二级指标，科技人员数、R&D经费、发明专利数、新产品销售收入、科技活动人员数/年底从业人员数、R&D经费/GDP、发明专利数/年底从业人员数、新产品销售收入/产品销售收入作为三级指标。

国外并没有科技金融这种提法，而且国外的研发模式也不同于国内，因此国外较多研究集中在R&D投入产出模式上。美国政府印刷办公室（U.S. Government Printing Office，1996）关于美国R&D投入产出指标体系的基本内容框架描述如下：投入指标（R&D科学家与工程师数、R&D经费），活动指标（国际会议与参加会议人数、国际合作研究者指数、美国在外国的留学生和研究人员数、在美国的外国留学生数），产出指标（论文发表数及其引用率、税收、技术贸易、高技术产品、劳动生产率、教育培训成果）。

关于政府科技金融工作效率的研究文献较少，卢金贵、陈振权（2010）认为，应从加强部门协作、发挥政府引导作用、完善融资体系、加强专业人才队伍建设等方面考量。

从已有文献研究可以看出，在建立科学的统计指标体系的重要性、必要性、价值和意义基本方面，研究者都持肯定态度。同时也可以看出，及早设计科技金融统计指标体系，既涉及国家的政策问题，也涉及科技产业、金融机构、研究机构等多个参与方；既涉及各级各地的发展经济战略制定，也涉及各级之间各地之间的统筹规划。然而，现有文献的研究仍不完善，这主要体现在：统计指标纷杂，并没有形成比较一致的主流看法；统计指标不全面；指标体系缺乏一致性，主要体现在统计口径上；指标体系比较笼统，难以满足深入分析的要求。不完善的统计指标体系将会在很大程度上不能真实地反映科技与金融结合的真正效益，从而不能有效地推动科技金融工作。

三、科技金融统计指标体系

科技金融应随金融业、科技产业的发展而与时俱进，统计指标体系的构建应多角度、多层次的考量，这样才能准确地洞察多个利益相关方的得失，从而才能使得科技金融各参与方彼此协调，加快经济转型升级。因此，科技企业统计指标体系在保留传统的经营、财务核心指标的基础上，本文着重通过借鉴、重构、演绎等方式设计指标反映科技企业的行业特征、发展阶段特征、科技投入与产出特征等；在金融机构统计指标体系的设计中，重点强调指标的宏观与微观结合，全面关注面向科技企业的金融产品，并整合了区域金融环境的支撑指标；在政府层面，主要从政府的主导功能和引导功能两个角度进行设计指标。具体指标体系设计如表 3.1 所示：

表 3.1　科技金融统计指标体系

指标	备注
一、企业概况	
所处生命周期	种子期、初创期、成长期、成熟期四选一
与孵化器的关系	在孵企业或毕业企业或其他
所属行业	参照《国民经济行业分类》（GB/T4754–2011）
企业注册时间	
企业认定	
二、经济概况	
工业总产值	包括三部分：本期生产成品价值、对外加工费收入、自制半成品在制品期末期初差额价值
工业销售产值	
营业利润	
净利润	按会计"损益表"中"净利润"项的本年累计数填列

指标	备注
减免税总额	以国家规定的税率为基础，如所得税税率的25%、增值税税率的17%，凡是在这个基础减免的都算
补贴收入	指企业实际收到的补贴收入，包括实际收到的先征后返的增值税
年末负债合计	按会计报表的流动负债与长期负债之和填列
三、产品概况	
技术领域	按国家高新技术产品目录填写
技术水平	经鉴定的技术等级
技术来源	国外引入、自己研发还是科研机构等
立项情况	该产品所属项目名称
质量标准	是规定产品质量特性应达到的技术要求
核心知识产权	指在报告期内企业拥有知识产权的情况
投产年份	
四、科技概况	
科技活动人员合计	从事或参与科技活动的人员
科技活动费用	企业内部用于全部科技活动的支出
全部科技项目数	立项并开展研制工作、以前年份立项仍继续进行研制的科技项目数
申请专利	
拥有有效专利	
发表科技论文	核心期刊及以上
技术改造经费支出	进行技术改造而发生的费用支出
引进国外技术经费支出	用于购买国外技术的费用
引进技术的消化吸收经费支出	对国外引进项目进行消化吸收所支付的经费总额
购买国内技术经费支出	购买国内其他单位科技成果的经费支出
五、技术收入	
技术转让收入	
技术承包收入	
技术咨询与服务收入	
接受委托研究开发收入	
六、发展前景	
项目投入产出比	投入产出可根据技术周期进行适当滞后
项目立项增长率	
风险投资额增长率	
技工贸收入增长率	财政补助收入+科研收入（纵、横向项目）+产品销售收入+技术性收入+专项资金收入+院所创办公司或实体技工贸收入+其他收入
利税总额增长率	
出口创汇增长率	
七、创新资源投入能力	
R&D投入强度	R&D经费/产品销售收入

续表

指标	备注
R&D 人员素质	高级工程师/研发人员数
企业办科技机构数	
八、企业创新资源实施能力	
R&D 成功率	投产项目数/R&D 项目数
自主创新产品率	自主创新产品数/创新产品数
消化吸收与技术引进经费之比	消化吸收经费/技术引进经费
新产品销售比例	新产品销售收入/销售收入
新产品利税率	新产品实现利税/所有产品利税
技术收入份额	技术收入/技术买入+技术卖出
九、高新技术产业化概况	
达到国内外领先新产品占新产品比例	国内外领先产品为经过相关权威机构认定的
高技术产品出口额所占比重	
十、金融结构	
金融相关比率（FIR）	金融资产总量/GDP
金融配置	股票总市值/银行总资产
银行年末存款余额（Deposit）	
银行年末贷款余额（Credit）	
存差占比	(Deposit−Credit) /GDP
储蓄率	总储蓄与可支配总收入之比
金融中介比率	某一时点国内金融机构所持有的国内非金融部门和国外部门发行的金融工具占未清偿的金融工具总额的比例
十一、资本市场规模	
股票市场直接融资额度	
基金市场直接融资额度	
债券市场直接融资额度	
十二、保险市场发展	
保费收入	
保险深度	区域全年保费收入除以当年区域国内生产总值
保险密度	区域全年保费收入除以区域总人口
十三、社会资本情况	
年度私募基金总额	
年度风险投资资金总额	
年度天使投资总额	
民间资本总额	
十四、贷款结构	
综合授信额度	
信用担保贷款额度	

指标	备注
买方贷款额度	
异地联合协作贷款	
项目开发贷款额度	
出口创汇贷款额度	
自然人担保贷款额度	
个人委托贷款额度	
无形资产担保贷款额度	
票据贴现融资额度	
金融租赁额度	
典当融资额度	
十五、政府投入	
政府直投基金	政府全资设立的面向科技企业的基金规模
政府引导基金	政府出资参与而撬动的基金规模
十六、产学研合作	
项目数	
项目总金额	
项目总产值	产学研合作项目产业化后的年度总产值
增长率	指项目总金额的年度增长率
十七、政府科技金融工作效益	
科技信贷年增长率	面向科技企业的金融产品贷款额度
创业投资年增长率	
进入多层次资本市场的科技企业数年增长率	除了自然人出资、关系融资之外的科技企业
知识产权质押贷款额年增长率	
科技融资租赁引发的融资年增长率	
支持科技创新的公司债及企业债融资年增长率	
科技保险保费、投资额年增长率	
促进科技金融合作的中介组织发展	与科技金融相关的中介组织数量
科技企业信用体系建立	参与征信平台的科技企业数量
科技金融结合带动的社会投资年增长率	科技金融产品投资额度年增长率
专项活动的开展	科技金融促进会等活动每年开展次数
扶持科技成果转化的资金年增长率	指种子期、初创期企业年度融资额度增长率

续表

指标	备注
十八、区域科技投入概况	
区域科技活动经费支出总额	
地方财政科技拨款	
基础研究投入	
应用研究投入	
试验发展投入	
R&D 人员人均 R&D 经费	
区域横向纵向科研资金总额	
区域技术引进相关经费总额	
十九、高新技术产业	
高新技术产品产值	
高新技术产品出口额	
二十、专利申请量	
发明专利	
实用新型专利	
外观设计专利	
二十一、专利授权量	
发明	
实用新型	
外观设计	
二十二、科技成果	
区域重大科技成果登记合计	
国家级科技奖励合计	
科技成果转化率	经过科技开发鉴定而在生产经营活动中真正实际应用的科技成果数
二十三、区域高技术产品主要指标	
企业个数	
产品个数	
高技术产品增加值	
出口销售收入	
科技型收入占总量百分比	
二十四、信用概况	
合同履约率	
贷款偿还率	

四、对科技金融统计指标体系的补充说明

本文尝试性构建的科技金融统计指标体系，是科技金融研究新拓展，也是科技金融开展工作的必经之路。

（一）指标设计的全面性和科学性

针对企业发展状况的相关指标选择上，除涵盖传统的企业财务、债务指标外，重点构建了以反映企业的技术创新能力和技术实施能力为目标的指标体系；关于企业资金需求特征的相关指标设计上，主要增加了刻画企业行业和发展阶段的指标；关于金融机构相关的指标体系，我们主要是重新整合已有金融统计指标体系，将一些新兴金融产品进行明细化统计，将一些面向科技型中小企业的业务尽可能地进行单独统计并增加了一些当前最新研究成果里建议的合理指标；关于政府层面的统计指标体系，定量衡量难度很大，因此，我们尽可能地设计全面的可操作的指标，然后在具体评价时可借助数据挖掘方法进行分析。

（二）指标设计的可统计性

构建统计指标体系很容易陷入一个困境，就是实际操作发现数据难以获取或者获取的数据不真实，因此我们的指标体系尽量以现行统计指标体系为基础，增量指标或者调整指标也尽量使之看起来有一定实际意义。

（三）统计指标体系的努力方向

科技金融统计指标体系的有效应用，有赖于大量的实证研究；而目前这方面的研究一直进展缓慢，当然，实证与指标体系的设计实质是相互促进的过程。需要强调的是，科技金融统计指标体系构建研究仍处于初始阶段，相关理论与实证方法仍需进一步的整合，尤其是核心指标的独立性、支撑体系的完备性需要尽快完善，这是今后一段时间的努力方向。

参考文献

[1] 赵培亚. 现行技术改造投资统计指标体系存在的问题 [J]. 统计研究，1997（3）：35-39.

[2] 王娟，仇菲菲. 企业自主创新能力的统计指标体系构建 [J]. 兰州商学院学报，2009，25（2）：105-109.

[3] 王明珠，章建雷，闫力. 宁波产业立市战略目标统计监测指标体系研究 [J]. 浙江统计，

2004（9）：38-39.

　　[4]张绍勇，孙延风，林永明.厦门市战略性新兴产业统计评价指标体系构想［J］.厦门特区党校学报，2012（1）：34-38.

　　[5]高凤云.科技情报文献统计指标体系研究［J］.科技管理研究，2007（10）：81-85.

　　[6]蒋国政，张恒瑞.完善现行央行统计指标体系的几点建议［J］.武汉金融，2005（10）：43-44.

　　[7]中国人民银行常德市中心支行课题组.现行金融统计指标体系的缺陷与创新［J］.武汉金融，2005（9）：52-53.

　　[8]蔡则祥，王家华，杨凤春.中国经济金融化指标体系研究［J］.南京审计学院学报，2004，1（1）：49-54.

　　[9]周国富，胡慧敏.金融效率评价指标体系研究［J］.金融理论与实践，2007（8）：15-18.

　　[10]中国人民银行洛阳市中心支行课题组.区域金融生态环境评价指标体系研究［J］.金融研究，2006（1）：167-177.

　　[11]曹颢，尤建新，卢锐，陈海洋.我国科技金融发展指数实证研究［J］.中国管理科学，2011，19（3）：134-140.

　　[12]王海，叶元煦.科技金融结合效益的评价研究［J］.管理科学，2003（2）：67-72.

　　[13]徐雪竹，刘振.DEA模型在评价科技投入产出绩效中的运用［J］.经济理论研究，2007（12）：119-121.

　　[14]崔毅，赵韵琪，杨丽萍，赵兵.基于DEA方法的广东科技与金融结合效益评价［J］.华南理工大学学报（社会科学版），2010（2）：10-13.

　　[15]单薇，张瑞，王瑷.基于熵的科技投融资的绩效评价［J］.运筹与管理，2003（5）：77-80.

　　[16]孙伍琴，朱顺林.金融发展促进技术创新的效率研究——基于Malmuquist指数的分析［J］.统计研究，2008，25（3）：46-50.

　　[17]谷泓睿，胡汉辉.区域金融环境与科技创新相关性评价——基于江苏、常州、苏州、泰州、宿迁的实证分析［J］.西安电子科技大学学报（社会科学版），2009（3）：44-51.

　　[18]National Science Board, Science & Engineering Indication-1996, Washington, DC; U. S. Govermment Printing office, 1996（NSB 96-21）.

　　[19]卢金贵，陈振权.广东科技金融工作的实践及对策研究［J］.科技管理研究，2010（24）：7-10.

（作者：骆世广　李华民）

融资约束、上市融资与研发投资

——来自创业板企业的证据

一、引 言

有一种常见的观点，认为企业的创新不足，研发投资太少。从经济学的角度来看，造成这种现状的主要原因是创新具有的非竞争性和不完全的非排他性。研发投资产生的观点和知识具有非竞争性的特点，使得一个企业的使用往往不会影响另一个企业的使用；而其具有的非排他性的特点则是指一个企业的使用并不能完全排除另一个企业对其使用。在这种情况下，企业不能完全占有其研发投资的所有收益，造成研发投资的私人收益小于社会收益，这就导致了私人研发投资不足。在这种情况下，政府可以通过税收减免、研发补贴等激励措施来提高企业研发的收益，降低其私人成本。然而现实中，政府的这些研发鼓励措施并没有从根本上改变企业研发投资不足的问题。这是我们不得不提及研发投资低于社会最优的另外一个理由：企业的研发投资面临着严重的融资约束，致使企业的研发投资缺乏有效的资金来源渠道。在研发投资面临融资约束的情况下，即便企业有研发投资的积极性，但由于资金缺乏的束缚，会对企业的研发投资数额产生显著影响。

同其他投资一样，研发投资也需要财务资源的持续投入。原则上，研发投资具有内部融资和外部融资两个来源，内部融资主要依靠利润或者留存收益；外部融资主要包括依靠债务和发行新股等方法筹集资金。在资本市场完美的情况下，根据 MM 定理，资本结构应该与企业的投资无关，因为内部资金和外部资金是完美的替代，也就不存在所谓的融资约束。但是在现实中，资本市场面临着各种信息问题，企业的管理层和外部资金供给者之间的信息不对称会使得外部资金的融资成本高昂。Myers 和 Majluf（1984）指出，由于信息不对称的存在，外部投资者会降低购买风险证券的价格，从而会增加外部融资的成本，引起内外部资金的成本差异。在这种情况下，企业的融资活动存在着一定的优劣顺序，应该按照"新优序融资理论"的建议来融资，即首先考虑内部融资，如果需要外部融资，则偏好债券融资。

与物质资本投资相比，研发投资外部融资会面临更大的融资约束（Hall 和 Lerner，2010）。第一，研发投资受到债务融资渠道的制约。一方面，由于投资项目的高度信息不对称，导致贷款人和借款人之间的信息摩擦。另一方面，由于研发投资创造的大多是无形资产，影响到企业融资的条件。诸如银行之类的债务人在发放贷款时，倾向于使用物质资产或者可重新调配资产作为其债权的担保，当企业的项目失败或者公司破产时，这些东西可以变卖来保障企业的债权。然而，许多研发投资是沉没的并不能重新配置（Alderson 和 Betker，1996），这些企业可以提供的抵押品数量会非常有限，影响了贷款人的资金提供。债务融资往往要求企业具有稳定的现金流，但是多数的研发项目并不会立即产生可以商业化的结果，而且在实现研发项目的收益之前需要多年的持续投资。第二，研发投资的外部融资成本更高。与其他类型的投资相比，研发投资具有更高程度的信息不对称性。这既有研发项目的复杂性和专用性使得外部人难以判读其潜在的价值的原因，又有企业可能由于竞争上的考虑不愿意披露研发投资的详细情况的因素。在这种情况下，贷款人或者投资者可能要求其投资的回报率具有风险溢价，否则其将实行贷款配给或者拒绝提供任何投资（Stiglitz，1985）。那么面临较高外部融资成本的企业，将更多地依赖内部资金来为企业的研发项目融资，Hall（1992）、Himmelberg 和 Petersen（1994）、Czarnitzki 和 Hottenrott（2009）等诸多文献都发现了类似的情况。

当前，国内的诸多研究都发现融资约束影响了企业的物质资本投资，而对于融资约束如何影响研发投资，以及研发投资与内部资金的关系的研究相对较少。当前中国创业板企业在上市前后都面临着融资约束，其作为创新的中坚力量，融资约束将会对其创新活动产生深刻的影响。通过研发创业板企业的内部资金与研发投资之间的关系，可以更好地来理解金融对于企业和经济发展的作用，同时可以探究到金融是如何通过影响研发投资来影响经济增长的。

本文利用中国创业板企业的研发投资数据，分析了企业研发投资与内部资金的关系，通过实证发现：①创业板企业的研发活动普遍面临融资约束，其研发投资—现金流敏感性显著；②与成熟企业相比，年轻企业的融资约束程度更高，其研发投资—现金流敏感性更高；③与研发密度低的企业相比，研发密度高的企业的融资约束程度更高，其研发投资—现金流敏感性更为显著；④企业上市增加了企业的研发投资，企业的投资—现金流敏感性也更加显著，这不是融资约束的结果，而是企业主动调整融资结构的结果。

本文剩余的部分如下：第二部分是相关文献回顾和研究假设的提出；第三部分是数据模型及变量设置；第四部分是实证结果；第五部分是对于文章的结论和政策建议。

二、理论回顾与研究假设

（一）内部现金流与研发投资

研发融资在金融市场中面临障碍的观点并不新颖。事实上，可以追溯到熊彼特对于垄断势力的辩护，因为垄断不仅可以保证创新的企业内部化企业创新的收益，也可以为未来的创新项目提供资金。Himmelberg 和 Petersen（2002）认为，研发融资市场类似于阿克洛夫的柠檬市场，由于柠檬溢价的存在意味着研发投资的外部融资成本高于内部融资成本。Lel 和 Pyle（1997）认为，研发的柠檬溢价要高于普通投资，因为研发项目的投资期限更长、风险更高，投资者更加难以区分项目的好坏。由于企业和外部融资供应商之间存在信息不对称、债券融资存在道德风险和逆向选择问题、股权融资存在股东回报要求过高等问题，研发投资将主要依赖内部现金流，因为其融资成本更低。

在内部现金流与研发投资关系的实证研究上，早期使用横截面数据的研究（Elliott，1971；Mueller，1967；Scherer，1965）发现内部资金与研发没有关系。正如 Himmelberg 和 Petersen（1994）所指，这些研究只考虑了大型企业，通常这些企业拥有的现金流多于投资所需。之后的研究大多数发现现金流和研发投资具有显著的正面影响，尽管也有一些研究认为这种关系不成立。Hall（1992）使用美国的制造业面板数据研究了研发投资与现金流的关系，使用了一个加速模型，发现现金流对研发支出有强烈的影响，同时发现研发支出与负债率负相关。Hao 和 Jaffe（1993）通过将样本按照规模分割，发现了同样的结果，其支持研发受到流动性约束的假说，但其结果显示大企业没有流动性约束。Himmelberg 和 Petersen（1994）使用了 179 家美国高科技行业小企业的面板数据，发现了企业的研发与内资资金之间存在显著为正的关系。但是，Bhagat 和 Welch（1995）却发现没有证据显示美国、加拿大、英国、欧洲大陆和日本的企业间存在正的研发—现金流关系。Harhoff（1998）使用了误差相关模型，发现小企业中存在显著的研发投资—现金流敏感性，然而从欧拉方程和加速模型中不能得出这样的结果。Bond 等（1999）比较了德国和英国高科技部门中企业研发投资的现金流敏感性，发现英国企业的融资约束更严重，而德国企业中没有发现这一问题。Hall 等（1999）使用 VAR 方法发现美国企业的研发—现金流敏感性强于法国和日本企业。Mulkay 等（2001）在法国和美国公司的研究中获得了相似的结果，而且发现现金流对美国公司的研发投资较法国公司有更大的影响。Ozkan（2002）在美国制造业部门中确认了这种正向关系的存在。Bond 等（2003）发现德国企业和英国企业的研发水平和现金流之间没有显示出相关关系，但他们发现现金流水平确实与英国企业是否参与研发存在正相关关系。Spiros 和 Holger（2003）利用爱尔兰制造业企业的数据，重新检验了"流动性约束"对 R&D 投资的影响，证明 R&D 投资存在融资约束，与之前利用美国数据得到的结论一致。Carter Bloch（2004）使用了在哥本哈根证券交易所上市的 53 家企业 1989~2001 年的 337 个非平衡面板观测值，使用了托宾 Q 的方法研究了融资约束对于研发投资的影响。其研究提供了融资约束在决定研发投资规模中起着重要作用的证据，他发现对于小企业而言，融资约束更为严重，这些与使用美国数据研究的结果非常类似。Ughetto（2007）指出，尽管意大利是银行主导型金融体系，大部分生产投资依赖银行贷款。但是一份特别调查显示，意大利企业事实上并没有使用债务来支持 R&D 投资，且企业一般不接受外部股权融资，内部现金流是 R&D 投资的重要资金来源，并通过估计投资—现金流敏感性，检测到从事研发的企业在信贷市场存在信息摩擦，现金流在解释资本投资中发挥了重要作用，尤其在小企业表现更为突出。

从上述的文献分析，结合中国创业板市场的情况，我们提出第一个假说：

假说 1：对于创业板企业而言，其研发投资存在融资约束，企业的研发投资与现金流敏感性之间存在显著的正相关关系。

（二）融资约束、内部现金流与研发投资

如果企业获取外部融资存在困难，其投资活动应该显示出对于内部资金可用性的高度敏感性。此外，不同的公司类别间应该存在这种敏感性的差异（Whited，1992）。如果公司的外部行为受到约束，研发支出就会取决于公司的现金流。因此，现金流对于研发投资的解释能力提供了融资约束的证据。多数关于研发融资的研究集中在内部资金（通常使用现金流）和研发投资之间的关系上，来识别投资的融资约束。然而，现金流也可能作为未来盈利的指示器，这意味着现金流有助于解释研发投资只是因为其预言了未来的盈利，而非是融资约束引起的。为了检查现金流对研发投资的影响，即在上述两种可能性中识别出融资约束的效用，按照 Fazzari 等（1988）的方法，根据一个先验的融资约束标准将样本分类。如果现金流效应在融资约束程度较大的组中更为强烈，那就提供了现金流对于研发的效果至少部分是由于融资约束产生的证据。Myers 和 Majluf（1984）的信息不对称理论认为，高水平的信息不对称导致外部融资成本高或者不可用，从而过多依赖内部资金。因此，融资约束较高的企业投资现金流敏感性更高。由于融资约束的产生主要是信息不对称造成的，那么当信息不对称程度下降时，企业外部融资的成本就会下降，企业的内部和外部融资成本之间的差异将缩小，这意味企业的融资约束得到了缓解，那么研发投资的现金流敏感性就会下降。因此，本文

提出两个划分融资约束与非融资约束的先验标准：企业年龄和研发密度。其具体阐述如下：

第一个划分标准是企业年龄。企业年龄以其设立后的时间衡量，然后将年龄低于平均值的企业归类为年轻企业，把年龄高于平均值的企业归类为成熟企业，年轻企业为融资约束企业，成熟企业为非融资约束企业。以企业年龄作为标准将企业划分融资约束和非融资约束企业的方法在一些最近的研究中备受推崇（Brown，2009；Hadlock 和 Pierce，2010；Martinsson，2010）。根据这些研究，年龄是将企业分类的一个非常合理的标准，因为其与其他分类标准相比，内生性的可能性很小，有诸多理由可以认为年轻企业比成熟企业面临更多的融资约束：①年轻企业更可能遭遇尤为严重的信息不对称问题，且在其生命周期的早期投资机会所需的资金往往超过其内部形成的资金量。②年轻的创新公司通常需要大量的长期资金投入，而其成功具有高度的不确定性，这都加大了外部融资的难度。③年轻企业的权益较少会增加潜在放款人要求的利率（Müller 和 Zimmermann，2009）。相比之下，银行建立起长期和稳定关系的成熟期的信息不对称程度不太严重，而年轻企业尚未建立起这种关系（Petersen 和 Rajan，1995；Berger 和 Udell，2002）。此外，成熟企业可以通过在以前创新的基础上创新，而年轻企业需要从事更为基础的研发，需要更多的资金和具有更高的不确定性。我们的分类标准是稳健的，即使我们把企业的分类年龄改为中位数之后，其回归的结果也没有发生实质性的变化。

第二个划分标准是研发密度。研发密度为企业当年的研发经费支出与年初总资产的比值，依据这一标准将企业划分为低研发密度企业和高研发密度企业，低研发密度的企业为研发密度低于平均值企业，高研发密度是研发密度高于平均值的企业，其中低研发密度企业为非融资约束企业，高研发密度企业为融资约束企业。这种划分的依据是，研发密度高的企业在研发上投资更多，其信息不对称的程度更高，且资金提供者更难监督资金的具体流向。而研发密度低的企业由于可以保守的研发机密相对较少，信息透明度会更高，相应降低了信息不对称的程度。另外，研发密度高的企业需要大量的资金投入到研发活动中去，这增加了研发投资企业对于资金的需求。实证中，大量的研究证据表明研发密集型企业的信息不对称程度要更高。Barth 等（1998）发现，由于研发活动具有更多的内部信息，美国跟踪一家研发密集型企业的证券分析师的数量要显著地大于研发密集度较低或者没有研发的企业。另外，分析师的努力与分析企业的成本与研发密度呈正相关关系。Tasker（1998）指出，在资本市场上，投资者对于研发密集型企业显示出了更多关于企业研发活动的信息的需求。Chaddad 和 Reuer（2009）在资本投资的研究中也使用了其作为分类标准。

基于上述的划分标准，我们再提出第二个、第三个假说：

假说 2：与成熟企业相比，年轻企业的融资约束更为严重，研发投资—现金流敏感性更为显著。

假说 3：与研发密度较低的企业相比，研发密度较高的企业的融资约束更为严重，研发投资—现金流敏感性更为显著。

（三）上市融资、融资约束与研发投资

通过上市获得外部股权融资可以使企业在为企业增加权益资本的同时，降低企业的信息不对称程度，改善企业的融资约束状况。Lins 等（2005）通过研究 1986~1996 年在美国以 ADR 方式上市的外国企业后，发现在美国上市之后，来自于新兴市场国家的企业的"投资—现金流"敏感性显著下降，其认为由于美国证券市场严格的信息披露要求和对投资者更好的保护制度，提高了企业的透明度，放松了这些企业的融资约束。潘越和戴亦一（2008）以在中国香港地区 H 股和国内 A 股双重上市的 20 家公司 4 年的 79 个样本为研究对象，发现 H 股上市公司返回 A 股市场重新融资，可以有效放松其返回内地上市之前的融资约束状况，在双重上市之后公司的投资—现金流敏感性明显减低。陈国进和王磊（2008）以 2000~2003 年在 H 股上市的国内企业为样本，考察了境外上市对于企业融资约束的作用，发现上市之后企业投资—现金流敏感性下降，这说明境外上市有利于放松企业的融资约束。当前，我国股票市场的进入标准相对较高，能够通过公开发行进入创业板市场的企业基本上是比较优质的。在上市的过程中，企业需要经过保荐机构的系统辅导，建立和完善公司治理机制，并经过保荐人推荐、会计师审计和证监会发行委员会审核等程序，使企业内部控制制度、财务会计制度更为完善，这些有助于降低企业的信息风险，增加企业的透明度和获取贷款的能力。由于企业上市具有很强的公信力，提高了企业的知名度和信息披露的义务，为其获得进一步的融资渠道提供了广阔的机会。调查显示，上市企业明显更容易获得银行的贷款和财务顾问、结算服务等。因此，可以认为企业在创业板上市之后，其融资约束有所放松，企业募集来的资本金将显著增加企业的资本实力，企业的经营发展状况也会显著改善，从而增加企业内部的现金流量，为研发投资提供了良好的资金基础。因此，我们提出假说 4：

假说 4：创业板企业上市之后的研发投资将显著增加，但是研发投资—现金流敏感性也会增强，这不是融资约束的反映，而是企业主动调整融资结构的选择。

三、实证研究设计

(一) 模型及变量设计

1. 融资约束、内部现金流与研发投资的检验模型

检验融资约束的首要方法是检查包含企业未来预期盈利的变量和内部资金 (通常使用现金流) 变量的投资方程 (Manole, 2010)。为了检验研发投资与融资约束和内部现金流之间的关系, 我们采用 Carter Bloch (2004) 的模型来进行分析, 该模型是从 Fazzari 等 (1988) 的基础上改进而来的, 后者依照托宾 Q 投资理论构建, 用来检验公司研发投资是否受到融资约束的影响。为了控制企业外部的投资导致企业增加内部资金带来的影响, 模型中需要通过引入托宾 Q 来控制投资机会。如果托宾 Q 可以有效地代表未来的投资机会, 那么在引入其对研发投资的影响之后, 现金流的回归系数就反映了融资约束的影响。

需要指出的是, 在实证文献中, 从 Fazzari 等 (1988) 用托宾 Q 度量公司的投资机会以来, 托宾 Q 的计算都采用企业市值与总资产账面价值的比率。但是在更为基本的投资理论模型中, 代表投资机会的应该是边际的托宾 Q, 但是边际的托宾 Q 在现实中无法观测。Hayashi (1981) 通过理论推导, 证明了在市场完美竞争、生产技术线性齐次和企业投资决策没有调整成本的假设下, 平均的托宾 Q 可以用来代表企业投资的机会。然而在现实中, 多数产品市场是非完全竞争的, 生产技术的线性齐次性和投资零调整成本的假设也不满足, 这就导致平均的托宾 Q 不能很好地代替边际的托宾 Q。在研发投资活动中这些问题会更加严重, 因为研发投资具有很高的沉没成本, 市场通常是分割的且具有寡头的特征, 这些特征可能产生了投资和研发决策依赖于现金流, 这样托宾 Q 的有效性就降低了。为此, 本文如周铭山等 (2012) 一样选取更为常用的主营业务收入增长率 (GROWTH) 作为上市公司投资机会的度量指标。作为一个衡量投资机会的控制变量比托宾 Q 更优, 主要表现在以下两个方面: 第一个是避免了托宾 Q 所产生的内生性问题 (Hayashi, 1981); 第二个是避免了托宾 Q 的测量误差。此外, Q 值能反映投资机会的前提是资本市场有效, 能够很好地抓住公司未来的发展机会, 考虑到中国资本市场还是一个转轨经济下的市场, 市场中的噪音很多, Q 值能反映的信息有限。此外, 我们的样本中包含了未上市企业的样本, 这样就使得这些样本的托宾 Q 值无法计算, 浪费了大量的样本信息。

现金流是会计期间研发投资可以使用的企业内部资金的数量。现金流的数量

旨在捕获内部资金对于研发投资的影响，CF 在国外的研究中一般使用扣除非经常项目和折旧前的收入减去现金股利，在国内的研究中普遍使用企业经营活动产生的净现金流来代表（夏冠军和陆根尧，2012；连玉君等，2008），本文也采用这种衡量方式。

2. 企业上市与研发投资的检验模型

略。

3. 企业上市与融资约束缓解的检验模型

当企业上市之后，企业选择资金来源的渠道相对会增加，由于企业上市后筹集了大量的权益资本，企业有可能有意识地调整资本结构，进而对于研发投资产生影响。如果这些企业在上市之前受到债务融资的制约，由于企业上市产生的信息不对称程度降低和违约风险下降，那么这些上市企业可以获得的债务融资机会或者债务融资成本都将有所改善。如果企业在上市之后的资产负债率、长期债务率和借款总额等指标都明显下降，那么企业就是在主动选择资本机构，而不是融资约束的制约。

（二）样本选择与数据收集

本文使用创业板上市企业的样本数据，选取这些企业在上市前三年和上市之后的数据作为研究对象，数据涵盖 2012 年 3 月之前在创业板上市的 290 家企业。其中，为了保持样本的连续性和完整性将删除下列数据：①没有披露研发费用数据的企业样本；②披露了企业的研发数据，但是前后各期研发投资统计口径不一致或者没有按照合并报表的要求来统一核算企业的研发费用；③企业在不同的财务报表中披露了相互矛盾的研发数据，且数据之间的差额很大。此外，为了最大限度地保留企业的研发数据，我们将部分相互矛盾的研发数据进行详细的核算，在相互矛盾的数据中，我们将其保留时间更新且在两份以上的财务报表中得到确认的数据。经过这样的整理，我们一共获得了企业 2006~2011 年的 1307 个样本数据。

本文根据创业板企业在上市前提供的招股说明书和上市之后提供的年度财务报告来查找企业的研发投资数据，因为其披露具有强制性和准确性。中国证监会发布的《公开发行证券的公司信息披露内容与格式准则第 28 号——创业板公司招股说明书》第六节第四十八条规定，发行人应披露技术储备情况，主要包括正在从事的研发项目进展情况、拟达到的目标，最近三年及一期研发费用的构成及占营业收入的比例。中国证监会发布的《公开发行证券的公司信息披露内容与格式准则第 30 号——创业板上市公司年度报告的内容与格式》第四节第六条的规定：公司应说明研发支出总额及其中资本化研发支出额的比重、研发支出占营业收入的比重，若相关数据与以前年度相比出现显著变化，应说明原因。根据上述规定，我们可以在深圳证券交易所网站和其指定的上市公司信息披露网站"巨潮资讯"上通过下载企业的招股说明书和年度报告。由于当前国内的研发费用数据没有响应的数据库可以利用，我们采用手工翻阅的方式查找了企业的研发投资数据。在查找的过程中可以发现企业投入的披露名称主要为"研发投资"、"研发支出"等名目。文中采用的企业财务数据均来自锐思（RESSET）金融数据库。实证分析部分采用 Stata10.0 进行数据分析。

（三）估计方法的选择

估计方法的选择需要考虑两个潜在的偏误来源：个体效应和解释变量与误差项之间的相关性。例如，一个研发投资的冲击可能也会影响现金流和销售。当期变量和误差项之间潜在的相关性可使用 GMM 方法来解决。然而，本文的样本量较小和每个企业样本观测值数量之间存在较大差异使得这种方法存在问题。另一个选择性的工具变量方法，如：两步最小二乘法，在当工具变量较弱时，可能给出比较不准确的估计。这就是我们的样本遭遇的问题，标准差很大，所有的变量都不显著。相反，本文在估计模型时使用了固定效应模型的方法，Mulkay 等（2001）也出于同样的原因来采用这种方法。这种方法考虑到个体效应，但是不会控制解释变量之间的潜在偏误。

四、实证检验与结果分析

（一）变量的描述性统计分析

表 4.1　变量的描述性统计

变量	样本数	均值	方差	最小值	最大值
RD/K	1043	0.067	0.065	0.0003	0.809
S/K	1042	1.193	0.880	0.135	13.856
CF/K	1041	0.158	0.438	−0.673	11.440
GROWTH	1058	0.408	0.737	−0.440	15.357

从表 4.1 的样本描述统计来看，我国创业板企业的平均研发密度为 6.68%，这一水平显著高于国内其他学者所使用样本的平均程度。顾群和宋然（2013）使用 2006~2010 年 A 股制造业和信息技术产业上市企业披露的研发数据，获得了

705 个高新技术企业样本和 105 个非高新技术企业样本，其全样本的研发投资比例为 1.25%，其中高新技术企业的平均研发密度为 1.38%。刘运国和刘雯计算的 2001~2004 年上市企业研发支出占总资产的比重为 0.59%，夏冠军和陆根尧 （2012）的平均值只有 1.41%。此外，可以发现企业的现金流的均值明显大于研发密度的均值，这表明企业内部形成的资金在一般情况下可以保证企业研发的需要。企业的增长率保持在较高的水平上，均值为 40.76%，但企业内部的分化也比较明显，有些企业出现了负增长，而有些企业的增幅超过 1500%。

（二）融资约束、内部现金与研发投资的回归结果分析

1. 全样本的回归结果分析

首先，在没有引入时间虚拟变量的情况下，对于模型使用混合最小二乘（POLS）估计方法或固定效应（FE）估计方法对模型估计进行 F 检验，显示 F（268，768）=7.84，可见使用固定效应（FE）模型比较好；在使用混合最小二乘（POLS）估计方法或随机效应（RE）估计方法的 Breusch 和 Pagan 拉格朗日乘子检验的结果为 chi2（1）=613.52，表明随机效应（RE）模型比较好；对于使用固定效应（FE）模型或是随机效应（RE）模型的豪斯曼检验，显示 chi2（3）= 99.87，表明固定效应模型更好。其次，在引入时间虚拟变量的情况下，重复上述过程，发现依然是使用固定效应更为合适。为了查看模型的稳健性，我们同时给出了混合最小二乘（POLS）估计方法和固定效应（FE）估计方法的回归结果，如表 4.2 所示。

表 4.2　融资约束、内部现金与研发投资的回归结果

	POLS	FE	POLS	FE
CF/K	0.0436*** (3.45)	0.0208*** (6.17)	0.043*** (3.40)	0.021*** (6.05)
S/K	0.0347*** (11.63)	0.045*** (20.59)	0.034*** (10.97)	0.045*** (17.44)
GROWTH	0.002 (0.48)	−0.002 (−0.73)	0.003 (0.56)	−0.001 (−0.49)
CONS	0.017*** (5.95)	.0010*** (4.67)	0.021** (2.21)	0.009 (1.54)
年度变量	不控制	不控制	控制	控制
观测值	1040	1040	1040	1040
R-sq	0.491	0.471	0.492	0.471
F 值	85.89	609.09	46.29	260.07

注：回归中的被解释变量为 RD/K，***、**、* 分别表示在 0.01、0.05、0.10 水平（双侧）上显著，括号中数字为 t 值（基于 White 异方差稳健性标准误），R-sq 中给出的是固定效应的总体 R-sq。

通过对全样本的数据比较分析可以发现，无论是否加入时间虚拟变量，固定效应的估计结果都显示企业的内部现金流对于研发投资具有明显的正向作用，这一方面说明了内部现金流是研发投资重要的资金来源，另一方面根据 Fazzari 等（1988）的理论也表明我国上市企业的研发投资面临着一定程度的融资约束问题。当企业的内部现金流增加时，可以显著地提高企业的研发投资密度。不过，对于这种融资约束的解释可能存在一定程度上的不准确，下面我们按照上文中提到的方法，将样本按照先验的融资约束指标将企业划分为两类，即融资约束组和非融资约束组来看待内部现金流对于研发投资的影响是否如 Fazzari 等（1988）所说反映了企业的融资约束，而不是反映了未来投资机会等潜在的影响。另外，本文发现企业的投资机会与研发投资之间的关系不显著，这与唐清泉（2012）使用 Q 作为投资机会代表的研究一致，而在固定资产投资与现金流敏感性的研究中，连玉君和程健（2008）、屈文洲等（2011）也发现了 Q 不显著的现象，即"反托宾 Q"现象，唐清泉（2012）认为这可能是由我国资本市场中的非理性因素造成的，而 Silva 等（2010）使用葡萄牙的数据进行的研究也发现作为公司投资机会的代理变量对于研发投资没有显著影响。

2. 按照年龄划分的子样本回归结果分析

根据年龄将企业分组，其中属于年轻组的企业共有 493 家，被归为融资约束企业。成熟组的企业共有 547 家被归为非融资约束企业。如表 4.3 所示，从组间均值差异的显著性检验来看，两组企业之间存在着明显的差异。从研发投资密度来看，年轻企业的投资密度明显较高，这意味着年轻企业更倾向于通过研发投资来进入并占领市场。从现金流来看，年轻企业持有的现金流明显高于成熟企业，这一方面可能反映了年轻企业因为销售额增加，产生更高的经营性现金流，另一方面反映了这些企业由于容易受到融资约束制约，更倾向于保持较高的现金流来平滑融资困难产生的冲击。从销售额来看，年轻企业的销售额占总资产的比重较高，这反映了年轻企业的资产相对较低，但运营效率较高。从增长率指标来看，年轻企业增长的更快，因为这些年轻企业大多是高新技术企业，成立时间短，具有某一行业的技术优势，通过掌握的核心技术可以迅速占领市场，实现快速增长。

表 4.3　年轻与成熟组企业的均值比较

	年轻组均值	成熟组均值	组差	T 值
RD/K	0.077	0.058	0.019	4.8732***
CF/K	0.216	0.106	0.110	4.0798***
S/K	1.358	1.045	0.313	5.8205***
GROWTH	0.490	0.333	0.157	3.4679***

注：***、**、* 分别表示在 0.01、0.05、0.10 水平（双侧）上显著。

表 4.4 给出了按照年龄划分的分组回归结果。从两组样本的固定效应规模模型来看，是否加入年度虚拟变量来控制宏观经济周期的波动仅仅对于常数项的显著性产生影响，对于其他变量系数的显著性没有影响。从回归的具体情况来看，年轻组，即归类为融资约束组的企业的研发投资—现金流敏感性系数显著为正，而成熟组即非融资约束组企业的研发投资—现金流系数却不显著。结果表明，融资约束企业与非融资约束企业的现金流对于研发投资的影响截然不同，对于融资约束组企业，研发密度与内部现金流呈现出正相关关系，内部现金流的增加，可以提高企业的研发密度；而非融资约束组企业的研发投资与内部现金流却没有显著的相关关系。根据 Fazzari 等（1988）的理论，融资约束企业因为融资约束的存在而倾向于具有正的投资—现金流敏感性，所以，可以认为年轻企业比成熟企业面临更为严重的融资约束企业，研发投资高度依赖于企业的内源资金的形成，这与相关融资约束文献的既有研究结果高度一致。

表 4.4 融资约束、内部现金与研发投资的回归结果：按年龄划分

	年轻	成熟	年轻	成熟
CF/K	0.021***	0.004	0.023***	−0.002
	(4.36)	(0.43)	(4.48)	(−0.16)
S/K	0.045***	0.045**	0.044***	0.043***
	(12.48)	(12.21)	(10.78)	(10.35)
GROWTH	−0.002	−0.0001	−0.003	0.002
	(−0.65)	(−0.04)	(−0.72)	(0.51)
CONS	0.013***	0.010***	0.011	0.008
	(3.12)	(3.68)	(1.31)	(0.79)
年度变量	不包括	不包括	包括	包括
观测值	493	547	493	547
R−sq	0.539	0.318	0.543	0.317
F 检验	346.30	158.11	147.54	68.49

注：回归中的被解释变量为 RD/K，***、**、* 分别表示在 0.01、0.05、0.10 水平（双侧）上显著，括号中数字为 t 值（基于 White 异方差稳健性标准误），R−sq 中给出的是固定效应的总体 R−sq。

（三）按照研发密集度划分的子样本回归结果分析

根据研发密集度我们将企业分组，其中属于低研发密度组的企业共有 682 家被归为融资约束企业，高研发密度的企业有 358 家被归为融资约束企业。如表4.5 所示，从组间均值的差异的显著性检验来看，两组企业之间存在着明显的差异。从研发投资密度来看，低研发密度组的研发投资密度不到高研发密度企业1/3，但是低研发密度组的均值也超过了其他既有研究的样本的均值，这表明创业板企业的整体研发密度处在较高水平。从现金流来看，低研发密度组企业持有的现金流明显少于高研发密度组企业，这反映了高研发密度企业受到融资约束的制约倾向于保持较高的现金流来平滑企业的研发投资。从销售额来看，低研发密度组企业的销售额占总资产的比重较高。从增长率指标来看，研发密度更高的企业增长的更快，这在一定程度上反映了创新水平高的企业可以通过创新创造新的市场机会，带动企业迅速发展，而企业的发展会对研发产生良好的推动作用。

表 4.5　低研发与高研发密度组企业的均值比较

	低研发均值	高研发均值	差异	T 值
RD/K	0.036	0.124	−0.088	−26.867
CF/K	0.092	0.284	−0.0191	−6.841
S/K	0.920	1.71	−0.792	−15.278
GROWTH	0.305	0.594	−0.289	−6.223

表 4.6　融资约束、内部现金与研发投资的回归结果:按研发密度划分

	低研发密度	高研发密度	低研发密度	高研发密度
CF/K	−0.0006 (−0.18)	0.022** (2.35)	−0.005*** (−1.35)	0.021** (2.07)
S/K	0.031*** (23.99)	0.041*** (6.30)	0.029 (19.76)	0.0399*** (5.58)
GROWTH	−0.007*** (−4.85)	0.005 (0.86)	−0.006*** (−3.98)	0.007 (1.01)
CONS	0.011*** (10.16)	0.044*** (5.38)	0.009*** (3.44)	0.0489*** (3.54)
年度变量	不包括	不包括	包括	包括
观测值	682	358	682	358
R-sq	0.263	0.402	0.268	0.405
F 检验	246.04	73.06	109.14	31.25

注：回归中的被解释变量为 RD/K，***、**、* 分别表示在 0.01、0.05、0.10 水平（双侧）上显著，括号中数字为 t 值（基于 White 异方差稳健性标准误），R-sq 中给出的是固定效应的总体 R-sq。

固定效应的分类回归结果如表 4.6 所示，高密度企业的研发"投资—现金流"敏感性显著为正值，而低密度企业的研发"投资—现金流"敏感性系数则为负值但是不显著，这表明高研发密度的企业更可能受到融资约束的制约，而低研发密度的企业没有面临融资约束。当受约束企业的内部资金流增加时，企业研发密度会显著上升，而非约束企业的内部资金流与其研发密度之间不存在显著的相关关系。从研发融资约束的成因上来看，研发密度高的企业需要依靠内部资金来解决研发投资项目的资金来源问题，因为高研发密度企业的信息不对称性程度更

高，无形资产所占的比重会更大，经营活动中存在高增长的同时，不确定性会大幅增加，使得外部的投资者和债权人对于企业外部资金提供更加谨慎。

（四）上市融资与企业研发投资的回归结果分析

表 4.7　上市融资与企业研发投资的回归结果

	混合 OLS	固定效应	随机效应
L	0.0006 (0.14)	0.0108*** (2.89)	0.009** (2.52)
CF/K	0.038*** (3.02)	0.021*** (6.03)	0.025*** (7.30)
LIST*CF/K	0.050** (1.99)	0.017** (1.63)	0.024** (2.38)
S/K	0.034*** (11.07)	0.044*** (16.91)	0.041*** (17.45)
GROWTH	0.004 (0.93)	−0.0001 (−0.05)	0.001 (0.55)
CONS	0.021** (2.21)	0.013** (2.36)	0.017*** (2.83)
R−sq	0.498	0.478	0.487
观测值	1040	1040	1040
F	41.46	207.43	1932.12

注：回归中的被解释变量为 RD/K，***、**、* 分别表示在 0.01、0.05、0.10 水平（双侧）上显著，括号中数字为 t 值（基于 White 异方差稳健性标准误），R−sq 中固定效应和随机效应给出的是总体值。

　　由于研发投资的特殊性质，使得研发投资往往需要依赖内部资金。当企业上市后，内部资金流会比没有上市时显著增加，从而为企业的研发投资提供稳定可靠的资金来源并为研发企业增加研发投资奠定基础。模型 2 的回归结果如表 4.7 所示，上市虚拟变量的系数显著为正，这说明上市之后企业的研发投资显著增加，上市有利于提高企业研发的积极性。另外，上市虚拟变量与现金流变量的交叉项的系数显著为正，这说明上市之后企业的研发投资对于现金流的依赖程度增加。

　　根据陈国进和王磊（2008）、潘越和戴亦一（2008）的研究，企业上市之后投资—现金流敏感性降低，表明企业的融资约束状况缓解，但是这里的回归结果却显示企业上市之后研发投资的现金流敏感性却增加，是否能够就此认为上市之后企业的融资约束状况反而严重了呢？对于这个疑问的回答要回到企业研发投资的性质上去探究。理论上普遍认为，研发投资不适合债务融资，内部资金和权益融资是企业研发投资的主要决定因素。创业板企业上市之后权益融资的数量就处于比较稳定的状况，在这种情况下研发投资增加的资金来源只能依靠内部现金流的增加。所以，从根本上说，企业研发融资的特点决定了企业在上市之后仍然需要依靠内部现金流来满足研发投资的资金需求。实际上，企业上市之后的融资状况将会得到明显缓解，该观点可以通过下文企业资本结构调整来证实。

（五）企业上市与融资约束缓解的回归结果分析

关于企业上市与融资约束关系的回归结果如表 4.8 所示，方军雄（2010）的回归中仅仅使用了混合面板的方法，没有考虑到企业个体之间的异质性和经济周期波动与企业资本结构选择的影响，本文在回归的过程中，一方面按照方军雄（2010）的方法进行回归，另一方面也在模型中加入企业的异质性并通过加入年份虚拟变量来控制宏观经济周期波动可能对企业的影响。

表 4.8　上市融资与资产负债率的回归结果

	POLS	FE	POLS	FE
ROA	−0.751***	−0.486***	−0.684***	−0.416***
	(−14.53)	(−11.29)	(−13.77)	(−9.62)
SIZE	0.012**	−0.031***	0.030***	−0.002
	(2.14)	(−4.11)	(5.02)	(−0.26)
AGE	−0.002	−0.012***	−0.0003	0.012**
	(−1.44)	(−3.62)	(−0.33)	(2.17)
CURRENT	−0.007***	−0.002***	−0.007***	−0.001**
	(−5.51)	(−3.20)	(−5.42)	(−2.89)
FIXED	−0.005	0.056	−0.003	0.064
	(−0.17)	(1.33)	(−0.09)	(1.57)
L	−0.326***	−0.242***	−0.318***	−0.269***
	(−20.52)	(−20.22)	(−17.82)	(−20.26)
CONS	0.367***	1.216***	0.055	0.550***
	(3.21)	(9.24)	(0.49)	(3.48)
年度变量	不包括	不包括	包括	包括
R−squared	0.6545	0.5099	0.6710	0.5683
F 值	455.30	528.66	280.58	314.38

注：回归中的被解释变量为资产负债率 LEV，***、**、* 分别表示在 0.01、0.05、0.10 水平（双侧）上显著，括号中数字为 t 值（基于 White 异方差稳健性标准误），R−sq 中固定效应给出的是总体值。

如果以资产负债率来衡量企业的债务状况，如表 4.8 所示，可以发现上市之后企业的资产负债率显著下降，这说明在企业上市之后，由于可以获得更为方便的股权融资，企业的融资约束状况得到显著改善，可以寻找成本更加便宜、使用更加方便的资金来源，对于盈利比较敏感的企业会主动地选择削减债务融资的比重。为了保证结果的稳健性，即使我们将资产负债率替换为银行借款总额，如表

4.9 所示，发现上市这一虚拟变量的系数依然显著为负，这就说明企业的资本结构改变是企业上市之后的主动调整，其有意减少银行借款总额。这从侧面说明了企业融资约束状况尽管已经改善，但是企业的研发资金仍然主要来源于企业的内部资金，而不是其他渠道，同时使融资优序理论得到证明。

表 4.9　上市融资与企业银行借款总额的回归结果

	POLS	FE	POLS	RE
ROA	−7516.581***	685.251	−5402.511***	1717.579
	(−3.27)	(0.25)	(−2.18)	(0.60)
SIZE	6738.745***	2076.972***	7241.609***	2031.375***
	(7.71)	(4.25)	(7.38)	(3.65)
AGE	−80.779	496.020**	−61.216	−146.433
	(−0.82)	(2.25)	(−0.64)	(−0.41)
CURRENT	−266.391***	−159.846***	−256.5044***	−150.065***
	(−4.68)	(−5.22)	(−4.72)	(−4.87)
FIXED	6147.998***	3619.155	6287.107***	3044.147
	(3.77)	(1.34)	(3.88)	(1.13)
L	−7674.569***	−1849.016**	−8482.116***	−3157.761***
	(−5.89)	(−2.40)	(−5.91)	(−3.59)
CONS	−122620.8***	−39465.33***	−129664***	−33353.97***
	(−7.63)	(−4.66)	(−7.37)	(−3.19)
年度变量	不包括	不包括	包括	包括
R−squared	0.2734	0.158	0.279	0.201
F 值	29.68	15.53	17.42	10.08

注：回归中的被解释变量为银行借款总额 T，***、**、* 分别表示在 0.01、0.05、0.10 水平（双侧）上显著，括号中数字为 t 值（基于 White 异方差稳健性标准误），R−sq 中固定效应给出的是总体值。

五、研究结论及其政策含义

本文通过采用研发"投资—现金流"敏感性的方法实证分析了创业板企业的融资约束、内部现金流与研发投资之间的关系，通过实证发现了当前中国创业板企业面临着研发投资的融资约束，主要依靠内部现金流来为企业的研发投资活动融资。其中，年轻企业和高研发密度企业的融资约束状况更为严重，其研发投资显示出了显著的"投资—现金"流敏感性。此外，本文发现上市可以提高企业的研发投资，其主要是通过增加企业内部资金的方式，为研发活动提供了更为充分的资金。

从上文的分析可以发现，当前我国的年轻企业和高研发密度的企业是受到融资约束更为严重的企业，但是恰恰这些企业的研发密度显著地高于不受融资约束的成熟企业和低研发密度企业，当这些企业的研发投资得不到有效的外部资金保障时，仅仅依靠内部资金的供应，将会在很大程度上制约这些企业的创新活动。创新活动对于社会有着非常明显的溢出作用，社会的收益要大于企业私人的收益，针对研发的这种正外部性需要政府的干预来为其提供研发补助、税收减免等政策。鉴于年轻企业和高研发密度企业的融资约束状况，我国既有的科技创新鼓励政策的效力可能需要重新的审视。

长期以来，针对企业融资难问题，我国在企业的融资渠道上进行了多种改革的尝试，包括建立融资担保机构和鼓励科技金融创新，银行推出了如知识产权质押等信贷业务。但是，这些政策本身并没有针对中小企业研发活动高度密集的特点，针对不同类型企业的研发融资状况做出针对性的安排。鉴于研发活动的高风险性和高度不确定性，研发密度高的企业经营前景的不确定性程度过高，这在很大程度上抑制了金融机构向这些企业投资的积极性。研发投资的特点使得内部资金成为其融资的首选，在这种情况下，如何有效增加企业的内部资金成为提高企业研发投资的关键所在。而政府采购和税收优惠等政策在对企业的内部资金形成产生了直接的效果。根据创业板企业的财务报表可以看出，税收优惠政策对于企业利润的贡献度占了很大的比例，这一措施从根本上改变了企业的盈利状况和内部留存的资金。而现金流可以对企业产生直接的影响，这意味着政府采购这种形式直接扶持了企业的经营活动，可以对企业的创新提供最为基础的市场，保证企业在研发过程中的市场前景的稳定性，同时可以通过增加企业的销售来帮助企业迅速实现规模化生产，有效地增加企业的经营活动产生的现金流。

参考文献

[1] 陈国进，王磊. 境外上市对公司融资约束的影响 [J]. 当代财经，2007（8）：47–51.

[2] 潘越，戴亦一. 双重上市与融资约束——来自中国 A–H 双重上市公司的经验证据 [J]. 中国工业经济，2008（5）：139–149.

[3] 方军雄. 民营上市公司真的面临银行贷款歧视吗 [J]. 管理世界，2010（11）：123–131.

[4] 夏冠军，陆根尧. 资本市场促进了高新技术企业研发投资吗——基于中国上市公司动态面板数据的证据 [J]. 科学学研究，2012（9）：1370–1377.

[5] 唐清泉，肖海莲. 融资约束与企业创新投资—现金流敏感性——基于企业R&D 异质性视角 [J]. 南方经济，2012（11）：40–54.

[6] 连玉君，程建. 投资—现金流敏感性：融资约束还是代理成本 [J]. 财经研究，2007（2）：37–46.

[7] Myers, S., N. Majluf (1984). Corporate Financing and Investment Decisions When Firms Have Information that Investors Do Not, Journal of Financial Economics, 13: 187–221.

[8] Hall, B.H., Learner, J. (2010). The Financing of R&D and Innovation, in: Hall, B.H.,

Rosenberg, N. (Eds), Handbook of the Economics of Innovation. Elsevier, Amsterdam, 610–38.

［9］Stiglitz, J. (1985). Credit Markets and the Control of Capital, Journal of Money, Credit and Banking, 17: 393–410.

［10］Himmelberg, C. P., Petersen, B. C. (1994). R&D and Internal Finance: A Panel Study of Small Firms in High-tech Industries, Review of Economics and Statistics, 76 (1): 38–51.

［11］Czarnitzki, D., H. Hottenrott (2009). Financial Constraints: Routine versus Cutting-Edge R&D Investment, Journal of Economics and Management Strategy, 37: 44–56.

［12］Carpenter R., Petersen B. (2002). Capital Market Imperfections, High-tech Investment and New Equity Financing, Economic Journal, 112: 54–72.

［13］Hall, B. (1992). Investment and Research and Development at the Firm Level: Does the Source of Financing Matter? NBER Working Paper 4096.

［14］Hao, K.Y., Jaffe, A.B. (1993). Effect of liquidity on Firm's R&D Spending, Economics of Innovation and New Technology, 2: 275–282.

［15］Bhagat, S., I. Welch (1995). Corporate Research & Development Investments – International Comparisons, Journal of Accounting and Economics, 19: 443–470.

［16］Harhoff, D. (1998). Are There Financing Constraints for R&D and Investment in German Manufacturing Firms? Annales d'Economie et de Statistique, 49/50: 421–456.

［17］Hall, B.H., Mairesse, J., Branstetter, L., B. Crepon (1999). Does Cash Flow Cause Investment and R&D: An Exploration Using Panel Data for French, Japanese, and United States Scientific Firms, in Audretsch, D., and A. R. Thurik (eds.), Innovation, Industry Evolution, and Employment, Cambridge, England: Cambridge University Press.

［18］Ughetto, E. (2007). The Financing of Innovative Activities by Banking Institutions: Policy Issues and Regulatory Options, Innovation Studies Working Paper, No. 02/2007, Torino, Italy.

［19］Whited, T.M. (1992). Debt, Liquidity Constraints, and Corporate Investment: Evidence from Panel Data, Journal of Finance, 47: 1425–60.

［20］Fazzari, S.M., Hubbard, R.G., Petersen, B.C. (1988). Financing Constraints and Corporate Investment. Brookings Papers on Economic Activity, 19: 141–195.

［21］Brown, J., Fazzari, S., Petersen, B. (2009). Financing Innovation and Growth: Cash flow, External Equity, and the 1990s R&D boom. Journal of Finance, 64: 151–185.

［22］Hadlock, C., Pierce, J. (2010). New Evidence on Measuring Financial Constraints: Moving beyond the KZ index. Review of Financial Studies, 23 (5): 1909–40.

［23］Martinsson, G. (2010). Equity Financing and Innovation: is Europe Different from The United States? Journal of Banking and Finance, 34: 1215–1224.

［24］Müller, E., V. Zimmermann (2009). The Importance of Equity Finance for R&D Activity-Are There Differences Between Young and Old Companies? Small Business Economics, 33 (3): 303–318.

［25］Ferando R. Chaddad and Jeffrey J.Reuer (2009). Investment Dynamics and Financial

Conscial in IPO firms. Strategic Entrepreneurship Journal, 3: 29-45.

[26] Dirk Czarnitzki, Hanna Hottenrott (2010). Financing Constraints for Industrial Innovation: What do we Know? Research reports Managerial Economics, Strategy and Innovation. Mimeo.

[27] Hayashi, F. (1981). Tobin's Marginal q and Average q: A Neoclassical Interpretation. Econometrica, 50 (1): 213-24.

[28] Mulkay, B., B.H. Hall., J. Mairesse (2001). Investment and R&D in France and in the United States, Deutsche Bundesbank, ed., Investing Today for the World of Tomorrow, Springer.

[29] Silva, F., Carreira, C. (2010). Measuring Firms' Financial Constraints: Evidence for Portugal Through Different Approaches.' Estudos do GEMF 15/2010. Coimbra: GEMF/Faculty of Economics, University of Coimbra.

(作者: 段胜辉　路艳)

关于科技成果转化的方式及融资需求的研究报告

一、科技成果转化的重要性

科技成果转化，强调科技成果的商品化应用、产业化生产和社会化普及，是国务院《关于发挥科技支撑作用促进经济平稳较快发展的意见》的重要内容。科技成果转化提供了对接科技资源与经济社会发展需求的现实途径，有利于加强对科技资源的充分使用和高效配置，引导各类创新要素向重点产业和关键环节聚集，推动更多拥有核心技术和自主知识产权的重大科技成果落地转化，培育新的经济增长点。

科技成果转化对社会、经济、民生各方面都有深远的影响：

（1）科技成果转化对于解决我国计划经济体制下形成的相互独立的科研和生产两大体系的衔接和融合问题有重要的意义，实现了科技与经济的有机结合，使科技与经济融为一体，真正发挥了科技是第一生产力的作用。

（2）科技成果实现产业化后，通过投资乘数或消费乘数，将带动税收、劳动者报酬、生产盈余的更大规模增长，应用于民生领域的科技成果或者是解决了一些社会问题，或者是提高了全体成员的生活质量，整体上都带来了经济效益和社会效益。

（3）科技成果转化使新产品或新技术的应用有助于将降低生产成本、提高劳动生产率、促进产业结构优化升级、促进节能减排等方面，进而能够促进就业、提高劳动力的素质和水平。

二、国内外科技成果转化的主要方式

特征不同的科技成果其产生方式和转化的参与方式都有所不同，因此科技成果转化的方式也有所不同。

（一）国内科技成果转化的主要方式

1. 科技成果转化的中间传递模式

科技中介机构是面向社会开展技术扩散、科技成果转化、科技评估、创新资源配置、创新决策与管理咨询等专业服务机构，是国家创新体系的重要组成部分，是科技成果转化的关键环节。科技成果的转化是一项系统工程，需要技术市场中介服务机构全过程的服务。它不仅要服务于创新活动的上游，把科研机构和高校的科技成果产业化、商业化，还要向创新活动的中游延伸，直接参与到科研机构和高校的创新活动中，从成果研究开发到初始建立长期合作伙伴关系。机构的职责就是促进企业与高等院校、科研院所的横向联系，推动科技成果的转化与合作。

2. 科技成果转化的风险分担模式

在我国，由于科技成果转化资金尤其是中后期科技成果转化资金的缺乏，常常阻碍一些前景较好的科技成果向产业化方向发展，造成科技成果产业规模不大，无法形成规模经济，无法参与国内外市场竞争。通过与科研机构合作组建股份制公司，促进科技成果进入规范化、科学化的轨道，是科技成果转化值得探索的新模式。一方面，通过吸引投资机构、金融机构以及社会上的其他组织和个人参股，使投资风险和经营风险相对分散；另一方面，可给那些具有创业精神和有胆识的人提供施展才能的机会，使各种生产要素得到优化组合，且为科技成果进一步开发提供充足的资金保证。

3. 科技成果转化的联合共赢模式

产学研结合促进科技成果转化，发展高新技术是世界各国特别是发达国家普遍采用的方法。高等院校和科研院所与企业资源相融，优势互补，是科技转化为生产力的有效途径，也是科技成果转化的必由之路。产学研合作进行科技成果转化需要以市场为导向，以企业为主体。

4. 科技成果转化的智力传播模式

20 世纪 80 年代初期，我国的高等院校陆续尝试将其科研成果进行转移，主要办法是通过设在大学的科技成果转化中心，推动大学的科技成果与市场和企业结合。这种通过被动适应，而不是主动适应市场需要的科技成果转化方式，已经越来越无法适应快速变化的社会经济发展的需要。特别是伴随着社会上其他科技成果转化机构和技术中介组织的出现，高校科技成果转化中心的作用逐渐下降。高校建设大学科技园，就是要克服传统的科技成果转化中心被动推广和单纯出售科技成果的弊端，确立以市场化方式运作科技成果转化机制，将市场需要、科学研究，以及研究人员和科技资源等通过科技园的平台进行系统整合和集成，使高校的科技成果更具有针对性、方向性和社会适用性。

（二）国外科技成果转化的主要方式

1. 科技成果转化的新办企业模式

科技人员自带成果创办高新技术企业，或是以技术入股方式加入公司。法国研究成果推广署积极地从技术上和资金上大力支持研究人员创办新企业。从政策方面，法国允许科研人员创办公司，推广其成果。其优惠条件是停薪留职 2~3 年。1996 年 4 月，日本科学技术会议制定了《科学技术基本计划草案》，该草案提出，国立科研机构的发明人员将与国家共享研究成果的专利权、实用新型权，并允许科研人员用自己研究开发的成果创办企业。

2. 科技成果转化的合作研发模式

合作研究指高校、科研机构和企业共同参加国家制定的联合研究与开发计划，其成果直接应用于企业。各国实践表明，开展合作研究和合同研究是推动科技成果向企业转化，加速实现科技成果的工业应用，迅速提高中小企业的技术水平，取得理想的经济效益，并且形成"科研—生产—再科研—再生产……"良性循环的有效途径。1993 年美国政府提出，国家实验室从现有预算中拿出10%~20%的经费同企业开展合作研究，以帮助企业利用高新技术，促进经济发展，以美国大学和工业界的合作研究中心为主体的"工程技术合作中心"则被认为是大学直接与工业界合作的主要手段之一，是促进高校科技成果向企业界转化的一种有效形式。在德国，不仅应用研究和技术开发机构直接为工业企业部门服务，而且基础研究机构也在更多地开展有应用前景的研究课题，单纯为研究而开展的科技活动得不到政府的经费支持。

3. 科技成果转化的人才交流模式

科技人员交流是一种更为直接、更为灵活的科技成果转化形式。英国皇家学会和科教部研究会共同设立了"工业研究基金"，通过资助形式鼓励高校教师和企业的科研人员到对方单位从事半年至两年的研究工作，期满后再回原单位。剑桥大学明确规定，该校的毕业生只有到社会其他部门工作几年，才有条件回校任教工作。

4. 科技成果转化的园区支持模式

高技术园区是一种以智力密集为依托，以开发高技术和开拓新产业为目标，促进教育、科研与生产相结合，促进科技经济一体化的综合性基地。国外科技成果转化模式有很多共性：科研导向市场化，科研经费来源主要是企业，其次才是政府；科研主体要么是企业，要么是企业和科研部门合作；科研管理也多表现为市场化或企业管理；政府的作用更多地体现在制定公平、公正法律规则保护科研成果，引导科研部门与企业合作共同完成科技成果的转化。

（三）科技成果转化方式研究总结

根据对科技成果和科技成果转化应用的界定，以及对国内和国外不同科技成果转化应用模式的梳理，参考《中华人民共和国促进科技成果转化法》，对科技成果转化应用方式按照成果使用权的转移程度进行如下分类：

1. 成果技术交易——成果使用权完全转移

技术交易类型的科技成果转化主要特点是：科技成果的所有权、使用权发生完全转移，由科技成果的所有者转移到科技成果的购买方，购买方一般为企业，最终科技成果的转化在企业实现比较充分的转化应用。这类转化模式一般分为两种：一种是科技成果所有者向他人转让科技成果，所有权和使用权都发生转移。另一种是科技成果所有者许可他人使用科技成果，成果的所有权没有发生变化，主要是使用权实现了转移。

2. 合作实施转化——成果使用权部分转移

科技成果合作实施转化，一般是高校院所与企业、企业与企业实施合作，开展技术研发、转化应用，主要特点合作双方或多方之间均享有科技成果的使用权、所有权，或主要是企业享有所有权。此类科技成果转化方式主要分为三种：第一种，以科技成果作为合作条件，与他人共同实施转化应用，这种形式一般是高校或科研院所完成研发工作并取得一定的科技成果，将该成果作为合作条件，与外部企业一起实施科技成果的转化应用。第二种，以科技成果作价投资，折算入股，这种形式能够使科研成果的转化双方形成紧密的合作，能更好地实施科技成果转化应用。第三种，政府投资实施应用（针对公益性研究成果），此类科技成果主要是面向公益应用，企业一般没有介入的意愿，需要政府来推动实施，成果转化的效益主要是社会效益。

3. 自行实施转化——成果使用权不发生转移

科技成果的重要方式之一是成果产生单位自行组织实施转化，此种方式主要是企业通过技术研发产出成果，即自行组织各类资源进行成果的应用和产业化，因为企业的研发活动有明确需求，研发成果要通过一系列的活动实现产品化、产业化。这类转化形式的主要特点是：科技成果的所有权、使用权都不发生转移，研发单位能够自己掌握成果的知识产权，能够在已有技术成果的基础上继续推动、升级科技成果水平。

三、科技成果转化面临的主要问题

（一）科技成果转化的市场机制尚未完全形成

科技教育体制改革以来，我国还是没有摆脱依赖政府促进科技成果转化的状况。科研院所、高等学校大多归属政府部门，人、财、物、事由政府管理，单位主要依靠行政手段运行，科研资助、立项和成果鉴定均为政府行为。这在相当大的程度上导致科技与经济相互脱节，产、学、研的合作机制不健全，尚未形成研究、开发、产业化的一体化管理机制，转化的外部环境条件不充分。如：企业吸纳科技成果的能力弱，国家财政、税收、法律等方面支持力度不够完善等。

（二）现行评价机制注重学术研究，导致研发与市场需求脱节

目前的考核办法不利于研究人员主动考虑市场需要，即使研究出好的成果也不会主动往市场上推广。特别是拥有高水平研究人员的部分高校和科研院所，考核制度对成果转化和产业化缺乏激励作用。高校和科研院所的科研人员，一般对科技成果如何在市场上应用不够关心，也不甚了解，完成的科研成果往往只注重或停留在进行实验室试验、完成原理样机、发表文章和完成报告的水平上，未必能够解决企业的问题，导致研究开发与市场需求脱节。因此，科技成果转化难点之一是既缺少足够可以转化的有效科技成果，又缺乏科技成果完成者的后续跟进。

（三）科技中介服务体系尚需健全，服务能力还需进一步提升

近年来，科技成果转化中介服务有了一定的发展，但大多功能单一，结构不健全，提供服务的专业化水平还有待进一步提升。如：中介服务信息传递不够及时和准确，导致科研机构的很多成果找不到需求者而无法实现转化；另外，企业需要的技术成果找不到合适的供应者，企业产品开发中的难题找不到合适的科技人才来研究。中介服务及其机构无论从数量和功能上都远远不能适应科技成果产业化的需要。

（四）风险投资发展相对较慢，尚不能满足科技成果转化的实际需要

科技成果转化是一项高风险、高投入、高收益，且周期长的活动，这就决定了难以从常规的商业渠道中获得足够的资金支持。对于科研机构来说，自身并不具备自我转化的资金实力；对于金融机构来说，出于安全性的原则，大多愿把资金借给一些有名气、实力雄厚的大公司。对一些转化周期长，技术风险和市场风险大的项目，银行的积极性不够；对企业来说，面对承担高风险的巨大压力，往往对很多高新技术成果望而却步，或者对于大多数科技成果的转化工作，企业愿意承担部分风险，但不愿承担全部风险。

四、科技成果转化的主要融资方式

（一）内部融资主要方式

1. 科研经费

科研经费是一些企业、高校、科研院所等机构能获得资金的最直接、最稳定的来源，特别是能够承担国家或地方重点课题、项目的机构，科研经费的数额能够保证科技研发的快速稳健推进，近年来，随着国家在科技投入上的逐步增加，尤其是在科技成果转化上投入的增加，科研经费无论从种类还是从单笔的数额上都有了很大的增长。

2. 自有资金

自有资金是企业、高校、科研院所等机构在科技成果转化之前自身拥有的或产生的资金，包括原始投入、经营收益和内部集资等。自有资金是科技成果转化中最原始的资金获得方式，但同时存在着数额少、不可持续等问题。

（二）外部融资主要方式

1. 银行贷款

银行贷款是指银行按一定利率、在一定期限内，把货币资本提供给资金需求者的一种经营活动。这种融资方式利率较高，且对于没有足值抵质押物，无法产生稳定、足够现金流的经济实体，并不是一种较易获得资金的途径。

2. 风险投资

风险投资是指投资人将资金投向刚成立或快速成长的高科技企业，投资者在承担高风险的同时，为企业提供股权资本和增值服务，通过协助其顺利实现上市

交易，或通过并购和其他股权转让等方式，获得高额投资回报。但风险投资行业本身尚未成熟，且多数企业并不希望通过这种方式与他人分享企业成长带来的股权收益。

3. 发行债券

发行债券是指以银行为中介直接从拥有闲置资金的人手中筹集资金的方式。具有融资额度大、可锁定长期成本、树立企业良好形象等优点，但同时对企业的净资产、利润、债务等经营情况和信用情况有着严格的要求。

4. 上市融资

上市融资是指以证券市场发行股票的方式，吸收普通投资者的资金的一种融资方式，这种方式不仅能够一次性获得较大资金，而且能够通过上市在科技成果转化前期吸引其他股权投资。但是，上市融资对于企业来说是"锦上添花"，并不能解决科技成果转化前期对资金的紧迫需要。

五、科技成果转化各阶段的融资需求

科技成果转化是一个连续的过程，这一过程可以大致分为四个阶段：种子期、导入期、成长期和成熟期，每个阶段都有不同的融资需求特点，不同的融资方式介入的阶段也有所区别。

（一）种子期

种子期是指从创造性的想法开始到开发出产品的雏形这一段时期，一般为1~3年。在这一时期，人、财、物的投入都比较有限，对资金的需求也存在很大的不确定性，资金需要根据科技成果的研发持续投入，并且不会产生任何资金回报，自有资金和科研经费是种子期的主要资金来源。

（二）导入期

导入期是指从产品的雏形到产品正式进入市场之间的这一段时期，一般为1~3年。在这一时期，科技成果的雏形通过一系列的小批量生产，不断积累经验、进行改进、降低成本，最终实现大规模生产以及试营销，其间对资金的需求成倍增加，由于技术风险和市场风险仍然较高，因此大量资金的投入还无法获得利润回报，风险投资、企业合作融资等方式的介入有助于推进科技成果的产业化。

（三）成长期

成长期是指从产品正式进入市场到获得稳定的市场份额的这段时期，一般为3~5年或更长的时间。在这一时期，产品已经基本成熟，资金需求已经从研发转移到产品的改进及打开市场销路上，所以成长期所需要的资金可能会比前两期更多。进入市场营销阶段，部分投资已经能够收回，但利润率还较低，银行贷款、发行债券等债权融资方式的介入与风险投资等股权融资方式的相互配合，能够为科技成果转化提供大量资金。

（四）成熟期

成熟期是指产品获得稳定的市场份额之后的时期。在这一时期，科技成果转化已经基本上得到了实现，稳定的销售收入带来的回笼资金能够使企业按照商业融资的运作方式去获得所需要的资金，前期投入的资金逐步退出并可用于开始新一轮科技成果转化的循环。在成熟期，企业使前期投资退出的最佳融资方式是上市融资，进而提升企业的发展能力。

六、科技成果转化的融资问题

科技成果转化需要大量的研发资金投入，以及需要一定的固定资产投入，目前，融资中面临的主要问题有以下三个方面：

1. 可获得资金渠道少

目前，融资方式很多，但对于需要进行科技成果转化的企业、高校以及科研院所来说，可获得资金的渠道并不多，特别是规模较小、非承担国家重点课题项目、缺少固定资产抵质押物的机构，融资渠道和融资规模都受到了极大的限制。

2. 融资结构不合理

科技成果转化中融资结构的不合理表现在各种融资方式在融资总额中以及在转化过程各阶段所占的比例不合理，缺少足值抵质押物的企业更希望获得债权融资，而非股权融资，但在实际融资过程中，债权融得资金相对较难获得；同时，资金在科技成果转化各阶段分配的不合理也使得企业等机构无法在最需要资金的导入期和成长期获得资金支持。

3. 融资缺乏整体规划

在成果转化中，通常是由资金推动项目而不是根据项目的资金需求来决定融资方式和融资额。盲目追求资金使得科技成果在项目转化过程中偏离了初衷，融资不再是科技成果转化的手段而成为了最终的目的。

七、促进科技成果转化的对策建议

（一）转变政府行政管理职能，进一步完善科技成果转化的市场机制

通过体制机制创新，转变政府职能，促进市场化、民生类的科技成果均能实现转化应用。对于有市场前景的科技成果，政府有关部门通过制定和完善产业政策、财税政策、发展规划、科技管理方式方法等，使科技成果的各相关主体紧密联系与结合，使科技成果在市场机制下实现再转化和产业化。对于基础研究、应用研究、公益性项目，政府还应实施一定的计划管理，并给予稳定的财政支持。政府在转变职能方面需要做好各项宏观方面的工作，如给高校、科研院所等应有的自主权，制定和改进有利于科技成果转化的相关政策；完善相关措施，促进科技成果转化和企业技术创新的结合；通过完善考评机制、税收优惠等引导和鼓励各方主体参与科技成果转化。

（二）改进与完善科研人员激励机制和利益分配机制

改变"项目（论文）—鉴定（发表）—评奖—晋升"的管理办法，营造激励那些投身科技成果转化的科技人员的氛围，制定各种激励机制以提高科研人员将科研成果与生产实践相结合的积极性，引导科技人员积极投身于成果产业化，增强市场开发意识；将科研人员的晋升、职称评定与其科研成果的社会经济效益结合起来。建立良好的利益分配机制，对取得效益的推广人员进行社会地位的认可和奖励，使之觉得从事科技成果推广、转化、应用工作与科学研究同样光荣、同样重要，以刺激科研人员将更多的精力投入到成果转化上来。

（三）加强科技成果转化的中介服务体系建设

根据科技成果转化的特点和实际情况，借鉴国外的有益经验，引导和推动各种科技中介机构的发展，并不断提高服务质量。第一，完善科技中介机构体系建设，建立公共中介服务体系，大力发展民营中介服务。发展公共中介服务，是政府支持科技成果转化中介服务的重要方面。而促进民营中介服务体系的发展是促进中介服务体系建设的最重要方面。同时，鼓励科研机构、企业、社会团体建立各种中介服务机构，鼓励各类科研人员开展业余咨询服务活动。第二，完善和提高科技中介机构的功能，支持科技中介机构从各个层次、各个方面开展科技成果

的转移转化活动，同时支持其服务水平和质量。第三，促进科技中介机构向企业化的方向发展。科技中介服务活动应追求盈利，要将中介方的利益维系于科研机构和企业的共同收益中，促进科技中介机构参与科技成果转化的前期投入、中期的监督实施及后期的收益评估。政府应通过示范增强企业、科研机构对科技中介服务的了解和需求，并通过相关的措施促进企业、科研机构使用中介服务。

（四）完善风险投资机制，为科技成果转化提供资金保障

应当尽快建立由政府、企业、银行、社会等共同投资和承担风险的多元化科技投入体系。以风险投资基金为主要形式，活跃风险投资资本市场，使风险投资来源社会化，鼓励银行、保险公司、企业集团向风险投资公司参股，在一定条件下吸收社会闲散资金。积极培养多层次资本市场，促进资本合理流动。制定相关优惠政策，建立激励风险投资机制，为风险投资营造一个良好的政策环境，引导社会资金进入风险投资领域，建立健全有关风险投资的法律法规体系，加强对风险投资的宏观调控和引导。

（作者：张丹）

科技创新与金融资本的黏合方略

在长春高新区新一轮发展战略规划实施的四年中，价值提升的根源在于其创新战略的思想体系，资本运营能力是其加速前行的基本保障。

今天，回眸长春高新区科技金融服务体系建设，一个个创新成果令人激情澎湃：集聚金融服务机构超百家，其中股权类投资机构43家，基金总规模突破200亿元；新注册小贷公司9家，注册资金总额4.3亿元；区内银行网点达到21个，帮助中小型科技企业获得贷款9亿多元；境内外上市企业9户，储备上市企业9家，拟在"新三板"挂牌企业35家，为创新发展提供了有力支撑。

在今天的长春高新区，以"沃顿财富广场"和"省创投集团总部大厦"为核心的区域金融中心已初现端倪。政策完善、资源集聚、层次多样、功能健全的金融服务软环境正逐渐成为长春高新区新一轮发展的动力和源泉。

金融是极致化创新的催化剂和推动力。今天的长春高新区，作为一块科技金融结合的"示范田"，其产业发展能力、自主创新能力、城市承载能力和综合服务能力均已得到大幅提升，主要经济指标快速增长，以科技金融为核心的高端服务业也早已成为长春高新区快速发展的强大引擎。

一、突出政策载体　构建服务框架

目前，长春高新区拥有"国家创新型科技园区"、"国家火炬计划光电产业基地"等国字号基地23个，为该区汇集国家各部委的政策资源，替科技企业争取财政计划支持创造了先决条件。四年来，长春高新区坚持突出政策载体作用，积极争取各级政府的政策资源，盘活了"家底"资源。

成立于2007年4月的长春圣博玛生物材料有限公司，主要开展生物可降解医用高分子材料及下游产品的开发、生产，以及合成材料的生产、销售。作为一家落户在长春高新区内的高新技术企业，圣博玛生物材料有限公司先后承担了国家、地方的"中小企业创新基金"项目、国家科技部国际合作项目、火炬计划项目、省科技厅重大科技计划项目、市科技计划项目，等等。同时，该公司还与中科院长春应用化学所合作承担了省院合作基金项目、省工信厅技术改造项目等各类计划项目十余项。在承担项目的同时，公司也获得各类扶持基金的资助。

同时，长春高新区还积极协助企业申报各级各类科技计划，争取各级政府的支持。2011 年，长春高新区制定完成"促进科技和金融结合试点园区建设方案"，在省、市政府及相关部门的支持下，积极开展试点工作。通过开展科技和金融结合试点园区建设，搭建服务平台，完善政策体系，进一步整合科技、金融资源，长春高新区构建了科技和金融优势互补、互动的良性循环系统。高新区区级财政每年投入科技和金融专项扶持资金 2 亿元，重点用于金融机构开办补助、科技支行风险补助、金融机构新增业务奖励、产权交易费补助、债券融资手续费补助、科技保险费用补助、金融机构房租补助、企业融资补助，以及企业科技创新 9 个方面，引导金融服务业发展，形成科技和金融资源加快集聚、高效配置、互相促进的发展态势。

为强化股权性投资的引导作用，拓展财政资金的功能和作用，2009 年，长春高新区在原有长春高新风险投资公司的基础上，设立了总投 10 亿元的科技成果转化基金和总投资 3 亿元的长春高新创业投资集团有限公司，并以高新创投集团为母体，依托国家和省、市相关部门的资金支持，通过参股，以及给予启动经费、房租补贴等方式引进中国银河投资、盈富泰克创投等，联合募集成立高新创投基金、国家生物医药发展基金、汽车电子产业发展基金等专项股权投资基金，引导股权投资机构集群化发展，目前在高新区注册的股权投资机构达到 43 家，注册资金达到 62 亿元，计划发展规模超过 200 亿元，成为全省股权投资机构聚集地。

与此同时，长春高新区还从人才引进、创业孵化、科技创新、产业发展等不同方面制定扶持政策，创新财政投入方式，加大财政扶持力度。目前已形成 12 项专项政策组成针对企业在初创期、成长期、加速期和发展期不同发展阶段，覆盖企业发展全过程的完善财政资金扶持体系。

四年来，长春高新区用于政策资助科技创新创业和金融业发展的支出，已经累计超过 12 亿元。未来几年，长春高新区用于政策资助科技创新创业和金融业发展的支出比例，将逐步达到本级财政支出的 5%，从而引导金融服务业发展，推动企业的科技创新，促进科技和金融的有机结合，助力企业快速成长。

二、开拓融资思路　加快嫁接市场

李洪光是省纵横软件开发有限公司的总经理。这家落户在长春高新区内的高新技术企业，已经将发展的目光瞄向了资本市场。"以前企业缺钱，就是想尽办法找银行贷款、找亲属借钱，而现在，则是积极寻找战略投资者，采用更加灵活、更加多元的融资模式。"作为中小型科技企业的经营者，李洪光融资理念的这一转变，得益于长春高新区金融服务部门的帮扶和引导。

2009年实施新一轮发展战略规划时，长春高新区成立了金融工作领导小组，2010年在此基础上成立了专职金融服务机构——金融上市办公室和长春高新区科技型中小企业投融资服务中心。这种机构设置在全国各开发区中，也并不多见。

"科技金融业的发展，是科学技术蓬勃发展、研发创新能力大提高的基础和保障，是促进科技成果转化，提升产业创新活力的必要条件，科技与金融结合更是社会主义市场经济发展的必然选择。"高新区决策者认为，初创时期的中小型高新技术企业，都是轻资产企业，而他们对资金的需求却往往最迫切。长春高新区成立专门职能部门，就是想通过职能部门的服务、引导，改变企业融资找银行的"一条腿"模式，多元化解决企业的融资难题。

近年来，长春高新区在打造科技金融结合示范田的过程中，"转变"一词最热。要转变，要创新，首先要改的就是人的思想。长春高新区的决策者们敏锐地察觉到了这一点。李洪光总经理认为，他的融资理念之所以得到根本转变，是长春高新区组织企业家进行的一次免费"中关村"之旅——在那里，企业家们通过参观、座谈、集中听课培训等方式，开阔了眼界，懂得了金融资本市场的融资模式和魅力，彻底改变了融资和经营企业的思维。

组织企业家"走出去"，仅仅是长春高新区引导企业家"转变"的方式之一。为提升企业利用社会资本的意识和能力，了解不同的融资渠道，在长春高新区营造独具特色的金融环境和氛围，高新区不断探索和尝试多样化的金融活动：2012年，高新区金融办已累计组织了百场融资培训或对接会，既有科技金融与企业自主创新交流会等大型对接活动，也有软件动漫企业专场融资培训会、汽车电子行业股权融资专场对接等专场融资活动……这些活动增进了企业对金融服务的理解和认识，有效提高了企业的资本意识和对金融产品的使用技巧，为企业转变观念、借助外来资本的力量实现快速发展奠定了基础。同时，金融办还与金融机构紧密联合，深入挖掘企业融资需求，针对科技企业的特点制定了一系列有效的金融产品，充分发挥了长春高新区投融资服务平台的纽带作用，树立了金融服务的良好形象，使高新区内金融与科技融合的氛围日益浓厚。

通过四年来的努力，长春高新区在科技金融领域呈现出三种令人兴奋的"转变"：企业融资模式由以前"找银行"的单一、间接模式向"找资本市场"等多元、组合式模式"转变"；企业从初创到成长，长春高新区相关职能部门已经构建了全过程、全方位的资本助推格局，金融服务也由以前的单一服务模式向构建组合式服务体系"转变"；更为重要的是，企业家的思想已经由以前的相对封闭向更加现代"转变"，企业家的"开放"思维已经带动他们经营企业、融资的思维、模式发生了积极"转变"。

三、多元融资模式　力助创新幼苗

亿思达公司于 2010 年入驻长春高新区，多年来，该公司在 LED 照明领域开发出了数十项具有独立知识产权的 LED 照明专利产品。在入驻长春高新区之前，其营业额每年只有 200 多万元，但目前已经达到 3000 万元。这种惊人的跨越发展得益于在长春高新区支持下所获得的无担保订单式融资贷款。

为解决中小科技企业的融资难题，鼓励银行业对辖区内的企业信贷支持，长春高新区出资设立了"长春高新区科技型中小企业贷款风险补偿专项基金"，用于为高新区内科技企业增信，以及银行的信贷风险补偿，引导合作银行为企业提供信贷支持，从而构建了多元化的信贷融资模式。

依托"风险补偿专项基金"，长春高新区联合协议银行以产业链为核心，围绕汽车、生物医药、光电子等主导产业的龙头企业，鼓励和支持其创新金融产品，设计符合科技企业特点的信贷产品。为上游中小科技企业提供票据贴现、保理业务、应收账款质押等信贷方式；组织长春高新区各孵化器内的科技企业，推进互保申贷，进行无抵押贷款；为具有自主知识产权、发展潜质好、无实物抵押的科技企业，提供知识产权质押、股权质押贷款等。目前，已有 90 余家企业通过该平台获得信贷服务，其中获得银行贷款的企业有 17 家，贷款总额 7.58 亿元。

为解决企业的短期资金需求，长春高新区充分利用省、市金融办赋予的小贷公司的初审权，加快对小贷公司的培育发展。目前已累计有 25 家小贷公司在长春高新区提出注册申请，自 2012 年底已有 6 家相继获准正式营业，已累计为区内企业放贷超过 100 笔，累计资金 1.2 亿元。

此外，长春高新区还积极推广"政＋投＋保＋银"模式，建立金融要素联动机制。目前，已经有国家开发银行、中国银行、光大银行、工商银行、兴业银行等 13 家银行与高新区签署了合作协议。

在股权融资方面，长春高新区从第一家专业科技风险投资公司，到如今聚集 43 家股权投资机构；从高新风投公司 5000 万元的注册资本，发展到如今的 60 亿元的股权投资规模，长春高新区已经形成了覆盖企业成长全过程的，从天使投资、创业投资到产业投资的股权投资链条。

长春高新区每年投入 300 万元设立天使资金和孵化资金，通过创业大赛的形式，筛选拥有自主科技成果的创业项目和初创期科技企业，资助创业者创办科技企业。目前，高新区已连续举办三届青年科技创新创业大赛，累计无偿资助科技型中小企业 67 户，金诚刀具、艾曼机器人、翔翼科技等一批初创企业在创业孵化资金的支持下，得以成立、发展和壮大。

长春科技风险投资有限公司是长春高新区最具代表性的创投公司，目前资产总额 20082 万元，累计投资 53 家企业，累计投资 23180 万元，同时吸引其他资金投入高新技术项目和企业，累计带动投资金额超 10 亿元。其所投资的吉大天元公司、东北师大理想软件公司等十余户企业均是作为发起人进行股权投资，大大促进了科技项目和企业的快速发展，目前这些公司不仅是高新区所属行业的骨干企业，也是国内相关行业内的领军企业。长春高新风险投资公司早期所投高祥管道、广通有线等项目已陆续得到赛伯乐、青云等基金的二次股权融资。

2009 年，长春高新区强化了财政资金的股权投入方式，成立总投资 3 亿元的长春高新创业投资集团有限公司，以其为引导性投资，与其他机构合作成立子基金，以鼓励投融资发展政策吸引各类股权投资机构，高新区各类股权投资机构规模已达到 200 亿元，实际到位资金 60 亿元。截至目前，初步形成了以财政天使资金为引导，集聚和培育高增长型科技企业资源；以高新创投集团为核心，发挥募集创投资本蓄水池作用，聚集社会资本扩大高新区私募股权投资规模；以长春高新风险投资公司为引领，培育有投资价值的科技企业资源，私募股权基金产业化资本助力的有效资本支持体系。

目前，这种具有长春高新区特色的"硅谷模式"正在为驻区企业科技创新提供源源不断的动力。

（作者：蒋小铭）

后金融危机情境下我国版权产业与金融业有机融合问题研究

全球金融危机的剧烈影响和后金融危机时期的不确定性，给我国各个产业带来了巨大冲击。在此背景下，首当其冲的金融业试图寻求新的突破口。同时，版权（本文中的"版权"即"著作权"）产业作为文化产业的重要组成部分也不可避免地受到了金融危机的波及，资金链断裂、消费增长不足和一些文化企业的相继破产，已经成为威胁其健康发展的主要障碍。版权产业急需通过金融创新来突破现在的困境，而金融业也需要通过跨行业的渗透来打造新的媒介，促进整体的经济发展。因此，实现版权业与金融业的有机融合（简称"版权金融"），无论对金融业还是版权业都有着巨大的推动作用，而且对于我国在后金融危机情境下整体的文化产业发展也有一定的现实意义。

一、版权产业与金融业融合研究方面的文献分析

（一）国内研究现状

虽然版权金融在我国的发展并不成熟，但作为我国当下和未来经济发展的一个重要推动力，其已成为我国政府和相关学界普遍关注的问题。在政府领域，我国众多的重要文件中已多次提到版权业与金融业的融合：2009 年 4 月，文化部与中国银行发布了《支持文化产业发展战略合作协议》，这是我国文化与金融融合的第一个政策性文件，为文化产业与金融业的融合提供了范例；2010 年 3 月，由九部委联合发布了《关于金融支持文化产业振兴和发展繁荣的指导意见》，这是我国金融支持文化产业发展的第一个宏观金融政策指导文件；2010 年 12 月，由中国资产评估协会公布了《著作权资产评估指导意见》，这在版权定价规范方面是一次巨大的尝试与推动；2011 年 10 月发布的《国家知识产权事业发展"十二五"规划》中将版权与金融的融合作为一个力争方向。在学术上，有关专家主要从概念、金融契合点与法律规范等方面研究版权金融：谢婉若（2011）从版权

金融的经济属性、文化属性、产业属性和文化市场属性四个方面论述版权金融不是版权与金融的简单相加，而是金融活动贯穿于版权产业的整个过程，是版权产业融资的延伸；文杰、文鹏（2012）从版权信托制度的价值出发，说明版权信托制度可以有利于版权业的发展，也能有效防止版权闲置现象的发生；许云莉（2008）在研究我国版权证券化现状的基础上，对我国版权证券化条件进行可行性研究，指出版权证券化是扩大版权资本的重要渠道；阎波（2010）从版权与保险的契合点出发，提出建立新型的文化产业类保险，丰富保险险种，以化解在版权交易中遇到的各种风险；万幸（2012）从我国电影产业担保融资的现状和风险因素的研究入手，提出通过多版权组合打包担保融资和引入第三方担保机制来健全版权担保融资机制；王海英（2011）在研究版权金融时指出其具有较强的法律风险，需要建立版权公示制度和完善物权法等法律体系等以防范在版权金融发展过程中可能遇到的法律风险；王明（2012）指出版权金融在发展过程中会面临评估难、投资风险大、投资单一等问题，这需要加强政府在发展版权金融中的引导作用；创造高质量的服务平台。

（二）国际研究现状

西方发达国家通过多年的运作，版权产业已经成为一国的支柱产业。例如，版权助推美国经济 30 年，其在 GDP 占比 14% 以上。正是在这样的经济背景下，美国的法学界和金融学界对版权金融从法律、政策和金融等方面进行了深入的研究。美国至今已对其 1976 年《版权法》就进行了多次、反复地修改，确定了版权和衍生权益的基本准则；同时美国通过"Aerocon 工程公司诉硅谷银行案"（2003）和"纽约信息公司诉穆迪投资服务社侵犯《日收兑年刊》版权案"（2005）确立了版权金融的法律规范。与此同时，国际上有关专家主要从定价、金融媒介、信用评级等各方面研究版权金融：Ben Depoorter 和 Francesco Parisi（2002）主要研究版权交易的交易成本，指出较少外生的交易成本，甚至创造一个零交易成本会提高版权交易的效率，版权价格更为合理；Kenneth D. Crews（2004）从资源配置角度提出，版权可以借助金融的媒介使得书籍、电影等的版权获得充分利用，促进整个社会的资源优化配置；Norman J. Medoff、Edward J. Fink 和 Tom Tanquary（2007）从版权业融资角度进行研究，提出销售更多的版权证券化产品需要更高的评级，因此在信用评级时要对优质版权进行有效识别；Niloy Bose、Antu PaniniMurshid 和 Martin A. Wurm（2012）在研究版权金融模型时引入信息不对称模型，得出版权融资极易导致糟糕的借贷行为，因此选择版权的最佳层次至关重要。

（三）对相关文献的评述

通过对国内外版权金融相关政策，特别是理论的梳理，笔者认为，版权金融在国内尚处于政府扶持期，版权金融相关法规刚进入起步阶段，颁布的相关政策还未完全落实。而且作为金融创新的一个重要分支，国内学界对此的研究还仅限于讨论将版权业与何种具体的金融形式相结合，或提出相关版权金融类型的具体操作方法，并未进行深入的分析和论证；而发达国家的版权金融业已经处于成熟发展阶段，各项法律法规较为完备，实践经验较为丰富，相关专家的关注已经不局限于研究具体的版权金融类型，而是从评级盲点、定价合理性和构建版权金融博弈模型等多角度出发，深入研究版权金融领域问题。

二、当前我国版权产业与金融业融合的主要模式

（一）版权信托

1. 版权信托的界定

根据《信托法》对信托的定义，结合版权的特点，笔者将版权信托定义为：版权信托是一种以信用为基础的法律行为，版权人作为委托人为版权人自身的利益将版权财产的权利转让给受托人，受托人按照契约的规定或版权人的意愿在《著作权法》的要求下占有、管理、使用版权信托财产。版权信托的实质还是一种信托，其遵守的根本法律条款来自《信托法》。但与一般的信托相比，版权信托又具有自身的特殊性。[1] 首先，信托财产为版权，处理信托财产要遵守我国的《著作权法》；其次，版权人具有委托人与受益人的双重身份；最后，信托期限受到法定的版权存续期的限制。

2. 版权信托的实现途径

版权信托行为成立与实施主要通过信托主体履行相应的权利义务来得以保障，其基本流程如图 7.1 所示。

图 7.1 版权信托的流程

注：委托人、受益人均为版权人。

对于版权信托人、受托人、受益人的基本解释是，委托人是指具有完全民事行为能力的拥有某项版权的自然人、法人和其他组织。委托人是信托关系的创设

者，为了维护信托行为的有效运行，其拥有包括对信托财产遭到强制执行时提出异议、对受托人管理不当或者违反信托目的时要求补偿信托财产损失以及复原并提出异议、查阅有关处理信托事务的文件和询问信托事务等各项权利。与此同时，委托人需要让渡一定的管理费给受托人。受托人是指委托人信任的人，不能被人替代或继承，如果委托人对受托人不信任，一般都是退回合同，收回信托财产。受托人在《著作权法》的规定内对版权财产具有销售权、购买权、抵押权、借款权、租赁权等。在获得相应权利和报酬的同时，受托人还要履行6项基本义务：忠实服务的义务、分别管理的义务、善于管理的义务、亲自执行的义务、负责赔偿的义务、分配收益的义务。受益人则是指从版权信托活动中获得信托利益的人，若受托人违背此项义务，拒不向受益人交付信托利益，则受益人可诉诸法院或采取其他救济途径，强制受托人交付。

3. 版权信托终止

版权信托不因委托人或者受托人的死亡、丧失民事行为能力、依法解散、被依法撤销或者被宣告破产而终止，也不因受托人的辞任而终止。版权信托终止主要有两种途径：一是根据《信托法》，信托文件规定的终止事由发生、信托的存续违反信托目的、信托目的已经实现或者不能实现、信托当事人协商同意、信托被撤销、信托被解除；二是版权存续期截止。信托版权是以版权为信托财产进行的信托关系，如果标的财产已经不存在，信托合同将自动终止。

（二）版权证券化

1. 版权证券化概述

版权证券化是指发起人将具有未来收益前景、有发行证券价值的版权作品作为标的，通过一定的结构安排将其中的风险与收益要素进行分离与重组，转移给一个特设载体，由后者发行以该版权产生的未来收益形成的现金流为偿付对价的权利凭证，据以融资的过程。[2]

2. 版权证券化的过程

版权证券化的具体步骤有以下五个阶段：第一，根据版权人的意愿设定版权证券化目标，并以版权及其附属品为标的物构建资产组合建立资产池；第二，设立特设载体，将证券化资产出售给特设载体，以实现证券化资产的财务与风险独立，并将证券化资产与发起人其他资产的风险相隔离；第三，是信用评级阶段，通过聘请专业的信用评级机构进行证券化资产的信用评级，在评级同时根据风险因素等聘请专门的服务机构、流动性提供机构和信用增级机构等进行内部优化和信用增级；第四，是发行证券阶段，通过投资银行向社会公众、保险公司、银行等进行发售；第五，是后期资产管理阶段，需做好资产池的收入支出状况，为证券化服务机构支付薪酬，向投资者定期支付红利。版权证券化具体的过程如图7.2所示。

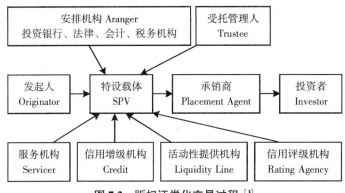

图 7.2　版权证券化交易过程 [3]

（三）版权担保融资

1. 版权担保融资概况

笔者根据我国《担保法》关于担保融资的定义，将版权担保融资定义为：以版权为质押标的，以第三方作为担保方，投资者向版权制作方进行投资以完成版权价值的实现，进而投资方从版权市场价值中获利的投资过程。版权担保融资作为版权金融的一个分支，在我国的发展是最为成熟和普遍的。例如，2005 年华谊兄弟传媒公司与中国进出口保险公司签订了第三方担保合同，以《夜宴》版权为标的物从深圳发展银行获得贷款，这是我国版权担保融资的最早尝试，自此之后，《集结号》、《画皮》、《叶问》、《十月围城》、《唐山大地震》、《金陵十三钗》等被观众熟知的"大制作"，以及冰川网络等网游公司均有版权担保融资的动作。在巨大的商业利益面前，包括深圳发展银行、交通银行、中国工商银行、北京银行、中国银行、民生银行、招商银行等国内多家大型银行，均推出了各自的版权质押融资方案。与此同时，相关的版权担保服务公司也相继成立，这些投资方和中介服务机构都为版权担保融资的发展提供了良好的平台与媒介。

2. 版权担保融资主要模式

从 2005 年至今，我国的版权担保融资一直保持急速增长的势头，我国版权投融资服务平台上的业务几乎都是通过版权担保方式成交的。综观当前的版权担保融资方式，商业银行机构根据版权的优质情况、版权所有方的经济实力和经济业绩等因素，主要推出了以下三种模式：[4] 一是无担保的质押融资方式，在这种担保融资方式中，商业银行只是以版权作为唯一的质押物，版权人也不用提供其他标的物或者第三方作担保，因此商业银行将承担巨大的风险。在无担保的质押融资方式中，版权与版权所有方的各项因素考虑将显得尤为重要，我国第一个拿到无其他标的物抵押和无第三方担保的融资项目是华谊兄弟出品的《集结号》，首先是华谊兄弟的远期资金不缺乏，其次是本片汇集冯小刚等一群有票房保证的大腕儿。二是多版权组合打包担保融资方式，版权所有人通过将自己的多项版权打包，或者联合其他版权人的版权进行打包，形成多版权组合。版权所有人仅以多版权打包组合为质押物，向投资者取得融资，而不需要其他标的资产和第三方作担保。相比无担保的质押融资方式，投资者可以通过多项版权的风险冲销降低投资风险。北京银行就曾以此种多版权组合打包担保融资方式，为博彩营业的四部电影和一部电视剧进行打包融资 1 个亿。[5] 三是借助其他标的物或第三方为担保的版权担保融资方式，这是我国版权担保融资最为普遍的方式，因为版权本身是一种无形资产，其在未实现版权价值之前并不能准确估算。同时版权的优质与否和版权所有人的经济因素，在信息不对称的条件下不能被投资方完全掌握，因此在以版权担保融资时，一般都需要一部分实物标的作为质押或第三方作为担保，这不仅可以增大版权担保的信用，还可以降低投资方的风险。

（四）版权保险

1. 版权保险现状

版权保险基本上是我国版权金融的盲点，它是一种以版权作为保险标的的保险，版权所有者就版权向保险人投保，支付一定保险金，一旦版权价值得不到实现，保险人则向版权所有人支付一定数量的赔偿金。作为版权交易中化解和分散风险的有效手段，版权保险对于增强著作权买卖双方交易的信心，减少交易成本，提升交易成功率，推动著作权交易市场的发展和繁荣具有重要的作用。但是在实际操作中，版权保险在美日等发达国家也尚处于探索阶段，多限于科技型企业的版权类知识产权保险，例如，软件开发，而在我国则几乎是一片空白。我国直到 2010 年 6 月才由信达财产保险股份有限公司根据九部委联合下发的《关于金融支持文化产业振兴和发展繁荣的指导意见》，研发了我国第一个著作权交易保证保险。正如有关专家提到的：只要事物露出具备风险潜力的蛛丝马迹，保险就会无孔不入，而版权却到处暴露风险，但保险却似乎无能为力。[6] 当然，这只是现状而已。

2. 版权保险实施的路径

"小荷才露尖尖角"，在推进版权保险的发展过程中，要积极发挥政府部门的引导作用，建立和健全服务平台；保险机构应努力开发相关险种，为版权保险的实施做好载体保证；版权所有人要增强保险意识，积极参保。初步的建议是：第一，政府部门要从政策措施方面推进版权保险发展。从出台"政策法规"的管理体系向提供"中介平台"的服务体系转变，同时更要从一刀切的"公共服务平台"向不同版权类型的"专业化服务平台"转变。第二，保险机构需从保险险种和服务质量上推进版权保险发展。要丰富保险险种，除信达财险推出的"被保险人的版权交易损失"和"侵权诉讼法律费用"等险种外，还要适当地研发版权保险的人员险；在保险服务中更要为版权人考虑，努力为被保险人节约时间、精力和费用。第三，版权所有人要加强保险意识。版权保险可以从优质版权开始试点，进而向普通版权全面推进。正如信达财险在推介会上先将新浪网、优酷网、酷6网等优质视频网站吸收为该保险产品首批用户，同时信达财险也与国内主要电信运营机构达成未来的合作意向。通过优质版权保险活动的试点吸取版权保险的险种设置、保费定价等经验，进而全面展开版权保险业务。

三、当前我国版权产业与金融业融合中存在的主要问题

目前，版权产业和金融业的有机融合得到了越来越多人的关注。毫无疑问，版权金融作为一个重要的交叉领域正在逐步建立、强化和利用，但在实现金融与版权有效对接的过程中，仍然存在着许多阻碍版权金融发展的问题。[7]

1. 版权投融资体系不完备

一是版权金融投融资机构单一。金融投资机构在版权金融投融资体系内扮演着一个重要的角色，它是版权金融领域资金的主要供给方，是版权所有人依托金融平台实现版权市场价值的资本支持者，但在我国并没有建立起多元化的版权投融资金融平台。普遍的版权证券化尚未在我国真正建立，因此我国的版权金融投融资机构主要依赖于银行，特别是在版权担保融资方面，更是集中于国内大中型银行的信贷支持，这对于筹集资金与分散风险都是极为不利的。二是法律与政策方面的风险。我国虽然已经颁布了《著作权法》、《网络信息传播权保护条例》等知识产权法，以及《物权法》等财产权法和《担保法》、《信托法》、《证券法》等金融类监管法律，但这些法律均未对版权与金融相融合这一新生事物给予充分的法律界定和规范，这成了规制中的"真空"地带。而版权金融交易也缺乏相应的法律政策保护，这样在运作上就存在法律政策风险。[8] 三是中介服务体系发展不成熟。在版权金融中，中介服务机构是沟通版权所有人与投资者之间的桥梁，其发展的成熟度直接决定着一国版权金融的发展。以版权证券化为例，其往往需要特设载体进行版权的真实出售：会计事务所进行版权价值认证，律师事务所进行法律服务，信用评级机构与信用增级机构进行信用认证，投资银行进行证券承销业务，资金管理公司进行后期的资本化运作。但在我国，中介服务机构发展远未成熟，服务体系还不足以满足版权金融发展的现实要求。

2. 版权评估体系不健全

版权评估难是阻碍我国版权金融发展的主要障碍，版权产品在进行交易、抵押时，交易双方均需要评估其价值，但是科学合理地对版权产品进行评估是首要难题。第一，版权产品是虚拟的精神产品，没有实物价值作依托，给定量造成很强的误导性；第二，我国尚未建立一套相对完整的版权资源评估体系，无法从一个完整的理论框架出发为版权产品寻找到一个规范、科学、合理的价值；第三，我国的版权价值评估机构较少，无法形成一个普遍的市场价值。[9] 正是因为版权评估体系的不健全，造成了我国版权金融发展的不平衡性，往往出现优质版权和经济实力强的版权所有人在筹资时会获得许多投资者的青睐，而刚刚起步的版权所有人在版权融资时无人问津。渐渐地，在版权金融市场上极易出现"二元金融"体制，基于马太效应，难以形成大规模"版权池"的放大效应。

3. 版权金融流转体系尚未建立

任何一项资本投资必须要流转起来才能获得收益，版权金融也不例外，它需要以版权产品作为标的载体进行金融化，以金融化产品在流通市场上进行交易，但我国的版权金融流动体系尚未建立，存在着较大的流动性风险，其原因主要来自两个方面。第一，缺少流通平台与流通载体。我国的版权证券化市场还未建立，缺少版权金融标的的流转交易平台；同时我国大多数版权融资是通过版权担保融资等间接融资方式进行，而间接融资往往是根据双方需求签订合约，而非标准化合约，因此会给交易带来不便。第二，基于版权金融的特殊性，版权作为知识产权的一个重要分支具有很强的专业性，一般投资者不具备版权运作的基本知识，因而无法正确认识版权产品的真实价值。

4. 版权金融的风险难以度量

版权金融在具体交易过程中会遇到多种类型的风险，如项目运作风险、价值评估风险、市场风险、退出变现风险、法律政策风险。这些风险的难以确定与度量会引起版权金融在融资和分散风险等方面的弊端，风险难以确定会引起版权价值的难以评估，风险的难以度量会给版权保险的发展带来障碍。仅从保险角度看，版权金融的风险就包括：①版权金融的风险多样性与难以确定性会给保险人在制定具体保险种类和保险条例时造成困扰，难以做到面面俱到。②版权金融的风险度量的不确定性会引起保费计量的科学性难关，我们难以利用正常的概率统计、成本核算等计量工具进行保费的计算与制定。

5. 版权金融方面的人才严重缺乏

版权金融远比版权与金融的简单加总要复杂得多，因此版权金融的开发与利用，亟须在版权与金融两个领域都有深厚专业功底的复合型人才，但这种人才在现实中往往非常缺乏。专业人才的断层会造成在版权金融的产品设计中失去创造性与特色，无法满足多层次、多样性的消费需求。例如，在版权担保融资中，由于缺乏优质的专业评估人才，版权经常出现"质价不符"；而更是因为缺乏专业版权险种设计者和保费制定者，版权保险一直以来只能是框架性理论性地作为版权金融的组成，而未能在实际的产业发展中得到有效运用。

四、促进我国版权产业与金融业有机融合的若干对策

1. 不断健全我国版权投融资体系

版权投融资体系从覆盖面上应该包括版权投资方体系、政策法律体系、中介服务体系、版权交易体系、风险保障体系、监管体系等，示例如图 7.3 所示。当前，需要从三个方面去重点加强。

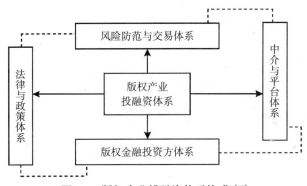

图 7.3 版权产业投融资体系构成[10]

（1）完善投资机构体系。在版权金融中，金融投资机构体系是决定版权投融资体系的关键因素，特别是在我国版权金融的起步发展阶段，完善投资机构体系更是迫在眉睫。首先，要发挥政府资金的引导作用，以政府与创投公司共同组建版权引导基金，由基金为版权进行投融资服务；[11] 其次，要构建多元化的金融机构体系，积极鼓励银行、担保公司、保险公司等向版权产业推出适合的金融创新产品。

（2）完善法律和政策体系。法律和政策体系不仅是度量版权金融行为的合法性的参考标准，更是保护合法合规的版权金融交易的有效保证，因此进一步修订版权金融领域的法律法规至关重要。我国现阶段的版权金融业处于并不成熟的过渡期，首先要建设版权公示制度，虽然版权公示不具有法律效力，但是会增加透明度，对于明晰产权归属、减少纠纷具有重要意义。同时我国的版权担保融资较为普遍，亟须修改《物权法》《担保法》等相关法律，为版权可抵押、担保、质押

等做出明确规定，尤其是版权期待权（期权）的质押登记问题，为文化创意企业融资及金融机构操作提供法律依据。[12]

（3）完善中介服务体系。版权业的发展必须要与资本市场相结合，这需要一系列中介服务机构的运营。中介服务体系是整个版权产业投融资体系中的一个大框架，直接决定体系的完整性，因此要根据不同的版权金融模式，不断提高中介服务的效率与服务水平。如在版权证券化中，要不断提高财务公司、律师事务所、咨询公司、投资银行等中介服务机构的权威性与公正性，而在版权担保中要健全其第三方担保体系。

2. 不断完善版权金融价值评估体系

一个公平、公正、合理、有效的版权价值评估体系的建立，是推动版权金融发展的关键。由于版权标的的专业性与特殊性，在建立完备的版权价值评估体系过程中需要国家相关部门（如国家版权局）牵头，整合相关专家进行专业客观地评价，尽早出台具有权威性的公正的版权价值评估指南，由中国资产评估协会公布的《著作权资产评估指导意见》正是一次有效尝试。随着2012年中国人民大学国家版权贸易基地版权评估中心的成立，将会有越来越多的专业评估机构参与其中。当然，在建立健全版权价值评估体系的过程中还需注意避免"一刀切"问题，如2006年财政部、国家知识产权局联合发布《关于加强知识产权资产评估管理工作若干问题的通知》（以下简称《通知》）后，许多知识产权评估机构就试图将所有知识产权价值评估行为都对照《通知》条款操作，但不同知识产权之间差异明显，即使同样是版权，其不同形式间差异也巨大。

3. 不断提升版权金融流转水平

版权金融流通市场的建立主要是为版权所有者和投资者提供一个交易的平台和机制，按照不同参与方的意愿，实现进入、流动、处置、退出等行为，这主要可从版权交易中心和版权金融产品流通市场两方面进行完善。一是版权交易中心，它是为版权本身流通提供的交易平台，一方面可以方便信托、银行及其他金融投资者对其感兴趣的版权项目进行投融资等行为的运作；另一方面可以使拥有版权的投资者，将其版权转让给其他投资者，进而退出版权业。例如2009年，北京和上海最先成立了国际版权交易中心和上海版权交易中心。近年来，杭州、天津、合肥等地区也相继成立了泛版权交易基地。二是版权金融产品流通市场，即为版权金融证券化或债券化产品的流通转让而建立的市场，类似于我国的上海证券交易所和深圳证券交易所，与前两者的主要差异是证券化标的的不同。但由于我国还未充分实现版权证券化，因此在建立版权金融产品流通市场之前要在这方面多作努力。

4. 不断改善版权金融风险度量体系

版权金融的风险度量体系是影响版权投融资体系、版权价值评估体系和版权金融流转体系的核心，因此其在版权金融体系中属于最为关键的环节，但这也是发展中的最大的难点之一。初步的判断是，风险度量体系的改进，在当前要以政府部门政策试验为引导，在个别金融机构进行试点，并给予相应的优惠措施，在积累了一定的经验和把握能力之后，再向全行业进行推广，具体措施可以借鉴科技（专利）保险的推行过程。

5. 不断加大版权金融专业人才培养力度

版权金融的长期有效发展，需要更多的真正的既懂版权又懂金融的复合型专业人才。因此在我国目前及今后一段时期，需要有针对性地大力培养这些人才。主要的途径包括在高校开设相关课程、在相关培训机构进行专业特训，甚至包括选送人员出国进修或者请专家上门培训等。[13]

参考文献

[1] 文杰，文鹏. 版权信托制度：版权运用机制的创新 [J]. 出版发行研究，2012（1）：52-56.

[2] 范湘凌. 我国版权证券化的路径探析 [J]. 中国版权，2008（6）：28-30.

[3] 李建伟. 知识产权证券化：理论分析与应用研究 [J]. 知识产权，2006（1）：14-20.

[4] 万幸. 中国电影版权担保融资的现实处境与风险研究 [J]. 东南传播，2012（8）：33-35.

[5]、[11] 毕秋灵，李琼. 版权融资的喧嚣前后 [J]. 文化产业导刊，2012（3）：29-33.

[6] Norman J. Medoff, Edward J. Fink, Laws, Ethics, Copyright, and Insurance [M]. Portable Video (Sixth Edition), 2012：317-346.

[7]、[9] 蔡尚伟，王玥. 中国版权金融发展刍论 [J]. 思想战线，2012（3）：1-5.

[8] 俞锋，李海龙. 论数字出版企业版权质押融资法律制度体系的完善 [J]. 中国出版，2012（7）：7-9.

[10] 王智源. 论我国版权产业转型升级进程中的版权投融资体系建设 [J]. 出版发行研究，2012（5）：31-33.

[12] 王海英. 文化创意产业版权融资相关法律问题探析 [J]. 福建论坛（人文社科版），2011（8）：73-76.

[13] 许云莉. 版权证券化：引入我国的可行性与建议 [J]. 出版发行研究，2008（9）：17-20.

（作者：王智源）

关于科技金融发展问题的研究及工作建议

　　科技创新成果是否能够快速获得高额的市场回报，需要借助金融资本来实现其产业化，而中小企业在发展初期，企业融资难一直是阻碍企业发展的重要障碍。近年来，在助推中小企业借助金融手段快速发展的过程中，政府、金融机构以及企业自身各方虽然已经做了很多积极的探索和实践，企业投融资环境得到了较大的提升，但不可否认的是，目前，我国科技金融工作的现状还不能满足中小企业快速发展的需要，有关科技金融实践的理论创新不够，理论研究落后于中小企业发展的实际需求。

　　笔者多年来一直在天津高新区从事科技金融的实践工作，在总结分析几年来天津高新区科技金融工作的基础上，结合一些高新区的调研情况，思考目前我国科技金融工作中存在的问题，就进一步做好我国科技金融工作提出几点建议。

一、我国科技金融工作需要解决的几个问题

（一）理论界过多关注金融机构创新，而忽略科技型中小企业本身在与金融资本对接中存在问题的研究

　　目前，针对中小企业融资难的一些文章更多的是探讨金融机构工作创新、放下身价服务中小企业、让利中小企业等方面，试图通过创新金融机构服务品种和提高金融机构服务水平等方式解决中小企业的融资难题。现实是，在国家政策的引导下，在激烈的市场竞争中，各商业银行等各类金融机构已经把业务触角伸到了小微企业，并都在不同程度上尝试创新的金融业务。但是在工作中，我们发现，在中小企业融资问题上，中小企业本身也存在许多问题。主要表现在：

　　1. 我国中小企业存活率较低，金融资本介入风险较大

　　据统计，我国注册的 4000 万家左右的中小企业，其平均寿命仅 2.9 年，企业存活率低，除资金不足以外，一些科技企业创办者缺少将企业做大做强的能

力。中小企业管理水平整体偏低是金融资本不敢介入的一个重要原因。

2. 企业家缺少与金融资本打交道的经验与能力

一批企业家缺少通过资本运作发展企业的意识与能力，金融知识所知甚少，与金融机构、商业金融资本打交道的经验严重不足，需要融资时拿不出合规的商业计划等资料。

3. 中小企业对金融业务主动参与意识不强

很多中小企业在没有迫切资金需求时，对主动了解、参与金融活动的意识不强，一些由政府牵头或者商业化的一些金融对接活动往往出现政府与金融机构热情很高，但参加企业寥寥的情况，天津高新区如此，在调研中中关村等其他高新区也存在这类问题。

（二）没有明晰政府支持型投资与商业投资的异同，没有找到双方目标的结合点，政府引导资金的效用尚没有充分释放

政府支持型投资主要目的是发展地方经济，构建重点产业发展链条，激活商业资本。其主要目标侧重于区域整体效益，并不追求单个投资利益最大化，但需要控制国有资产经营风险。商业性投资更注重于某个具体投资项目，追求个体项目投资收益最大化，相对政府投资而言，商业资本具有承担更多风险、追求更大收益的特征。

由于政府支持型投资与商业投资性质不同，不能单纯将政府支持资金与商业资本简单并行混合使用，否则容易出现政府支持资金使用效率不高，不能用于发展重点产业等问题。

目前，一些政府对投资的引导往往通过成立引导基金来完成，其运营模式主要有三大特征：①引导资金大多是政府出一部分资金，然后绑定几家商业投资机构。②由于引导资金的"地方财政"性质，在进行"引导"前一般会提两种要求：一是要求基金注册在本地；二是约定所募资金多少投资于本地的比例。③有的引导资金的管理没有通过市场化方式来选择专业机构，而是直接交给当地政府背景的国有公司，具有较为浓厚的行政色彩。

现有运营模式的引导资金运作过程中，出现的最大问题：

（1）现在很多政府牵头设立的投资公司仅与一些特定的资本挂钩，限制了更多商业资本的进入，引导资金容易在一个地区产生对优质企业与项目资源的垄断情况。

（2）国有资产规避风险与商业资本逐利两特性结合，导致了很多引导资金把关注重点大都聚集在后期项目上，出现了引导基金利用政府背景的优势与民间资本争利的局面，引导资金与商业资本都扎堆在"PE"阶段，而在资本需求最大的天使投资、初创型投资等阶段鲜见资金支持的身影。

（3）行政干预过多地引导基金管理方式，或者投资效率较低，往往一年下来投不出几个项目；或者投资盲目性较大，带来较大的资产风险。

综上所述，政府对商业资本投资的引导拉动作用还需要更多理论上的创新，要正确区分政府支持型投资与商业投资的异同，找到双方目标结合点，通过创新模式，以政府资金带动商业资本落地"地方区域"，激活投资市场。

在引导资金的使用上，国外发达国家也有很多好的经验，归纳起来有两点值得注意：一是发达国家更注重政策引导，吸引商业资本支持企业，即通过设计一个合理的机制引导商业资本进入到科技产业；二是在资金进入层面上，一般是政府资金后置，商业资本利润与风险优先承担。

天津高新区在近几年的工作实践中，尝试了一个引导资金性质的工作运行机制，办法如下：政府筛选出一批重点关注的优秀科技成果或初创型企业，作为投资重点关注对象，政府资金作为引导，引导对象不限定商业投资主体，在符合政府引导资金与商业资本比例不低于1：2，且政府投入资金在投资的企业中股权比例不超过30%的前提下，投资成立。如此运行机制，由于没有绑定具体的商业资本，且政府资金在市场化资金同意进入的前提下进入，既减少了市场风险，又最广泛地在区域内吸引聚集了一批商业投资机构。

（三）混淆了风险投资与实业投资在投资中的功能与作用，两者没有形成相互补充共同发展的格局

目前，科技企业股权融资分为实业投资与风险投资两类，两者都是通过获得企业股权而获益。风险投资一般采取投资企业上市，通过证券市场卖出股票而实现获利，我们定义为经营资本的投资。实业投资往往与投资企业绑定更长时间，其投资具有更多战略目的，我们定义为经营产品的投资。两类投资性质具有较大的区别。

目前在科技金融工作中，一提到发展科技型企业股权投资，更多的是研究如何促进风险投资的政策与办法，而很少提到实业投资。而在实践中，对于一些上市前景不明朗，市场空间小的项目风险投资一般都不予以考虑。但是从投资收益率、整合原有企业产业链、完备产品线等多种因素考虑，实业投资对一些风险投资放弃的项目具有很大的兴趣。相比风险投资，实业投资对专业领域熟悉，已有资源可以支持新投项目发展等优势明显，特别适合与初创型科技企业合作。据调研，我国科技型中小企业股权投资的状况是：针对于初创型项目的投资，风险投资开始启动发展，实业投资仍占据较大比例。

综上所述，应将发展实业投资引入科技金融工作范畴之内，既要发展风险投资更要重视实业投资，要从政策上、工作机制上，努力形成风险投资与实业投资互相补充、互相促进的良好格局。

（四）政府搭建的三个融资服务平台缺少互动，大多数平台还仅仅建立在提供"见面对接"的简单服务上

经过调研，国内大部分地区在科技金融工作中都提出了建立三个融资服务平台，即股权融资服务平台、债权融资服务平台以及企业改制上市服务平台。但是，由于每个平台引进的金融机构专业性都较强，债权融资平台上银行唱主角，其更专注债权的风险，而股权融资平台更多关注股权资金注入的方式与时机。在工作中出现了三个融资服务平台彼此之间业务联系不足，资源整合不充分的问题，科技金融工作中，应该从政策上、机制上促进三个平台资源进行充分整合，为科技企业提供一个各种融资形式并举，不同性质资本并存，全方位的融资解决方案，形成"1+1+1>3"的平台效应。

还有，现在很多政府金融服务平台提供的服务还仅仅停留在简单的银企见面对接上，一些地区领导喊出了"月月有对接，周周有见面"的口号，表面上看着很热闹，实际企业融资效率并不高。由于效果并不好，经常出现对接场面冷清的情况。

（五）政府对企业的支持——"天使资金"多年来模式不变，没能起到带动商业资本的作用

当前，各级政府对科技型企业的支持主要是通过以科技立项等方式行政拨款为主，各级政府针对中小企业的创新资金每年都支持了大批科技型企业，从某种意义上讲，政府是最大的天使资金发放人。现在我国政府层面上对科技企业立项还在沿用 20 世纪 50 年代的工作机制，应该探索出一条改变以往政府对企业单纯无偿资金支持的方式，走出一条在政府资金带动下，无偿资助与商业融资有机结合，无偿支持资金带动更多商业资本进入企业的新模式。

二、关于进一步做好科技金融工作的几点思考

前文提出了目前我国科技金融工作中应该解决的五个方面的问题，围绕这五个方面，就在实践中进一步做好科技金融工作提出五点建议。

（一）突破传统思维模式，推动科技金融工作的理论创新

我国科技金融工作的发展，很大程度上取决于科技金融工作的理论创新。这几年，科技与金融的结合发展很快。一方面，金融机构把更多的目光越来

越多地投向中小企业，不断推出针对中小企业的金融品种。另一方面，初创型科技企业的注册资金也在不断提升，企业启动时，就具备了一定的与金融机构对接的能力。但是，作为涉及科技金融工作的第三方——政府，在对科技金融的认识水平上还有待提高，很多地方政府的认识水平仍然停留在简单的搭建对接平台，促进金融机构放下身段等初级认识阶段。随着我国金融业务的不断扩展。科技金融服务工作应随时适应新形势下的新变化，要坚持以市场为导向，以需求为基础，不断进行理论创新。建议在政府层面推动下，针对科技金融工作的不同主题，诸如政府制定支持企业融资鼓励政策、促进实业投资与风险投资有机结合、创新天使投资与政府引导投资相结合的运作模式、引导信用评级发挥信用价值、通过引入信用机制促进企业融资发展等多方面，开展多种形式的研讨与交流活动，为科技金融的实践工作打开思路。

（二）应积极探索政府政策支持与商业融资相结合的新模式

科技金融不是一项独立的工作，是我国推进科技产业发展，支持企业创新这一系统工程中的重要一环，各级政府在制定支持产业创新、促进科技企业发展政策时，应将科技金融的鼓励政策融入其中，而不能单独割裂。这是提高我国对科技企业政策支持资金使用效率，促进科技成果转化的一个重要突破口。

应下决心创新，改变现有的政府对企业政策资金的支持方式。建议创新新方式时，重点考虑三点原则：一是要放大政府支持资金的效应，通过政府资金的引导，引入更多的商业资本支持企业；二是将一批项目的评审更多由商业机构来完成，在商业机构认可进入的前提下，政府资金通过配套的方式进入；三是要借鉴国外一些先进经验，积极扩大政府财政资金循环使用的比例，积极探索投资、借贷等多种支持方式。

（三）提高融资效率——建设"金融服务驿站"

当前存在一个现象：一方面，科技企业融资需求旺盛，企业家为了融资不断与投资人接触，花费了大量精力与时间；另一方面，融资机构在想方设法寻求适宜的投资项目，投资人成为空中飞人，四处谈判，但是银企双方谈成的比例并不高，融资效率很低。因此，科技金融的一项重要工作是提高科技企业的融资效率。

建议探索建立新型的银企对接模式——"金融服务驿站"，金融服务驿站不仅仅是一个简单的银企对接平台，更重要的是要利用这个"站点"，进行资源的深化整合，为有潜在融资能力的企业提供专业的资金解决方案，提高其融资能力与融资效率。

金融服务驿站应打破三个融资服务平台相对独立运行的格局，利用这个站点，汇集各类金融机构和金融品种，提升企业金融意识与资本运作能力，营造一个规范、科学、系统的科技金融服务体系，最终起到"1+1+1>3"的良好效应。

"金融服务驿站"应以市场为主导，充分发挥中介服务机构的作用，积极培育一批具有综合融资服务能力的中介服务机构，形成以政府牵头，中介机构大力推动的良好局面。

（四）推动企业信用评级，努力发挥信用价值

在与企业的合作过程中，现在越来越多的金融机构已开始注意利用企业的外部信用评级。优化区域信用环境，打造信用品牌，发挥信用价值，引导企业和银行以及其他金融机构建立长期信用关系，探索信用体系在现存经济模式中发挥作用的新方法，建立政府、企业、金融机构共同建设信用体系的新格局，也是科技金融工作中的重要一环。

（五）要在提升科技型中小企业综合管理水平特别是资金运作能力方面给予更多的关注

深化科技金融工作应以提升科技型中小企业综合管理水平，培养具有资本运作能力的企业家作为工作的一个重心。应强化科技型中小企业的金融意识，提高企业借力金融资本发展壮大的能力。加速推动科技型中小企业的三个转变，即技术持有人向现代企业家的转变；单一的经营模式向复合经营业态的转变；单纯的发展产业向产业推进与资本运作并重的转变。

（作者：谢文魁　麦晴峰　蓝华）

市场竞争和政府资助对中小企业研发投入影响的比较分析

一、前　言

研发投入行为是备受关注的经济问题，因为政府和厂商在 R&D 上的投入，使得产品种类增加，质量提高，成本下降，从而推动经济增长（Grossman 和 Helpman，1995）。只有政府和厂商在 R&D 上的投入，才能提高经济发展的质量，更快促进社会发展。国内外学者已广泛深入地研究企业研发投入的影响因素，他们分别运用调查统计或计量分析方法研究企业规模、公司治理结构、现金流、市场结构、行业特征和政府资助等因素对企业研发投入的影响。如 Shefer 和 Frenkel（2005）研究了公司规模、地理位置、技术革新出口是否属于高科技产业公司存续时间等因素对 R&D 的影响。张宗益和张湄（2007）以 51 家高新技术企业为研究对象，对其公司治理结构与 R&D 投资行为关系进行了实证分析，研究表明在高新技术企业中，国家所有权对企业 R&D 投资有负面的影响，而股权集中度对 R&D 投资行为的影响并不显著。吴延兵（2009）运用中国工业面板数据，实证研究了企业规模、产权结构等因素对 R&D 投入的影响，等等。

但在这些影响因素研究文献中，尚未对企业研发投入行为是自组织还是他组织做深入研究。技术创新有其自身的特性，譬如路径依赖性、集聚效应和受知识产权政策保护等，这些特性决定了研发投入行为区别于一般生产性投资行为。它既具有显著的非线性和自反馈等特性，决定了企业研发投入的自组织行为。但又不是完全开放，知识的隐形性和知识产权保护导致技术传播的壁垒，需要政府利用有形之手调节。所以，企业研发投入行为既不能简单地归为自组织，也不能简单的归为他组织。那么，哪个因素更加显著突出呢？或者说企业研发投入行为更偏向于对行业特征、市场竞争等经济环境的适从呢，还是更需要政府直接资助等政策的推动？该问题也是作用于企业研发投入的有形之手与无形之手的讨论，是需要政府采取积极措施推动企业研发投入呢，还是政府节俭有形之手的作用，让市场发挥根本性作用？

虽然比较两者作用效果的研究文献尚很少，但分别就市场竞争强度和政府资助对企业研发投入影响的研究却特别多。不过，即使研究单一的影响因素也存在截然不同的争议。在竞争程度影响企业 R&D 投入研究方面，Schumpeter（1999）、Comanor（1967）、Veugelers 和 Houte（1997）等认为高市场集中度的产业更有助于激励企业的研究开发，企业自主创新的动力来自对垄断利润的追求，只有拥有垄断地位的企业才能获得创新收益，从而为高风险的 R&D 活动提供持续的内部融资来源。Arrow（1962）、Williamson（1991）、Bozeman 和 Link（1985）等却对熊彼特的观点提出挑战，认为竞争性环境会给研发活动带来更大的激励，面对激烈的竞争，企业为了保持市场份额将不断增加 R&D 投入。另有一些学者如 Kamien 和 Schwartz（1982）、Scherer（1991）以及陈羽、李小平、白澎(2007) 和李绍东（2012）等提出最有利于技术创新的市场结构是介于完全垄断和完全竞争之间的市场结构，发现企业规模与 R&D 强度之间存在着倒 U 形函数关系。政府资助是挤出还是激励效应的争论也同样非常激烈。Lichtenber（1988）将政府 R&D 资助作为内生变量分析时，发现政府 R&D 资助与企业研发支出显著负相关。Wallsten（2000）研究发现，对美国年轻的、技术密集的小型企业，在获得政府的创新研究资助之后，R&D 投资费用减少。朱平芳、徐伟民（2003）实证研究了上海市政府的科技拨款资助和税收减免这两个政策工具对大中型工业企业增加自筹的 R&D 投入都具有积极效果。Giovanni Cerulli 和 Bianca Pot（2012）发现不同计量方法得到 R&D 激励还是挤出效应并不相同。这些文献研究也表明市场竞争强度与政府资助对企业研发投入的影响比较复杂，在不同条件环境下影响结果不同。

区别于已有的研究文献结果，本文主要通过市场竞争与政府资助对我国中小企业研发投入行为影响的比较分析，反映企业研发投入行为更倾向于自组织呢，还是他组织？或者说更需要政府的推动呢，还是更倾向于由市场来调节？这些分析自然为政府的策略选择提供一些建议，本文的分析也将具有一定的实际意义。

二、市场竞争和政府资助影响研发投入的理论分析

研究企业研发行为的著名模型有 Äspremont 和 Jacquemin（1988）的同质古诺双寡头两阶段模型与 Cellini 和 Lambertini（2009）的微分对策模型。但是谢里尼和朗贝蒂尼模型只考虑了技术进步对降低生产成本的贡献，并没有考虑到技术进步对产品市场需求的改变。本文在吸收谢里尼和朗贝蒂尼的技术进步动态演变

方程的基础上，进一步拓展到技术进步对生产成本和市场需求的改变。类似于许多分析模型，本文将自身企业记为企业 1，将同行业中的其他所有企业归结为企业 2，考虑一个企业与同行业其他所有企业之间的寡头博弈分析。分别用 p_i、c_i、J_i 和 k_i 表示企业 i 的产品价格、产品边际成本、生产技术水平、研发投入量，i = 1，2，这里 J_i 的表达方式同一般文献中的描述有所不同，在文中该值越小表示企业生产技术水平越高。

假设 1：如果企业的生产技术越高，即 J 值越小，那么企业的生产成本也越小。所以，可设企业 i 的生产成本为 $(J_i c_i(t) + \bar{c})q_i$，其中 $\bar{c}$ 是平均固定成本，q_i 为产量。

假设 2：如果企业自身生产的技术水平越高，产品价格越低，那么产品的市场竞争力越强，越容易被市场接受；如果对方竞争企业的产品价格越高，生产技术水平越低，那么也越有利于本企业的产品销售。因此，可设企业 1 的产品市场需求函数为 $q_1 = B_1(J_1) - J_1 p_1 - \phi(B_2(J_2) - J_2 p_2) = A - J_1 p_1 + \phi J_2 p_2$，其中 $A = B_1(J_1) - \phi B_2(J_2)$；$B_i(J_i)$，i = 1，2，是产品生产技术决定的表示市场前景的函数，技术水平越高，市场前景越好，特别注意一点，因为本文的 J_i 越小表示企业生产技术水平越高，所以 $B_i(J_i)$ 是减函数；ϕ 表示产品之间的竞争程度，该值越大表明该行业竞争越激烈；相反竞争越温和，企业 2 对企业 1 的产品销售影响越小。

假设 3：企业自身研发投入越高，越能加快技术改造提高技术水平；竞争方企业的研发投入也会促进己方企业的技术水平提高，这就是通常所说的溢出效应。所以，设两企业的技术水平动态方程为 $dJ_1 = J_1(-k_1 - \beta k_2 + \delta_1)dt$ 和 $dJ_2 = J_2(-k_2 - \beta k_1 + \delta_2)dt$，其中 β 表示一个企业技术水平提高对另一个企业的溢出效应，主要由技术扩散与知识产权保护措施因素决定，δ_i 类似于技术的过时折旧率。

这时企业 1 的效益函数为：$\pi = (A - J_1 p_1 + \phi J_2 p_2)(p_1 - J_1 c_1 - \bar{c}) - \Gamma_1(k_1)$，其中 $\Gamma_1(k_1)$ 为企业 1 的研发投入成本。企业 1 的优化模型为：

$$\begin{cases} \max_{p_1, k_1} \int e^{-\rho t} \pi(t) dt \\ dJ_1 = J_1(-k_1 - \beta k_2 + \delta_1)dt \\ dJ_2 = J_2(-k_2 - \beta k_1 + \delta_2)dt \end{cases} \qquad (9.1)$$

该优化问题的 Hamilton 函数为：

$H = (A - J_1 p_1 + \phi J_2 p_2)(p_1 - J_1 c_1 - \bar{c}) - \Gamma_1(k_1) - \lambda_1 J_1(-k_1 - \beta k_2 + \delta_1) - \lambda_2 J_2(-k_2 - \beta k_1 + \delta_2)$

其中 J_1 和 J_2 是状态变量，p_1 和 k_1 是控制变量。

对企业 1 来说，控制变量的一阶条件为：

$$\frac{\partial H}{\partial p_1} = A - 2J_1 p_1 + J_1^2 c_1 + J_1 \bar{c} + \phi J_2 p_2 = 0 \qquad (9.2)$$

$$\frac{\partial H}{\partial k_1} = \lambda_1 J_1 + \beta \lambda_2 J_2 - \Gamma'(k_1(t)) = 0 \tag{9.3}$$

协状态变量方程为：

$$\dot{\lambda}_1 - \rho\lambda_1 = \frac{\partial H}{\partial J_1} = (\frac{dB_1}{dJ_1} - p_1)(p_1 - c_1 J_1 - \bar{c}) - c_1(A - J_1 p_1 + \phi p_2 J_2) -$$
$$\lambda_1(-k_1 - \beta k_2 + \delta_1) \tag{9.4}$$

$$\dot{\lambda}_2 - \rho\lambda_2 = \frac{\partial H}{\partial J_2} = (-\phi\frac{dB_2}{dJ_2} + \phi p_2)(p_1 - c_1 J_1 - \bar{c}) - \lambda_2(-k_2 - \beta k_1 + \delta_2) \tag{9.5}$$

状态转移方程：

$$dJ_1 = J_1(-k_1 - \beta k_2 + \delta_1)dt \text{ 和 } dJ_2 = J_2(-k_2 - \beta k_1 + \delta_2)dt$$

以及横截性条件为：

$$\lim_{t \to \infty} e^{-\rho t}\lambda_i(t)J_i(t) = 0 \tag{9.6}$$

一般研发成本函数 $\Gamma'(k_1)$ 是 $k_1(t)$ 的增函数，如果设 $\Gamma(k_1) = bk_1^\alpha$，其中 $\alpha > 1$，则 $\Gamma'(k_1) = b\alpha k_1^{\alpha-1}$，$\alpha$ 越小表明企业提高生产技术所需要的研发投入就越少，也就是说，企业的研发基础条件越好，企业比较容易出研发成果。

参见高山晟（2001），我们有以下命题：

命题 1： 由方程式（9.2）~式（9.6）组成的问题有解。

命题 2： 由方程式（9.1）~式（9.5）组成的问题与原问题同解。

对式（9.3）移项，两边对时间 t 求导：

$$\Gamma''(k_1(t))\dot{k}_1 = \dot{\lambda}_1 J_1 + \lambda_1 \dot{J}_1 + \beta\dot{\lambda}_2 J_2 + \beta\lambda_2 \dot{J}_2 \tag{9.7}$$

利用式（9.2）、式（9.4）和式（9.5）的关系代入，并考虑稳态情况时 $\dot{k} = 0$，通过移项得：

$$\lambda_1 J_1 + \beta\lambda_2 J_2 = \frac{1}{\rho}(p_1 - c_1 J_1 - \bar{c})(c_1 J_1^2 + p_1 J_1 - \frac{dB_1}{dJ_1}J_1 - \rho\phi J_2(p_2 - \frac{dB_2}{dJ_2})) \tag{9.8}$$

利用式（9.3），得：

$$\Gamma'(k_1(t)) = \frac{1}{\rho}(p_1 - c_1 J_1 - \bar{c})(c_1 J_1^2 + p_1 J_1 - \frac{dB_1}{dJ_1}J_1 - \rho\phi J_2(p_2 - \frac{dB_2}{dJ_2})) \tag{9.9}$$

从以上的推导结果可以得到市场竞争状况和政府资助对企业研发投入的影响：

（1）市场竞争程度对企业研发投入的影响有显著的负相关。区别于一般的表示方式，本文 J_2 越小表示技术水平越高，所以 $\frac{dB_2}{dJ_2}$ 为负数，也就是 $p_2 - \frac{dB_2}{dJ_2}$ 为正。当行业竞争越激烈即 ϕ 值越大，这时 $\rho\phi J_2(p_2 - \frac{dB_2}{dJ_2})$ 的值越大，从而式（9.9）右边值越小，企业的研发投入也越小。同时，市场竞争影响产品价格，竞争越激烈产品价格越低，从而式（9.9）右边值越小，企业的研发投入也越小。

说明市场竞争越激烈，企业盈利能力越低，从而企业研发投入的动力越来越小。

（2）政府直接资助从两个角度影响企业的研发投入。①直接资助减少企业研发成本。式（9.9）右边不变，左边是成本函数的导数，是增函数，当企业获得政府资助时研发成本降低，成本函数曲线越平坦，这时企业 1 的研发投入 $k_1(t)$ 越大，也就是从研发成本角度看，政府资助能激励企业研发投入。②从政府直接资助的引导作用看，因为政府是经过多方考察，从经济全局考虑，对有较好前景的项目进行资助，也就意味着被资助的项目有较好的发展前景，对企业 1 来说，也就是 $\dfrac{dB_1}{dJ_1}$ 的绝对值较大，同样因为本文中的 $\dfrac{dB_1}{dJ_1}$ 为负数，这时式（9.9）右边较大，从而企业的研发投入也越大。表明企业在政府直接资助的引导下，加大研发投入。如果政府大力资助竞争对手企业 2，也就是 $\dfrac{dB_2}{dJ_2}$ 的绝对值较大，这时式（9.9）右边较小，也就是企业减少研发投入。所以，不管从政府直接资助减少企业研发的成本还是对企业研发的引导作用看，政府直接资助都能激励企业研发投入。

从以上分析结果看，不像已有文献一样存在许多争论，市场竞争与政府直接资助对企业研发投入都有比较明确的显著影响，表明企业的研发投入行为既是对环境变化的一种适从，也是政府引导下的一种他组织行为。不过，我们从式（9.9）看到，市场对企业研发投入的即时效应，受当前收益状况影响比较显著，如果产品价格高、市场竞争较温和、企业盈利好，企业研发投入也比较大；反之，企业会减少研发投入。另外，$-\dfrac{dB_1}{dJ_1}$ 的增大对企业研发投入的影响比较明显，也即政府的资助、市场前景的规划对企业研发投入的引导影响显著，这方面的引导并不是由市场决定的，市场适应只是短视的，对技术长期的信心需要政府的正确引导，如果政府的直接资助行为也只是为了取得短期效益，那么对企业乃至行业的进一步发展却是致命的。

三、中小企业研发投入的实证分析

（一）样本选取和数据来源

因为 2012 年创业板的年报比较规范，容易获得相应的数据，而中小板上市公司或者 2012 年之前的创业板年报数据都不够规范，本文所需的数据都过度残缺，因此，本文只以创业板 2012 年全部上市公司为研究对象，资料来自于巨潮资讯网（http：//www.cninfo.com.cn/）。并以各公司 2012 年的年报为基础，剔除年报中未披露研发投入和政府资助、被 ST 和部分数据缺失的上市公司，最终确定 284 个样本数据。

（二）变量选取及数据统计分析

本文选取企业研发投入和研发投入强度为被解释变量，分别用 LRD 和 RDI 表示。前者是企业研发投入的自然对数值，后者是指企业研发投入占其营业收入的比例。解释变量为如下三个：

1. 政府直接资助强度，以 GOV 表示

它是政府直接资助金额的自然对数值与企业主营业务收入自然对数值的比率。根据唐清泉、卢珊珊、李懿东（2009）的文献资料，政府直接资助是指由政府直接指明资金用途、具有明确项目且企业不得擅自更改用途的补贴资金，其特点是专款专用。在上市公司年报中与政府直接资助有关的会计科目有"营业外收入"与"递延收益"两个会计科目，个别企业还会涉及"专项应付款"。本文在具体数据整理过程中，对上述三个会计科目的明细科目逐一整理并比较，并参考企业披露的政府补助资金的来源、用途和依据的文件，判断政府补助是否属于政府直接资助。

2. 企业所处行业的竞争程度，以 PM 表示

Cheung 和 Pascual（2004）建立行业勒纳指数衡量整个行业的竞争程度。勒纳指数的计算公式为：$L = (P-MC)/P$，其中 P 是价格，MC 是边际成本。该公式表明勒纳指数是通过对价格与边际成本偏离程度的度量，反映了市场中垄断力量的强弱。显然，勒纳指数越大，市场中的垄断力量越强，竞争程度越弱；反之，竞争程度越高，特别是在市场完全竞争时，勒纳指数越趋于零。但是在实际应用中，很难获得生产的边际成本数据，所以许多学者利用其他变量代替勒纳指数来表示市场竞争程度。陈晓红、万光羽、曹裕（2010）采用企业的市场占有率作为产品市场竞争力的替代变量，平新乔（2007）认为在我国使用行业平均利润指标要优于市场集中度等指标，当行业接近完全竞争，由于行业进入门槛较低企业面临的竞争较激烈，产品价格越接近生产成本，行业平均利润率越低。垄断行业，行业进入门槛较高企业面临的行业竞争较小，产品销售价格要大大高于生产成本、行业平均利润率。本文考虑到企业的异质性，直接采用企业的毛利率衡量企业所属行业的竞争程度。虽然毛利率在一定程度上表示了企业的盈利能力，但是从导致高毛利率的原因看，还不是因为企业的管理和技术上具有竞争优势，或者说在企业所具有的技术水平和生产产品的细分行业内，竞争并不激烈。另外，行业的竞争概念很笼统，即使在一个子行业中，企业之间仍然有很多差异，譬如心血管行业，是医药行业的一个细分的子行业，但该子行业的企业产品仍然存在很大的差异，如生产头痛病药和心脏病药的企业根本不构成同行业间的竞争，所以勒纳指数等概念在于强度企业的同质性，将同质的企业归为一类，但事实上它的计算根本困难在于如何统计同类全部企业，而基于异质性基础上的毛利率有效回避企业行业内的归属统计。自然地，毛利率越高企业面临的行业竞争程度越低，相反企业所在行业竞争力越强。其表达式为：PM =（营业收入-营业成本）/营业成本，GM 为 PM 的平方。

3. 技术研发人员比例，以 POR 表示

它是企业中技术人员数占企业员工总数的比例。企业对新技术的研发、吸收以及模仿等活动，都需要必要的人力资本，企业人员素质高低决定了企业研发活动的成效，而高素质人员创新精神更强，更有意识使用新技术，更有能力解决研发过程中产生的各种问题。因此，企业技术研发人员所占比例越大，越有可能实现技术研发中的突破，获得研发活动成果。

本文的统计结果，各变量指标的样本均值、中位数、最大值、最小值和标准差如表 9.1 所示。

表 9.1　各变量描述性统计表

变量符号	均值（%）	中位数（%）	最大值（%）	最小值（%）	标准差
RDI	7.37	5.07	58.52	0.72	0.0707
GOV	73.86	74.69	95.20	45.21	0.0762
PM	38.34	35.38	94.79	−12.17	0.1801
POR	27.67	21.53	96.32	4.00	0.1990

从表 9.1 中可以看出，各样本企业在研发投入强度、政府直接资助强度、毛利率以及技术研发人员比例方面均存在较大差异。国外研究资料表明，企业研发投入强度超过 5%时，才具有一定的竞争力，国际上具有较强竞争力的企业研发投入强度大多保持在 10%左右，甚至超过 15%。从表 9.1 中可以看出，样本公司 2012 年研发投入强度的平均值为 7.37%，且有一半以上样本企业研发投入强度达到 5%，反映了创业板上市公司的企业创新意识总体还比较高。从政府直接资助强度的相关数据可以看出，目前政府对不同企业的资助程度也存在较大的差异。企业的毛利率和技术人员比例的波动更大，标准差都比较高。毛利率最高的竟达 94.79%，最低的却是-12.17%，技术人员比例高的达 96.32%，低的只有 4%。以上这些数据表明创业板上市公司之间在研发投入、政府资助、技术人员比例和市场竞争等方面存在较大的差异，值得进一步做深入分析。

（三）实证分析

本文首先采用多元回归方法分析他组织和自组织对企业研发投入的影响，也就是政府直接资助与市场竞争程度两因素对研发投入的影响程度，采用模型如下：

$$RDI_i = \beta_0 + \beta_1 GOV_i + \beta_2 PM_i + \beta_3 GM_i + \beta_4 POR_i + \varepsilon_i \qquad (9.10)$$

上述模型中，β_0 为常数项，$i = 1, 2, \cdots, 284$ 为样本企业个数，ε_i 为随机扰动项；β_j，$j = 1, \cdots, 7$，为各变量系数，代表各变量对企业研发投入强度的影响程度。本文使用 EViews6.0 处理样本数据，模型结果如表 9.2 所示。

表 9.2　模型（9.10）的回归结果

变量	系数	标准差	t 值	P 值
C	−0.1359	0.0382	−3.5599	0.0004***
GOVF	0.2594	0.0494	5.2466	0.0000***
PM	−0.1149	0.0742	−1.5478	0.1228
GM	0.1678	0.0783	2.1439	0.0329**
POR	0.1154	0.0194	5.9639	0.0000***
R-squared	0.2493	F−statistic	23.1631	
Adjusted R-squared	0.2385	P（F−statistic）	0.0000	
D.W.	2.1119	VIF	1.3321	

注：**、*** 分别表示统计量在 5%、1% 的显著性水平上显著。

结果中的 $R^2 = 0.2493$，D.W.值为 2.1119，F 检验在 1% 的显著水平性下显著，其他统计量结果显示各个变量影响企业研发投入强度都比较显著。政府直接资助对企业研发投入具有显著的促进作用，直接资助越多企业研发投入强度也越大，这与前面理论推导部分的结论比较一致。市场竞争对企业研发投入的影响不是简单的线性关系，尤其是二次项系数显著并为正，所以是典型的 U 形关系，并且一次项系数为负，也就是企业研发投入最低水平时的毛利率为正数。这表明在毛利率非常低的情况下，企业处于生死存亡边缘，这时生存压力迫使企业加大研发投入，通过研发投入寻找生存机会。但当企业脱离生存危机，市场竞争越激烈，毛利率越低，企业越不愿投入更多资金开展技术研发。随着毛利率不断提高，市场竞争温和，较好的盈利能力激发企业研发投入的热情，加大研发投入力度。这些表明企业研发投入的市场适应性行为受利益驱动明显，是较短视的行为。

以上结果尚没有区别政府资助与市场竞争两因素对企业研发投入强度的影响差异：

$$RDI_i = \alpha_1 + \lambda_1 GOV_i + \mu_1 \qquad (9.11)$$

$$RDI_i = \alpha_2 + \lambda_2 PM_i + \lambda_3 GM_i + \mu_2 \tag{9.12}$$

其中 α、μ_i 为随机扰动项。通过 EViews6.0 处理得到模型 （9.11） 和模型 （9.12） 的回归结果如表 9.3 所示。

表 9.3　模型 （9.11） 和模型 （9.12） 的结果比较

	模型 （9.11）		模型 （9.12）		
	C	GOV	C	PM	GM
回归系数	−0.1676	0.3266	0.0575	−0.0052	0.1017
t 值	−4.3594	6.3099	3.3164	−0.0641	1.1723
P 值	0.0000***	0.0000***	0.0010***	0.9489	0.2420
R−squared	0.1237		0.0530		
F−statistic	39.8152		7.8585		
D.W.	2.1113		2.1485		

注：*** 表示统计量在 1%的显著性水平上显著。

从表 9.3 可以看出，政府直接资助的判决系数为 0.1237，而 PM 和 GM 的判决系数为 0.0530，以上表格的对比结果说明，政府直接资助较市场竞争因素对企业研发投入的影响明显，企业技术创新的研发投入行为更倾向于他组织。

不管是他组织还是自组织，这些推动作用的根本特性就是企业是否充分利用自身内在条件。自组织是企业在自身内部资源条件下随着外部环境的变化作适当性调整，他组织是外部力量根据企业自身条件而赋予的一种外力。在本文的问题中，我们采用技术水平刻画企业内部特性和自身条件，政府资助和行业竞争程度与技术水平的结合对企业研发投入的影响程度如何。下面将通过以下模型分析：

$$RDI_i = \beta + \theta_1 GOV_i*LPAT_i + \theta_2 PM_i*LPAT_i + \theta_3 GM_i*LPAT_i + \varepsilon_i \tag{9.13}$$

$$LRD = \alpha + \varphi_1 GOV_i*LPAT_i + \varphi_2 PM_i*LPAT_i + \varphi_3 GM_i*LPAT_i + \mu_i \tag{9.14}$$

其中，α 和 β 为常数项，φ_i 和 θ_i 为各变量系数，μ_i 和 ε_i 为随机误差项。LRD 为企业研发投入的自然对数值，LPAT 为样本企业被授予专利数的自然对数值，使用统计软件 EViews6.0 对模型 （9.13） 和模型 （9.14） 进行回归，结果如表 9.4 所示。

表 9.4　模型 （9.13） 和模型 （9.14） 的回归结果比较

变量	模型 （9.13）			模型 （9.14）		
	系数	t 值	P 值	系数	t 值	P 值
C	16.54	182.38	0.00***	0.06	6.67	0.00***
GOV*LPAT	0.45	3.71	0.00***	0.03	2.61	0.01***
PM*LPAT	−0.61	−1.60	0.11	−0.09	−2.62	0.01***
GM*LPAT	0.72	1.75	0.08*	0.13	3.40	0.00***

变量	模型 (9.13)			模型 (9.14)		
	系数	t 值	P 值	系数	t 值	P 值
R^2	0.1115			0.0729		
F-statistic	11.7074			7.3407		
P (F-statistic)	0.0000			0.0000		
D.W.	2.0652			2.0903		

注：***、* 分别表示统计量在 1%、10% 的显著性水平上显著。

表 9.4 显示，模型 (9.14) 各自变量在不同显著性水平下基本上通过 t 检验，但模型 (9.13) 的 PM*LPAT 和 GM*LPAT 统计检验不显著；从 F 统计量及其 P 值可知，两回归方程整体上通过显著性检验。通过上述比较结果可以看到，政府直接资助与企业技术水平结合比较紧密，它们的共同作用对研发投入的影响也比较显著。既反映了政府直接资助是根据企业技术水平状况而给予相应程度的资助措施，又表明了不管从绝对数还是从相对值看，这种制度安排都能较好地激发企业的研发投入，并且研发投入的增长同比例于主营业务收入的增长，所以政府直接资助能很好引导企业，为企业增加行业发展的信心，企业也同比例于主营收入加大研发投入。毛利率与技术水平的结合对企业研发投入的绝对数影响较明显，说明总体上还是正影响，技术水平高、市场竞争程度低，企业也加大研发投入。但对研发投入的相对数却不显著，表明研发投入的增长不是同比例于主营业务的增长，并且市场竞争与企业自身的技术水平关系不紧密，市场竞争程度影响研发投入是短视的，短期盈利虽然促进企业加大研发投入，但是可能因为企业担心未来市场竞争会更加激烈导致盈利能力下降，属于市场适应部分的企业研发投入就相对谨慎，增长幅度远低于主营业务增长，显示出模型 (9.13) 中 PM*LPAT 和 GM*LPAT 的统计检验不显著。

四、结论及其启示

企业研发投入是实现我国产业结构调整，提高经济发展质量的关键，除了自身内部因素影响研发投入之外，有两方面的外部因素，即市场竞争因素和政府作用因素。对于这两方面的外部因素，对企业研发投入行为的影响是否显著呢？它们的影响有哪些特征呢？通过以上的分析，我们得到如下几点结论：

（1）本文通过数理模型推导分析，得到政府直接资助和市场竞争对企业研发投入都是有显著影响。政府直接资助主要通过降低企业研发成本，引导行业发展增强企业信心等方面激励企业加大研发投入。市场竞争因素主要直接影响到企业的盈利能力，从而进一步影响到企业的研发投入。

（2）实证结果表明政府资助和市场竞争对企业研发投入行为都有显著影响，但从判决系数看，政府资助对企业研发投入的作用更大些，效果更加显著些。

（3）本文用技术水平衡量企业的内在条件，实证结果表明政府资助程度与技术水平结合比较紧密，政府资助是在企业技术条件达到一定程度之后的激励措施。同时政府直接资助能很好地引导企业，为企业增加行业发展的信心，激励企业同比例于主营收入增长投入于技术研发。市场竞争影响企业研发投入虽然显著，但是比较谨慎和短视，可能因为企业担心未来市场竞争会更加激烈，导致盈利能力下降，所以属于市场适应部分的研发投入就相对谨慎，远低于主营业务增长。

所以，企业研发投入行为更偏向于政府资助，政府有形之手能为企业增加行业发展的信心，而基于市场竞争因素的研发投入行为是短视的，产业结构调整技术水平提高更需要政府采取积极措施推动企业研发投入。当然，如果政府有形之手引导失误，导致的损害将会更加严重，只有政府高瞻远瞩、恰如其分地激励企业，才能更有效激发企业研发投入。

参考文献

[1] Grossman Gene and E. Helpman. The Politics of Free-Trade Agreements [J]. American Economic Review, 1995 (85).

[2] Wallsten, S. J. The Effects of Government-Industry R&D Programs on Private R&D: the Case of the Small Business Innovation Research Program [J]. RAND Journal of Economics, 2000 (31).

[3] D. Shefer and A. Frenkel. R&D, Firm Size and Innovation: an Empirical Analysis Technovation, 2005 (25).

[4] 张宗益，张湄. 关于高新技术企业公司治理与 R&D 投资行为的实证研究[J]. 科学学与科学技术管理，2007 (5).

[5] 吴延兵. 中国工业 R&D 投入的影响因素 [J]. 产业经济研究，2009 (6).

[6] 熊彼特. 资本主义、社会主义与民主 [M]. 北京：商务印书馆，1999.

[7] Arrow, K. J. Economic Welfare and the Allocation on Resources for Invention, in Nelson, R. R. (ed.), The Rate and Direction of Inventive Activity [M]. NBER, Princeton, 1962.

[8] Kamien M. I., N. L. Schwartz. Market Structure and Innovation [M]. Cambridge: Cambridge University Press, 1982.

[9] Scherer F. M., Ross D. Industrial Market Structure and Economic Performance, Houghton Mifflin, 1991: 645-651.

[10] Aghion P., Bloom N., et al. Competition and Innovation: an Inverted U Relationship [J]. Quarterly Journal of Economics, 2005 (20).

[11] 陈羽, 李小平, 白澎. 市场结构如何影响 R&D 投入? ——基于中国制造业行业面板数据的实证分析 [J]. 南开经济研究, 2007 (1).

[12] 李绍东. 中国装备制造业的企业规模与创新 [J]. 中国科技论坛, 2012 (2).

[13] Scherer F.M. Firm Size, Market Structure, Opportunity and the Output of Patented Inventions [J]. American Economic Review, 1965 (55).

[14] 吴延兵. 市场结构、产权结构与 R&D: 中国制造业的实证分析 [J]. 统计研究, 2007 (5).

[15] Robert E. Hall, Dale W. Jorgenson: Tax Policy and Investment Behavior [J]. American Economic Review, 1967 (57).

[16] Cellini, R., Lambertini, L. Dynamic R&D with Spillovers: Competition vs Cooperation [J]. Journal of Economic Dynamics & Control, 2009 (33).

[17] d Äspremont C. Jacquemin A. Cooperative and Non-cooperative R&D in Duopoly with Spillovers [J]. American Economic Review, 1988 (78).

[18] 高山晟. 经济学中的分析方法 [M]. 刘振亚译. 北京: 中国人民大学出版社, 2001.

[19] Schmookler J. Invention and Economic Growth [M]. Cambridge: Harvard University Press, 1966.

[20] Utterback J. M., Abernatky W J. A Dynamic Model of Product and Process Innovation [J]. IEEE Transactions on Engineering Management, 1976 (6).

[21] 陈晓红, 万光羽, 曹裕. 行业竞争、资本结构与产品市场竞争力 [J]. 科研管理, 2010 (4).

[22] Cheung, Yin-Wong, A. G. Pascual. Market Structure, Technology Spillovers and Persistence in Productivity Differentials [J]. International Journal of Applied Economics, September 2004.

[23] 平新乔. 产品市场竞争度对企业研发的影响——基于中国制造业的实证分析 [J]. 产业经济研究, 2007 (5).

[24] W.S. Comanor. Market Structure, Product Differentiation, and Industrial Research [J]. The Quarterly Journal of Economics, 1967.

[25] R. Veugelers, P.V. Houte. Domestic R&D in the Presence of Multinational Enterprises [J]. International Journal of Iudustrial Organization, 1990.

[26] O.E. Williamson. Comparative Economic Organization: The Analysis of Discrete Structural Alternatives [J]. Administrative Science Quarterly, 1991.

[27] B. Bozeman, A. Link. Public Support for Private R&D: The Case of the Research Tax Credit [J]. Journal of Policy Analysis and Management, 1985.

(作者: 袁桂秋　张玉洁)

创业风险投资

创业投资与创业板上市公司的
互动机制分析

一、引　言

截至 2012 年 8 月 22 日，我国创业板已经有上市公司 349 家，其中 198 家背后有创投的身影，占比高达 57%。创业投资在创业板上市公司中这种高参与度现象主要是由创业投资的内在属性所决定。创业投资是由专业投资者投入到创新的、高成长的、核心能力强的企业中的一种与管理服务相结合的股权性资本。创新型中小企业是创业投资的主要投资标的，这就与创业板"三高六新"的定位"不谋而合"。

创业投资为创业板孵化和培育了一大批优质上市资源，同时创业板也是创业投资实现退出理想通道[1]，二者处于同一条创业价值链上。创业投资与创业板的长效良性互动是我国创业板可持续发展的重要基础。

二、创业投资促进创业板上市公司发展的机制分析

在激烈的竞争状况下，创业投资提出了"服务至上"的理念。[2] 创投的增值服务可以涵盖从投资到退出的所有时段。对于所投资的创业板企业，创投机构的促进作用可分为上市前和上市后两个阶段。

（一）上市前创业投资促进创业板上市公司发展的机制

调查问卷结果表明①，几乎所有创投参股的创业板上市公司都认为上市前创

---

① 数据来源于 Wind 资讯。

投机构促进了公司的发展，其促进机制主要体现在产业链整合、规范公司运作、疑难杂症处理、资本运作四个方面。

1. 产业链整合

创投机构将已投资项目按照产业链条的相关性进行嫁接，整合资源，以取得三赢或多赢的局面。以深圳创新投资集团有限公司（以下简称"深创投"）为例，早在2008年就联合已投资的企业成立了"投资企业联谊俱乐部"，同时吸纳了被投资企业及银行、券商、律师事务所、会计师事务所和基金等合作伙伴，建立了一个高端服务平台，促进和加强创业者与投资人之间的交流，整合不同类别、不同渠道的市场、技术及人才等资源，推动产业链上下游互动，结合政府和各类产业园区的力量，全面提升深创投与投资企业、投资对象、政府和合作伙伴的互动深度与高度。除了深创投，其他创投机构在产业链整合方面也进行了有益的探索。如联想投资有限公司的主要做法有：①为已投资企业推荐重要客户及资源拓展；②推荐战略性收购对象等。

产业链整合是创投机构增值服务的重要内容。由于这方面的服务能力与创投机构的管理经验、市场资源及综合实力等息息相关，目前可以提供这一服务的创投机构相对较少。问卷调查结果显示，仅有35%的创投参股创业板上市公司认为创投机构对其产业链整合方面有所帮助。

2. 规范公司运作

调查问卷结果显示，82%的创投参股创业板公司认为创投机构促进了公司上市前规范运作。由于先天性的因素，创业企业早期的管理规范化较低。在借助外力特别是创业投资的投入之后，企业的管理规范化可以更好地实现；与此同时，企业管理的规范化也能够更好地保证创业投资者的利益。[3,4] 因此，创业投资对企业管理的规范化要求就显得更为迫切。为了实现这一要求，创投机构投资以后，一般会委派董事、监事，有专业的人员跟踪项目，监督项目规范运作情况。针对项目之前存在的一些历史遗留问题，或者在进入之前不规范的地方，提出具有针对性的治理方案。主要从以下四个方面推进企业管理规范化的进程：

（1）变家族化企业、夫妻店、作坊式经营为现代公司化治理。通过引入合适的职业经理人，优化公司的管理团队结构；实施有效的股权激励机制；建立、健全内部控制体系；规范资金审批流程与权限等建立现代企业架构。

（2）引导企业履行社会责任。引导企业合法经营、照章纳税、关注社保、注重环保，培育企业的公民意识。

（3）促进股东会、董事会和监事会三会规范运作。完善决策程序，形成协调高效、相互制衡的制度安排，从形式到实质地规范企业。

（4）监督企业持续信息披露，保护小股东的知情权。监督上市公司定期提供财务报表，以便及时了解企业的经营与财务状况。

3. 疑难杂症处理

企业经营、上市进程中会遇到各种各样意想不到的问题，如影响企业当前持续发展的重大问题，比如用地、技术瓶颈的突破等；影响企业可持续发展的重大问题，比如一个重要资质的获取、一个重要客户的获取、重大的资产并购等；影响企业上市进程的疑难杂症，比如出资的瑕疵、财务的不规范、税收的不规范、与大股东的关联交易与往来等。

对企业经营者而言，其个人资源、企业的能力是有限的。创投机构可利用自身的资源和经验为企业进行服务，努力解决疑难杂症问题，促进所投资企业的顺利发展。一般认为创业投资最高级的或者最关键的服务就是解决疑难杂症，直接关系到企业的生存和发展。调查问卷表明，40%的创投参股创业板公司认为创投机构能够切实帮助企业解决一些疑难杂症。

4. 资本运作

从问卷调查结果可以看出，54%的创投参股创业板上市公司认为创投机构能够提高其资本运作的效率。创投机构会根据被投资企业的实际情况，设计最优的上市方案。包括上市时机的把握、中介机构的协调、上市地点的选择、公司亮点的发掘、上市资源的寻找等。同时，IPO 过程中，国外的研究（Chemmanur 和 Loutskina [5]）结果也表明创投的参与有助于公司获得其他金融机构的认可，进而有助于提高公司 IPO 发行价和影响力。

（二）上市后创业投资促进创业板上市公司发展的机制

国外的研究 [6-8] 表明在国外成熟的资本市场，创业投资对上市公司有明显的促进作用。然而，创业投资要展现出对上市公司的促进作用必须要有长时间发展的积累。国内资本市场还不成熟，中国创业板开板还不到两年，创业投资对中国创业板上市公司的促进作用机制还有待进一步研究分析。问卷调查结果显示，94%的创投参股创业板上市公司认为创投股东对其上市后的发展具有积极作用，主要体现在以下四个方面：

1. 优化公司治理结构

我国创业板上市公司多为民营企业，其公司治理结构还不完善，股东成员彰显"家族特色"，公司管理层"家族色彩"浓厚，企业内部存在严重的治理结构不科学和股权结构不合理等问题，加大了公司治理风险。有创投股东的创业板上市公司具备多元化的股权结构，有利于解决企业在发展过程中遗留下来的各种产权问题。同时，创投机构能利用自身丰富的投资和管理经验，作为一股外部力量来完善被投资企业的公司治理结构，包括行使股东和董事权利，提高股东会和董事会的决策能力；协助公司明晰发展战略；推进激励机制，吸引优秀人才，完善管理团队；协调控股股东与管理层的关系等。创投股东在促进公司治理结构优化方面的作用得到了大多数（占比为 68%）创投参股创业板上市公司的认可。

在推进激励机制方面，创投股东的促进作用尤为明显。巴曙松等[6] 研究了中小板 453 家和创业板 93 家共 546 个上市公司样本的经营绩效，发现有 VC/PE 参股的上市公司管理费用率要显著高于没有 VC/PE 参股的上市公司，分析认为 VC/PE 的参股为上市公司带来了适当的薪酬激励机制，增加的管理成本主要是由员工工资和管理层薪酬激励造成的。我们的统计也发现，相对于没有 VC/PE 参股创业板上市公司，有 VC/PE 参股的创业板上市公司在推进股权激励方面也体现出了较高的积极性。截至 2012 年 8 月 22 日，已推出股权激励方案的创业板公司共 80 家，其中，有创投支持的公司有 47 家，占比达到 58%。同时，在其中已经实施股权激励方案的 53 家创业板公司当中，有 30 家是创投支持的公司，占比为 57%。

表 10.1　创业板公司股权激励情况统计

	公告股权激励方案公司的数量/家	股权激励方案进度	
		已实施股权激励公司数量/家	停止实施股权激励公司数量/家
创投参股公司	47	30	7
无创投参股公司	33	23	3
合计	80	53	10

资料来源：Wind 数据库（截至 2012 年 8 月 22 日）。

2. 自愿锁定股份，增强社会投资者对上市公司的信心

在解禁期满之后，创业板市场是股份全流通的市场。但创业板市场规则咨询文件要求主要股东（包括创投股东）及高管人员的自愿锁定股份，其主要目的是为了保护投资者特别是中小投资者的合法权益，保证上市公司运营的稳定。问卷调查结果表明，60%的创投参股创业板公司认为创投股东通过自愿锁定股份，增强了社会投资者对公司的信心。锁定股权解禁以后，普遍认为创投机构的减持态度折射出的是被投资上市公司的成长性。从创业投资特性层面来看，所投资公司上市以后，作为公司的小股东创投机构减持上市公司股票是理性的。即使按照目前监管层规定的创投机构每月减持创业板股票不得超过总股本比例 1%的规定，创投机构一般也能在较短的时间内大幅减持所持有的创业板上市公司股票。然而，总体上来看，从创业板第一批 28 家公司解禁期满半年多来，许多创投机构以创业板的持续发展和上市公司的稳定为重，大幅放缓减持幅度，自愿锁定股份，充分体现了创投机构的社会责任，也体现了创投机构对于创业板公司未来发展的信心。这一行为具有十分积极的信号效应，对于避免创业板公司二级市场股价的大幅波动、吸引社会战略投资机构、增加公司股票的流动性，都具有重要的支撑作用。

3. 为创业板公司的产业整合提供帮助

截至 2012 年 8 月 22 日，我国创业板 349 家上市公司，超募资金高达 1266.68 亿元，创业板公司超募资金急需找到良性出口。同时，创业板公司面临着如何维持高成长性的巨大压力。当内生性成长受到限制，利用超募资金并购进行外延性扩张将成为多数创业板上市公司的不二选择。问卷调查结果表明，98% 的创业板上市公司偏向于利用超募资金进行并购、延伸产业链。创业板公司利用超募资金整合上下游产业链，将有利于降低公司的原材料成本、提高产品毛利率，极大提升公司盈利能力。创投股东一方面可以通过将已投资项目按照产业链条的相关性进行对接；另一方面也可利用丰富的资本运作经验，为并购行为提供帮助。从而减少中间环节，节省并购成本，促进创业板公司的快速壮大。

从问卷调查结果可以看出，50%的创投参股创业板公司认为创投股东能够为其产业整合提供帮助。从实际案例来看，创业板上市公司锦富新材（300128）、振东制药（300158）都是相继通过从创投机构手中购买优良资产，增强了企业自身的竞争力。另外，并购市场上活跃的创业板上市公司也都是些有创投参股的公司，如爱尔眼科（300015）、梅泰诺（300038）、瑞普生物（300119）、超图软件（300036）、乐普医疗（300003）、莱美药业（300006）以及蓝色光标（300058）等。

4. 协助企业做好投资者关系管理

良好的投资者关系有助于加强公司治理结构，建立广泛的股东基础，树立良好的资本市场形象，从而加强投资者对本公司的信心，增强公司融资的能力，有利于上市企业的可持续发展。[9] 创业板上市公司由于意识缺失及治理结构不完善，投资者关系管理方面存在严重不足。创投股东一般从以下几方面协助上市公司做好投资者关系管理工作：

（1）协助上市公司做好信息调研。创投股东通过指派内部专业人士或推荐外部专业人士协助企业进行充分信息调研、搜集及后续的信息分析工作，包括建立投资者数据库，对投资者进行细分，明确目标投资者等。

（2）协助上市公司做好信息沟通及信息反馈。创投股东通过邀请、组织战略投资者了解公司；宣传介绍公司的亮点与价值；协助企业举办推介活动等方式协助上市公司做好与投资者沟通的工作。同时，反过来，创投股东以投资者的身份综合、归纳及整理投资者对公司的评价、对特定融资方案的态度、公司其他利益相关者的观点和建议等，并反馈给上市公司管理层。通过上述的"一出一进"的双向信息流桥梁作用，创投股东可帮助企业做好与投资者的信息交流工作。

（3）协助上市公司做好危机处理。当上市公司发生涉诉、监管机构针对本公司的处理、重大重组并购、关键人员的变动、盈利大幅波动、传言甚至谣言、股票交易异动、自然灾害等重大危机时，创投股东通过协助上市公司制定有效应对方案、举行各类应急公关活动等，消除危机给公司经营带来的负面影响。

问卷调查表明，创投股东在协助公司做好投资者关系方面的作用还不是很突出，仅得到了35%的创投参股创业板公司的认可。

三、创业投资支持创业板公司发展过程中存在的主要问题

在我国现有的审批制的发行制度下，IPO成为稀缺资源。[6] 投资者能够无风险地获取一级市场和二级市场之间显著高于国际平均水平的溢价，这就促使众多创投机构偏向于参与Pre-IPO项目，而忽略了为二级市场培育上市资源的"本职工作"。同时，由于中国的创业投资尚处在起步阶段，创业板开板也尚不足两年，两者的互动尚处于磨合期，这就造成创业投资与创业板长效良性互动机制并没有完全建立，二者的互动过程中仍存在着诸多问题。主要表现在：

（一）上市前

1. 增值服务不到位

（1）服务能力不强。在发达国家，股权投资基金的发展已有几十年的历史，并建立了一支行业经验较为丰富的团队。而我国则起步较晚，且早期发展较为缓慢，只是在创业板的推出后出现了井喷式增长。伴随着这种超常规的发展，带来的问题便是富有行业经验的专业人才的相对短缺，进而造成创业投资机构的增值服务不到位的现象。一方面，部分创业投资机构没有建立系统的增值服务体系，对被投资企业的服务还停留在处理突发事件的被动服务阶段；另一方面，部分投资经理尚不具备增值服务能力。增值服务是一项系统工程，服务具有很强的针对性和可操作性，要求投资经理具备行业、管理、金融等方面的实践经验、良好沟通能力与广泛的社会资源。而这需要一个相对漫长的知识沉淀与积累周期。

（2）服务意识相对薄弱。目前，中国的创投还处于发展的初级阶段，大部分的PE基金尚处于资金募集和项目投资阶段，未到退出回报期。普遍存在重投资轻服务的现象。从投资阶段来看，许多投资机构倾向于投资Pre-IPO阶段的项目，而处于这一阶段的企业管理相对规范、市场相对成熟、财务表现良好，本身对创投机构的服务需求也相对较少，这也是造成创投机构服务意识淡薄的原因之一。

2. 行业发展存在不规范现象

当前创投机构良莠不齐，业内普遍存在不规范现象，这必然对创业板的可持续发展造成不利影响。主要包括：

（1）局部恶性竞争。创投繁荣的背后是各路资金的大量涌入，投中集团发布的数据显示，2011 年中国 VC/PE 市场基金募集活动继续保持活跃，募资完成基金 503 只，募集规模达 494 亿美元，再次达到历史最高水平，全国备案的创投机构达到 822 家。充裕的资金、创业板的高估值等推升了项目估值，这也在一定程度上持续提升了创投的投资成本，创投机构之间的竞争进一步加剧了投资泡沫。甚至局部还存在哄抬投资价格，"抢项目"的现象。

（2）突击入股现象。创业板市场开板以来，"突击入股"一词不断见诸报端。造富神话让一些创投机构通过各种途径突击入股，收益不菲。显然这一行为与资本市场公平、公正、公开的准则背道而驰，也不符合创业投资的本真。针对"突击入股"，2012 年 10 月份，证监会要求延长"突击入股"的锁定期，规定招股说明书刊登前一年入股的，锁定期从之前的一年延长至三年。这一规定在一定程度上抑制了"突击入股"的势头，但并没有完全消除这一现象。

3. 部分企业引入投资欠缺长远眼光

在对创业板上市企业调研的过程中，我们发现那些反映创投促进作用不明显的创业板上市企业基本上是出于引入财务性投资的考虑而引进创投资本的。在发展的资金瓶颈时期，这些企业如果没有充分考虑资源互补及长远的战略合作，容易产生"急病乱投医"的决策错误，盲目引入了一些纯财务型投资机构。这类纯财务型投资机构服务往往服务能力不强，难以推动企业的长远发展。犯这类错误的主要原因有：

（1）融资企业不了解创投行业。由于融资企业对创投行业缺乏充分的了解，更谈不上对投资机构服务能力的客观分析，难以分辨市场上各家创投机构的优劣。

（2）企业迫于资金压力，容易做出草率决策。一个成熟的、严谨的创投机构，在做出投资决策前，都要经过较长时间的审慎尽职调查程序，这个过程一般需要几个月，甚至一两年的时间。企业迫于资金压力，容易被一些服务能力较弱的纯财务型投资机构钻到空子。

（二）上市后

1. 创投股东代表董事、监事激励机制缺失

目前，针对创投代表董事、监事的激励机制缺失，创投代表董事、监事积极性不高。目前，创业板上市公司中创投股东的代表董事、监事一般是实行"零薪酬"制度。同时，创投股东的代表董事、监事也不被纳入企业股权激励的范畴。创业板上市公司大股东普遍认为创投代表董事或监事已经获得了创投机构的投资奖励，没有薪酬和股权激励是理所当然的，因此对创投代表董事或监事进行激励的意愿不强。证监会问卷调查结果表明，目前超过50%的创投参股创业板上市公司认为激励机制不能起到促进创投股东代表董事或监事勤勉、尽职尽责的作用，忽视了激励机制的重要性。激励机制的缺失的确大大影响了创投股东代表董事、监事勤勉尽责的积极性。问卷调查结果表明，仅有45%的创业板上市公司希望创投股东代表董事或监事，在创投退出后应发挥其独立、专业、对公司了解等方面的优势继续为公司服务。这一数据从一定程度上反映出创投股东代表董事或监事在参与参股创业板上市公司治理和监管方面并没有充分地发挥作用。

2. 创投减持、退出不讲策略

问卷调查结果表明，对于创投的退出问题，超过80%的创业板上市公司认为是一种合理的商业行为；超过70%的创投参股的创业板上市公司希望创投股东分阶段、有策略地退出。根据 Wind 数据统计，截至2012年8月22日，有35家创业板公司遭到了公司类股东的减持，减持股份数量合计3.06亿股，套现金额达51.25亿元。从减持途径上来看，大宗交易平台成为公司类股东减持的主要途径。统计显示，被减持的3.06亿股中，有2.25亿股通过大宗交易平台完成，占比超过70%。其中减持创业板公司股票套现金额过亿元的创投公司包括 Brook Investment Ltd.、大鹏创业投资有限公司、高投名力成长创业投资有限公司、上海国民企业管理有限公司、深圳东金新材料创投投资有限公司、中国—比利时直接股权投资基金等。尽管巴曙松等的研究[6]认为由于创投股东持股比例较小或没有创投参股上市公司还面临其他主要股东的减持两方面的原因，创投的减持在统计学上对上市公司影响较小。但是由创投强制减持而引发的上市公司股价剧烈波动的个案却时有发生，如2011年1月11日，超图软件（300036）午间发布的一则创投股东减持公告，引发了第二天其股价大幅下跌了9.57%；又如2011年6月7日，华瓯创投大幅减持南都电源（300068）250万股，致使当天南都电源的股价跌了3.4%。如果在减持过程，创投不讲究退出策略，对于上市公司来说无异于"釜底抽薪"，将很有可能引起创业板上市公司股价剧烈波动，进而影响其平稳发展。

3. 相关制度不完善

创投股东参与创业板公司治理、监督上存在的不足，主要是由于相关的制度或机制不完善：①在申请上市条件方面，没有强制性提升创投在上市公司决策和监督机制中的影响力，很难通过外部力量的强制性介入解决我国创业板公司内部人控制问题；②在公司治理结构优化方面，没有形成创投进入董事会、监事会及高级管理人员提供便利的机制；③创业板上市公司缺乏规范的针对创投退出的应变机制。

四、促进创业投资与创业板上市公司良性互动的政策建议

创业投资担负着为创业板培育优质上市资源的职责[10]，创业板与创业投资二者处于同一条共存共荣的创业价值链上，因此我们建议要加快建立创业板与创业投资之间的长效互动机制，加强创业板监管部门和深交所对创业投资的正确指导，并及时了解创业投资的相关诉求，提高创业投资为创业板源源输送优质上市资源的效率。

（一）规范创投行业管理

1. 加强监管

尽快明确我国创投行业的主管部门并建立相应的监管制度和措施，切实加强监管，提高创投业的准入门槛和高管从业资格，从而提高创投机构运作的专业性和规范性，杜绝劣币驱逐良币的现象[11]。对于券商直投，应规定券商直投不能投资其控股券商作为保荐机构的企业，实行防火墙隔离，从而防止利益输送。

2. 强化创投自律管理

随着创业投资资金管理和项目投资在全国范围内纵深发展，创业投资市场秩序进一步完善和法治化已刻不容缓。为此，国家发改委牵头已正式成立全国统一的创投行业组织，即中国投资协会创业投资专业委员会。该专委会的基本宗旨是依据国家相关政策法规，制定和实施全国统一的创业投资行规行约，强化创投行业自律管理，以推进创业投资业规范健康快速发展。各创投机构要严格遵守相关行规行约，自觉规范自律创投机构及其团队的行为，坚决杜绝同业恶性竞争，发挥团结协助精神，共同为创业板输送更多更好的优质上市资源，使创业板市场优化配置创投资源的功能发挥最大效用。

（二）完善创投股东参与创业板上市公司治理的机制

1. 完善创投股东决策与监督机制

创投股的代表董事、监事一般都是相关技术型或管理型的专业人才，对公司、资本运作及产业链状况都非常熟悉，他们的参与将有利于提高公司的治理和决策水平。在创投退出之前，应形成创投进入董事会、监事会及高级管理人员提供便利的机制[12]；创投股东退出之后，应形成其董事或监事担任独立董事和独立监事提供便利的机制。

2. 建立针对创投代表董事、监事的制衡与激励约束机制

对创投股东代表董事、监事实施有效的股权激励计划，将有利于提高其参与公司决策和监督的参与度。借鉴博弈论的相关研究结论，可以预期在股权激励计划中，激励过度（或不足）及固定期限的激励制度安排等都将不能达成预期的激励约束目标，因此股权激励制度建设过程中需要充分考虑激励的度和期限问题。

（三）完善创投退出机制

1. 进一步拓宽创投退出通道

目前，普遍认为创业板上市公司超募的巨额资金的重点出口将是通过并购以获得持续高成长。创投所投企业如果难以上市，但又与上市企业上下游产业链紧密相关，可通过股权转让或换股并购等方式，将其所持股权变现获利。从创投机构自身来讲，应有针对性地建立、完善并购退出机制，积极应对新形势的变化。同时，监管层应积极推动建立有利于创投参与创业板企业并购重组的机制，提高并购效率，推动创业板资本流动，促进战略性新兴产业公司进行行业整合。

2. 完善创投退出创业板上市公司的机制

在创业板公司上市后，不管创投选择何时退出公司，都是十分正常的。由于创投减持态度具有一定上市公司成长性风向标作用，将有可能引起创业板公司股价波动，进而影响到创业板的平稳运行，因此对创投的减持应予以重视。

（1）进一步加强创投减持监管。严格执行现有的创投减持制度，严厉打击各种违规操作。

（2）创投应加强二级市场退出策略研究。创投机构应设立专业化部门，专门负责解禁后的退出问题研究及操作。加强对二级市场大势、上市企业实际情况的分析研究，制定出有分别、有步骤、有规划的减持或退出策略。

参考文献

[1] 李邈. 创投持股与创业板上市公司 IPO 抑价关系研究 [D]. 杭州：浙江大学，2010.

[2] 靳海涛. 从深圳创新投资集团的成功实践看创业投资对国民经济发展的先导性作用 [J]. 创新，2010（5）：4-11.

[3] 王娟. 风险投资介入中小企业公司治理的过程与效果研究 [D]. 杭州：浙江财经大学，2011.

[4] Gaspar, Jose-Miguel, Massimo Massa, and Pedro Matos.Shareholder Investment Horizons and The Market for Corporate Control [J]. Journal of Financial Economics, 2005 (76): 135-165.

[5] Chemmanur, T., and E. Loutskina. The Role of Venture Capital Backing in Initial Public Offerings: Certification, Screening, or Market Power [J]. Working Paper, Boston College and University of Virginia, 2005.

[6] 巴曙松，陈华良，王超等. 中国资产管理行业发展报告 [M]. 北京：中国人民大学出版

社，2011.

[7] Lee, P., and S. Wahal. Grandstanding, Certification and the Underpricing of Venture Capital Backed IPOs [J]. Journal of Financial Economics，2004（73）：375-407.

[8] Hellmann, T., and M. Puri. The Interaction Between Product Market and Financing Strategy: The Role of Venture Capital，Review of Financial Studies，2000（13）：959-984.

[9] 徐蓓蓓. 投资者关系管理及其对企业价值影响的实证研究 [D]. 济南：山东大学，2007.

[10] 聂志琴. 我国创业板市场可持续发展研究 [D]. 武汉：武汉理工大学，2010.

[11] 王一萱. 创投等机构投资创业板公司行为特征分析 [J]. 证券市场导报，2010（11）：36-42.

[12] 闵娜，付雯潇.完善我国创业板公司治理的机制研究 [J]. 当代经济，2011（2）：50-51.

（作者：刘炜　孙东升　乔旭东）

试论新形势下国有创投机构的
社会责任与投资策略

从 1985 年中国新技术创业投资（以下简称"创投"）公司成立以来，国有创投机构已经历了近 30 年的发展，成为我国创投行业的探路者、引领者和先驱力量，在促进行业规范发展、发挥国有资本引导放大作用、支持国家战略性新兴产业发展、支持中小微创新型企业发展等方面作出积极贡献。当前，我国经济转型、结构调整、体制改革不断深化，国内外经济、政治、社会形势复杂多变，国有创投机构面临全新的挑战和发展机遇，其社会责任及其相应的投资策略值得探讨。

一、国有创投机构的社会责任

创投机构的目标首选是资本利润的最大化，国有创投机构不仅要扮演好"经济人"的角色，追求投资效益，而且也有别于"私募"机构，承担起引导社会资本按照国家目标正向流动，释放社会效益。

（一）树立行业发展正能量，促进行业规范发展

近年来，创投行业方兴未艾，高歌猛进，为国家经济发展做出积极贡献，但也出现了一些不理性的行为，无序竞争、"疯投、乱投"等现象给创投行业和资本市场的发展造成了不良影响。国有创投企业是国家在行业最前端的触角，体现着政府意图，又是行业的积极实践者，反映着整个行业的诉求，特殊的市场地位使国有创投企业天生便是引导行业规范发展的一面旗帜。国有创投机构既要恪守行业规则、维护行业健康发展，又要不断为政府提供行业发展的宏观建议，包括完善有关法律、法规，出台有关政策配套促进措施，倡导行业自律、规范发展等。

湖南高新创业投资集团有限公司作为湖南省股权投资协会会长单位，牵头承办"2012 中国股权投资高峰论坛"，倡导并促成全国 30 多个省市（包括中国台

湾地区、中国香港地区）股权投资行业协会共同签署《中国私募股权与创业风险投资共同宣言》（被业界誉为"长沙宣言"），成为我国创投行业首个影响面较大的自律宣言，对规范行业发展具有里程碑意义。

（二）发挥国有资本杠杆作用，引导社会资本投入

国有创投机构是伴随我国科技体制改革而产生的投融资机构，历史使命是引进更多的社会资源向科技创新产业化流动，培育发展高新技术产业。国有创投机构在业务开展过程中面临着所需资金量巨大与国有资本有限的矛盾，为此，其追求的不是 1：1 的投资作用，而是 1：10 乃至 1：100 的放大效果，起到"四两拨千斤"的引导示范功能，从而引导社会资本的投资方向。当前为鼓励、吸引民间资本投入，国有创投机构通常采取两种方式：一是公司股本"民营化"改制，通过引进民间资本改善公司治理结构，放大国有资本效用，如深圳创投、达晨创投等；二是公司业务"基金化"转型，通过发起设立或参股基金的方式吸引各类资金，从而放大国有资本效用，如湖南高新创投、江苏高投等。湖南高新创投近年发起或参与成立各类投资基金 30 多只，基金总规模达 200 亿元，其中由湖南高新创投受托管理的湖南省创业引导基金发起成立的 10 多只创投基金，认缴 5 亿元，带动社会出资 40 多亿元，放大倍数 8 倍以上。未来国有创投机构还应不断创新投融资模式，拓展同银行等金融机构、民间资本的深度合作，采取阶段参股、夹层投资、结构化投资等方式。

（三）支持战略性新兴产业，促进产业结构调整

国家"十二五"规划纲要和《国务院关于加快培育和发展战略性新兴产业的决定》（国发〔2010〕32 号）明确要求加快培育和发展战略性新兴产业。国有创投机构应该主动响应，自觉担当起促进产业结构调整的重任，将投资领域重点放在国家支持和鼓励的战略性新兴产业上。同时，不断依靠自身的影响力和专业投资能力把各类资金吸引到促进国家战略性新兴产业的发展上来，为新兴产业培育、产业结构调整、转变发展方式、优化国民经济提供支撑。特别是要把支持中小微创新型企业纳入主要投资对象，突出解决中小微企业的"融资难"、"融资贵"问题。

湖南高新创投自成立起就注重对带动性强、附加值高、自主创新能力突出、科技领先的高新技术企业及战略性新兴产业的扶持，所投资的企业中 90%以上为高新技术企业，过半数入选"湖南四千工程"（千亿元产业、千亿元集群、千亿元企业、千亿元园区）重点企业名单。2012 年湖南高新创投发起设立的麓谷高新天使基金为境内首只政府参与的天使基金，专注于科技型中小企业和初创期项目并获得国家科技部 2500 万元阶段性参股资金的支持，到 2013 年底，该基金投

资项目可超过 10 个。

（四）促进科技与金融结合，加速科技成果转化

国有创投机构因促进科技与金融结合而生，又因科技与金融深度融合而长。解决科技成果转化资金短缺、科技型企业融资难问题，不仅是国有创投机构应尽之责，而且对带动政府职能转变、调整财政支出方式、优化配置财政与金融资源具有积极作用。科技创新是国家发展的永续驱动力。金融不与科技有机结合，或者说不支持科技发展，金融难以改变"虚拟化"、"空壳化"状况；科技不与金融构成"共同体"，就没有科技的产业化，国家经济社会发展就缺乏重要支撑和核心竞争力。因此，国有创投机构应当在科技金融方面发挥积极作用，成为科技金融结合的试验平台、科技金融创新的服务平台，同时要大胆探索和实践建立既符合科学技术产业发展客观规律、金融发展客观规律，又适应市场调控资源优化配置的机制和方式。

二、国有创投机构投资策略选择

（一）从投资方式看，实现由直接投资为主向间接投资与直接投资相结合、间接投资为主的转变

过去，国有创投机构尚处于摸索阶段，普遍利用自有资金进行投资，现在，战略性新兴产业发展资金需求巨大，国有创投机构受制于自有资本规模，很难满足发展的需要。为此，国有创投机构应积极转变投资方式，通过引入社会资本改善股权结构，或发起设立基金、参股创投企业等方式，将投资方式逐步转变为以间接投资与直接投资相结合，以间接投资为主的投资策略。

（二）从投资阶段看，实现由成熟期项目（PE，即 pre-IPO）为主向初创期（天使）、成长期项目（VC）与成熟期项目相结合，以初创期、成长期项目为主的转变

处于初创期、成长期的项目具有高科技、高风险、高回报的特征。国有创投机构选择投资初创期、成长期项目既是呼应国家目标，履行社会责任，充分发挥国有资本引导示范作用，将资金吸引到最需要资金支持的早期项目中来的必然选择，也是合理规避成熟期项目投资竞争激烈，利润空间越来越小，积极寻求突破的必然选择，同时还是积极倡导创投企业回归创业投资本意的必然选择。

（三）从投资对象看，实现大中型企业为主向中小微企业与大型企业相结合，以中小微企业为主的转变

以往，创投企业主要集中投资大型企业，这类企业资金实力雄厚、抵御风险能力强、上市确定性较大，但也存在投资额大、竞争激烈的情况，而中小微企业由于资产轻、管理不规范、发展存在不确定性等因素，债权融资相对较弱，迫切需要创投资本的股权投资进入。国家先后多次出台政策，鼓励各种金融机构、资本工具加大对中小微企业特别是创新性企业融资支持力度。为此，国有创投机构要主动将投资对象集中到空间更大、领域更广的中小微企业上，培育新兴产业市场主体，提升未来盈利水平。

（四）从业务范围看，实现单纯创投业务向创投业务为主，多业态相结合的转变，延长创投产业链条

创业投资项目投资周期较长，一般项目为 5~7 年，早期项目更长，投资周期内，创投企业可能面临资金周转不畅的问题。如何解决创投企业资金占用、如何培育新的利润增长点等问题成为创投企业一大挑战。国有创投机构受体制、机制束缚，应对投资周期长问题的难度更大。为此，积极拓宽业务领域，围绕创投主战场，适当延长创投上下游领域成为国有创投的必然选择，采取"同心多元化"战略，在坚持创业投资主营业务的前提下，积极开展基金管理、资产经营、财务顾问、管理咨询、并购重组、定向增发等业务。重点关注债券市场和新三板市场带来的发展机遇，加强同银行、保险、担保等机构的战略合作与互动，发挥协同聚集效应。

（五）从管理方式看，实现重投资管理向投资管理与资产经营相结合的转变，积极探索多渠道退出方式

随着投资规模的扩大、领域的扩充，创投企业面临的风险管理及投后管理压力逐步加大，特别是投后管理与增值服务是短板。"重投资、轻管理；重业务拓展、轻风险控制"的发展方式亟待转变。国有创投机构尤其要加强投资的风险控制，建立健全风控机制，确保国有资产的安全，同时，也要加强投后资产管理，利用自身资源优势，为所投项目做好管理、咨询、金融、法律等全方位的增值服务，帮助企业科学规范经营，提升企业自身的市场竞争力，确保国有资产保值增值。在此基础上，改变过去依靠"IPO"退出方式，灵活采取股权转让、股权柜台交易、大股东回购、收购兼并、借壳上市等多种退出形式，提升创投机构的持续投资能力。

（作者：刘少君）

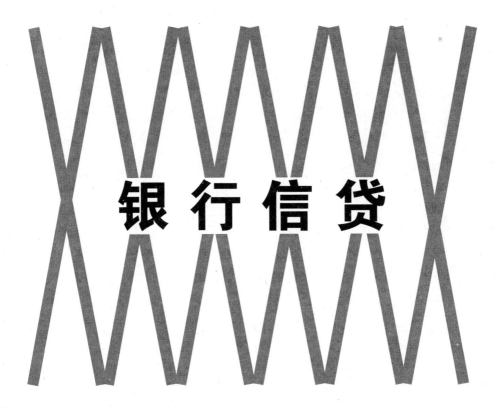

银 行 信 贷

财政支持科技支行的杭州经验及启示
——杭州银行科技支行调研报告

进入中等收入阶段的中国要应对潜在增长率的下行和新时期的一系列矛盾凸显，必须走创新型国家道路，实施创新驱动，把科技创新作为提高全要素生产率、社会生产力和综合国力的战略支撑。在科技创新活动中，科技型中小企业是数量多、潜力大的市场主体，又最易面临融资瓶颈制约，为化解它们在发展过程中普遍的融资难题，各级政府已在采取多样化的举措支持科技与金融相结合，改善科技型中小企业的金融服务环境。在信贷融资方面，自 2008 年以来有科技支行蓬勃兴起，让科技型中小企业拥有了专业化的信贷融资通道，据统计目前全国已有科技支行 100 多家。

为鼓励科技支行提供更多、更优质的金融服务，我国财政部门也在采取支持措施，其中，杭州市财政部门采取简便易行的支持方式，取得了良好的政策效果，受到当地科技中小企业的好评。我们通过实地调研，认为杭州财政对科技支行的支持体现了政府与市场主体之间优势合作、风险共担的正确思路和政策理念，核心要点是以财政资金的介入，融合政府信息优势和信用优势，发挥财政资金对社会资金的催化引导效应，适应市场需求实现政策性金融的区域性目标。这种财政在科技领域投入方式的创新，具有启示和借鉴推广价值。

一、杭州银行科技支行的业务概况

2009 年 7 月 8 日，杭州银行科技支行成立，是浙江省第一家（全国第三家）科技支行。杭州科技支行创立之初，就坚持专业专注的理念而确立以"三不搞、一专注"为业务指引的基本立行准则，即："不搞政府融资平台、不做房地产业务、不经营传统行业贷款，专注服务于科技型中小企业"，重点向高新技术企业、创投企业和大学生创业企业等提供金融服务，客户涉及电子信息、新能源、节能环保、医药、文化创意、传统行业技术改造六大行业近 20 个子行业。

截止到 2012 年末，全行科技金融企业贷款余额 80.31 亿元，服务科技型中小企业 549 户，其中 180 余家首次获得银行贷款支持，户均贷款 500 万元左右。同时，通过科技支行的穿针引线，40 余家投资机构为科技企业引入投资 30 多亿元；目前已有 2 家企业成功上市，近 20 家客户成长为国内细分行业的龙头企业，有力扶持了一批处于创业期和成长期的科技型中小企业。

调研中发现，杭州银行科技支行的业务经营活动表现出三大突出亮点：

（1）资产业务方面，成立四年以来，无论按照贷款数量衡量，还是按照客户数量衡量，贷款业务的 93% 以上投向科技型中小企业，超过总行设定的标准（80% 以上），实现了为科技型中小企业服务的经营宗旨。

（2）科技支行探索按照硅谷银行模式为科技型中小企业提供金融服务。作为总行直属专营机构，科技支行具有准法人机构的相对独立性，权限比一般的一级支行更大，为了匹配科技企业轻资产、技术含量高等特征，科技支行制定设计了一系列适合科技型中小企业的制度和产品。具体是根据科技型中小企业生命周期的不同发展特点和核心需求，设计了名为"生命周期服务法"的一系列金融解决方案。针对种子期企业，主要对其进行创业指导和服务，如积极提供管理、营销、财务、金融、政策等方面的知识和经验；针对初创期企业，不仅对其提供包括市场定位、管理团队整合、商业计划精细化在内的创业指导，同时也提供一定的融资服务；针对成长期企业，主要加大信贷支持，开发订单贷款、应收账款质押贷款、知识产权质押贷款、合同能源管理贷款、银投联合贷款等金融产品，满足企业日常经营资金需求；针对成熟期企业，主要对其提供投资银行和资本市场的服务。

（3）负债业务方面，50% 以上的存款来自于私募股权投资基金或创业投资基金所托管的资金，包括摩根士丹利、经纬中国等 30 多家基金。作为一家位于省会城市的地方银行的分支机构，之所以受到众多国际知名机构的青睐，主要在于科技支行的客户定位和专业经营。科技支行与创投机构拥有共同的客户群，它们在为科技型中小企业服务的过程中，自然而然地建立了合作关系。科技支行集中的客户资源对创投机构具有非常大的吸引力，而创投机构可以更直接面对和覆盖杭州地区科技型中小企业客户，科技支行与创投机构合作，既可以获得存款来源，又共同为科技型中小企业提供综合性金融服务。

二、杭州银行科技支行集成政府资源与市场资源的主要方式

（一）构建"五方联动"的独特运营模式

杭州银行科技支行的运营模式体现为"五方联动"，即加强自身与政府部门（包括科技主管部门、金融监管部门和经济管理部门）、创业风险投资机构、担保公司和工业园区的联动，构建银政合作平台、银投合作平台、银保合作平台和银园合作平台，形成科技企业金融一体化服务战略联盟。通过强化对政府、创投机构、园区和担保公司的合作，使科技金融服务平台在短时间内聚集了杭州市、区（县）两级科技部门、40余家国内外知名创投机构、近20家创业园区、10余家担保公司、数十家各类证券公司，以及会计事务所、律师事务所、行业协会、行业研究机构等中介服务机构，打造出独具特色的科技金融综合服务平台。合作伙伴的加入，迅速有效提升了杭州市以科技支行为核心的科技金融服务平台的综合服务能力，使科技支行在人力资源和网点资源有限的情况下，快速准确地对接杭州地区的科技金融潜在客户。目前科技支行80%的信贷客户都是通过以上合作平台获得。

（二）财政简易介入科技融资，风险共担机制实现"四两拨千斤"的支持效果

杭州市政府通过资源整合，建立区域内的科技型中小企业融资扶持机制，化解现有银行融资通道的结构性矛盾。政府支持科技支行扶持科技中小企业融资的简易机制主要有两种：

一种是无偿提供贷款贴息。为鼓励科技支行按照基准利率给科技型中小企业放贷，杭州市财政从科技投入中给予银行基准利率20%的贴息补贴。通过年度1000多万元的贴息规模，可以带动年度新增科技贷款1亿多元，有力支持了杭州科技型中小企业的信贷融资。贴息资金可以通过财政现有科技投入资金予以解决，不会对杭州财政形成压力，有利于形成扶持科技型中小企业的长期稳定机制。

另一种是设立信贷风险补偿基金。杭州市各级政府整合现有的科技投入资金，将原本拨付用于企业技改、项目研发的财政扶持资金，存入科技支行，地方政府、担保公司与科技支行按照4∶4∶2的池内风险损失补偿比例设立信贷风险

补偿基金。三方确定一定的客户范围和准入条件，科技支行按风险补偿基金的一定倍数发放贷款，用于定向扶持一批科技型企业。贷款发生损失后风险补偿基金承担偿付责任。目前风险池基金已顺利运营4个月以上，累计受惠企业21家，基金债权规模7670万元，风险池内实际贷款规模15800万元，带动风险池外贷款16750万元。

这一模式的优势在于：第一，在风险分担机制下，由于政府的介入，担保公司和银行的风险容忍度得以明显提升，对科技型小微企业的信贷准入门槛则显著降低，很多受制于担保条件无法获取贷款的科技型小微企业进入了银行贷款扶持范围。第二，科技企业的融资成本显著降低。与同期杭州银行担保类贷款年利率平均8%相比，风险池基金的贷款成本直接下降至人民银行基准利率，担保费用由年2%~3%统一下降至1%，且不收取保证金。第三，政府财政扶持资金相对有限，通过风险池基金模式，扶持资金规模效果扩大至少10倍，同时将常规一次性补助转变为可连续数年的持续性扶持资金，形成了"滚雪球"的累积扩大效应，达到财政科技投入"四两拨千斤"的支持效果。第四，有利于加快金融创新步伐。风险池基金的存在推动了科技支行的金融创新。科技支行针对科技企业可抵押有形资产不足、技术专利商业价值较高的特点，发放知识产权质押贷款。同时，根据部分科技企业缺乏现金流的特点，推出了订单贷款、股权质押贷款等。此外，科技支行目前正在积极寻求监管部门的许可，实行"贷款基准利率+收益后分成"的定价机制，通过"基准利率贷款+股权投资"，或者"基准利率贷款+股权投资期权"的业务模式创新，实现科技银行业务风险与收益的匹配，提升科技支行的风险经营能力。

（三）创新风险管理模式，实现资源优势互补

杭州科技支行科技金融风险文化的核心，是给予具备成长潜力的科技型中小企业"区别对待"的风险政策：通过建立重大项目的联合遴选评审机制，充分利用政府、担保机构、银行和股权投资机构的不同专业优势和信息优势，实现资源优势互补，风险管理前移，有效降低了事后风险管理成本和损失。

（1）客户评估的"两头兼顾"。在进行信用评估时，科技支行实行财务信息与非财务信息、硬信息与软信息的两头兼顾。既考虑传统银行调查所考虑的因素（主要是财务信息和硬信息），又考虑企业技术、产品、营销模式和竞争对手等因素（主要是非财务信息和软信息），以便在评估其潜在风险的同时，发掘其潜在价值。

（2）重大项目的联合遴选审批机制。科技支行建立由技术专家、政策专家、信贷专家和投资专家等组成的联合信贷评审委员会，参与重大信贷项目和业务的联合遴选和审批，弥补科技支行在科技领域专业知识方面的局限性。

（3）专职审批。由杭州银行总行派出独立审批人常驻科技支行，对贷款进行专职审批，达到"在一个机构内完成系列风险政策决策"的效果，授信3000万元，授信项下贷款6000万元，可以在支行一站式完成审批，简化审批流程，提高审贷效率。

（4）团队模式。科技支行采用团队模式，将客户经理分成三个团队，实行团队考核，在业务拓展中坚持团队责任制，团队间适度展开竞争。

（5）坚持"专注与专业"。在专注方面，科技支行将业务目标锁定为拥有自主知识产权或商业模式创新的科技型中小企业。在专业方面，科技支行引入专家联合评审机制、组织业务培训、加强与创投机构的合作、开展对专注行业的行业研究。

（四）细分客户群，推动风险池基金模式再创新

联合各级政府、担保公司和科技银行三方力量共同建立"风险池基金"，引导社会资本（股权投资机构）共同支持科技中小企业融资，是杭州科技支行推动科技金融服务的重要模式。这种模式具有典型的"公私合作"模式下产业引导基金的特征，通过合法规避现有国有资产管理制度约束以及我国金融业"分业经营、分业监管"的现有体制约束，以建立"风险池基金"的创新模式，实现了政府资金撬动商业银行资本对科技企业提供金融支持。在这一模式的基础上，杭州市各级政府、科技支行以杭州市"雏鹰计划"数据库为基础，联合杭州高科技担保有限公司以及各区（县）科技系统，进一步细分客户群，深化风险池基金的适用范围和合作模式，实现了风险池基金模式的再创新：根据区域需求、行业特征，将市级政府层面的"风险池基金"向区（县）、街道政府拓展，向细分行业领域扩展。目前已建立12个区（县）"区域风险池基金"；同时，取得经信委支持，成立了以杭州市合同能源管理基金为代表的"行业型风险池基金"，规模2亿元；在此基础上，科技支行又与浙江中新力合科技金融服务有限责任公司、杭州高科技担保有限责任公司多次洽谈后签署了"知识产权贷款风险池基金"合作协议。通过多方位合作的深化，使风险池基金模式不断完善成为适合多领域营销和培育小型科技型企业的常规化科技金融工具，有利于科技支行安全有效地做大基础客户群，进一步提升科技支行服务科技型小微企业的能力。

三、杭州财政通过支持科技支行业务发展而支持科技型中小企业成长的启示

科技型中小企业融资难的现象虽较为普遍，但科技型中小企业独具的"蓝海特征"，又使其不同于一般的中小企业。实际上，科技型中小企业良好的成长前景往往对银行信贷等金融资源颇具吸引力，只是银行现有的融资通道与科技型中小企业的融资需求之间存在着结构性矛盾，两者不能有效对接。杭州市财政部门抓住科技型中小企业金融服务领域的薄弱环节，创新财政投入方式，整合各方资源，建立了一套简便易行、行之有效的扶持机制，将原本无序的科技型企业融资通过制度和机制建设加以梳理，发挥了引导和通道再塑的关键作用。

概括地说，杭州市财政部门之所以能够在科技型中小企业信贷融资领域起到画龙点睛、激活银行资金的作用，关键在于他们有效运用了政策性金融的基本原理，对政府与市场各自的优势和资源进行合理整合配置。杭州市财政部门支持科技支行业务发展的实践，优化了支持科技型中小企业金融服务的财政政策，我们对其可做出如下评价，并试总结其启示意义。

（一）政府部门要积极营造鼓励科技创新、支持科技型中小企业发展的政策环境与预算依据

政府的政策导向具有显著示范效应，可以吸引各方关注，支持科技型中小企业发展。杭州市政府注重营造有利于科技型中小企业的政策环境，扎实做好基础工作和政策规划，推出"雏鹰计划"、"青蓝计划"等，专门面向科技型中小企业的支持计划。例如，"雏鹰计划"目标是 5 年内培养 1000 家拥有自主知识产权、科技含量高的科技型新企业。"青蓝计划"的目标是吸引高校教师、科研院所专家在杭州创业发展。这些政府支持计划的推出，为市场参与者提供了稳定的政策预期，有利于激发他们创办和发展科技型中小企业的热情，并促使相关金融机构提供中长期资金投入，同时，也为财政部门安排相关支出提供了预算依据，使各方的努力目标聚焦，为各方开展协调与合作创造了良好的条件。

（二）财政投入方式应积极转变，以间接支持方式提高财政投入管理效率

考虑政府财力的有限性和金融机构在网点零售服务和信息搜寻方面比政府更具优势，因此财政借助金融中介力量，以间接投入方式支持科技型中小企业，更

有利于发挥政策效力，扩大政策惠及范围。对于支持科技型中小企业的财政投入方式，杭州市财政部门的指导思想是逐步提高间接支持比重。2012 年，杭州市科技三项经费 7 亿元投入中有 42%用于间接支持，2013 年目标是 50%用于间接支持，借助于科技支行政策性担保机构、创业投资引导基金等金融中介，杭州市运用有限的财政资金支持了更多科技型中小企业的发展，而且也拓宽了这些金融中介的发展空间，形成了财政引导，科技与金融良性互动的局面。

杭州市建立了科技型中小企业信息服务平台，政府部门运用网络化平台受理、审核、批准科技型中小企业的支持申请，并与科技支行等金融中介保持信息通畅，对相关财政支持资金的使用信息保持公开透明，这不仅促进了政府部门之间相互配合、相互监督地高效运用财政资金，而且为科技型中小企业和科技支行等金融中介提供了便利，有利于提高财政管理和融资服务的效率。

（三）财政支持金融机构的方式宜简便易行，重点发挥引导作用和"定心丸"效果

财政对杭州银行科技支行的资金支持主要采取贴息和风险池的模式，尤其是风险池模式，目前受到政府、银行、企业、担保机构等各方的普遍欢迎和广泛认可。无论是前者还是后者，财政资金的投入管理都较为简便，而且两种模式都有止损线，不会带来或有负债等财政风险，因此，这些模式更容易推广，便于财政部门接受。财政资金对科技型中小企业的金融服务支持并不是全方位的，主要是针对市场失灵或缺口部分从边际上进行支持，侧重发挥"定心丸"作用，并实现"四两拨千斤"的政策效力。

例如，在风险池模式中，西湖区财政局、杭州高科技担保公司分别出资1000 万元，杭州银行科技支行匹配 500 万元。安排总规模 1 亿元信贷资金，按照 4∶4∶2 比例分担损失。2500 万元以内损失，西湖区财政的损失上限为 1000万元；超过风险池基金部分，西湖区财政不承担责任，由杭州银行科技支行和高科技担保公司按照 2∶8 比例来分担。从财政的角度来看，一方面财政资金 1000万元的投入效果实际扩大到 1 亿元；另一方面常规一次性财政补贴转变为可连续数年的持续性扶持，财政资金效果非常明显。从企业和银行的角度来看，政府参与风险分担，承担 40%风险，提高了银行和担保公司的风险容忍度，显著降低了企业的融资门槛。

（四）良好的部门合作是财政支持获得成功的基础条件

杭州银行科技支行核心业务的运作机制为五方联动，联合各级政府、创投机构、担保公司和科技园区展开合作，快速准确对接科技型中小企业，这种联动的基础在于杭州市拥有规范运作的政策性担保机构和商业担保机构、数目众多的创

投机构、高效协同运作的财政部门和科技部门等政府机构。具备这些部门合作条件是形成良好金融生态、提升政策合力来开创财政支持科技金融服务新局面、新业态的必要条件。

（五）政府的公信力和拥有的信息是宝贵资源，财政应以资金流带动信息流，充分发挥政府信息的优势与价值

在调研过程中，我们了解到科技支行非常重视政府的公信力和拥有的科技型中小企业相关信息。例如，在西湖区风险池模式中，纳入风险池的企业均经过区财政局、科技局、发改局联合评审以及高科技担保公司和杭州银行科技支行的专业评估。从银行角度来看，认为区财政局、科技局、发改局对于小企业的评价比单纯的银行和担保公司角度更加完备，风险的概率就更低。除了有形成本降低，银行也比较注重政府所提供的协调和服务的价值。从企业角度来看，在风险池模式中，政府不参与盈利分配，而且提供信息便利条件，银行寻找客户成本降低，利率也会下降，企业从中受益，形成了三方平衡的合作模式。

另外，我们在调研过程中发现，无论是科技型中小企业，还是金融服务中介，对科技园区管委会提供的对方信息都非常信任，管委会在化解银行与科技型中小企业之间信息不对称问题上发挥重要的桥梁作用。因此，财政资金在支持科技型中小企业的过程中，应以财政资金投入为先导，黏合政府的信息资源，促进资金供需的双方即银行等金融服务中介与科技型中小企业之间有效对接。

附件：

杭州银行科技银行相关情况一览

（一）"五个单独"的管理体制

（1）单独的客户准入机制。科技支行引入单独的信贷打分表，成立专家咨询委员会，实施联合信贷评审，重视"先进技术、商业模式、先进人才和前瞻性市场"。

（2）单独的信贷审批机制。总行派出专职审批人员，达到"在一个机构内完成系列风险政策决策"。

（3）单独的风险容忍政策。总行为科技支行设定的不良贷款率为全行平均指标的2倍。

（4）单独的拨备政策。财政的风险补助资金、把科技型中小企业的期权股权收益资金全部纳入"科技型中小企业专项拨备"项下。

（5）单独的业务协同政策。对行内其他机构推荐、参与的科技型中小企业业务，给予"双边奖励"的特殊政策，鼓励全行机构和营销人员积极捕捉市场信息。

（二）"五方联动"的运营模式

"五方联动"即加强与政府部门、创业风险投资机构、担保公司和工业园区等力量的联动，构建银政、银投、银保和银园合作平台，形成科技企业金融一体化服务战略联盟。科技支行现有 80%的信贷客户都是通过以上合作平台获得。

（1）银政合作。地方政府将部分原本拨付企业用于项目研发等方面的财政扶持资金，存入科技支行，地方政府与担保公司、科技支行按 4：4：2 的比例设立信贷风险补偿基金（简称风险池基金）。三方确定一定的客户范围和准入条件，科技支行按风险补偿基金的一定倍数发放贷款，贷款出现损失后风险补偿基金承担偿付责任。目前，科技支行已与杭州 12 个区县政府合作建立了"区域风险池基金"，累计发放贷款超过 8 亿元；在杭州市经信委的支持下，建立了以"杭州市合同能源管理基金"为代表的"行业型风险池基金"，支持节能环保型中小企业，规模达 2 亿元。

（2）银投合作。科技支行通过托管"创业投资引导基金"、"产业投资引导基金"两个母基金，吸引了 40 多家创投机构合作，目前托管的基金有 30 多个，这样做一方面保障了存款规模，另一方面科技支行可以优先推荐项目和企业给创投机构，同时跟进创投机构投资的项目和单位，实现投贷联动，债权和股权共同扶持科技型中小企业。

（3）银保合作。科技支行已经与杭州地区 10 多家担保公司，特别是政策性担保公司，如高新担保有限公司、高科技投资有限公司等开展合作，发放企业贷款中的 40%由担保公司提供担保。此外，科技支行还与浙江中新力合科技金融服务有限责任公司合作开发了"知识产权贷款风险池基金"。

（4）银园合作。杭州有较好的金融生态环境，科技支行依托园区进行渠道建设，包括推广订单贷、促进科技型中小企业进园区等。

（三）吻合科技企业各阶段需求的"生命周期服务法"

根据科技企业生命周期不同的发展特点和核心需求，科技支行提供有针对性的一系列金融解决方案。针对种子期企业，主要对其进行创业指导和服务，如积极提供管理、营销、财务、金融、政策等方面的知识和经验；针对初创期企业，不仅对其提供包括市场定位、管理团队整合、商业计划精细化在内的创业指导，同时也提供一定的融资服务；针对成长期企业，主要加大信贷支持，开发订单贷款、应收账款质押贷款、知识产权质押贷款、合同能源管理贷款、银投联合贷款等金融产品，满足企业日常性经营资金需求；针对成熟期企业，主要对其提供投资银行和资本市场的服务。

（四）面向科技企业成长和行业特点的金融产品体系

（1）"成长可贷"系列产品。该产品以企业成长力为核心，根据科技型企业初创期、成长期、成熟期三个不同阶段的需求和特点，以企业股权质押为重要担保方式，适当借助创投机构和专业担保公司的力量，内含美国硅谷银行核心的期权贷款业务（企业出让部分期权给第三方机构，第三方机构提供担保，科技支行发放贷款，科技支行通过财务顾问费获取部分期权带来的收益）、银投联贷业务（科技支行为 VC 或 PE 提供担保的企业提供贷款），推出了创新融资解决方案，帮助科技型企业解决在整个成长过程中的融资需求，目前已累计成功向 49 家科技型中小企业发放贷款 6.19 亿元。

（2）准信用类贷款。该类产品针对部分科技型中小企业的情况，降低了担保的门槛。

①订单贷适用于有订单，但缺乏资金的科技企业；

②存货质押贷款适用于生产过程长、库存压力大的科技型企业，盘活了企业存货资产；

③收入贷适用于对于未来现金流持续稳定的客户，让企业提前获得未来收益用于企业发展；

④知识产权质押贷款适用于技术先进、持有各类专利资产，但自有资金跟不上业务快速发展的企业，科技支行在该贷款中引入了专业评估机构降低贷款风险，并利用杭州银行在北京设立的网点办理知识产权质押登记降低企业融资成本；

⑤合同能源管理贷款产品适用于以自身技术开展合同能源管理服务的科技型企业，以合同未来收益为还款来源，无须提供抵押担保，贷款条件是提供合同能源管理服务的节能服务商或设备供应商已有项目开始获得收益分成，贷款用途为承接新合同能源管理项目。

（五）契合科技型中小企业的风险防控模式

（1）客户评估"两头兼顾"。科技支行在评估申贷客户时，既考虑财务信息和硬信息，又考虑企业技术、产品、营销模式和竞争对手因素等非财务信息和软信息，发掘潜在价值。

（2）重大项目联合评审。建立由技术、政策、信贷和投资方面专家组成的联合信贷评审委员会，参与重大信贷项目和业务的评审，弥补科技支行在科技领域专业知识方面的局限性。

（3）风险管理前移。总行派出独立审批人常驻科技支行，对贷款进行专职审批。

（4）团队制模式。将客户经理分成三个团队，实行团队考核，在业务拓展中坚持团队责任制，团队之间开展适度竞争。

（5）"专注与专业"。坚持"三不做"，即不做地方政府融资平台、不做房地产、不做传统行业项目，专注于服务拥有自主知识产权或商业模式创新的科技型中小企业；同时，引入专家联合评审制度、组织业务培训、加强与创投机构合作、开展对专注行业的行业研究。

（六）所获得的地方政府部门的政策支撑

（1）杭州市科技局、财政局、金融办等出台贴息政策，对科技支行对科技型企业发放基准利率贷款给予 20% 的贴息。

（2）杭州市科技局、财政局、金融办、高新区联合出台了财政补偿政策，对科技支行开展业务给予一定的补贴，如开业补助、房租减免等。

（3）杭州市科技局组建专家组，对科技支行开放政府专家库资源。

（4）杭州市科技局发布存款支持政策，将政府的创业引导基金托管在科技支行。

（作者：贾康　孟艳　封北麟　孙维）

关于商业银行加快发展科技
金融业务的思考和建议

当前，劳动力、资本、资源和环境约束日益强化，通过科技创新，培育新的比较优势，是我国跨越"中等收入陷阱"、实现经济转型升级的重要战略支撑。中国共产党第十八次全国代表大会明确提出"实施创新驱动发展战略"，中央经济工作会议提出"要着力增强创新驱动发展新动力"。商业银行支持自主创新能力建设和科技创新型企业发展，既是支持国家战略、破解科技创新型企业发展难题、推动银行与科技创新产业协同创新的积极行动，又是应对金融脱媒和利率市场化冲击、实现自身战略转型、进一步拓宽发展空间的重要战略举措。

一、金融支持科技创新具有重要战略意义

科技创新企业的发展壮大离不开金融支持，营造良好的投融资环境是提高科技创新企业创新能力的基础和保障。同时，科技金融业务也是商业银行新的业务增长点，有利于银行客户结构优化和健康可持续发展。

（1）推动科技创新是国家战略。我国历来重视技术创新在经济社会发展中的重要作用。党和政府历次重要会议均明确了科技创新的战略地位。科技创新企业面临的政策环境日益改善。从硬环境来看，各地区普遍建立了有利于高新技术产业发展的开发区、科学工业园区、大学创业园等。从软环境来看，通过加强创新创业服务体系建设，包括创办专业孵化器、建立生产力促进中心和技术产权交易等机构、完善财税金融政策等，为企业实施科技创新营造政策空间。

（2）科技创新需要金融大力支持。高新技术的产生离不开资金的支持，特别是科技创新企业在初创期和成果产业化前期需要大量资金投入，依靠企业自有资金和财政拨款难以完成，需要金融提供多方位、多角度的资金支持和服务。近年来，相关政府机构和监管部门多次要求商业银行加大科技创新支持力度。2009年5月，银监会、科技部制定了《关于加大对科技型中小企业信贷支持的指导意见》。2011年10月，科技部、人民银行、银监会等八个部门联合制定《关于促进

科技和金融结合，加快实施自主创新战略的若干意见》，全面指导"十二五"时期科技金融政策。2011 年 11 月，科技部和"一行三会"联合下发《关于确定首批开展促进科技和金融结合试点地区的通知》，确定了中关村国家自主创新示范区、天津市、上海市、江苏省等 16 个首批促进科技和金融结合试点地区。与此同时，科技企业特别是科技中小企业融资难问题十分突出，科技成果和专利技术转化率仅为 20%，远低于发达国家的水平（60% 以上）。因此，支持科技创新是商业银行贯彻服务实体经济的内在要求，也是积极履行社会责任的集中体现。

从国际经验看，发达国家科技企业的创新发展同样离不开金融系统的支持。以美、日、韩为例，这些国家除了通过建立发达的资本市场、成立政府专项基金等手段促进科技创新外，金融也对科技创新提供多元化、多层次支持，共同点主要体现在三方面：一是成立专业性金融机构。具有代表性的是美国硅谷银行，通过制度创新建立了专门支持高新科技产业和创业公司的创新金融，是世界上第一个商业化运作的创业银行。二是建立多层次、立体纵深的商业银行体系。以日本为例，以都市银行为代表的大型金融机构主要向大型科技创新企业提供贷款，而中小型科技创新企业的资金需求主要由地方银行、信用金库、信用组合等中小金融机构满足。三是构建完善的信用担保体系。成立专门执行中小企业信用担保职能的机构，政府财政提供担保基金；信用担保体系覆盖范围广，能为处于不同阶段的科技创新型企业提供不同性质、不同类型的担保，有效降低企业的融资难度和商业银行的贷款风险。

（3）科技金融为银行中长期发展提供机遇。随着我国利率市场化步伐加快，金融市场竞争日趋激烈，积极开拓新的业务领域是银行业保持健康可持续发展的方向。商业银行支持科技创新企业，一方面通过信贷杠杆，放大了资金支持力度，提高了资金使用效率和技术成果转化效率；另一方面科技创新企业的高收益也给银行业带来较高资金回报，为银行业开辟新的业务增长点。传统观念认为，科技创新型企业风险较大。但是随着政策和信用环境的改善，这一情况已经发生较大变化。特别是科技金融试点地区，科技金融环境明显改善。如中关村国家自主创新示范区知识产权市场不断完善，为科技企业开展知识产权质押创造了有利条件，截至 2011 年末，各银行累计为 494 家中关村科技企业发放知识产权质押贷款 1304 笔，贷款额 77.7 亿元；江苏省先后设立了科技信贷增长风险补偿奖励专项资金、科技成果转化项目贷款风险补偿专项资金等，省、市、县三级直接用于科技金融方面的财政资金超过 100 亿元，很大程度上为商业银行支持科技创新解除了后顾之忧。

从我们调研情况来看，大多开展科技金融业务的银行不良贷款率较低，农业银行已开办科技支行的江苏分行科技创新企业贷款更是零不良，而且发展后劲较足。我们判断，未来五年是我国科技企业快速发展的战略机遇期，也是商业银行适度介入的良好机遇期。

二、商业银行科技金融业务特点和趋势

随着经济转型加快、利率市场化不断推进和外部监管推动，近年来商业银行特别是中小银行逐步认识到发展科技创新企业业务的战略意义，加强了与科技创新企业客户群体的合作。当前银行同业在开展科技金融业务方面主要有以下特点和趋势。

（一）客户数量日益规模化

目前部分商业银行已将科技金融上升到战略高度，客户数量日益规模化。招商银行将科技创新企业作为其"二次转型"的重要战略基点。2010年6月招商银行提出了"千鹰展翼"计划，计划每年扶持1000家创新型中小企业。截至2012年11月末，招商银行已为超过6410家创新成长企业提供了包括银行信贷、股权融资、财务顾问和上市辅导在内的一体化综合金融服务，协助144家企业在境内外上市，有36%中小板和创业板上市企业在招行开立募资专户，位居国内银行业第一位。同时计划未来三年，通过"展翼通"专属金融服务为2万家创新成长企业提供超过2000亿元的专项信贷支持。北京银行也提出打造"科技创新企业最佳金融服务银行"。截至2012年末，北京银行已为中关村示范区的4000多户中小微企业发放贷款超过800亿元，在北京同业中排名第一。按照该行2012年11月发布《北京银行科技金融三年发展规划》，未来三年将实现"科技金融"战略新的飞跃，具体表现为"三个"不低于：①科技创新企业信贷业务增速不低于全行信贷业务平均增速；②未来三年累计为科技创新企业投放不低于1000亿元的信贷支持；③重点培育不低于1000家高成长型科技创新企业。民生银行在2006年的《五年发展纲要》也提出要将发展的重点指向代表行业趋势、具有高成长性特征的中小企业金融服务。可以说，在经济转型和利率市场化背景下，商业银行对科技金融的重视程度不断提高，正在从试点阶段向规模化经营阶段发展。

（二）经营机构逐步专业化

主要有三种形式。第一种是在总行、分行设立内设机构。对包括科技型中小企业在内的中小企业进行专业化集中管理。如民生银行2008年年初成立了工商企业金融事业部，是国内首家以事业部体制专营中小企业的金融机构；招商银行于 2008 年 6 月按照"准子银行、准法人"模式在苏州成立了小企业信贷中心，成为国内银行业首家拥有小企业信贷业务专营资格的金融机构。第二种是由各分行设立科技创新专业分支行。2009 年 1 月，建设银行四川分行和成都银行在成都分别成立科技支行，成为最早成立科技支行的商业银行，截至 2011 年底全国范围内科技支行已有 34 家。在科技资源密集的北京中关村地区，更是吸引了多家商业银行设立专业性的分支行。北京银行以中关村分行为阵地，计划建设科技创新企业专营支行不少于 20 家。建设银行北京分行也于 2012 年 2 月设立了首家二级分行中关村分行，以更好支持中关村科技创新企业发展。第三种是具有法人资格的专业银行。目前仅有一家，即 2012 年 8 月由浦发银行和美国硅谷银行合资设立的浦发硅谷银行，是中国第一家拥有独立法人地位的"科技银行"。根据相关资料，该银行将重点面向初创期科技创新企业，其盈利模式主要是"低存高贷"和第三方代持认股期权。但受制于外资银行成立前 3 年不能经营人民币业务的监管规定，业务拓展受到制约。以上可以看出，由于科技创新企业有特殊的业务模式、资产特征和成长周期，而专业经营机构能更好地适应企业需求，形成规模效应，因而被多家商业银行采用。

表 13.1 北京中关村部分商业银行信贷专营机构名单

北京银行中关村分行
交通银行中关村园区支行
中国银行中关村科技型中小企业金融服务中心
招商银行小企业信贷中心北京区域总部
华夏银行科技型中小企业信贷部北京分部
中国光大银行海淀支行
中国工商银行中关村小企业金融业务中心
中国农业银行北京海淀中小企业金融服务中心
厦门国际银行北京中关村支行
杭州银行中关村支行
浙商银行北京中关村支行
中国民生银行北京管理部科技型中小企业直营二中心
中信银行北京首体南路小企业金融业务中心
中国建设银行中关村分行

资料来源：课题组根据公开资料整理。

（三）外部合作紧密化

科技创新企业技术含量高，专业性强，有明显的社会效益，但也存在较强的技术风险和市场不确定性。商业银行与科技创新企业之间存在明显的信息不对称。通过与地方政府、风险投资公司、担保公司、保险公司、行业协会等机构的合作，组成策略联盟，共享信息资源，可以有效降低商业银行信贷风险。如北京银行与北京地方政府紧密合作，利用政府的政策优势和信息优势推动业务发展。针对中关村管委会评定的瞪羚计划企业，可以免于财务报表审计。同时联合专业投资机构和专业担保公司共享企业融资等相关信息，对贷款过程进行有效的监控和调节。招商银行与凯雷、清科、达晨、九鼎、红杉等国内外知名私募股权机构开展深度合作，其合作模式可归结为"四互"，即客户互荐、业务互补、人员互动、流程互通，借助这一创新的合作模式，银行和私募基金利用各自的风险筛选技术互相推荐客户，通过"贷款+PE"、投贷联动为创新型成长企业提供直接融资和间接融资相结合的综合金融服务，同时有效降低和分散了风险。

（四）业务创新常态化

与一般企业相比，科技创新企业具有自身特有发展规律与金融需求特征，银行必须突破传统思维，对产品、渠道和模式进行不断创新和持续改进，才能与之相适应。

在业务模式创新方面，招商银行通过提供业界首创的全流程一站式"EAGLE"模式，为创新型成长企业提供覆盖其全生命周期的全面金融解决方案。"EAGLE"模式就是以创新型成长企业（Emerging Companies）为核心目标客群，为其建立了全方位配套服务体系（All-round Support），并提供独创的融资产品和方案（Ground-breaking Solutions），采用业内首创的名单制营销方法（List-based Markting）。"EAGLE"模式通过独特的客群定位、服务体系、产品方案、营销方法以及业务模式，从横向和纵向两个方面扩展了银行对创新型成长企业的服务内涵，既有效促进了创新型成长企业的高速发展，又顺应了银行自身战略转型的需要，拉长了盈利价值链。中国银行利用其综合化经营特点，于2010年底推出了"中关村科技创新型中小企业金融服务模式"，涵盖商业银行、投资银行、保险、租赁等一揽子金融服务。

在产品创新方面，针对科技创新型企业初创期有形抵（质）押物缺乏，但知识产权较多、政府支持力度大、业务成长快的特殊性，银行采取了各具特色的产品创新。一是结合政府扶持政策进行产品创新。如北京银行利用地方政府推出的各种优惠政策，先后推出集成电路设计贷款、瞪羚计划贷款、留学人员创业贷款、软件外包绿色通道贷款、生产企业专属贷款等。目前北京银行已形成"小巨人"融资品牌，内含四大系列49种产品，以丰富的产品线全面解决处于创业期、成长期、成熟期各阶段中小企业的融资需求。二是结合担保方式进行产品创新。按照客户资产特征、行业情况、信用状况等，先后推出了知识产权质押贷款、股权质押贷款、供应链融资、订单贷款、信保保理、企业联保贷款、无担保信用贷款等多个新产品。以专利权质押贷款为例，据统计，2012年以主要商业银行为质押权人的专利权质押登记数量达到1214件，是2009年的4.2倍，北京地区专利质押融资4.47亿元。这表明近三年来我国商业银行知识产权质押贷款发展迅速。

表13.2　以主要商业银行为质押权人的专利权质押登记状况

单位：件

年份	2009	2010	2011	2012
工商银行	4	12	9	54
农业银行	37	34	43	111
中国银行	23	43	31	249
建设银行	—	12	22	60
交通银行	82	190	178	131
浦发银行	—	35	88	209
兴业银行	76	7	63	124
温州银行	24	40	33	109
招商银行	15	27	33	102
杭州银行	18	4	16	45
北京银行	12	14	5	20
合计	291	418	521	1214

资料来源：国家知识产权局网站，课题组整理。

在授信管理方面，部分银行根据科技型中小企业财务信息不健全的实际情况，更加重视非财务信息评价指标，把其作为评估科技型中小企业真实经营状况的核心指标。如建设银行在对小企业客户评级中，经营者信用记录、纳税情况、家庭收支和资产等非财务指标的权重达50%左右。有些商业银行甚至设立专门的人事调查岗，对公司法人或股东的个人生活信息进行调查了解，以此为补充依据，判断企业信用风险。同时对于获得政府高科技创新企业信贷补助准入门槛或与大客户取得长期合作关系的企业，在保证担保有效、还款来源稳定的前提下，可免于进行财务审计。

在审批流程方面，针对科技创新型中小企业"短、小、频、急"的融资特点，商业银行加快审贷机制和流程改革，以"信贷工厂"方式进行标准化、批量化处理，提高信贷审批效率，以满足企业个性化需求。如交通银行北京分行对科技创新型中小企业授信，实行有权人签批与贷审会结合的分级审批模式，一般

10个工作日内可完成企业的贷款申请审批。部分银行还运用信贷打分技术，通过采取专业化、标准化的评分，实现对小企业快速高效分级，进一步提高科技型中小企业审贷效率。

（五）风险防范措施多元化

科技创新企业的成长轨迹可划分为种子期、创业期、成长期、扩张期和成熟期五个阶段。传统观点认为，科技创新企业具有高风险、高成长、高收益、轻资产的特征，与商业银行"安全性、流动性、盈利性"的稳健经营原则之间存在矛盾，因此倾向于在扩张期和成熟期对科技创新企业予以支持。但科技创新企业在创业后期和成长期的资金需求更为迫切，议价能力更低，成长潜力更大。只要能创新和改进风险防控手段，商业银行仍可以获得较好的经济效益和社会效益。目前同业针对科技创新企业采取了多元化的风险防范措施：

（1）通过与外部机构合作分担风险。当前同业充分利用各种有利外部资源，加大与地方政府、担保公司、保险公司、行业协会等机构的合作力度，来降低信贷风险。特别是一些发达地区政府推出的贷款风险补偿基金担保、担保机构担保，很大程度上免除了商业银行的后顾之忧；部分专业评估公司在评估的同时承担评估责任，解决了银行对知识产权质押的处置难题，有助于商业银行拓展知识产权贷款；此外，部分商业银行还通过与风投等专业机构合作，有效识别和防控风险。

（2）通过手段创新防范风险。利用商业银行自身优势，借助企业资金账户和征信系统，密切关注和把握企业的资金流向和信用状况，有效防范风险。如交通银行将企业经营现金流状况和工资发放状况作为重要监控指标，提高风险判断的前瞻性和科学性。部分银行更注重企业财务报表外的信息，通过监测"三品"和"三表"（三品是指人品、产品、抵押品，"三表"包括电表、水表、报关单表）管控风险。

（3）通过规模化经营分散风险。利用专业机构规模化经营，可以减少单笔贷款办理成本，并利用"大数法则"降低科技金融业务的整体风险。目前招行和北京银行均采取了此种策略。

（4）通过综合化服务规避风险。对资质较好但不符合贷款条件的科技创新企业，可以向风投、交易所等第三方推荐，同时提供结算、现金管理、存款、财务顾问等非融资性服务和支持，实现商业银行由传统信贷提供者向融资组织者的转变，切实规避风险。

（六）内部管理差异化

根据专营机构业务特点，商业银行建立了与普通公司业务不同的内部管理和考评机制，在信贷计划、业务考核、经济资本配置、不良贷款容忍度、尽职免责制度方面都进行了差异化管理，以减轻基层行和信贷人员对科技创新型中小企业类贷款的风险畏惧心理，激励其拓展科技金融业务。如北京银行对中小微企业单独下达考核指标，设立专项奖励。给予科技型中小微企业贷款项目的奖励水平要高于非科技创新企业。工商银行北京分行将科技型中小企业的不良率容忍度从一般对公客户的1%提高到3%；交通银行北京分行为此类贷款设置了3%的不良率预警线、5%的不良率控制线和8%的逾期贷款控制线。

三、商业银行科技金融业务发展现状与制约因素

商业银行在科技金融领域的探索各有特色，以农业银行为例，其科技金融业务起步较早，创新成果初显，信贷风险控制良好。但是从追求可持续发展的长远目标来看，科技金融业务在全行经营布局中处于边缘地位，尚未真正构建起科学长效的盈利模式，在探索服务新兴产业的道路上还处于起步摸索阶段。

（一）农业银行科技金融业务的现状

农业银行科技金融业务2009年开始起步，发展较快。2010年9月银行首家科技支行在无锡成立，开启科技支行专业化经营模式的先行先试。截至2012年底，已在江苏设立9家试点科技支行，到2015年将扩到13家以上；科技中小企业专营机构40家；全行科技型中小企业贷款余额740亿元，同比增长50.4%，占工、农、中、建、交五大行总量的32.5%。

（1）试点不多，但有突破。2010年农业银行开始科技金融业务的专业化经营试点，虽然目前试点还只是"星星之火"，但是已经逐渐成"燎原"趋势。从实践来看主要有"科技支行模式"和"中小企业专营模式"两种模式。"科技支行模式"主要是结合地方政府扶持政策，专门面向科技中小企业，主要在江苏分行试点。特点是"四新"（即服务新产业、构建新金融、专注新企业和研发新产品）和"六专"（即专营机构、专业团队、专属产品、专业流程、专项补偿和专门考核）。"中小企业专营模式"以北京海淀中小企业金融服务中心（简称"海淀中小"，下同）为代表，主要面向包括科技创新企业在内的中小企业。其中无锡科技支行已经成为国内科技银行建设的典型案例，得到中央高层领导的批示肯定，获得国家软件园"特别贡献企业"、全国科技体制创新典型单位等荣誉，并作为全国唯一的科技支行入选国家高新区建设20周年成就展。

（2）机制受限，但有创新。与同业"单独的客户准入机制、单独的信贷审

机制、单独的风险容忍政策、单独的拨备政策和单独的业务协同政策"相比，农业银行科技金融业务虽然仍面临着体制机制方面的一些制约，但是也不乏自下而上的创新。无论是"科技支行模式"还是"中小企业专营模式"，分行对专业化经营机构考核的重点是扶持培育科技中小企业的数量和成效，弱化甚至不考核利润、存款、中间业务收入等传统银行业务指标。此外，江苏分行对科技支行信贷计划单列，贷款即批即放，不受贷款规模限制，充分满足企业资金需求。

（3）规模不大，但有亮点。目前农业银行专业化经营机构的信贷规模不大，截至 2012 年末，40 家科技中小企业专营机构贷款余额 104.53 亿元；江苏 9 家科技支行贷款累放 38.89 亿元，余额 15.92 亿元；海淀中小累计为 21 家中关村示范区内小微企业提供融资服务，发放贷款 3.25 亿元，余额 3.13 亿元。但是其在客户服务专业化、盈利多元化等方面的探索也有不少亮点。例如，海淀中小以海淀区创新基金为切入点，推出"10+N 授信方案"，对获得创新基金企业进行重点扶持，现已经成功拓展 6 户创新基金企业。无锡科技支行借鉴"硅谷银行"试点期权贷款业务，短期以低成本信贷资金扶持科技型中小企业发展，约定远期科技支行可小比例参与分享企业高成长带来的股权投资收益，已与 8 家科技型中小企业达成了贷投期权合作。

（4）风控较好，尚无不良。科技金融特别是科技型中小企业虽然是高风险的领域，但是从目前的运作情况看，9 家科技支行和海淀中小均无一笔不良贷款，北京分行 2007 年以来新放科技创新企业贷款也尚未出现不良。这主要依赖于专业化经营团队对科技创新企业产品、技术、团队、商业模式、产行业前景的深入理解和把握，也证明科技金融业务的风险是可控的，专业化经营机构的业务发展是稳健的。此外，科技支行引入政府风险补偿基金建立风险共担机制，海淀中小引入中关村科技担保、北京市农业融资担保等担保公司，为科技金融业务发展提供风险保障。

（二）农业银行科技金融业务发展的制约因素

随着创新型国家建设步伐越来越快，中小银行科技金融业务在大踏步迈进，而农业银行科技金融业务虽然具有先行优势，但是仍存在业务定位、产品创新、风险管理、激励机制、营销队伍等方面的制约因素：

（1）业务定位不明确，在全行经营布局当中处于相对边缘地位。相比其他业务，科技金融业务在经济资本占用、定价收益、人工成本等短期效益不具备比较优势，但是其培养复合型人才队伍、储备优质科技型中小企业、服务战略新兴产业、创新商业银行盈利模式等长期效益不可小视。目前科技金融业务的前瞻性地位在全行上下尚未形成共识，一些部门对科技金融业务的发展前景、盈利潜力和重要作用缺乏足够的认识。由于科技创新投入大，研发的技术风险和成果转化的市场风险较高，经营行普遍存在惧贷和惜贷的认识与心理，而对于其成长利润空间大、资产扩张快等特点认识不足，不能及早介入与培育。

（2）产品创新力度不足，缺乏有竞争力的品牌产品。科技金融业务必须依靠产品创新。近年来，围绕科技中小企业的竞争焦点和市场需求，各家银行都在纷纷加快产品创新的步伐，并以此为支点，力求获得在新兴业务领域的领先优势。与之相比，受全行高度集中的产品研发体制的制约，目前银行科技金融业务产品创新效率较低，针对科技型企业的"科贷通"、"金科贷"等产品主要依赖于政府风险补偿机制，未能真正解决无形资产不能单独设押的问题，大部分分行只能依靠"简式快速贷"、"自助循环贷"等传统的小企业信贷产品开展科技金融业务。

（3）风险评价有待改进，缺乏差别化评价机制。科技金融业务存在诸多风险，因此对它的评价也要涉及管理、市场、技术等因素。美国硅谷银行能够专注于高新技术产业并取得成功，很大程度上是利用了风险投资的风险评价机制，即在风险投资机构以及充分考察并投资于企业之后才提供贷款。农业银行现有的信贷风险评价体系主要采信于财务数据和第二还款来源，不能完整反映科技型企业的实际经营特征，尤其是在客户信用等级评定和信贷业务分类上不能准确区分企业的行业特征、产品形态、市场竞争力和实际风险，对不良贷款往往采取零容忍的方式，也尚未建立起针对科技型企业的尽职免责机制，对经营行和信贷人员的激励不足而约束过多，导致其业务拓展积极性不高。

（4）营销和管理队伍配备不足，专业人才缺乏。发现科技型中小企业的成长价值、建立科学的准入评价体系、研发适用产品、有效控制信贷风险都需要专业人才，不仅需要熟练掌握金融业务，还需要深度把握产行业动态、掌握产品技术研究分析方法，即适应商业银行和投资行业的复合型人才。目前大部分分行没有专门的科技金融业务营销团队和专职机构，缺少既懂专业技术又熟悉金融业务的复合型人才，也缺少相匹配信贷产品研发专家和信贷管理专家，新兴产业营销拓展和风险管理队伍还比较薄弱。

四、促进商业银行科技金融业务发展的几点建议

基于对典型科技金融业务部门和相关管理部门的调研，综合分析商业银行科技金融业务发展中的制约因素，提出以下五点建议。

（一）明确科技金融业务定位，抓紧制定科技金融业务发展规划，在有条件的地区加快业务拓展步伐

以民生银行、招商银行为代表的股份制银行积极进入，交通银行、中国银行等大型商业银行也纷纷启动。近年大型商业银行专利质押客户数量上升显著，2012 年四大行专利质押户数达到 105 户，比 2011 年增长 1.9 倍，其中工行增长了 5.6 倍。商业银行科技金融的发展已从侧重宣传的试点阶段进入启动实施阶段。作为科技金融业务开展较早的大型商业银行，应当及时总结和宣传先行先试经验，加快推广步伐，服务国家战略。

建议及早明确科技金融的业务定位和经营模式，加快制定科技金融业务发展规划。按照"总体规划、分步推进、稳妥实施"的原则，选择科技创新活跃、金融生态良好、分行竞争能力强、地方政府支持力度大、知识产权保护及流转良好的地区重点加快科技金融业务的发展。具体而言，在国家首批促进科技和金融结合试点的中关村国家自主创新示范区、天津市、上海市、武汉市等 16 个地区，以及"新三板"试点的中关村示范区、上海张江高新区、武汉东湖高新区、天津滨海高新区四个科技园区，择优确定 5 家左右一级或二级分行作为科技金融创新试验区，并将试点经验逐步向更大范围推广。

（二）加强与政府和各类中介机构合作，发挥融资组织者职能，通过"拼盘组合"方式满足科技创新企业不同阶段的资金需求

信息不对称、风险收益结构不合理是商业银行远离科技创新企业的主要原因。针对科技创新企业不同生命周期的融资需求，商业银行应从单纯的资金提供者转变为融资组织者，加强与政府和各类中介机构合作，推动构建政府补贴、风险投资、银行信贷、发行债券、公开上市等"拼盘组合"式配套融资机制，提供融资顾问、财务管理、支付结算等全方位金融服务。特别是要积极争取和对接政府的支持政策，通过财政贴息、税收减免、专利质押补贴、股权投资、创新奖励等方式，共享科技创新企业信息，有效降低成本和分散风险。

在科技金融领域，建议重点选择以下几类客户群：一是列入政府重点支持创新计划、拥有重大科技专项的优质企业；二是拥有较高应用价值和市场潜力专利技术的高成长性企业；三是拥有产业领军人才以及知名品牌的科技创新企业；四是位于国际领先技术成果产业化发展阶段的成长型企业。

（三）加大产品和服务创新力度，构建与科技创新企业融资需求相适应的信贷制度，打造农行科技金融服务品牌

针对科技创新企业"轻资产、高成长、高风险"的特点，商业银行特色化跟踪服务能力亟待提升。应从科技创新企业成长实际出发，开发与不同阶段融资需求相适应的系列产品。针对初创期科技创新型企业，要加强与政府机构、行业部门及担保公司等合作，提高自身风险管理能力，适度延伸服务半径。对有形抵（质）押物缺乏的企业，应结合不同行业的技术发展规律开发技术特色产品，积极开发知识产权质押贷款、股权质押贷款、供应链融资、应收账款融资等个性化、低成本的特色产品，适度开展投贷联动、保贷结合等新型业务，实现创新资源在时间和空间维度上的优化配置，实现创新风险与收益的跨项目匹配。

科技创新企业90%以上是中小企业。不同规模企业在一条授信通道中，以同样的授信尺度和评价体系，很难分得信贷资源。而基于传统行业分类的客户信用等级评定和信贷业务分类，也无法客观展现同一行业内不同企业的技术差异。建议商业银行从行业和企业客观实际出发，优化科技创新企业评级及定价制度；适当简化信贷准入和流程，适度下放信贷审批权限，针对符合条件的科技创新企业考虑适当开辟审批绿色通道，提高对科技创新企业的响应速度，切实改善银行内部对科技创新企业金融服务的政策环境。同时整合政府、工商、税务、公用设施部门、行业协会等外部资源，充分利用非财务指标，有效缓解信息不对称的问题，提高风险判断的前瞻性和科学性。既可以做到有效控制信用风险，又可以相对灵活地适应高成长、高价值企业的需求。

（四）尽快制定差异化考核制度，确定适宜的风险容忍度，正确引导和激励科技金融业务的稳步发展

发展科技金融业务，考核制度及导向是关键。应根据科技创新企业的特点和实际业务情况，探索"独立核算"、"独立考核"的差异化管理，注重考核核心客户数量及综合回报等长期性考核指标。针对科技金融业务设立合理的经济资本占用系数、风险容忍度和不良率要求，在国家政策允许范围内简化不良贷款核销流程，建立"尽职免责、失职问责"制度，消除业务人员顾虑，切实增强员工拓展科技金融业务的信心和积极性。

（五）着力加强科技与金融复合型人才培养和引进，努力改变科技金融人才短缺的局面

发展科技金融业务，凝聚科技金融人才是根本。技术专利、工艺诀窍的价值，需要既懂技术又懂金融的营销人才去挖掘，需要技术领域的专家去评价。转变商业银行科技金融人才短缺局面，尽快打造两支兼具科技专业背景和金融业务素质的客户经理和后台支持队伍，是商业银行目前发展科技金融业务的重要任务。一方面要充分发挥外部科技金融专家委员会的作用，着力吸引外部优秀科技金融人才加盟；另一方面还要加大内部选拔和培养力度。建议抓紧建立新产业、

新技术相关银行业务的研究和持续培训制度，着手开发科技金融业务系列培训课程。在商业银行营造重视和支持科技金融的良好氛围。

　　总之，商业银行应该牢牢把握发展良机，积极争取政府在政策、信息、财税等方面的支持，努力探索商业银行科技金融特色之路。通过不断创新服务理念、服务产品和服务机制，着力为科技创新型企业的自主研发和成果转化提供金融支持，为商业银行经营转型开拓有利发展空间。

（作者：中国农业银行科技金融课题组）

科技金融体系中的资源整合
——以商业银行为视角的分析

一、导　言

科技金融是为科技型中小企业提供创新性的金融服务而形成的金融工具、金融制度、金融政策的系统性安排。科技型中小企业的发展，需要金融资源的相互融合，需要形成多元化高效率的资源优势互补，这将成为科技金融体系发展的重要方向。科技金融体系的成功构建，关键就在于其独特的"1+1>2"的资源整合效应，各种金融资源有机地结合起来，在为科技企业的金融服务中发挥各自特色作用。基于金融资源整合模式，金融机构将合作形成金融服务集成商，为企业提供一揽子金融服务，通过服务企业共同创造价值。

二、我国科技金融资源供给者分析

在我国的金融市场中，以银行贷款为代表的间接融资一直是企业融资的主要渠道。我国资本市场的规模和容量相对较小，处于补充地位。虽然近几年我国资本市场取得了较大发展，但是较高的入市门槛、严格的审核程序和不成熟的发展阶段，使得大多数科技型企业仍然是以银行贷款的方式进行融资。

1. 券商和创投：规模太小，不够成熟

从我国信贷规模、融资总量等主要指标来判断，如图 14.1 所示，我国间接融资规模依然占绝对主导地位，由此我们可以判断我国现阶段金融体系更接近于"银行主导型"。若是仅从科技金融市场这个特殊的"微观体系"来看，建立"银行主导型金融体系"也更符合我国的基本国情。

创业风险投资行业是发展科技金融的重要力量，但我国创投起步较晚、政府

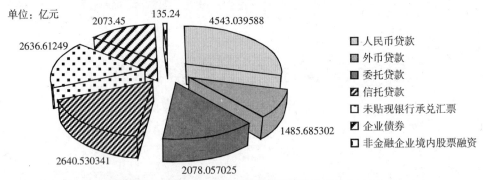

图14.1 社会融资总额与金融资源存量（2013年1月）

资料来源：中国人民银行网站。

介入性质明显，市场机制无法充分发挥，人员梯队素质良莠不齐，难以主导科技金融产业链整合。

2. 政府支持：普惠型，效率低

政府是科技金融的特殊参与者，是科技金融供给方与需求方的维系者，是建设科技金融市场环境的推动者，是促进科技金融发展的引导者和调控者。

通过简单的国外经验借鉴来发展我国的科技金融是不合适的，我国科技金融的发展需要加入我国的国情和特色，并据以设计相应的政府引导和服务职能。现阶段，政府一方面希望以财政资金的方式解决科技型企业资金不足的问题，另一方面政府的参与也降低了金融市场的效率。因为政府作为金融市场的决策者、所有者以及参与者，在金融决策、监管决策以及市场风险的度量方面很难以理性的方式对待。这也是我国的科技金融在市场导向和政府导向之间难以抉择的原因所在，即在金融创新和市场监管方面缺乏有效的平衡机制。

3. 商业银行：受限于监管约束

商业银行占据了全国80%以上的金融资产，是金融系统的主导者。与此同时，由于我国历史上的体制机制等原因，也决定了在今后很长一段时间内，商业银行的信贷投入仍然将会是支持科技金融发展的重要渠道。因此，商业银行金融创新是解决科技型企业融资困难的重要渠道，是促进科技金融发展的主导者。

一套适应我国国情的科技金融体系，是科技型企业创新创业发展规律得以顺利进行金融循环的基础，是保持我国创新创业发展活力的重要举措，是发展科技金融的基本要素和必要前提。建设一套科学合理的科技金融体系，不仅需要从克服现有金融体系的脆弱性入手，还需要适度放开监管，突破分业经营等监管限制，加强多层次资本市场的建设，通过金融创新的实施为技术创新提供优质金融环境。

三、以银行为视角的科技金融资源的整合思路——匹配风险和收益

（一）国内科技银行发展情况[①]

我国科技金融起步较晚，政府、商业银行、信用社等主体作为科技金融资源供给者做了大量探索工作，目前主要的做法是将新式科技支行作为科技金融资源提供者：2006 年《国家中长期科学和技术发展规划纲要（2006~2020 年)》颁布，加上商业银行改革取得阶段性成果，商业银行对科技型中小企业贷款的供给意愿和供给能力得到提升。美国科技银行模式（即硅谷银行模式）传入我国，为我国科技银行实践提供了另外一种思路。但由于我国金融体制的限制以及监管层对科技银行风险的顾虑，通过新设科技银行来复制硅谷银行的设想一直未能实现，而是成立了科技支行。截至 2011 年底，全国 7 个省份至少设立了 24 家科技支行。但我国科技银行对科技型中小企业的支持力度相对不够；较为落后的资本市场和严格的监管环境成为我国科技银行发展的制约因素，在盈利模式、风险控制等方面还处于探索阶段，尚未形成可持续性的科技银行中国模式。

究其原因，关键在于国内银行没有构造较好的"风险—收益"匹配机制。很多商业银行从事科技金融业务大多是因势所迫，而不是因势利导。由于科技金融业务具有明显的公共属性。最好的模式就是政府资源作为引导资金，降低科技金融业务参与者的风险，而由商业银行作为中介。在"政府管宏观，银行理微观"的框架下，利用好政府的支持，撬动银行的资源，推动科技金融业务的发展。

（二）商业银行科技金融业务风险收益配比

商业银行一般以 RAROC 为经营思路[②]，即：

RAROC= RAR（风险调整收益）÷经济资本
     =（净收入–经营成本–预期损失–税项）/（信用风险的非预期损失+市场风险的非预期损失+操作风险的非预期损失）

[①] 付剑峰，朱鸿鸣，郭戎等. 科技银行中国化的探索——以杭州银行科技支行为例[J]. 中国科技投资，2011（11）：45–48.

[②] 由于受到系统开发和数据收集等方面的限制，国内银行目前大多采用简化版本，即 RAROC'，不考虑市场风险和操作风险的非预期损失。其计算公式为：RAROC'=（净收入–经营成本–违约率 PD×违约损失率 LGD×违约风险暴露 EAD–税项）/信用风险的非预期损失。对于本文的分析来说，这两个指标没有区别。

=（净收入−经营成本−违约率 PD×违约损失率 LGD×违约风险暴露 EAD−税项）/（信用风险的非预期损失+市场风险的非预期损失+操作风险的非预期损失）

其中税项等较为固定，信用风险、市场风险和操作风险的非预期损失则为历史经营情况的统计值，商业银行提高 RAROC 的有效路径是提高净收入水平，降低违约率（PD）、违约损失率（LGD）和违约风险暴露（EAD）水平。由于科技金融业务的独特属性，即具有较高的非预期损失水平，商业银行还可以考虑对科技金融业务进行单独的考核，即降低对 RAROC 的要求。

1. 前后平移，创新产品将未来收益贴现以提高净收入水平

科技支行的盈利来源主要是利息收入。在利息收入方面，科技支行对贷款的定价也经常受到干预[①]。我国银监部门对银行资本充足率、不良贷款容忍率、拨备率等指标的监管十分严格，加剧了银行的风险厌恶程度，银行由规避经营风险异化为杜绝风险。这造成了我国银行业在识别风险和控制风险能力方面的总体缺乏。在这种背景下，科技支行的风险控制能力比较缺乏，对不良贷款的容忍度较低，而这并不符合科技银行的业务特征[②]。囿于金融体制，我国商业银行并不能获取期权收益，尽管某些银行通过财务顾问费等形式实质性地获得贷款企业的期权收益，但这种形式并未获监管机构首肯，目前科技支行采用这种变通方式获得期权和期权收益的并不多。

从硅谷银行的盈利结构来看，虽然期权为硅谷银行带来了可观的收益，但其并不是科技银行最重要的收入来源。不过，从科技银行发展的可持续性来看，期权收入有效地对冲了科技型中小企业较高的不良率和周期风险。在当前的金融监管格局下，期权收入可以将企业未来的收益贴现，提高科技银行的净收入水平，并有效提高商业银行对科技型中小企业的服务能力。

2. 横向联动，与担保和保险等同业合作以有效降低 EAD

科技保险是科技金融体系的重要组成部分，发展以风险转移和分散为主要功能的科技保险是建设科技金融资源供给者的重要途径，是发展科技金融的必要前提。同时，科技保险还可以为银行、担保机构、风险投资机构支持科技型企业提供保障，降低企业发生风险后的损失，帮助企业拓宽融资渠道提高融资额度，最终促进企业自主创新能力的提升。

科技金融在发展前期由于带有公共金融的意思，特别需要政府提供大量的资

---

① 为体现对科技型中小企业的政策扶持，政府一般要求科技支行给予企业基准利率或优惠利率，并认为这正是设立科技支行的目的所在。若政府未通过提供额外的风险控制机制（如设立风险补偿基金、政策性担保公司提供担保等）使科技型中小企业贷款的风险降低到一定限度，基准利率或优惠利率是不能覆盖风险的。这也正是当下不少科技支行的运营难以突破局面的原因。

② 银监部门对银行牌照的限制，使得效仿硅谷银行新设科技银行的设想搁浅。

金扶持。但是政府的资金是有限的，其对发展科技金融的财政投入应该主要体现在引导社会资金更好地进入科技型企业。按照日本、德国的经验，可以由政府推动成立专门服务于科技型企业的担保公司，以公共财政部门的资金优势加上商业银行的运营优势增加对科技型企业的资金供给。将政府原先准备直接资助科技型企业的资金转化为政策性担保公司的风险补助，形成政府、担保公司、商业银行共同承担风险的格局，有效缓解轻资产的科技型企业由于资信不合格而遇到的贷款障碍。

3. 创新产品，以大数定律的经营思路降低 PD 水平

商业银行可以通过产品创新，应用大数定律降低科技金融业务的 PD 水平。如西方商业银行采用的"桥隧模式"，在担保公司、银行和中小企业三方关系中导入"第四方"，在贷款发放前，第四方事先承诺当企业发生财务危机而无法按时偿还银行贷款时由第四方购买企业股权，为企业注入现金流，保持企业的持续经营，从而规避违约及银行出现坏账的概率。企业在获得一定的发展后，如果出现资金富余，则企业也可以转化为桥隧模式下的第四方，成为资金的输出方和目标企业的投资方。桥隧模式不是一个简单的产品，而是一种创新的经营思路，在国内的应用也将有助于参与方的市场开拓。

4. 争取政府支持，获得风险补偿以降低 LGD 水平

政府为科技型企业搭建融资平台，能有效引导更多社会资本流入科技型企业，促进资源的优化配置。政府引导基金是政府直接为科技型企业搭建平台最有效、最广泛运用的一种方式，也是政府促进创业风险投资健康发展的重要举措之一。政府出资吸引金融、投资机构和社会资本进入，以股权或债权等方式投资于创业风险投资机构或新设创业风险投资基金，以支持创业企业发展。目前，国内外都已有政府引导基金成功案例。如以色列的引导基金 Yozma 仅五年时间，就使以色列一跃成为全球创业风险投资最发达的国家之一 。

5. 争取单独考核，降低非预期损失的负面影响

科技银行的支行制是在我国严苛监管环境下，新设硅谷银行式科技银行未果下的替代选择。以科技支行形式运营具有一定优势，如前期易于开展科技贷款业务，风险承受能力和融资供给能力因背靠总行而得到保障，但这种支行制也有很大劣势，突出地体现为独立性的缺失。为了增强科技支行独立性，设立科技支行的总行对科技支行采取"一行两制"政策，给予科技支行特殊的政策，如提高信贷审批权限、提高不良贷款容忍率等。在实践中，大部分科技支行为当地中小银行设立，这一现象的内在逻辑之一便在于中小银行相对扁平化的组织结构能够赋予科技支行更多的独立性。尽管如此，科技支行在开展业务时仍受到总行风险偏好程度、业绩考核制度等方面的限制。要不断增强科技支行的独立性，总行应不断完善"一行两制"，重点在业绩考核方面给予符合科技支行经营特征的

优惠政策。

此外，科技支行在提升不良贷款容忍率方面仍然难有实质性举措。尽管监管部门已提高科技支行不良贷款容忍率，但由于尽职免责制度不完善，以及总行业绩考核制度缺乏足够差异性等原因，科技支行仍倾向于按照原先的风险控制目标运营，这导致科技支行缺乏应有的风险偏好度，也就限制了科技银行的发展。

四、科技金融资源整合路径分析

研究科技金融的整合路径，首先必须要了解未来科技企业的生命周期。科技企业生命周期可以划分为七个阶段，即种子期、初创期、萌芽成长期、加速成长期、稳定成长期、成熟期和衰退期。

（一）种子期

种子期是企业技术酝酿和发明阶段，企业拥有技术或专利，但没有销售收入，创业失败概率超过 70%，资金以自筹为主。天使基金、民间融资、典当融资及政府资金投入也将支持创业者。创业者也可以获得民间融资或典当融资的支持。由于风险承受能力的限制，商业银行只能通过向小贷公司、创投公司融资的方式，间接支持种子期的科技型企业。对于符合国家发展战略计划的项目，创业投资引导基金、技术创新资助基金及政府补贴等为创业者融资。

（二）初创期

初创期是企业技术创新和产品试销阶段。这一阶段通常是在企业注册后的头两年，企业产品品种较为单一，组织机构相对简单。由于需要购租土地、厂房及机器设备，投入大笔资金购买原料进行产品生产，此阶段企业对资金的需求量将显著增加。初创期企业主要通过社区银行和科技银行的创新型科技贷款及科技担保来完成，其中有科技保险机构承保的知识产权抵质押贷款、期权贷款和股权质押贷款是这一阶段企业的适用贷款产品。天使基金最为青睐这个阶段的科技企业，企业也可通过技术创新资助基金、创业投资引导基金、政府政策的担保扶持、政府基金以及政府风险补贴等方式获得政府资金支持。

（三）萌芽成长期

萌芽成长期的企业处于亏损阶段，并需要吸引外部资金以增加设备、拓宽产品渠道。由于技术风险的逐步化解，受到创投的青睐。科技银行和科技小贷公司也将介入，优先以股权投资的方式给予企业资金支持。商业银行通过抵质押知识产权、股权等无形资产的形式给予科技企业一定的贷款额度，以及票据融资业务，向科技企业融资。萌芽成长期的企业技术相对较为成熟，并逐步被市场所认可，技术产权交易也成为企业融资的重要手段之一。

（四）加速成长期

进入这一阶段的科技企业基本形成了核心能力，现金流量已能满足日常经营需要，但随着生产规模的扩大，市场的进一步开拓，企业需要投入大量资金。一方面，通过间接融资手段，向信贷机构申请贷款，贷款的种类可以不局限于科技贷款，抵押和担保贷款在企业融资总额中将占有一定比重。另一方面，券商、银行集团及金融中介机构为企业提供上市辅导顾问服务，创业风险投资机构将积极参与拟上市企业融资活动。

（五）稳定成长期

稳定成长期的科技企业，主导产品已经确定，产品市场销路扩大，市场占有率迅速提高，企业的核心竞争力或资源优势已经形成。企业的销售收入增速趋于稳定，营业利润增长较为明显，企业生产规模的扩大直接决定了企业仍然拥有较大的资金缺口，资本市场成为此阶段企业的主要融资渠道。商业银行贷款将满足企业的流动资金需求，信贷方式可完全脱离科技贷款模式。券商、银行集团为企业提供 IPO 权益融资和财务顾问服务，为企业融资打造上市一站通服务。

（六）成熟期

此阶段企业的利润趋于行业平均利润，资本市场是成熟期企业最重要的融资场所。为满足下一阶段产品研发及日常经营的资金需要，商业银行给予企业一定规模的项目贷款和流动资金贷款额度。企业可能会进行一系列并购活动，银行集团将积极参与企业并购活动，不仅为企业提供 M&A 相关咨询服务，并给予企业一定的资金支持，促进并购活动的顺利完成。

（七）衰退期

随着其他公司对创新产品的学习和模仿，创新产品的技术优势逐渐消退，企业净利润显著下降。衰退期企业一方面需要维持原有产品的生产销售，另一方面要大力开发适应市场需求的新产品，有一定的资金需求。企业流动资金可以通过银行信贷来完成，而研发费用主要来源于企业整个周期的利润，以及民间融资和天使基金。

五、未来科技金融资源整合[①]

通过对科技金融发展趋势及企业生命周期理论的探究，我们不难发现，科技金融资源将匹配到企业成长的各个生命周期中，成为推动企业成长发展的有效助力。然而，资本权益作为科技金融资源的黏合剂，将以不同的形式转化为企业生产资料，为企业扩大再生产打下坚实的基础。

以股权投资为核心的金融产业链，是对银行业务模式的全面综合和深入拓展，并增加民间融资、公司治理、上市退出等多项环节，满足企业在初创期、成长期、成熟期不同阶段、不同类型的金融服务需求，打造全方位、一体化金融服务模式；同时，依托证券公司、保险公司、财务公司、基金管理公司，在国家现有金融政策监管模式下，完善综合服务链条，实现各金融领域间业务的迅速衔接和有效配合，优化服务流程，丰富服务内容，实现全面金融服务。

（一）资本权益的界定

为充分体现企业各生命周期不同融资特性，我们将科技型企业的资本结构分为股权资本、债权资本和公众资本。

股权资本特指利用非上市手段的股权融资，分为核心股权资本和外投股权资本。核心股权资本即企业内源融资，由创业者的自有资本和企业经营的留存收益组成；外投股权资本来源于其他机构或非核心创业者的自然人，在未来科技型企业中，涵盖了天使投资、私募投资、风险投资、科技银行股权投资、科技小贷股权投资和创业担保投资等。

债权资本是企业依法利用涉及利息偿付的金融工具来筹借资金，并按期偿还的一种资本权益。银行融资、科技小贷债权融资、债券融资、科技租赁等途径获得的资本，均属于企业债权资本的范畴。

公众资本是科技型企业向公众公开发行股票所募集的资金。不仅来源于场内交易市场，未来也有部分公众资本权益通过场外交易获得；科技型企业从主板、中小板、创业板、新三板、场外交易市场及海外股票交易市场所募集的社会公众资金，均纳入公众资本范畴。

---

① 束兰根.发展以股权投资为核心的金融产业链探究［J］.金融纵横，2010（10）.

（二）资本权益作用分析

股权资本、债权资本和公众资本三者比例关系构成了科技型企业的资本结构。三种资本分别在科技型企业的不同生命发展阶段中发挥着重要作用。如图14.2 所示。

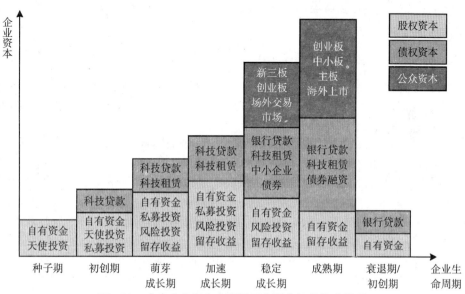

图 14.2　未来企业各生命周期三大资本权益构成情况

股权资本是科技型企业发展成长的前提基础。天使投资作为外投股权资本的"先行军"会率先介入处于种子期的优质科技型企业。创业风险投资、创业担保投资等股权投资机构未来将初创期企业列入目标客户筛选名单，以便在企业进入下一生命发展阶段时抢先争夺优质客户资源。萌芽成长期和加速成长期中外投股权资本在资本结构中所占比例最大，企业上市后随着股权投资者的退出，外投股权资本总量锐减。

债权资本是科技型企业扩大再生产的重要推力。处于初创期的科技型企业难以获得商业银行及其他金融机构的信贷支持，仅依靠创业担保机构担保的方式获得数量有限的债权资本。企业进入萌芽发展期后，通过对其知识产权和股权的抵质押可获得一定数量的科技贷款。进入稳定成长期以后的企业将成为各家商业银行的目标客户，债权资本在企业资本结构中的地位显著上升。进入稳定发展期后，债券发行的金额较大，募集资金多用于固定资产投资项目及扩大再生产，因此，债券融资将成为推动实现规模化经营的重要力量。

公众资本是科技型企业实现综合化、集团化、强效化经营的有力保障。企业进入成熟期后，销售量和利润达到一定规模，市场风险基本消除，股权价值激增。企业的融资方式更趋向多元化，银行贷款、债券融资和科技租赁构成了企业稳定的债权资本，达到申请股票上市条件的企业可以发行股票吸收公众资本。稳定成长期的优质企业未来可通过新三板、创业板、场外交易市场获得公众资本，这是公众资本存在于企业资本结构中的最初形式。成熟期优质企业的公众资本一般来源于中小板或主板市场，大量股权资本转变为公众资本，公众资本在企业资本结构中的地位凸显。

参考文献

［1］Christopher James. RAROC Based Capital Budgeting and Performance Evaluation：A Case Study of Bank Capital Allocation, Wharton Financial Institutions Center's Conference on Risk Management in banking, October3-15, 1996.

［2］Felda Hardymon, Ann Leamon. Silicon Valley Bank ［M］. Boston：Har vard Business School Publishing, 2000, HBS Case No.800-332.

［3］Darian M. Ibrahim. Debt As Venture Capital ［J］. University of Illinois Law Review, 2010：1169.

［4］付剑峰，朱鸿鸣，郭戎等.科技银行中国化的探索——以杭州银行科技支行为例［J］.中国科技投资，2011（11）.

［5］文莉莎，孟杨.硅谷银行突入中国注资 UPG 桥隧模式定位第四方 ［N］. 第一财经日报，2008-04-09.

［6］束兰根.发展以股权投资为核心的金融产业链探究［J］.金融纵横，2010（10）.

［7］束兰根.科技金融融合模式与科技型中小企业发展［J］.新金融，2011（6）.

［8］梁曙霞，李秀波.科技型中小企业金融支持体系的构建——基丁生命周期理论视角［J］.新金融，2012（7）.

（作者：束兰根）

基于需求驱动的科技贷款业务
南京模式研究[①]

一、引　言

　　科技贷款是缓解科技中小企业融资难的重要途径，目前，我国科技信贷主要有三种形式：一般商业银行的科技贷款、科技银行的科技贷款、科技小额贷款公司的科技贷款。经过近几年的实践，科技小额贷款公司模式暴露出监管难、风险大、贷款利息成本高等尚待完善之处。而科技银行是一般商业银行在科技贷款业务基础上的管理创新，是国内版"硅谷银行"，是我国对为科技型中小企业提供贷款等科技金融服务的银行金融机构的统称。与国外相比，我国科技银行起步比较晚，而且国内科技银行只是兼营科技信贷业务的银行分支机构（支行），不是单独专业性科技银行，此外，许多省市的科技银行尚在筹建之中，因此，科技银行在我国还处于探索阶段，其业务模式、风险管理、可持续发展、配套政策等还有待完善与发展。

　　为进一步加大对科技创业企业信贷支持，促进科技企业发展，南京市于2011~2013年陆续为9家科技支行挂牌，专门为中小科技企业提供信贷，这使南京地区科技银行进入有序、有力推进阶段，颇有成效和特色，被外界誉为"南京模式"。本文将基于中小科技企业融资需求，以南京地区科技银行科技贷款业务实践和数据，总结经验、发现问题、完善提高，以推进和完善科技贷款业务模式。

　　① 南京市科技成果转化服务中心科技企业与金融服务部王彧、陈禧对本文提供了大量宝贵资料和大力支持，在此特别致谢。

二、中小科技企业融资需求和环境分析

整个企业的成长活动可以分为三个基本阶段：创业期（初创期和成长期）、成熟期和过熟期。成熟期的企业本身已经呈现出某些金融投资的特征，可以依靠传统商业金融的制度安排进行融资。而在我国现有金融体系下，处于创业期特别是初创期的企业缺乏相应的金融制度安排，因此，中小企业的融资很大程度上还是需要通过商业银行信贷的途径予以解决，但是，因为科技型中小企业"高风险、轻资产"的特征与商业银行信贷标准不吻合，银行传统的金融产品、风险判别与控制手段不适用于科技型中小企业。

因此，大部分科技中小企业有技术、有市场，但没有传统银行信贷模式的担保，如土地、产权等，即使前景再好，也很难从银行申请到贷款。很多中小科技企业无法从银行获得贷款，只能求助于社会上"贷款公司"，但这种"地下钱庄"利率远高于银行，年息往往超过50%，企业不堪利息重负。即使少数科技中小企业可以从银行融资，但融资成本也很高，各项融资费用占到利息支出的40%。

三、南京地区科技银行的实践分析

（一）南京地区"科技银行"发展实践概述

1. 南京地区科技银行发展现状

2010年初，南京市首批挂牌4家"科技银行"，但这4家科技银行挂牌并未达到预期效果。2011年8月，经南京市政府同意，由南京市金融办、市科委审核批准，在南京地区设立7家科技银行，加挂"科技支行"牌匾，分别为：工行河西新城科技支行、农行模范路科技支行、中行新城科技支行、建行中山东路科技支行、交行渊声巷科技支行、江苏银行泰山路科技支行、南京银行珠江科技支行。2012年11月，北京银行南京江宁科技支行成立，2013年4月，杭州银行南京软件大道科技支行成立，南京地区共设立9家科技银行。

2. 南京市促进科技银行发展的实施办法

为促进科技银行的发展，南京市金融办、科委、财政局等相关部门共同制定了促进科技银行发展的实施办法，主要内容：

（1）科技银行的服务对象。①科技银行主要服务对象是在南京市行政区域内注册登记，具有独立企业法人资格的初创期、成长期科技创业企业。②南京市科技创新创业金融服务中心建立并完善科技创业企业数据库，经市科技行政部门认定并进入数据库的企业均列入扶持范围。

（2）科技银行的政府扶持。市财政每年安排一定资金作为科技银行专项扶持资金（暂定三年），用于科技创业企业贷款风险补偿，各区县、国家级开发区财政按1∶1比例进行配套；市财政每年安排一定资金用于科技创业企业贷款贴息。从而建立起科技银行信贷的贷款风险补偿机制、贷款利息补贴机制和贷款担保补贴机制。

（3）科技银行的业务受理。科技银行以科技创业企业数据库为基础，按照独立审贷的原则选择确定授信贷款企业；科技银行在营销过程中发掘的科技创业企业，推荐并经市科技行政部门认定，纳入科技创业企业数据库并享受相关扶持政策。

（4）科技银行内部流程优化。①科技银行上级行要针对科技创业企业贷款进行流程再造，建立专门服务于科技创业企业的营销机构、营销团队，积极研究、开发适应不同行业、不同发展阶段科技创业企业的信贷产品，创新抵押、担保方式。建立针对科技创业企业的风险跟踪、控制体系，帮助企业优化内部管理模式、组织架构及盈利模式。②科技银行上级行要针对科技银行实施单独的资金计划政策，单独的风险容忍政策，单独的考核政策，单独的专项拨备政策和单独的风险定价政策，为科技银行业务发展搭建平台。

（5）科技银行的服务协调机制。①建立服务协作机制。由市金融办牵头，会同市科委、财政局与科技银行建立联席会议制度，通报交流进展情况，共同研究、解决科技银行发展过程中具体问题。市科技创新创业金融服务中心专家库对科技银行开放，为科技银行审贷提供科技专家服务。鼓励科技银行与担保机构合作，探索责任分担的有效形式。②建立信息共享机制。畅通信息渠道，密切政府、科技银行、科技创业企业的联系与沟通。加强科技银行政策宣传，组织银企对接会、资金需求发布会等活动，密切银企合作，提高政策引导、激励效应，促进科技创业企业发展。③建立管理考核机制。由市金融办会同市科委、财政局共同制定科技银行考核办法，对科技银行年度科技企业信贷增长情况进行考核并建立调整机制。

3. 南京地区科技银行的成效

2011年8月，南京市成立7家科技银行，截至2011年底，7家支行累计为110家初创期、成长期科技企业贷款6.2亿元。平均单笔贷款500万元，最高达3000万元，其中部分企业是首次获得银行信贷。截至2013年7月，企业申报科技贷款 1727 家，9 家科技支行受理业务 1864 笔，实际发放贷款 717 笔，放贷金额达 39.3 亿元。自 9 家① 科技银行成立以来，通过风险补偿和贴息补助，9 家科技银行通过努力，支持了一大批科技型中小企业的发展，极大地缓解了科技型中小企业的融资难问题，取得了显著成效。主要表现在以下几个方面：

（1）科技型中小企业为信贷支持的主要对象。从企业规模来看（如图 15.1 所示），销售收入在 2000 万元以下的企业占总贷款企业数的 36%，2000 万~8000 万元占 47%，两者累计达 83%，显示出中小企业是获取科技银行贷款的主要对象。调查显示，贷款数额均值恒定，平均每笔贷款数额为 563.42 万元，体现了科技银行的小额放贷。加之各家银行受理数和实际贷款数成正比例，这更充分表明较大额度的单个企业贷款现象比较少，科技信贷的推进支撑了一大批科技型中小企业的发展。

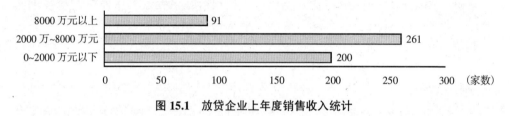

图 15.1　放贷企业上年度销售收入统计

（2）企业实现低成本融资。南京市大多数高新技术企业还处于创业成长初期，在遭遇融资难问题的同时，也面临融资贵的尴尬。调查显示（如图 15.2 所示）②，南京市基准利率放贷数较上年比例明显提高，基准利率放贷数占 49%，基准利率-8%放贷数占总数的 46%，为南京市科技型中小企业降低了融资成本。

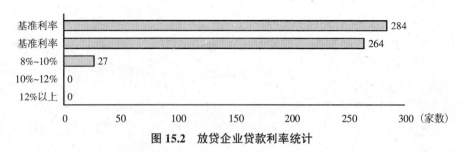

图 15.2　放贷企业贷款利率统计

---

① 北京银行南京江宁科技支行于 2012 年 11 月成立，杭州银行软件大道科技支行于 2013 年 4 月成立，其余 7 家于 2011 年 8 月成立。

② 本图中的贷款企业数 575 家与其他图中贷款企业数 552 家存在差异，是由于综合贷款的原因所造成的统计口径不同。

（3）金融业对南京市新兴特色产业支撑作用日益明显。从获取信贷的企业分布领域（如图 15.3 所示）来看，科技银行支持的领域范围较广，遍布南京市各大新兴特色产业，其中软件和电子信息产业占比最高，达 38.4%，体现了软件和电子信息行业对金融需求度之高；位列第二、第三、第四位的行业领域分别是电子信息、软件、新材料，分别占 22.4%、15.9%、10.9%，充分显示科技金融的支持方向与南京市新一轮战略性新兴产业发展相吻合，有效促进了地方经济的发展。

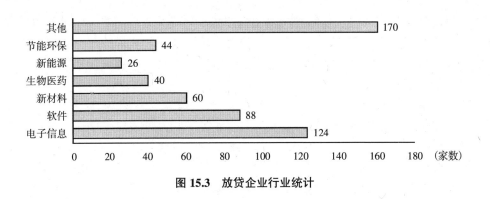

图 15.3　放贷企业行业统计

（二）南京地区科技银行信贷业务模式——以南京银行珠江路科技支行为例

1. 科技银行信贷业务组织管理体制

为了开拓科技型中小企业业务，南京银行科技银行采取了准事业部制的管理模式，即单独授权、单独考核、单独管理、单独给予资源配置。尤其为科技支行配置独立的信贷资源，重点支持和优先满足南京市八类科技型企业的贷款需求，不受信贷规模和存贷比限制。

在管理上，将科技支行作为总行直属支行管理，并在总行设立"科技金融部"，实行"部行一体"，内设营销、产品、管理、审批"四大专业团队"。科技支行负责产品设计、业务审批以及全行科技金融营销和服务牵头推动以及条线管理等工作；采取"一口入、一口出"方式，科技支行直接营销的项目和南京地区8 家中心支行营销的项目统一由科技支行进行客户准入、评级和审批；审批通过后，按照方便客户的原则，根据客户意愿选择放款及结算网点。

2. 科技银行信贷业务流程

管理体制的创新，同时需要先进的营销和风险分担模式与之配套。针对科技支行的准事业部模式，南京银行创造性地采取了"1+8"的营销模式（即 1 家科技支行+8 家中心支行），处于初创期和成长期的科技企业首笔业务和存量科技企业新增业务及成熟期科技企业的所有业务由科技支行在信贷系统里由各中心支行直接发起并办理；科技支行负责产品设计以及全行科技金融的营销和服务牵头推动以及条线管理等工作。

针对科技型企业"轻资产、高发展、重创意"的特点，南京银行在充分借鉴国际金融公司、巴黎银行授信审批理念的基础上，打破传统贷款模式，为科技贷款专门开发了"小企业授信评核决策系统"，对初创和成长期的科技企业，主要看技术、专利和人才，其核心指标包括股东、管理层、企业素质、企业发展前景、经营状况、信誉状况、偿债能力七个方面，制定了差别化的信用评价体系和审批标准，淡化财务因素比重，更关注非财务因素和行为表现的评分，探索无形资产未来价值发现机制。针对小企业贷款时效性要求高的难题，南京银行实行审批限时承诺制度和绿色审批通道制度。

3. 科技银行信贷业务的风险管理

南京银行科技支行的放款对象大部分是正处于初创期或成长期的科技型中小企业，该类型企业通常处于轻资产、尚未形成规模销售的状态，原本是银行很少涉足的领域。科技型小企业自身的客观风险水平，决定了南京银行必须打破传统思维走大金融环境共建、金融风险共担、金融利益共享之路，建立多层次的风险分担机制。南京银行与创投公司、担保公司、保险公司、小贷公司、科技创业投资集团开展深度合作，创新产品、业务模式，根据科技型企业的发展阶段为客户提供量身定制的差别化金融产品和全方位金融服务；为体现对科技型中小企业支持力度，南京银行将科技支行抵补后风险容忍度放宽至 5%（同业最高为 4%）。

针对小企业客户的风险特征和金融需求特点，南京银行重视"软信息"的收集整理，重点从企业财务报表等"硬信息"向非财务因素等"软信息"转变，初步形成了从小企业信贷文化，到作业手段，再具体到作业标准等相对完善的小企业业务技术。

4. 科技银行的产品创新

针对科技型企业高增长、轻资产的特征，南京银行通过应收账款、专利权、商标权、软件著作权等新型的抵（质）押担保方式，推出了专门服务于科技型企业的"鑫智力"系列产品，该产品包括专利权质押贷、软件著作权质押贷、商标权质押贷、应收账款质押贷、联合贷、投联贷、政府采购贷等，根据不同科技型企业的不同发展阶段为客户量身定制差别化的金融产品和全方位金融服务。

（三）南京科技银行信贷业务创新发展的特点及内在机制分析

1. 南京地区科技银行创新发展的三大特点

南京市科技银行的发展整体上呈现出"积极性高、加速度快、时效性强"的发展态势，并以"成批量、成体系"和"专业化、精细化"特征受到广泛关注。南京市科技银行的发展主要体现三大特点：

（1）专业。南京科技银行与其他城市具有相同的"出生"，不同的是南京科技银行已成为一个具有专门营业场所、单独考核制度、独立业务体系的部门，如南京银行珠江路银行承担着全行科技信贷审核、发放、统计、风控、研发等综合功能，不再从事传统贷款业务。

（2）高效。全部科技贷款业务实行网上操作，从企业上网点击申请贷款开始到市科委审核完毕仅需 7~10 个工作日，就可进入银行正式审贷程序。

（3）灵活。除了定量指标外，还大量采用一系列定性指标，由专家根据企业技术、生产等具体情况评判，如南京银行科技支行曾为一家销售额仅 3000 万元的高科技企业发放 3000 万元贷款。

2. 南京地区科技银行创新发展的两大支柱

南京科技支行发展的背景与众不同，它"有基础、有压力、有竞争"，采取的是"系统设计、整体推进、把握宏观、深化微观"的推进模式，并构建起科技支行发展的两大支柱。

（1）支柱之一：政府"成体系化"的整体推动。政府始终是推动科技支行发展的关键角色，南京市政府推动科技银行工作另辟蹊径、批量试点、系统推进。

①构建"金融—科技—财政"三位一体的推动体系。南京市金融发展办、市科委、市财政局三个部门各司其职，密切配合，建立常态化议事机制，每两到三周开一次会，及时了解运作中存在的问题、听取企业的反映，并及时采取应对策略。

②形成"政策—制度—机制"三位一体运作体系。南京已出台了包括风险分担、财政补贴等多项政策，同时也发布了《科技支行建设指导》、《科技支行资金管理办法》等规范科技支行发展的制度，各支行内部针对业务需要也纷纷进行机构重构、业务重组，调整考核、激励机制，形成了一个相对完整的制度体系。

③打造"银—保—企"相互促进的执行体系。除科技支行外，政府还鼓励保险公司、担保机构参与科技贷款运作，如担保机构为科技企业提供担保，将按不超过实际担保额的 2.5%给予补贴，科技企业可向保险公司购买指定履约保险等。银、保、企相互合作，进一步提高了科技贷款的可行性。

（2）支柱之二：机构"细致入微"的内部运作。

①以专业化为切入点。第一，建立专门客户经理考核办法。不考核存款指标，大幅度降低贷款考核指标，优先考虑服务中小企业的数量，彰显科技贷款特殊性，从根本上与传统商业银行业务体系分离。第二，提高科技支行经理专业化程度。为增强支行经理积极性，南京银行将科技支行经理级别提升半级，这在一定程度上弥补了业务规模不足的局限性，同时也使经理更加专业、专注于科技贷

款。第三，提高科技贷款业务专业化水平，设计专门中小科技企业贷款评估软件，并要求企业开立交易账户、提供业务与财务报表等，强化贷款事后跟踪监管。

②以提高投贷黏合度为核心。由于单笔科技贷款数量有限，难以满足企业快速发展的需要，因此南京部分科技支行积极与创业投资机构呼应，在发放贷款后吸引创投机构跟进投资，提高投贷黏合度。

③创新信贷额度管理。科技型中小企业贷款重在未来的发展，单年度资产、业务难以反映企业全部状况。因此，南京科技支行通过信贷额度提前化，提前规划好企业未来三年综合授信额度，把企业发展与银行利益紧紧捆绑在一起。

3. 南京地区科技银行发展中存在的问题与困难

虽然南京市在科技银行的推进中取得了一定成效，但在实际运作中仍存在着初创期帮扶不足、融资方式创新不足、整体推进不足、地区发展平衡不足、联动效应不足等问题，阻碍了科技信贷支撑中小企业发展的进一步推进。具体表现在：

（1）初创期小企业贷款局面面临尴尬。从信贷支持企业规模来看，已处于明显成长阶段的企业容易获得银行青睐。调查显示（如图 15.4 所示），成立 5 年以上的企业较易获得贷款，占比高达 73.9%；成立 3~5 年的企业数占 15.8%，成立 2~3 年的企业数占企业总数的 8.3%；1 年以内的企业仅占 2%。数据的梯形排列，表明成立时间越长的企业越易获得银行放贷。而恰恰举步维艰的初创期企业由于资金的限制、风险的不可控、创业家本身经验的不足等因素，较难获取银行授信。调查还显示（如图 15.5 所示），注册资本在 1000 万~3000 万元的企业占总数的 35.9%，注册资本在 500 万~1000 万元的企业占 19.4%，两者加起来 55.3%，这是获取银行贷款的大多数。但是，注册资本在 500 万元以下的企业仅 22%，显示出启动资金较弱的企业较难获取银行的信贷支持。综合上述两个因素，可见刚刚创业而启动资金又弱的企业急切融资的需求不能得到满足。

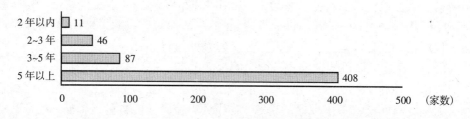

图 15.4　放贷企业成立时间总汇

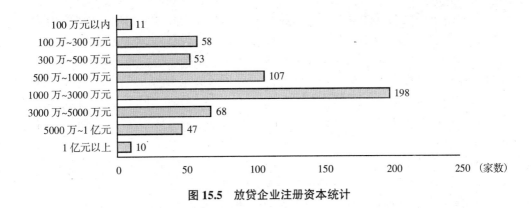

图 15.5 放贷企业注册资本统计

（2）基于传统的融资方式亟待创新。虽然各家科技银行设计了很多较新的金融产品，在业务专营、单独考核等方面也都做了大胆的尝试，但是应该看到（见图 15.6）①，担保和抵押依然是企业获得贷款的主要方式，两者分别占总数的49.2.8%和27.5%。而订单融资方式，目前没有发生一笔。尤其知识产权质押融资依然短板，不到全部贷款的 6% 。信用贷款也仅占11.5%。这表明科技贷款的融资方式依然基于传统，为科技型中小企业提供资金支持的力度还不够，针对科技企业的放贷方式有待加强。

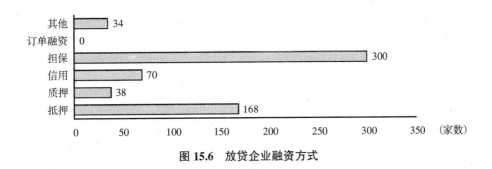

图 15.6 放贷企业融资方式

（3）科技银行整体推进尚嫌不足。虽然各银行积极响应政府号召，并已建设有一支对科技型中小企业进行金融支持的中坚力量，但是各家银行在推进力度上有比较大的差距，银行之间不平衡发展制约了对科技型中小企业金融贷款的整体推进。

---

① 本图中的贷款企业数 610 家与其他图中贷款企业数 552 家存在差异，是由于综合贷款的原因所造成的统计口径不同。

（4）科技贷款的延伸机制尚未形成。随着科技贷款的深入推进，贷款效率高不再成为优势，有些企业反映贷款速度不仅不快，而且与普通放贷相差无几。担保总体额度和效率问题、贷后企业的后续金融跟进问题、没贷到企业的融资问题等浮出水面，政府引导市场，尚未能提供全程化、多元化的金融链条，即银行贷款后续延展机制的断裂。科技银行与天使投资、风险投资、与联交所合作加强股权融资、代办股份转让、推动企业改制上市等层面没有有效衔接，科技银行取得的成果没有放大。

四、需求驱动的科技贷款业务模式创新的建议

（一）建立政策引导与考核激励机制

政府相关部门通过发布科技支行建设指引，为科技支行内控制度建设提供指导，至少包括：①重构组织体系，使科技支行具有清晰组织架构，真正具有管理职能和业务功能，成为全行中小科技金融的中枢和核心；②建立独立的风险评估制度，使其适合于"轻资产"的科技型企业；③设置独特的考核机制，完全取消传统商业银行对存款的要求，充分调动员工的积极性。

同时，由于大多数成立时间在 1 年以内，注册资本在 500 万元以下的科技型中小微企业急需信贷支持，政府应在政策上给予更多支持，通过对这类初创的小微科技企业加大贴息比重和风险补偿，引导科技银行对其信贷支持，最大限度强化金融对人才、对创新创业的支持。

（二）通过金融创新，提高科技银行专营服务水平

引导科技银行向专业、专营化方向发展，督促科技银行提升服务水平。科技银行科技信贷业务应该在基于工具创新、技术创新、制度创新、观念创新等基础上，对传统信贷模式加以真正意义上的创新，加快科技中小企业专属信贷产品的研发，制定既符合银行安全性、流动性、盈利性的经营原则，又对科技企业有针对性的信贷标准，积极开发与财政资金相对接的信贷产品，推出一批适应科技创业企业需求的金融产品。让更多的科技型中小企业在企业的成长过程中享受到科技贷款带来的实惠，使企业快速成长，发展壮大。

（三）加快知识产权质押融资步伐

知识产权质押与融资是推进知识产权运用、保护的重要环节，应加大对知识

产权登记和保护力度，丰富和完善知识产权质押贷质权处置的实现途径，加大知识产权质押的贴息补贴，建立风险补偿、风险分担等政策扶持引导机制，在科技银行中推广知识产权质押贷款。

（四）建立高效联动的多层次金融产业链

充分利用市场机制，促进"后科技银行"手段的多元化发展，把科技贷款与科技担保、科技保险、风险投资、联交所股权融资、代办股份转让、推动企业改制上市等结合起来，满足企业多元化的有效融资需求，构建基于科技银行的新型投融资环境，形成多元化、多层次、多渠道的科技投融资体系，组建南京科技金融投贷保联盟，真正把科技银行平台的作用发挥出来，把科技银行品牌效应放大。

（五）形成风险分担与利益共享机制

市级部门应充分授权，引导、整合区（开发区）、科技园区各方资源，共同推动科技支行发展。一是鼓励各区（开发区）根据自身经济实力设立相应配套资金，提高风险补偿能力和担保能力；二是赋予区（开发区）对纳入科技支行系统的中小科技企业筛选权和推荐权，调动各区（开发区）的积极性；三是支持市再担保公司与区（开发区）、园区开展"投贷保"一体化平台。

科技型中小企业融资"短、小、频、快"的特点决定了其高风险的特征，为科技型中小企业融资，科技银行需要面临很大风险，成本较高，仅能获得固定且较低的收益，收益与风险不成比例等问题很突出，因此，科技银行信贷业务可探索债权转股权、利息转股权、信贷期权、灵活利率的贷款模式，使科技银行分享承担高风险的回报。

（六）建设科技金融综合支撑体系

依托南京科技和金融资源禀赋，突破政策性的障碍，构建科技与金融结合创新推动企业发展科技金融政策保障体系；利用金融机制、金融资源为手段，加强多部门沟通与协调，通过组织管理创新，建设科技金融政府组织管理体系；研究科技成果转化的特点和科技型企业的成长规律，创新金融组织、多层次资本市场、金融服务模式，构建股权投资促进平台和产权交易平台，启动搭建投贷保联盟数据平台，探索科技金融结合的新模式、新工具、新机制，促进科技资源与金融资源的对接，构建科技金融服务体系。

五、结束语

中小企业融资难问题一直很突出。南京市发挥政府的引导作用，整合政府、银行、社会等多方资源，努力探索，敢于创新，形成了科技贷款业务的南京模式，取得了相当成效。但是，科技金融工作在我国还处于探索阶段，还应在实践工作中，通过制度创新、金融创新、管理创新，不断完善。

参考文献

［1］房汉廷.关于科技金融理论、实践与政策的思考［J］.中国科技论坛，2010（11）.

［2］刘志彪.科技银行功能建设：商业银行支持战略性新兴产业发展的关键问题研究［J］.南京社会科学，2011（4）.

［3］顾焕章，汪泉等.科技金融创新的制度取向与实践模式［J］.江海学刊，2013（3）.

［4］辜胜阻等.论构建支持自主创新的多层次资本市场［J］.中国软科学，2007（8）.

［5］朱鸿鸣，赵昌文等.科技支行与科技小贷公司：谁是较优的"科技银行"中国化模式［J］.中国软科学，2011（12）.

［6］游达明等.区域性科技金融服务平台构建及运行模式研究［J］.中国科技论坛，2011（1）.

（作者：郑加强　李伟　陈志俊　郑倩）

科技银行若干法律问题研究

一、前　言

科技银行对科技型小企业的发展具有重要的促进作用。我国科技银行发展还处在起步阶段，实践中还会遇到诸多法律难题和法律风险，银行如何更好地开展科技银行业务，国家如何为科技银行的发展打开法律空间以支持我国经济结构性转型，是目前迫切需要解决的课题。

二、科技银行发展概况

（一）科技银行概述

科技银行通常是指专门为科技型企业，尤其是科技型中小企业提供贷款等金融服务的金融机构。在国外，科技银行也被称为"风险银行"，美国硅谷银行是科技银行翘楚，采取股权投资与信贷业务相结合（"股权+债权"）的模式开展业务，获取高额收益。

我国科技银行起步于20世纪90年代初，1992年4月18日设立的中国工商银行长沙市分行是我国最早成立的科技银行，截至2012年底，全国各地设立科技支行已达数十家。目前，我国科技银行主要包括两种类型：一是以商业银行支行形式出现，不具备法人地位的"科技银行"，如杭州银行科技支行，采用"银行+担保+额外风险收益补偿机制"运作模式，对科技型中小企业提供基准利率贷款，担保机构对中小企业实行优惠的担保措施，政府则最后给予风险补偿和激励。二是采用股份制发起、市场化运作模式设立新型金融机构，如广东科技发展银行，银行融资来源主要为股东的资本金、发行债券、政府扶持性借款、吸收机构存款，业务类型包括贷款业务、负债业务、中间业务和直接投资业务等。

江苏农业银行在 2010 年 9 月设立了全国农业银行系统和江苏省内首家科技银行——农业银行无锡科技支行，随后在南京、苏州、常州、镇江、南通、泰州、扬州和盐城共设立了 9 家科技支行。截至 2012 年末，江苏农业银行 9 家科技支行已经服务科技型企业 950 户，对公用信余额客户 243 户，用信余额共计达 38.89 亿元。无锡科技支行先后被评为全国科技体制创新典型单位和全国优秀中小企业服务明星，得到中央领导的批示肯定。2013 年 7 月 27 日，《人民日报》(头版) 题为《农行无锡科技支行为科技中小微企业雪中送炭》重点介绍了该行创新金融产品贷款和抵押担保方式，出台全新考核方式的经验和做法。

（二）科技银行特征

与传统银行"安全性、流动性、效益性"的经营准则不同，科技银行更加注重在风险可控的条件下，追求高收益、高回报，其经营特性可概括为"四新"：一是"面向新产业"。新兴产业具有鲜明的"四高"特征，即高技术含量、高投入、高成长和高风险，需要创业股东和投资机构的直接投入，也需要银行合理介入，提供全方位的金融支持。二是"构建新金融"。科技银行需要与产业投资基金、创投基金、信托及国际投行等其他金融机构的合作，探索新金融体制下商业银行的发展道路。三是"服务新企业"。科技支行面向的是科技创新型企业、科研院所、研发中心、创投机构、产学研联盟以及高端科技人才等特殊企业和群体，其服务重点主要集中于处于初创期及成长初期的科技型中小企业。四是"研发新产品"。科技支行不仅仅局限于担保方式、业务流程的创新，更以企业融资需求为中心，采取组合工具，提供全价值链的金融服务。

三、科技银行发展中的若干法律问题

作为一种"舶来品"，科技银行因创设历程和政策背景上的差异，在中国本土发展中遇到了许多法律困惑，科技银行要长足发展，需要认真处理相关法律瓶颈问题。

（一）新型业务模式缺乏法律和制度支撑

1. 科技银行相关法律法规缺失

我国目前尚未出台专门针对科技银行业务发展的法律法规，科技银行与传统银行在相关法律法规适用上并无大的区别。《商业银行法》第四十三条规定，商业银行在中华人民共和国境内不得向非银行金融机构和企业投资，但国家另有规定的除外。人民银行《贷款通则》第二十条规定，商业银行不得用贷款从事股本权益性投资。银监会《关于规范银行业金融机构搭桥贷款业务的通知》第一条规定，禁止银行为企业发行债券、短期融资券、中期票据、股票以及股权转让等提供搭桥贷款。因此，目前除了并购贷款外，银行不得发放用于股本权益性投资（包括搭桥贷款）的贷款。

对于科技银行这类特殊高风险银行而言，迫切需要对其经营方向、业务范围、产品模式、监管措施等在法规层面清晰定位，对科技银行参与投资或持有股权、扩大风险信贷的利率浮动范围、无形资产的担保等问题进行法规层面再设计。

当前，部分科技银行与科技企业通过签订《期权协议》、《债权转股权》等长期利益期权协议直接投资科技企业，或者持有科技企业认股期权获取科技企业成长的高回报，这些模式与现行分业经营监管模式相抵触，业务发展面临外部违规的法律风险，容易引发纠纷甚至诉讼。

2. 科技银行相关制度流程不完善

当前，在全国范围内，科技银行还没有针对自身特殊业务统一的规章制度，现行的风险评估机制、信贷审批机制、风险防范机制和业绩考核机制并没有根据科技型企业的服务对象特点及时作出调整，在制度流程方面针对性设计不足：

（1）客户准入制度不合理。我们调研发现，大多数科技银行金融产品需要企业抵（质）押，且对企业财务和经营状况、信用等级等都有较高的要求，客户选择困难。

（2）风险管理体系不匹配。科技银行技术、市场、管理、资本等维度的分析和评价滞后，符合战略性新兴产业风险特点的风险评估工具尚未完全建立，风险识别和控制能力有待提升。

（3）风险管理补偿机制尚未健全。对科技中小企业进行信贷支持存在较高风险，需要进一步完善内部风险管理补偿机制，发挥财政资金的导向功能和杠杆效应，完善政府、银行、企业风险共担机制，缓释、转移信贷风险。

（二）科技型企业贷款担保存在法律风险

科技型企业往往具有"轻资产、技术风险高、物资担保匮乏"的特点，这要求科技银行业务发展必须从担保制度上进行创新，担保制度创新包括：①扩大抵押品范围、允许企业以技术专利等无形资产作为抵押担保。②通过银政合作、由政府通过风险补偿金的形式来代偿。③通过银保合作、以贷款履约保险的方式解决担保问题。但上述三种方式在实际操作中，也存在一定的法律风险，具体包括：

1. 无形资产担保存在法律风险

（1）担保物评估法律风险。知识产权是科技银行贷款的重要担保物，但我国目前还缺乏完善的知识产权评估制度。我国虽然制定了无形资产评估准则，但其可操作性较弱，特别是专利技术、专有技术、商标及版权等各类知识产权也没有各自具体的评估准则，影响了科技银行知识产权质押业务的有效开展。

（2）知识产权质押权利实现的法律障碍。目前我国没有建立活跃的无形资产产权交易市场，知识产权的流转范围和交易对象相对有限，一旦企业不能按期偿还贷款，其知识产权将面临急速贬值的风险，银行难以像处置不动产那样，迅速通过拍卖、转让等方式收回资金。

2. 政府补偿金模式存在的风险

科技银行部分企业贷款业务采用了"政府补偿金解决担保"模式，其业务基本流程为：地方科技主管部门推荐→银行受理、调查（评估）、审查（审议）、审批→省科技主管部门审核→签订合同→省科技主管部门确认→银行发放信用→贷后管理（科技主管部门协助）→信用收回。该模式存在的问题主要有：①政府补偿金拨付的政策性较强，往往需要银行向政府相关主管部门反复争取，补偿金的额度和稳定性往往难以满足科技银行正常的发展需求。②政府补助资金保障力度受限，无法对抗司法强制措施。风险补偿金专户实质是政府为扶持科技型中小企业贷款而设立的有条件代偿的风险分担机制，该账户不是保证金专户、未建立金钱质押担保，实践中无法对抗外部司法机构采取强制措施。最高人民法院颁行的《关于适用〈中华人民共和国担保法〉若干问题的解释》第八十五条规定："债务人或者第三人将其金钱以特户、封金、保证金等形式特定化后，移交债权人占有作为债务的担保，债务人不履行债务时，债权人可以以该金钱优先受偿。"保证金质押担保须符合法律相关条件，要在借款合同外签订书面质押合同，同时保证金特定化，即保证金的被担保人特定、保证金的金额特定、保证金担保的债权特定、保证金与担保主债权一一对应。

3. 贷款履约保险存在法律风险

通过银保合作，以借款人购买贷款履约保险的方式也是科技型中小企业担保的一种路径，但该方式存在以下问题：①保险公司考虑到业务风险较大，目前开办此类业务较为谨慎，相应产品的额度和规模难以满足银行业务的发展需求。②保险公司由于缺乏有效的风险识别手段，在产品设计时往往通过设计严苛的条款将违约风险转嫁于他人，在贷款出现风险后，银行很可能因众多晦涩难懂的免责条款难以获得保险赔偿。

四、科技银行法律问题解决措施

为有效控制科技银行发展中的风险，在法律角度可以从以下几方面着手：

（一）突破传统法规，配套专项政策

科技银行发展受困，并不是政府不重视，亦不是市场无需要，很大程度上是因为缺乏有效的外部法律和内部政策支持，迫切需要量身定做，从法律和政策层面取得突破。

1. 外部法律应为科技银行提供开放环境

目前，我国法律已经有向科技企业倾斜的法律政策端倪：已有商业银行通过政府特批设立了银行控股公司；银监会《银行开展小企业贷款业务指导意见》要求"银行应充分利用贷款利率放开的市场环境，在小企业贷款上必须引入贷款利率的风险定价机制"，科技银行可按这一规定进一步扩大对科技型中小企业贷款利率浮动范围，使高风险投资向高利润回报靠拢。国家发改委会同国务院有关部门拟定的《股权投资基金管理办法》草案如获通过，将可明确商业银行在私募股权投资市场的角色和定位，这些都是对科技银行发展的法律利好。

但是，科技银行在业务发展中还是受限于众多法律"禁行区"：银行不得向非金融机构和企业投资、银行不得发放用于股本权益性投资的贷款等迫切需要进行调整，以构建更适合科技企业生存的外部法律环境：一是《中华人民共和国商业银行法》应该及时修订第四十三条关于"禁止银行从事信托投资和证券经营业务，不得向非自用不动产投资或者向非银行金融机构和企业投资"的规定，使银行债转股、期权协议、私募股权投资成为可能；二是《中华人民共和国物权法》、《中华人民共和国担保法》等民商事法律应进一步完善对权利质押这类软性担保方式的规定，在如何实现质押知识产权价值、创设新型权利质押模式等方面进行有效推进；三是中国人民银行、中国银监会等监管机关应在监管制度上留有政策余地，在严格管控的大环境下，将科技银行投资类贷款区别于一般企业贷款进行监管。

2. 银行内部要为科技企业配备专项信贷政策

科技银行是创新型银行，传统信贷业务制度并不适应科技企业贷款的要求，要结合科技企业的特点，制定专项科技信贷政策，通过推进业务流程再造，建立单独的准入机制，为科技型中小企业开辟金融服务"绿色通道"。一是科技银行要逐步建立适宜于科技型企业特点的银行贷款评价指标，着手开发适用科技企业的信用风险评估体系，推出科技企业的风险定价指标和利率风险定价机制，有效覆盖风险；二是科技银行要根据对企业的"成长价值预估"而非"现有公司资产"来测算企业的贷款风险承受能力；三是要根据对企业的"发展前景预测"而非"现有产销能力"来评判科技银行贷款的投向；四是科技银行的贷款无论是从贷前调查、贷款审批还是贷后管理上，都应有别于一般法人企业贷款；五是科技银行要根据科技企业的发展情况，动态调整企业和贷款的风险评级指数，对有明确依据表示企业风险可控的，银行可以适当提高不良贷款风险容忍度、调高科技贷款风险评级。

（二）优化担保方式，完善保障体系

《物权法》赋予银行更广阔的担保创新空间，科技银行要抓住机遇，在创新贷款模式的基础上，结合科技企业的特点，从抵押、质押、保证、信用评估等方面进行创新：

（1）扩大抵押品种范围，延伸权利质押模式，结合企业高发展特点，大力发展应收账款质押、订单融资等与企业经营销售情况紧密联系的担保方式。

（2）培育和发展无形资产产权交易市场，提高知识产权等质押权利的变现率，探索"知识产权证券化"融资，将可以直接价值化的资产与知识产权质押这类无形资产担保相结合，降低单品种的担保风险。

（3）通过"保障叠加法"构筑全面资金安全屏障，建立"政府+银行+担保+保险+创投"的业务发展政策，通过多种担保方式交叉互补，构筑贷款资金安全保护网。

（4）落实政府补偿资金保障，针对政府补偿金难以对抗外部公权力查封的风险，建议将政府补偿金落实在科技银行专项保证金账户管理，以特户、封金的形式寻求法律支持，保证政府保障资金的担保有效性和安全性。

（三）借助外部专家和专业机构，降低客户风险

科技企业在没有获得成功之前，银行难以评估其科技成果的货币价值和风险特性。为了在发展初期就"慧眼识珠"，挑选出高成长性的优质客户，提高银行对科技企业违约风险的判断能力，银行在自身工作人员风险判断能力的同时，有必要一方面引入科技领域的专家评价模式，通过听取业内专家意见，借助专业人士的工作经验和深厚人脉，有效降低银行与科技企业的信息不对称；另一方面，有必要参考金融投资机构的专业判断，有效控制科技银行贷款风险。因此，科技银行要与创业投资机构、风险投资机构保持紧密的合作关系，通过合作共享信息，有效地发掘和支持有发展前景的创业企业，对客户进行全面的风险评价，最大限度地降低客户选择的风险，避免银行资金被低价值客户拖入风险旋涡。

（四）加强业务合作，规避法律壁垒

由于受国内法律和金融监管法规所限，科技银行暂不能采取直接股权投资等可能涉及金融混业经营的业务模式，但可以尝试与外部创投基金合作，特别是与农银国际等行内集团金融投资机构合作，采用委托贷款、转让债权等模式，以寻求与高风险相匹配的高收益：

1. 以托管业务为基础，发展各类中间业务

科技企业的发展离不开资金投资市场，而在我国发生的PE交易中，银行往往承担资金托管、监管重任的第三方监管角色。以托管业务为基础，科技银行可以作为企业的金融服务总承包商，作为"PE主理银行"，积极拓展财务顾问、增值服务等上下游业务，为科技企业提供一揽子的金融支持服务，将简单的贷款风险分散到各项独立的合作业务中，与合作企业共担风险、共享收益，在实现有效风险转移的同时，寻求科技银行利润发展的新空间。科技银行可参照美国硅谷银行，采取"投贷联盟"模式，为创投公司提供一定授信额度，通过科技银行为创投旗下的高科技企业办理委托贷款，从而在为高科技企业提供金融增值服务的同时，也避免了银行直接投资企业的法律壁垒。

2. 以特别许可方式，直接参与对科技企业投资

在各家商业银行频频试水投资性业务的现实面前，国家立法和监管层面对金融机构从事私募股权投资的总体态度是逐渐放开。在现有的法律框架内，国家开发银行、中国进出口银行等政策性银行已经通过国务院特批模式，获得直接发起和从事私募股权的资格。从主要商业银行与监管部门的互动看，监管部门对商业银行从事私募股权投资业务也未明确禁止，而是主要关注风险控制。在法律政策正式开放后，科技银行可以借助其所属银行雄厚的资金实力，在科技企业的投资市场上一展拳脚。

3. 以曲线投资方式，间接参与对科技企业投资

法律监管环境的放松不可能朝夕实现，以特别许可方式参与科技企业投资也存在一定困难，但这并不意味着科技银行就要在新型业务领域止步不前。在现行法律环境下，科技银行可以通过曲线投资方式，实现投资于科技企业公司股权的目的。主要投资方式有以下六种：

（1）设立境外子公司。虽然现行法规对国内银行投资股权有所限制，但是法律允许商业银行境外子公司来我国进行股权投资，在此背景下，大型商业银行多通过在境外设立下属直接投资机构，再由下属机构在国内设立分支机构，绕开国内银行法的约束，最终实现投资企业股权的目标。除科技银行外，中国银行、中国工商银行、中国建设银行、交通银行也均在境外设立子公司作为其在国内进行股权投资的平台。国内科技银行可以加强与这些系统内投资平台的合作，达到其

投资科技企业的目的。

（2）收购信托公司。根据中国银监会《信托公司管理办法》、《信托公司集合资金信托计划管理办法》、《信托公司私人股权投资信托业务操作指引》的相关规定，信托公司可以通过发行信托计划募集资金投资于未上市企业股权，信托公司可以采用私募股权投资信托对科技企业进行股权投资。《中华人民共和国商业银行法》第四十三条"但国家另有规定的除外"条款和第三条规定，为商业银行参股或收购信托公司提供了政策可行性和操作余地。2007年交通银行重组湖北省国际信托投资有限公司，组建"交通国际信托有限公司"，揭开了商业银行收购信托公司的序幕，此后，建设银行、光大银行等商业银行均着手收购信托公司。已经上报国务院的《商业银行入股信托公司管理办法》更是为商业银行通过收购信托公司，实现对企业的股权投资确定了操作路径。商业银行可以通过这一收购模式，为科技银行的发展打开新路。

（3）投资保险公司。自2010年《保险资金投资股权暂行办法》出台后，保险资金就成为股权投资市场上的新生力量，而根据银监会《商业银行投资保险公司股权试点管理办法》，商业银行只要具备该办法规定的条件，符合相关要求，就可以投资一家保险公司。因此，商业银行可通过投资保险公司迂回进行科技企业股权投资。

（4）组建或收购证券公司、基金管理公司。我国正逐步开放一些有条件的证券公司从事直接投资，目前已经有东北证券、银河证券、申银万国证券等几十家证券公司拿到券商直投试点牌照。商业银行可以通过特别许可组建或收购证券公司，打通进军企业股权投资市场的通道。

（5）借道产业基金。近年来，国家出台了许多鼓励产业投资基金发展的政策，而且这一趋势正在不断加强。科技企业的发展正是产业基金关注的重点。科技银行可以根据国家提出的商业银行综合经营试点要求，不断介入产业投资基金的设立和运行。目前已经获批并运行的渤海产业投资基金等一批产业投资基金中，银行均作为主要或合伙发起人。当然，银行参与国内大型产业投资基金需要经银监会审批、发改委审批、国务院批准等关口。

（6）FOF（母基金）模式。在国外，商业银行进行私募股权投资的方式主要是设立FOF（母基金），再通过FOF投资私募基金，FOF作为基金的基金，处于基金金字塔的顶端，具有风险分散、提供投资渠道、投资顶级基金的优势。我国现行法律、政策禁止银行直接投资股权，但未禁止银行投资集合理财产品，因此设立FOF，在借助FOF实现对科技企业的股权投资目的，也是商业银行曲线进军股权投资市场的可行途径。目前国家开发银行设立了600亿元FOF基金，将直投业务与商业银行业务直接对接，进行股权投资和债权投资。虽然国内银行系统暂无以FOF模式投资私募股权的范例，但民生银行、招商银行已经就该模式进行了可行性论证，可预见，FOF 模式今后也可能成为银行股权投资的重要方式。

五、科技银行法律问题前瞻

　　科技银行的成长是市场经济发展的大势所趋，国家正在一步步为科技型小企业发展创造适合的内外部金融环境。目前，党中央、国务院先后出台了一系列支持小微企业发展的财税金融政策，国办印发了《关于金融支持经济结构调整和转型升级的指导意见》，指导金融系统不断加大对小微企业金融服务，积极鼓励金融创新，推动商业银行开展应收账款质押等适合小微企业融资特点的金融产品和服务；支持符合条件的商业银行发行专项用于小微企业贷款的金融债券，国家扶持科技企业、发展科技银行的政策信号正在增强。

　　新法律出台和监管取向变化，将为科技银行的发展提供更为广阔的空间，但政策松动并不意味着法律风险降低，新情况总是与新问题相伴相生。相对于欧美国家，我国科技银行的业务发展还刚刚起步。如何在科技银行的传统存贷业务资金和科技企业风险投资性资金中建立严格的隔离制度？如何在寻求"高收益"的同时有效控制"高风险"？如何保证一般存款人的资金安全能得到"防火墙"的有效保护？允许银行持有科技企业股份，银行的后续贷款是否就会涉及关联企业内部借贷等不平等交易？允许银行资金投资高风险的科技企业，如何在银行传统业务资金和风险投资资金中设立安全防火墙？如何为针对高风险偏好度的科技银行建立更为严格的风险控制机制？这些都将是科技银行在今后发展中需要我们不断探索和解决的现实问题。

（作者：杨长海　钱建华　姜波）

基于政府支持的科技担保缓解科技型初创企业融资难问题的研究

——以杭州市天使担保为例

一、杭州市科技型初创企业融资现状

杭州市科技型中小企业经历 20 多年的发展，已具相当规模，在 R&D 投入方面也相对活跃，企业主要产品的技术水平较高，市场接受度良好。但其发展面临着诸多问题，其中资金来源单一、融资渠道狭窄、企业融资能力差是存在的主要问题[1]。科技型初创企业是科技型中小企业的一个重要组成部分，根据《杭州市人民政府办公厅关于开展杭州市科技型初创企业培育工程（雏鹰计划）的实施意见》一文规定，把注册成立时间在 5 年以内，注册资本低于 1000 万元，主要从事电子信息、生物医药、新能源、新材料、环保节能等产业的科技型企业，定义为科技型初创企业。

根据对全市 70 家科技型初创企业融资现状所做的问卷调查结果显示，科技型初创企业对于资金短缺在企业发展中的重要性排序，认为资金短缺是制约企业发展首要问题的占 38%，认为第二位的占 56.1%，可见有 94% 的企业，将资金短缺问题排在前两位；被调查企业中，有 80% 认为银行贷款是目前企业的主要融资渠道，选择风险投资和民间借贷的分别仅为 6%；对于贷款融资渠道是否畅通，有 70% 的企业认为较困难，认为一般的占 27%，只有 1.5% 企业认为目前贷款渠道畅通；有 64% 的被调查企业认为获得银行贷款较难，而认为很难的有将近 24.2%，没有一家企业认为较为容易就能获得银行贷款；对于企业能承受的融资成本年利率上限的调查结果显示，能承受年利率 12% 的企业有 56%，承受利率 9% 的有 27%，能承受 18% 高年利率的仅有 3% 的企业。

此项调查显示，杭州科技型初创企业融资难问题已十分突出，如何有效利用财政科技投入，引导社会资本，缓解企业融资难，从而推进高新技术产业发展已迫在眉睫。

二、基于政府支持的科技担保
——天使担保的制度设计

2009 年杭州市科技局创新性地提出了"天使担保",这是一种基于政府支持的科技担保新模式[2],在国内尚属首次。

(一)天使担保模式构建

1. 天使担保运营方式

"天使担保"的运营方式如图 17.1 所示。科技型初创企业、担保公司和银行作为信贷市场活动的主体,企业提出贷款申请,担保公司对企业进行考察评估,并决定是否给予担保,这是传统的担保模式[3],如箭头(1);如果企业抵押物不足或不能提供足够的反担保措施,但是具有高成长性、一定数量的知识产权或是大额订单等,可以向担保公司提供股票期权、知识产权质押、订单质押等,使担保公司为企业提供担保,如箭头(2);政府的扶持基金可以投入担保公司,使资金放大数倍,从而惠及更多的科技型初创企业[4],如箭头(3)。

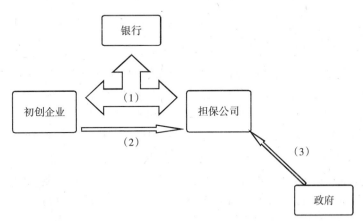

图 17.1 天使担保模式示意图

2. 天使担保介入时机

"天使担保"介入时机如图 17.2 所示。在区域Ⅰ,一个企业成立的最初时期,资金往往是以天使投资的形式进入,此时销售收入和成本支出都比较小,企业的现金流为正;在区域Ⅱ,随着时间的持续,企业开拓市场的成本进一步增加,但是企业的销售收入并不会马上体现出来,企业的现金流进一步恶化,而此时，风险投资并不愿意进入，在此区域，企业如果在市场开拓上没有起色，就面临死亡，天使担保在此时介入，对初创企业的发展起着生死攸关的作用，但担保公司面临的风险也较大，需要政府财政的扶持[5]；在区域Ⅲ，企业市场开拓初见成效，现金流好转，市场前景明朗，风险投资已愿意介入；在区域Ⅳ，企业销售收入成倍增长，私募股权投资也开始介入。

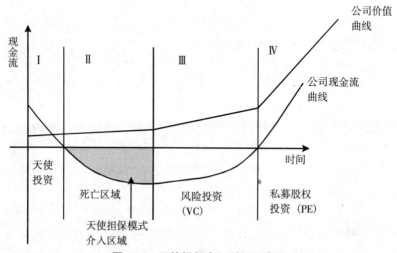

图 17.2　天使担保介入时机示意图

（二）天使担保运行机制

科技型初创企业在需要融资时，向杭州市高科技担保公司提出申请，经高科担保、银行审核通过，由高科担保提供担保，担保费率为 1%，银行提供贷款。同时约定发生代偿时，银行承担 20% 风险，高科担保承担 80% 风险。

若贷款逾期，首先由高科担保全额代偿，并由高科担保处置反担保物，反担保变现金额不足覆盖代偿额的，由高科担保和银行根据约定比例承担损失。当高科担保出现代偿损失后，高科担保应提交代偿、反担保处置、逾期时间及各协议等相关材料，向市科技局提出申请，由市科技局、市财政局进行审查核定后，用"天使担保资金"予以补偿。

（三）天使担保产品设计

根据不同企业量身定做一系列产品，全面服务科技型初创企业。产品系列包括政策性拨款预担保、期权担保、知识产权质押、订单/应收账款质押等。

1. 天使 1 号——政策性拨款预担保

申请企业获得政府资助补贴支持（如创新基金等），立项后，资金到位还需要 6~12 个月，担保公司为企业提供无抵押担保，企业通过担保后从银行获得贷款，提前获得流动资金。

2. 天使 2 号——知识产权质押担保

申请企业有实物抵押，但不足贷款额度，可采用知识产权质押作为信用放大部分。放大额度一般不超过 100 万元。

3. 天使 3 号——期权担保

申请不能提供反担保物，但市场前景广阔，具有高速发展预期，企业以一定比例的公司期权作为反担保措施，双方约定期权的最初价格，期限以及回购价格，从而取得一定额度资金的融资方式。

4. 天使 4 号——信用担保

当企业能够提供的反担保物不足，可以由第三方为其做信用担保，即第三方为该企业贷款担保提供不可撤销的连带责任反担保，该第三方的资质必须经过担保公司认可，第三方一般为该企业的具有持续稳定上下游交易关系的企业。

5. 天使 5 号——订单/应收账款质押

申请企业拥有大额订单或者大额应收账款，企业如果缺少流动资金可以将应收账款和订单质押，从而取得一定额度资金。订单和应收账款为知名度较高的大集团、政府、事业单位和上市公司。

6. 天使 6 号——实物资产抵押放大担保

企业提供的实物反担保价值低于担保金额的部分，担保公司根据企业实际运作情况，给予信用担保，包括房产的余值二次抵押。

7. 天使 7 号——为大学生创业企业的担保

大学生企业起步艰难，无法提供银行贷款必需的抵押物，从公司成立开始就缺少必要的研发资金，作为政策性的担保公司，将担保阶段前移，即只要是科技型的大学生创业企业，在研发阶段也可以提出贷款担保申请，而且担保手续费优惠，担保金额不超过 100 万元，一般在 30 万~50 万元，担保期限不超过一年。

"天使担保"按照"政府引导、市场化运作"的思路设计，将政府对科技初创型企业的直接资助改为政府担保风险补助，通过担保公司担保、银行贷款、风险共担的市场机制，将财政科技投入与金融资本有效对接[6]，起到了降低贷款门槛，增强企业获得资金的机会和能力的作用，从而提高财政科技资金使用效率，有效地缓解了科技型初创企业发展的资金困难，促进其快速发展。

三、基于政府支持的科技担保
——天使担保的成效分析

为了解"天使担保"缓解科技型初创企业融资难问题的成效，对 2009 年接受"天使担保"的 66 家杭州市科技型初创企业进行了问卷调查。调查数据显示，"天使担保"在提高政府财政资金绩效和促进科技型企业发展两方面都取得了较好的成效 [7]。

（一）放大财政扶持资金

2008~2010 年，财政直接资助累计支出 885 万元，通过"天使担保"的间接扶持，2009 年和 2010 年企业融资金额合计达 18721 万元。通过"天使担保"制度设立，利用金融杠杆，撬动银行资本进入科技领域，很好地实现了财政扶持的放大效应。

表 17.1　2008~2010 年政府对科技型中小企业的扶持

年份	2008	2009	2010
财政直接资助（万元）	91	458	336
科技担保贷款（万元）		7481	11240

（二）解决企业发展资金缺口，同时降低融资成本

2009 年和 2010 年，经天使担保后能解决最低资金缺口的企业数分别由原来通过常规融资渠道的 14 家和 11 家，上升为 45 家和 52 家，分别占到了企业总数的 69% 和 78%，其中能解决理想资金缺口的企业数由 2 家上升为 9 家，占了企业总数的 14%。并且融资成本由 2008 年的 8.05% 分别降为 7.38% 和 7.30%。"天使担保"能保证超过 2/3 的企业实现可持续发展，保证 14% 的企业能高速发展，同时降低企业融资成本。

表 17.2　接受天使担保后企业解决融资需求情况

单位：家

年份		2008	2009	2010
企业总数		51	65	66
通过常规融资渠道	能解决最低资金缺口的企业	16	14	11

续表

年份		2008	2009	2010
通过常规融资渠道	能解决理想资金缺口的企业	4	2	2
	无法获得一般银行贷款的企业	36	39	39
接受天使担保后	能解决最低资金缺口的企业	—	45	52
	能解决理想资金缺口的企业	—	9	9

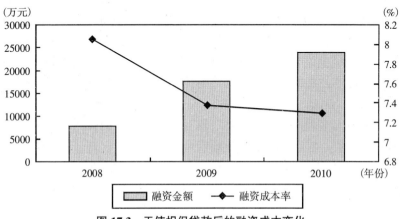

图 17.3　天使担保贷款后的融资成本变化

（三）提高企业发展速度和质量

获得天使担保的企业自 2009 年下半年开始，各项经济指标大幅上升，相比 2009 年上半年，企业销售收入增幅 123%，研发投入增幅 124%，企业总资产增长了 47%。调查数据充分显示了经天使担保贷款融资后，科技型中小企业发展速度有了明显的提升。

表 17.3　科技型初创企业接受天使担保后发展经济指标

单位：万元

	2008 年	2009 年上半年	2009 年下半年	2010 年上半年
总资产	39621	35342	51953	55978
销售收入	49354	23843	53176	31220
研发投入	3186	1778	3967	2334

四、评价及建议

"天使担保"模式经过两年多的探索实践，取得了较明显的成效，并且很好地实现了政府、担保公司、银行、科技型初创企业四方共赢的理念。对于政府而言，政府扶持资金规模放大，资金效用大幅提高；同时也促进担保公司的发展；银行增加贷款余额，有效提高资金的使用效率；而科技型初创企业，在初创时期能够获得宝贵的资金，把握高速发展的机遇。"天使担保"模式通过四方联动形成一个互利共同体，在市场和利益均沾的体系下建立起一套合理的运行机制，实现了一举多赢。

但杭州市推出"天使担保"只是在现有政策体系下的探讨和尝试，还有很多政策障碍需要破解，政府管理者理念还需要进一步转变。在"天使担保"外部运行环境方面，如何做大"天使担保"资本金，企业的信用制度建设问题等都有待进一步完善；在"天使担保"自身建设方面，加强担保风险管理，拓展担保业务和产品等方面仍需继续完善和提高[8]。现对此提出以下对策建议。

（1）在实施"天使担保"的基础上，进一步推出"联合天使担保"。市科技局与区、县（市）科技局或其他合作方，联合建立天使担保资金，进一步做大资本金的同时共同分担融资风险[9]。具体为市科技局与区、县（市）科技局或其他合作方按比例出资，设立"风险资金池"，当出现代偿损失在风险池资金范围内的，由各方按约定比例承担。

（2）推动全市科技型初创企业信用体系建设。学习借鉴中关村科技园区信用体系建设的经验和模式[10]，开发符合杭州市实际的科技信用评价指标体系、评价方法和评价管理系统，建立科技信用数据库。初步建立起"科技信用征信—信用评价—信用发布"的信用体系服务模式，实现科技型初创企业信用信息的动态更新与共享。使企业科技信用成为优先推荐金融机构获取贷款支持的重要依据，为信用良好的科技型初创企业获得贷款担保开辟绿色通道。

（3）调整财政科技资金结构，扩大担保额度。并鼓励区、县（市）和各开发区新建科技担保公司，在未来3年内，杭州市科技担保公司达到10家以上。同时加强与银行和风险投资机构合作[11]，继续推出更多的科技担保创新产品，满足不同发展阶段的科技型中小企业的融资需求。

参考文献

[1]浙江理工大学.科技型中小企业成长发展的主要障碍及其对策研究［R］.2010.

[2]李蕾.中小企业融资担保工作的政策性及政府应发挥的作用 [J].现代经济信息，2002(8)：46-47.

[3]王爱民.中小企业信用担保行业运行评价及政策支持研究 [D].天津大学硕士学位论文，2008.

[4]张琴.中小企业融资中的政策性担保研究 [D].复旦大学硕士学位论文，2005.

[5]罗宏斌，黄靓.中小企业融资担保的财政政策研究 [J].金融经济，2008（8）：129-130.

[6]李铭.我国东中西部中小企业融资担保的财政政策选择 [J].中央财经大学学报，2009(11)：10-14.

[7]杨腾，罗能生，谢里.我国中小企业信用担保的财政支持及其效果初析 [J].技术与创新管理，2010（1）：41-44.

[8]贾康.财政支持中小企业信用担保政策研究 [J].经济研究参考，2010（31）：2-34.

[9]杨明亮.地方财政担保融资风险不容忽视 [J].中国财政，2010（3）：75-76.

[10]李志军，李富生.促进政策性信用担保机构发展的财政政策研究——以北京市政策性信用担保机构为例 [J].经济与管理研究，2008（5）：67-71.

[11]何世文，曹岚.财政扶持信用担保机构政策效应分析 [J].中国财政，2009（7）：50-51.

（作者：钱野　徐土松　周恺秉）

开发性银行支持生物技术融资创新研究
（节选）

一、国家开发银行（以下简称"国开行"）
创新生物产业系统性融资

（一）国开行系统性融资模式的内涵

开发性金融注重于技术和产业的开发和发展，其发展目标和运作机制对发展和支持新兴产业、基础产业具有特殊的作用和效果。

从世界开发性金融发展来看，开发性金融一般为政府拥有、赋权经营，具有国家信用，体现政府意志，把国家信用与市场原理特别是与资本市场原理有机结合起来。从对新兴产业的支持来看，开发性金融一般有三个步骤和阶段。一是初级阶段，开发性金融延伸了政府财政资金的功能，对新兴产业长期的技术开发进行支持。二是制度建设阶段，开发性金融以政府信用参与新兴产业金融支持平台构建、制度建设。三是融合发展阶段，开发性金融在新兴产业金融支持体系中，作为重要的市场主体牵引体系的运行和发展，并作为战略合作者与新兴产业的相关企业共同发展。

开发性金融运行机制与其他金融机构相比有明显特征：通过多种方式的融资发展相关产业和项目，培育和构建市场机制。开发性金融的基础是政府信用，其核心是市场业绩。

在发展生物产业方面，国开行与地方政府达成培育和发展新兴产业的共识，充分利用开发性金融的优势，设计和实践系统性融资模式。

系统性融资模式的内涵是，国开行作为发起方和信贷提供方，整合企业、政府、创投公司、担保机构等各主体的相关因素和资源，构建一个系统性的融资平台，按照企业发展融资的时间和空间需求进行合理有机的安排，形成生物企业信贷融资的完整流程和系统风险控制体系。

近 5 年来，国开行与全国近 20 个省（市）政府签订发展生物产业的金融合作协议，并联合创投公司、担保机构等共同建立融资平台，开展系统性融资。

总体来看，目前国开行生物产业系统性融资模式创新点主要表现在六个方面。

（1）设立专门的科技金融委员会。为了适应服务对象的特点要求，国开行建立了专门的科技金融委员会，国开行股份有限公司董事会高层成立科技金融创新委员会，领导和统筹全行的科技金融业务，同时成立总行一级部室——科技金融创新部，负责统筹和组织推动全行科技金融业务的发展，从而形成以科技金融创新委员会为领导机构，以科技金融创新部为总行一级管理部门，以科技金融服务中心为实验先锋和培训基地，以各地分中心和工作组为前台营销机构的科技金融完整体系。

（2）引入科技专家进入银行贷款评审委员会。为了提高对科技项目的认知和准确评价程度，国开行与当地科技部门合作，引入科技专家。有些分行制定了单独的客户准入标准，引入科技专家委员会，对企业技术含量进行定性打分；当地科技部门组建专家系统，对科技贷款项目进行审贷前技术评估，分行依据的是独立审贷原则。

生物技术及生命科学属高技术范畴，涉及面十分广泛。2007 年，国开行与中国生物工程学会签订了合作协议；后与中科院生物局签订了合作备忘录。中科院聚集了全国生物技术和生命科学方面最权威的专家、学者和科研人员，涵盖了生物技术和生命科学的各专业，为国开行在生物产业项目开发评审方面提供了强大的行业技术支撑。国开行要求对于生物技术评审，每个项目均要外聘行业和技术专家，专家的主要来源为中科院系统。

国开行生物技术评审的侧重点是技术的先进性和技术成果转化及产业化的市场前景；技术产权清晰明确，无争议。

（3）建立专门的银行贷款评审指标体系。鉴于服务的对象是生物企业，这些企业的特点与大型传统行业企业的特点明显不同。为了适应生物企业的特点，国开行设立了单独的审贷流程，建立了不同于传统银行贷款的专门评价体系。

（4）开办了以知识产权质押贷款为主的多种金融产品和服务。目前，国开行将知识产权质押贷款业务作为解决生物企业贷款融资难的主要金融创新产品之一。企业利用拥有的知识产权向银行质押获得贷款融资，解决了很多生物企业由于缺乏固定资产而不能获取银行贷款的问题，同时也提高了企业知识产权的价值，所受资金有助于企业科技成果的转化，使企业更专注于研发活动，表现出了良性循环的效果。

为了提高服务生物企业的质量，国开行还提供多项融资服务。如国开行在成都、武汉、杭州等地的高新区开展了联合保理业务。

（5）与其他金融机构合作，创新经营模式。国开行在开展业务时，还与其他金融机构合作，以降低银行贷款风险，提高服务企业质量。如国开行四川、湖北等省分行制定了三位一体的经营模式，即银行与政府、创投机构和担保公司合作，开展银政合作、银投合作和银保合作。有的分行与创投机构合作，采取银投连贷方式，创投机构投资、银行跟贷；有的分行与担保公司尝试期权贷款，担保公司获得贷款企业的期权并和银行分享，为企业提供多种金融产品。

（6）探索建立单独的贷款风险容忍度和风险补偿机制。针对生物企业成长较快、资产以知识产权轻资产为主、经营波动较大、经营风险较大的特点，国开行设定了较宽的贷款风险容忍度。同时，各地政府还提供资金支持，与银行建立贷款风险补偿基金。

表 18.1　国开行系统性融资创新表现

金融机构＼创新点	参与主体数量	贷款成本	风险控制	融资规模	产业覆盖
国开行	一般有 6 个方面主体	比商业银行贷款利率下浮 5%~10%	好（有当地政府参与）	大	全产业链
其他商业银行	2~3 个方面	较高	较好	存在惜贷	选择个别
股市	2~3 个方面	上市难度大	确定性差	增长缓慢	选择个别
创投和产业基金	一般是两方面	高	较好	增长缓慢	选择个别

（二）从全产业链部署金融支持

以全产业链的视角，国开行在 2007 年开始运用开发性金融原理、创新系统性融资方式在全国高新区、在产业链的各个环节、在企业发展的各个阶段支持生物企业的发展。

国开行认识到，我国生物产业总体上处于初步发展阶段，作为新兴生物产业具有高投资、高风险、高回报、长周期和中小企业居多的特性。产业发展受资金约束较为突出，再加上国内资本市场还不完善，资本市场和创业投资对生物产业的支持相对有限，使得融资难成为制约生物产业发展的瓶颈。

面对这一问题，各类银行信贷资金的支持，将在规模效应和资金扩散等方面对我国生物产业发展产生特殊的作用。国家鼓励有关方面研究制定支持生物产业发展的政策路径、金融创新方式和产品；鼓励各类金融机构研究和尝试支持生物产业发展的融资模式，提升生物产业融资的规模和效率。国家鼓励各类担保机构创新担保方式，降低担保费率提升担保效率；加快研究制定以企业自主知识产权作为担保资源的实施意见；鼓励金融机构参加组建生物产业发展基金，为生物产业发展提供多种融资渠道。

2007 年 6 月，国开行与国家发改委联合下发了《关于推动我国生物产业融资工作的意见》，明确了国家发改委和国开行支持生物产业发展的工作原则及工作目标、主要任务和具体工作安排。根据《国家开发银行生物产业系统性融资规划（2011~2015年）》，预计到2015年，我国生物产业累计投资需求达20500亿元，其中信贷资金需求为5870亿~9970亿元。国开行发展目标是每年完成200亿元的融资。

国开行支持生物产业发展的重点项目为：国家生物产业基地园区基础设施建设；国家重大科技专项项目，主要是国家重大新药创制，转基因生物新品种培育和艾滋病、病毒性肝炎等重大传染病防治等项目；扩大内需、产业振兴科技支撑及生物产业化项目。

表18.2　国开行支持生物产业发展的重点领域

细分产业	产业链	重点发展地区
生物医药	疫苗与诊断试剂、创新药物、现代中药、生物医学工程等。大力开发预防、诊断严重威胁我国人民生命健康的重大传染病的新型疫苗与诊断试剂项目；支持对重大疾病具有显著疗效的各类药物的项目开发；支持生物医药研发外包服务产业	上海、北京、海南、云南
生物农业	生物育种、农业良种、林业新品种、绿色农用生物产品、海洋生物资源开发等	湖南、海南、云南
生物能源	能源植物，支持以非粮原料生产燃料乙醇、生物柴油、生物质发电和供热、生物质致密成型燃料、生物燃气等	内蒙古、四川、江苏
生物制造	生物基产品，加快用生物技术改造传统产业的生产工艺、减少工业生产能耗与污染物排放，重点支持生物基材料、微生物制造	甘肃、四川、内蒙古、河北
生物环保	以水污染治理、有机垃圾治理、荒漠化和石漠化等退化生态系统治理与修复为重点，大力开发环保生物新技术、新工艺、新设备，加快产业化步伐	河北、北京、山东、陕西、山西

（三）设计系统性融资流程

国开行系统性融资模式下的项目，主要为国家级高新区和生物产业基地生物产业项目。长沙、上海、北京、武汉、辽宁、泰州等多个高新区和国家级生物产业基地均是以该种模式融资。

国开行省（市）分行与省（市）签订共建协议，从机制、模式、政策设计以及综合金融产品和服务创新等方面进行了系统的设计、规划和部署。

国开行在调研中发现，解决生物企业融资难问题，需要发挥政府在科技金融中的引导和服务作用，实现政府与市场的有效结合。国家级高新区和国家级生物产业基地，国开行积极推进和探索政府与市场结合，逐渐形成了具有社区特色的生物产业系统性融资模式。

国家级高新区是全国最早开展生物企业系统性融资的社区之一。自 2006 年以来，国开行生物企业系统性融资模式是其在国家高新区的各类融资平台中运营时间最长、业务规模最大、发展得最为完善的贷款模式之一。

在选择信贷对象方面，国开行关注生物企业的现实实力，也重视它的发展潜力；关注生物企业的单体规模，更关注它的研发实力和创新能力；关注生物企业的现实财务状况，更关注它在产业链上的带动效应和扩散力。

本论文以某国家级高新区（以下简称 A 区）为例，说明和阐述国开行生物产业系统性融资模式。A 区生物企业系统性融资模式的运营机制包括确认参与主体、系统流程设计、系统风险控制。

1. 确认参与主体

A 区系统性融资模式中有六类参与主体，分别是贷款企业、贷款银行、融资平台公司、担保机构、委贷银行及政府相关部门。

表 18.3　系统性融资模式参与主体

类别	名称	功能
贷款企业	A 区生物企业	贷款需求方
贷款银行	国开行（分行）	贷款供给方
融资平台公司	A 区创投公司	统一借款人、统一委托贷款人
担保机构	A 区信用担保公司	信用增级方
委贷银行	A 区社区商业银行	委托贷款发放
政府部门	A 区管委会	平台搭建、财政支持、风险补偿

（1）贷款企业：具有良好成长性的生物企业。贷款企业必须是高新区内的生物企业，并需具备良好的成长性。贷款企业都是 A 区信用促进会会员（在申请贷款之前，贷款企业均被要求加入 A 区信用促进会）。贷款企业向贷款银行国开行 B 分行申请贷款，获得融资平台公司（创投公司）委托贷款银行发放的贷款，并向委托贷款银行偿付本息，向担保机构支付担保费用。

（2）贷款银行：国开行 B 分行为贷款银行。国开行 B 分行是系统性融资贷款的一级放款人，根据其与 A 区管理委员会（以下简称 A 区管委会）事先签订的合作框架协议，确定对国开行系统性融资平台的授信额度。

国开行 B 分行接受 A 区中小企业融资及担保工作领导小组（以下简称领导小组）的推荐，对申请贷款企业进行审查，召开申贷会决定是否向融资平台公司发放贷款。国开行 B 分行向融资平台公司收取贷款利息。

根据 A 区管委会与国开行 B 分行签订的合作框架协议，国开行 B 分行按照基准利率或在基准利率上浮 5% 的范围内向融资平台公司收取贷款利息。

（3）融资平台公司：A 区内的创投公司。融资平台公司为创投公司，创投公司负责融资平台的日常运营，是系统性融资贷款的一级借款人。融资平台公司的工作包括审查申请材料，对申贷企业进行尽职调查、筛选申贷企业并将其提交给民主评议会评审，分别与国开行 B 分行和各申贷企业签订贷款协议，向国开行 B 分行偿付贷款本息。

创投公司下设平台融资项目办公室具体开展生物企业系统性融资贷款工作。平台融资项目办公室接受领导小组下设的领导小组办公室的具体指导。领导小组还负责向担保机构推荐通过民主评审会的申贷企业，向国开行 B 分行推荐通过担保机构审查的申贷企业。

（4）担保机构：企业信用担保公司。A 区企业信用担保公司（担保公司）为系统性融资提供担保，为贷款企业增信，并分担系统性融资的风险。担保公司向申贷企业收取 1.5%~1.8%的担保费。根据领导小组提供的企业名录，担保公司对申贷企业进行调查后，召开审保会讨论是否对系统性融资予以担保。审保会人员主要由担保机构专家、银行专家及申贷企业所处行业的专家构成。召开审保会之后，担保公司将审保会结果反馈给领导小组。

（5）委贷银行：A 区内的社区商业银行。A 区内的社区有关商业银行负责按照创投公司的要求向企业发放委托贷款，并按照发放的委托贷款额收取 2%的手续费。此外，商业银行还负责配合创投公司催收系统性融资的本息，但并不承担系统性融资贷款本息的偿付责任。

（6）政府部门：A 区管委会。A 区管委会在系统性融资贷款中起着支持和服务的作用。首先，A 区管委会与国开行 B 分行签订合作框架协议，确定系统性融资的总额度。其次，A 区政府为属于 A 区生物产业的系统性融资贷款企业提供50%的利息补贴和50%的担保费补贴。

2. 系统流程设计

（1）贷款申请：申请企业加入企业信用促进会；企业提出贷款申请，A 区金融办根据企业经营状况及资金需求等情况，从中筛选目标企业；社区金融办对目标企业进行走访调查，对初审合格的企业进行外部审批。

（2）贷款评审和审批：A 区创投公司整理申请材料，形成推荐意见并组织召开民主评议会。评议人员由高新区相关管理人员、区工商、税务、科技局和企业自律组织等组成，评议人员通过投票方式独立表达评议意见（同意票数超过总数70%表示贷款项目通过审批）。

在进行评审时，国开行实行财务信息与非财务信息，硬信息与软信息的两头兼顾，既考虑传统银行调查所考虑的因素（主要是财务信息和硬信息），又考虑企业技术、产品、营销模式和竞争对手等因素（主要是非财务信息和软信息），以便在评估其潜在风险的同时，发掘其潜在的价值。

国开行 B 分行建立了由生物技术专家、政策专家、信贷专家和投资专家等组成的联合信贷评审委员会，参与重大信贷项目和业务的信贷评审，以弥补银行在科技领域专业知识方面的界限。国开行将业务目标锁定为拥有自主知识产权或商业模式创新的生物企业。国开行引入专家联合评审制度、组织业务培训、加强与创投机构合作、开展对生物行业的行业研究。

A 区创投公司将民主评议小组通过的贷款项目形成《国开行社区金融贷款申请审批表（企业）》，报高新区管委会，社区金融领导小组和国开行 B 分行审批。

（3）贷款发放：开发银行审批通过后，A 区创投公司通知贷款企业进行抵押物评估、登记。企业成立联合互保组织，签订《联合互保协议》。贷款企业与融资平台公司（创投公司）、委贷银行签订相关贷款协议并办理相关贷款手续。B 分行按照《借款合同》将贷款资金发放给融资平台公司，社区金融办按《委托贷款合同》将贷款资金从融资平台公司划入委贷银行，委贷银行再按《委托贷款借款合同》将贷款资金分别拨付给贷款企业，并根据社区金融办要求进行资金锁定。

在贷款发放阶段，系统性融资模式的一个重要特点显示得比较明显，即贷款化零售为批发，即有关机构对 A 区内多家生物企业成批接受贷款申请，进行审贷和发放贷款，提升了贷款规模，降低了银行放贷成本。

在 A 区生物企业融资项目中，系统性融资的载体是作为融资平台公司的高新区创投公司，高新区创投公司为借款人和委托贷款人。国开行统一向高新区创投公司发放贷款，创投公司委托委贷行——高新区商业银行统一向申贷企业发放贷款。此外，高新区创投公司通过委贷银行统一向企业收取本息，并向国开行偿付本息。

这种系统性融资模式最主要的功能便是将社区银行的零售业务批发化，降低国开行的放贷成本，从而使作为大型金融机构的国开行也可以做社区金融。

在贷款的配套政策方面，A 区有关部门将实行差别化的财政贴息政策，增加企业履约收益。在 A 区金融项目中，政府不仅做社区金融的工作，还提供以诚信为导向的差别化财政贴息支持。园区管委会并非对所有参与社区金融贷款的企业都给予贴息支持，而对还本付息的联合互保小组内的企业给予贷款利率 50%的贴息。相比普惠性的贴息政策，这种机制的设计激励了企业诚实守信，增加了讲信用的企业的履约收益，从而有助于良好信用环境的营造。

此外，这种区别化的贴息政策还完善了联合互保机制。联合互保小组基金的设立和互保连带责任的契约设计主要是从约束机制角度来控制贷款的风险，即如果发生了贷款风险，则联合互保小组将会受到损失（信用、保证金及代偿额方面的损失）。而政府的这种差别化的贴息政策却从激励机制角度着手来控制贷款的风险，即如果不发生贷款风险，联合互保小组将会获得增量收益（50%的贴息）。激励与约束机制的相结合，增强了高新区社区金融联合互保机制的有效性。

在贷款抵押物方面，系统性融资模式针对生物企业特别就知识产权质押贷款进行了制度创新。

系统性融资贷款中引入了专业评估机构降低贷款风险，并利用委贷银行的网点办理知识产权质押登记降低企业融资成本。

表 18.4　系统性融资模式知识产权质押贷款程序

类别	名称	作用
贷款机构	国开行 B 分行	发放知识产权质押贷款
评估机构	专业评估事务所	评估知识产权价值，降低知识产权质押贷款风险
知识产权质押登记机构	A 区商业银行	代办知识产权质押登记，降低企业质押登记费用

2010~2012 年，A 区已有 20 家生物企业获得国开行 B 分行授信，总金额超过 3 亿元。累计发放知识产权质押贷款 13 笔，贷款额 1.5 亿元，知识产权质押贷款余额 6000 万元。

表 18.5　知识产权质押融资案例：T 生物科技公司

企业概况（业务发生时）	T 生物科技公司为生物制药高新技术企业，成立于 2005 年，总资产为 1.5 亿元
企业亮点	在国内生物医药细分市场有相当大份额
贷款原因	业务成长中企业资金需求增大，企业无法提供有效的实物资产抵押，难以获得银行传统业务的信贷支持
贷款额度	800 万元
贷款类别	流动资金贷款
贷款期限	一年
贷款利率	基准利率
知识产权类别	发明专利、实用新型专利
知识产权评估价值	2600 万元
知识产权质押率	30%
知识产权评估机构	M 评估公司
担保机构	N 担保公司
审批时限	1 周
还贷情况	已按期归还

（4）资金使用：贷款企业办理完抵押登记，并划出贷款额的 10% 作为风险保证金。委贷银行根据 A 区金融办解除锁定的《通知》对贷款企业贷款资金解冻。委贷银行根据社区金融办资金划拨的《通知》对企业贷款资金使用进行监控。

（5）贷后监管：贷款发放后，A 区融资平台公司定期对贷款企业进行走访，并形成贷后走访记录；定期组织召开联保小组联络会，了解企业经营管理、贷款资金使用、财务状况、项目进展等情况；敦促企业按月提交相关财务报表，银行对账单等资料。

贷款企业按季支付利息，在贷款到期时，支付贷款本金和剩余利息，并将收到的资金及时划拨至开发银行指定账户。同一信用小组内的各贷款企业均按时归还贷款本息后，融资平台公司退还企业风险保证金。

（四）设计系统性风险控制机制

风险控制机制是系统性融资模式中极为关键的一项制度设计。系统性融资模式主要采用以下四个方面的措施来实施风险控制。

（1）严格贷前审查，控制逆向选择风险。系统性融资模式中，融资平台公司、担保机构和贷款银行对申贷企业通过"三会"，即民主评议会、审保会和审贷会，进行严格评议，层层审查，发挥各方在其专业领域的优势，以控制逆向选择的风险。

（2）加强贷后管理，控制企业道德风险。系统性融资模式中，包括融资平台公司、担保机构和委贷银行在内的多方都进行贷后监管，以防范企业获得贷款后的道德风险。

（3）建立风险准备基金，实施风险赔偿。由高新区财政拨款，创投公司按照系统性融资贷款余额的5%~10%拨风险准备基金。在发生贷款违约事件后，首先由风险准备基金予以风险补偿。

（4）利用专业担保机构进行担保。系统性融资模式引入专业担保机构为系统性融资贷款提供担保，从降低风险和分散风险两个方面来控制系统性融资贷款的风险。

在运用系统性融资模式过程中，对担保机制进行了多方面的探索和实践。

① 联合互保机制。在A区，国开行B分行依托系统性融资平台，支持推动有关方面组建自律性的联合互保小组，运用联合互保机制控制风险是区域性金融模式的一大创新。联合互保小组由同一贷款批次4~6家企业组成，这些企业同为生物企业、产业链的上下游企业，它们对联合互保小组内的其他企业的经营状况和业务风险点都比较了解。

联合互保小组接受了助贷机构和放贷机构的风险控制的部分"外包"工作。一方面，联合互保小组的企业成员之间相互进行"贷后监管"，对企业管理者形成监督压力，使管理者更加重视自己的道德品质，促使企业自律守信。另一方面，企业之间在市场信息、管理经验和业务方面的交流有利于提高小组内企业的经营管理水平，进而提高企业成功的概率。

与此同时，当地政府和国开行签订协议，若不良贷款率超过3%，项目暂停发放贷款，双方合作清理不良贷款。

成都、青岛等地高新区的生物企业系统性融资平台还建立小组风险基金，助贷机构与放贷机构共同承担贷款风险。区域性金融项目要求联合互保小组的每家贷款企业都需按贷款额度的10%缴纳保证金，形成小组风险基金。如果其中哪一家企业没有按时还款、挪用款项或无能力还款，小组风险基金将首先用于还款，从而影响到其他企业还本付息后保证金的足额收回的可能性。此外，联合互保小组内所有企业的信用也会受到影响。

笔者在有关高新区的调研发现，小组风险基金的设立，一方面分担了贷款的风险，另一方面则完善了联合互保机制，使小组成员更有动力去进行贷后监管，会更有动力地相互交流和相互帮助，提高小组内企业经营成功的概率，进而从源头控制贷款风险。此外，对于最终的不良贷款，区域性政府和国开行将共同承担，具体执行规则是，若不良贷款率在2%以内，二者承担的比例为4：6；当不良贷款率大于2%，二者承担的比例为5：5。

联合互保小组的组建和小组风险基金的设立加强了企业之间的互信，为企业积累了社会信用资本，进而促使高新区的生物企业"社区化"，改善"社区"内的信用环境。

②"银保联动"方式。最近一年，在国开行的主导下，系统性融资模式还面向生物产业等战略性新兴产业创设了"银保联动"的担保方式，促进了贷款规模和效率，提升了风险控制。

银保联动的担保方式是一种基于银行与担保机构互动的期权贷款模式。这种模式使银行通过对企业成长性收益的获得来弥补贷款风险。具体地说，在银保互动模式中，银行在对企业贷款的同时，担保机构取得企业的认股权（期权），银行与担保机构约定期权收益各自的分配比例。

表18.6　银保联动（期权贷款）案例：X生物科技公司

企业概况（当时）	X生物科技公司从事生物环保技术研发，企业尚处于研发阶段，资金紧张，没有资产可抵押
企业亮点	企业有关系统和服务具有广阔的市场空间
担保机构	A区高科技担保有限公司
贷款额度	500万元
贷款期限	两年
贷款比例	5%
期权实现情况	目前尚未行权

③"债权+创保"方式。在开展系统性融资模式的过程中，国开行B分行创新了一种新的担保方式，即让国开行先对A区的H担保公司进行债券融资（贷款支持），然后由H担保公司对生物企业进行创业投资，并由此实现对生物企业

的担保功能和自身业务收益。"债权+创保"方式的债权融资环节前面已经介绍，以下着重对担保公司的"创保"环节进行阐述。

创投公司与担保公司深度融合的"创保"方式创新主要表现在以下三个方面：

第一，产品创新：改变担保收益模式。在创投与担保的融合过程中，H担保公司开发出了与传统担保不同的交易结构和收益模式，适合于生命周期早期生物产业中小企业的创新担保产品：创业担保、担保换期权和担保分红。这种改变担保收益模式的产品创新是模式中最核心的部分。

创业担保亦称担保投资。通过创业担保，H担保公司在提供担保的同时，获取企业一定比例的股权、期权以及董事会席位。这是一种担保与种子期创业风险投资有机结合的业务模式。

在业务操作上，创业担保对申请企业没有门槛上的限制，也不向企业收取任何担保费用，单笔担保贷款的上限为200万元，保证措施全部采用主要股东的个人反担保。H担保公司典型的创业担保协议要求企业出让5%左右的股权、10%左右的期权和一个董事会席位。H担保公司对董事会席位的获取并不以获取企业的控制权为目的，而是为了更加了解企业的经营状况，以便进行更具针对性的其他服务。

创业担保与传统担保之间在风险收益结构方面存在着巨大的差异。收益方面，创业担保获取的是股权收入和期权收入等被担保企业的成长性收入，传统担保获取的则是固定的担保收入。风险方面，创业担保的单笔代担保额以200万元为限，其单笔最高代偿额一般低于传统担保；但由于创业担保所担保企业处于种子期和初创期，其代偿概率要高于传统担保。创业担保所承担的额外风险主要通过股权收入和期权收入来覆盖。

"担保换期权"是H担保公司在提供担保的同时，协定要求享有一定比例的期权。这是一种针对初创期、成长期中小生物企业的担保业务模式。

在业务操作上，期权的价格一般以被担保企业净资产价值为计算基础，期权的比例一般不超过5%，行权期限一般为5年，担保公司有选择行权与否的权利。

担保换期权的协议包括提供担保时签订的《担保协议书》、《担保换期权协议书》和期权行权期到期前可能签订的《担保期权回购协议书》。其中《担保换期权协议书》约定受益人、期权比例、期权行权价和行权期等关键要件。

担保换期权与传统担保的风险收益结构存在着较大的差异。收益方面："担保换期权"不仅可以获得担保费收入（优惠担保费），还可以通过期权收入获取企业的成长性收益；风险方面：由于"担保换期权"所担保企业主要处于初创期和成长期，"担保换期权"的代偿概率要高于传统担保，其承担的额外风险由期权收益来覆盖。

H担保公司的"担保分红"是以协议的形式，在提供担保的同时，要求享有收益分红权的担保模式。这一模式主要针对成长期、产品市场空间大、利润率高、利润丰厚的中小生物企业。

在业务操作上，担保分红一般按照被担保企业税后利润的一定比例对担保公司进行分红。利润分红比例一般在 5% 左右。

担保分红的风险收益结构与传统担保之间的风险收益结构也存在着较大的差异。收益方面，担保分红不仅可以获得担保费收入（优惠后的担保费），还可以通过分红收入来获得企业的成长性收益。风险方面，由于"担保换期权"所担保企业主要处于成长期，担保分红的代偿概率要高于传统担保。担保分红承担的额外风险由分红收益来覆盖。

表 18.7　H 担保公司创新产品与传统产品比较

品种	创业担保	担保换期权	担保分行	传统担保
企业生命周期	种子期、初创期	初创期、成长期	成长期	成长后期及以后
典型交易结构	提供担保，免担保费，获取股权、股票期权和一定的董事会席位	提供担保，收取优惠的担保费并获得股票期权	提供担保，收取较优惠担保费并获取一定期限内的收益分红权	提供担保，收取担保费
收益期限	企业存续期或股权持有期	企业存续期或期权或股权持有期	约定期限	提供担保时（担保期限）
收益构成	股权收入+期权收入	担保费+期权收入	担保费+分红收入	担保费

第二，激励机制创新：项目跟投。为有效控制创业担保、担保换期权和担保分红等创新担保方式的风险，增加其收益，H 担保公司实施了项目跟投的激励机制，即对某项目提供担保后，H 担保公司允许相关人员对该项目进行跟投。这种激励机制的创新也是此种担保模式的特点之一。

H 担保公司的项目跟投与常规跟投有显著的区别。其一，H 担保公司的项目跟投是项目团队跟投，跟投人数比例达到 70%；而常规的项目跟投则是项目经理跟投。其二，H 担保公司的项目跟投对员工没有门槛限制，但员工的推出需要满足一定工作年限的限制。

H 担保公司的这种项目团队（包括员工）跟投打破了国有企业不允许管理投资的限制，且避免了实行员工持股计划的各方面的障碍。

第三，经营理念创新："三重境界论"。H 担保公司经营理念方面的创新集中体现在其"三重境界论"上，即担保业务应达到风险识别、价值发现和价值实现三重境界。经验理念方面的创新是 H 担保公司之所以能创新担保方式的基础，也是激励机制创新的缘由。

在业务开展中，H 担保公司注重风险识别。通过对拟担保企业财务、技术、市场、创业团队素质和公司治理等方面的分析，H 担保公司进行企业的风险识别。相对于其他担保机构，H 担保公司在对项目的风险识别上具有如下优势：其一，H 担保公司的内部工作机制，如每月召开案例分析会并对员工进行基础担保、创投知识的培训，使员工能继承到 H 担保公司常年积累下来的经验，以把握不同类别企业（不同行业、不同生命发展阶段）的风险点；其二，H 担保公司的核心投资团队保持适度稳定，这也保持了其风险识别能力的稳定。

H 担保公司注重价值实现。在风险识别和价值发现的基础上，为保证价值的实现，H 担保公司主要做了四个方面的工作：首先，H 担保公司与企业约定享有的被担保企业的股权、期权及行权的比例以及期权价格，从而确定其潜在收益和成本。其次，H 担保公司根据企业的具体风险情况，设计相应的风险控制方案，以控制担保风险，降低代偿损失。再次，H 担保公司在对企业提供担保服务之后，一方面发挥了引导效应（引导带动银行向该企业贷款、创投向该企业进行股权投资）；另一方面为企业提供战略咨询、融资推荐等增值服务。最后，H 担保公司对投资的退出（主要是创投担保和担保换期权）保持足够的耐心，从而保证企业股权和经营层的相对稳定性。

表 18.8　H 担保公司"担保换股权"案例

企业	P公司	L公司
企业基本情况（交易发生时）	2000 年 9 月成立，注册资本 3000 万元，为科技型中小企业，属于磁共振医疗设备行业，已有订单，市场竞争力较强，主要创始人和技术骨干为海外归国人员	2005 年 3 月成立，为初创期科技型企业，属于生物育种行业，管理团队和技术团队素质较高，无反担保能力
公司亮点	拥有世界先进的开放式永磁磁体的知识产权，具有较大的上市可能性	在细分市场有较大市场潜力
担保额度	1500 万元	500 万元
期权协议签订时间	2007 年 3 月	2008 年 7 月
期权份额	2%股权	2%股权
期权价格	以 2000 年年末净资产值计	20 万元
行权期	5 年（欧式期权）	5 年（美式期权）
回购价格	204 万元	118 万元
回购时间	2008 年 3 月	2011 年 7 月
持有期	12 个月	36 个月
回报率	240%	490%
行权时企业发展情况	被跨国公司收购	有可能在 2015 年成为国内生物育种行业的龙头企业

需要指出的是，为完善系统性融资模式的信用担保体系，在 A 区贷款中着重设立三类合同，即借款合同、担保合同与反担保合同、委托贷款合同。

借款合同。A 区系统性融资贷款涉及三份借款合同：A 区政府与国开行 B 分行签订的贷款总额度的合同、创投公司与国开行 B 分行签订的借款合同以及贷款企业与创投公司签订的借款合同。若出现企业违约现象，政府拨付的风险准备金将用以弥补损失，作为融资平台的创投公司也负有还款义务。

担保合同与反担保合同。A 区系统性融资贷款所涉及的担保合同为保险公司、各贷款企业及融资平台公司之间签订的担保合同，及保险公司与各贷款企业之间签订的反担保合同，若贷款企业不能按期偿还本息，担保公司负有还款义务。

委托贷款合同。创投公司与商业银行签订委托贷款合同。若贷款企业违约，委贷银行商业银行并不承担任何义务。

参考文献

[1] 国家发展和改革委员会，国家开发银行. 关于印发共同推动我国生物产业融资工作意见发出的通知 [J]. 2007.

[2] 促进科技和金融结合试点工作部际协调指导小组秘书处. 中国科技金融发展报告 (2012) [M]. 北京：经济管理出版社，2013.

[3] 方家喜. 新兴产业金融大战略 [M]. 北京：经济管理出版社，2013.

[4] 汪海栗，胡立君. 中国战略性新兴产业发展研究报告 [M]. 北京：经济管理出版社，2012.

[5] 赵昌文. 科学金融 [M]. 北京：科学出版社，2009.

[6] 国家发展和改革委员会高技术产业司，中国生物工程学会. 中国生物产业发展报告 (2012) [M]. 北京：化学工业出版社，2013.

[7] 国开行将向武汉国家生物产业基地内的企业投资 30 亿元 [EB/OL]. 新华网.

[8] 国家生物产业"十二五"规划公布 [EB/OL]. 新华网.

[9] 国开行新增生物产业贷款 [EB/OL]. 新浪网.

[10] 曾刚. 集群创新与高新区转型 [M]. 北京：科学出版社，2009.

（作者：方家喜）

科技推动商业银行转型问题研究

一、引　言

  商业银行在我国金融体系中占据举足轻重的地位，在我国的融资体系中发挥着无可替代的作用，为促进国民经济的发展做出了巨大的贡献。股份制改革为我国商业银行的管理体制和经营体制带来了巨大的转变。在这样的背景下，商业银行的经营模式必须经过战略转型，针对自身的优势与特点，在金融市场上重新定位，才能在发展迅速的金融市场上站稳脚跟。与此同时，信息技术（Information Technology，IT）的高速发展，也推动着商业银行转型的步伐。

  本文在结构安排上遵循了从现状剖析—理论分析—实证分析—对策建议这一思路。文章第二部分是绪论，主要交代本课题的相关背景；第三部分是我国商业银行目前面临的内外部挑战，讨论商业银行转型的必要性；第四部分是对我国商业银行信息化建设的发展阶段及相关阶段模型进行研究，以此确定我国商业银行信息化目前所在的阶段；第五部分是对商业银行转型相关理论进行回顾，并阐述科技与转型的联系；第六部分是科技推动商业银行转型的研究，主要是借助相关模型、实例和数据对科技推动商业银行转型进行探讨，并对一些新技术对其的影响进行了初步分析；第七部分是通过对国内外相关商业银行的转型实践进行分析，并初探农行转型路径。

二、绪　论

（一）课题的提出

  科技推动商业银行转型是一个比较新的课题，它主要研究科技与商业银行转型的关系及作用。到目前为止，单纯论述商业银行转型的很多，但还鲜有将这两者结合起来进行系统探讨的。因此，选择这一课题进行研究具有较大的难度，同时这也是一个具有较大理论价值和实践价值的课题。

（二）课题的研究背景

商业银行在我国金融体系中占据举足轻重的地位，在我国的融资体系中发挥着无可替代的作用，为促进国民经济的发展做出了巨大的贡献。2002年，全国金融工作会议召开，确立了我国金融业的改革方向——以现代金融企业的属性进行股份制改革，从而引发了中国金融业改革的浪潮。在这次浪潮中，四大国有商业银行相继完成了股份制改革，并纷纷完成了"A+H"两地上市。

股份制改革为我国商业银行的管理和经营体制带来了巨大的转变。银行上市后，股东会对资本利润率提出要求，这将直接导致银行总部提高各分支结构的盈利目标，并使其分支机构面临更高的盈利压力。随着利率市场化、金融市场的全面开放，国内外银行之间存在日渐激烈的市场竞争，压缩了银行的盈利空间。与此同时，国际金融市场日趋发达，融资渠道日趋多元化，通过发行债券和股票等方式进行的直接融资显得越来越重要，使得作为"融资中介"的商业银行受到越来越大的挑战，优质客户纷纷转向其他融资渠道，"金融脱媒"的现象越来越明显，给国有商业银行的传统盈利模式造成了巨大的冲击。在这样的背景下，商业银行的经营模式必须经过战略转型，针对自身的优势与特点，在金融市场上重新定位，才能在发展迅速的金融市场上占据一席之地。

（三）课题的研究内容及意义

本课题从介绍我国商业银行面临的内外部挑战入手，论证我国商业银行业务转型的必要性；而后对现有的商业银行转型的相关理论进行简要的回顾，从科技推动的角度比较国内外商业银行的转型实践；最后研究国内外商业银行转型实践并结合中国农业银行自身的特点探讨科技推动中国农业银行转型的路径。本课题研究将IT的发展与商业银行转型结合起来，找到了一种相互促进的契合点，具有较高的理论价值和实际应用价值，对于我行正在实施的新一代核心银行系统的建设也具有一定的参考价值。

三、我国商业银行面临的内外部挑战

目前，我国银行业与国际银行业的先进水平相比，还存在着很大的差距。长期以来，我国商业银行经营模式受分业经营政策的约束，同质化现象较为严重，业务发展主要依靠存贷款规模的扩展，盈利来源主要是存贷利差，产品和服务水平都处于比较低的水平。在以往我国特殊的经济体制下，这种经营模式尚有其存在的基础，但随着我国对外开放的不断深入，商业银行的经营管理面临越来越多的挑战，传统的经营管理方式无法适应新的环境，商业银行的战略转型势在必行。

（一）内部挑战的几个主要方面

经验管理理念传统。我国商业银行虽然正在向现代金融企业迈进，但思想观念、经营理念的转变是个漫长的过程。例如"以客户为中心"经营理念的推行，不断提高 ROE 等核心指标等都不是一朝一夕就可以实现的。因此，商业银行在转型期间首先要面对的挑战就是来自于思想观念、经营理念上的障碍。

内部管理层级过多。我国商业银行的内部管理体制仍属部门银行管理，存在诸多的弊端。一是国有银行上下级机构在风险控制和业务营销的职责趋同，但权力不同，使国有银行难以发挥各级机构的优势，形成强大的核心竞争力。二是存在严重的信息不对称、职能不明确、责任不落实现象。从基层一线到分行再到总行，对客户的熟悉程度和信息掌握的充分程度逐层衰减，而对客户的管理权限和责任则是从上到下逐层减少。三是基层行的潜能没有充分挖掘，对基层行难以形成有效的利益驱动，使部分业务无法有效开展，制约了基层行发展的活力。

资源配置效率较低。实施战略转型的实质内容是优化业务结构，改进资源配置模式，提高经营效率。目前国内商业银行的经营结构和经营效率都存在不少问题。从经营结构来看，国内商业银行还处于由规模型的传统银行向效益型的现代银行转变阶段，巨大的规模优势掩盖了深层次的结构性矛盾。从经营效率来看，国内商业银行人均资产、人均存款、人均营业净收入、人均拨备前利润等效率指标与国际先进银行还有一定的差距。各分支机构、各网点间的经营效率差异较大，发展不平衡问题十分突出。

风险管理水平不高，风险内控管理还比较薄弱。从信用风险来看，信贷业务还未走上良性循环的轨道，在把握市场拓展与风险防范的平衡点上往往陷于两难境地。从操作风险来看，风险内控文化尚未真正建立，以信任替代管理、以习惯替代制度、以情面替代纪律的情况时有发生，部分内控制度形同虚设，一些问题屡查屡犯。从市场风险来看，对市场风险的研究相对较少，缺乏必要的风险控制工具和手段。

创新意识有待提高。银行业的快速发展离不开产品、服务、管理以及机制等方面的不断创新。长期以来，金融市场是卖方市场，银行处于垄断地位，在金融产品供求关系中处于主动地位，银行缺乏创新的紧迫感和危机感，习惯于等客上门，被动提供服务，并以产品为中心搭建组织架构、服务体系和管理模式。随着金融市场的不断开放，对优质资源的争夺日趋激烈，金融市场的供求关系已发生了逆转，但大部分国内商业银行仍只擅长于传统业务，缺乏更多创造性的举措。

（二）外部挑战的几个主要方面

利率市场化使商业银行的资产负债管理难度大大提高。2005 年 1 月，央行发布的《稳步推进利率市场化报告》，不仅提出了我国利率市场化改革的总体路径，更明确了央行将加快利率市场化改革进程，银行经营模式转型压力也随之增大。商业银行作为一个运营资金的机构，其主要盈利模式是通过其网点以较低的成本吸收社会存款，然后将这些资金加以运用，获取其中的收益差。而央行近年来不断下调超额存款准备金，对商业银行内部各级营业机构都会形成非常大的盈利模式挑战，转型需求极其迫切。

银行为贷款寻找出路的难度增大。整个金融市场利率不断走低，商业银行的优质大客户由于资信良好、信用等级较高，可以转而选择发行短期融资券或债券、境内外上市或增发等成本更低的方式融资，不愿意向银行贷款；而受风险识别与风险能力管理不足、信息不对称等制约，银行又没有足够能力满足中小企业的融资需求。于是，一方面大客户减少银行贷款量，另一方面中小企业又不能完全获得银行贷款，最终银行出现头寸管理难题，银行贷款发不出去。根据央行2010 年 11 月发布的《三季度货币政策执行报告》公布的数据，该年度前三季度本外币存款增加 10.4 万亿元，但本外币贷款只增加了 6.5 万亿元，新增存贷比仅为 62.5%，银行贷款需要寻找新的出路。

银行面对"金融脱媒"的挑战。为了降低银行贷款风险，监管部门一直大力推动直接融资的比例。2005 年 5 月央行颁布《短期融资券管理办法》，允许符合条件的企业在银行间债券市场发行短期融资券。在当前利率很低的市场条件下，短期融资券这一直接融资方式很快成为优质大型企业的首选融资方式，发行规模已经接近 2000 亿元，对商业银行贷款这一间接融资方式形成直接冲击。

随着经济全球化进程加快，越来越多的中国企业正在走出国门，在全球范围内组织生产与销售，这类企业亟须中国的商业银行提供全球性的金融支持。但由于各种原因，中国银行业普遍缺乏在全球金融市场提供国际水准的金融产品与服务的能力，国内企业不得不选择外资银行甚至是国际投资基金。经济全球化之下，中国商业银行提高国际运营能力已是刻不容缓。

四、我国商业银行信息化建设发展阶段及模型分析

(一) 我国商业银行信息化建设的主要阶段

我国的商业银行信息化建设大致可以划分为三个阶段。

第一阶段是20世纪80年代中期到90年代初期的数据生成阶段,即银行的储蓄、对公等业务以计算机处理代替手工操作。这一阶段以实现银行业务的计算机自动化为主,计算机应用还处在分散的、局部的、较低层次的应用阶段。

第二阶段是20世纪90年代中后期到现在的数据集中阶段,即实现全国范围的银行计算机处理联网,使所有的业务都归在一个业务系统下,便于集中统一的管理。数据集中为金融创新提供了更广阔的空间,有利于提升银行的核心竞争力。

第三阶段是刚刚开始的数据应用阶段,也称为后数据集中阶段。已经开始建立跨银行的业务集中处理系统,利用互联网技术与环境,加快金融创新,逐步开拓新的金融服务,包括网上银行、网上支付等。

经过将近30年的发展,我国商业银行信息化建设目前已基本形成比较完善的IT金融服务体系。但是,面对国际银行业逐渐开始全面进入我国金融服务领域的竞争压力,以及信息时代对金融服务的客观要求,我国商业银行的信息化建设依然任重道远。

(二) 我国商业银行信息化建设的阶段模型分析

1. 诺兰模型

计算机应用到一个组织的管理中,一般要经历不断成熟的成长过程。美国信息系统专家诺兰通过对200多个公司、部门发展信息系统的实践和经验的总结,提出了著名的信息系统进化的阶段模型,即诺兰模型。该模型认为,任何组织由手工信息系统向以计算机为基础的信息系统发展时,都存在着一条客观的发展道路和规律,并将其分为六个阶段,分别是初始阶段、传播阶段、控制阶段、集成阶段、数据管理阶段和成熟阶段 (如图19.1所示)。任何组织在实现以计算机为基础的信息系统时都必须从一个阶段发展到下一个阶段,不能实现跳跃式发展。

用诺兰模型来衡量国内的商业银行信息化建设,可以看出我国商业银行正处于从控制阶段向集成阶段过渡的过程中。其特征是:信息化建设快速发展,信息集中网络建设已近完工,系统集成的需求日益迫切,业内开始进行数据集成应用

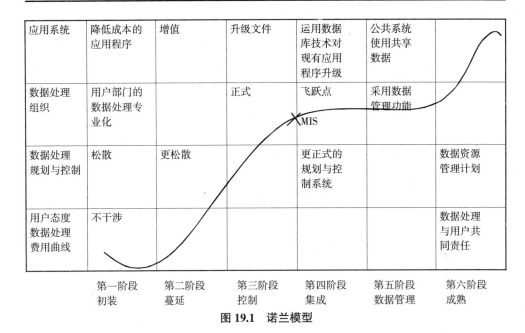

应用系统	降低成本的应用程序	增值	升级文件	运用数据库技术对现有应用程序升级	公共系统使用共享数据	
数据处理组织	用户部门的数据处理专业化		正式	飞跃点 MIS	采用数据管理功能	
数据处理规划与控制	松散	更松散		更正式的规划与控制系统		数据资源管理计划
用户态度数据处理费用曲线	不干涉					数据处理与用户共同责任
	第一阶段 初装	第二阶段 蔓延	第三阶段 控制	第四阶段 集成	第五阶段 数据管理	第六阶段 成熟

图 19.1　诺兰模型

系统的全面规划和标准制定，为下一轮的信息化建设高潮作准备。

2. 米歇模型

在诺兰模型的基础上，20 世纪 90 年代提出的米歇模型更能够反映当代信息技术发展的新特征。

米歇模型认为信息化的一般路径是由起步、增长、成熟和更新四个阶段构成（如图 19.2 所示）。这些阶段的特征不只表现在数据处理工作的增加和管理标准

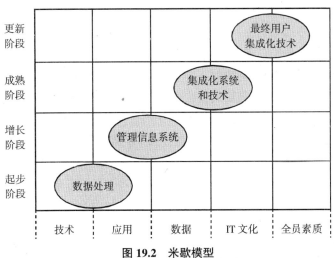

图 19.2　米歇模型

化建设方面，而且涉及知识、哲理、信息技术的综合水平及其在生产、经营和管理活动中的作用，以及信息技术服务机构提供好的解决方案的能力。

用米歇模型来衡量国内的商业银行信息化建设，可以看出我国商业银行的信息化建设整体上处于增长阶段。其特征是：网络硬件设施的建设已经完成，而技术标准与业务规范并不统一，并且已经开始在标准和规范的基础上，进行数据的集中管理和深度利用，逐步向成熟阶段过渡。

3. 上述理论在我国商业银行信息化建设中的运用

在制定信息化建设规划时，都应首先明确当前处于哪个阶段，进而根据该阶段特征来指导信息化建设。借助诺兰模型和米歇模型可以帮助商业银行把握自己的 IT 发展水平，了解自己的 IT 综合应用在现代信息系统发展阶段中所处的位置，也是研究自身信息体系结构和制定变革途径的认识基础，由此才能找准其信息化建设的发展目标。

五、商业银行转型理论的回顾与分析

（一）业务流程再造理论

业务流程再造（Business Process Reengineering，BPR）是 20 世纪 90 年代初兴起于美国的最新管理思想。它是近年国外管理界在全面质量管理等一系列管理理论与实践全面展开并获得成功的基础上产生的，主要针对企业怪化、官僚主义的缺陷进行彻底的变革。

BPR 就是对企业的业务流程进行根本性的再思考和彻底的再设计，从而获得可以用诸如成本、质量、服务和速度等方面的业绩来衡量的成就。BPR 的最终目的是通过对企业管理、运营机制的变革提高运行效率，消除浪费，缩短运行时间，降低运营成本，提高顾客满意度和公司竞争力，在变化的市场中获得最大收益。BPR 关注的是企业的业务流程，一切重组工作全部是围绕业务流程展开，摆脱传统组织分工理论的束缚，提倡顾客导向、组织变通、员工授权及正确地运用信息技术，达到适应快速变化的环境的目的。

20 世纪 90 年代提出的业务流程再造理论在学术界引起了极大反响，在其催化下，美国各大银行在借鉴工业企业管理体制改革的基础上，纷纷实行流程再造，并迅速蔓延到欧洲、亚洲等大银行。到 20 世纪 90 年代末期，以花旗银行、汇丰银行为代表的国际主流银行均实行了流程再造，确定了扁平化、集中化、垂直化、专业化的组织体系，实现了前台、中台、后台分离并相互制约，建立了类似工业企业的一体化流水线作业的流程化管理模式。

（二）银行再造理论

银行再造思想产生于 20 世纪 80 年代的成本管理。当时国际商业银行普遍面临经营规模大、经营成本高的问题，为降低成本、提高盈利水平、增强竞争力，银行家们先后通过重组、重建和重构等模式进行改造结果都不理想。其主要原因就是无法摆脱原来那种按职能分工建立的银行经营模式的弊端。最终银行家们认为要从根本上降低成本，必须打破原来按照职能分工建立的业务流程，重新设计新的适合市场的业务流程，就产生了银行再造理论。

银行再造理论包含四个方面：定价策略、业务外包、单点接触客户服务系统和中心辐射组织架构。

银行再造是国际商业银行经过较长时间的摸索和实践后做出的一种具有革命性的选择。它主张扬弃过去的职能型分工，然后组合经营管理的方法，借助现代信息技术，重新设计银行的管理模式和业务流程，为银行实现科学的减肥，使银行集中核心力量。它强调的是对银行传统的工作结构和工作方法从根本上进行重新设计，从而获得银行的持续竞争优势，其实质是一种银行经营战略的再适应。

（三）创新理论

创新作为一种理论可追溯到 1912 美国哈佛大学教授熊彼特的《经济发展概论》。创新，即建立一种新的生产函数，把一种从来没有的关于生产要素和生产条件的新组合引进到生产体系中去，以实现对生产要素或生产条件的新组合。

创新主要包括五种，分别是产品创新、技术创新、资源配置创新、管理创新。

创新在研究领域产生，随后在经过一个时间过程后在应用领域得到接受和采纳。进入 21 世纪，在信息技术推动下，知识社会的形成及其对创新的影响进一步被认识，科学界进一步反思对技术创新的认识。创新被认为是各创新主体、创新要素交互复杂作用下的一种复杂涌现现象，是创新生态下技术进步与应用创新的双螺旋结构共同演进的产物，关注价值实现、关注用户参与的以人为本的创新模式也成为 21 世纪对创新重新认识的探索和实践。

（四）IT 与商业银行转型理论的联系

无论是业务流程再造理论、银行再造理论，还是创新理论，无一例外地都提到了 IT。20 世纪 60 年代以来，由于 IT 的迅猛发展，一场关于信息技术的革命很快在全世界范围内展开。信息技术革命给整个社会带来了巨大的影响，也为这些理论的确立形成了强有力的推动作用。

在业务流程再造理论中,哈默将信息技术看作是 BPR 的助推器。信息技术不仅仅是根本性地改变企业运作方式的一种自动化或机械化力量,而且与再造还是一种循环关系。尽管再造植根于 IT,但如果不借助于信息技术,BPR 则无法进行。

同样地,信息技术也是银行再造和创新的助推器,它不仅提高银行电子化程度、实现机器代替人,而且还影响到银行的组织架构、业务流程和运作机制等方面。它既对传统的银行经营提出了挑战,也使得银行再造的技术基础如数据集中、资源共享、沟通迅速等方面更加容易实现。商业银行要实施银行再造和创新,必须充分重视信息技术的创新和运作,加快电子化的建设,发挥信息技术的巨大潜力,实现银行业与信息技术在较高层次上的结合。

六、科技推动商业银行转型的研究

(一) 商业银行转型

1.商业银行转型的概念

商业银行转型是一个宏观的说法,主要是指商业银行根据外部监管环境、市场环境、技术环境的变化,在业务、产品、盈利结构以及资源配置上进行重大的调整。转型的根本目的在于扭转影响银行生存和可持续发展的种种非均衡状态,切实提高银行的竞争力。需要强调的是,转型不是改良,不是局部性调整,而是全面的、深层次的变革,是各个层次上的方向性改变。

因此,其具有三个方面的特征:一是前瞻性,转型是基于对银行未来发展环境的分析和预测,对目标进行修正和革新,具有前瞻性的特征;二是目的性,转型更多是求得可持续发展而不仅仅是为了短期增长;三是创新性,银行的持续发展来自于创新,产品创新、技术创新、管理创新等已成为银行发展的动力。

2.商业银行转型的主要内容

商业银行转型的内容非常多,但一般而言,主要包括以下三个大的方面:

(1) 结构优化,由单一的传统银行经营结构转型向综合的现代金融经营结构。在业务结构上,由批发业务主导转向批发业务与零售业务并重。在客户结构上,逐步改变目前的"垒大户"策略,努力实现从优质大客户为主向优质大中小型客户并重转变。在资产结构上,以经济资本为导向配置风险资产。在负债结构上,弱化以存款为主的被动型负债,大力发展主动型负债。在业务领域上,适应中国经济国际化的发展趋势,以全球战略视野规划发展战略,积极稳妥地加快

"走出去"的国际化发展步伐，由本土化银行向国际化银行转变。在收入结构上，由利差收入为主转向利差收入与非利差收入协调发展。

（2）资源优化，实现内部管理成本的最小化和经营效用的最大化。在管理体制方面，应强化统一法人体制，扭转以"分散经营、分行主导、分权管理、行政服从"为基本特征的管理模式，强化条线式经营管理，减少总分行之间的管理环节，提高管理效率。在服务渠道方面，以现代科技为支撑，大力发展电子银行等低成本业务分销方式，不断提高虚拟服务渠道对物理服务渠道的替代率，以降低营业成本，提高服务效率。同时，应加强对现有物理网点功能的转化，根据客户的需求重新设计物理网点的内部布局，共同构筑起物理网点有形服务渠道与虚拟服务渠道的相互补充、共同发展的多元化服务渠道体系。在人力资源管理上，应由传统的银行业务型人才向适应商业银行综合化发展要求的混合型人才转变。

（3）内控优化，实现银行在各种市场条件下的安全运营。适应业务品种、经营范围和盈利来源的多元化，将风险管理范围扩大到信贷资产、交易资产以及信用风险、市场风险和操作风险领域，以最小的风险成本换取最大的经营效益。特别是巴塞尔协议 III 的即将推行，对资本充足、风险管理提出了更高的要求。

3. 商业银行转型的主要途径

商业银行转型的途径也比较多，一般主要包括以下四个大的方面：

（1）建立扁平化、公司化和矩阵式的组织架构。按照经济效益、市场导向、风险控制和平衡过渡的原则，制定机构人员整合优化的中远期规划，建立完善现代商业银行组织架构。

（2）建立多元化的业务发展格局。首先，要积极拓宽筹资渠道，使负债业务多元化。在稳定优质客户的同时，大力发展信用卡存款、证券清算资金、社会保障基金等，实现资金来源多样化。其次，适应国家宏观调控的需要，使资产业务多样化。把资产向新兴产业、国家扶持产业转移，实现资产多元化战略。最后，要实行混业经营，使经营模式多元化，以满足日益增长的市场需求。

（3）大力推进区域发展战略。我国的商业银行虽然尽力在全球范围内扩大海外机构，但这远远满足不了我国商业银行向国际银行业的发展，全球化的网络经营也难以满足。因此，国内商业银行应全面实施区域发展战略，在工业化、信息化程度高，经济辐射功能强，金融资源丰富，金融市场潜力大，有发展优势的城市成立分支机构，全面提高竞争发展能力。

（4）建立国际先进水平的金融信息技术平台。现代信息技术有力推动了国际银行业的划时代改革，在未来一个时期，我国的商业银行将充分利用现代信息技术进行业务和管理再造，加快业务转型创新，加强风险控制，实现跨越式的发展。整合现有电子金融服务资源，建立具有较强竞争能力和创新盈利能力的电子银行业务体系，实现超常规、跨越式的可持续发展。建立起共享的信息管理和分析系统，为实现管理科学化、现代化提供强大的信息支撑。

（二）科技怎样推动商业银行转型

1. 数据集中

实施数据大集中，能够带来领先的科技平台，并由此带动管理提升、带动业务发展、实现银行的战略转型。银行可以节约 IT 投资，集中全部力量开发、推广应用软件，避免重复投资、重复开发现象。并且，在集中处理模式下，银行可以实现账务处理和账务信息的集中，从而达到集中管理、分散经营的要求。同时，大集中能加强金融风险的防范，进一步提高资金的流动性和资金营运的效率，有效地改善商业银行的管理机制。可以说，数据大集中就是推动商业银行转型的基础，离开了数据大集中，商业银行转型就无从谈起。

基于此，20 世纪 90 年代以来，以数据大集中为标志的金融信息化席卷了整个中国银行业。无论是大型国有商业银行，还是中小型商业银行，纷纷都在抓紧时间建设适于本行的数据集中处理中心模式。截止到 2008 年末，几大国有商业银行和国家开发银行、农业发展银行和中国进出口银行都实现了数据大集中，包括华夏、民生等一些股份制银行也全部实现了数据大集中。

国外也同样如此。美国的花旗银行，德国的德累斯顿银行，荷兰的皇家银行，英国的汇丰银行都实现了数据大集中。不但如此，汇丰银行还按照全球业务经营情况分别集中到欧洲、美洲和亚洲 3 个数据中心。

数据大集中是国内商业银行产业升级的前奏，并且也是银行业产业结构调整的第一步棋。中国银行业的规模化升级、产业结构调整和战略转型还刚刚开始，大集中的作用在于打造一个平台，为真正的银行实现战略转型打下一个良好的基础。

2. 数据仓库

商业银行通过逐步建立企业级数据仓库，可以对全行业务数据进行集中存储和统一管理，科学合理地对信息进行详细分类，及时准确收集信息和分析信息，确保管理层随时掌握银行的经营风险、运营情况和经营目标。在引入详细交易数据后，可以通过各种数据的关联分析、衡量各类客户需求、满意度、盈利能力、潜在价值、信用度和风险等指标，帮助银行识别不同的客户群体，确定目标市场，为实施差别化服务、产品合理定价的策略提供技术支持。

目前，数据仓库技术已经在金融业中得到广泛应用。比如，中国银行的信用卡系统，其中很重要的一个子系统就是基于数据仓库技术的销售和客户服务系统；中国工商银行则进行了以个人客户关系管理（PCRM）和业绩价值管理（PVMS）为主题的应用试点；中国民生银行也全面启动了客户信息管理（CIM）和企业级数据仓库的建设。

商业银行的转型，最终都逃脱不了由以"产品为中心"向以"客户为中心"转变的这个大趋势。利用数据仓库的强大功能，银行可以建立企业客户群、个人客户群的数据库，并对企业的结构、经营、财务等多个数据源进行统一的组织，形成一个一体化的存储结构，为决策分析奠定基础。商业银行要想在激烈的市场竞争中立于不败之地，战略转型是必由之路，数据仓库则能确保其科学性和有效性，并为管理决策、精准化营销等提供有力支持。

3. 金融创新

采用信息技术，金融企业可以设计出复杂的金融创新产品和金融创新服务，并进行有效的风险管理。著名的花旗银行因能够提供 6000 多种金融创新产品，而成为业界创新领袖。据统计，西方 95% 的金融创新都来自于信息技术，而我国的金融创新产品几乎全部基于信息技术。目前，我国各大商业银行均建立了统一的业务应用平台，形成了包括网上银行、电话银行等多种产品的功能完善的电子银行体系，展现出新的业务优势。招商银行通过打造"一卡通"、"一网通"等产品，更是将信息技术成果转化为看得见的金融创新产品和金融创新服务，在国内商业银行中已经走在了金融创新的前列。

金融创新在信息技术快速发展的基础上获得了巨大的突破，金融创新的不断深化将使得金融服务的形态发生变化，货币形态从真实货币向电子货币方向演化；柜面服务从"人人对话"向"人机对话"转变；资金流动从依赖纸币支付凭证交换向电子支付方向发展；银行概念从实体银行向虚拟银行方向渐进。金融创新产生的一系列演化，将大大促进商业银行的转型，提高商业银行主动服务的能力，加快服务的速度，拓宽服务的渠道，降低服务的成本，提升服务的质量，最大限度地满足客户的个性化需求。

（三）科技在商业银行转型中的作用

1. 麦克法兰战略网格模型

麦克法兰（McFarlan）和麦肯尼（McKenny）的战略网格模型（Strategic Grid Model，SGM）通过分析现行信息技术利用以及未来信息技术对企业战略影响的高低，来诊断企业在当前信息技术利用状态的基础上需要调整的信息化建设战略方向等。

该模型将 IT 对企业的影响用一个二维图表来表示，如图 19.3 所示。X 轴表示 IT 在战略上的影响，Y 轴表示 IT 在业务上的影响。这种影响分别沿着 X 轴和 Y 轴的正方向递增，用来表明沿着该方向 IT 对企业的影响逐渐加强，并由此分成了四个网格模型，分别为支撑型、工厂型、转换型和战略型。

支撑型：低业务影响，低战略影响。属于双低型，信息系统的角色是对企业事务处理供给支撑，表明信息技术用于减少成本，只起到赞助作用，不需要太多

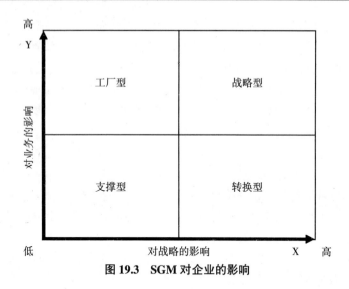

图 19.3　SGM 对企业的影响

投资。

工厂型：高业务影响，低战略影响。当前信息系统是企业组织战略方案中的一部分，虽然也应用大批信息技术，但影响不大，IT 工作的重点是对当前系统的改良。

转换型：低业务影响，高战略影响。这是个过渡阶段。由于受到内部和外部的压力，企业从支撑型向转换型转化。一方面，内部压力是由于对管理支持系统的信心，认识到信息技术作为战略竞争兵器的益处，注意施展信息技术的杠杆作用；另一方面，由于信息技术不断改良使同业竞争对手越来越多地利用信息技术。如果企业不断进行信息化战略调整，它将转入战略型，否则将转回支撑型。

战略型：高业务影响，高战略影响。属双高型，表明企业需要从战略层次通过采用信息技术对信息系统进行持续改良，直到信息系统能够具备高级管理功效。这既是 IT 对企业影响的最高形态，也是国内商业银行转型所想要达到的一个信息化建设高度。

从分析麦克法兰战略网格模型可以看出，科技对商业银行转型的影响，也即是科技在商业银行转型中的作用，从低到高主要体现在基础支撑作用和引领推动作用这两大方面。

2. 科技在商业银行转型中的基础支撑作用

国家信息化专家咨询委员会委员陈静指出，"没有信息化，就没有金融的现代化，也更谈不上商业银行的转型"。科技既是商业银行转型的基础条件，又是必备条件。在商业银行转型中，如果没有科技作为基础支撑，不但与其他商业银行相比处于劣势，而且自己也几乎寸步难行。

基于此，国内商业银行都纷纷加大了信息化建设的力度和步伐。计世资讯（CCW Research）《2010 年中国银行业信息化建设与 IT 应用趋势研究报告》显示，近几年来，中国银行业 IT 投资规模逐渐加大，2006~2009 年的投资规模分别是198 亿元、200 亿元、212.35 亿元、238.2 亿元，预计 2010 年会达到 343.53 亿元的规模。据不完全统计，截止到 2008 年底，我国银行系统已拥有大中型计算机约 700 多台（套）、小型机约 6000 多台（套）、PC 及服务器约 50 多万台、自动柜员机（ATM）近 5 万台、销售点终端约 22 万台。商业银行不但在硬件上投入巨大，而且已经开始再造其核心业务软件系统以增强竞争力。2009 年，工行、农行都在进行新一代核心业务系统的研发或筹备，而华夏、民生等银行的核心业务系统也相继投产。

由此可见，科技就是商业银行转型的基础支撑和必备条件。国内的商业银行如果离开了科技支撑，不但开展自身的业务经营举步维艰，更谈不上实现其战略转型。

3. 科技在商业银行转型中的引领推动作用

从麦克法兰战略网格模型来看，科技对商业银行转型的基础支撑仅仅是处于最低层次的作用。处于最高层次的作用即是战略型模型，即在商业银行转型中，信息技术对其有着战略性的影响，起着引领推动的作用。

以招商银行战略转型为例，其核心就是"利用科技推动金融创新"。招商银行发行的"一卡通"银行借记卡，从传统的、单纯的个人储蓄向创新的、综合的个人理财转变，其卡存款额均居全国银行卡之首，是全国银行卡平均存款额的 5倍。"一网通"的成功推出，更确立了招商银行在国内商业银行战略转型领跑者的地位。

可以看出，基础支撑作用是一种低级的作用，也是一种被动的作用，由业务作用于 IT；引领推动作用是一种高级的作用，更是一种主动的作用，可以反作用于业务，促使商业银行转型更好更快地进行，是商业银行实现战略转型的孵化器和加速器。在现在的市场环境下，商业银行需要快速向市场提供客户满意的产品，这需要尽量减少流程的中间环节和加强合作。IT 的共享数据库、电子数据交换等可以大大地提高从产品研发到推向市场的时间，推动并加速战略转型的步伐，从而使其可以脱颖而出，获得在业界领先的地位。

（四）一些 IT 新技术对商业银行转型的影响

1. 第三代移动通信技术

第三代移动通信技术（3rd Generation，3G）是指将无线通信与国际互联网等多媒体通信结合的新一代移动通信技术。它能够处理图像、音乐、视频流等多种媒体形式，提供包括网页浏览、电话会议、电子商务等多种信息服务。

3G 产品作为我国通信产业中重要的组成部分，经过 2009 年的牌照发放与大规模的网络建设，在通信产业中扮演着越来越重要的角色。根据工业和信息化部的统计，截至 2009 年 8 月底，国内手机用户数量已超过 7.1 亿人，听说过或正在使用 3G 的用户数量占手机用户的 64.5%，总规模达到 3.47 亿人。并预测，截至 2010 年，3G 业务收入将达到 2894 亿元。

零售业务和中间业务日渐成为商业银行战略转型的重要方向。而手机银行作为最贴近终端零售用户的一种渠道，可以在任何时间、任何地点提供给客户完善、丰富的金融服务，这将有效带动零售业务的增长。目前，兴业银行等国内商业银行已经推出了基于 3G 技术的手机银行。可以说，3G 技术的快速发展，将大力促进商业银行的战略转型。

2. 云计算

云计算（Cloud Computing）是一种新近提出的计算模式。在这种模式中，应用、数据和 IT 资源以服务的方式通过网络提供给用户使用。云计算也是一种基础架构管理的方法论，大量的计算资源组成 IT 资源池，用于动态创建高度虚拟化的资源提供用户使用。提供这些计算能力的资源对用户是不可见的，用户无须关心如何部署或维护这些资源，因此，这些资源被比喻为"云"。云计算能够有效降低 IT 投入成本，提高资源利用效率，实现业务的快速实施和部署，从而将更多的精力投入到业务本身，而不是技术实现细节。

IDC 的调查显示，未来五年云计算服务将急速增长，预期 2012 年市场规模可达 420 亿美元。目前企业导入云计算已逐渐普及，并且有逐年增长趋势。2012年，企业投入在云计算服务的支出将占整体 IT 成本的 25%，到 2015 年将提高至总支出的 1/3。由此可见，在各大公司以及学术界的共同推动下，云计算技术将会持续发展。

目前，我国已有部分银行开始了云计算在金融领域的探索和实践。招商银行在原有企业网银 U-BANK 基础上升级创新的 U-BANK7 正是搭载了"云计算"等核心技术，为企业网银用户提供智能化应用体验和移动化金融掌控能力。

云计算已经成为下一代 IT 的发展趋势。尽管其安全性、自治性、服务 QoS 以及云间交互等方面仍需要进一步深入研究，但作为与 IT 关系密切的金融业，可以借助云计算的思想，搭建自己的"私有云"，通过基础架构（IaaS）、平台（PaaS）和应用服务（SaaS）的优化和完善，实现商业模式转型。

3. 社交网络和 Web3.0

严格地说，社交网络（Social Network）并非是一项 IT 技术，而是由 Web3.0 等技术推动的基于社交的各种新型交往模式。它改变了信息单向传递的方式，每个人不仅是信息的接收者，同时也是信息的发布者。国外有 Facebook、Twitter、Youtube 等，国内也有新浪微博等。

社交网络利用无线技术进行即时通信，其最关键的一个领域是用户间的互动。目前，国内商业银行都在从"以产品为中心"向"以客户为中心"转变，通过或利用社交网络，既可以研究客户，梳理出极具商业价值的客户信息或者相关关系模式，还可以改变广告或者大众媒体的传统信息传递方式，实现口碑行销（WOM—Word of Mouth）。网银等电子渠道也可考虑利用 Web3.0 等技术，实现更优质的客户服务，提升银行的美誉度。

七、国内外商业银行转型实践的比较分析

（一）国外商业银行转型实践分析

1. 花旗银行转型

花旗银行把提高服务质量和以客户为中心作为银行的长期发展战略，是一家以零售为主的国际大银行。目前花旗银行的业务市场覆盖全球 100 多个国家的 1 亿多客户，服务品牌享誉世界，在众多客户眼里，"花旗"两字代表了一种世界级的金融服务标准。

从 20 世纪 60 年代后期开始，花旗银行进行战略转型，把零售业务作为其新的利润增长点，大力发展，经过了一个"以公司业务为主—公司业务与零售业务并重—零售业务为主"的发展过程。在其转型过程中，IT 发挥了重要的作用。首先，为了实现客户的有效管理，大力建设全球化 CRM 客户关系网络及系统。其次，按区域在全球建立了多个数据中心，把各种渠道发生的所有客户信息资料均存放在后台数据中心的主机上，由主机进行统一处理、分析、管理和利用。最后，在完备的客户信息数据库基础上，通过先进的关系型数据仓库技术和数据挖掘技术，对客户信息进行挖掘整理，构建统一视图。真正建立以客户为中心的账务体系，为许多复合金融产品的开发打下基础，最大限度地方便客户。

凭借强大的 IT 应用和遍及全球的营销网络，花旗银行得以成功转型，其以客户体验为本的高品质金融服务走在了国际银行业的前列，稳固了其零售银行为主的发展模式。

2. 德意志银行转型

德意志银行设立之初的经营性质比较像中国银行在我国商业银行发展历史上的政策性地位，是一个外汇外贸专业银行。20 世纪 80 年代末，德意志银行开始进行战略转型，实施全球化和多元化发展战略，从德国走向世界，从单一的政策性商业银行走向多元化业务结构，取得了巨大的成功。如今，德意志银行已经发

展成为一家全球性全能型的金融服务机构，它不仅仅是商业银行，也从事投资银行、私人银行和资产管理等业务，真正实现了多元化发展。

德意志银行从 1989 年开始的战略转型，IT 也发挥了重要的作用。首先，通过 IT 手段，将各个分散的业务结构重新组合，建立了 DB 服务中心，用以集中支付、信用卡、终端服务等领域；其次，将预算分为两大部分 Run-The-Bank（RTB）和 Change-The-Bank（CTB），而 CTB 主要专注于 IT 投入，这样就为发展 IT 新项目提供了更高的自由度并充分降低了经营成本；最后，建立了 IT 发展委员会，由首席信息官通过 IT 评估整个成本控制，使 IT 贯穿银行的整个机构和业务，从而将 IT 对银行的战略影响发挥到极致。

美林的一位分析师这样评价 IT 在德意志银行转型中的作用，"德意志银行整体股价里面有 3 欧元价值是因为 IT 而产生的"。这也充分说明，德意志银行的 IT 在银行运营中所起到的作用，已经远远超过了一个成本中心和控制部门的作用，它深远地影响了银行业务模式的转型，为股东直接创造了价值。

（二）国内商业银行转型实践分析

1. 工商银行转型

工商银行作为全球市值最大的银行，是国内首家总资产超过 10 万亿元人民币的企业。在《银行家》杂志发布的 2009 年度"中国商业银行竞争力评价"报告中，工行"产品与服务"指标跃居第一，得到了社会公众广泛认可。

工行在从专业银行向综合性商业银行转型的过程中，提出了"打造中国第一零售银行"的经营战略，以及"科技兴行"、"科技引领"等战略。首先，在数据大集中的基础上，着手开发了自己的数据仓库系统，实现了从"以产品为中心"到"统一客户视图，以客户为中心"的统一视图，对业务转型起到了巨大的推动作用。其次，充分发挥数据集中优势，不断加强数据挖掘和分析，建立客户关系管理与客户营销系统，根据不同客户的个性化服务需求提供特色金融产品，这些领域产品的不断创新极大地提升了工商银行的整体市场竞争力。同时不断利用 IT 实现经营业务转型，打造工商银行的核心竞争力。

2. 招商银行转型

作为国内最具创新精神的招商银行，秉承"因您而变"的经营服务理念，不断完善产品与服务创新，依靠抓住互联网发展和电子信息化变革的机遇，从最初不足 1 亿元资产的小银行已发展成为资产突破 2 万亿元的中国第六大商业银行。2009 年，招商银行被英国《金融时报》评为"全球品牌 100 强"第 81 位、品牌价值增幅排名位居全球第一。

在招行转型的背后，依然脱离不了 IT 强大的支撑和推动。2004 年，招商银行进行了第一次转型，将加快发展零售业务、中间业务和中小企业业务作为战略重点。"一卡通"、"一网通"等一批技术含量较高的新产品相继推出并大获成功，为招商银行的迅速发展起到了至关重要的作用。近年来，面对日益激烈的零售竞争，招商银行又启动了第二次转型，在保持规模稳定增长的同时，借助 IT 的创新手段和信息化技术平台，精确计算出利润、风险、业务量之间的数量关系，着力提高零售业务的定价能力，改善零售业务的结构，组建新型管理架构，使其又一次在国内商业银行中处于领先地位。

从招商银行的发展历程，我们可以清晰地看到，每一次业务转型过程中，IT 都发挥了重大的作用。依靠管理提升、科技进步和劳动者素质的提高，而不是靠增加资本，资源消耗来发展业务，IT 也成为了招商银行发展创新性银行的重要助推力。

（三）利用信息科技推动农业银行转型

农行的战略目标是成为一家横跨城乡，具有综合服务能力、富有竞争力的世界级金融企业。通过优势（Strengths）、弱点（Weaknesses）、机会（Opportunities）和威胁（Threats）等方面，对农行如何利用 IT 推动转型进行 SWOT 分析。

优势：利用现代信息化技术，实现了核心业务数据的大集中；建立了从总行到各级分行，覆盖中国城乡达 2 万多网点，连接 17 万柜员的集中式网络；建立了专业的软件开发中心、能及时提供新的产品；正在建设新一代核心银行系统，将能更好地满足业务和经营管理的发展；建立了稳定的后台数据运行中心，保证各业务系统 24 小时正常运行；建成了包括柜台、网上银行、客服系统、电话银行、手机银行、消息平台等客户服务渠道的各类信息系统；构建了丰富的经营管理信息系统。

弱点：数据集中后，分行及县域科技力量有所削弱，科技人才流失较为严重，导致对业务支撑力度减弱，不能较好地满足基层网点业务的发展；基于部门银行的应用系统，存在各类"数据孤岛"，缺少统一整合的决策分析系统；对于核心系统，缺少统一的视图，依然是以账务核算和产品为中心，还不能实现以客户为中心；由于信息技术比较专业，但是业务发展有着向综合化发展的趋势，缺少相应的综合化人才；信息化的风险管理还需要加强。

机会：受益于国家城乡一体化进程的不断推进，以及未来中国城市和县域地区经济的协同发展，给各项业务的信息化纵深发展带来广阔的拓展空间；不断涌现的各种先进 IT 技术；农行的全球化战略逐步实施，拓展海外市场，通过并购或与国外优秀银行的合作，能学习到先进经验，特别是如何利用 IT 与业务的结合，实现客户、员工和股东价值的最大化。

威胁：与城市金融业务比较，"三农"金融业务具有较高风险；面临国内及国外同业越来越激烈的竞争；新技术的出现促进了业务处理的效率的提升，在方便客户的同时，系统越来越复杂，技术实施以及维护的难度也越来越大；来自网络的信息安全威胁越来越多；来自监管机构的要求越来越严格，全面风险管理的推进对信息系统的安全性、可靠性等提出了更高的要求。

通过对内部的优势、弱点，以及外部的机会、威胁的 SWOT 分析，结合农业银行的信息化现状，对信息技术如何融入企业发展战略，如何利用信息技术实现农业银行转型提出以下建议：

第一，利用新一代核心银行系统，进行应用整合，融入业务流程再造，真正实现"以客户为中心"。虽然农行进行了数据大集中，数据物理上集中了，但是各产品主要还是按照业务门类进行存储，具备部门银行的典型特征。需要从部门银行过渡到流程银行，新的 IT 系统不应只是原来手工处理的电子化操作，而是按照业务流程再造（BPR）理论的要求，摆脱传统组织分工理论的束缚，倡导客户服务导向，适应快速变化的内、外部环境，实现从效率的提升（正确的做事）到效益和价值的提升（做正确的事）。

第二，建立企业级数据仓库，进行信息整合，实现从"数据中心"到"信息中心"的转换。加快综合业务系统与各管理系统的集成，配合银行改制与改革的需求，加大技术体系调整、业务流程整合和组织结构调整的力度，将数据集中带来的技术优势尽快转换为企业的竞争优势。通过建立全行性的数据仓库，构建统一视图，使得以客户为中心，而不是以部门来区分，这样可以有效打通业务产品门槛，提高业务营销效率和优质服务水平，实现集中基础上的深层次的数据应用。

第三，运用信息技术，加快产品创新步伐，实现全面风险管控，打造农行的核心竞争力。创新是永恒的主题，只有通过创新，为客户提供更好的服务，才能建立自己的竞争优势。特别是"三农"金融服务，需要农行贴近市场来研发产品，而不是照搬城市业务产品，对农行既是机遇又是挑战。银行是经营风险的企业，因此在发展业务时必须时刻预防风险，通过 IT 手段，利用覆盖面最广的横跨城乡的网点网络体系和信息科技优势，对各类业务进行风险分析和实时掌控，实现风险和收益的权衡和可控。

参考文献

[1] 赵昌文，陈春发，唐英凯. 科技金融 [M]. 北京：科学出版社，2009.

[2] Peter S. Rose, Sylvia C. Hudgins.Bank Management & Financial Services[M]. 北京：机械工业出版社，2007.

[3] F. Warren McFarlan, Richard L. Nolan, 陈国青.IT 战略与竞争优势[M]. 北京：高等教育出版社，2002.

[4] Paul Allen.银行再造：生存与成功的范例 [M]. 北京：中国人民大学出版社，1994.

［5］Hammer，Champy. 企业再造：企业革命的宣言［M］. 上海：上海译文出版社，1993.

［6］总行战略管理部. 建立流程银行架构打造核心竞争优势［J］. 2009.

［7］中国金融电脑. 提高产品创新能力 加快银行转型过程［J］. 2009.

［8］IBM 研究院. 中国商业价值报告——战略与管理［R］. 2007.

［9］潘英丽. 商业银行管理［M］. 北京：清华大学出版社，2006.

［10］胡汉军，邱力生. 信贷过度扩张的动因、危害与疏导［J］. 财经科学，2008（6）.

［11］卫彦琦. 我国商业银行战略转型思考［J］. 合作经济与科技，2007（21）.

［12］孔德昌. 国有商业银行战略转型及绩效评价研究［M］. 2007.

［13］龚玉霞. 中国商业银行再造及创新研究［M］. 2005.

［14］韦东政. 信息技术创新推动现代金融业发展［J］. 学术论坛，2006.

［15］连育青. 关于商业银行加快业务战略转型问题的研究［J］. 科技和产业，2010（7）.

［16］惠平. 中国国有商业银行战略转型研究［D］. 厦门大学，2006.

［17］彭中文. 现代信息技术条件下我国商业银行再造探讨［D］. 湘潭大学，2002.

［18］黄劲松. 中国建设银行零售业务的战略转型思考［D］. 厦门大学，2008.

［19］王建军. 银行再造：理论与我国的时间研究［D］. 中国海洋大学，2003.

［20］林大鹏. 我国商业银行战略转型问题研究［D］. 厦门大学，2008.

［21］成善栋. 关于我国商业银行管理信息系统建设的战略思考［M］. 2003.

［22］杨刚. 科技与金融结合的支撑体系研究［J］. 工业技术经济，2005（8）.

［23］陈全，邓倩妮. 云计算及其关键技术［J］. 计算机应用，2009（9）.

［24］黄昊辰. 我国金融与科技联动机制探析［J］. 企业导报，2009（10）.

［25］张建勋，古志民，郑超. 云计算研究进展综述［J］. 2010（2）.

［26］吴军，李进涛. "银行再造"理论在国有商业银行中的应用［J］. 中山大学学报，2002（12）.

［27］夏红霞，郑巧仙，陈文平，李明. 银行数据仓库系统的设计［J］. 计算机应用，2002（3）.

［28］敖玉梅，程红英. 对我国商业银行再造的思考［J］. 企业经济，2005（4）.

［29］王雾松. 关于银行业务流程再造的构想［J］. 华南金融电脑，2003（3）.

［30］杨宇东. 基于信息化的企业业务流程再造［J］. 中国管理信息化，2010（6）.

［31］冯芸，吴冲锋. 论科技与金融在世界经济系统演变中的作用［J］. 软科学，2000（2）.

［32］龙志强，周伟英. 浅析金融创新理论与金融体系创新［J］. 商业经济，2006（7）.

［33］陈晓源. 德意志银行商业银行转型及风险管理案例分析［M］. 2007.

［34］Frank Mattern.Interview Deutsche Bank's IT Revolution［J］. McKinsey on IT，2004.

［35］葛兆强. 我国商业银行信息化建设：现状、问题与战略选择［J］. 中国金融电脑，2006（6）.

（作者：李华春　严林　李凯）

商业银行集中化风险管控决策支持平台建设构想

一、引　言

　　商业银行风险是指在商业银行经营管理活动过程中，由于事前无法预料的各种不确定因素的影响，使实际收益与预期收益产生偏差，从而蒙受经济损失或者获取额外收益的机会和可能性。商业银行风险可以分为信用风险、市场风险、操作风险和流动性风险等。按照良好的公司治理结构和内部控制机制，商业银行的风险管理流程可以概括为风险识别、风险计量和评估、风险监测和风险控制等主要步骤。风险管理控制策略主要包括风险分散、风险对冲、风险转移、风险规避、风险补偿等，是商业银行风险偏好和风险战略的具体体现和实施手段。商业银行是经营风险的机构，只有及时识别风险、精确度量风险、合理控制风险，才能实现股东利益最大化的最终目的。

　　国内商业银行正处于实施全面风险管理的进程中，全面风险管理模式体现了全球的风险管理体系、全面的风险管理范围、全程的风险管理理念、全新的风险管理方法、全额的风险计量。全面风险管理要求重视定量分析，通过内部模型来识别、计量，使得风险管理越来越具有客观性和科学性，对不同风险计量方法的统一、以数量化和模型化为特征的风险计量方法，将在风险管理领域占据主流，一个集中化、专业化、统一化的风险管控规则和模型运行环境将为全面风险管理提供支撑，是提高商业银行风险管控水平的重要手段。

　　风险管控从风险管理战略和政策制定开始，贯穿三大风险领域，渗透到银行业务管理流程中。构建一个集中化的风险管控支持平台应作为风险管控领域信息系统建设规划的重要方面，将是风险管理系统建设的重要组成部分。风险管控支持平台建设的目标是实现风险的集中管控，为风险控制策略在生产经营系统中的实施提供强有力的支持。

　　目前国内商业银行风险管控支持相关系统建设已初见成效，建成了评级相关系统、限额管理、定价管理系统等，为信用风险管控提供了支持。但在系统建设方面也存在风险敞口覆盖面不全、实时性较弱、系统建设分散、与经营系统边界模糊、风险模型配置灵活性差等问题。建立一个以风险模型运行为核心、定位清晰、灵活高效、接入方式统一的风险管控支持平台势在必行，是提高商业银行风险管理水平、实现精细化风险管理的必然途径。

二、商业银行风险管控相关系统建设现状分析

（一）风险管控敞口覆盖面不全

目前商业银行风险管控领域系统建设覆盖面不全，控制力度不够。风险管控相关系统主要集中在信用风险管控领域，比如围绕信贷系统和卡系统等生产经营系统建设的零售评级、非零售评级系统、限额管理、风险分类等风险控制相关系统，但控制力度还不够。操作风险和市场风险管理领域建设不足，尚未形成对相关生产经营系统的强控制。

（二）系统建设风散、定位不清晰

商业银行风险管理部门以新资本协议实施为主线，引入了大量先进的管理理念与方法，提出了大量复杂的新兴系统建设需求，但风险管控相关系统建设缺少整体规划和有效地统筹。风险管控系统没有形成统一的业务定位和规划，分散在各个系统中。管控相关系统和生产经营系统边界不明确，定位不清晰。有些系统和生产经营系统耦合度较高；有些系统与生产经营系统分离，主要实现模型计算功能；有些与生产经营系统分离，但本身实现了经营管理的业务流程。

（三）模型实现技术落后、灵活性差

从模型管理与实现看，存在大量自主编码方式实现风险管控模型和规则的情况。自主编码实现风险模型开发周期长，管理和维护较为困难，当业务需求变化时需要修改程序代码，不能快速响应业务规则的灵活调整和配置。另外，随着风险管理技术的复杂化，需要借助于专业的工具实现复杂的风险模型，目前仅有部分商业银行采用了较为灵活的 IBM WODM 规则引擎和专业化的 SAS 等统计分析软件。

(四) 接入方式混乱

风险管控相关系统与生产经营系统的交互方式主要有批量数据文件交互和实时交互两类。其中实时交互又有 CICS 交易和 Webservice、Form 表单提交等多种模式，不同系统和生产经营系统交互方式差异较大，没有形成统一的管控参数分类和接入规范。

三、 风险管控支持平台建设思路

(一) 管控支持平台定位思考

风险管控支持平台是风险管控领域信息系统建设规划的重要方面，是风险管理系统建设的重要组成部分。管控支持平台对内为风险管理应用提供风险模型的配置和计算服务，对外实施对生产经营系统的管控支持服务。管控支持平台的定位如图 20.1 所示。

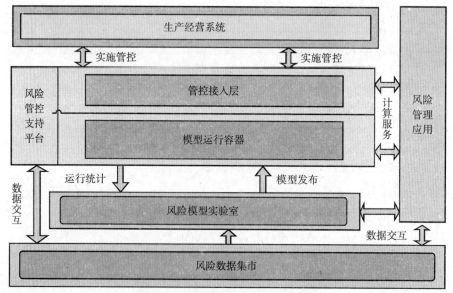

图 20.1　风险管控支持平台的定位

1. 与生产经营系统的关系

生产经营系统通过统一的管控接入层调用风险管控规则或模型执行，获得风险参数运行结果，运用结果控制交易和业务流程。生产经营系统部分重点交易发生时，同时发送消息到管控支持平台，由管控支持平台进行实时事件关联分析，实现实时的风险监控分析。

2. 与风险管理应用的关系

风险管控支持平台作为风险规则和模型的运行容器，为风险管理应用提供计算服务，风险管理应用大部分情况下仍通过管控接入层调用管控支持平台，对于个别复杂计算可以通过内部交易或函数库调用方式。

3. 与风险模型实验室的关系

风险管控支持平台作为模型实验室的模型运行容器，业务人员可以将成熟的模型发布到管控平台运行，并可以在管控支持平台中调整模型运行参数。同时，管控平台也将模型运行统计情况反馈到模型试验室，用于修正风险模型。

4. 与风险数据集市的关系

风险数据集市是风险管控平台部分模型的输入，是风险管控支持平台的一类数据源。风险模型的运行结果也通过风险管理相关应用写回到风险数据集市。

（二）建设管控支持平台的总体思路

风险管控支持平台的建设要以模型为核心，建立一个全面覆盖各类风险敞口不同力度的风险规则和模型资产库，实现高效灵活的风险参数运算引擎，为风险管理和控制活动提供支持；要建立一个按照风险敞口和接入类型细分的规范化接入层，使风险模型的调用、风险参数的获取有章可循。最终目标是把风险管控支持平台打造成实施风险战略，落实风险控制策略的统一技术平台。风险管控支持平台的总体框架如图 20.2 所示。

降低与经营系统耦合度：厘清风险管控支持平台和生产经营系统边界，将风险管控规则和模型从业务系统中剥离出来独立运行，管控支持平台不关注业务流程，仅对业务流程中的必要环节实施控制支持和监测。

以模型运行为核心：构建集中的管控规则模型资产库，覆盖评级、限额、定价等风险管控模型。建立一个风险模型的运行容器，实现风险管控规则和模型的实时运行，实现复杂模型作业流的异步运行，实现关键风险事件的实时监测分析。

提高管控模型灵活性：提供易用性强、界面友好的模型配置管理服务，使业务专家可以根据业务发展需要和市场动态灵活调整规则和模型运行参数。

规范化管控接入：建立实时调用、异步调用、消息通信、批量接口等多种接入通道，采用统一技术框架，屏蔽规则和模型技术差异，实现以风险敞口和风险

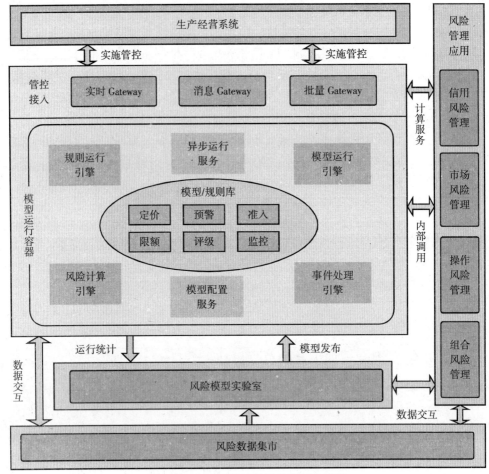

图 20.2　风险管控支持平台的总体框架

参数分类的规范化对外接入层。

（三）四大引擎结合打造模型运行容器

风险模型运行容器由规则引擎、模型运行引擎、事件处理引擎和风险计算引擎组成，四个引擎各有分工，相互协作。规则引擎的规则流中可以根据规则的运行结果调用事件引擎触发事件，事件引擎也可以调用规则引擎对事件进行关联分析。模型运行引擎可以调用规则引擎运行决策树等易于由规则引擎处理的模型。风险计算引擎可以实现常见建模工具不能实现的复杂风险计算，由规则引擎和模型运行引擎调用。风险模型运行容器的数据源包括生产经营系统通过接入层传入的实时数据，还包括风险数据集市中的历史数据。

1. 管控规则运行器——规则运行引擎

（1）业务应用场景。规则引擎可以应用于商业银行非零售和零售客户的内部评级、经济资本测试、信贷和非信贷资产风险分类等领域。客户的内部评级是对借款人违约风险评级，反映借款人本身的信用状况，是对某一特定借款人发放贷款风险的客观评价，以违约概率（PD）为核心变量，规则引擎可以用于信用评分，信贷管理系统将评分作为信贷准入、授信管理、风险定价的依据。银行通过资产分类可以获得资产质量信息，揭示其可能的损失程度，揭示授信方案的不足，为贷前决策提供参考。

（2）组件设计。规则引擎是一种根据规则中包含的指定过滤条件，判断其能否匹配运行时刻的实时条件来执行规则中所规定的动作的引擎，管控支持平台主要负责规则的运行，是风险规则的运行和监控容器。规则开发服务器和模型试验室中的规则可以发布到规则库，由规则运行引擎执行。规则可以以实时和异步两种方式调用。业务人员和技术人员可以监控规则运行状况。规则引擎可以在行内已采购的 JRules 规则引擎基础上实现。图 20.3 是 IBM JRules 规则引擎结构图，其中 Rule Excution Server 是风险管控支持平台的规则运行环境。

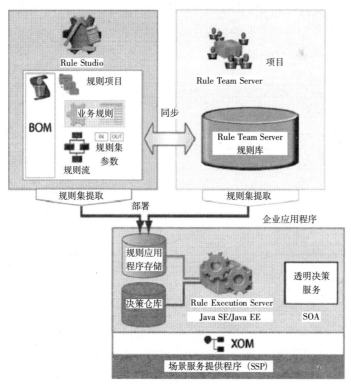

图 20.3 规则引擎内部结构示意图

规则流中的某些规则会涉及复杂的风险计算，复杂计算可以利用建模工具或者金融计算包实现，实际运行中，可以通过内部接口调用模型运行引擎或风险计算引擎完成运算。

2. 管控模型的运行器——模型运行引擎

（1）业务应用场景。典型的风险管控模型有风险定价模型、限额模型和组合风险模型等。常见的信用风险定价模型有成本相加贷款定价模型和基准利率加点贷款等。定价模型通过定价模型确定风险资产的合理价格，是控制风险，使收益最大化的重要手段，风险定价模型的参数有经营成本、目标利润率、资金供求关系、市场利率水平、客户风险等。随着贷款利率的市场化进程，定价模型将有更深入的应用。信用风险限额有单一客户限额、集团客户限额、行业限额和区域限额等模型。市场风险限额有交易限额、风险限额和止损限额等模型。

（2）组件设计。风险模型包括大量的复杂计算，需要有专门的风险模型运行引擎支撑，风险模型运行引擎是风险模型的运行和监控平台，模型试验室中的模型可以发布到模型库，由模型运行引擎执行。模型运行引擎应包括核心运行组件、进程管理组件、监控报告组件、数据提供组件、应用接口组件等。有些风险模型运算可能超出常见建模工具的范围，可以通过风险计算引擎提供的计算包实现，可以通过内部方式调用风险计算引擎提供的计算服务。模型可以以实时和异步两种方式调用。模型运行引擎可以以专业的建模工具如 SAS 或者 SPSS 等为核心实现。业务人员和技术人员可以监控模型运行状况。模型运行引擎组件设计如图 20.4 所示。

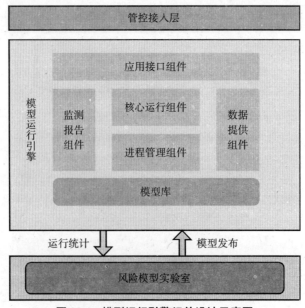

图 20.4　模型运行引擎组件设计示意图

3. 实时风险监控的利器——事件处理引擎

（1）业务应用场景。在风险管控领域普遍存在风险事前和事中识别控制能力差，大量的风险识别和评估和控制过程在事后发生，削弱了风险管控力度和时效性。风险事件处理引擎可以应用于操作风险和信用风险事件的实时监测分析，将事件处理规则嵌入事件处理引擎，实现对大量交易的实时监控，为及时识别风险、预警风险提供支持。

（2）组件设计。风险事件处理引擎实现对大量业务事件的实时监控，当业务经营系统发生某些重要业务事件时，可以发送消息到事件处理引擎。事件处理引擎会根据事件过滤规则选取有意义的事件，调用规则引擎和模型运行引擎中的规则，结合历史事件分析事件潜在的风险，并将监测结果和预警信号反馈给业务系统。事件处理引擎的组件设计如图 20.5 所示。

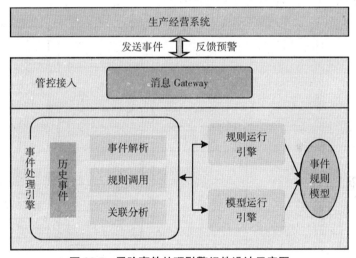

图 20.5　风险事件处理引擎组件设计示意图

4. 复杂金融计算包——风险计算引擎

风险模型中涉及一些复杂的金融计算，超出了常见建模工具的范围，为了支持更多的风险计算并使风险计算更加标准化，引擎将引入并包装标准工具（外购计算工具），同时加入包装的金融扩展计算库以完善可提供的计算函数。风险计算引擎一方面可以嵌入到风险模型中使用，作为模型运行引擎的有效补充和支持；另一方面也可以被风险管理应用调用，实现复杂的金融计算。

5. 模型作业流的驱动器——异步运行服务

某些风险计算需要组合多个规则或者模型才能完成，运行时间往往较长，需要异步运行。异步运行服务可以组装和调度由一系列规则和模型组合的流程，实现复杂的模型运算过程，运行完成后通过批量形式返回运算结果给调用者。

6. 友好的配置接口——模型配置服务

为了改变目前风险模型调整和配置困难的问题，风险管控支持平台需要以先进的风险规则和建模工具为基础开发模型配置服务，为业务管理人员提供一个统一的图形界面，用于调整和维护模型运行参数，对模型和规则做简单调整。当业务策略改变时，可以方便地实现参数配置和模型的简单调整，而不是去修改程序代码，提高风险控制效率和灵活性。

（四）三类通道互补形成统一管控接入层

针对目前生产经营系统与风险管控相关系统交互方式混乱的问题，风险管控支持平台要将对外提供风险参数按风险敞口进行划分，并提供标准化的接入通道。比如信用风险管控参数细分方式如图 20.6 所示。

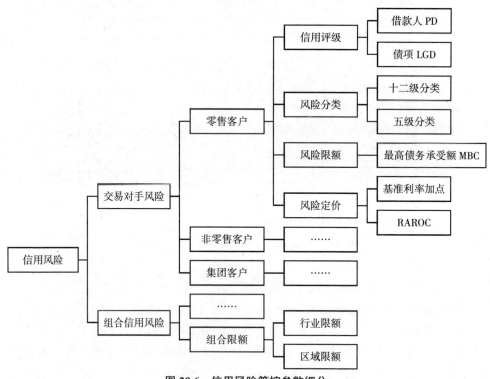

图 20.6　信用风险管控参数细分

从技术层面，针对不同的应用场景和业务发展要求，管控支持平台提供不同的接入通道为生产经营系统提供风险参数计算服务，对外暴露的统一调用接口和通信规范，主要包括实时（Gateway）、消息（Gateway）和批量（Gateway）三类：

①实时实现规则和模型的实时调用，可以用 Webservice 等方式实现，对外提供一组调用接口。②消息通过消息通信方式实现规则和模型流的异步调用，可以用 TongLinkQ 等通道实现事件消息的接收、排队和分发，对外提供一组通信规范。③批量实现规则和模型运行结果的批量获取，对外提供一组风险参数文件的接口规范，通过数据交换平台实现批量文件传输。三种接入方式互补，形成完整统一的风险管控参数体系和接入层。

四、小　结

　　构建统一的风险管控支持平台，是全面风险管理战略下提高风险管控水平的有效途径。风险管控支持平台的建设可以首先从信用风险管控入手，整合和重构管控系统，构建管控支持平台统一的规则引擎。配合风险模型实验室建设，逐步形成风险模型运行的基础技术框架。从信用风险接入层规范化入手，构建风险管控支持平台统一接入层。随着国内外金融市场发展和商业银行业务发展需要逐步细化和强化信用风险管控，逐步加快市场风险和操作风险管控功能建设。实现从无到有，从宏观到中观和微观，从事后到事中和事前，从批量到实时，从提供参考到刚性控制的过程，全面提升风险管控力度。

（作者：张延堂　赵焕芳　王皓瑜）

基于利率定价理论的商业银行产品创新

自 1993 年起,我国的利率市场化按照"先同业后企业,先外币后本币,先贷款后存款,先短期后长期,先大额后小额"的思路,逐步推进,大致经历了以下几个时间点,如图 21.1 所示。

1996 年	• 6 月 1 日,放开了银行间同业拆借利率,此举被视为利率市场化的突破口。
1997 年	• 6 月,银行间债券市场正式启动,同时放开了债券市场债券回购和现券交易利率。
1998 年	• 改革了贴现利率生成机制,贴现利率和转贴现利率在再贴现利率的基础上加点生成,在不超过同期贷款利率(含浮动)的前提下由商业银行自定。
1999 年	• 批准中资商业银行法人对中资保险公司法人试办由双方协商确定利率的大额定期存款。
2000 年	• 放开外币贷款利率和 300 万美元(含 300 万美元)以上的大额外币存款利率,300 万美元以下的小额外币存款仍由人民银行统一管理。
2002 年	• 统一了中、外资金融机构外币利率管理政策。
2004 年	• 再次扩大金融机构贷款利率浮动区间,企业贷款利率最高上浮幅度扩大到 70%,下浮幅度保持 10% 不变。
2007 年	• 贷款上浮取消封顶。 • 构建了上海银行间同业拆放利率(Shibor)并正式运行。
2012 年	• 进一步扩大利率浮动区间。存款利率浮动区间的上限调整为基准利率的 1.1 倍;贷款利率浮动区间的下限调整为基准利率的 0.8 倍(7 月再次调整为基准利率的 0.7 倍)。
2013 年	• 7 月 20 日起全面放开金融机构贷款利率管制。取消金融机构贷款利率 0.7 倍的下限,并取消票据贴现利率管制,由金融机构自主确定。

图 21.1　我国利率市场化历程

由此可见,利率市场化进程是定价管制逐步被取消的过程。随着商业银行不断获得更多的自主定价权,商业银行产品价格在市场上的竞争力不仅反映银行的风险管理和成本管理水平，同时也反映客户对银行产品和服务的认可度。利率定价成为构建商业银行可持续发展与盈利能力的核心，利率价格决定机制与方法成为产品创新的关键要素。

一、商业银行利率定价理论

（一）利率定价目标

与一般企业以"盈利性"作为定价唯一目标的思路不同，商业银行的利率市场定价必须考虑影响其经营的三大要素，即安全性、流动性及盈利性，为了追求三者的平衡，商业银行会为了安全性和流动性而牺牲一定的盈利性。例如，商业银行的长期利率普遍要高于短期利率，根据利率定价的流动性偏好理论，因为短期产品较长期产品的流动性高、易于变现、安全性好，投资者购买长期产品在某种程度上就是将流动性转移给了银行，因而要求得到更多的补偿。

（二）利率定价影响因素

定价是一个复杂的过程，影响银行定价的因素有很多，包括银行自身经营因素、市场竞争因素以及客户关系因素等。银行自身经营因素包括产品成本、风险补偿、利润目标等；市场竞争因素包括市场供求关系、市场定位、竞争者决策等；客户关系因素包括客户与银行的关系、客户贡献度等。银行在定价时，只有综合考虑这些影响价格的因素，才能制定出科学合理的价格。

（三）利率定价方法

以定价目标为指导，商业银行定价方法分为如下几种：

1. 效益优先定价法

效益优先定价法的主要思想是银行定价以"盈利性"为主要目标，以实现目标利润为前提，包括以实现预期收益率为指导的目标利润法、覆盖所有成本并计算利润点数的成本加成法、以市场或竞争对手价格加点上下浮动的跟随定价法等。此种定价方法确保了收益率的实现，但忽略了流动性、安全性，容易导致资产负债的不匹配或风险事件的发生，并不能确保最终效益最大化。

2. 风控优先定价法

风控优先定价法的主要思想是银行定价以"安全性"为主要目标，定价时主要考虑可能发生的违约风险以及需要做出的必要补偿。风控优先定价法在资产业务定价时应用更为广泛，因为经营每一笔业务都有贷款风险（包括因贷款种类、借款人所在的行业、国家的宏观经济政策等导致的风险）、信用风险（与借款人的信用状况有关的风险），将其量化反映在价格上对应的就是风险溢价。风控优先定价法考虑了银行的审慎经营原则，但所获得的价格水平不一定是最有竞争力或受客户青睐的。

3. 流动性优先定价法

流动性优先定价法的主要思想是银行定价以"流动性"为主要目标，根据利率期限结构有效配比资产负债业务，对商业银行的经营与成长至关重要。商业银行在产品定价时必须将期限风险溢价纳入定价成本中。这种方法确定的价格能够最大效率地使用银行资金，并规避流动性风险的产生，但与上述方法一样，因考虑的要素单一，得到的价格也并非最优。

4. 综合定价法

综合定价法是综合上述几种方法，平衡安全性、流动性及盈利性因素，考虑自身成本、风险、预期收益、市场竞争以及客户关系多方影响，这种方法往往会得到更富有竞争力的价格水平。

二、利率市场化背景下商业银行的产品创新

利率市场化背景下，商业银行的传统产品显然无法继续满足客户的需求和应对激烈的市场竞争，因此，商业银行必须以市场化的利率定价理论为基础，加大各类产品创新，以适应利率市场化的要求。

（一）资产类业务创新

1. 基准利率组合定价

基准利率组合定价通过执行利率换算公式 $r = (aX + bY + cZ + \square) \times d + e$（其中，r 为执行利率，X、Y、Z 为选用的基准利率，a、b、c、d 为约定的浮动系数，e 为约定的浮动基点）确定最终的执行利率。

根据风控优先定价法，资产类产品在定价时涉及的贷款风险和信用风险因素较多，如何将贷款产品、所属行业、客户信用、抵押方式等风险因素纳入定价？基准利率组合定价通过将上述因子回归演算明确基准利率组合公式中的基准利率、浮动系数和浮动基点，更为精确合理地测算执行利率，使产品定价涵盖的因素更为全面。

2. 重定价

利率市场化背景下，影响利率的因素越来越多，确定利率时除了利用基准利率组合定价将各种因素纳入执行利率运算外，还需要根据某些因素的变化对价格进行动态调整。重定价考虑各种定价因素变动对于利率价格的影响，当满足预先设定的触发条件时，系统自动或人工按照约定的周期对市场利率值进行调整。通过周期性的调整执行利率，更为精准地确定价格。

3. 结构性挂钩定价

根据综合定价法理论，商业银行在定价时需要平衡安全性、流动性及盈利性因素。从客户角度来说，他们也期望在承受一定风险的同时获得较高的收益或是在某些因素发生变化时获得不同的收益。结构性挂钩定价在普通产品的基础上嵌入某种金融衍生工具，通过与利率、汇率、指数的波动或某实体的信用评级挂钩，实现价格的联动调整。若挂钩参数满足约定的阈值，即可根据约定对产品利率进行调整。结构性挂钩定价的挂钩参数一般为影响成本因素及客户信用评级、客户贡献度等，这种受多因素综合影响的结构性动态调整，能够更好地满足利率市场化条件下商业银行的精细化定价管理要求。

（二）负债类产品创新

1. 金额靠档定价

金额靠档定价将客户账户每日余额分成若干不同的档次，每个档次使用不同的利率计付利息。出于收益最大化的考虑，利率市场化背景下，更多的客户会要求按照账户余额的大小，划分成不同的利率档次，根据其账户实际余额挂靠相应档次计付利息。由于不同规模的资金对商业银行的贡献度是不同的，一般来说，金额越大对商业银行贡献度越高，金额靠档定价使客户收益与其贡献度相匹配。

2. 存期靠档定价

存期靠档定价将客户存期分为若干不同的档次，根据客户最终的实际存期，使用不同的利率计付利息。当客户对于流动性和收益均有较高的预期时，可在存款时不约定存期，根据支取时的实际存期确定相应的利率。根据利率期限结构理论，不同期限产品的利率是不一样的，短期产品由于其流动性较高、利率较低，长期产品由于其流动性较低、利率较高。存期分段分档产品使客户最终收益与其期限相匹配，更为合理地反映客户流动性牺牲与客户收益之间的关系。

（三）资产负债配比类产品创新

利率市场化背景下，资产负债的配比关系显得尤为重要，尤其对于资金、投行类复杂交易结构产品，往往是资产负债产品的糅合，需要资产负债两者关联定价才能更合理地确定价格。商业银行资产类产品的成本即为负债类产品的价格，商业银行确定资产类产品利率时，不能脱离对应负债产品的利率进行单纯的定价，必须考虑到与之相匹配的负债类产品的利率。确定资产类产品利率时，应将其与对应的负债类产品利率相关联，通过资产负债的匹配关系以及商业银行对收益率的最低要求进行定价。

三、未来的利率定价模型

上述商业银行基于市场利率定价理论的产品创新，还只是单一或者局部的创新应用。随着利率市场化的进一步深入，要求商业银行采取更加多元化的利率定价模式，建立溢价模型，通过对模型中变量和系数进行合理的估计和确定，满足未来利率定价的需要。

溢价模型假设银行利率主要受到以下因素影响：无风险利率水平、信用风险溢价、流动性风险溢价、议价能力溢价以及其他因素溢价，模型形式如下：

$$r = r_f + \alpha p_c + \beta p_i + \gamma p_s + \delta$$

式中，r 为执行利率，r_f 为无风险利率水平，p_c 为信用风险，p_i 为流动性风险，p_s 为议价能力溢价（即客户对银行的重要性或贡献），α、β、γ 为溢价系数，δ 为其他因素系数，均可通过回归分析的方法确定。

上述溢价模型是对基准利率组合定价的进一步完善，它将银行经营的安全性、流动性及盈利性全部纳入此模型，并考虑了银行自身、市场及客户的影响，采用综合定价法。

面对利率市场化不断深入的挑战，未来商业银行除了引入上述溢价模型外，更需要建立完善的定价机制，成立专门的决策机构，明确定价方法论和定价战略，确定定价管理部门的职责权限，精细化管理成本、风险、价格，并提前做好业务以及技术应对工作，不断创新产品，持续创造竞争优势，才有可能在利率市场化的浪潮中存活并引领未来。

（作者：浙商银行会计部计息引擎项目组）

发挥专业优势，助推创新发展

——关于科技银行发展的思考

科技金融，一般理解为通过金融服务体系创新来有效支撑科技创新特别是科技产业发展的系统性安排，包括政府引导体系、股权融资体系、债权融资体系、中介服务体系、交易市场体系等多层面支撑，其中科技型中小微企业是主体，企业种子期、初创期和成长期是科技金融关注的主要时期，解决成长期融资需求是主要内容。

当前科技金融逐步深化发展，总体表现为"政府引导、多方参与、市场运作"三大特征。在债权融资体系中，科技银行是主力军。由于国内尚没有独立法人地位的专业科技银行，因此我们讲的科技银行一般即指商业银行设立的科技支行。鉴于笔者长期在农行科技银行一线专业从事科技信贷的创新与服务，本文以农行无锡科技支行运营实践为典型案例，研究和探讨科技银行发展的路径和方向。

一、中国农业银行科技银行的基本做法

中国农业银行（以下简称农行）主动适应第三次经济转型，在各级政府和监管部门的关心支持下，率先推动设立全国大型银行首家专业科技支行和江苏省内首家专业科技支行，并以科技支行为科技金融创新平台，按照"四新"（新产业、新企业、新金融、新产品）定位，首创了以"五专"（"专营机构、专业团队、专属产品、专业流程、专项补偿"）为主要内容的科技银行"江苏模式"。其主要做法如下：

（一）坚持专注于科技型中小微企业

农行科技支行专注于服务具有新技术、新产品、新创意或新模式的科技型企业，包括"530"创新创业企业、民营科技企业以及具有科技成果转化能力的科研院所，重点是战略新兴产业中的产业化早中期企业。当前，科技型中小微企业

是融资难的主要群体，也是各级政府和监管部门鼓励发展积极扶持的重点。因此，农行无锡科技支行信贷支持的企业 100% 集中在科技型中小微企业群体上，其中小微企业合计占比达 91%，根据各级政府和监管部门导向，始终坚持传统型不做、规模型不做，坚持从中小微做起，逐步培育规模型企业。

（二）坚持创新金融产品

在创新金融产品上，农行坚持"轻资产担保、重团队实力、轻财务指标、重成长前景"原则，重点围绕创新无形资产融资产品、创新传统金融产品、创新政银合作金融产品、创新金融机构合作产品四条主线探索并实践了一系列金融产品创新。

（1）创新无形资产融资产品，推出了信用贷款、知识产权贷款、中小企业股权质押贷款三类产品。比如常用的信用贷款，主要适用股权结构明晰、管理规范的科技型中小企业，控股股东和管理层信用良好，具有良好的从业背景和创业实力，股东在创办企业过程中以现金出资即可，科技支行可发放不超出股东实际出资额两倍的贷款额度，最高可达 1000 万元。买卖宝信息技术有限公司目前是一家国内领先的移动电商企业，早在 2011 年初落户新区时单月销售不到百万元，当时企业急需流动资金但无抵押担保，我们就给企业发放信用贷 300 万元，这两年企业飞速成长，2013 年预计销售可达 10 亿元。

知识产权质押贷款，包括专利权质押贷款、软件著作权质押贷款、版权质押贷款、商标权质押贷款。其中专利权质押贷款是常用贷款品种，主要适用具有已授权专利，且专利权与主营业务关联度较高，产品技术具有较高的市场竞争力，专利权经第三方评估具有相应价值，可质押，科技支行可发放不超出评估价值 30% 的贷款额度，最高 1000 万元。博一光电科技有限公司是一家专门生产液晶显示模组的科技型企业，2012 年我们给博一光电发放了专利权质押贷款 1000 万元，不仅解决了抵押担保问题，而且降低了融资成本，企业也取得了快速的发展，2012 年实现销售超 4 亿元，是上年销售的近 3 倍。

（2）创新传统金融产品，推出了订单质押贷款、合同能源管理贷款、非足额抵押贷款、科研地产按揭等新产品。华兆泓光电科技有限公司是一家集 LED 产品研发、生产、销售于一体的高新技术企业，公司产品一半以上采取合同能源管理方式销售。农行科技支行基于合同能源管理协议为企业提供了 1000 万元节能贷款。企业通过我行贷款支持已累计实现合同能源管理项目销售约 6000 万元，相当于为社会节能减排约 26000 吨标准煤。

（3）创新政银合作金融产品。科技支行借助于省科技厅、市政府、高新区政府以及无锡人行等相关政府和单位支持，先后推出了央行票据通、政府补贴贷款、无锡市科技成果产业化风险补偿贷款、江苏省科技成果转化合作贷款等新产品。

（4）创新金融机构合作产品。围绕金融机构跨界合作，农行科技支行目前推出投贷联动业务、贷投合作业务、债权基金服务、银保贷产品。

（三）坚持专业化运作

专业化运作是农行科技支行的基本特色。农行科技支行始终坚持专业化运作、专业化服务。一是加强科技支行自身专业团队建设，建立了新产业新技术的持续研究和培训制度，对每一个科技型企业的风险和成长基本做到客观评估和准确把握；二是通过政府主管部门获得有效的专家智力支撑，与科技部门合作成立了无锡市科技金融专家委员会，由科技支行选择相关专家提供特定领域的专业咨询评估；三是建立科技信贷专业评审的绿色通道，在信贷运作上始终坚持"专业化、短流程、高效率"；四是通过专业团队服务、专家智力支撑或引进专业化培训，为科技型中小企业提供财务规划、管理咨询、技术咨询、营销策划等专业服务，千方百计做好企业发展的财务顾问和创业导师。

（四）坚持以扶持培育为导向

科技支行始终坚持扶持培育科技型中小微企业的经营导向，以培育和储备潜在优质科技型企业为目标，真正实现科技支行和科技型企业的共同成长。一是对科技支行实行专门考核，重点考核科技支行扶持培育科技中小微企业的数量和成效、对科技中小微企业的产品创新和服务创新，不考核利润、中间业务收入等传统银行业务指标，同时将信贷风险容忍度大幅提高；二是对科技支行信贷计划单列，对科技中小企业贷款即批即放，不受贷款规模限制，充分满足企业资金需求；三是对科技中小微企业贷款实行优惠定价，贷款定价一般在基准水平上下，相对于大型银行平均水平至少低10%以上。

二、农行科技银行的运作成效

截至2013年6月底，农行无锡科技支行共开立科技型中小微企业账户378户，已向158户科技中小微企业累计发放贷款16亿元，其中，获得贷款的中型科技企业占比9%，小微科技企业占比达91%，贷款余额500万元（含）以下的信贷客户占比76%，以无形资产质押、信用保证方式、小企业互保或非足额抵押的方式来实现科技信贷投放的客户占比67%，整体定价执行了农行中小企业的最低定价水平，既有效缓解了科技型中小微企业的融资难问题，又有效降低了企业融资成本。

从经营数据分析来看，农行科技支行针对科技中小企业开展的科技金融业务，总体上体现了"三高一低"的特征，即小微企业贷款占比高、产业化初期企业贷款占比高、创新担保方式占比高、贷款定价水平低，有效解决了优质科技型中小微企业的融资难问题。

农行科技金融的创新实践获得了社会各界的广泛关注和好评。农行多次获邀参加部省科技金融服务经验介绍，科技支行先后获选为江苏省中小企业金融产品和服务方式创新奖、全国科技体制创新典型单位以及全国优秀中小企业服务明星，2012年又作为全国唯一的科技支行入选了国家高新区建设20周年成就展，多次被《人民日报》、《金融时报》、《科技日报》、《21世纪经济报道》等主流媒体专题报道。

从整体来看，农行科技支行运营对科技中小微企业发展起到了积极的推动作用，取得了良好的社会效益。与此同时，我们也看到，相对于优秀的国外科技银行甚至是国内传统银行，科技银行在整体抗风险能力特别是短期盈利能力上仍然存在着一定的差距。

三、科技银行下一步发展的思考

经济转型、科技创新离不开科技金融的有效支持。在各级政府和监管部门的关心支持下，科技银行作为科技金融服务的主力军，要继续坚持改革创新、专业运作，积累新兴产业金融服务经验，以更大力度支持区域经济转型和科技创新。

科技金融的发展涉及诸多方面。就科技银行而言，我们认为，科技银行应当在政府和监管部门支持下着重在三个方面寻求更大的突破。

（一）促进科技银行自身改革创新

科技银行以及其母体商业银行应当积极推进改革创新，尤其是坚持不断地创新产品服务，通过创新的科技信贷手段扶持更多的科技中小企业加快发展。

（二）提升科技银行整体抗风险能力

提升科技银行整体抗风险能力，加大支持企业发展的力度。提升科技银行抗风险能力必须与科技银行专业化运作和完善风险控制手段结合起来。一是在专业化运作的前提下，科技信贷特别是无有形资产抵押的贷款相对于传统贷款的实质风险并不更高，当然要求科技银行具备专业投资银行的素质特征和制度特征。风险控制最终依靠人，科技银行必须要加快培养专业化的各类科技金融人才，打造一支专门服务于战略新兴产业的专业团队。二是科技银行应当通过多渠道完善风险控制手段，政府承担的是引导功能，不会全覆盖，我们主张的完善的风险控制手段，未来应当是政府引导、银行分担、企业参与的模式。三是积极发挥征信体系的效能。人行一直在积极扩展征信体系内容的覆盖面，有助于提高征信数据的可靠度。结合科技银行和投资银行领域的实际操作，我们建议在征信体系系统功能上，增加法人单位征信违约记录平移到法人单位特定关联个人征信记录，特定关联个人包括企业法人代表、财务负责人或者企业内部其他连带担保人，通过后续影响特定关联个人征信使用来积极降低企业违约可能。

（三）积极探索科技银行的新型盈利模式

怎样才能使科技银行既专注于服务科技型中小微企业又能提高自身的盈利水平和可持续发展能力？我们认为必须要创新科技银行的盈利模式。如果科技银行始终局限在"笔数多、金额小、定价低、风险高"的环境下，那就永远走不出一条可持续发展的市场化道路，甚至盈利能力不如传统银行。借鉴国外科技银行发展经验，我们认为应当允许专业科技支行开展直接投资业务试点、分享科技企业股权价值高速增长的收益，这是科技银行可持续发展的出路。建议有关部门可以先行试点，在对科技银行严格审查准入、定期检查监督的基础上，允许他们开展一定比例（比如：科技支行总投资额不超出科技支行总贷款余额的10%，对单户企业投资不超出企业总股本的10%）的直接投资业务，并进行跟踪监管；如果发现科技银行有超越职能范围、超出投资比例等违规行为，可由相关主管部门进行处罚，直至取消直接投资业务试点资格。在关联直接投资或非直接投资业务方面，国内已有部分科技银行做了积极谨慎的初步探索。

只有真正解决好科技银行专业化运作、风险控制和盈利模式的问题，才能实现科技银行的健康可持续发展，也才能真正发挥科技金融主力军的作用。

（作者：张延堂　赵焕芳　王皓瑜）

商业银行支持战略性新兴产业发展的政策研究

一、引 言

此次国际金融危机过后，各国开始重新审视实体经济与虚拟经济、制造业与服务业的关系，发达国家纷纷提出了再工业化的政策主张，力图在新能源、环境保护、新一代电子信息技术、生物工程与生命科学等新兴技术及新兴制造业领域巩固和增强竞争优势，抢占未来全球产业发展的制高点。为了适应产业发展规律，抢抓产业升级的历史机遇，我国政府审时度势，及时出台了《关于加快培育和发展战略性新兴产业的决定》(以下简称 《决定》)，明确将重点培育和发展节能环保、新一代信息技术、生物、高端装备制造、新能源、新材料、新能源汽车七项战略性新兴产业。中共十七届五中全会在谋划"十二五"时期的发展时，也明确提出要 "培育发展战略性新兴产业"，并将该产业定位于我国今后的战略性发展领域。

战略性新兴产业的发展离不开金融的支持，股权融资和债权融资都是新兴产业重要的融资渠道，根据各自的特点，新兴产业在不同发展阶段，以及产业链的不同环节分别适合不同形式的融资模式。商业银行在各种融资模式中，扮演的角色、承担的风险以及获得收益也不尽相同，新兴产业的发展，对商业银行来说，机遇与挑战并存。本文重点对商业银行如何支持我国战略性新兴产业的发展进行了政策性研究。

二、战略性新兴产业的两大市场特征

战略性新兴产业的特点有许多，其中最典型，同时也是商业银行最为关注的两个特征是市场潜力巨大和不确定性大。

（一）市场潜力巨大

1. 传统经典论述的共识

新兴产业（Emerging Industries）的概念雏形最早可以追溯到国际贸易理论中的幼稚产业理论（Infant Industry Theory），该理论的创始人——美国人汉米尔顿在 18 世纪后半期指出，当一个新兴产业处于初创时期，国家应当给予一定的保护，但该类产业应当具备多个条件，其中之一就是这些产业要具有广阔的潜在市场需求。Michael E. Porter（1997）从企业战略制定的角度指出，新兴产业是新形成的或重新形成的产业，其形成是得益于经济和社会变化将某个新产品或服务提高到一种潜在可行的商业机会的水平，该产业往往具有较大的潜在市场空间。Erickcek 和 Watts（2007）认为，新兴产业是销售收入和雇员数都快速增长的新产业，具有广阔的市场前景，通常等同于范式转变（Paradigm Shifts），市场面临着需求结构的重大调整。从一般性的新兴产业的角度来看，上述传统的经典理论对新兴产业具有巨大的市场潜力这一论断具有普遍的共识。

2. 当代经济发展的必然要求

战略性新兴产业这一术语严格来说应当是我国首先提出的，它是指"以重大技术突破和重大发展需求为基础，对经济社会全局和长远发展具有重大引领带动作用，知识技术密集、物质资源消耗少、成长潜力大、综合效益好的产业"。温家宝总理在 2009 年 11 月 3 日首都科技界大会上的讲话中指出，战略性新兴产业的选择依据中第一条就是"产品要有稳定并有发展前景的市场需求"。《决定》对我国战略性新兴产业的发展制定了具体目标，到 2015 年战略性新兴产业增加值占国内生产总值的比重力争达到 8%左右，到 2020 年这一比重力争达到 15%左右。目前战略性新兴产业占国内生产总值的比重为 3%左右，该决定中提出的目标意味着 5 年后新兴产业增加值将较目前增长 1.67 倍，10 年后将较目前增长 4倍。但若考虑到中国经济未来 10 年持续的增长和通胀影响，新兴产业未来实际的增速要远远高于这一数字。若按中国经济未来每年增长 8%计算，5 年后新兴产业增加值实际将较目前增长 2.92 倍，10 年后实际将较目前增长 9.79 倍。[①] 从这些数字中也可以清楚地看出，战略性新兴产业具有巨大的市场潜力。

---

① 华宝兴业基金管理公司研究部. 战略性新兴产业 未来十年最大结构性投资机会 [N]. 上海证券报，2010−10−21.

（二）不确定性大

1. 技术不确定性大

战略性新兴产业是以核心技术的创新为动力的。但是新技术在起步阶段同时存在创新活跃和技术不成熟的矛盾，核心技术的不确定性蕴含着一定风险。弗里曼和苏特（2004）划分了与各种类型的创新相关联的六种不确定性程度，前三类不确定性是与新兴产业的创新相联系的，后三类不确定性是在既有产业中的创新，在新兴产业中创新的不确定性要远远高于既有产业中的创新[①]。比如太阳能光伏领域的多晶硅制备技术，目前就有改良西门子法、新兴硅烷法等技术，技术更显周期较短，利用不同技术生产1千克多晶硅，耗电相差100多度，随着技术的不断进步，一项投资数亿元的项目可能很快过时，盲目投资蕴含着巨大的技术风险。

表 23.1　技术不确定性程度的分类排序

新兴产业	1. 真正的不确定度	基础性研究与基础性发明
	2. 较高的不确定度	重大的开创性产品创新
		行业内生产工艺的创新
	3. 高不确定度	基本产品创新
		在本公司内部生产工艺的创新
既有产业	4. 中等不确定度	公司已有品种的新"一代"产品
	5. 低的不确定度	获得专利的创新
		仿制性的产品创新
		产品工艺的改进
		生产工艺的早期采用
	6. 很低的不确定度	新"型号"产品的生产
		产品的衍变
		为创新产品作代理推广（销售）
		已有生产工艺的特许授权使用
		较小的技术改进

资料来源：克利斯·弗里曼，罗克·苏特. 工业创新经济学［M］. 北京：北京大学出版社，2004；李晓华，吕铁. 战略性新兴产业的特征与政策导向研究［J］. 宏观经济研究，2010（9）.

2. 市场不确定性大

市场的不确定性主要表现在以下三个方面：第一，技术创新与市场需求的非同步性造成市场的不确定性。一项技术被开发出来后，常常不能自发准确定位其

[①] 李晓华，吕铁. 战略性新兴产业的特征与政策导向研究［J］. 宏观经济研究，2010（9）.

市场用途，广阔市场需求往往需要通过试错等方式形成。因此新兴产业的市场需求具有一定的不确定性。第二，消费惯性造成市场的不确定性。新技术产品被开发出来后的首要问题是找到它的用户，而消费者改变以往的消费习惯，并接受新产品需要一定的时间，这段磨合时期可能会带来市场的不确定性。第三，转换成本造成市场的不确定性。并不是先进的技术就能成为最后的市场胜利者，一项技术能否最终在市场竞争中胜出，除了技术的先进性外，还要受到用户的转换成本的影响，新兴产业如果不能弥补消费需求转换的成本，也将面临市场的淘汰。

三、战略性新兴产业融资模式的选择

（一）不同发展阶段适宜不同的融资模式

战略性新兴产业在各个发展阶段面临着不同程度的风险，企业资金需求特点和适合的融资模式也不尽相同。在产业初创期，技术成熟度低，市场不确定性因素多，企业投资性现金流出多，经营性现金流入少，企业短期偿债能力差，融资主体希望通过出让部分股权，找到能与其共担风险、共享未来收益的投资合伙人。由于银行贷款等债权融资需要企业还本付息，会提高企业财务杠杆比例，进而增加企业经营负担，同时也会加大债权人资金风险，因此在初创阶段，债权性融资往往不宜介入。相对而言，VC、PE、天使投资和创业板上市等风险偏好型的股权融资模式相对于债权融资更适合处于初创期的新兴产业。随着新兴产业的发展，保守型产业基金、国际组织信贷、政策性贷款等夹层融资（Mezzanine Finance）在政府的推动下开始在产业发展期介入。进入产业成熟期，技术风险和市场风险明显下降，企业盈利能力完全显现，在这一阶段，投资方更加看重对公司所有权的控制，并开始追逐利润率指标，注重成本控制，此时商业银行贷款、债券融资等低成本的债权融资模式相对其他融资模式更受新兴产业企业的欢迎。随着持续期的到来，公司规模和盈利能力逐渐达到主板公开上市的要求，实现IPO或被其他投资人收购，在初创期和发展期介入的风险投资实现退出。

我国战略性新兴产业涉及行业所处的产业发展阶段不尽相同。大部分行业在我国甚至全球领域发展时间较短，产业基础薄弱，核心技术和产业化瓶颈尚未实现突破，多处于初创期和发展期阶段。比如，新材料领域中的高性能隔膜和六氟磷酸锂作为锂离子电池的关键材料，生产技术基本被日本企业所垄断，我国在该领域完全处于初创阶段，目前该行业内项目融资较为艰难，融资主要依赖风险投资、私募股权投资等民间资本以及政府财政补贴和科研奖励等国家资助，单纯依

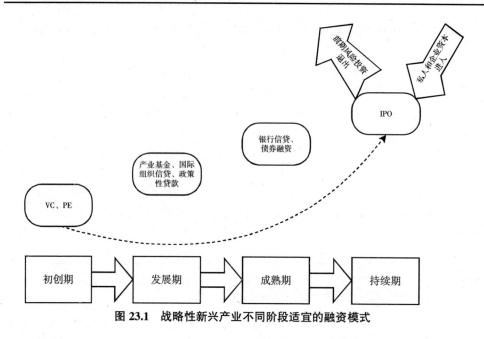

图 23.1　战略性新兴产业不同阶段适宜的融资模式

靠项目自身收益作为还款来源，银行贷款较少。又如，新一代信息产业中的高世代液晶面板的核心技术虽然主要掌握在日韩等少数国家手中，但得益于近年来我国政府持续性的大力支持，国内部分龙头企业已在某些核心领域取得了实质性突破，并已有生产线实现达产，标志着该行业在我国已经进入了产业发展阶段，并向成熟期迈进。现阶段，此类项目融资模式主要是政策性贷款，部分商业银行由于介入过早，曾形成过一定规模的不良资产。当然，新兴产业中也有部分行业产业基础较好，产业化程度较高，已经进入了成熟期或持续期，比如说光伏产业，行业内已经有多家企业成功上市，光伏产业内企业进行的商业银行贷款、债券融资等债权融资规模庞大，违约概率较低。

（二）产业链不同环节适宜不同融资模式

战略性新兴产业发展的重点环节主要包括技术研发和产业化两个领域，两者不同的运营特点使得其对外融资模式也具有一定的差异性。研发环节属于技术密集型领域，投资回收周期长，资金回流不确定性因素多，技术风险突出，尤其是基础性研究和开创性产品创新领域的技术不确定性最大，不熟悉行业动态的一般性投资者很难准确判断研发项目的市场前景，只有行业内熟悉该领域的风险投资人对技术研发环节的融资更感兴趣。同时，技术研发实体的资产以知识产权等无形资产为主，很难向商业银行提供有效的固定资产抵押等担保方式，不符合商业银行信贷准入门槛。所以，战略性新兴产业研发环节更适宜采用股权融资。

产业化环节是技术研发取得实质性进展后的市场推广阶段，需要大规模的固定资产建设投资以及流动资金的周转。虽然产业化环节面临着产品试销性、消费惯性以及消费者转换成本等市场风险，但是，相对研发环节，企业市场策略转换周期和企业销售资金回笼周期都大幅缩短，生产企业的试错成本基本可控。而且，产业化环节的企业固定资产比重一般较高，企业开始进入商业银行和一般性投资者的视野。通过银行信贷等合作模式也能大幅压缩企业融资成本，所以战略性新兴产业产业化阶段的企业更适宜采用商业银行信贷等债权性融资。

当然，对于部分企业具有从研发到生产的全产业链经营能力，这些企业往往具有股东背景实力雄厚，传统产业基础扎实，企业综合效益好等特点，比如，新一代信息技术产业中的新一代移动通信行业、高端装备制造产业中的航天航空和轨道交通行业、新能源汽车产业等多由中央企业或实力强劲的民营企业唱主角。此类企业对战略性新兴产业项目的融资还款可以依靠企业的综合收益，由传统产业收益为新兴产业融资进行担保，融资风险得到极大缓释。因此，对于综合收益较好的全产业链融资主体更适合低成本的债权性融资。

四、战略性新兴产业给商业银行带来的机遇与挑战

（一）战略性新兴产业给商业银行带来的机遇

1. 给商业银行业务拓展带来了机遇

一方面，战略性新兴产业本身为商业银行创造了新的业务增长点。《决定》明确了战略性新兴产业的发展目标，许多地区也结合本地区的实际情况制定了新兴产业的发展目标。预计战略性新兴产业在我国将会实现跨越式的发展。伴随战略性新兴产业的快速发展，其也将派生出巨大的金融服务需求，根据新兴产业贷款增长率等于新兴产业产值增长率加通胀率的粗略测算方法，可推算 2011~2015 年的新兴产业贷款加总为 1.62 万亿元，2011~2020 年的新兴产业贷款加总为 11.06 万亿元。[①]另一方面，战略性新兴产业的关联产业也会给银行创造新的业务增长点。战略性新兴产业往往具有较强的外部性，与相关产业关联度明显，对经济社会全局和长远发展能产生重大引领和带动作用，并且带动系数较大。因此，随着战略性新兴产业的发展，其必将带动关联产业的快速发展。

---

① 黄金老. 战略性新兴产业金融服务需求巨大[EB/OL]. http://www.sina.com.cn，2011-01-15.

2. 给商业银行改善融资结构带来了机遇

一方面，战略性新兴产业多属于节能环保、科技含量高的行业，处于产业链的上游核心环节，市场前景广阔，企业定价能力强，抗经济周期性强。而传统产业目前发展已经极为成熟，市场已经接近完全竞争的状态，产品可替代性强，产品需求容易受到外部经济的干扰，市场风险较大。因此，随着商业银行与新兴产业项目合作的加深，合作行业种类的日趋多样化，银行信贷结构也将变得更加合理。另一方面，新兴产业的诞生往往伴随着新的生产模式和销售模式，进而会产生新形式的融资需求，在外部需求的带动下，商业银行为了维护客户关系，拓展市场份额，会在金融产品、担保方式等多个方面加强创新，新兴产业的发展尤其会给商业银行的信托理财、财务顾问、并购贷款和股权融资等新兴业务带来新的发展机遇，改善商业银行融资服务模式。

（二）商业银行支持战略性新兴产业面临的挑战

1. 新兴产业风险大

一是战略性新兴产业技术和市场的不确定性注定了该领域面临多重的风险。我国战略性新兴产业多处于初创阶段，产业规模较小，规模效应尚未形成，企业经营成本较高，虽然产业前景广阔，但对于个别企业来说仍须面临较大的经营风险。无论是企业技术研发环节失败，还是产业化环节失败，都会给商业银行信贷资金带来巨大的风险。二是企业知识产权侵权行为会给银行带来风险。战略性新兴产业多为高科技行业，专利、商标等知识产权是企业参与市场竞争的核心要素，技术研发与引进、专利费用支出等也是企业重要的成本支出，为了降低成本，不排除个别企业可能违法违规使用他人知识产权，从而遭受起诉，影响企业正常经营，进而将风险传递给商业银行。三是小企业风险不易把控。战略性新兴产业中不乏许多创新能力极强的小企业，小企业中的部分项目具有很广阔的市场前景，但小企业天然抗风险能力差的特性给其经营带来了许多不确定性因素，商业银行对新兴产业领域中小企业的扶持仍需加强服务模式的创新。

2. 商业银行融资服务体系不健全

一是股权融资服务能力有待加强。股权融资是新兴产业在初创阶段和产业链的技术研发环节的主要融资模式，出于风险规避的考虑，商业银行债权融资在这些领域暂不宜介入。当前，商业银行在股权直接投资领域受到多重限制，投资渠道狭窄，在新兴产业股权融资咨询等投行财务顾问业务的经验也相对匮乏，股权融资、债权融资以及投行业务的协同效应尚未形成。二是评级授信体系不能完全适应新兴产业特点。战略性新兴产业作为一项初期产业，虽然市场潜力大，成长速度快，企业历史盈利能力和现金流量有限。而商业银行现有评级和授信体系重点考核企业历史经营指标，企业成长性指标的重要性往往不能充分体现，这就可能将战略性新兴产业阻挡在商业银行准入门槛之外。三是融资担保方式亟待加强创新。目前，银行在企业融资第二还款来源方面，更加注重房地产抵押、母公司担保等传统的担保方式，而新兴产业的核心资产主要体现在先进的专业机器设备和知识产权等无形资产方面。受到价值评估难、市场拍卖难的影响，银行往往不愿接受机器设备抵押，抵押率也偏低。同样，知识产权质押等担保方式也还未能全面推广，这些都降低了商业银行的积极性。

3. 信息不对称瓶颈突出

一是银企之间信息不对称。战略性新兴产业项目专业性强，不确定性因素多，企业成立时间短。而商业银行内部行业专家队伍尚不成熟，对新兴产业的研究还不深入，对具体融资项目的市场前景不能准确把握，对融资主体的信用风险也不能充分了解，银企之间的信息不对称现象严重，不利于商业银行在新兴产业领域开展融资合作。二是银行同业之间信息不对称。我国金融市场长期以来形成的垄断竞争格局，注定了银行同业之间重竞争轻合作，缺乏横向交流和信息共享。战略性新兴产业在我国尚处于产业生命周期的形成阶段，历史样本数据少。因此，仅依赖各家银行自身的数据库，很难准确测算相关行业的违约概率，不利于商业银行开展行业分析、内部评级和授信等相关工作。三是企业之间的信息不对称。新兴产业的市场潜力一旦被一般性投资人所发觉，在缺乏调控指导的情况下，"蜂聚效应"很快就会发挥作用，产业投资热潮立即兴起，在企业之间信息不对称的情况下，彼此只看到产业需求，却无法全面衡量同业总供给，很可能造成产业结构趋同和恶性竞争，导致产能过剩，最终传导给商业银行，形成信贷风险。四是监管部门信息指导有待加强。监管部门尚未出台关于新兴产业的具体投融资指导意见，商业银行介入新兴产业，主要依赖于对传统行业的融资经验，不利于对新兴产业的融资风险管理。

五、商业银行支持战略性新兴产业的政策建议

商业银行需要用战略性眼光支持战略性新兴产业，根据新兴产业的特点，建立适合战略性新兴产业的融资体系，重点培育战略性新兴产业内的成长性强的优质客户，推进新兴产业发展，同时在支持战略性新兴产业发展的同时，也要防范风险，结合前述商业银行面临的挑战，重点提出以下建议：

（一）建立适合战略性新兴产业的融资服务体系

一是要拓宽企业股权融资服务渠道。股权融资是战略性新兴产业的重要融

资渠道，商业银行要布局战略性新兴产业，绝对不能放弃股权融资服务这块阵地。有条件的大型商业银行可以通过境外控股子公司，或设立战略性新兴产业基金，直接投资新兴产业，分享新兴产业的成长盈利。对于一般性股份制商业银行，在企业寻求股权融资的过程中，可以向企业提供 PE、VC 推介等财务顾问服务，扩大中间业务收入。同时，商业银行还可以与 PE、VC、产业基金在资金托管、新兴产业客户推介等业务领域加强合作。

二是要建立合理的项目评级授信体系。商业银行在设计内部评级和授信体系时，应充分考虑战略性新兴产业项目的具体特点，不仅将企业历史经营数据引入模型，更应当充分认识到企业和项目的成长性，将项目所属行业的发展阶段、项目所处产业链环节以及项目融资周期与行业发展周期的对比等重要指标纳入评估模型，在注重模型法的同时，要提高专家评级和专家授信的重要性，客观测评企业信用等级和授信额度。

三是要不断拓展融资担保渠道。新兴战略性产业多为高科技产业，企业发明专利、商标权、版权等无形资产是企业的重要财富，银行应当在信贷担保方式上加强创新，加强对无形资产的评估能力，大力发展知识产权质押融资担保模式。对处于产业集群或产业链中的中小企业，商业银行要探索联保联贷等金融模式，不断拓宽战略性新兴产业的信贷担保渠道。

（二）信贷资源要有选择地向战略性新兴产业投入

一是重点向依靠综合收益还款的项目提供信贷融资。战略性新兴产业项目本身不确定性因素多，融资投资收益不易把控，单纯依靠项目自身现金流偿还银行债务的融资风险较大，如果企业在运作新兴产业的同时，在传统产业领域具有较为稳定的现金流，企业还款资金来源能够实现多元化，在一定程度上会降低银行信贷风险，因此，商业银行信贷资金应当重点支持依靠综合收益还款的企业。

二是重点向处于产业成熟期或产业化后端的项目提供信贷融资。处于初创期的新兴产业项目和处于产业链技术研发环节的项目风险较大，更适合股权性融资模式，为了控制风险，商业银行应当重点支持进入产业成熟期或产业化后端的项目。

三是重点向能提供足值担保的项目提供信贷融资。对于新兴产业项目，仅依靠业主自身经营实力或项目自身产生现金流，很难对银行信贷资金安全提供保障，而股东提供的保证担保或资产抵质押都能为新兴产业项目提供有效担保，降低商业银行信贷风险。

（三）加强战略性新兴产业的融资风险管理

一是要加强对风险管理的研究。商业银行要注重对国家政策、行业发展和市场形势的研究，加大对行业专家和内部评级专家的培养力度，广泛引入压力测试等先进方法，提高对战略性新兴产业的风险预测能力。商业银行对新兴行业要加强融资风险的动态管理和分类管理，正确把握企业的生命周期和成长特点，根据企业技术的成熟程度和所处的产业化、市场化阶段，及时调整业务准入和退出标准。

二是通过多元化主体融资模式规避市场风险。银行对战略性新兴产业尚缺乏行业知识，银企之间信息不对称，为了规避市场风险，银行在介入该领域的初期，可以采用银团贷款、债券融资等多元化融资模式。银团贷款相对双边贷款来说是分散风险，提高银行与企业谈判地位的有效途径，各家银行可以从资金投入环节了解并影响企业整体投资路径和发展进程，从而避免企业过度投资和融资。短期融资券、中期票据、超短期融资券、企业债等直接融资工具也是分散银行风险、降低企业融资成本的有效产品，而且还能扩大企业在资本市场的知名度。

（四）监管部门应对商业银行加强政策指导

一是对商业银行加强新兴产业的信息指导。银行监管部门应当尽快制定并定期完善《战略性新兴产业融资指导意见》，加强行业指导目录的分类管理，引导商业银行对"鼓励类"的产业项目优先予以金融支持，对"限制类"项目要从严审查和审批贷款。鼓励商业银行之间建立战略性新兴产业投融资优质项目数据库，重点加强对新兴产业内的融资风险案例进行信息共享，定期牵头组织论坛、研讨会、洽谈会等研讨活动，加强对战略性新兴产业项目金融服务模式的宣传和推介。

二是增强银行间债券市场的融资功能。加快推出高收益债券等适合新兴产业发展的债券融资工具，加强对还本付息与新兴产业项目现金流相适应的债券产品创新。加强对银行间债券市场投资者群体的培养和引导，让更多的资金通过债券融资工具流入战略性新兴产业。出台相关规定，对战略性新兴产业中的优质客户，适当放宽债券融资比例相关的规定，切实增强银行间债券市场的融资功能。

三是鼓励外资银行支持新兴产业发展。战略性新兴产业具有高投入、高风险和高回报的特点，监管部门要突出利用全球资本的重要性，加强外资银行的风险承担，外资银行在海外新兴产业市场积累了丰富的经验，在风险控制和产品创新领域具有一定的比较优势，比如渣打银行从海外市场形成了一套针对新兴产业的风险控制系统，收集了海外市场大量样本数据，可针对企业在每一个阶段的发展情况进行风险评估。监管部门可出台措施引导外资银行支持我国战略性新兴产业的发展，鼓励外资银行在新兴产业较为集中的地区设立分支机构。

参考文献

［1］陈立清. 关于商业银行联动营销产品有关问题的思考［J］. 吉林金融研究，2007（5）.

［2］郝渊晓. 商业银行营销管理学［M］. 北京：科学出版社，2009.

［3］克利斯·弗里曼，罗克·苏特. 工业创新经济学 ［M］. 华宏勋译. 北京：北京大学出版社，2004.

［4］李晓华，吕铁. 战略性新兴产业的特征与政策导向研究［J］. 宏观经济研究，2010.

［5］迈克尔·波特. 竞争战略——分析产业和竞争者的技巧 ［M］. 陈小悦译. 北京：华夏出版社，1997.

［6］张亦春等. 国际金融市场学［M］. 北京：高等教育出版社，1999.

［7］George A. Erckcek，Brad R.Watts，Emerging Industries：Looking Beyond the Suspects，A Report to WIRED，2007.

［8］R. Vernon，International Investment and International Trade in the Product Cycle，Quarterly Journal of Economics，Vol.30，May 1966：212.

（作者：李海波）

资本市场

互联网时代的债券市场结构演变趋势及我们的对策

2013 年第二季度，以一些债券市场违规行为被查处为契机，相关监管部门对债券市场进行了专项治理整顿，维护了债券市场规范发展的环境。通过专项整顿，市场成员也在认真反思市场发展的经验与教训，既采取了强化内部风险控制的措施，又进行了从业人员的教育培训。与此同时，市场成员对进一步优化债券市场结构提出了诉求。

因此，有必要对债券市场结构进行研究。一方面，研究债券市场结构①演进的一般规律，探索完善我国债券市场结构的路径；另一方面，分析未来债券市场结构变革趋势，为应对变革做好准备。

一、债券市场结构的历史演进

债券市场结构演进可分为三个阶段：扁平化的古典市场、多层次的现代市场、基于大数据和云计算的互联网市场。当前，成熟市场正处于第二阶段向第三阶段发展的过程中，即在电子交易平台的冲击下，债券市场的批发层与零售层的界限逐渐模糊，市场结构重现扁平化的趋势。

（一）古典债券市场结构特点

20 世纪 20 年代、"大萧条"之前的债券市场基本处于古典市场阶段，即分散的供给者与需求者在一个平台上相互搜寻交易对手（见图 24.1）。早期的纽约证券交易所是典型代表。这一时期债券市场以个人投资者为主，交易方式以席位经纪人面对面询价和接受限价委托集中竞价为主。

---

① 本文所说的债券市场结构，是指债券市场交易制度安排。从债券市场参与主体来说，主要有经纪商、做市商、交易商和投资人。交易机制安排一般可分为指令驱动（Order Driven）和报价驱动（Quote Driven）。在场外市场，债券市场交易机制一般是报价驱动模式。

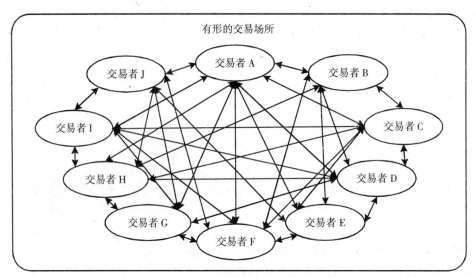

图 24.1　古典债券市场扁平结构

（二）现代债券市场结构特点

20 世纪 40 年代之后，机构投资者的债券持有规模剧增，机构之间大宗交易占据了债券交易的绝大部分。由于交易所的市场深度难以适应机构投资者的交易需求，债券市场出现了从交易所迁移至场外市场的趋势。

场外交易的兴起加速了债券市场结构的变革，催生出以分层结构为特征的现代债券市场[①]（见图 24.2）。

第一，交易商和机构间经纪商（Inter–Dealer Broker，IDB）等债券市场核心层掌握大量头寸，形成了批发型的交易商间市场。该市场通常由机构间经纪商（IDB）提供匿名经纪服务，为交易商管理债券存货风险而采取的债券自营交易和融资融券提供便利[②]。以美国市场为例，美国国债市场中交易商为使债券头寸快速恢复至预定水平，主要通过 IDB 与其他交易商进行大额交易来调整头寸。IDB采取会员制，在接收会员交易商的交易委托并整理报价后，通过各自的信息发布系统向会员公布最优报价和数量，但不公布委托方的名称。

第二，做市商连接批发型和零售型债券市场，对主营的债券进行持续双边报价，并以点击成交的方式满足零售市场中的交易需求。美国国债市场的做市商报

---

① B. Biais and R. C. Green, "The Microstructure of the Bond Market in the 20th Century", Toulouse University & Carnegie Mellon University, Aug. 29, 2007.

② S. Viswanathan, JJD Wang, "Inter–Dealer Trading in Financial Markets", The Journal of Business, Vol.77, No.4, 2004.

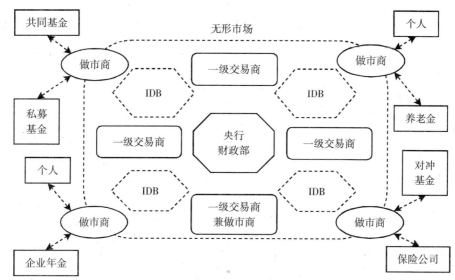

图 24.2　现代债券市场结构

价受到 NASD 相关规则的制约，一旦报价即具备法律约束力，客户点击或询价时，做市商必须按照报价或更优价格与其成交。由于做市商负有按报价成交的义务，各类投资人有选择做市商成交的权利，这促使做市商对市场及对应债券有更深入的研究和判断，确保报价更有竞争力、更接近公允价值①。

第三，零售投资人由于不具备大宗交易能力，通常不进入批发市场，只在债券零售市场中作为价格接受者与做市商开展交易。美国国债市场在 1990 年国债信息实时发布和报价平台 GovPX 推出前，一般投资者难以达到 IDB 会员的门槛要求，故无法通过 IDB 进行国债交易，也不知道批发市场中 IDB 为交易商提供的最新成交价格。

现代做市商制度的核心特征是债券市场核心层相对封闭。做市商集中了外围市场的指令信息，控制交易达成的机会。外围投资者通常只与做市商交易。因此做市商在报价价差丰厚盈利的激励下，做市意愿较强。同时电话、电传等通信技术的普及，降低了债券市场核心层的交易成本，基于声讯传播技术的现代债券市场得以确立。依托于现代债券市场由核心层到外围层的伞形结构，不管是新债发行，还是货币政策操作，或者市场信息传递，都是从市场顶端开始，逐层进行传递和扩散，形成了相应的"承销—分销—持有"债券流转机制和"一级交易商—做市商—零售投资人"的信息传递路径。

---

① S. R. Umlauf, "Information Asymmetries and Security Market Design: An Empirical Study of the Secondary Market for U.S. Government Securities", The Journal of Finance, Vol. XLVI, No. 3, Jul. 1991.

专栏 24.1　欧洲债券市场的分层结构

　　现代债券市场与零售行业类似，其中一级交易商、做市商相当于大型超市，而零售交易商和个人投资者相当于零售店和消费者。根据 BIS 统计，截至 2012 年底，欧元区政府债券余额为 91734.23 亿美元。截至 2013 年第一季度，全球债券市场余额中以欧元、美元、英镑和日元计价的债券余额分别占比为 44.22%、35.66%、9.17% 和 2.73%，欧元为世界上第一大债券计价货币。

　　欧洲 MTS 系统是欧洲债券市场的主要交易系统，超过 2/3 的债券交易都通过 MTS 系统[①]。MTS 系统是交易商间的债券批发市场，批发市场与零售市场的分层体现为，一般投资者无法直接进入 MTS 系统，只能通过 Bond Vision 系统从四家竞争性的交易商中挑选报价最优的一家开展交易。MTS 系统不仅划分开批发层与零售层，同时也将批发市场分层，即将交易商团队划分为一级交易商（Primary Dealer）、单一市场做市商（Single Market Specialist）和普通交易商（Dealer）。由 MTS 根据债券属性分配做市任务，一级交易商作为市场组织者，相应承担做市义务；普通交易商只能按照做市商报价进行交易，是价格接受者。

　　在电子交易平台逐渐取代 IDB 的趋势下，MTS 最新发展体现为批发市场覆盖更多投资人，批发市场与零售市场界限模糊[②]。具体表现为，MTS 系统开发出自动撮合功能，使做市商之间通过提交限价指令匿名成交。即 MTS 将做市商报价集中在一个指令簿上，按照价格优先、时间优先原则自动匹配买卖指令成交，同时 MTS 将指令簿开放给底层的小型投资者。其他层次的交易商提交买卖指令时，系统将该指令加入指令簿自动匹配，匿名成交。

　　① 刘世安. 欧洲 MTS 债券市场的发展和我国债券交易市场的结构完善 [J]. 上海金融，2005（5）.
刘延斌等. 欧美国债市场做市商制度分析与比较 [N]. 证券市场导报 2005-11.
　　Y.C. Cheung，B. Rindi，F. De Jong，"Trading European sovereign bonds the microstructure of the MTS trading platforms"，ECB Working Paper No. 432；EFA 2003 Annual Conference Paper No. 245，2005.
　　② 菲利普·拉克特瓦. 电子交易与欧洲债券市场发展 [J]. 中国货币市场，2006（12）.

（三）互联网市场结构展望

20 世纪 90 年代以来，信息技术的飞速发展和电子交易平台的兴起对现代做市商制度冲击较大，对债券市场分层结构产生挤压。

电子交易平台首先取代了经纪商[1]，将客户指令归集在系统中进行匹配，分流了大部分之前流向各做市商的指令信息流，并实时提供撮合成交。电子交易平台对做市商制度的核心冲击是，在做市商之外提供了一个安全、高效和信息充分的债券交易渠道，打破了做市商对交易信息流的独享权和对成交与否的控制权[2]。这使底层的市场参与者也能共享债券市场核心层的信息，从根本上摊薄了做市业务的垄断利润。电子交易平台引导现代债券市场的分层结构向扁平化的方向发展[3]。电子交易平台以其开放性，吸收了众多原来在债券市场核心层之外的交易机构，提高了批发市场的包容性。批发市场与零售市场的信息差异、价格差异逐渐缩小，两层市场逐渐趋同，形成了扁平化、混合型债券市场（Hybrid Market）。

成熟债券市场经历了"扁平化—分层次—再次扁平化"的演进过程，表面上看起来是一个循环，实质上却遵循着市场演进的基本规律，即市场结构变化顺应了市场参与者降低交易成本、提高交易效率的需求。技术进步带来的效率改进，最终会影响微观主体的交易行为，从而导致市场结构变化。

专栏 24.2　电子平台发展对现代做市商制度的影响

自从 1991 年美国债券市场的四家 IDB 联合主要的债券交易商建立国债市场实时信息发布系统 GovPX 开始，债券市场价格信息披露平台和电子交易平台经历了 20 多年的飞速发展，以电子交易渠道交易债券正逐步取代点击做市商报价，成为债券市场主流交易模式。

据统计，欧美债券电子交易平台由 1997 年的 11 个增至 2004 年的 74 个[4]。2007 年超过半数的交易是通过电子平台达成。2000 年以来，通过电子平台达成的交易量以每年 70% 的速度增长。经过一轮集中的兼并收购，电子

---

① M. J. Barclay, T. Hendershott and K. Kotz, "Automation versus Intermediation: Evidence from Treasuries Going Off the Run", The Journal of Finance, Vol. LXI, No. 5, Oct. 2006.

② H. R. Stoll, "Electronic Trading in Stock Markets", Journal of Economic Perspectives, Vol. 20, NO. 1, 2006: 153–174.

③ T. Hendershott and H. Mendelson, "Crossing Networks and Dealer Markets: Competition and Performance", The Journal of Finance, Vol. LV, No. 5, Oct. 2000.

④ eCommerce in the Fixed-Income Markets: the 2006 Review of Electronic Transaction System, Sifma. org., 2004, 2005, 2006.

交易平台集中度有所提升，专业化趋势加强。

欧美债券市场在电子交易平台的冲击下，交易方式新增了交易商交叉匹配（Cross Matching）、撮合交易等方式。债券场外交易流程由做市商分散达成交易和大宗交易信息滞后披露，演变为集中报价、集中成交及成交信息实时披露。据统计，电子平台中采用指令驱动方式的占比为34.23%，采取做市商报价驱动方式的占比为22.52%。

债券交易商为适应市场结构变化，通过做市与国债承销或央行公开市场操作等业务绑定、控股交易平台或交易场所等利益安排，以债券承销、自营交易及股权投资的收益来抵消做市业务的成本。市场管理者也降低了做市商资格申请的门槛，并给予优惠措施以鼓励做市商保持对债券的报价。比如美国国债清算公司（GSCC）为国债交易提供日间透支权及结算费用的减免，英国的做市商能通过非竞争性投标获取一定量的债券，这些措施极大地方便了交易商在债券市场融资融券。

二、我国债券市场结构分析

中国债券市场近年来持续快速发展，已成为全球第三大债券市场。债券市场结构初步具备了分层次的现代化市场特征：一是投资者结构日益多元化，机构投资者队伍不断壮大。截至2012年底，债券市场的机构投资者达到12431家。其中，金融类机构投资者5944家，非金融类机构投资者6375家[①]。二是做市商制度框架初步建立。2001年引入做市商制度，2007年中国人民银行发布了《银行间债券市场做市商管理规定》，扩大做市商准入范围、加大对做市商的政策支持力度、加强对做市商的考核管理。三是货币经纪公司取得发展。2006年1月，上海国利万邦货币经纪有限公司在上海开业，成为中国货币市场上的首家货币经纪公司。截至目前，我国货币经纪行业已有五家货币经纪公司。

但是，与欧美等发达国家相比，我国金融市场起步较晚，市场发展由监管部门主导，自上而下推动，缺乏自然演进的过程。因此，做市商、经纪人等场外债券市场的重要机构发展尚不充分，市场机构有待完善：

（1）"扁平化"询价难以为继。在银行间债券市场诞生之初，市场参与者较

---

① 中债结算公司. 2012年度债券市场统计分析报告[EB/OL]. 中国债券信息网，2013.

少，相互比较熟悉，"一对一"询价机制运行效率低下的缺陷不明显。随着银行间市场扩容，市场成员越来越多元化，可交易品种逐步丰富，"扁平化"询价的弊端显现，制约了银行间债券市场流动性和效率的进一步提高。

（2）做市商影响力有限。做市成交量偏低，2011 年，银行间债券市场全年现券成交 67.76 万亿元，其中做市商做市成交量仅占市场交易总量的 0.53%[①]。做市债券覆盖面小，截至 2011 年末，银行间债券市场托管债券 2328 只，做市商报价券种共计仅占债券托管总量的 36%。

（3）货币经纪公司尚不发达。成熟市场中，货币经纪公司对市场价格形成和降低交易成本起到重要作用。据不完全统计，2005 年全球最大的 5 家货币经纪公司总计交易规模超过 200 万亿美元，占当年全球金融交易的 35%以上[②]。相比之下，在我国银行间债券市场，通过货币经纪公司达成的交易只占市场全部成交量的很小部分。

三、完善我国债券市场结构的建议

（一）增强做市商功能

银行间债券市场是一个场外市场（OTC）。成熟市场中，做市商制度在保持场外市场稳定性和提供流动性方面发挥着重要作用。建议从制度着手，规范和引导做市商队伍。

（1）加强政策支持，增强做市动力。为了提高做市商的积极性，可借鉴国际债券市场发展经验，对做市商采取一些扶持政策。例如，可考虑给予做市商一定的报价和成交信息优势，允许做市商日间融资、融券，适当减免一些交易费用等。国外常用的方式是：将做市商、债券承销商和公开市场一级交易商的资质加以整合，以一级市场收益补偿做市风险，并以做市表现作为其考核标准，建立淘汰机制，增强做市商做市动力。

（2）扩大做市商队伍，健全考核机制。可借鉴国外市场的经验，增加做市商的类型和数量，放宽做市商准入条件。如在美国，场外债券市场包括 22 家强制做市商（由美联储认可，主要负责为国债做市）和 2000 余家自愿做市商；日本

---

① 中国银行间市场交易商协会. 关于 2011 年年度暨 2012 年第一季度银行间债券市场做市情况及做市商评价情况的通报［EB/OL］. 中国银行间市场交易商协会网站，2012.

② 沈炳熙等. 中国债券市场：30 年改革与发展［M］. 北京：北京大学出版社，2010.

场外债券市场做市商只需在日本证券业协会注册即可，目前有 700 余家①。同时，要制定健全的监督考评机制，对做市商的报价量、成交量、报价质量、连续性等指标进行考核，淘汰不合格的做市商，督促做市商切实履行做市义务。

（3）推动衍生品市场发展，降低做市风险。进一步推动衍生品市场发展，丰富市场避险工具，是做市商交易制度良性运转的重要保障。应当加快场外金融衍生产品市场发展，为做市商发挥做市功能提供保障。

（二）大力发展货币经纪业务

货币经纪业务是债券市场的润滑剂，能有效减少银行间债券市场的信息不对称程度，降低交易成本。鉴于货币经纪行业的发展现状，可采取以下措施促进货币经纪业务发展：

（1）放开市场限制，实现客户充分分散。由于政策限制，国内货币经纪公司的客户局限于金融机构，尤其是银行类金融机构。然而，银行间市场上 51% 的投资者为非金融机构，这类投资者由于对金融市场的熟悉程度和参与度不高，相对于金融机构处于信息劣势状态，对货币经纪业务的需求更为强烈。建议打通金融机构和非金融机构之间"零售"规模经纪服务的渠道，扩大经纪服务客户群体，实现错位竞争，形成层次化的多维竞争格局。

（2）扩大业务范围，实现产品序列的丰富多样。国际经验表明，20 世纪 80 年代中期之前，货币经纪媒介的交易品种主要是银行间同业拆借市场金融工具、外汇即期和远期买卖、债券以及欧洲货币市场金融产品。进入 20 世纪 90 年代，除货币市场、债券市场、外汇市场等传统业务外，资本市场及其衍生产品，甚至非金融产品如能源期货及期权、天气对冲指数等都纳入了货币经纪服务业务，业务的多样化也促进了货币经纪行业的大变革和大发展。借鉴国际经验，应允许国内货币经纪公司扩充自身的业务范围，着眼于复杂的、个性化需求更强的业务。

（3）保留传统声讯经纪，发展现代电子经纪。为提高经纪行业技术水平，提高信息传递效率，可打破统一交易平台限制，鼓励货币经纪公司开发适用于债券市场经纪业务的电子交易平台，多途径实现信息生产的规模效应和范围效应，提高信息归集和生产效率。在国外成熟市场，电子经纪成为现代货币经纪公司的发展方向②，德利万邦集团等世界排名领先的货币经纪公司，均注重电子经纪和传统声讯经纪的结合，以满足不同的市场需求。

---

① 何志刚. 中国债券市场微观结构研究［M］. 北京：中国经济出版社，2011.
② 包香明. 关于发展我国债券市场货币经纪业务的研究［M］//债券市场前沿问题研究. 北京：中国市场出版社，2007.

（三）加强交易信息透明度建设

信息透明是债券市场平稳健康运行的重要保障。交易前的报价和成交后的信息披露都是债券市场重要信息。从成熟债券市场发展的普遍规律来看，交易前报价信息越来越公开，交易后成交信息的披露就越来越及时。以美国为例，债券市场成交后必须在 15 分钟之内将交易报告提交给 TRACE 系统[1]。因此，应继续加强我国债券市场交易信息透明度建设。

四、应对未来债券市场结构变化新趋势

（一）未来市场结构变化的趋势与影响

以大数据、云计算及移动互联为代表的新信息科技的发展正在影响着债券市场的信息传递效率和参与者的行为方式。

从信息流动的角度讲，互联网与债券市场的融合将大幅提升市场信息流动效率。古典市场的信息流在各主体间封闭传导，是线与线相互隔离的网状传递方式。一条信息需要进行 $N \times (N-1)/2$ 次交易，才可以遍及 N 个交易主体。在现代市场伞形结构下，信息流由市场核心层向外围层扩散，一条信息的扩散同样需要两个层面的多次交易。与上述信息传播不同，互联网技术支持每个交易单位成为一个终端。终端获取信息的边际成本在互联时代趋于零，信息在主干网络或"云端"的传递不存在时滞，互联网极大地提高了信息流动的效率。首先是信息开放程度加强，互联网为不同层次的交易主体提供了一个无门槛的共享和交互的平台；其次是信息流的针对性提升，在大数据和云计算的条件下，运用碎片信息整合与挖掘[2]，可有效推进金融产品的主动营销，使得信息导向有特定需求的交易方。

从交易结构角度讲，中介服务模式将随新技术应用发生重大变化。由于互联网使债券市场信息充沛，中介机构对信息不对称的缓解功能让位于互联网。在信息匮乏时代，中介机构通过专业的信息甄别技术，降低交易成本并协调交易达成的一整套运转体系被互联网重构。与电子商务对零售业的冲击类似，未来债券交

① 曹鸿涛. 美国场外债券市场交易监管及启示 [J]. 上海金融，2005（2）.

② V. Mayer-Schonberger，K. Cukier. Big Data，A Revolution that will Transform How We Live，Work，and Think，Houghton Mifflin Harcourt Publishing Company，2013.

易过程中的批发和分销、报价和经纪等交易环节很可能越来越少，交易方直接匹配交易增多。债券市场中批发商、零售商、自营投资者的界限逐渐模糊。一级市场中投融资双方距离拉近，个性化直接发行和订单式融资等交易越来越普遍[①]，二级市场的市场交易成本显著下降，买卖匹配效率提高。这些变化带来的结果是交易结构去繁求简，多层次的现代债券市场被压缩为扁平化结构，伞形市场架构演变为众多交易商基于大数据和高效通信网络的"云端—终端"型市场结构。

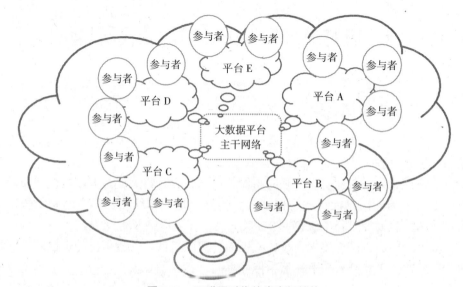

图 24.3　互联网时代债券市场结构

根据债券市场结构演进的三种状态，我们可将债券市场发展分为两个阶段，由网状结构向伞形结构演进阶段、由伞形结构向互联网结构发展阶段。

在第一个发展阶段，由于信息相对稀缺且流动缓慢，保证债券市场中的信息真实、准确、完整和及时地传递成为金融机构增强核心竞争力的目标。基于此，市场中介机构发展出经济基本面分析、财务分析和法务合规性核查等分析技术，用于缓解交易双方信息不对称。为了扩大信息覆盖面、增强客户忠诚度并提升规模效应，中介机构竞争核心在于获取更多交易渠道，以便对客户开展多维度服务。20 世纪末金融机构为扩大金融服务谱系，摆脱家族化、小作坊式的合伙制运营模式，横向并购、上市成为公众公司，向全能型的金融服务商发展。

在第二个发展阶段，信息量由匮乏变为相对充沛，信息传递走向开放，信息

---

① 万建华. 金融 e 时代[M]. 北京：中信出版社，2013.

传递效率和与之对应的信息处理能力，成为衡量金融机构竞争力的指标。由于金融机构的存货极易从互联网市场融入融出，故金融机构保有巨额存货的风险将高于收益。主干网络和云计算提供了任何一个机构都不能超越的信息传递和交易渠道，金融机构混业经营、多渠道服务的趋势可能减弱。债券市场的交易商将选择去存货、轻资产、高周转率的运营方式。在互联网这一相对平等的竞争环境下，微观主体有两个可能的发展方向：一是比拼信息获取通畅度，未来的债券市场参与者可能主要分为平台及平台参与者两层。平台主要收集微观主体交易信息，制定和输出标准及交易规则；平台参与者自由选择平台实施交易。二是比拼对信息有针对性流向的控制，即处理信息并挖掘潜在市场需求，设计有针对性的债券市场策略，可能成为金融机构区别于同业者的竞争优势。

在互联网对债券市场的重构下，市场管理模式也应该顺应其变化。分层次市场结构下，无论是货币当局对货币供应量的调节，还是监管主体对金融体系的管控，都借助伞形结构由核心层向外围层线性扩散。采取管理核心层金融机构，从而约束整个市场，是市场管理的常规思路。

市场结构再次扁平化之后，传统的管理模式将缺乏着力点。一是原有的信息扩散和反馈机制不复存在，面对信息丰富且高速流动的互联网，市场管理者识别信息、分析信息及做出决策的难度增大。二是互联网时代，平台建设成本下降、平台参与者选择和变更平台的转换成本极低，因此以限制和管控机构来降低行业风险的监管策略，将会产生挤出效应。监管一旦收紧，机构将快速撤离原有平台而转移至交易成本更低、管控较轻的平台上，监管套利行为很难防范。

（二）应对市场结构变化的准备

面对未来大数据、云计算和移动互联等技术发展压缩债券市场分层结构的趋势，为完善债券市场促进价格发现、优化资源配置等功能，维护金融稳定，市场管理者宜有所准备：

（1）要正确认识趋势，早做准备。信息技术革命影响着每个微观主体的行为。在互联网重构人们生存环境的进程中，金融行业不可能依然如故。按照目前互联网重构移动通信行业、电子商务冲击传统零售业的情形，预计金融行业未来的平台管理者身份并不限于行政机构，更多的商业机构也可能突破渠道商角色成为平台提供方。行政机构管理"某一"市场的模式会受到冲击。因此市场管理者作为最大的平台提供方，应利用好以往积累的管理经验和资源，保持先发优势。

（2）顺应市场发展规律，引导市场核心层转型。成熟的互联网对金融市场信息不对称的修复能力，超过任何现有的中介机构。为保持主要中介机构依然能在新时期依托互联网发挥资源配置的作用，市场管理者应引导金融机构合理利用互联网的渠道优势和信息优势，前瞻性地做好数据整合和数据智能化工作，使金融机构在互联网变革浪潮中顺利实现转型，适应新市场结构中的竞争。

（3）重视基础数据的采集工作。互联网时代中基础数据的资源共享程度，决定着变革进程的速度。金融市场中关于信用评价、风险偏好、交易习惯等基础性信息，具有公共属性。为做好信息分享，防范数据割据，市场管理者应重视基础数据的采集和分析，为新结构下的市场参与者提供准确、科学及具备公信力的基准信息，为数据挖掘提供基础素材。

参考文献

[1] B. Biais and R. C. Green, "The Microstructure of the Bond Market in the 20th Century", Toulouse University & Carnegie Mellon University, Aug. 29, 2007.

[2] H. R. Stoll, "Electronic Trading in Stock Markets", Journal of Economic Perspectives, Vol. 20, No. 1, 2006: 153–174.

[3] M. J. Barclay, T. Hendershott and K. Kotz, "Automation versus Intermediation: Evidence from Treasuries Going Off the Run", The Journal of Finance, Vol. LXI, No. 5, Oct. 2006.

[4] S. R. Umlauf, "Information Asymmetries and Security Market Design: An Empirical Study of the Secondary Market for U.S. Government Securities", The Journal of Finance, Vol. XLVI, No. 3, Jul. 1991.

[5] S Viswanathan, JJD Wang, "Inter–Dealer Trading in Financial Markets", The Journal of Business, Vol.77, No.4, 2004.

[6] T. Hendershott and H. Mendelson, "Crossing Networks and Dealer Markets: Competition and Performance", The Journal of Finance, Vol. LV, No. 5, Oct. 2000.

[7] V. Mayer–Schonberger, K. Cukier, Big Data: A Revolution that will Transform How We Live, Work, and Think, Houghton Mifflin Harcourt Publishing Company, 2013.

[8] Y.C. Cheung, B. Rindi, F. De Jong, "Trading European sovereign bonds the microstructure of the MTS trading platforms", ECB Working Paper No. 432; EFA 2003 Annual Conference Paper No. 245, 2005.

[9] 万建华. 金融 e 时代[M]. 北京：中信出版社，2013.

[10] 中债结算公司. 2012 年度债券市场统计分析报告[EB/OL]. 中国债券信息网，2013–01.

[11] 中国银行间市场交易商协会. 关于 2011 年年度暨 2012 年第一季度银行间债券市场做市情况及做市商评价情况的通报 [EB/OL]. http://www.nafmii.org.cn/zlgl/scjy/zsspj/qktb/201205/t201220 12_15182.html.

[12] 包香明. 关于发展我国债券市场货币经纪业务的研究 [M]//债券市场前沿问题研究. 北京：中国市场出版社，2007.

[13] 刘世安. 欧洲 MTS 债券市场的发展和我国债券交易市场的结构完善 [J]. 上海金融，2005（5）.

[14] 刘延斌等. 欧美国债市场做市商制度分析与比较 [N]. 证券市场导报，2005–11.

[15] 何志刚. 中国债券市场微观结构研究[M]. 北京：中国经济出版社，2011.

[16] 沈炳熙等. 中国债券市场：30 年改革与发展 [J]. 北京：北京大学出版社，2010.

[17] 曹鸿涛. 美国场外债券市场交易监管及启示 [M]. 上海金融，2005（2）.

[18] 菲利普·拉克特瓦. 电子交易与欧洲债券市场发展 [J]. 中国货币市场，2006.

（作者：中国银行间市场交易商协会课题组）

互联网金融与我国场外市场的建设

一、当前中国场外市场的基本情况

（一）我国场外市场发展现状

自 20 世纪 90 年代后期以来，多层次资本市场建设一直是中国资本市场的热门话题，虽然经过多年的努力，已建立了中小板、创业板、代办股份转让系统、地方股权交易中心等不同于主板的市场层次，但总体来看，中国多层次资本市场建设仍处于初级阶段。

主板市场上市标准严苛，造成上市效率低，上市难度高，最直接的结果就是，经过 20 多年发展，我国主板市场的上市企业仅 2000 余家，与中国 1360 万家企业的总量不相匹配。2012 年我国的上市公司总数为 2494 家，美国为 4102 家，上市公司总市值占国内生产总值比重 2011 年我国为 46.3%，美国的这一数值为 104.3%。创业板市场定位于服务高成长、自主创新型企业。实践中，创业板演变成了"创业成功板"，上市企业的规模、发展阶段均与主板类同，市场功能与服务手段也与主板大同小异。

因此，相较于整体经济的发展速度与趋势，多层次资本市场发展进展还显缓慢，加快场外市场建设是拓宽企业融资渠道、全力推动资本市场改革发展、在更高层面提升资本市场服务经济社会发展全局的重要举措。

我国的场外交易市场由于 NET 和 STAQ 系统及曾经分布于全国的 27 个证券交易中心、近百家产权交易中心被"一刀切"关闭，至今没有完全建立①。2001 年后，我国有限度放开场外交易市场。目前基本架构就是全国中小企业股份转让系统以及各地的股权交易市场共同发展。尤其是各地股权交易市场发展迅猛。根据投中集团掌握数据，2012 年至今近 20 家区域性股权市场开业，加上此前的 5

---

① 孙峥等.新兴资本市场的制度创新和规范研究［M］.上海：上海财经出版社，2005.

家,目前共有 20 余家区域股权交易市场正式营业。 还有更多的区域性股权交易市场正在筹备当中①。

我国目前场外市场的市场功能丰富且不断多元化,主要表现如下:

(1)拓宽高新技术企业和中小企业的融资渠道,满足各投资主体多样化的投资需求。场外交易市场可以通过设立比证券交易所主板、中小企业板以及创业板更加宽松的挂牌融资条件,让更多具备高成长潜力、高科技含量的中小企业能够通过资本市场获得发展资金,推动直接融资渠道的拓展,提高我国经济直接融资的比重。

(2)改善投融资双方信息不对称状况,进一步发挥资本市场的整体功能和作用。场外交易市场可以通过信息披露、信息交流、产品发布、搭建平台等多种渠道进一步疏通和拓展资金供需双方之间的信息交流方式,以满足资金需求方和资金供给方日益增长的融资、投资需要,吸引市场中更多的资金进入股票市场体系中,以缓解目前我国银行体系中流动性过剩的压力,以促进我国经济的良性循环发展。

(二)目前场外市场主要交易机制

现阶段我国场外交易市场已经采用的主要交易制度是协议交易。协议交易是指买卖双方自由地进行要约和承诺,最终取得协商一致的协议价格,并以该价格进行交易。

目前"新三板"(即全国中小企业股份转让系统)已经允许引入做市商制度,也即投融资双方之间不能直接交易,必须通过第三方即做市商完成交易,但是"新三板"的做市商制度尚未正式推出。

(三)中国场外市场的法律地位及监管模式

基于我国幅员辽阔的地理特点,理应鼓励发展形成多中心多层次的场外交易市场格局,支持目前的全国性证券交易场所和其他的地方性股权交易市场共同发展,中央监管和地方监管统一结合。现在各地的地方性股权交易市场发展得如火如荼,甚至在某些方面已经超过全国性市场,尤其是在市场融资能力和交易活跃程度方面尤为突出。但是现行的法律法规却和现实发展严重脱节,亟须完善现行的 《证券法》以及配套法规,给予现有多中心多层次的场外交易市场格局应有的法律保障。

---

① http://www.p5w.net/fund/gqjj/201306/t20130621_199161.htm,2013 年 8 月 16 日访问。

二、互联网金融的发展概况

（一）互联网金融定义与功能

以互联网为代表的现代信息科技在过去 10 年间产生的颠覆性影响已经体现在图书、音乐、商品零售等多个领域，并将进一步对现有的金融模式产生根本影响。互联网金融正是在这种背景下应运而生，它是传统金融行业与互联网精神相结合的新兴领域。从广义上讲，任何涉及了广义金融的互联网应用都是互联网金融；从狭义上讲，互联网金融可以定义为资金融通依托互联网来实现的方式方法。

在这种金融模式下，支付便捷，市场信息不对称程度非常低；资金供需双方在资金期限匹配、风险分担等方面的成本非常低，可以直接交易，大幅减少交易成本。金融业的分工和专业化被大大淡化了，被互联网及其相关软件技术替代了；市场参与者更为大众化，互联网金融市场交易所引致出的巨大效益更加普惠于普通老百姓。企业家、普通百姓都可以通过互联网进行各种金融交易，风险定价、期限匹配等复杂交易都会大大简化、易于操作。这也是一种更为民主化，而不是少数专业精英控制的金融模式。

（二）互联网金融发展现状

互联网金融正成为引起人们关注的重要领域，目前互联网金融比较成功的应用主要可分为以下几类：

（1）P2P 网贷（Peer-to-Peer），P2P 融资模式是近年来逐渐兴起的一种个人对个人直接信贷模式。其发展背景是正规金融机构一直未能有效解决中小企业融资问题，而以互联网为代表的信息技术，大幅降低了信息不对称程度和交易成本，使得个体之间直接金融交易这一人类最早的金融模式焕发出新的活力，弥补了正规金融机构的不足。目前，P2P 融资模式已经发展成为一个全球性的新兴产业。

（2）第三方支付，是指具备一定实力和信誉保障的独立机构，采用与各大银行签约的方式，提供与银行支付结算系统接口的交易支持平台的网络支付模式。第三方支付作为目前主要的网络交易手段和信用中介，最重要的是起到了在网上商家和银行之间建立起连接，实现第三方监管和技术保障的作用。现在如支付宝、财付通、汇付天下、拉卡拉等。

（3）互联网上的众筹平台（Crowd Funding），是指用团购+预购的形式，向网友募集项目资金的模式。众筹利用互联网和 SNS 传播的特性，让小企业、艺术家或个人向公众展示他们的创意，争取大家的关注和支持，进而获得所需要的资金援助。现在全中国只有十几个，但在全世界已有 2225 家。

（4）具有中国特色的融资服务平台，如温州市民间借贷登记服务中心、融 360 等。温州市民间借贷登记服务中心是当前最为成功的一家平台。它由温州市鹿城区工商联牵头 22 家鹿城优质民营企业主导来组建，以公司化形式运营，吸引民间资金供求双方和咨询、担保、公证等各类中介机构进场，由各类中介机构为民间资金供求双方提供资金供求信息咨询、交易撮合、担保、公证等中介服务，同时提供中国人民银行征信系统信息接口等便利条件，为民间借贷双方提供登记服务，定期向社会公布汇总的交易信息。

（5）互联网时代的征信服务体系，如中国人民银行的征信中心。

（三）互联网金融前景展望

互联网精神是指"开放、合作和分享"，而互联网金融从某种意义上说是传统金融机构具备了互联网精神，通过深入的变革来为客户提供适应于互联网特征的个人金融服务。互联网金融就是充分地利用互联网技术对金融业务进行深刻变革后产生的一种新兴的金融业态[①]。

这种新金融模式的出现意味着巨大的机遇和挑战。对政府而言，互联网金融模式可被用来解决中小企业融资问题和促进民间金融的阳光化、规范化，更可被用来提高金融包容水平，促进经济发展，但同时也带来了一系列监管挑战。同时，互联网金融的发展也进一步促使"金融脱媒"潮流的发展。对业界而言，互联网金融模式对金融行业现有的服务模式、商业模式、技术模式都将产生颠覆性影响，会产生巨大的商业机会，也会促成竞争格局的大变化。

三、场外市场建设与互联网金融

（一）两者关系的探讨

在互联网金融这种新的金融模式下，场外市场的建设必将形成全新课题来冲击现有的资本市场理论。互联网金融给场外市场现存问题的解决提供了新的思路

[①] 中国交通银行副行长侯维栋在"2013 年陆家嘴论坛"上发表的讲话，http://news.hexun.com/2013/2848/155553739/index.html，2013 年 9 月 5 日访问。

和方式，也为丰富场外市场现有的服务内容、提升服务水平、扩展服务渠道、打造综合性场外市场金融服务平台提供了无限的可能性。而鉴于互联网金融目前的强势发展以及未来的发展走向，其与场外市场建设的结合必将成为资本市场开拓的下一片蓝海。

（二）两者功能的互补

互联网金融秉承的"开放、合作和分享"的互联网精神，是一种更为民主化、草根化的金融模式，市场参与者更为大众化，所引致出的巨大效益将更加惠及于普通百姓。其散布的信息量大，传播速度快，能在最短时间内将事件的影响扩大到最大化；场外市场能满足各投资主体多样化的投资需求，可以有效改善投融资双方信息不对称状况，减少交易成本，促进地方区域经济的发展，是目前多层次资本市场建设中不可或缺的一个环节。

由此可见，场外市场与互联网金融在功能定位上有很多重叠和交叉的部分，如均可传播最新最快的信息、改善投资双方信息不对称状况，利用技术手段加强对场外市场运行的风险监控、提高风控管理水平，完善现有的交易品种，引进新的金融品种类型等。总的来说，互联网金融可以进一步扩展场外市场的发展空间，提升场外市场现有的服务功能，促进场外市场更加全面地发展，并尽快与国际接轨。

四、互联网金融如何促进解决场外市场现存问题

（一）当前中国场外市场建设存在的问题

1. 市场建设一哄而上，功能发挥不佳

目前全国场外市场建设热情高涨，各地交易场所一哄而上，目前约有 21 家各类股权交易场所。各地方股权交易场所在投入上大有后来者居上之势，在抢占资源上纷纷跑马圈地，搞行政化垄断，但市场公信力严重缺失，市场功能发挥不佳，同质化现象明显，直接导致企业受损，大量资源浪费。

2. 错误定义"区域"与"全国"市场

根据证监会颁布的《关于规范证券公司参与区域性股权交易市场的指导意见（试行）》将由地方政府监管的场外交易场所定义为"区域性市场"，从而使得社会上众多不了解资本市场的企业和投资者产生了地方场外市场的层次低于全国性场外市场——"新三板"的错觉。区域市场应定义为由地方政府监管，根据自身

特点实行特定的运营机制的市场，"新三板"是由中国证监会监管的全国性场外市场。但不管是区域性还是全国性的场外市场，服务的对象都是一样的，它们的关系就类似于中国中央电视台 CCTV 与地方卫视的关系，是一种竞争关系，在竞争中改善服务，在竞争中实现优胜劣汰。

事实上，资本市场层次的划分是依据服务对象、市场功能和手段。区域性股权交易市场和"新三板"一样，是服务于成长期前期、不符合 IPO 条件的中小企业，提供融资、股权流通等服务手段的综合金融服务平台。所以区域性股权交易市场和"新三板"均处于多层次资本市场的第三层，区域的概念不是"四板"。将区域性场外市场定义为"四板"不利于企业和投资者正确认识场外市场，选择适合自身特点与需求的场外市场，阻碍我国场外市场的良性发展。

3. 片面提出"非公开市场"

市场良性运行的要素是公平、公正，有效率，且风险可控。只有当风险不可控时才需对市场作出限制。而人为将市场以"公开"和"非公开"区分，是对不同市场的歧视和保护。事实上，市场不存在"非公开"一说，市场都是公开的。假设承认有"非公开"市场存在，但在实践中，"公开"和"非公开"市场往往难以界定：

（1）所谓"区域性"股权托管交易市场被定义为"非公开"的交易市场，被要求采取协议转让方式进行交易，而实际上买卖委托信息又是公开的，两者之间存在矛盾。

（2）被定义为"公开市场"的"新三板"，登陆该市场的企业相应被称为"公众公司"，但这些公司公开发行股票却是不被允许的。

单纯依照市场的"公开"和"非公开"来划分和制定相关的规则，既不利于市场的整体建设，又会给市场的规范发展带来隐患。

4. 政策上限制竞争

全国股转系统颁布了一系列新规则，比如股东人数放开 200 人限制、可以施行竞价交易和做市商制度等。这些新的规则虽暂时不能从根本上解决流动性不足、融资困难的问题，但提升市场形象、扩大市场影响力显著。地方性股权交易市场却不能执行这些规则，客观上造成了不公平竞争。新规则的颁布在政策层面向全国股权转让系统倾斜，使其获得了政策性红利，而这是与场外市场发展中不同的市场之间良性竞争、共同发展的理想目标背道而驰的。这样不利于通过竞争改善服务，促进资本市场功能的发挥。

5. 各资本市场间未互通对接

目前，全国性股权交易市场与地方性股权市场、场外市场与场内市场间均不能互通对接。这不利于发挥场外市场培育孵化中小企业的职能，亦不利于挂牌企业自主选择适合的资本市场。

（二）互联网金融对问题的弥补与缓和作用

1. 有助于开发更多金融产品，促进市场良性发展

场外市场的建设必须不断积极探索、开拓创新，努力更新金融创新领域的研发。

在互联网金融的浪潮下，要积极抓住机遇，迎接新的挑战，比如及时推出综合金融服务平台，推广综合金融创新服务，开设网上金融商城等。金融商城主要职能是宣传在场外市场挂牌或拟挂牌企业及产品，允许挂牌或者拟挂牌企业开设网店；网上直销挂牌或拟挂牌企业产品。另外还可销售场外市场自主创新型金融产品、债权产品、股权产品、保险代理产品等，另外也可考虑提供线上支付功能。

2. 有助于打破目前"区域"与"非区域"、"公开"与"非公开"的限制

要鼓励公平化的竞争，反对行政垄断。区域限制造成各地政府为垄断企业资源，采取行政化的强制手段，要求当地企业在当地市场挂牌交易，但大多数场外市场完全不具备融资功能，也几乎无法交易，丧失了资本市场为实体经济服务的基本功能，违背了国家鼓励发展场外市场的初衷，同时也造成了大量资源的浪费。

场外市场的建设必须要迎合互联网金融的本质精神，也即开放、进取、平等、兼容并包。在互联网金融的环境下，谁能占据场外市场空白领域的山头，谁能获得投资者、投资机构的青睐，谁能真正在场外市场激烈竞争中出类拔萃，谁就是真正的胜利者。不能依据政府行政化指令，而应在市场化竞争中，依靠产品、服务、理念取胜。比如上海股权托管交易中心经过一年多的发展，已初具业务规模，市场功能发挥良好，社会效益显著，开创了八项第一，获得市场的一致认可。如能借助互联网金融的势头进一步发挥其良好的市场影响力，提升其服务品质和层次，未来必将在场外市场的发展中取得更大作为。

3. 有助于完善做市商制度的推进

做市商制度是指投融资双方之间不能直接交易，必须通过第三方即做市商完成交易，在证券买卖双方中必有一方为做市商。做市商制度对于小市值、小交易量的股份非常重要，能够保证其具备足够的流动性。在该制度下，做市商必须储备足够的自有资金或股票，以随时满足市场上投融资者的需求。由于做市商承担了一定的保障资本市场流动性的社会责任，在法律制度的设计上可以对做市商稍加倾斜，适当减轻其所面临的风险[①]。尽快引入做市商制度，使诸多的做市商与挂牌企业、投资者、其他社会组织一起成为场外交易市场的交易主体和客体，是

---

① 方传磊. 中国场外交易市场建设路径研究 [D]. 华中科技大学硕士学位论文，2009.

当前发展我国场外交易市场中重要的发展趋势。做市商是在证券市场上由具备一定实力和信誉的证券相关机构作为特许交易商，不断向公众投资者报出某些特定证券的买卖价格，并在该价位上接受公众投资者的买卖要求，以其自有资金和证券与投资者进行证券交易①。

场外市场的建设必须要契合互联网金融发展的趋势，即服务至上，品质取胜。在互联网金融时代下，在一种更为开放、包容、平等的金融环境中，极其有助于做市商制度的发展，并且借助网络的力量使得做市商的前进更加迅速。做市商提供的服务可以在互联网金融的语境下更加多元化，当然与此同时市场竞争也将更加激烈，而在激烈的市场竞争中容易迫使做市商更好地改善服务质量，提升服务品质，进而提升整个场外市场交易机制的质量和水平。曾经在第三方支付发展的过程中即遇到过相似的情况，激烈的市场竞争促使当时市场上良莠不齐的第三方支付业务拓展服务的广度，加深服务的深度，在更好地满足企业和消费者对支付服务的需求方面进行努力。做市商服务也是如此，在互联网金融时代下，促使做市商向"高、精、尖"方向发展，更好地满足场外市场中做市商制度发展需求。

4. 有助于场外市场转板机制的完善，打通不同层次资本市场的对接

不仅允许鼓励各地场外市场的挂牌企业去"新三板"挂牌，同样也要积极支持"新三板"挂牌企业转至各地场外市场挂牌交易，要充分尊重企业的意愿，给予企业及全体股东以充足的决策空间。只有各场外市场之间充分流动对接，才能让企业切实享受到场外市场对于实体经济的促进作用，从而推动各场外市场良性发展。灵活的转板机制能够增加"三板"市场对高科技企业的挂牌动力，使场外交易发挥孵化培育主板优质企业的作用。

场外市场的建设必须要汲取互联网金融的精华，让各个场外市场自己通过市场竞争去面对企业的挑选，自动完成优胜劣汰，从而促进整个场外市场的长远良性发展。我国应充分把握目前场外交易市场正在发展建设、广受关注的势头，加快建立转板机制，注重不同层次场外交易市场之间的衔接，使企业在不同的阶段可以在不同挂牌要求的市场中交易融资，使投资者有更多的渠道进行投资理财，更好地加快保护投资者和债权人的利益，维护资本市场的稳定。而要达到这一目的，必须汲取借鉴互联网金融发展的优秀经验，为转板机制真正落实在技术上、制度上、管理上都能有良好的衔接过渡，转化其原有的服务模式，打破其先前的技术壁垒，利用最新的技术对现有的转板机制进行技术上的处理和完善，尽快地推进转板机制改造的全面顺利进行。

---

① 任晟缘. 做市商制度比较研究 [J]. 天津大学硕士学位论文，2007.

参考文献

［1］周茂清.场外交易市场运行机制探析［J］.财贸经济，2005（11）.

［2］李天博.中国场外交易市场构建研究［D］.中国政法大学，2009.

［3］邹德文等.中国资本市场的多层次选择［M］.北京：人民大学出版社，2006.

［4］邢天才.中国资本市场问题研究［M］.大连：东北财经大学出版社，2003.

［5］孙峥等.新兴资本市场的制度创新和规范研究［M］.上海：上海财经出版社，2005.

［6］刘金.发展资本市场与建设经济强国［M］.北京：社会科学文献出版社，2006.

［7］霍学文.互联网时代证券市场的发展与监管［M］.北京：中国金融出版社，2004.

［8］马达.我国股票市场资金运行研究［M］.北京：经济科学出版社，2006.

［9］周茂清.场外交易市场运行机制探析［J］.财贸经济，2005（11）.

［10］彭丽欣.我国场外交易市场制度设计及监管对策研究［D］.天津财经大学，2009.

［11］李金凤，王轶楠，雷禹.基于多层次资本市场框架构建中国OTC市场［J］.中央财经大学学报，2010（2）.

［12］吴奇峰.中国股票市场转板机制的研究［D］.武汉理工大学，2010.

［13］张宗新，徐冰玉.上海场外交易市场发展模式与路径［J］.新金融，2010（1）.

［14］付丽艳，牟莉莉.证券场外交易市场监督管理体制比较研究［J］.大连海事大学学报，2003（3）.

［15］陈红艳，许长新.国内外做市商风险成因的研究观点综述［J］.经济纵横，2005（3）.

（作者：毛圣霞）

完善多层次资本市场 加快推进 "新三板" 建设
——以上海张江高新技术产业开发区为例

建立多层次资本市场体系是我国社会主义市场经济发展的客观要求，为此中国共产党十六届三中全会明确提出了"建立多层次资本市场"的任务。随着2013年1月16日全国中小企业股份转让系统即"新三板"市场结束试点正式揭牌运行，目前以主板市场（以下简称"主板"）、中小板市场（以下简称"中小板"）、创业板市场（以下简称"创业板"）和"新三板"市场（以下简称"新三板"）为主体和以京、沪、深三地格局构成的中国多层次资本市场进入了新阶段。通过资本市场分层以及交易制度创新，可以使不同规模、不同类型的中小企业都比较容易获得直接融资机会，进一步化解中小企业融资难的问题。

"新三板"是多层次资本市场的基石。就中国目前股票数量来看，按照由多到少的顺序依次为主板、中小板、创业板、"新三板"，形成了一种"倒金字塔"的关系状态，这与美国最初的情况相仿。但从已扩容园区后备的"挂牌"企业数量，以及国内其他地方园区积极筹备的情况来看（目前全国百余家高新区有超过5万户企业），我国的"新三板"挂牌企业会有一个量的突破。同时，"新三板"也是中小板及创业板的蓄水池，将为A股市场输送更多的优秀企业。

一、"新三板"的发展背景、特点及其定位

"新三板"是相对"老三板"而言的，是对原有"老三版"的改进。2000年，为解决主板退市公司与两个停止交易的法人股市场公司的股份转让问题，中国证券业协会出面协调部分券商设立代办股份转让系统，被称为"老三板"。"老三板"挂牌的股票品种少，且多数质量较差，转到主板上市难度大，因此对投资者吸引力低，被冷落多年。为改变我国柜台交易过于落后的局面，同时也为更多的成长型、创新型企业提供股份流动的机会，2006年初，证监会设立了真正意义上的代办股份转让系统即"新三板"，主要面向北京中关村科技园区（以

下简称"中关村"）的高科技企业。2012年8月，"新三板"启动了首批扩容，新增上海张江高新技术产业开发区（以下简称"张江"）、武汉东湖高新技术开发区（以下简称"东湖"）和天津滨海高新技术产业开发区（以下简称"滨海"）三个试点国家级园区，成为全国性的场外柜台交易市场。

相对"主板"等其他资本市场，"新三板"具有准入门槛低、审核时间短、费用成本少等特点（详见附表）。"新三板"企业具有高科技、高成长等特点，且多处于初创期，其新产品和新技术的研发需要大量资金，所以有相当一部分企业的现金流量净额为负。"新三板"市场没有对挂牌企业现金流、盈利和其他财务指标做过多要求，这对于这些企业的成长是十分有益的。

成长型、创新型中小企业一直是科技园区的活力所在，但也面临着常见的中小企业融资难的问题。作为投融资平台，尤其是在目前国内经济发展减速之际，"新三板"扩大试点将使这类现金短缺的中小企业获得便捷的融资渠道。更重要的是它能够带动其他融资渠道，并为社会带来更多的投融资机会。"新三板"定位于为成长型、创新型中小企业提供股份转让和定向融资服务，这将加强我国各城市对经济薄弱环节的支持，促进民间投资和中小企业共同发展，为更多企业带来借助资本腾飞的机会。这也成为上海国际金融中心建设的重要组成部分，在构建上海的金融生态系统上迈出了重要一步。

二、"新三板"市场现状及未来趋势

"新三板"扩容以来，总体势头保持良好。2013年2月8日，《全国中小企业股份转让系统业务规则（试行）》（以下简称"《规则》"）及相关细则正式发布实施。《规则》及相关细则的发布实施标志着全国中小企业股份转让系统基本建立，完善了全国证券场外市交易市场运行管理的基本制度框架。新规则体系下的"新三板"市场已成为中小企业融资、扩张的重要平台，同时也为建立全国性统一的证券场外交易市场奠定了坚实的基础。截至2013年8月底，挂牌企业总数达到309家，其中7家挂牌企业成功转到其他板上市，总股本超过80亿股（见表26.1）。其中，7~8月挂牌企业迅速增加了90余家，而且7月披露的21笔定向融资的总规模达到了3.56亿元。"新三板"融资集中，大部分是因前期交易所规则修订而压后的，但从本质上看是"新三板"企业成长迅速，同时也得到了一些专注"新三板"的机构投资者的认可。

表 26.1　扩容后各园区挂牌数量累计（不含已转到其他板上市的企业）

单位：家

园区挂牌数量	中关村	张江	东湖	滨海	合计	备注
2013 年 8 月 30 日	227	33	29	20	309	"新三板"扩容后新增企业 183 家
2013 年 6 月 26 日	182	11	10	9	212	此后 7~8 月间挂牌企业快速增加
2013 年 1 月 15 日	174	8	10	7	199	"新三板"挂牌企业接近 200 家
2013 年 9 月 7 日	128	2	2	2	134	"新三板"扩容后首批企业挂牌
2013 年 8 月 3 日	126	0	0	0	126	"新三板"扩容开始

资料来源：根据中国证券业协会代办股权转让信息披露平台整理。

　　我国发展多层次的资本市场，旨在满足不同发展阶段企业的多元化融资需求，提高国内创业投资（Venture Capital，VC）和股权私募投资（Private Equity，PE）的成熟度，增强自主创新能力，促进高新技术产业发展。场外市场作为多层次资本市场的基础部分，理应成为主板和创业板的土壤。然而我国的"新三板"发展却比较滞后，不同层次市场间也没有建立起连接桥梁，真正意义上的转板制度缺失。所以目前的改革方向是先完善各层次市场建设，然后逐步打通各市场之间的联系。

　　综合当前情况，"新三板"今后的发展趋势主要体现为以下几点：一是扩展至全国性场外市场。开放至全国近百家高新技术园区，逐步扩展至全国范围内符合条件的股份制公司。目前，国务院常务会议已明确提出，将中小企业股份转让系统试点扩大至全国。二是扩大投资者范围。允许自然人投资者参与，定向增发向券商营业部客户开放，以及降低投资者的资金门槛等。三是进一步扩展融资渠道。实行有别于主板、灵活便捷的融资制度，如分期发行制度和小额快速融资制度，以及发行针对"新三板"的中小企业私募债。四是择机引入做市商制度。券商将发挥活跃市场的作用，券商会对公司的风险控制更加谨慎。五是对接主办券商直投业务。券商将积极参与挂牌公司的直接投资，起到价值发现作用，提升其他投资者的信心。六是完善交易制度。在"新三板"企业股权转让方式方面，将针对企业的差异性做出多元化股权转让制度安排，包括集合竞价、做市商、一对一确定报价转让和其他一些协议转让等方式。七是推出真正意义上的转板制度。"新三板"将与创业板和中小板对接，优秀的"新三板"企业将直接转板至更高层次的市场，有利于稳步推进多层次资本市场之间的衔接。

三、上海"新三板"试点的表现及原因剖析

早在 2009 年 12 月，上海市政府就致函中国证监会、科技部，商请支持张江高新企业进入代办股份转让系统试点，并积极着手筹划推进扩大试点的相关工作。主要目的是为了有效对接全国性场外市场，为"中小板"和"创业板"培育、储备和输送优质上市资源。

从 2012 年 8 月开始扩容，至 2013 年 6 月底为止，各试点园区"新三板"新增挂牌数量分别为：中关村 56 家，张江 11 家，东湖 10 家，滨海 9 家（见表 26.1）。根据上述数据，张江高新区在"新三板"上市企业数量上，远落后于中关村。这与张江的功能定位和区域面积都是不相符的。张江表现平平的原因，宏观上是"新三板"市场的发展尚处于起步阶段，具体可归结为"企业少、了解浅、动力低、扶持弱、目的散"五个方面：

一是成长型、创新型中小企业总数较少。上海的经济结构呈现出明显的"大企业主导"的特点：国资和外资企业实力强大，白领文化浓郁，导致民营经济发展不够活跃，在沪高科技企业总数较少。截至 2013 年 8 月底，中关村认定高新技术企业累计达到 1.7 万余家，张江虽有 4300 余家，但符合上市条件的企业相对较少。另外，在"新三板"扩容 1 年前，上海建设了自己的区域性股权托管交易中心，客观上分流了一部分企业。

二是企业对刚起步的"新三板"持谨慎态度。"新三板"在上海的建设由于刚刚开始，尚未形成足够的交易规模和活跃度。再加上宣传推广不足，导致企业对挂牌持谨慎态度，对进入"新三板"的好处认识得还不深入、不全面。而且在张江，很多高科技企业为海归性质，核心技术来源于海外，他们对于柜台交易市场的选择，普遍倾向于更加成熟和规范的美国的纳斯达克创业板或场外柜台交易系统。

三是中介机构对"新三板"业务缺乏动力。证券公司是企业挂牌"新三板"的主办机构，在其看来，"新三板"挂牌业务与主板上市的首次公开募股（Initial Public Offering，IPO）业务相比，在上柜流程、人员配置、法律责任等方面都类似，而前者收入过低——目前仅有 50 万~80 万元，相较 IPO 承销保荐通常要收取企业上市募资总额的 3%~6% 基本不具有可比性。鉴于当前经济下行、IPO 竞争白热化、柜台交易属于"蓝海"这样的未知市场空间的判断，一些知名证券公司主动开辟了"新三板"业务，但总体上依然缺乏动力。

四是政府扶持力度不够。在"新三板"发展之初，各地都采取有力措施支持

企业挂牌：中关村设立中关村瞪羚投资发展基金，引入政府引导资金、大型国企资金以及社会资本资金 50 亿元，以股权投资方式为主，配合债务性融资，加速"新三板"企业扩容步伐；滨海在对挂牌企业进行资金补助的同时，对因改制挂牌造成的各种税收，采取先征后返，属于地税留成部分减收 50%；东湖在对企业扶持的基础上，还给予参与挂牌的中介、券商适当补贴（包括按时提交材料但因其他原因未能挂牌试点的企业）。截至目前，张江对于企业完成股改和"新三板"挂牌的支持仅是最高 160 万元额度的一次性补贴。然而由于"新三板"交易不活跃、融资前景不明朗，企业通常不愿投入额外费用，而是用这部分补贴作为支付给证券公司、会计师事务所、律师事务所的佣金。同时，张江各分园在支持"新三板"的政策执行和服务配套上不尽如人意，在一定程度上降低了企业挂牌的积极性。

五是企业对自身在"新三板"挂牌的目的比较发散。一些企业不清楚自身是否需要挂牌上市，如果挂牌上市，对选择哪个层次的资本市场也很犹豫；一些企业对于上不上市无所谓，在哪个层次的资本市场上市无所谓；一些企业期待短时间内通过"新三板"迅速成为一家"明星"企业，以便解决发展中的困局；还有一些企业根据补贴高、政策好的标准来选择园区，甚至目的就是为了通过"新三板"挂牌来进行一笔补贴上的套现；等等。

虽然后续张江挂牌企业数量有所增长，但上述这五个重要原因并没有根本上的改变。此外，张江和其他园区一样，也面临着一些挂牌企业需要补税，以及金融市场中银行、券商等各主体之间存在壁垒等问题。

四、加强"新三板"建设的思路和建议

上市是企业行为，政府要尊重企业的主体作用和主观能动性。在这一前提下，政府应发挥引导和调控作用，进行政策协调、工作推动，营造上市氛围、创造上市条件，履行好政府部门的应尽职责。"新三板"的推出，不仅是国家支持高新技术企业发展在政策上的落实，更是建立全国统一监管下的场外交易市场的一次积极探索。随着"新三板"制度的不断完善，其对于我国高新技术企业的发展将发挥越来越重要的作用。因此，成长型、创新型中小企业应抓住发展契机，充分利用"新三板"这一平台，解决自身发展过程中面临的各种难题，这对于企业后期的发展与壮大，都具有非常重要的战略意义。

进入"新三板"挂牌，对于企业来讲更多是个过渡期，这里会有私募股权投资的退出渠道，会有做市商的长期服务，也会有市场本身刺激股权交易量上升的

"诱惑"。"新三板"不仅让科技企业增加了融资机会，而且让企业自身增强了规范化管理，体验了过渡环境，为今后转板上市的发行交易做好准备。企业进入"新三板"，展示形象的同时要练好内功，目标不是当前的"小河"，而是未来的"大海"。企业合理利用"新三板"市场进行发展，短期是要符合自身的发展节奏，长期是要加快自身的成长速度。

因此对于上海以及全国"新三板"的未来发展，切忌盲目追求挂牌数量，应当脚踏实地，树立培育真正优质企业、提升专业化服务水平、完善多层次资本市场的长远目标。目前，鉴于做市商和转板制度尚未全面建立，我国的"新三板"建设要从挖掘优质企业、引入专业机构、做好配套服务、发挥地域优势四个方面出发，提升交易活跃度。

一是积极发掘高新区内外的企业，扩大上市的优质资源。以上海为例：首先，张江应当发挥自身"新三板"挂牌资质的优势，扩大宣传推广，加强招商引资，发掘和吸引一批符合挂牌条件的优质民营科技企业。其次，要进一步拓宽视野，鼓励IPO撤回企业等其他短期内无法上市的企业通过张江"新三板"挂牌融资。另外，上海有很多中小企业因种种原因不在园区之内，虽然发展势头良好但需政府和资本市场的帮助来进入更高的发展阶段，"新三板"要关注这些未纳入张江园区的企业。总之，推进挂牌工作要围绕优质企业这一核心，让"新三板"对挂牌企业的风险降低的同时，对投资者的风险也降低，进而增加对投资者的吸引力，提高换手率。

二是引入更多的专业化机构，提高竞合的效率和效益。引入具备资质的证券公司，包括外地券商，鼓励其承接"新三板"挂牌业务，与本地券商开展竞争。引入银行机构，采取信用贷、私募债等方式，对于拟挂牌企业给予必要支持。引入VC/PE等金融资本，发挥其专业调研能力和丰富经验的优势，判断拟挂牌企业的价值和未来成长性，为证券公司分担工作量。借此在一定程度上消除金融市场各主体之间的壁垒，提高合作服务的效果。

三是加强"新三板"业务的配套服务。张江可借鉴中关村的经验，不断加强和完善"新三板"配套服务体系。加强宣传推广，定期举行"新三板"宣讲会，邀请证券公司、VC/PE、全国股份转让系统公司开展宣传；提供咨询服务，定期联系企业了解挂牌意愿，解决实际难处，帮助其对接产业链上下游；提供融资担保，建立园区管辖的融资担保公司，为企业发行债权提供担保，并且要在模式上逐渐从以政府为主导，转变为以中介机构为主导。

四是要发挥地域优势。一方面要借助已有的资源，例如：北京中关村挂牌最多的企业除了IT软件和信息技术外就是生物医药。这是因为昌平有国家级生命科学园区，亦庄又是国家重点扶持的三个新药创新孵化基地之一，都各有数量众多的生物医药研发和生产企业。"新三板"扩容的三个高新区分别代表中部、华北、华东三大区域，东湖有"光谷中心"与高校资源。滨海则集高新、物流、金融于一体。张江有人才与技术优势，并且可以考虑借助国际金融中心和自由贸易区的框架发展具有上海特色的"新三板"企业和市场。另一方面，对于"新三板"企业的筛选和重点关注的对象要注意符合区域发展战略。要从行业上分类，关注区域经济的战略方向，市场化运作、行业化细分，有针对性地进行选择。政府对现有的后备企业不仅要从上市本身的角度，也要从资源整合的角度来考虑。政府要促使企业和券商在技术和产业资源整合上产生合力，促进各地的科技发展。

附表　主板、中小板、创业板及"新三板"的比较

	主板	中小板	创业板	"新三板"
股本要求	发行前股本总额不少于人民币 3000 万元	发行前股本总额不少于人民币 3000 万元；发行后股本总额不少于人民币 5000 万元	企业发行后的股本总额不少于 3000 万元	无要求
经营年限	持续经营时间在三年以上	持续经营时间在三年以上	持续经营时间在三年以上	存续满两年（有限公司整体改制可以连续计算）
主营业务要求	最近三年内主营业务没有发生重大变化	完整的业务体系，直接面向社会独立经营的能力	发行人应当主营业务突出；同时，要求募集资金只能用于发展主营业务	主营业务突出，有持续经营的记录
净资产	最近一期末无形资产（扣除土地使用权、水面养殖权和采矿权等后）占净资产的比例不高于20%	最近一期末不存在未弥补亏损	最近一期末净资产不少于 2000 万元，且不存在未弥补亏损	无要求
盈利要求	（1）最近 3 个会计年度净利润均为正数且累计超过人民币 3000 万元，净利润以扣除非经常性损益前后较低者为计算依据 （2）最近 3 个会计年度经营活动产生的现金流量净额累计超过人民币 5000 万元；或者最近 3 个会计年度营业收入累计超过人民币 3 亿元 （3）最近一期末不存在未弥补亏损	（1）最近 3 个会计年度净利润均为正且累计超过人民币 3000 万元 （2）最近 3 个会计年度经营活动产生的现金流量净额累计超过人民币 5000 万元；或者最近 3 个会计年度营业收入累计超过人民币 3 亿元 （3）最近一期末无形资产占净资产的比例不高于 20%；最近一期末不存在未弥补亏损	最近两年连续盈利，最近两年净利润累计不少于1000 万元且持续增长。（或）最近 1 年盈利，且净利润不少于 500 万元，最近 1 年营业收入不少于 5000 万元，最近两年营业收入增长率均不低于30%	具有持续经营能力

续表

	主板	中小板	创业板	"新三板"
成长性及创新能力	无限制	无限制	"两高五新"企业	中关村及部分国家级高新技术产业开发区
信息披露	年报、半年报、季报	年报、半年报、季报	年报、半年报、季报	年报、半年报、临时报告
备案或审核	审核制	审核制	审核制	备案制

参考文献

[1] 北京市道可特律师事务所，道可特投资管理北京公司. 直击新三板 [M]. 北京：中信出版社，2010.

[2] 杜恩斌. 新三板扩容的风险分析及防范 [D]. 华东政法大学，2011.

[3] 李心丹，束兰根. 科技金融——理论与实践 [M]. 南京：南京大学出版社，2013.

[4] 欧卫安. 新三板业务与创新 [M]. 北京：法律出版社，2011.

[5] 赵昌文，陈春发，唐英凯. 科技金融 [M]. 北京：科学出版社，2009.

[6] 张瑾，史明. 我国多层次资本市场建设的思考——关于新三板市场的发展探讨 [J]. 企业经济，2011（10）：171-173.

[7] 周茂清，尹中立. "新三板"市场的形成、功能及其发展趋势 [J]. 当代经济管理，2011（2）：75-77.

（作者：张宇）

科技保险

强化科技保险创新，服务创新型国家建设

为贯彻实施《国家中长期科学和技术发展规划纲要（2006~2020年）》和《国务院关于保险业改革发展的若干意见》精神，2006年中国保监会和科技部共同开展了科技保险工作，分两批选取12个城市开展试点。在试点基础上，2010年保监会和科技部共同下发《关于进一步做好科技保险有关工作的通知》，全面推开科技保险工作。2012年7月，中共中央、国务院在《关于深化科技体制改革加快国家创新体系建设的意见》（中发〔2012〕6号）中明确提出"积极开发适合科技创新的保险产品，加快培育和完善科技保险市场"，并要求相关部门结合实际制订具体改革方案和措施，这是"科技保险"概念由保监会首先提出后，第一次出现在中央文件中，为科技保险工作深入开展指明了方向。

由于科技企业具有高投入、高风险的特点，风险特征很难度量，科技保险作为一个新生事物，用传统方式难以推广。几年来，科技保险从无到有、从试点到推开，是保监会、科技部、地方政府和保险机构共同协调配合、积极探索创新的结果，进一步扩大了保险服务领域，增强了企业自主创新能力。

一、科技保险工作创新

（一）产品创新

通过调研科技企业保险需求，借鉴国外先进技术与经验，保监会组织保险公司对营业中断保险、高管人员和关键研发人员团体健康保险和意外保险等有关保险产品进行补充完善，同时有针对性地研发了15个保险新险种，涉及科技企业产品研发、营业中断、高管人员和关键研发人员团体健康保险和意外保险等多个方面，其中，高新技术企业产品研发责任保险和关键研发设备保险，是在充分借鉴美国ACE保险集团等国际知名保险机构产品的基础上开发出的新险种，此前国内尚无保险公司经营同类产品。2012年中国人民财产保险股份有限公司苏州

科技分公司根据苏州地区科技企业特点推出了"科易保"科技保险系列产品、"领军人才"卓越保险计划、环球个人医疗保险、科技型中小企业贷款保证保险、国内贸易信用险等险种，为科技企业提供了全方位的服务，有效促进了科技企业的健康成长。

同时中国保监会深入开展首台（套）保险工作，在初期研发的首台（套）重大技术装备质量保证保险、首台（套）重大技术装备产品责任保险、首台（套）重大技术装备运输保险、首台（套）重大技术装备安装工程及第三者责任保险、首台（套）重大技术装备机器损坏保险五大专项险种及其附加险的基础上，又增加了首台（套）重大技术装备关键技术知识产权抵押贷款保证保险、首台（套）重大技术装备专利执行保险两个险种，为技术创新企业所拥有的知识产权及技术专利等无形资产提供了保障。

（二）模式创新

科技保险在我国是一项开创性工作，在此之前无经验可循。保监会和科技部经过多方调研和统筹考虑，在国家高新技术产业开发区、保险创新试点城市和火炬创新试验城市中分两批选择了 12 个科技保险试点城市，由试点城市对科技保险实行保费补贴，通过财政投入引导和推动科技保险发展。这种政府支持和市场推动相结合的新模式，通过政府对科技企业给予财政税收、产品开发等方面的政策支持，以政府信用撬动商业信用，一方面使高新技术企业获得了有效风险保障，转移了科技风险，另一方面使商业保险机构放开手脚，开拓了新的保险资源，扩大了保险服务领域，实现了科技保险的创新发展。

2013 年 6 月，中国保监会江苏监管局（以下简称保监局）在苏州高新区开展"保险与科技结合"综合创新试点工作，深入开展科技保险综合业务创新，将科技保险工作从以前的产险领域，逐步扩大到寿险和资金领域，为科技企业创新提供保险的综合性服务。

（三）方式创新

在推动科技保险工作的过程中，参与试点的各地保监局、科技部门、保险机构积极进行沟通协调，密切配合，创新业务推广方式，有效发挥了合力。保监局和当地科技部门联合转发或下发有关科技保险的政策文件，推进科技保险工作的贯彻落实。多家保险机构和当地保监局共同组成科技保险试点推动工作小组，召开科技保险推动大会，积极进行科技保险宣传推广。保险经纪公司充分发挥中介职能，协助有关政府部门和试点城市地方政府拟订科技保险创新试点工作方案，接受试点城市有关部门委托，深入科技企业，提供保险经纪服务。这种"政府信用+商业信用+专业的保险经纪服务"业务推广方式，有力地调动了保险公司和地方科技部门的积极性，较好地维护了市场环境和业务质量。

（四）机构创新

2012 年 11 月中国人民财产保险股份有限公司苏州科技分公司成立，该机构作为全国第一家科技保险专营机构，具备人保总公司级的"产品开发试验区"和"信用险华东区域中心"资格，配备了专业化的工作团队，专门经营和管理苏州地区的科技保险业务及科技金融产品创新工作。截至 2012 年 10 月底，苏州人保财险科技保险总保费收入近 1000 万元，累计为苏州科技企业提供高达 45 亿元的风险保障，为科技企业降低风险损失、实现稳健经营提供了有力支持。

（五）政策创新

中国保监会和科技部积极与财政部、国家税务总局等部门研究协商，陆续出台了《关于加强和改善对高新技术企业保险服务有关问题的通知》、《关于企业加强研发费用财务管理的若干意见》、《关于进一步做好科技保险有关工作的通知》等一系列文件，明确科技保险保费支出纳入企业技术开发费用，享受国家规定的税收优惠政策，在企业所得税税前按 150% 加计扣除，调动了科技企业投保积极性；允许关键研发人员团体保险可突破有关团险人数的比例要求，达到投保人数即可投保，扩大了科技保险的服务范围；对科技企业出口信用保险业务，在限额审批方面，同等条件下实行限额优先，在费率方面，给予规定的最高优惠。同时协调地方出台配套的财税支持政策，支持科技保险业务发展。

二、对科技保险发展的几点建议

科技保险全面推开以来，取得了较好成效，得到了保险公司和科技企业的认可，建议在此基础上从以下三方面进一步深化科技保险发展，更好地服务创新型国家建设。

（一）成立科技保险专家小组

建议由中国保监会、发改委、科技部、工信部和有关高校专家组成科技保险专家小组，整合相关资源力量，研究保险支持科技创新的政策措施，探索科技保险发展模式，丰富科技保险理论和实践。

（二）加大财政支持力度

建议加大对科技保险的财政支持力度，参照农业保险保费补贴方式，实行差别补贴政策，对重点科技和产业领域给予补贴倾斜，充分发挥财政资金的引导和放大作用，推动科技保险深入发展。

（三）完善风险分担机制

科技风险具有高频性、高损失率等特点，保险公司承担的风险较大，建议由国家出资建立科技保险风险保障基金，进一步完善科技风险分担机制，对重大、专项科技风险提供风险保障，建立多层次的科技保险保障体系。

（作者：高大宏　常思佳）

北京地区科技保险发展现状、问题与对策

2007 年，北京市被科技部和中国保监会列为第一批全国科技保险试点城市。自此，北京地区科技保险取得了从无到有的突破性进展，社会各界对科技保险的认识也不断提高；但是在发展过程中也存在许多问题。为了加快科技创新与金融创新的结合，推动科技保险发展，我们启动了专题调研，先后对 10 余家高新技术企业和 7 家保险公司进行座谈和实地调研，对 70 余家高新技术企业进行了问卷调查，分析了北京地区科技保险发展的现状和存在的问题，了解了它们实际的保险需求，并据此提出了推动科技保险发展的几点建议。

一、北京地区科技保险发展情况

自 2007 年 9 月，北京市被列为科技部和中国保监会第一批全国科技保险试点城市以来，北京地区科技保险的产品逐步丰富，承保范围逐步扩大，已累计为近 800 家次高新技术企业提供了 1300 余亿元的风险保障，赔付支出约 1.5 亿元。

（1）构建了科技保险支持体系。一方面，北京市科委建立了以区县科委和中关村科技园区管委会以及市科委直属中心为基础的工作体系，成立了科技金融促进会，编纂了《科技保险手册》，为企业提供一系列相关配套服务，促进更多的企业参与科技保险。另一方面，设立专项财政补贴，对投保科技保险的企业实施保费补贴。2009 年，保险补贴比例从 50% 逐步提高到 70%，单个客户补贴上限从 5 万元提高到 50 万元，激发了广大高新技术企业的参保热情。

（2）积极开发科技保险新险种。目前，北京地区共有四家保险公司和一家经纪公司[①]参与科技保险试点工作。针对科技领域风险特点，参与试点的保险机构组织专门技术力量，积极创新，陆续推出了高新技术企业产品研发责任险、高管

---

① 中国出口信用保险公司、华泰财产保险股份有限公司、中国平安人寿保险股份、中国人民保险公司四家保险公司和北京中金保险经纪有限公司一家经纪公司。

和研发人员的健康保险和意外保险等 29 类科技保险的试点险种，部分满足了科技企业的风险保障需求，提升了科技型企业的风险管理水平和防灾防损水平。

（3）企业的保险意识有所提高。随着科技保险试点工作的不断推进，科技企业的保险意识有所提升，主动咨询和投保的企业越来越多。2013 年上半年，在科技保险补贴暂停两年多的情况下，仍有 70 余家企业投保科技保险，有的企业还要求保险公司为其量身定制一揽子的风险解决方案。

二、科技保险发展中存在的问题

尽管北京科技保险试点工作取得了一定进展，但与科技企业的实际需求还有差距，科技保险发展还存在着企业风险防范意识弱、政策落实难、产品创新能力弱等许多突出的问题。

（一）科技企业有效保险需求不足

科技企业风险意识不强，资金缺乏，了解相关优惠扶持政策的主动性不够，导致科技企业保险的有效需求不足。一是风险管理的意识"弱"。北京地区科技企业不重视对自然灾害和意外事故等各类风险的防范应对。调研显示，35.7%的企业选择风险自担，且企业规模越小越倾向于风险自担。二是对商业保险认知度"低"。北京地区科技企业利用商业保险分散风险的意识不强。受调查企业中，商业保险的参保率只有 38%，且投保传统险种多，科技保险试点险种不足 3%。三是科技企业购买力"小"。大多数科技企业规模小、资金缺乏、购买力不足，成为制约科技企业利用商业保险分散风险的重要障碍。80%的被调查企业可承受的最高保费支出在 5 万元以下。四是了解政策的主动性"差"。北京市为促进科技企业发展出台了一系列扶持政策，但企业与政府部门有效沟通仍不足，了解、学习相关政策的主动性不强，有超过半数的企业不了解相关支持政策。

（二）商业保险机构的积极性不高

科技企业保险业务的高风险、高赔付等特性影响了保险公司参与的积极性。一是科技企业保险业务的风险大。科技企业参保比例低，历史数据缺乏，导致保险机构不能准确厘定产品费率，经营风险大。以首台（套）保险试点为例，2011年承保 4 家科技企业，累计保费收入 56.4 万元，而赔付支出达 58 万元。二是创新能力弱，产品针对性不足。行业缺乏保险产品创新保护支持机制，保险机构创新动力不足；保险机构缺乏专业人才，产品服务创新的能力不足；两个不足导致保险产品缺乏针对性，存在有需求无产品、有产品无需求的情况，超过25%的被调查企业表示现有产品服务无法满足自身需求。三是承保和赔付成本高。缺乏符合科技企业特点的产业模式和再保险机制，参保企业分散、单个企业保费低，出险率高，承保和理赔相对成本高、赔付压力大。

（三）政府支持政策的系统性不强

虽然北京市政府出台了一系列的扶持政策，支持科技企业运用商业保险分散风险，但扶持政策缺乏系统性。一是部分扶持政策落实"难"。对一些高风险、高责任领域的支持政策尚不明确，现有补贴政策的稳定性也有待提升，科技保险专项补贴在前期资金用尽后，后续补贴政策亟待落实。二是部分政策措施效率"低"。补贴政策采用先投保后补贴的方式对保费进行补贴，这种方式可能会影响科技企业的财务状况，加之存在补贴申请程序复杂、审批时间长、补贴到位慢等问题，降低了企业的投保积极性。三是部门沟通协调难度"大"。政府部门、监管机构、保险公司、科技企业尚未形成一套有效的沟通协调机制，科技保险的推动模式还有待进一步研究。同时，缺乏统一的企业信用信息平台，道德风险和信息获取成本较高。

（四）中介机构作用发挥不够

虽然在科技保险试点中有保险中介机构参与，但在实际操作中，通过保险中介购买商业保险的比例较低，调查问卷显示，只有9.7%的企业通过中介机构购买保险。同时，其他第三方评估、法律等中介机构尚未参与到科技企业相关的商业保险机制中来。

三、科技企业的保险需求分析

准确把握北京地区科技企业的产业结构特点、面临的发展难题和真实保险需求是推动科技保险更好服务科技企业的前提和基础。

（一）北京地区科技企业发展面临三大难题

随着经济环境日益复杂，市场竞争愈加激烈，企业发展面临着越来越多的难以预料的问题。从调研结果看，北京地区科技企业发展面临四大难题。一是市场开拓"难"。国内市场环境不够健全完善，市场整合程度低，有效需求不足；国外市场需求波动大，风险高。有62.9%的被调查企业认为"市场开拓难"是影响企业发展的主要因素。二是人才留存"难"。与大公司相比，许多科技企业在薪酬、福利、培训、职业发展规划等方面存在较大差距，导致人才吸引难、留存难。有61.4%的被调查企业认为"人才留存难"是影响企业发展的主要因素。三是企业融资"难"。有55.7%的被调查企业认为"融资难"是影响企业发展的主要因素。特别是小微科技企业，因缺乏足够的固定资产作抵押，从银行借贷的难度大，资金需求无法得到有效满足。四是企业创新"难"。科技企业创新所需高投入、高风险等特性也导致近50%的科技类企业表示在发展中面临较大的"创新难"问题。

（二）北京地区科技企业保险潜在需求旺盛且弹性大

商业保险具有保险保障功能和增信功能，是科技企业防范风险，辅助解决融资、人才、创新等难题的有效工具。调研显示，北京地区科技企业对商业保险潜在需求旺盛，但极易受自身规模和外部环境的影响，保险需求的弹性较大。

第一，商业保险潜在需求"旺"。北京地区科技企业的保险潜在需求旺盛，共性需求与特性需求并存。一是对保障企业财产、意外伤害等基本风险的保险需求较大，对企业财产保险和团体意外险的关注度分别为47.5%和32.5%。二是与融资相关的保险需求突出，对贷款履约保证保险的关注度达28.3%。三是特性保险需求逐步显现，被调查企业对知识产权或专利保险等的关注度达到了25%。

第二，保险潜在需求弹性"大"。一是受企业规模的影响较大。调研显示，企业的风险意识、保险需求与企业的规模成正比，六成营业收入500万元以上的企业有明确保险需求，而九成营业收入50万元以下的企业近期无购买商业保险计划。越需要保险保障的小微企业其保险需求反而越小。二是对价格和服务较为敏感。多数科技企业财务实力不强，对保费支出和损失发生后保险理赔款项支付的时效性要求较高。调研显示，分别有89.6%、70.8%的科技企业认为理赔服务、保险价格是影响其保险需求的决定性因素。三是受扶持政策的影响较大。调研显示，如果政府对科技企业购买保险提供政策支持，将极大激发科技企业的保险需求。91.2%的被调查企业表示，如有保费补贴等财政支持，企业非常愿意购买商业保险分散风险。

四、促进北京地区科技保险发展的建议

北京保险业在服务科技企业中应把握四项原则：一是对接需求。要以满足科技企业的实际需求为出发点。二是量力而行。要根据自身管理和服务能力，量力而行，尽力而为。三是形成合力。注重加强与政府、银行、担保、知识产权评估等机构的合作，建立合理的"利益共享、风险共担"机制。四是重点突破。保险业需整合资源，以点带面，发挥示范和带动效应，在一个或几个行业、区域重点突破。具体可以从保险机构、政府部门、监管部门三个方面入手，提升行业服务科技企业的能力。

（一）保险机构应根据企业需求强化产品服务创新

保险机构应以科技企业的真实保险需求为中心，围绕需求创新保险产品和服务、整合资源、安排人员和优化流程，提高服务水平。①为科技企业提供有针对性的产品。根据科技企业面临的市场开拓难、优秀人才留存难、融资难、创新难等实际困难，保险机构应积极为科技企业量身定制适合的保险产品。可以尝试细化行业分类、细分企业的发展阶段提供不同类型的一揽子保险产品和风险解决方案，尽力满足科技企业多元化的保险和风险管理需求。同时，加强数据积累，逐步降低产品价格，提升产品的性价比。②根据科技企业的特点提供优质的保险服务。结合多数科技企业"小快灵"的特性，简化投保、理赔流程，提高理赔时效。如针对小微型企业使用标准条款和预核保产品投保，中型企业通过定制条款和核保报价投保。注重协助企业抓好防灾防损工作，提高企业的风险意识和风险承载能力。③探索创新保险资金运用方式。结合北京地区现有的科技企业投融资体系，如中关村国家自主创新示范区的金种子工程、瞪羚计划和十百千工程等，探索不同的参与方式。对处于成熟期的企业，通过债权、股权等投资方式来支持科技企业发展；对处于成长期的企业，可以通过投资创投基金和产业基金等方式间接为科技企业提供资金支持。

（二）政府部门应进一步优化科技企业保险发展环境

科技保险是一种通过政府引导和补贴，运用市场机制和金融工具服务于高新技术企业的保险经营新模式，良好的政府合作关系和有力的保险监管推动是业务发展的重要条件。①完善扶持政策。对符合产业政策的科技企业继续提供保费补贴，同时进一步简化财政补贴申领手续和流程，加快审批时效，减少对科技企业资金的占用；将商业保险纳入政府支持科技企业发展的金融政策扶持体系之中，统筹考虑商业保险与贷款、财政支持的衔接与相互配合。②搭建科技企业信息共享和一体化的金融服务平台。由政府牵头建立政府、银行、工商、担保机构、第三方评级机构及保险公司等共同参与的科技企业信息平台和风险评估体系，解决科技企业与保险公司信息不对称的问题。

（三）监管部门应为行业服务科技企业创造条件

一是加大保险知识宣传普及力度。在宣传中要结合科技企业客户分散、需求多样化、涉及领域广的特点，加强与相关政府部门、行业组织的合作，创新宣传方式和途径，并着重提高宣传的针对性和有效性，建立针对企业决策层的精确宣传手段。二是充分发挥保险中介机构作用。鼓励各类中介机构参与到科技企业保险支持体系中来，支持成立专注于为科技企业提供保险方案设计、投保、索赔、防灾防损等一揽子专业保险服务的中介机构。三是研究建立保险产品创新保护机制。探索建立保险产品保护期制度，调动保险公司创新与科技企业相关保险产品服务的积极性。

参考文献

[1] 邵学清. 对科技保险试点的经验总结与展望 [J]. 中国科技论坛，2009(4).

[2] 刘骅，谢科范，赵湜. 科技保险运行模式及机制创新研究 [J]. 科技政策与管理，2009(11).

[3] 刘颖琦，赵杨. 政府促进科技保险发展的作用探讨 [J]. 中国行政管理，2009 (3).

[4] 吕文栋，赵杨，彭彬. 科技保险相关问题探析 [J]. 产险论坛，2008 (2).

[5] 陈雨露. 科技风险与科技保险 [J]. 中国科技投资，2007 (1).

（作者：丁小燕　孟彦君　王晓栋　席友）

科技金融平台

合芜蚌科技金融合作服务平台构建与运行机制研究

科学技术是第一生产力，金融是现代经济的核心。科技金融伴随着中国科技体制、金融体制改革不断深化而产生，是科技创新，金融创新相互渗透、相互作用的产物。科技金融工作是科技深入经济的重要抓手，是金融支持科技创新的重要举措。加强科技与金融的有效结合，是增强自主创新能力、实现经济发展方式转变的重要保证[1]。《国家中长期科学和技术发展规划纲要》（2006~2020 年）及其配套政策颁布以来，国家有关部委已经出台了 20 多个有关科技金融方面的文件，多角度诠释了科技创新与金融创新之间的相互支撑和促进作用，逐步形成了国家科技金融体系。着眼于实施创新驱动发展战略，科技部和"一行三会"（中国人民银行、银监会、证监会、保监会）不断完善沟通机制、积极推进工作试点，初步形成"国家科技金融战略框架"，这一框架将有利于推动科技创新，战略性新兴产业与金融体系密切结合，形成科技、产业与资本的良性互动。正是基于这一战略基点，科技部会同"一行三会"联合开展"促进科技和金融结合试点"工作[2]。

科技创新和金融创新紧密结合，是社会变革生产方式和生活方式的重要引擎。科技与金融的结合，既是中国实施自主创新战略、建设创新型国家、推进中国梦实现的重大举措，也是应对国际金融危机冲击、转变经济发展方式、推动经济长期稳定和可持续发展的现实选择。然而，我们能否把条件变为现实，关键在于能否真正打通科技与金融结合的渠道，开创科技与金融紧密结合的新机制新模式，真正实现科技资源和金融资源的深度对接[3]。

一、合芜蚌科技金融合作服务平台

（一）合芜蚌科技金融合作服务平台构建背景

安徽省是首批国家技术创新工程试点省之一，合芜蚌自主创新综合试验区

（以下简称"试验区"）是该省的核心区域，覆盖了合肥国家创新型试点城市和合肥、芜湖、蚌埠三个国家高新区，科技资源与金融资源丰富。合芜蚌试验区自设立以来，在促进科技和金融结合方面进行了积极探索。省及试验区三市设立了创业风险投资引导基金，出台了一系列政策，引导各类金融机构支持科技型创新企业和战略性新兴产业，在专利权质押贷款、科技保险等方面积极开展试点，有力推进了试验区科技投融资体系的建设。

为贯彻科技部及"一行三会""促进科技和金融结合试点"精神，经安徽省政府同意，安徽省科学技术厅、安徽省人民政府金融工作办公室、中国人民银行合肥中心支行、中国银行业监督管理委员会安徽监管局、中国证券监督管理委员会安徽监管局、中国保险监督管理委员会安徽监督局共同制定了《合芜蚌自主创新综合试验区促进科技和金融结合试点实施方案》。试点工作的总体目标为"建成一个平台，完善两个体系，实现三个显著提高，取得一批重要成果"。即通过三年的试点，建成功能较为完善的试验区科技金融合作平台；完善试验区促进科技和金融结合政策体系，完善以政府资金为引导，银行、证券、保险、创投、担保等金融资源为支撑的科技投融资体系；实现科技资源与金融资源对接程度、科技金融专业机构数量、科技企业投融资总额显著提高；在重大科技成果转化、科技型中小企业成长和战略性新兴产业培育上取得一批重要成果，支撑试验区成为全省战略性新兴产业的增长极、经济结构调整的主引擎、科技成果转化的主阵地和体制机制创新的先行区。其中"建成一个平台"即建成功能较为完善的试验区科技金融综合服务平台，平台将围绕科技创新各环节的投融资需求，探索并开创科技资源与金融资源对接的新机制新模式[4]。

（二）合芜蚌科技金融合作服务平台

合芜蚌科技金融合作服务平台以扶持科技型中小企业成长、培育战略性新兴产业和主导产业以及重大科技成果转化为目标，围绕科技创新过程中各个环节阶段的投融资需求，基于"投融自主双向选择、网上线下深度对接"的创新机制模式，坚持"技术+金融+共建+整合+共享+服务"的创新理念，建设一体化的区域性科技金融合作服务平台及相关数据库，探索并实现科技资源与金融资源对接的新机制新模式，并在此基础上探索科技部门与金融部门的数据共享机制、资源整合机制和协同工作机制，形成"一个科技金融服务综合平台、六种深度对接模式、十条投融资渠道"的科技金融服务格局，以深化科技金融创新促进服务实体经济发展，为试验区各种类型各个阶段的企业开展 "科技金融一体化"综合服务，重点为试验区内的科技型中小企业开创"科技型中小企业绿色通道"，通过建立用户兴趣模型挖掘用户特定需求，并为科技型中小企业提供个性化定制服务。科技创新和金融创新深度融合，以培育战略性新兴产业上、下游产业链的科技型中小企业为重点，以重大科技成果转化链为核心，共同扶持试验区内中小企业做大做强，并由战略性新兴产业成长为产业集群，加快科技成果转化和产业化，提升试验区自主创新能力，支撑和引领经济发展方式转变，加速安徽省中部崛起，支撑合芜蚌试验区成为中部最大的科技金融创新中心[5]。

（三）合芜蚌科技金融合作服务平台特点

合芜蚌试验区科技金融综合服务平台通过建立一体化的满足不同类型不同阶段企业需求的科技金融综合服务平台，双向整合合芜蚌试验区内的科技资源与金融资源，实现多层次多维度的科技资源与金融资源的深度对接，科技创新与金融创新共同服务并促进实体经济的发展。平台的主要特点为：

（1）双向整合合芜蚌试验区内的科技资源和金融资源，建设功能完善的试验区科技金融综合服务平台，实现科技资源与金融资源的深度对接，为试验区内各种类型各个阶段的科技企业和金融机构提供科技金融综合服务。

（2）根据现有科技资源和金融资源整合并建设规范的科技金融数据库，如：企业信用评级数据库、科技金融资讯数据库、科技金融政策数据库、科技金融机构数据库、科技金融企业数据库、科技金融项目数据库、科技金融产品数据库、科技金融专家数据库、技术需求数据库、科技成果数据库等，并在此基础上探索各类数据共享机制、协同机制与规范机制。

（3）开展科技型中小企业的信用征信和评级，通过整合科技型中小企业各类数据源和标准建模流程，构建中小企业内部评级体系，实现对中小企业的资信评估并出具科技型企业信用报告，引导各类金融机构根据企业信用评级和信用报告提供专业化的投融资服务。

（4）为试验区内的科技型中小企业开辟"科技型中小企业绿色通道"，对注册的中小企业实行实名认证与备案制，根据用户属性、兴趣爱好和行为特征建立用户兴趣模型，根据用户兴趣模型与个性化需求进行数据挖掘，为科技型中小企业用户提供符合其特定融资、技术、咨询等需求的媒体内容聚合与呈现。

（5）围绕科技型企业在种子期、初创期、成长期、扩张期和成熟期等各个成长阶段的融资需求，整合各类金融机构资源，为企业量身制订以政府投入为引导，股权融资与债券融资、直接融资与间接融资相结合的科技金融一体化融资方案，重点建设政府资助、银行信贷、公司债券、产权质押、创业投资、股份转让、科技保险、科技担保、产业基金、天使基金的十条融资渠道，进一步拓宽中小微企业的融资渠道，提高企业融资效率。

（6）在合芜蚌试验区科技金融综合服务平台的基础上，搭建各类科技资源和金融资源的网上线下深度对接平台，如投融资自助对接平台、银行企业对接平台、保险企业对接平台、创投项目对接平台、资本企业对接平台、技术需求对接平台、科技成果转化对接平台，实现科技资源和金融资源的网上线下深度对接并开展机构、企业、专家的互动评价推荐机制，同时对对接效果进行多维度数据挖掘。

（7）围绕着中小微企业成长的需求，为不同类型不同阶段的企业在政策、资信、融资、技术、咨询等各个方面的特定需求提供科技金融一体化服务，包括企业资信评级服务平台、政府项目资助平台、技术需求服务平台、专家咨询服务平台、科技中介服务平台、科技金融数据决策分析平台等，主要包括科技企业评价、科技项目评价、金融机构评价等第三方专家评价以及技术需求咨询、企业管理咨询、资产评估咨询、资信评估咨询、企业财务咨询、企业法律咨询等增值服务内容，加强中小企业与科技金融专家、会计事务所、律师事务所、第三方评级机构和科技中介服务机构之间的联系；并为科技型中小企业开辟"科技型中小企业绿色通道"，在科技型中小企业成长路线图计划中，围绕培育战略性新兴产业，重点开展拟上市企业培育、高新技术企业培育以及创新基金企业培育。同时围绕政府部门、科技企业、金融机构和监管机构之间信息共享交流的需要，建设统一的金融信息服务、金融交易支持服务、金融传媒服务以及金融安全服务等第四方IT信息服务，并提供决策分析、行业研究、数据挖掘等企业增值服务。

科技型中小企业融资难问题的核心是投融界的信息不对称，大多数现有的信息服务平台难以实现对已有资源的信息整合，无法满足用户对信息的个性化需求。为了创新科技和金融体制机制，吸引大量闲置的民间资本投入到科技领域，使民间资本阳光化，打破民间投资的"玻璃门"和"弹簧门"，基于用户兴趣模型和 Mashup 技术的科技型中小企业服务平台正是为了解决上述问题而构建。为了充分发挥科技金融各个市场主体及民间资本的主动性和创造力，探索建立"投融自主双向选择、网上线下深度对接"的新机制新模式，运用 Mashup 技术对科技型中小企业的信用数据进行内容整合，建设符合安徽省及试验区科技型中小企业特点的信用评价体系并建立科技型中小企业信用报告数据库；同时运用 Mashup 技术对基于新闻、论坛、博客、微博、社交网站等网络媒体进行数据内容整合，在分析用户属性行为特征的基础上，通过知识构建和用户需求进行构建用户兴趣模型，为进行实名认证的科技型中小企业提供面向企业的个性化定制服务。为了加强科技资源与金融资源的深度对接，提高对接效率降低对接成本，对各类科技资源和金融资源进行网上在线对接与电子签约，搭建机构与企业间的绿色通道，高效解决科技型中小企业的融资难题。

二、合芜蚌科技金融合作服务平台体系构建

（一）体系构建思路

围绕各种类型各个发展阶段的企业资金技术的需求，整合政府项目资助、国家火炬计划、高新技术企业、创新型企业、国家重点新产品、高新技术产品、创新基金、产业基金、引导基金、天使基金等科技资源以及整合银行、保险、担保、创投、证券等各类金融资源。重点以战略性新兴产业的产业链上下游为主线，重点培育产业链上的科技型中小企业；以科技成果转化的转化链为核心，集聚科技资源和金融资源，形成科技成果转化的服务体系。围绕企业成长过程中的资金技术管理等各类需求，开发各类企业服务平台：企业资信评级服务平台、政府项目资助平台、技术需求服务平台、专家咨询服务平台、科技中介服务平台、科技金融数据决策分析平台、科技型中小企业成长路线图计划。为了解决投资机构和融资机构之间的信息不对称，突破中小企业融资难的瓶颈，开发各类资本项目对接平台：投融资自助对接平台、银行企业对接平台、保险企业对接平台、创投项目对接平台、资本企业对接平台、产学研对接平台、科技成果转化对接平台。

建设并完善科技资源与金融资源各类相关数据库，形成统一的数据共享规范，探索建立科技与金融部门的数据共享机制、资源整合机制和协同工作机制，形成科技资源与金融资源"投资自主双向选择、网上线下深度对接"的新机制新模式，探索并形成"一个科技金融综合服务平台、六种深度对接模式、十条投融资渠道"的科技金融服务格局。构建项目融资利益与运作机制，突破中小企业融资难瓶颈，为广大中小微企业融资建立一个方便快捷的网上线下交易平台，打造中部最专业的科技金融综合服务中心。

（二）平台系统架构

合芜蚌科技金融综合服务平台通过 Rest 架构和 Mashup 技术的运用，将许多原本企业已有的 Web Services 资源和一些数据源组合在一起或以某种方式添加新值，形成统一的满足特定需求的企业 SOA 应用。作为企业信用、金融资讯、金融政策、科技企业、科技项目、金融产品、技术需求、科技成果、专家人才等数据信息系统处理的基础平台，集成了部件化的四个核心工作引擎：数据交换管理引擎、多元化信息管理引擎、智能工作流管理引擎、知识管理引擎以及一个基于

电子签章和数字认证体系的安全认证及派生应用服务环境。数据交换管理引擎可实现不同业务模块之间的数据交换；多元化信息管理引擎可实现异质、异构的数据抽取和存储；智能工作流管理引擎可实现科技资源与金融资源对接流程的过程化管理；知识管理引擎可实现针对基金管理、机构管理和项目管理的数据挖掘、数据分析和辅助决策；一个基于电子签章和数字认证体系的安全认证及派生应用服务环境实现了对接平台用户的身份认证，保证在线对接交易的安全度和可信度。本平台构建以基于 Rest 的 MVC 模式为核心的外部资源的搜索和抓取单元来实现对外部服务资源的搜索和抓取，以及通过对外部服务资源进行转换和集成来达到外部服务资源与用户需求的匹配；同时运用 Mashup 技术来实现对多个服务资源（包括内部服务资源和外部服务资源）的合并。

合芜蚌科技金融合作服务平台如图 29.1 所示。

三、合芜蚌科技金融合作服务平台运行机制研究

（一）子平台建设

（1）中小企业服务平台，通过中小企业服务平台的建设，为不同类型（中小微企业、科技型中小企业、创新型企业、高新技术企业、火炬计划）与不同发展阶段（种子期、初创期、成长期、扩张期、成熟期）的企业提供各类增值服务，助力实体经济做大做强。根据企业的资金技术咨询需求，建立企业动态数据库，并在此基础上进行数据挖掘，为各种类型的企业量身定制不同的企业扶持方案；根据不断整合金融机构和金融产品的资源，为企业提供各具特色的融资方案；同时，通过对科技资源库和金融资源库的数据分析，为企业提供科技金融数据的决策分析功能。

①企业资信评级服务平台。围绕科技型中小企业的特点，构建省及试验区内中小企业信用评价体系和评级机制，并在此基础上开发科技型中小企业资信评级系统。资信评级服务通过整合中小企业各类数据源和标准建模流程，构建中小企业内部评级体系，评级数据涵盖中小企业的基本信息、经营信息和财务信息等，实现对中小企业的资信评估，在全面的评级数据基础上，运用先进数据分析技术，实现对中小企业信用违约概率的准确评估。在得到模型评级结果（包括违约概率、违约风险损失等）之后，应用这些结果对企业信贷投保的风险进行量化分析，可应用于银行授信额度、保险决策、保险费率、赔付比例等，出具科技型中小企业信用评级报告并建设中小企业信用评级数据库，加强信用信息的采集、更

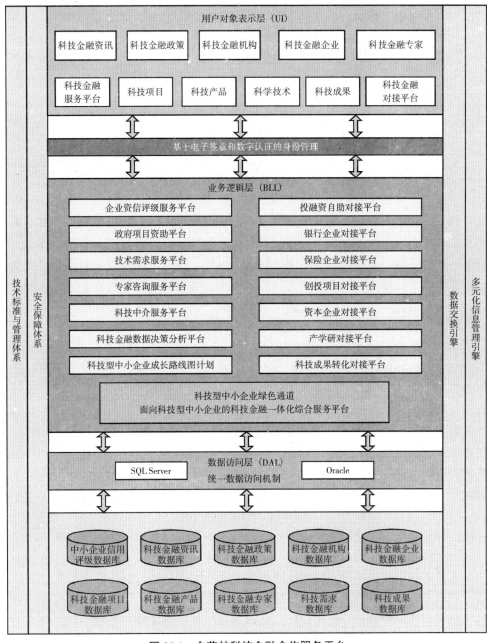

图 29.1 合芜蚌科技金融合作服务平台

新和共享机制。同时，银行、保险、担保等各类金融机构可根据不同行业、不同评价目的和不同评价要求，通过用户自定义，任意构建相应的评价指标体系。在此基础上，构建基于互联网应用环境的动态评价预测反馈系统，实现智能化的人机对话模式，形成动态快捷的信用评价服务模式。

②政府项目资助平台。为了发挥财政资金对社会资本投入的引导作用，引导社会资本参与科技重大专项与各类科技计划项目的实施，将政府项目数据资源整合发布，搭建国家、省及试验区、地市的政府资助项目发布登记平台，平台以财政性资金投入的各类国家和省部级科技研究项目和政府资助为管理对象，从项目或具体课题的设立、招标评审、实施到课题成果登记以及推广过程予以全流程服务，并具有公示、评价、监督、推广、交互等多项功能。在政府项目资助平台上，定期发布政府项目申报公告，为科技型中小企业整合政府资助融资信息。

③专家咨询服务平台。建设科技金融平台专家信息库，围绕科技型中小企业发展过程中政策技术融资需求，建设专家咨询服务平台，分为账户管理系统、专家管理系统和用户咨询系统。专家管理系统中设置个人信息维护、个人档案查询和专家普通查询三个部分，个人档案查询可查询所有通过审核的专家并可浏览各专家的相关信息，专家检索提供专家姓名、性别、单位性质、专业类别等多种复合条件查询。在用户咨询系统中为科技型中小企业提供专家咨询服务平台，用户需向其他专家咨询问题，点击咨询申请并提交问题，咨询答复是针对用户本人提出的问题进行答复，咨询浏览可浏览所有用户的咨询信息和答复信息。

④科技中介服务平台。围绕科技型中小企业发展过程中政策技术融资需求，中介服务平台汇集各类社会化科技中介服务机构的信息资源，面向试验区科技型中小企业，在线咨询和定制技术中介、金融、管理、财务等服务。采集形成证券公司、信托公司、信用评级机构、资产评估机构、会计师事务所、律师事务所等咨询服务机构信息数据库，利用信息网络平台，为中小企业提供融资方案设计、财务审计、资产评估、信用评级、法律意见，融资承销、管理咨询等服务。对企业融资中涉及的政策、技术性问题实行在线咨询服务，定期组织科技中介机构开展融资培训，及时提交有关融资案例供中小企业参考。中小企业融资涉及的土地、房产、设备、知识产权、经营权、收益权等动产和不动产抵押物出质登记，一律实行标准化电子化服务，中介机构的评估、审计、验资、公证等收费事项全部在网上挂牌服务，提高工作效率，降低融资成本[6]。

⑤技术成果交易平台。将科技成果资源进行整合发布，科技需求方和技术供给方在网上直接发布技术信息，搭建网上技术大市场。技术供需双方通过技术评估系统确定技术价值，并运用现代信息网络高科技手段实现交易数字化，将先进的科技成果与企业的技术需求进行有效资源匹配，实现信用评级、技术定价、在线支付、电子签约、信用评价的技术转移全流程，为技术供需双方搭建对接洽谈的绿色通道，实现技术的网上转移。在线对接平台实现技术供需双方的网上实时对接，并可对对接成果进行及时统计，跟踪对接进度，反馈对接效果，统计分析报表，及时发布对接成功案例，对技术转移的重点企业进行跟踪反馈。网上对接

交易实现了技术转移的绿色通道，构建技术与企业创新技术升级的交易市场，打造企业创新发展的生态环境。

⑥科技金融数据决策分析平台。整合互联网中的各种海量、分散、杂乱的信息数据资源，将数据服务的核心管理技术用于搭建一个科技型中小企业科技金融决策支持服务平台。运用数据 Mashup 平台整合科技金融数据，避免资源重建，实现更多的创新服务应用。数据 Mashup 能够提高企业的数据价值，提高企业的竞争力。企业可以在将自身业务流程服务化的同时，充分利用外部数据与内部数据的结合，构建出一个支持数据采集、决策分析的企业级应用平台，从而极大提升企业的数据价值并根据数据整合内容调整企业策略。

⑦科技型中小企业绿色通道。建设省及试验区内科技型中小企业融资绿色通道，对所有科技型中小企业实行实名认证与备案制度，确认企业信息的真实性与完整性，建设科技型中小企业备案数据库。根据用户属性、兴趣爱好和行为特征建立用户兴趣模型，根据用户兴趣模型与个性化需求进行数据挖掘，为科技型中小企业用户提供符合其特定融资、技术、咨询等需求的媒体内容聚合与呈现。

⑧科技型中小企业成长路线图计划。围绕培育战略性新兴产业和主导产业，开展科技型中小企业成长路线图计划并建设战略性新兴产业重点培育企业数据库，为重点培育企业开展针对性帮扶服务。主要分为高新技术企业培育计划、重点上市企业培育计划和科技型中小企业创新基金培育计划。高新技术企业培育计划主要针对核心自主知识产权、科技成果转化率、企业研发管理水平和企业成长性等方面，对企业展开政策、技术、中介服务，重点上市企业培育计划主要针对引导基金扶持的早期创新型企业开展企业针对性服务，全面梳理企业历史沿革、内部控制、财务管理、风险防范、股权改制方面的问题，从公司核心竞争力、行业前景与市场地位、公司产品技术与服务、高管团队与股权结构、财务状况分析（后三年）、融资计划与使用、风险防范及控制等方面符合创投机构的要求。科技型中小企业创新基金培育计划主要针对技术创新性、核心自主知识产权、经营管理水平、人力资源管理、财务制度、成长性和市场竞争力等方面对重点企业开展帮扶服务。以上帮扶计划主要是针对政策、技术、专家、机构、中介等方面根据企业需求进行关键字检索，为中小企业解决成长中的技术资金服务等各个方面的问题。

（2）科技金融对接平台。根据党中央、习近平主席关于"精简会风、注重实效"的重要指示精神，减少机构企业对接成本，提高投融资效率，运用先进的网络高科技手段，召集投融资供需双方在约定的时间内进行在线的沟通洽谈，充分发挥各类市场主体的创造力和活力，构建"投融自主双向选择，网上线下深度对接"的创新对接机制，对各类科技资源和金融资源进行有效整合，搭建机构与企业间的绿色通道，高效解决科技型中小企业的融资难题。

在科技金融平台门户网站和各个对接平台上，及时发布各类对接会信息，接受各类金融机构和企业的在线预约报名，并提供对接会指南、投资机构报名表格、企业项目报名表格。首次参加网上对接会的机构和企业可以注册为网站会员，并对机构和企业的相关信息进行发布展示。对意向签约的机构企业进行重点跟踪，形成及时跟踪反馈机制。同时展示往届对接活动信息，重点是展示对接活动的对接成功案例以及案例点评，并展示对接活动的成果成效。对网上对接会的各类数据进行查询统计和数据挖掘，尤其是各分场对接会的拟融资额、拟投资额、拟签约数、融资额、投资额和实际签约数进行在线统计分析，同时对参加对接会的金融机构的数量、类型、分布以及企业所属地区、行业、阶段等进行多层次多维度的数据挖掘。

①投融资自助对接平台。为各类中小企业搭建绿色融资渠道，根据所需融资规模、融资方式和融资行业等关键字，搜索查询符合企业需求的融资机构；为各类投资机构搭建快速投资渠道，根据投资金额、投资领域、投资阶段、投资行业快速查询符合机构要求的中小企业。同时可针对投融资机构各类市场主体的搜索关键字分析用户的属性、兴趣爱好、行为特征等信息，并通过领域知识构建和社会需求发现进行数据挖掘和知识重构，为投融资双方定制个性特色搜索服务。将政府资助、民间资本、股权融资、债券融资、直接融资和间接融资方式根据合芜蚌试验区科技金融基础条件进行整合，重点推荐政府资助、银行信贷、产权质押、创业投资、股份转让、公司债券、科技保险、科技担保、产业基金、天使基金的十条融资渠道，进一步拓宽中小微企业的融资渠道，提高企业融资效率。

②银行企业对接平台。为省内及试验区内各类银行机构和各类企业提供快速信贷通道，减少银企对接成本，提高贷款效率，搭建网上银企对接平台。在对接平台上，银行及时发布银行信贷政策、科技贷款风险补偿和奖励制度、科技担保风险补偿和再担保制度、知识产权质押贷款等金融政策制度法规以及各类银行机构金融产品业务信息，企业及时发布企业相关信息（企业融资需求和企业概况等）。中小企业通过"我要申请贷款"的绿色融资渠道，根据所需融资规模、融资方式和融资行业搜索相应的银行机构和金融产品，针对选中的银行机构和金融产品在线填写贷款申请并提交，银行查询贷款申请并通过中小企业信用评级数据库查询企业信用资质，网上签约并确定发放授信额度，线下签订贷款合同，完成银企的网上线下贷款交易，实现银行与企业的无缝对接。对在线签约的银行企业，在线跟踪意向投融资额与签约投融资额等对接成效，并发布展示对接成功案例。根据贷款机构、贷款种类、贷款行业、贷款用途，实现搜索查询统计功能。

整合安徽省及试验区内政策性银行、国有独资银行、民营银行、外资银行等所有银行机构资源以及各类银行金融产品，中小企业可根据服务满意程度在线推荐关注银行机构和知识产权质押、投贷通等金融产品，并可对银行服务进行第三方评价，根据关注程度和推荐程度，对银行机构和金融产品进行关键字排序搜索。

根据银行机构和中小企业的搜索关键字分析用户的属性、兴趣爱好、行为特征等信息，并通过领域知识构建和社会需求发现进行数据挖掘和知识重构，并根据企业提出的具体贷款需求，为中小企业定制个性特色搜索服务。同时根据中小企业的不同发展阶段和具体要求，增加贷款政策服务、专家咨询服务和金融产品查询服务等增值服务。

③保险企业对接平台。为充分发挥科技与金融的合作优势，加快培育和完善科技保险市场，支持保险公司创新科技保险产品，加大保险服务力度，创新科技风险分担机制，加大保险资金支持科技发展的新方式，为保险机构和科技型企业提供相互交流的对接平台。在对接平台上，及时发布试验区各市、各高新区组织凝练的一批基础设施建设、重大科技成果转化和战略性新兴产业培育项目，同时加强与企业联系，组织企业申报有融资需求的企业项目（重点支持战略性新兴产业的大型高新技术企业、工程项目与工矿项目），积极支持重点企业、重大项目实现多渠道融资，建设保险企业项目库；整合安徽省及试验区内保险公司（财险公司、寿险公司、再保险公司）、保险中介机构、资产管理公司以及信托公司以及各类保险公司的保险产品，建设保险机构和保险产品数据库。在网上定期发布保险企业对接会信息，组织开展网上对接会。统计对接会参会机构数、项目数、拟融资额、网上签约项目数目、网上签约融资额、实际签约数、实际签约金额进行统计分析，对统计结果进行分机构、分领域、分行业、分阶段的多层次多维度的数据挖掘。在线跟踪意向投融资额与签约投融资额等对接成效，并发布展示对接成功案例。

整合安徽省及试验区内国有及民营的所有保险机构和担保机构及各类保险担保产品，中小企业可根据服务满意程度在线推荐关注保险机构和科技保险等金融产品，并可对保险机构的服务进行第三方评价，根据关注程度和推荐程度，对保险机构和保险产品进行关键字排序搜索。

根据保险机构和中小企业的搜索关键字分析用户的属性、兴趣爱好、行为特征等信息，并通过领域知识构建和社会需求发现进行数据挖掘和知识重构，并根据企业提出的具体投保需求，为中小企业定制个性特色搜索服务。同时根据中小企业的不同发展阶段和具体要求，增加保险政策服务、专家咨询服务和金融产品查询服务等增值服务[6]。

④创投项目对接平台。围绕创投机构与项目方的网上线下全过程双向对接交流平台，构建项目融资利益与运作机制，突破中小企业融资难瓶颈，为广大中小微企业融资建立一个方便快捷的网上线下交易平台，实现天天路演时时对接。创投项目对接平台主要包括安徽省引导基金管理系统、安徽省创业风险投资机构调

查系统和创投项目网上对接平台。

通过省引导基金管理工作网络服务系统建设，建立省创业风险投资引导基金各层级部门协同工作机制，主要实现基金投资管理工作中各个环节的信息审核和文件备案。通过省引导基金政策法规、职能框架、基金简报等全面介绍省引导基金情况。根据引导基金管理的流程，系统设置基金管理工作流程自定义，主要实现基金基本信息管理、出资人管理、基金管理公司管理、股东合伙人管理、档案管理、资本到位管理、项目管理、重大事件管理、基金运行管理、系统组织机构及用户管理、文件传递等。重点是对基金公司和被投企业的数据挖掘，对基金公司的投资地域、投资行业、投资阶段等投资偏好以及投资早创、投资高新、投资产业政策进行数据统计分析，同时介绍国际国内相关的创业风险投资动态及行业咨询。通过安徽省创业风险投资机构调查系统建设，对各家机构填报提交的报表数据，进行及时的存储、采集和分析，并对各类数据样本进行及时查询统计与决策分析，为政府部门决策提供参考。

在网上对接平台，创投机构展示机构信息，主要包括机构基本信息、机构管理团队、机构股权、股东背景、行业资源、资金来源、机构投资策略、投资案例说明、风投项目要求（可投资行业、投资所属区域、可用投资金额、投资项目阶段、项目退出方式、项目具体要求）、投后管理模式、机构联系方式。尤其是能够展示机构的亮点：如投资领域和投资阶段的偏好以及独特的投后管理模式的差异化特色。同时可以查询、关注并推荐满意的机构和企业，并对机构和企业进行第三方点评。企业项目发布项目信息，主要包括项目名称、项目所有人、所属地区、所属行业、融资规模、项目简介，同时显示项目关注度和投资意向人数。点击项目后，展示项目完整信息，如公司核心竞争力、公司简单描述、行业前景与市场地位、公司产品技术与服务、高管团队与股权结构、财务状况分析（后三年）、融资计划与使用、风险防范及控制等方面，引导机构完善材料，并为企业提供对接的咨询：尽职调查、准备材料、自我评估和关注角度。同时可以查询、关注并推荐满意的机构和企业，并对机构和企业进行第三方点评。根据机构类型和企业类型进行不同关键字的排序，同时可根据关注度、推荐度和搜索度进行搜索排序，将关注度高、推荐度高的机构和企业进行优先推荐。对于机构和企业对接成功的案例，进行对接成功案例展示并显示融资进度。

网上对接会前，集中发布对接会信息以及参演机构企业基本信息，便于投融双方信息交流。同时统计参演机构数、企业数、拟融资额等数据信息。在指定时间开展网上项目资本对接会，企业项目进行网上路演展示，机构方、项目方可以互动交流，机构可对项目进行实时点评，对接成功的机构企业可以在网上电子签约。对于电子签约的机构企业进行重点跟踪，了解对接成效。机构企业定期对对接效果进行信息反馈，根据反馈信息统计投融资项目数量与投融资总额。

依托安徽省创业风险投资协会和安徽省天使投资人联盟，完善安徽省创业风险投资体系。基于协会工作和服务会员的需要，建设协会活动、协会章程、政策法规、会员管理、入会申请等多个模块。主要围绕协会专区、服务专区、管理专区三个服务内容来设计。在天使投资人联盟模块，建设联盟章程、入会流程，对省内天使投资人进行信息备案并纳入投资机构体系，引导天使投资人规范运作。

⑤资本企业对接平台。为了建设并完善安徽省及试验区内的多层次资本市场，搭建资本和企业的对接平台。资本机构主要包括省引导基金、创投机构、天使投资人、证券公司、会计师事务所和律师事务所并建设资本机构数据库，为拟上市科技型中小企业完善上市提供全流程检索咨询服务。建设上市企业数据库、拟上市企业数据库、试验区"新三板"挂牌企业数据库以及网上股权交易所。试验区内企业可以根据要求自行选择不同层次资本市场的数据库提交企业信息，经审核后发布在以上三类数据库中。各类拟上市企业可以根据资金或服务的要求，检索满足要求的创投机构、券商以及第三方服务机构，各类资本市场机构可以根据企业所属地区、所属行业、所属阶段、企业规模进行关键字及全文查询。

同时，在拟上市企业数据库和"新三板"挂牌企业数据库中，由科技金融专家遴选优质项目加入中小企业成长路线图计划，进行上市重点培育辅导。

⑥产学研对接平台。安徽省科教资源丰富，大专院校多、科研机构多、科技人才多、科技成果多，但是科技成果向省内中小企业转移并向现实生产力转化的极少，因此搭建大专院校、科研院所和科技型中小企业的产学研对接服务平台并实现网上对接，为广大中小企业提供强大的科技支撑。

产学研对接平台充分依托安徽省产学研促进会，整合省内企业资源、高校资源和科研院所资源，建设产学研促进会会员数据库，发布产学研政策与动态资讯。高等院校和科研院所的科技专家注册登陆后可发布科技成果和知识产权，并可查询技术需求和企业咨询，在线回答企业技术难题。中小企业注册登陆后可发布技术需求和企业咨询，并可查询高等院校和科研院所的科技专家，针对企业所处行业与技术领域进行网上对接。

产学研对接会以网上在线方式进行，预先发布技术领域专场对接会信息，高等院校和科研院所的专家以及科技型中小企业可网上报名，在指定时间实现在线洽谈沟通并确定合作意向，并对达成意向的技术合作项目进行管理，对对接成果进行数据反馈和统计查询。

⑦科技成果转化对接平台。围绕"小试→中试→产业化→规模产业化→市场销售"的科技成果转化链，整合相关科技资源与金融资源，开展科技成果转化的全流程服务，包括政策体系支撑、成果资源汇集、转化项目认定、技术产权交易、金融资本对接。整合国家及省科技成果转化政策法规，包括《国家促进科技

成果转化法》、《国家科技成果转化引导基金暂行管理办法》等以及国家及省科技计划项目等，为成果转化提供政策支持。整合省及试验区内科技成果资源，包括科技成果鉴定（鉴定成果）、科技成果登记（验收成果）、科技奖励等科技部门认定成果以及发明专利、实用新型专利、外观设计专利、软件著作权等知识产权形成省级科技成果库，整合应用型国家级科技计划项目、地方科技计划项目、科研院所事业单位科技成果构建国家科技成果转化项目库。构建科技成果转化项目评估指标体系，并从省级和国家科技成果转化项目库中，科技部门会同金融机构和创投机构，联合遴选认定技术水平高、市场前景好并符合战略性新兴产业发展方向的重大科技成果转化项目。成果拥有者可从选择不同成果转化形式，包括自主生产、技术入股、技术转让、技术服务以及其他方式，在中介机构库中查询需要进行中间试验、工业性试验的孵化器，从企业库中查询技术转移落地的企业，从金融机构库中查询符合条件的投资机构，为成果转化提供全方位数据咨询与专家咨询服务。

科技成果转化对接会以网上在线形式进行，围绕科技成果的转化链条，召集转化链条上的各个对接要素在指定时间内开展网上对接会。对接会前，首先集中发布重大科技转化成果，接受转化链上的技术成果落地企业、科技保险机构、科技担保机构、风险投资机构在线报名。在网上对接会上，发布并展示重大科技转化成果，各阶段对接要素以在线洽谈沟通的方式确定合作意向，并对达成意向的科技成果转化项目进行管理，对对接成果进行数据反馈和统计查询。会后，及时跟踪意向签约的科技成果转化项目，并对对接成效从成果方、企业方、机构方进行多层次多维度数据挖掘。

（二）数据库建设

建设省及试验区科技金融基础数据库，双向整合试验区内的科技资源和金融资源，促进投融资双方的深度对接和有效合作。包括企业信用评级数据库、科技金融资讯数据库、科技金融政策数据库、科技金融机构数据库、科技金融企业数据库、科技金融项目数据库、科技金融产品数据库、科技金融专家数据库、技术需求数据库和科技成果数据库等，并在此基础上探索各类数据共享机制、协同机制与规范机制。

1. 中小企业信用评级数据库

开展信用评级拓宽征信系统的数据信息采集渠道，整合人民银行、国有银行、保险机构、担保机构、小额贷款等金融机构和准金融机构以及工商、税务、海关等部门的中小企业基础信息和信贷信息，同时聚合新闻、论坛、博客、社交网络媒体的相关信息，强化信息采集和更新机制。遵从人民银行总行规定的评级程序和评级要素、标识及含义，建设统一规范的科技型中小企业信用评级指标体系，使用分层聚类分析法分析指标之间的相关性从而确定最终定量指标。通过"评信通平台"出具中小企业信用报告，建设中小企业信用评级档案数据库，通过中小企业信用评级报告进行汇总分析，建立中小企业信用数据协同共享机制，并分别从区域分布、行业分布和企业规模和信用级别等方面进行统计分析与数据挖掘。

2. 科技金融资讯数据库

整合科技金融财经资讯，建设统一的资讯信息发布、信息浏览、信息检索和信息共享的数据库平台，信息内容主要包括投融要闻、政策法规、宏观经济、行业研究、产业新闻、专家观点、财经热点、人物访谈等信息，统一数据接口并通过数据清洗来实现结构化与非结构化的数据导入，实现金融资讯数据的统一发布。同时采用国内领先的检索技术，支持关键字检索、全文检索和主题词检索，实现数据的快速浏览、挖掘和深度分析，方便用户快速查询和检索所需信息。针对用户关心的内容，提供多种特色信息阅读入口，充分满足政府部门、金融机构、监管机构、中介机构和中小企业信息共享和交流的需求。

3. 科技金融政策数据库

为了加快形成多元化、多层次的科技投融资体系，科技部会同"一行三会"、安徽省及合芜蚌试验区、各个地市出台多项促进科技和金融结合的政策制度。科技金融政策数据库整合国家、省及试验区、各市县区以及兄弟省市科技金融政策，主要包括：创业投资、科技贷款、科技担保、资本市场和科技保险等方面的规章制度和相关的法律法规。同时整合科技部、科技厅及地市科技局关于国家专项资金、省及试验区专项资金、地市专项资金等政府资助项目以及国家认定、省及试验区认定等政府认定项目，建设政策性项目、政策性认定数据库，实现定期公告定期发布，同时建立数据信息规范共享机制。为用户提供关键字检索、全文检索和主题词检索，实现数据信息的快速查询浏览。

4. 科技金融机构数据库

整合省试验区内所有金融机构资源，主要分为三大类数据源：金融机构、中介服务机构、平台园区机构。包括银行机构、非银行机构、投资类金融中介机构、保障类金融中介机构、信息咨询服务类中介机构，按照金融机构体系形成统一数据规范格式的金融机构数据库。银行机构包括政策性银行（国家开发银行、中国进出口银行、中国农业发展银行）、国有控股商业银行（中国银行、工商银行、建设银行、交通银行、农业银行）、股份制商业银行（光大银行、民生银行、上海浦东发展银行、杭州银行等）、城市商业银行、农村商业银行、农村合作银行、村镇银行、农村金融机构、外资金融机构等，非银行机构包括金融信托投资公司、财务公司、金融租赁公司、汽车金融公司、金融资产管理公司、农村信用合作社、农村资金互助社、贷款公司、城市信用合作社、邮政储汇局等。投资类金融中介机构包括证券公司、证券交易所、证券结算公司、基金管理公司，保障类金融中介机构包括财产保险公司、人身保险公司、再保险公司、保险评估公司、保险代理公司、全国社会保障基金管理机构等，信息咨询类中介服务机构包括证券评级机构、证券投资咨询公司、资信评级机构等。在此金融机构体系中，根据银行机构、保险机构、担保机构、创投机构、证券机构进行分类并进行一级、二级检索，同时支持关键字检索和全文检索。整合省及试验区内中介服务机构，包括专利服务机构、会计师事务所及财务服务机构、律师事务所及法律服务机构、咨询服务机构、评估服务机构等。整合省及试验区内的园区平台机构，包括国家及省级孵化器、科技园区、服务平台、工程技术研究中心、技术转移机构等。定义不同类金融机构的查询和信息关键字，如创投机构数据库包括机构基本信息、机构投资策略、投资案例说明、风投项目要求（可投资行业、投资所属区域、可用投资金额、投资项目阶段、项目退出方式、项目具体要求）、机构联系方式，不同机构列表中抽取数据库中的部分数据等。

5. 科技金融企业数据库

整合省及试验区内所有科技金融企业资源，主要包括中小微企业、省民营科技企业、省创新型企业、省高新技术企业、国家高新技术企业、承担国家及省科技成果转化资金项目企业、承担国家及省科技支撑计划项目企业、承担国家创新基金项目企业、获得国家及省科学技术奖励企业等，同时包括中小企业培育计划企业，为高新技术企业培育计划企业、战略性新兴产业企业、重点上市培育计划企业等，并可根据企业所属区域、所属行业、所属阶段、所属年份进行跨库检索。同时为用户提供关键字检索、全文检索和主题词检索，实现数据的快速查询浏览。支持省及试验区内科技型中小企业注册并发布企业信息，包括企业所属区域、所属行业、所属阶段、企业基本信息介绍等并按照关键字进行查询排序，对省及试验区内科技型中小企业实行备案制并实现实名认证机制，建立科技型中小企业数据库，并通过新闻、论坛、博客等网络媒体实现信息聚合，分析用户的属性、偏好及行为特征，通过数据清洗、知识重构，建立用户的兴趣模型，为中小企业提供融资服务。

6. 科技金融项目数据库

整合省及试验区内国家及省科技计划项目，包括国家创新基金项目、国家及省科技支撑计划项目、重大科技成果转化项目，按照企业所属区域、所属行业、所属阶段进行跨库检索，并支持融资方发布项目，投资项目数据库包括项目所属地区、所属阶段、所属行业、融资金额以及项目介绍：公司核心竞争力、公司简单描述、行业前景与市场地位、公司产品技术与服务、高管团队与股权结构、财务状况分析、融资计划与使用、风险防范及控制。

7. 科技金融产品数据库

围绕扶持科技型中小企业，整合省及试验区内债权融资产品和股权融资产品。在原有金融产品数据库的基础上，针对科技型中小企业的特点，银行、保险、担保、创投、证券机构可发布科技金融创新产品，如：中小企业债券、知识产权质押、投保联动、投贷联动，以及债券、股权加期权产品等，在此基础上构建科技金融创新产品数据库。金融产品创新数据库主要包括针对目标客户的产品定义、适用群体（投资规模、投资阶段、投资行业）、产品特色、操作流程等信息，科技型中小企业用户根据企业自身特点进行查询检索，同时支持用户全文检索、关键字检索和自定义检索，查询符合企业自身条件的中小企业科技金融产品。

8. 科技金融专家数据库

整合省及试验区内各个领域科技金融专家数据资源，建设科技金融专家数据库。主要分为科技行业领域专家和金融行业领域专家，科技行业领域专家包括中央驻皖及省属高等院校、科研院所、各有关企事业单位、各相关政府管理部门以及行业协会等，金融行业领域专家包括银行、保险、担保、证券机构等专家。该专家平台将涵盖各类从事科学研究、科技开发、成果转化、科技管理、经济管理、金融财务等方面的专业技术人员和管理人员的专家信息，也是今后科技金融平台企业服务、对接服务、第三方专家咨询、项目评审专家的重要数据来源。专家可以自行在线注册填写科技金融专家信息，经专家所在单位和系统管理员审核后，进入科技金融专家数据库。针对科技型中小企业，重点根据企业管理、运营管理、营销管理、财务管理、人力资源管理等方面进行数据分类，注册用户可根据专家单位、专家类别、专家行业进行检索，并根据科技型中小企业用户网络信息抓取，为用户推荐符合企业用户需求的科技金融专家。

以创新型试点企业、高新技术企业和高新技术培育企业数据库为基础，同时联合省内高等院校以及科研院所科技专家，遴选科技金融人才和科技金融专家，形成股权激励人才专家库，并作为各类金融机构提供支持与兑现政策扶持的依据。

9. 技术需求数据库

整合并挖掘省及试验区内企业的技术需求及难题，建设企业技术需求数据库。支持省及试验区内各个行业、各个阶段的企业发布技术需求及难题，主要包括需求名称、所属行业、需求类别、需求内容、合作方式、其他需求以及企业名称、所属行业、所属阶段、企业简介、联系方式等内容。针对成果与需求对接的中间环节，建设技术转移机构数据库，并对对接成功的技术落地企业和技术落地项目分别建设技术落地企业数据库和技术落地项目数据库。

10. 科技成果数据库

整合省及试验区内所有科技成果资源，建设科技成果数据库，主要包括历年的国家及省市科技奖励、科技成果鉴定项目、科技成果登记项目以及专利等知识产权项目，设立科技成果评估指标体系，重点将具有技术创新性和产业化前景的科技成果纳入省重大科技成果转化项目数据库。财政资金形成的科技成果，包括国家（行业、部门）科技计划（专项、项目）、地方科技计划（专项、项目）以及其他由事业单位产生的新技术、新产品、新工艺、新材料、新装置及其系统等纳入国家科技成果转化项目库。省科技成果转化项目由科技金融专家库中遴选的科技、管理、法律、金融、投资、财务等领域的专家组成项目评审会，同时会同科技部门、金融机构和创投机构联合进行项目评审。国家科技成果项目库中的项目由科技部、财政部组织的转化基金专家咨询委员会联合遴选。省科技成果转化项目库根据所属单位、所处阶段、技术领域、应用行业、转化方式等进行跨库检索，并支持成果名称、完成单位、项目内容的精确或模糊匹配方式的关键字检索以及全文检索。

基于上述十类数据库，采用标准规范数据库接口技术，实现将各类数据有效整合，构建数据源完整的科技金融综合服务平台数据库。

四、结束语

本文在分析合芜蚌科技金融合作服务平台背景意义的基础上，构建了合芜蚌科技金融合作服务平台。平台建设是合芜蚌试验区促进科技和金融结合试点工作的重要目标之一，与合芜蚌试验区的发展战略相互衔接，基于"投融自主双向选择、网上线下深度对接"的创新机制模式，坚持"技术+金融+共建+整合+共享+服务"的创新理念，形成"一个科技金融服务综合平台、六种深度对接模式、十条投融资渠道"的科技金融服务格局，以深化科技金融创新促进服务实体经济发展，重点为试验区内的科技型中小企业开创"科技型中小企业绿色通道"，通过建立用户兴趣模型挖掘用户特定需求，为科技型中小企业提供个性化定制服务，有效地解决科技与金融两张皮问题和科技型中小企业融资难题，实现试验区科技创新链、产业链、资金链有机匹配，为初创期到成熟期各发展阶段及各种类型的科技型中小企业提供专业化、系统化的"科技金融一体化"综合服务。

平台建设将促进试验区科技创新和金融创新深度融合，以培育战略性新兴产业上下游产业链的科技型中小企业为重点，以重大科技成果转化链为核心，共同扶持试验区内中小企业做大做强。增强自主创新能力，培育发展战略性新兴产业，加快科技成果转化和产业化，支撑和引领经济发展方式转变，推进创新型试验区建设，加速安徽省迅速中部崛起，支撑合芜蚌试验区成为中部最大的科技金融创新中心[7]。

参考文献

[1] 张晓. 中国科技金融发展报告 2012 [M]. 北京：经济管理出版社，2013.

[2] 李兴伟. 中关村科技金融创新的举措、问题及对策 [J]. 证券市场导报，2011 (1)：56.

[3] 夏太寿，褚保金. 科技金融创新与发展 [M]. 南京：东南大学出版社，2011.

[4] 丁涛，胡汉辉. 金融支持科技创新国际比较及路径设计 [J]. 软科学，2009 (3)：54.

[5] 唐艳，杨俊龙. 安徽省科技投入的金融支撑研究 [J]. 北方经贸，2012 (4)：99.

[6] 杨文娟，桂新生. 合肥高新区"十二五"时期科技金融工作思路与对策 [J]. 安徽科技，2011 (2)：15.

[7] 刘伟建. 对区域金融中心建设促进安徽省经济金融协调发展的思考 [J]. 金融纵横，2008 (11)：5.

（作者：刘明）

搭建园区桥梁，推进科技创新与金融服务融合
——兼谈小额无抵押信用贷款的探索实践

科技创新、金融服务是当前经济活动中的两个重点话题，金融创新、金融服务进一步支持、引领科技创新活动，日益成为"创新型国家"建设的重要内容。大学科技园是以科技成果转化、科技人才培养、科技企业培育和服务区域经济为己任的新型园区，在大学科技园中开展金融服务、开展金融服务创新是科技创新与金融服务相融合的重要阵地。

作为大学科技园的代表，复旦大学国家大学科技园承担"科技型中小企业科技金融综合服务应用示范"项目（2012 年国家科技支撑计划课题，实施时间为 2012 年 1 月~2014 年 12 月），该课题的主要任务是搭建园区服务载体、突出科技创新与金融服务双向融合的在线交互工作平台。为组织好课题实施，园区申报了上海市科技金融试点园区，并组织开展了第一期科技金融试点。

本次试点工作集中探索园区在银、企合作中的中介桥梁作用，在产品和服务创新中设计并实施了无抵押信用贷款的服务流程。下文以本次试点中的一些主要工作进行具体说明，期望更多的园区、合作机构共同参与，就科技型中小企业融资难这一"瓶颈"问题，共同努力，共解难题。

一、准备过程

（一）为什么选择无抵押信用贷款流程

设计无抵押信用贷款流程主要有两方面的考虑。

（1）该类产品属于雪中送炭类型，科技企业有需求但市场供给有困难。对于这一部分需求我们做了单独调研。

大学科技园是科技企业比较集中的园区，大家都存在一个共性判断，成熟园区内，优秀、成熟的企业一般占比 5%~10%，这部分企业"高科技、高成长、高

收益"特征明显，是投资界、银行界的"香饽饽"。与之对应的是"小老头"企业或萎缩企业，占比 1/3，该部分企业一般不会进入银行家的视野。介于两者之间的企业群体占比较大为 40%~55%，这部分企业向上突破发展瓶颈可成为明星，如果未能形成有效突破则走向另外一个极端，僵化或萎缩。对于这部分有望向上突破的企业群体，银行表示强烈的合作愿望，但由于该部分企业信息不对称、缺乏抵押物、知识产权难以处置，客观上限制了银行继续向前的主观愿望。能否通过园区介入：①发现有潜力的成长企业推荐给信贷员；②利用信息优势提振审批信心；③利用服务优势提高银行贷后管理效率；④利用信息积累提高团队违约成本。如果能有效做到以上几点，则银行有可能向前走出一步。

（2）无抵押信用贷款的服务流程短、具体的参与方少，在试点过程中，园区容易把握。在传统的科技企业银行融资服务中，参与机构或组织包含银行、科技企业、第三方评估机构、担保机构、政府等主体，根据需要，参与机构可选择不同组合方式，如上海比较有特点的几个产品，"科保通"采用"政府+保险+银行"模式，"银元宝"采用"政府+园区+银行+企业"模式，"投贷通"采用"投资机构+银行+政府"模式。由于不同的组合形式，参与主体都在其相应的服务环节承担相应的职责，并承担相应的风险。

园区作为桥梁介入，在融资双方之间多了一环，但其提供的信息优势和服务优势使得融资双方之间的信息不对称得到改善；园区导入政府扶持政策（风险补偿机制、增信担保机制等），作为流程外部保障机制，将政府审批调整为服务备案；通过创业团队（个人）信用和企业应收账款等要素，设计小额信用贷款简化担保环节。通过上述调整，在我们设定的无抵押信用贷款流程中，参与方仅包含科技企业（团队）、银行及作为桥梁的科技园，与传统的科技企业融资服务链相比，减少了第三方评估机构、担保机构、政府审批环节。因而调整的服务模式在融资活动的融资成本和审批时间上存在一定优势。

（二）无抵押信用贷款试点范围

在中国银行杨浦支行、上海市农商银行、江苏银行杨浦支行等银行支持下，园区将无抵押信用贷款的试点内容进行界定：

（1）产品对象：针对产品或服务基本成形，并快速成长的科技型中小企业；

（2）服务流程：企业提出需求—园区尽职调查—银行与企业对接—合同备案—贷后管理；

（3）操作原则：在具体操作中，尊重创业团队的信用价值和主体作用，发挥园区信息和服务优势的桥梁作用，立足金融机构金融创新的主体作用，依托市区两级风险补偿机制，有效发挥财政政策的杠杆作用。

为提高银行及园区对于工作对象的共同人认可，合作双方对科技企业标准作了定性说明：

（1）企业负责人与企业利益一致且企业管理制度完备，能将企业信用与企业负责人信用相捆绑的基础条件。

（2）企业科技企业特征明显：具体包括研发人员组成、知识产权积累等；也包括各类企业所具有的科技企业资质，如高新技术企业、双软企业等。

（3）有业务订单、有销售额，具备增长的前景。订单是市场对于企业技术创新的认可，企业能够提供与企业主营业务相一致的业务增长说明材料。

（4）信用贷款与项目贷款相结合，在信用额度下，贷款与项目捆绑，明确贷款用途、还款来源。

通过无抵押小额信用贷款的产品和服务流程设计，园区在银行融资双方中的桥梁作用得到体现。在具体试点中，我们以该产品服务流程为基础，在银行产品的选择上，在小额信用贷款的基础上，增加了合作银行自有产品，通过特色产品设计、传统产品引入，试点的服务产品具备了一定基础。我们认为，通过园区"红娘"，企业自身价值得以实现，银行依托风险识别、管理能力，根据企业的自身特点，设计个性化的服务方案，科技企业的融资难问题可以向前迈进一步。

二、操作实践

为实现科技创新与金融服务相融合，上海市委市政府出台"三个十亿"政策及"市区两级风险补偿机制"，在提高投资机构、担保机构、银行抗风险能力的同时，市区两级政府将在3%~5%的风险补偿区间内为银行提供1%的风险补偿。

作为上海市金融办的三个试点园区之一，园区借助政策东风，率先开展"以园区服务为基础的科技企业银行融资服务"试点。为顺利开展试点工作，园区专门成立了试点工作组，由公司负责人牵头，制订试点计划，并落实试点工作组具体实施。在本次试点工作中，将无抵押信用贷款作为其中的一项重要内容进行具体落实。

试点工作正式开展之前，园区与合作银行开展了企业的个案试点，就园区服务流程、银行工作流程进行了实际操作。在个案试点基础上，园区选择合作紧密的中国银行杨浦支行、江苏银行杨浦支行、兴业银行杨浦支行等开展合作。2012年5月，园区组织候选科技企业32家以"信用贷款调查表填写"为主题进行了集中辅导，其中22家企业提出融资需求。融资双方在企业联络员陪同下，进行了"银企对接"。其后银行开展独立的"尽职调查"、"额度确定"、"协议签署"。在银行与企业签署贷款协议以后，园区与银行开展贷后服务。在第一批试点基础上，2012 年 7 月初，第二批试点工作继续推进，新增了两个合作银行，分别为交通银行和上海农村商业合作银行，推出企业 17 家。截至 2012 年底，共为 49 家科技企业牵线搭桥，其中 36 家获得贷款，总批复金额 1.73 亿元。在上述银企合作中，21 家科技型小企业获得无抵押信用贷款额度 2330 万元，额度介于 20 万~300 万元，主要集中在 50 万~100 万元。

通过整个服务周期的探索，园区实践了园区介入的政、银、企合作的新型融资服务关系，在整个服务流程中，增加了政府在融资流程中的整体风险事后补偿机制，增加了园区在贷前、贷后的信息服务，而融资服务环节适当减少了担保机构、中介评估机构，服务流程相对缩短，因为介入机构的减少，整个服务的融资成本明显下降，审批时间也大大缩短。现有的无抵押信用贷款的融资成本低于 8%，明显地降低了资金使用成本，提高了企业资金使用效率。

银行与企业签订贷款协议后，园区与银行每月进行一次贷后情况沟通，由园区向银行介绍企业运行情况，由银行向园区介绍企业的资金运行情况。截至 2013 年 6 月，共开展活动 7 次。通过双方的信息交流，明显提高了双方对于企业的认同度。

为了对试点工作进行有效总结，园区与中国银行杨浦支行就目前"无抵押信用贷款"的使用情况进行专题统计。上述获得 21 家企业授信额度 2320 万元，16 家企业实际贷款 1540 万元。上述 21 家企业均实现了明显的销售额增长，整体销售收入从 2011 年的 6573 万元增长到 2012 年的 1.12 亿元，2012 年实现盈利的企业 20 家，其中五家企业 2011 年为亏损状态。2012 年发放贷款的 16 家企业，合计净资产从 2011 年的 5744 万元增长到 2012 年的 9450 万元，增长率达到 65%。考虑到整个服务从 2012 年第二季度才开始，其具体的影响要优于上述分析所得。

三、试点体会

通过本次试点，我们对政府、园区、银行、企业参与下的科技金融有了进一步体会。通过政府风险补偿机制宣传及园区服务的政策落地，合作银行与园区企业在联络员的参与下形成有效对接，园区介入的新型服务模式得到实践，"无抵押信用贷款"也取得了显著成效。

通过本次试点，我们对政银企合作有了新的认识。

（1）通过园区平台，在发挥企业的主体优势、银行的风险管控、园区的服务资源、政府的风险补偿综合作用下，科技企业的银行融资困局必能突破。在试点工作中，对于传统银行融资中的硬性约束，如"提供实体担保物"、"连续两年盈利要求"等限制性条件都有了突破，科技企业凭借自身科技企业含量、发展前景、管理团队的个人信用等基础条件，都获得了银行的认可。

（2）银行是风险管理的专业机构，鼓励银行"再往前一步"是银企合作的关键一步。中国特有的银行制度使得科技企业融资出现诸多困难，科技企业融资的关键问题为风险控制。在试点企业中，银行都制订了"一对一"的风险管理方案，应该说，银行是风险管理的专业机构，只有充分发挥银行专业服务能力，科技企业的银行融资才能通畅。

（3）园区服务，尤其是园区服务人员的综合素质是银企合作走向顺畅的关键。银企合作中的资金流过程，同时也是各类服务人员信任链条的建立和传递过程，园区服务人员对企业的信任、园区对企业的信任、银行对园区的信任、银行服务人员对于园区企业的信任，信任链的建立和传递是保证银行融资过程顺利进行的基本保障。因此，选择一家或几家银行，建立长期的合作关系，增加彼此的理解，只有了解彼此、信任彼此，才能将科技企业银行融资中的不确定性因素引起的信任危机降到最低。

（4）坚持市场机制原则，借助市、区两级补偿机制，实现资源有效、合理配置。科技金融有其自身客观规律，呈现"高风险、高收益"的基本特征。应充分借助市场参与各方的风险识别能力、风险管理能力，并在此基础上整合政府行政资源、财税杠杆制度，实现科技金融服务中的"高风险、高收益"向更为稳妥的"一定风险、合理收益"转型，通过长期合作，建立银、企之间的深度互信，实现"短期利益"向"长期利益"转型。

试点工作取得了一定进展，通过线下工作的实务探索，网络化的在线服务平台运营具有了一定基础。下一步我们将在现有工作基础上，进一步做好现有案例制作，丰富金融服务产品，规范服务流程，落实扶持政策，将试点工作持续深化。

作为一线工作人员，我们相信，优质科技企业的价值发现是一个逐步的过程。在企业的坎坷发展进程中，企业团队始终是第一要素，该要素决定了科技企业未来的成功高度。市场需求、产业平台、政策环境、金融服务等客观外部环境，作为企业团队生存、发展的土壤，决定了团队走向成功的概率，恶劣环境导致一无所获，良好环境可以果实累累。资本是市场配置资源的血液，金融服务在科技服务中占据基础地位，只有发挥政府政策引导机制，充分利用银行等金融机构的风险管理能力，发掘科技企业的自身价值，才能在社会资源配置中形成"前瞻的政策引领+优质的科技团队+有效的金融支撑"的科技创新环境，"金融激发活力，科技引领进步"的科技创新与金融服务才能交相辉映。

（作者：郑棣华）

从互联网金融与传统金融的战争看未来的科技金融服务平台

一、互联网金融击穿银行壁垒

（一）金融小怪兽的出现

2013 年，一群由电商制造的"金融小怪兽"突然冲出了笼子：腾讯最新上线的微信 5.0，正式启动金融微信支付；苏宁旗下第三方支付平台易付宝开设"基金专柜"，将在线上与线下同步推广互联网金融产品；"不是信用卡却胜似信用卡"，阿里巴巴为个人网购信贷炮制的"信用支付"，进入了引爆倒计时……当电商寡头凭其互联网优势资源肆意击穿金融业壁垒，传统银行与它的小伙伴们都惊呆了："联手封盖"电商攻势，或在其业内已暗中形成共识。

无论是阿里巴巴，还是京东、苏宁云商、腾讯，没有人甘心在互联网金融产业竞争中落于下风，尤其在移动支付领域"圈地运动"，各方都尤为高调。腾讯说，微信不仅是个免费"对讲机"，还能变形为"钱包"。该集团旗下的微信与财付通两公司，联合推出了微信支付，成为微信 5.0 版服务功能的最大看点。据微信公司官方介绍，微信支付可实现公众号支付、扫描二维码支付和 App 支付功能。首批商户包括机票预订、网购、电影票团购、交通卡充值、麦当劳、QQ 充值等。简单来说，在国内任何地区、任何形式的商店，如卖方同步使用财付通，消费者可通过手机微信支付对商品或消费小票扫码、付款。而消费者使用资金是微信通道链接其银行卡获取。试想一下，如消费者通过智能手机扫码、加挂银行卡完成消费，谁还会带一摞银行卡出门？

值得一提的是，2014 年国内移动支付领域的两次重大产品革命，均由电商制造。此前，阿里巴巴旗下手机支付宝已推出"当面付"、"5 万元内跨行免费转账"。仅隔一日，苏宁突然放话，将于近期正式进入基金领域，涉足货币基金等投资理财产品。而接下来，苏宁易购的易付宝将申请独立的域名，会变成一个支付业务平台。此前，易付宝已支持信用卡还款、银行卡转账、手机充值等功能，接下来推出的基金产品，其"跟庄"支付宝的战略路径尤为清晰。与阿里系不同，苏宁不仅在线上销售，旗下1600多家门店也将设专柜落地，"双线"同推互联网金融产品。无疑，这是苏宁实体零售渠道"去电器化"转型走出的第一步。或因如此，苏宁云商某高管在接受《大河报》采访时信心满满："在国内电商金融平台中，易付宝是唯一能叫板阿里支付宝的。"常言说，做老大总会被挑战的。但支付宝这个第三方支付老大，自然不会被轻易挑翻。据支付宝方面透露，其针对个人消费信贷提供的"信用支付"服务，或于近期正式上线。简单地说，手机支付宝用户网购付款，将不用再捆绑信用卡或储蓄卡，即可以直接透支消费。"信用支付"授信额最高5000元，最多38天免息，前期或只在淘宝系网站试用。

（二）金融小怪兽之间和传统银行之间的竞争

各家电商的"金融小怪兽"咬得异常热闹。如苏宁正在操作的"充50送50"、"充100送100"优惠活动，即为刺激易付宝用户增量。事实上，除阿里巴巴、腾讯、苏宁、京东、百度、新浪、网易、盛大也都有自家专属的支付工具。据相关部门统计，目前国内持有第三方支付牌照的机构已达250家。缘何一夜间，电商的"金融小怪兽们"都浮出了水面？电商巨头争相推出第三方支付服务，其目的是占领行业市场高地，而未来金融领域的赢家，将是把电子业务与传统业务结合得最好的平台。这叫做"闭环系统"。通俗理解，把自家的篱笆修得能多高就多高，让对手挖不动墙脚，也让消费者、商户、服务商"逃"不出自家的院墙。这其中，金融服务链即是"攻防"兼备的重要武器。一则故事可窥其中奥妙。2011年5月，支付宝蹊跷地从京东的支付页面中消失，曾引起消费者一度不满。2012年10月，京东收购了持支付牌照的网银在线，自建独立的支付体系。京东直言，"支付宝的服务费用太贵。别家支付费率都已降到了合理水平，支付宝不降。为此京东每年都要多支付500多万元。"京东在传递一副"受害者"表情。但换一角度看，如果支付宝为京东降服务费，且不论是否与其市场占有率、品牌溢价能力相悖，仅是"支持淘宝系'死对头'"一条，也不合逻辑。"卧榻前岂容对手虎视"，或许才是京东的心里话。如支付宝一旦成为京东第一大支付终端，京东最隐秘的"大数据"信息将被阿里巴巴了如指掌。"说到底，电商平台的竞争最终拼的是对消费者、商户的黏度。"

几年前，跨入金融业，曾只是电商大佬深夜在床上的梦话，如今，已是明目张胆对传统金融业进行"劫粮"。8月8日，北京中关村互联网金融产业联盟成立。联盟聚合了电商企业、网络支付企业、投资人等互联网金融产业的核心环节，包括京东、拉卡拉、人人贷、天使汇、3W咖啡等企业及机构已加入该联盟。这或许是国内互联网金融产业酝酿新一轮爆发力的缩影。

但几乎与之同步发生的，是一则坊间爆料：针对阿里巴巴过于"出格"的表现，几大银行成立了一个类似于"打击阿里指挥部"的虚拟组织，监控目标是，产品方面有风吹草动时，就会上报至监管机构。打击马云对金融市场的野心和傲气，杀鸡儆猴、以儆效尤，或因多家银企对其已隐忍多时到不能再忍的时候了。支付宝的"信用支付"服务分析，它虽不是信用卡，但却客观撬动了银行业一块儿最肥美的蛋糕。消费者刷信用卡每1万元，发卡行可由收款商家得到约50元的服务费。如果算上消费者滞留还款的罚金，银行收入会更多。但是，如支付宝带动了庞大用户群习惯使用的"信用支付"，无疑对银行的信用卡交易量、发卡量带来打击。此外，很多银行早些年都自办了类电商贸易平台，通过分期付款或积分折算等方式向信用卡用户兜售商品获利，此模式很可能被瓦解。当电商寡头们的第三方支付具备越来越强的类银行业务功能，即会出现更多消费者将存款"搬家"的情形。因此，"谁在消费者面前更具话语权"，是银行业需要较真的原则性问题。

二、互联网金融的调研与分析

（一）互联网金融的运作模式分析

最近，由央行牵头，央行、银监会、证监会、工信部等七部委组成的一个调研小组悄然抵达上海，这是互联网金融发展史上最大规模的政府调研。调研小组此行有两个目的：摸底和防范风险，"中国的互联网金融到底应该怎样发展？它对于现有银行体系的冲击到底会怎么样？传统银企与互联网企业间的对决，或将在央行新的游戏规则下展开"。

互联网金融逐渐从互联网圈扩展到金融圈。在中国互联网大会上，两位中国金融圈的重量级人物——人民银行副行长刘士余与中投副总经理谢平也先后解读了互联网金融。从草根到精英，互联网金融慢慢从江湖之远进入庙堂之上，成为炙手可热的话题。

实际上，第三方支付是互联网最早的金融应用。本来是为了保证网络购物交易安全的第三方支付，"一不小心"成了互联网金融的先行者。在杭州，可以用支付宝打车，没有了找零等现金交易的烦琐——假币问题也不复存在。有了支付宝之后，很多80后、90后基本上和银行排队说拜拜了，水电煤气电话费交费都在网上完成，甚至信用卡还款，也不过是网上一个点击。尤其是移动互联网兴起之后，手机客户端操作，相当于人手一家银行。

不过，真正引爆互联网金融话题的，是阿里巴巴金融业务的阿里小贷以及支付宝推出的"余额宝"。与中国建设银行的合作分道扬镳之后，阿里巴巴集团董事局主席马云曾经说过一句令银行不寒而栗的话，"如果银行不改变，我们来改变银行"。借助支付宝和淘宝网积累的用户和数据，阿里巴巴分别在杭州和重庆注册了两家资本金分别为6亿元和10亿元的小额贷款公司，并向其平台上的商家发放贷款。这两家公司成为阿里金融最初的业务主体。

阿里金融提供的数据显示，从2010年4月阿里巴巴在浙江成立小贷公司开始，阿里金融累计为超过20万家客户提供了融资服务，累计贷款总额超过700亿元，其中淘宝和天猫上的卖家占多数。阿里小贷与传统银行和小额贷款不同的是，没有抵押物，是纯信用贷款。利用大数据挖掘，不需要太多的人工审核，现在每天可以放1万笔贷款，运算成本只有两元。互联网基因的小额贷款似乎有着天然优势，阿里金融的不良贷款率为1.02%，中国整个银行业的小微企业贷款的不良率在5.5%~6%。支付宝官方的说法是，余额宝实际上是将基金公司的基金直销系统内置到支付宝网站中，用户将资金转入余额宝的过程中，支付宝和基金公司通过系统的对接将一站式为用户完成基金开户、基金购买等过程，整个流程就像给支付宝充值一样简单。

P2P贷款模式更有可能掀翻传统金融。网络P2P贷款，就是有资金并且有理财投资想法的个人，通过有资质的网络中介机构牵线搭桥，使用信用贷款的方式将资金贷给其他有借款需求的人。存贷款利率之差，是如今我国大部分银行的利润来源，网络P2P贷款，如果从个人变成单位，就是一家真正的银行。央行副行长刘士余惊呼，P2P贷款了不得，将来银行可能被完全取代。经过几年发展，国内的P2P网贷已经分化。有一部分P2P网贷只做平台，不介入交易，如翼龙贷、拍拍贷、点融网等。更多的P2P网贷建立起了资金池，介入了交易环节。如：宜信、人人贷等。另外，诸如陆金所、有利网等则将信贷资产证券化后，通过互联网对外销售。据统计，目前国内活跃的P2P平台已超过300家，而2012年，整个P2P网贷的成交量达到200亿元。而根据行业统计，2013年，P2P网贷规模将有望达到千亿元规模。

创新存在风险。如今互联网金融面临着政策的不确定性。对P2P来讲，不管是200家、300家，还是多少家，如果脱离了平台变成所谓的线下，就是偷换了概念，互联网是不存在线下的。P2P如果做成线下，脱离了平台操作功能之后，也就会演变成资金池，就会出现影子银行。"有两个底线是不能碰的，一个是非法吸收公共存款，一个是非法集资。"

（二）互联网金融的主要展现方式

凭借新技术、新思维，阿里巴巴、腾讯等互联网巨头纷纷以让人眼花缭乱的新产品闯入原本壁垒森严的金融界，再加上近来颇具争议而倍受关注的 P2P 等新兴草根金融，热闹非凡，好戏连台。

目前互联网金融在我国的发展主要表现在以下三个方面。首先是移动支付逐渐替代传统支付业务（如信用卡、银行汇款等）；其次是大电子商务企业涉足金融，阿里巴巴金融冲击传统信贷模式；最后是 P2P 网络贷款平台井喷式发展。对互联网大鳄来说，目前缺的也许只是一张正式的银行牌照。互联网金融给银行带来的挑战，集中表现在支付、信贷、客户基础三个方面。互联网技术改变并动摇了银行的传统客户基础。高速发展的电子平台，积累了海量客户数据信息，互联网金融拥有了比任何一家单一银行更广泛的客户资源。据统计，阿里巴巴现在有超过 8000 万的注册客户，有超过 1000 万的企业仓库。

面对互联网金融的火焰已烧至近身，传统银行业已经按捺不住了。7 月 6 日，中国最大的商业银行——工行宣布拟打造"支付+融资"综合电商平台。金融，这一传统银行、保险的专属领地似乎正在被互联网以迅雷不及掩耳之势侵入。面对"不速之客"，银行大佬们该如何应对？互联网巨头纷纷高调进军金融领域，融合还是颠覆，"颤抖"还是淡定？银行该如何应对？

三、科技金融服务平台

（一）互联网金融的优势分析

我个人认为：传统银行与互联网金融未必"你死我活"。通过创新，传统银行也能够成为未来互联网应用发展过程中的主力军。从许多银行电子银行业务分流率超过 70% 可以看出，银行的客户已经越来越依赖于电子渠道，特别是互联网应用的金融服务。银行当前为了满足客户的需求，运用互联网技术把商业银行的产品线上化，但这种线上化，还称不上互联网金融，只能是金融互联网。

互联网金融是充分利用互联网技术对金融业务进行深刻变革后产生的一种新兴的金融业态。这一业态势必会对银行带来冲击，包括对商业银行业务的冲击，如 P2P 贷款融资平台，就会对传统存贷业务带来不同影响。现在相当一部分的客户都通过互联网电商（融资平台）来直接较量，既存在着金融脱媒，同时也隔绝着客户与银行的联系，对银行和客户的基础来讲形成了一定的影响，或者说一定的冲击。虽然互联网行业目前还不能从根本上撼动商业银行的地位，但人们的观念和舆论会对金融产品和服务提出新要求。

互联网金融，现在总体上还处在初期，只是一个很好的概念。互联网原本就是个渠道，而传统银行有三大功能：存款、贷款、结算，互联网完全转化成银行还有很漫长的过程。另外，传统银行现在也在生成 2.0 的商业银行，也在转型。它不单单只能存款，还生产各种各样的产品，它经过很多年的积累才形成现在这样。所以，互联网在更多意义上只能是渠道。很多人把渠道和银行产品生产、产品供给混为一体，这样是有偏差的。因为银行是一种特殊企业，就是做金融产品这块它有非常强大的团队做支持，这就不单单是一个存贷款的问题。比如说，银行对产业链金融，或者供应链金融的上下游客户，实际上有多种产品可以交叉进行，然后使客户利益最大化，也使银行利益最大化。这样一个过程，支付宝只能在其中起到一部分作用。

（二）传统银行与互联网金融的融合

不过，互联网金融的出现，一定程度上也会对银行传统业务进行补充，覆盖传统银行的一些盲区。互联网热爱创新的基因，给商业银行带来了创新的动力，引发了商业银行对自身经营模式的重新思考。面对压力和冲击，银行一定也不会墨守成规，一旦银行主动地去创新，不断地加大创新和变革的力度，充分发挥自身的优势，银行也一定能够在未来互联网应用的发展过程中成为主力军。银行有着丰富的产品和从业的经验，有着一套完善的风险管理体系，这有助于互联网金融市场的稳定。对于未来，互联网金融应该是一个平台战略。

金融机构拥有客户、研究和资本优势，而互联网公司拥有技术、数据和创新优势，互联网金融新霸主将从以下两个领域诞生：一是传统金融机构通过自建或合作的方式，利用互联网思想及技术创新盈利模式和改善客户体验；二是一些有资质的互联网企业通过申请金融牌照、收购中小金融机构等方式进军金融领域。真正意义上的互联网金融应该直接匹配金融本质，是一种公共产品，完全实现交易结算和信贷的免费，从而给人们带来真正意义上的金融自由。

（三）科技金融服务平台的形态

免费是互联网产品的典型形态，是互联网发展的核心动力。成功的互联网巨头都是靠免费起家，在特定领域颠覆了收费的模式。百度让查资料免费，腾讯让交流免费，360 让网络安全免费，这些互联网的经典成功就是靠颠覆传统商业领域的"对价原则"，给网民派发"免费的午餐"发展起来的，他们通过免费方式发展大量的用户，降低大众的交易成本，提高社会福利。这种情况类似我们的公共产品。当这个业务成为公共产品后，提供此产品的企业具备强大的地位，可以参与该用户其他业务的分成。获得了因提高社会效率而带来的回报，从而在另一个层面重新确认了商业的基本伦理"对价原则"。在金融业务领域也可能复制百度信息获取、腾讯的信息交流、360 网络安全的模式，通过提供一种互联网上免费的资金融通工具，降低社会的整体交易成本，造就一种新的产品形态。

金融自由应该继上网自由、沟通自由、安全自由一样，成为一种互联网基本人权。前三种自由分别由三个互联网的巨头（百度、腾讯、360）帮助实现了。在自由地获得交易手段，帮助人们实现交易的领域，也应该出现这样一个互联网的巨头。网络时代生活不应该受金融手段的约束，互联网可以提供无比丰富、低成本、零成本的金融工具给大家。金融自由不是绝对财富的多少，也不是搞平均主义，消灭个体的差别，而是说可以在做交易的时候，不受交易手段的限制，使双方更加关注于交易本身。这个信任环境是可以通过互联网来构建的。现实中这样的模型是存在的。例如，在一个家庭里面，夫妻之间，父母子女之间，以及亲朋好友之间的往来交易，可以做到不用考虑金钱的因素。原因是相互之间长期共同生活，有信任，良好的信任预期可以长期存在，而且由于作恶成本太高，不会主动进行信用欺骗。这就是互联网金融的几个特点：所有交易可追溯；单个交易和所有人相关；交易永续存在；作为交易中介的货币，内容丰富却又几乎隐形；没有通货膨胀，也没有通货紧缩。在这种场景下，交易效率最高，完全没有阻碍。也许会有一天，互联网金融工具会成为像阳光和空气一样重要，同时又是普通而又免费的东西。

参考文献

[1] 巴里·里萨兹（Barry Ritholtz）开设博客 "The Big Picture".

[2] Tech 科技论文在线.

[3] 中金财经.

[4] 金融家杂志.

（作者：曹博纬）

共享共建型科技金融服务平台构建及运行机制研究

一、引　言

　　科技金融的表述在学术界尚无定论，主要争论在于二者的关系是互相促进还是单方面的促进。尽管关于科技金融争论不休，但科技金融在西方却已经有了上百年的发展历史，其起源于创新理论，熊彼特（1912）从技术和经济相结合的角度建立了创新理论，并提出了银行可以通过使产业化的创新产品市场化，从而间接促进科技创新[1]，这是首次科技金融形式被实质性地提出。随着麦金农与肖于1963年创建了金融发展论，科技金融的研究逐渐深入。King和Levine（1993）通过构建内生增长模型发现金融体系为技术创新提供了企业家、资金、分散风险与揭示收益四项服务[2]；Kortum和Lemer（2000）利用1955~1998年美国制造行业的年度数据，建立了用于衡量风险投资、R&D费用和创新程度之间相关程度的专利生产函数，结果表明14%的技术创新源于风险资本的促进作用[3]；Carlon Perez（2002）建立了科技创新与金融资本融合的基本范式[4]；Atanassov（2007）通过1974~2000年美国上市公司的面板数据分析后发现，股票与债券市场为公司的知识产权增加与技术创新具有显著的作用。较之发达国家，科技金融在国内的发展较晚，"科技金融"一词首次用到是深圳市科技局于1993年为缩写"科技与金融"而偶然提出的，之后也未被过于重视，直到2006年《国家中长期科学和技术发展规划纲要（2006~2020年)》及其配套政策的提出，科技金融相关研究

---

　　① 熊彼特. 经济发展理论 [M]. 何畏，易家祥译. 北京：商务印书馆，2000.

　　② King R，Levine R. Finance，Enirepreneurship and Growth；Theory and Hvidence [J]. Journal of Monetary Economics，1993（3）：523–542.

　　③ Kortum S.，Lemer J. Assessing the Contribution of Venture Capital to Innovation [J]. Rand Journal of Economics，2000，31（4）：674–692.

　　④ Carlon Perez. 技术革命与金融资本 [M]. 田方萌等译. 北京：中国人民大学出版社，2007.

在国内大规模兴起；马栓友（2003）通过财政支出、税收优惠等激励措施与科技进步的实证分析后认为各项激励措施将有利于生产要素提高生产率①；程昆等（2005）利用中国1994~2003年的专利申请数据分析提出天使投资对于技术创新具有积极的影响②；赵昌文等（2009）在《科技金融》一书中系统地总结归纳了我国科技创新理论及相应的结合范式③；李心丹和束兰根（2012）结合世界各国、国内各地区及相关企业的科技金融案例，规划了科技金融未来与发展趋势④。

随着科技金融研究的日益深入，如何创新科技金融服务平台，使得科技金融结合效率提高成为了众多学者研究的热点。Tadassee（2000）将科技金融体系区分为银行导向型与市场导向型，并得出在金融发达地区，市场导向型更有效率，而在金融不发达地区，银行导向型更有成效的结论⑤。赵昌文等（2006）认为政府主导型将由于政府的自身特点在一定程度上扭曲风险投资行为，进而影响科技创新的最大效能⑥。王新红（2007）在对我国银行业对于科技金融支持的市场份额进行实证分析后认为，银行并不是我国科技金融支持的中坚力量；赵昌文等（2009）建立了以参与主体视角的科技金融服务体系，将其区分为市场主导型、政府主导型与社会主导型三种科技金融模式⑦；游达明与朱桂菊（2011）构建了以信用平台为基础、投融资平台为主体、中介服务平台和信用担保平台为两翼的区域性科技金融服务平台⑧；闫朝晖（2013）通过Web作为载体构建了中小企业科技金融服务平台⑨。

科技金融的发展虽然已经逾百年，但在理论方面，无论是国内还是国外都还未形成一个独立完整的研究范畴，也未形成一个系统的科技金融研究学科。但在实践中，美国、德国、日本等发达国家，甚至韩国、俄罗斯、以色列等新兴经济体在创业风险投资、股票与债券市场等方面进行了丰富的市场实践，从而拥有了丰富的实践素材与经验；而反观国内，我国的科技金融实务还处于起步阶段，而个别已经开展实务的发达地区的科技金融结合模式也主要靠政府主导。因此，我

① 马栓友.财政政策与经济增长［M］.北京：商务印书馆，2003.

② 程昆，刘仁和，刘英.风险投资对我国技术创新的作用研究［J］.经济问题探索，2006（10）：17–22.

③⑦ 赵昌文，陈春发，唐英凯.科技金融［M］.北京：科技出版社，2009.

④ 李心丹，束兰根.科技金融理论与实践［M］.南京：南京大学出版社，2012.

⑤ Tadassee. Financial Architecture and Economic Performance: International Evidence. University of south Carolina, Mimeo, 2000.

⑥ 赵昌文，包曙明，陈春发.中美公共风险投资比较：民营经济与中国发展［M］.北京：北京大学出版社，2006.

⑧ 游达明，朱桂菊.区域性科技金融服务平台构建及运行模式研究［J］.中国科技论坛，2011（1）：40–46.

⑨ 闫朝晖.基于Web中小企业科技金融服务平台构建的探讨［J］.中国科技信息，2013（5）：110–111.

国的科技金融研究无论在理论上还是在实践中都有巨大的提升空间。

二、共享共建型科技金融服务平台

（一）共享共建型科技金融服务平台内涵

共享共建型科技金融服务平台是联合科技金融供给主体与需求主体共同出资，建立的一个集政策、产品、中介、信息服务等综合性金融服务于一体，针对科技型中小企业不同发展阶段的融资需求和融资条件，发挥科技综合服务优势，整合银行、担保、保险、创投、资本市场、政府、中介机构等资源，为科技型中小企业提供综合金融服务的特定载体。

共享共建型科技金融服务平台不再是传统意义上的政府主导型、市场主导型与金融机构主导型科技金融服务平台，其将参照项目部制，当 A 科技金融供给主体、B 高新科技企业、C 政府均有促成科技金融结合时，则上述三个主体可以设立特定载体 D 作为独立的主体负责此次科技金融的结合，一旦此项科技金融合作完成，特定载体 D 将不再存在。通过组建特定载体 D 负责整体的科技金融的融合，特定载体 D 作为各方投资的结果，是较为客观的独立主体，可以有效地防止传统的科技金融中主导主体利用强势地位获得不正当收益，同时也可以降低各方之间的信息不对称风险。

（二）共享共建型科技金融服务平台供需分析

共享共建型科技金融平台是伴随着科技金融利益各方供需要求而催生的，而科技金融的需求往往是融资需求，风险识别、预测、管理与控制需求，激励需求及科技金融其他服务需求。因此，共享共建型科技金融服务平台是集合了科技金融供给者、需求者、中介服务机构及政府等多角色的综合服务平台（相关内容见图 32.1）。

1. 科技金融供给者

科技金融供给主体主要分为三类，商业银行、非银行金融机构（创业风险投资、担保、保险）与资本市场（股票、债券）。不同的供给主体所提供的科技金融供给方式也有所不同，如商业银行、创业风险投资、担保与资本市场可以进行资金供给；保险公司可以进行风险管理供给；一般的创业风险投资还将为其投资的企业提供经营管理供给与需求供给等。同时，不仅是不同的供给需要不同的科技金融供给主体提供，相同的供给对于不同的科技金融供给主体而言也有所差

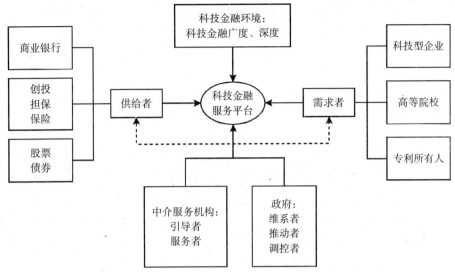

图 32.1　共享共建型科技金融供需分析

别，以资本供给为例，商业银行与担保公司往往提供间接融资，而股票、债券与创业风险投资则提供直接融资①。

2. 科技金融需求者

科技金融需求主体主要包括科技型企业、高等院校与专利所有人三类。科技型企业是科技金融需求的主要群体，其往往对于资本、管理与风险控制的需求较为突出。但处于不同发展阶段的科技型企业的诉求也有所不同，种子期、初创期的高新技术企业需要资本的注入，而这一时期往往是创业风险投资的供给；扩张期与成熟期的高新技术企业对于资本的需求不再满足于创业风险投资，主要瞄准资本市场进行直接融资，同时在这一时期的高新技术企业往往需要高水平的经营管理经验与风险控制需求。高等院校与专利所有人虽说也是科技金融的需求主体，但往往比例较小，高等院校的科技创新往往由财政拨款、企业项目投资等形式来满足；而专利所有人对于科技金融需求也往往与高新技术企业的种子期对于科技金融需求相重叠。

3. 政府

政府是科技金融特殊的参与者，其掌握着许多政策的制定权与决策权，引导与推动着科技金融的发展，为科技金融提供相应的政策资源；同时，科技金融带来的经济发展与科技创新的客观结果又是政府的社会职责。因此，政府既充当供

---

① 朱桂菊. 基于耗散结构的科技金融服务体系运行机制及有序性评价研究［D］. 硕士，2010（11）.

给者，也充当需求者的角色。而公平、公开、公正、有效的政府行为恰恰又可以降低科技金融供给与需求方之间的信息不对称与市场失灵风险。

4. 中介服务机构

中介服务机构包括会计师事务所、律师事务所、资产评估机构、信用评级机构、自律性的行业协会等相关机构，其多扮演特殊的科技金融供给者的角色，对于促进科技金融结合效率、降低信息不对称风险具有重要意义。

5. 科技金融环境

科技金融环境包括科技金融的广度与深度两方面。广度是指在既定的条件下能满足供给者与需求者的能力，如果科技金融供给主体与需求主体都能迅速地找到自己的需求点进行结合，那么科技金融环境是有广度的；深度是指结合需求的承受能力，如果一个资本需求规模巨大的高新技术企业的科技金融需求得到满足后并没有造成整个科技金融市场资本供给的大量萎缩，而其他科技金融需求仍能得到满足，那么科技金融环境是有深度的。通过科技金融环境的广度与深度分析，可以了解科技金融的供需的实时状况，进而为科技金融各方的决策提供参考，并提高科技金融市场流动性。

三、共享共建型科技金融服务平台的构建

（一）构建原则

1. 突出共享共建原则

共享共建型科技金融服务平台的构建是在政府的引导下，由科技金融供给方与需求方共同出资建立的，其核心是打破传统的一方主导下的科技金融服务平台的局限性，实现资源共享，提高科技金融效率。

2. 产权清晰、职责明确原则

共享共建型科技金融服务平台具有项目部性质，其随着科技金融结合项目的展开而建立，一旦项目完结，平台也将清算。因此，需要在平台建立之初做到产权清晰，职责明确。若平台需要持续经营，那么平台的建立者可以由金融资源的行业协会与高新科技企业的行业协会担任，这具有一定的稳定性与持久性。

3. 政府引导、市场化运作原则

科技金融是金融资源与科技资源根据双方的需求进行合作的市场行为，因此市场化运作也是共享共建型科技金融服务平台的根本。同时，平台也离不开政府的合理引导与监督，但绝不是政府的干预。

（二）平台的构建与解析

金融资源方利用自身优势提供资本与相应的管理经验，高新技术企业提供创新思维与高新科技，在政府的政策引导与资源支持下，结合中介机构的专业化服务与市场推广，组建一个独立以综合服务为宗旨的科技金融服务平台（相关内容见图 32.2）。在此平台之下组建以信用服务为根本、投资服务为主体、中介服务为桥梁、政策及信息服务为支撑的四个子平台，以帮助高新技术企业的需求得到满足，而金融资源得以增值。

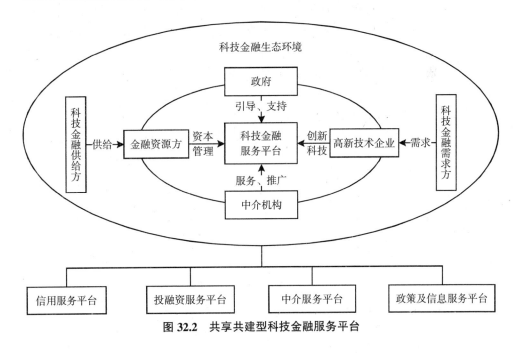

图 32.2　共享共建型科技金融服务平台

1. 信用服务平台

信用是维系共享共建型科技金融服务平台的根本。首先在组建时，金融资源方、高新技术企业、中介服务机构间需要相互信任；其次在金融资源方对高新技术企业进行资本、管理服务供给要对科技金融服务平台信任。鉴于信用服务平台的重要性，其需要通过以建立高新技术企业信用信息数据库、企业外部信用评级数据库、担保机构外部信用评级数据库为核心[①]，不仅对高新技术企业从内部进行审核，还需要外部信用评级机构进行审核，从而构建信用服务机制，有效防止违约行为出现。

---

① 游达明，朱桂菊. 区域性科技金融服务平台的构建与运行［J］. 创新科技，2013（1）：30–33.

2. 投融资服务平台

共享共建型投融资服务平台是在金融资源方与高新技术企业资源共享的基础上，由金融资源方将资本统一交由科技金融服务平台，再由科技金融服务平台贷款给高新科技企业的统借统还平台。因此，这将有别于传统的"申请—审核—保证金—贷后管理"投融资模式，从而形成建设平台时间短、成本低、形成服务能力快的优势。类似的投融资服务平台，如盈创动力科技金融服务平台已累计为近500户中小企业融资20多亿元。

3. 中介服务平台

中介服务是为方便科技金融供给主体与需求主体的桥梁，主要体现为以下两个方面。首先，沟通交流，通过对于各类科技金融资源的聚集，进而将信息发散，形成信息的溢出效应；其次，促进合作，可以通过中介服务平台促成科技金融供给主体之间、需求主体之间及供给与需求主体之间的合作，优化合作组合与模式。

4. 政策及信息服务平台

政策及信息服务平台着力构建政策信息系统、科技信息系统、金融信息系统级对接交易信息系统，从而形成信息服务、对接服务、交易服务与支持服务四项功能①。

四、共享共建型科技金融服务平台运行机制

共享共建型科技金融服务平台是一个面向高新技术企业等需求主体与金融资源供给主体的集群载体，虽然该平台主要被设定为项目部制度，其建立往往是为了实现某一特定的科技金融结合事件，一旦此项科技金融组合完结，属于该项科技金融组合的服务平台也将随之退出市场，但仅就服务平台成立与运行期间也需要一个相应的运营机制加以规制，本文将共享共建型科技金融服务平台的运行机制主要分为四个方面：科技金融动力机制，政府、市场与社会机制的协调机制，利益共享与风险共担机制，调整与稳定机制（相关内容如图 32.3 所示）。

（一）共享共建型科技金融动力机制

我国的科技金融多源于科技创新政策的驱动，于是产生了科技体制改革与相

---

① 陈凯，付永红. 江苏省科技金融信息服务平台运行模式的思考 ［J］. 企业科技与法治，2012（15）：8-10.

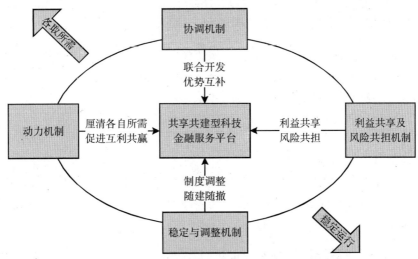

图 32.3　共享共建型科技金融服务平台运行保障机制

关制度的完善，并最终促成科技创新的实现。随着科技创新大量实现，一系列科技成果一方面需要市场化运作，使之商品化；另一方面需要新的资本与管理的介入再次推动科技创新的实现。在政策引导、市场需求与科技进步的相互作用下，由政府、金融主体、科技创新主体及中介服务机构为代表的科技金融参与主体共同组建了共享共建型科技金融服务平台（相关内容见图 32.4）。

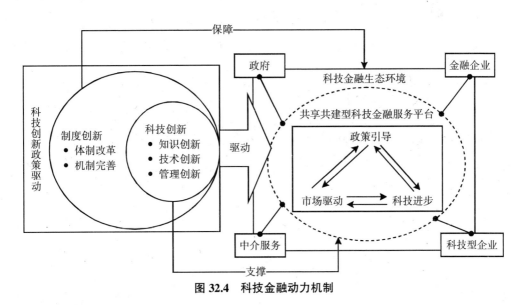

图 32.4　科技金融动力机制

（二）共享共建型科技金融内在协调机制

科技金融内在机制是指配置科技金融资源，决定科技金融体系各部分构成和比例情况、行为方式、运行效率的运行机制，主要包括市场机制、政府机制与社会机制。市场机制是基础，是科技金融体系形成和运行的主导机制；政府机制是保障，对科技金融运行具有引导与支撑作用；社会机制是补充，服务于科技金融体系的有效运行。

科技金融内在机制的协调是指三大运行机制之间配合与融合。每一个机制都有相应的局限性，并不能解决科技金融面临的所有问题，需要各自发挥优势，进行协调。如政府设立科技创新基金往往需要政府机制主导、市场机制运营、社会机制监督。

（三）利益共享与风险共担机制

利益共享、风险共担是一种鼓励创新的机制，也是形成共享共建型科技金融服务平台的最大动因。建立良好的风险共担与利益共享机制，则是平台能否成功运行的关键。科技金融服务平台基于市场化机制，如果有主体不能从中获得与义务相匹配的权利，都会造成主体之间的冲突。因此，建立风险共担和利益共享机制的着力点在于服务平台的协议规定，而风险共担和利益共享机制的重点则在于各方主体对于协同创新的共同投入和对成果的合理分配。如政府应计提一定比例资金作为高新科技企业、金融投资方与银行的风险共担机制等①。

（四）稳定与调整机制

共享共建型科技金融服务平台与其他科技金融服务平台相比，其最大的特点是基于项目部体系带来的平台制度灵活性。服务平台在制度上具有灵活性，可以随时进行最适当的调整，以保证整个服务平台在运行期间具有伸缩性。同时，若服务平台遇到协议规定的经营期限届满、协议规定的解散事由、各方主体决定解散、完成服务平台的功能目标及其他事项时，共享共建型科技金融平台可以随时解散。

---

① 冯榆霞，付剑峰.金融创新助推科技创新的探索——以盈创动力科技金融服务平台为例［J］.科技创新与生产力，2012（1）：15–18.

五、共享共建型科技金融服务平台相关思考

(一) 体制创新

创新性行为多建立在顶层的体制创新的基础上，否则仅仅是简单的缝缝补补，并不能发挥实质性的作用。正是基于科技金融对于我国科技创新与经济发展的重要性，我国各级政府相继出台了各项措施以优化体制环境。2006 年，中央在全国科学技术大会上发布了《国家中长期科学和技术发展规划纲要 (2006~2020 年)》，对我国未来 15 年的科技改革发展做了全面的部署；2007 年，财政部与科技部共同制定出台了《科技型中小企业创业投资引导基金管理暂行办法》，吸引带动民间资本参与初创型科创企业的投资。2008 年，依托四川大学和四川省科技信息研究所建立的"中国科技金融研究中心"和"四川省高新技术产业金融服务中心"成立，这意味着科技金融的研究与服务走上了专业化的道路。而以上的各项体制创新都在从顶层设计层面推动着科技金融的发展。

(二) 完善信用担保体系

在共享共建型科技金融服务平台中，信用担保体系是最为重要的核心，特别是金融资源方将资本等资源投资于高新技术企业时，更需要高新技术企业具有相应的信用担保。

共享共建型科技金融服务平台的信用担保问题主要源于信息不对称，笔者认为团体信用机制可以较好地降低信息不对称风险。若以贷款为例，团体信贷是指银行信贷给一个团体中的个人，如果其中有人投资失败而无法还款的，其他人就需要对他的贷款负责[1]。这一方面可以促使组团的高新科技企业进行自我选择甄别；另一方面在贷款运用中，内部的高新科技企业会相互关注对方的资金运用情况，建立横向监督机制。当然，此项团体信贷的使用较适合于以金融资源的行业协会与高新科技企业的行业协会共同组建的共享共建型科技金融服务平台。

(三) 健全科技保障体系

科技保障体系对高新技术企业的创新和研发活动起着分散风险和支持保障的重要作用，鉴于此，国务院于 2006 年出台了《国务院关于保险业改革发展的若

---

① 孙立坚. 金融经济学 [M]. 北京：高等教育出版社，2004.

干意见》，之后由科技部、保监会、税务总局等部门联合中国出口信用保险公司、华泰保险公司等保险公司陆续出台了《关于加强和改善对高新技术企业保险服务有关问题的通知》、《关于进一步支持出口信用保险为高新技术企业提供服务的通知》、《关于进一步发挥信用保险作用支持高新技术企业发展有关问题的通知》等文件，并于 2007 年出台了包括北京市、天津市、重庆市、深圳市、武汉市与苏州高新区等城市在内的科技保险试点工作，2008 年 9 月又确定了第二批科技保险创新试点城市（区）。尽管在政府的推动下，科技保险在我国迅速开展，但还应从扩大科技保险范围、创新科技保险品种等方面入手，健全科技保险体系。

（四）完善科技金融服务体系

回顾我国科技金融服务体系的构建过程，著名学者赵昌文将其划分为以下五个阶段：行政供给制财政拨款阶段（1978~1984 年）、科技贷款介入阶段（1985~1987 年）、市场机制介入阶段（1988~1991 年）、资本市场介入阶段（1999~2005 年）和全面深化和融合阶段（2006 年以后）①。随着《国家中长期科学和技术发展规划纲要（2006~2020 年）》的颁布，以银行、资本市场、保险市场和风险投资为代表的金融资源全面进驻科技创新行业，而国家也接连开启了"新三板"和"创业板"，并对创业投资进行合规性的引导工作。与此同时，一直在我国金融业中占据支配地位的银行业也全面触碰科技创新行业。2007 年 8 月，科技部与招商银行签署了《支持自主创新科技金融合作协议》标志着商业科技贷款全线展开；而 2007 年 11 月由科技部与中国进出口银行签署的《支持自主创新战略实施科技金融合作协议》更是标志着政策性贷款力度的加大。总之，多层次的科技金融服务体系在我国已经初露端倪，并将大面积铺开与完善。

六、结束语

本文构建了以信用服务为根本、投资服务为主体、中介服务为桥梁、政策及信息服务为支撑的共享共建型科技金融服务平台。其以项目部制为参照，以科技金融参与主体共同组建特定载体作为独立的科技金融服务平台为特定的科技金融业务服务，以满足高新技术企业的需求。同时，笔者还在共享共建型科技金融服务平台的构建基础上对其运行机制进行剖析，对共享共建型科技金融服务平台的

---

① 赵昌文. 中小型高科技企业信用与融资 ［M］. 成都：西南财经大学出版社，2004.

更好运行提出了相关的思考。但鉴于篇幅与研究深度有限，本文未对科技金融服务各子平台的设计做更为深入的分解，笔者将在今后的文章中就这方面内容做深入的研究。

（作者：王智源　王辉）

互联网金融

众筹融资的法律分析与制度回应

——基于互联网金融模式的前瞻

信息化的发展与互联网技术的进步给金融市场带来了深刻变革，基于互联网的新型金融模式对传统金融模式形成了巨大挑战，也对金融法制的完善提出了新的要求。尤其是社交网络的发展，使得资金供给者与需求者之间的距离极大地缩小，资金配置更为高效，由此带来一种新型融资方式即众筹融资（Crowdfunding）的出现，使无力承担高额融资成本的资金需求者通过网络平台直接向投资者募集小额资金成为可能。这种新型融资模式超越了传统融资模式的法律结构和监管框架，众筹融资主体的法律地位、融资行为的合法性以及资本形成与投资者保护的平衡等问题成为了信息时代金融法制需要回应的新命题。2012 年 4 月美国《初创企业促进法》（Jumpstart Our Business Startups Act，JOBS 法案）已经为小企业通过众筹融资获得股权资本扫清了法律障碍，尽管我国众筹融资尚处于萌芽阶段，但对众筹融资进行前瞻性研究并做好相应的理论准备实为必要。本文拟尝试对众筹融资进行相应的法律分析，简要评介以 JOBS 法案为代表的域外监管制度，厘清众筹融资相关的法律问题。

一、互联网时代的新型金融模式：解构众筹融资

（一）众筹融资的概念

众筹融资是一种利用社交网络由大量人群集体协作完成的融资方式。[1] 其基本模式是筹资者在众筹平台上发布融资请求，说明融资用途和使用方案，感兴趣的投资者自愿提供资金，并根据融资请求获得相应的物质或精神回报。与向少量的成熟投资者（如 VC、PE 和天使投资人）融资不同，众筹融资立足于向

---

① See Joan MacLeod Heminway, Shelden Ryan Hoffman, Proceed at Your Peril: Crowdfunding and the Securities Act of 1933, Tenn. L. Rev. Vol.78, 2011: 879-881.

一大群投资者筹集资金，每个投资者只需投资少量的资金。① 并且众筹融资不需要银行或承销商等中介机构，任何人只要能够通过社交网络说服公众相信其理由和想法，均可以直接从投资者处实时获取资金且无须承担其他中间费用，单个投资者提供少量资金，聚沙成塔、积少成多，形成筹资者所需资本。② 众筹融资是微金融与众包在互联网中的融合，代表着信息时代一种全新的互联网金融模式。③

第一，众筹融资的形式来源于众包（Crowdsourcing）。所谓众包，是指将某项工作外包给非特定的大众网络，由后者共同协作完成的一种创新模式。④ 众包起源于软件开发中的开源运动（Open Source Movement），后者指的是某种软件的源代码向公众公开，由不特定的软件开发者们根据自己的兴趣持续地改进该软件，增加新的特征和功能甚至将其分拆为新的程序，通过开发者群体的共同努力实现软件的整体改进，如 Linux 系统。之后众包进一步发展，渗入到更多的领域，比如维基百科等。在众包中发挥主体性功能的群体（The Crowd）由一个个单独的个体组成，并通过互联网联合起来形成一股强大的力量。一言以蔽之，即集合众多人的贡献实现一个共同目标。众筹融资正是基于众包的形式，将大量的只具有少量资金且欠缺投资能力的投资者的力量集合起来，汇集成一定数量的资金供筹资者使用。

第二，众筹融资的本质是一种微金融（Micro Finance）。微金融的原意是指基于消除贫困的考量向穷人提供小额信贷，通过资金支持促进穷人获得减贫和发展的机会。⑤ 其基本的表现形式是由一个从事小额信贷的金融机构向不特定的多数资金需求者提供少量资金。而众筹融资则是大量不特定的资金提供者向一个资金需求者提供少量资金。显而易见，众筹融资与微金融正好是一个相反的过程，即不再是一对多而是多对一提供少量资金。尽管有人以此认为众筹融资与微金融有区别，⑥ 但事实上两者都是数额较小的资金的流动，并且通过众筹融资方式获取资金的也都是无力负担正规渠道高额融资成本的初创企业或其他缺乏资金的主

① See Paul Belleflamme, Thomas Lambert, Armin Schwienbacher, Crowdfunding: Tapping the Right Crowd, Center for Operations Research & Econometrics, Discussion Paper No. 2011/32.

② See C. Steven Bradford, Crowdfunding and the Federal Securities Laws, Columbia Business Law Review, No.1, 2012: 11.

③ 谢平. 互联网金融模式的机遇和挑战 [N]. 21 世纪经济报道，2012-09-03.

④ See Jeff Howe, Crowdsourcing: Why the Power of the Crowd Is Driving the Future of Business, Three Rivers Press, 2008: 8.

⑤ Susanna Khavul, Microfinance: Creating Opportunities for the Poor, Academy of Management Perspectives, Vol.24, 2010: 58-72.

⑥ Gijsbert Koren, Crowdfunding, Microfinance and Peer to Peer Lending, available at http://www.smartermoney.nl/?p=73, 2012-11-27.

体，众筹融资实际上也是在解危济困。因此，众筹融资的实质是微金融的一种表现形式。有学者也明确提出，众筹融资是近 20 年来微金融和众包两大创新的天然衍生。[①]

第三，众筹融资的基础是互联网的发展。互联网技术的进步带来了支付方式、信息处理和资源配置上的重大变革，尤其以电子商务和社交网络的兴起为代表。愈益成熟且安全的网上支付系统为资金的流转提供了便捷可靠的通道，日益增长的电子商务消费群体也成为了众筹融资中的潜在投资者。社交网络的发展使得资金供求信息的发布、传播和匹配更为迅速有效，在搜索引擎等工具的辅助下，筹资者的相关信息更加透明，基于此筹资者可以吸引大量的潜在投资者，而投资者也可以便捷地做出投资选择，进一步拓展投资途径。若是没有互联网，发起众筹融资的影响范围和目标群体将受到极大的限制，融资的规模和信息有效性将会大打折扣，这都将导致众筹融资的失败。可以说，正是互联网为众筹融资提供了滋生土壤和运行通道。

（二）众筹融资的类型化分析

众筹融资自出现后开始广泛应用于电影制作、艺术创作、创意产品以及个人梦想实现上，投资者的回报主要是在电影字幕上署名、获赠唱片、创意产品的成品或者无回报。但随着这种有效融资方式逐渐被人们重视，其适用领域开始向直接股权投资扩张，投资者开始寻求股权和红利等经济回报。不同的回报性质事关众筹融资的性质以及监管的介入，因此在研究众筹融资时必须要将其进行类型化分析以正本清源，进而准确地对其进行法律定位。

有学者根据回报内容的差异将众筹融资分为捐赠众筹、奖励众筹、预购众筹、借贷众筹和股权众筹五种类型。[②] ①捐赠众筹（Donation Model），指的是投资者提供资金的性质为捐赠而不收取任何回报的众筹融资类型。从理论上看这种类型只关注投资者是否获得回报，筹资者是否是营利主体在所不问。但实践中纯粹的捐赠众筹平台比较少，并且通常只允许慈善活动或非营利性组织发起众筹，例如 GlobalGiving。[③] ②奖励众筹（Reward Model），即投资者收取的回报不是基于筹资者的营业活动及利润，而是具有一定纪念意义的物品或署名，例如旅行明信片或唱片上署名。[④] ③预购众筹（Pre-Purchase Model），即以筹资所开展的生产或创

① Andrew C. Fink, Protecting the Crowd and Raising Capital Through the JOBS Act, available at SSRN: http://ssrn.com/abstract=2046051 or http://dx.doi.org/10.2139/ssrn.2046051, 2012-11-27.

② See C. Steven Bradford, Crowdfunding and the Federal Securities Laws, Columbia Business Law Review, No.1, 2012: 14-27.

③ See GlobalGiving, available at www.globalgiving.org, 2012-11-27.

④ See Tim Kappel, Ex Ante Crowdfunding and the Recording Industry: A Model for the U.S.? Loyola of Los Angeles Entertainment Law Review, Vol.29, 2009: 375.

作而形成的产品作为投资者回报，相当于投资者提前出资订购某种新产品，例如通过 Kickstarter 获得众筹融资的 Pebble 手表项。①④借贷众筹（Lending Model），即投资者以本金和利息为预期回报，将分散的资金暂时集中给筹资人使用。典型的众筹门户有 Kiva，Prosper 等。⑤股权众筹（Equity Model），即指向投资者提供相应的股份为回报并支付股息和红利的众筹融资类型。这一类型是事实上构成了证券发行，因此受到严格的监管。JOBS 法案颁布后，美国的股权众筹迎来了春天，以 FunderClub 为代表的众筹门户开始为大量初创企业提供众筹融资服务。②此种分类方式的特点在于对众筹融资进行了细分，便于对众筹融资模式进行直观的理解。

也有学者根据是否有资金回报为基础，将众筹融资分为赞助型众筹（Patronage Crowdfunding）和投资型众筹（Investment Crowdfunding）。③赞助型众筹中的筹资者不向投资者支付资金回报，通常是不回报或者仅仅是提供一些纪念品或其他方式作为回报。前面所提到的捐赠众筹、奖励众筹和预购众筹即属于赞助型众筹。目前众筹融资的主要模式还停留在赞助型众筹的类型上。④相比于赞助型众筹已经流行 10 余年而言，投资型众筹还属于新生现象。其中投资型众筹又分为复合赞助众筹（Patronage-Plus Crowdfunding）和纯投资众筹（Pure Investment Crowdfunding）。复合赞助众筹要求投资者获得除纪念品或成品回报之外，还应获得筹资者项目收益的分成。例如在英国的 Bandstocks 网站的一个唱片融资项目，不仅给投资者提供唱片，还向投资者支付唱片销售净收入分成。⑤纯投资众筹则仅向投资者提供经济利益作为回报，包括利息、分红等。借贷众筹和股权众筹即为此类。也有学者将其称为捐赠模式（Donation Model）和盈利模式（Profit-Seeking Model）。⑥这种分类方式的意义在于较好地厘清了对于众筹融资的

① 工程师埃瑞克·米基科瓦斯基（Eric Migicovsky）的 Pebble 智能手表项目在 Kickstarter 上融资，投资者 115 美元资助的回报是一块预计市场价格 150 美元以上的 Pebble 手表。该项目大受欢迎，共融资 10266845 美元，共吸引到 68929 个出资人。参见 http：//news.chinaventure.com.cn/47/20120723/92473.shtml，2012-11-27.

② 股权众筹平台 FundersClub 全面模式解析. http：//xueyuan.51zjxm.com/chenggonganli/20121026/3530. html，2012-11-27.

③ See Edan Burkett, A Crowdfunding Exemption? Online Investment Crowdfunding and U.S. Securities Regulation, Transactions：The Tennessee Journal of Business Law, Vol.13, 2011：71-77.

④ See Matt Villano, Small Donations In Large Numbers, With Online Help, N.Y. TIMES, Mar. 18, 2010, at F31.

⑤ See Tim Kappel, Ex Ante Crowdfunding and the Recording Industry：A Model for the U.S.? Loyola of Los Angeles Entertainment Law Review, Vol.29, 2009：381.

⑥ Andrew C. Fink, Protecting the Crowd and Raising Capital Through the JOBS Act, available at SSRN：http：//ssrn.com/abstract=2046051 or http：//dx.doi.org/10.2139/ssrn.2046051, 2012-11-27.

监管界限。赞助型众筹融资体现为单务合同或者买卖合同，对不特定投资者利益的影响不大，更多的是依靠投资者个人的喜好或者判断，不需要监管的过度介入，可以交由市场自行调节。而投资型众筹则因其属于向不特定人发行的收益不确定的投资合同而构成证券发行行为，关涉投资者的利益，因此需要纳入监管框架之中。

（三）众筹融资与其他类似新型金融模式

众筹融资通过互联网将筹资者与融资者直接连通的形式，与互联网金融模式下的一些概念具有相似的外观，例如人人贷（Peer to Peer Lending，P2P）与网上直接公开发行（DPO）。对于众筹融资与这些概念之间的关系仍然观点不一，争议尚存。

人人贷中借款人无须通过传统的金融中介，而直接在网上寻找贷款人并完成借贷关系。[①] 有学者基于贷款人来源的不特定以及借贷平台的网络化，认为众筹融资中的借贷众筹即是人人贷。[②] 但是更多人倾向于认为众筹融资与人人贷之间存在着一定的区别。[③] 其理由在于众筹融资是集合了大量的小额资金，单笔资金数额的限制使得众筹融资具有典型的微金融属性，而人人贷的单笔数额受到的限制不大，只要信息匹配成功即可完成较大数额的借贷。另外，众筹融资中除了借贷之外，还有大量的赞助和发行股份的交易结构，而人人贷的交易结构只是纯粹的借贷。更为重要的一个理由是在众筹融资中往往是单个筹资者与大量的投资者之间构成了"一对多"的主体结构，而人人贷中则可能有单个借款人直接向单个贷款人获取资金的情况，亦即人人贷的主体结构中包含着"一对一"的主体结构。[④] 事实上，人人贷主要有两种模式，一种是借贷双方依托人人贷网络平台的信息匹配而直接发生借贷关系，网络平台只是起到管道作用，而另一种则是人人贷网络平台向贷方发行票据获得资金后根据借方的请求发放贷款，在这种模式下网络平台成为介入到借贷关系中的主体。[⑤] 只有第一种模式即借贷双方直接发生借贷关系且贷款人数量为多人的情况下，人人贷才构成借贷众筹。概言之，笔者

① See Kevin E. Davis，Anna Gelpern，Peer –to –Peer Financing for Development：Regulating the Intermediaries，N.Y.U. J. Int'l L. & Pol. Vol.42，2010：209.

② See C. Steven Bradford，Crowdfunding and the Federal Securities Laws，Columbia Business Law Review，No.1，2012：20–24.

③ See Edan Burkett，A Crowdfunding Exemption？Online Investment Crowdfunding and U.S. Securities Regulation，Transactions：The Tennessee Journal of Business Law，Vol.13，2011：47.

④ See Clint Schaff，Kiva.org：Crowdfunding the Developing World，available at http：//www. urbanministry.org/wiki/kivaorg–crowdfunding–developing–world，2012–11–28.

⑤ See Andrew Verstein，The Misregulation of Person–to–Person Lending，University of California Davis Law Review，Vol.45，2011：445.

认为人人贷与众筹融资是一组并不完全重合的概念，两者在一定程度上存在着外延的重合，但更多的是差异。

网上直接公开发行指的是公司抛弃传统的通过承销商公开发行股份的传统路径，代之以通过网络直接向投资者发行股份的融资模式。[①] DPO 最经典的一个案例即为春街酿造公司 （Spring Street Brewing Company） 通过自己公司的网站发布招股说明书并募集资金，在没有中介机构参与的情况下直接向投资者融资并获得了成功。[②] 这种模式将发行人与不特定的多数投资者直接连接在一起，并且由发行人自行负责发行事务而无须借助承销商的力量。[③] 这种结构与股权众筹神似，甚至有人认为股权众筹实质上是网上直接公开发行的另一种称谓。[④] 尽管存在着相似之处，但具体而言两者仍有一定的区别。首先，不论是赞助型众筹还是投资型众筹，即使细化到股权众筹，都由众筹门户作为筹资者与投资者之间的媒介。而网上直接公开发行则更多的是利用发行人自己的网站。其次，众筹融资具有较强的微金融属性，其融资规模较小，[⑤] 相对于动辄数百万美元融资额的网上直接公开发行而言，显然难以望其项背。一个更为显著但往往却被忽视的差异在于众筹融资的投资者是基于对筹资者创意或品味的认同以及强烈的参与愿望，[⑥] 即使是有资金回报的投资型众筹也与网上直接公开发行中投资者传统的收益预期有着动机上的差异。

应该说，作为一种新型融资模式的众筹融资或多或少地会与现有模式存在某种程度上的重合。但是准确地把握其与类似融资模式的区别，是全面厘清其法律结构并对其进行有针对性监管的前提。毫无疑问，众筹融资尤其是投资型众筹，将引发新一轮融资革命，并且在互联网对经济社会生活进一步渗透的背景下，大有对传统证券业务构成冲击甚至取代后者的趋势。

① William K. Sjostrom, Going Public Through an Internet Direct Public Offering: A Sensible Alternative for Small Companies? FLA. L. REV., Vol.53, 2001: 529–531.

② See John C. Coffee, Brave New World? The Impacts of the Internet on Modern Securities Regulation, Business Lawyer, Vol. 52, 1997: 1195.

③ See Bernard S. Black, Information Asymmetry, the Internet, and Securities Offerings, J. SMALL & EMERGING BUS. L. Vol.2, 1998: 91.

④ See Edan Burkett, A Crowdfunding Exemption? Online Investment Crowdfunding and U.S. Securities Regulation, Transactions: The Tennessee Journal of Business Law, Vol.13, 2011: 78.

⑤ See Jouko Ahvenainen, Crowdfunding for Startups: Idea Behind This Emerging Model is to Fix the Current Inefficiencies of Private Seed Funding for Firms, BUS. TIMES, May 3, 2010, available at 2010 WLNR 9097842.

⑥ See K. Giriprakash, Come Here to Fund a Promising Idea, BUSINESS LINE (Hindu), Aug. 4, 2010, at 9, available at 2010 WLNR 15425105.

二、新型融资模式的法律迷思：投资型众筹的法律构造

在众筹融资中，筹资者通过众筹门户发布筹资需求信息，投资者根据该信息作出投资决策并将资金转移给筹资者，整个融资过程需要由三类主体共同协作方得以完成，即筹资者、众筹门户和投资者。众筹融资的类型丰富多样，基于投资者自愿的赞助型众筹具有单务合同属性因而法律构造相对简单，但基于资金回报预期的投资型众筹则因为权利义务的复杂性以及关涉不特定公众的投资权益，筹资者以投资收益为对价向不特定的投资者募集资金，涉及证券发行，会引发《证券法》调整以及监管的介入。其法律构造则更为复杂。理论界对于众筹融资的法律疑问也更多地集中于投资型众筹的法律性质以及各类参与主体的法律地位之上。[①] 投资型众筹是众筹融资最具增长性的新类型，且其本身也引发相应的监管问题，故本文亦将着重分析投资型众筹的法律构造。

（一）筹资者的证券发行

投资型众筹中的筹资者（Promoter）是众筹融资的发起人，通过许诺股权或利息回报向不特定的投资者募集资金。与没有经济利益回报的赞助型众筹不同，投资型众筹中的股权或利息回报可能会使众筹融资具有证券发行的特征因而引发证券法的调整。[②] 因此投资型众筹融资是否构成证券发行，筹资者是否属于发行人，是研究投资型众筹的法律结构首先要解决的问题。

要解决这个问题，需明确证券的定义。尽管我国《证券法》将证券界定为"股票、公司债券、政府债券、证券投资基金份额和国务院依法认定的其他证券"，[③]但学界对于这一界定进行了批评并呼吁扩大证券的范围并进行一般性的界定。[④]美国证券法中用"投资合同"（Investment Contract）概括了除股票、债权等之外未明确列举的金融工具并共同构成了证券的定义。美国最高法院在 Howey 案中提

---

① See C. Steven Bradford, Crowdfunding and the Federal Securities Laws, Columbia Business Law Review, No.1, 2012: 49–80.

② Thomas Lee Hazen, Crowdfunding or Fraudfunding? Social Networks and the Securities Law: Why the Specially Tailored Exemption Must Be Conditioned On Meaningful Disclosure, North Carolina Law Review, Vol. 90, 2012: 1735.

③《证券法》第 2 条。

④ 陈洁. 金融投资商品统一立法趋势下证券的界定 [J]. 证券法苑（第五卷），2011.

炼出了投资合同的四个标准，即：①以获得利润为目的；②投入资金；③用于共同的事业；④利润主要来自他人的努力。^① 在众筹融资中，尽管并非所有的筹资者都会与投资者订立书面合同，但是基本上都存在着要约、承诺以及相互间的权利义务内容等合同的构成要件。^② 因此众筹融资中筹资者与投资者之间的合同关系存在无疑。我们可以用 Howey 标准检验众筹融资中的合同是否构成证券。

第一，投资型众筹确以获得利润为目的。与赞助型众筹不获取利润相区别，投资型众筹以固定收益或资本权益作为回报，在借贷众筹中，筹资者向投资者偿还本金并支付约定的利息，而在股权众筹中投资者可以获得相应的股息和红利。第二，投资者向筹资者投入了资金。在众筹融资中都存在着资金从投资者向筹资者的转移，投资者根据众筹计划所披露的信息作出投资决策。赞助型众筹获取的资金主要用于公益或个人消费，投资者不予取回，故不构成投资行为，而投资型众筹所获取的资金则用于经营，投资者以收回本利为基础，属于投资行为。第三，众筹融资所获资金用于共同的事业。根据众筹融资的普遍规则，若融资数额未达到预定目标则视为失败，资金将返还投资者，而一旦融资数额超过预定目标则众筹成功，所筹资金由筹资者使用，在投资型众筹中，投资者的固定收益或资本权益建立在众筹项目的成功运行基础之上，此即共同的事业。第四，投资者的利润主要来源于筹资者的努力。众筹融资的投资者往往不直接参与众筹项目公司的管理，投资收益的产生依赖于筹资者的成功经营。因此，从这个分析来看，众筹融资份额符合 Howey 标准，构成了证券法理论中的"证券"。由于众筹融资是通过网络向不特定的公众筹集资金，投资者数量众多且不特定，因此构成了证券公开发行。

基于投资者保护的考虑，证券发行需要向监管部门注册且进行充分的信息披露。但是过于严格的监管会增加融资的时间成本和经济成本，不适用于经济实力较弱的初创企业。^③ 由于众筹融资融资规模较小，基于减少初创企业或小微企业融资成本的考量，可以对小额发行进行豁免。^④ 我们可以从美国证券法的实践中寻找证据：美国证券法中的 Regulation A 对于融资额小于 500 万美元的证券发行进行了豁免，规定了低于一般公开发行的要求，尤其是免于一般劝诱禁止的限制

① SEC v. W.J. Howey Co., 328 U.S. 293（1946）.

② See Joan MacLeod Heminway, Shelden Ryan Hoffman, Proceed at Your Peril: Crowdfunding and the Securities Act of 1933, Tenn. L. Rev. Vol.78, 2011：863.

③ See Stuart R. Cohn, Gregory C. Yadley, Capital Offense: The SEC's Continuing Failure to Address Small Business Financing Concerns, New York Journal of Law and Business, Vol.4, 2007：6.

④ ［美］路易斯·罗斯，乔尔·赛里格曼. 美国证券监管法基础 ［M］. 张路等译. 北京：法律出版社，2008.

使得众筹融资通过互联网的推广宣传获得一定数额的资金更加便利。① 也有人认为 Regulation D 对于私募发行的豁免也适用于众筹融资，② 但事实上众筹融资的投资者更多的是互联网上的一般投资者，与 Regulation D 中合格投资者要求不相符。概言之，众筹融资的筹资者或者说发行人，一般都是规模较小且融资数额较少的初创企业、个人或其他组织。一方面选择众筹融资模式是因其自身能力限制使然，另一方面也正是因为融资规模小方使其具备豁免的基础。

（二）众筹门户的法律定位

众筹门户（Funding Portal），即众筹中介（Crowdfunding Intermediary），指提供众筹信息发布、查询和匹配并促成众筹交易等中介服务的网络平台。在这一平台上，筹资者发布融资需求信息，投资者根据这些信息选择其感兴趣的众筹项目，并在相应的交易系统中完成资金的转移。实际上，众筹门户在众筹融资的过程中起着撮合交易、项目推荐和提供交易场所的作用，在某种意义上与证券经纪商、投资顾问和交易所有着相似之处。问题的关键在于，众筹门户在众筹融资过程中究竟扮演何种角色，直接关系到众筹门户的权利义务以及监管要求，因此需要对众筹门户的法律地位进行准确定位。

众筹门户撮合资金供需双方的匹配，是否构成交易所？根据我国《证券法》的界定，证券交易所是"为证券集中交易提供场所和设施，组织和监督证券交易，实行自律管理的法人"。③ 美国的《1934 年证券交易法》第 3（a）（1）条则将交易所定义成"为将证券买卖双方汇集在一起，或以其他方式就证券履行通常由一般所理解的证券交易所来履行的各项职能而构成、维持或提供一种市场或各种设施的任何法人、非法人组织、协会或团体，包括由该等交易所维持的市场和设施"。④ 众筹门户将发行证券的筹资者与购买证券的投资者连接起来并促成交易的达成，在一定程度上具有交易所的外观。但是，根据 Rule3b-16 的规定，要构成交易所，须有将多个买方和卖方的指令汇集起来的交易系统。⑤ SEC 也确定了若只有单个卖方将自己的股票销售给投资者的系统，并不属于交易所。⑥ 尽管外观相似，若众筹门户并无交易系统，则其并不构成交易所。即便有的众筹门户有交易系统，但根据众筹融资的构成来看，也只是单个筹资者向多个投资者发行证

---

① See James D. Cox et al., Securities Regulation: Cases and Materials, Aspen Publishers, 6th edition, 2009: 319-323.

② See C. Steven Bradford, Crowdfunding and the Federal Securities Laws, Columbia Business Law Review, No.1, 2012: 49-80.

③《证券法》第一百零二条第 1 款。

④ Securities Exchange Act of 1934 § 3(a)(1).

⑤ Exchange Act Rule 3b-16.

⑥ Regulation of Exchanges and Alternative Trading Systems, 63 Fed. Reg. 70844-01.

券，并且发行后的证券不能转售交易，即其交易的证券只有单个卖方，不符合交易所中多个卖方（Multiple Sellers）的要求。因此，众筹门户并不具有交易所的属性。[①]

众筹门户为投资者购买证券提供服务，是否构成经纪商？美国《证券交易法》第3（a）（4）条将经纪商定义为"为他人账户从事证券交易业务的人"[②]，单从众筹门户组织证券发行显然无法判断其是否构成经纪商，但是可以通过评估其是否从事营业（Engaged in a Business）以及是否影响证券交易（Effecting Transactions in Securities）来进行判断。[③] 众筹门户以组织众筹融资，为筹资者与投资者之间的证券发行提供服务为其常规业务并收取费用，毫无疑问构成了从事营业标准。而对于是否构成影响证券交易的标准，则需要考虑以下几方面：①是否在证券交易中扮演了重要角色（包括劝诱、谈判或实施交易）；②是否基于证券交易收取了报酬；③是否从事了影响证券交易的业务；④是否处理了交易标的证券。[④] 在众筹融资中，有些众筹门户不仅仅只是为筹资者与投资者之间提供信息匹配，还直接介入并推动了证券发行和交易的完成，其中包括提供投资咨询和建议、构建交易结构、接收和转移募集资金、融资后的持续性介入、参与协商谈判、发布劝诱广告并获取盈利。[⑤] 因此，除了仅仅提供信息匹配的众筹门户可能不构成经纪商，那些介入融资关系中的众筹门户符合经纪商的认定标准，可以被认定为经纪商并需办理相关的注册登记。

众筹门户处理并提供投资信息，是否构成投资顾问？根据美国《投资顾问法》第202（a）（11）条，投资顾问是指为取得报酬而直接或通过出版物或著述就证券的价值或就投资于、购买或出售证券的明智性向他人提供咨询，或将其作为其经常性业务的一部分而出具或发布有关证券的分析或报告的人。[⑥] 也就是说，投资顾问的判断标准包括：①是否获取报酬；②是否提供投资咨询；③投资咨询是否是其经常性业务。但是，在 Lowe v. SEC 案[⑦] 中，最高法院确定了出版商豁免（Publisher Exemption）规则，即"包含对证券和黄金市场一般评论、市

---

① See C. Steven Bradford, Crowdfunding and the Federal Securities Laws, Columbia Business Law Review, No.1, 2012: 50–51.

② Exchange Act § 3 (a) (4).

③ See Abraham J. B. Cable, Fending for Themselves: Why Securities Regulations Should Encourage Angel Groups, 13 U. Pa. J. Bus. L. Vol.13, 2010: 107–136 .

④ Guide to Broker–Dealer Registration, SEC (Apr. 2008), available at http: //www.sec.gov/divisions/marketreg/bdguide.htm, 2012–12–01.

⑤ See C. Steven Bradford, Crowdfunding and the Federal Securities Laws, Columbia Business Law Review, No.1, 2012: 52–67.

⑥ Investment Advisers Act of 1940 § 202 (a) (11).

⑦ 472 U.S. 181 (1985).

场指数和投资战略评论以及买卖或持有特定股票或黄金的具体建议"的新闻和图标服务属于出版商的不构成投资顾问。众筹门户由于其网站页面显示的问题，可能会存在隐性的推荐，即首页显示或置顶的众筹项目似乎代表着其倾向性，确实会对投资者的投资决策产生客观的引导效果。但是，众筹门户的信息一般是向其用户无差别地免费提供，尽管该咨询信息亦是经常性提供，但并不存在针对特定投资或特定客户的个性化建议，因此可以将众筹门户视为出版商予以豁免。[①] 也就是说，只要众筹门户并不向某些特定客户提供收费的个性化咨询服务，都可以不被视为投资顾问。

（三）投资者

众筹融资中的投资者（Funder）是资金的提供者。赞助型众筹的投资者是基于自愿将资金提供给筹资者使用，其与筹资者之间形成赠与合同或买卖合同的关系，并不涉及投资关系。而在投资型众筹中，投资者基于对投资回报的预期将资金有偿提供给筹资者使用，并取得相应的利息收入或投资权益，这种投资关系相比于合同关系而言更为复杂且权益保护的诉求更为突出。

投资型众筹的投资者与一般意义上的投资者具有一定的区别。众筹融资的特点决定了单笔融资额数量极小，机构投资者或者天使投资人基本上不会选择众筹融资模式进行投资，其所面向的投资者范围除了是对众筹项目确实感兴趣的富人之外，主要是资金实力较弱的草根主体，包括一般职员甚至是学生。这些投资者的资金实力有限、风险承受能力有限、投资知识有限、信息获取能力有限，是投资者群体中最为脆弱的部分。出于投资者保护的要求，需要对投资者的范围与投资数额进行合理的限制。由于众筹融资本来就是没有投资门槛的草根金融模式，传统意义上的投资者适当性与众筹融资的初衷背道而驰因而显然并不适用，而只能是通过限制投资数额及其在投资者收入中所占比重来尽可能最小化投资风险。另外，这些草根投资者信息获取和分析的能力极为有限，加上众筹融资信息披露要求不高，且通过互联网发布的信息良莠不齐，容易加剧信息不对称进而导致众筹融资欺诈横行。[②] 不能因为投资额和可能的损失额较小而忽视对于草根投资者的保护。

还有一个问题在于通过众筹平台进行投资的投资者投资权益的形态以及行使权益的可能性，包括能否或者如何介入筹资者的治理，权益能否转让等。正如前

① ［美］路易斯·罗斯，乔尔·赛里格曼. 美国证券监管法基础 ［M］. 张路等译. 北京：法律出版社，2008.

② Thomas Lee Hazen, Crowdfunding or Fraudfunding? Social Networks and the Securities Law: Why the Specially Tailored Exemption Must Be Conditioned On Meaningful Disclosure, North Carolina Law Review, Vol. 90，2012：1735.

文所述，众筹融资是属于主要依靠他人努力获取收益的投资行为。[①]但筹资者如何合理使用募集资金以及如何开展经营活动，直接关系到投资者预期收益能否实现，故而介入筹资者的治理是一个重要的问题。就借贷众筹而言，投资者与筹资者之间属于借贷关系，投资者作为债权人并不享有资本权益，不能直接享有表决权介入公司治理。而在股权众筹模式下，投资者的资金构成了众筹项目公司的资本，投资者相应地具有股东地位。但由于股东人数众多以及所占股权比例极小，单个股东基本上不可能直接对公司治理产生实质性影响。众筹门户虽然在融资时搭建了筹资者与投资者沟通的桥梁，但融资完成后却客观上形成了投资者介入筹资者公司治理的障碍。抛开投资者是否有介入公司治理的积极性不论，尽管股权众筹中的投资者在法理上具有股东地位，但却缺乏介入公司治理的途径，也缺乏介入公司治理的组织化力量。此外，众筹平台实际上只是发行平台，并不提供交易和转售的功能，投资者一旦完成投资便较难转让投资权益，缺乏相应的退出通道。解决这个问题有赖于众筹融资模式的进一步完善和众筹门户功能的拓展。

三、众筹融资的监管难题：资本形成与投资者保护之平衡

一般来说发生在筹资者与投资者之间的融资行为属于私人契约，政府不宜介入这种本属于私人自治范畴的事务，除非其威胁到公共利益或他人利益。[②]由于众筹融资涉及向不特定的投资者公开募集资金，并且在投资型众筹中筹资者是使用他人的资金开展经营活动，这就使得众筹融资与金融市场秩序和投资者利益密切关联，进而产生了金融监管的合理性与必要性。但是众筹融资作为小型企业或初创企业的融资方式，若受到严格监管势必会产生高企的融资成本进而影响其资本形成，但如果放松监管却又会将投资者暴露在风险之中。因此，正如金融监管中效率与公平的两难，对众筹融资的监管需要在资本形成与投资者保护之间寻求平衡。[③]这给众筹融资提出了难以把握的监管难题。

---

① See Joan MacLeod Heminway, Shelden Ryan Hoffman, Proceed at Your Peril: Crowdfunding and the Securities Act of 1933, Tenn. L. Rev. Vol.78, 2011: 903–904.

② 宋征. 关于私募投资基金监管体制的思考[N]. 证券市场导报，2010（11）.

③ See generally C. Steven Bradford, Transaction Exemptions in the Securities Act of 1933: An Economic Analysis, Emory L.J. Vol.45, 1996: 591.

（一）放松监管的要求：资本形成

资本是企业运行的血液，缺乏资本的企业很难形成发展动力。作为市场经济中最活跃的中小企业所面临的资本瓶颈更为突出，而中小企业恰恰是提供大量就业机会和产生源源不断的创造力的主体，对于一个国家的经济社会稳定发展产生着重要的作用。要保持一国经济的活力，需要给中小企业尤其是初创企业提供良好的环境，而资本形成恰恰是最重要的一个环节。金融监管必须要考虑到初创企业资本形成的制度环境，以确保初创企业能够便利地筹集发展所需资金。

但是这些企业获取资本却有着现实的困难。首先，过高的门槛将初创企业挡在了常规资本市场门外。一方面初创企业在存续时间、资产规模和融资规模等方面均不符合公开发行股票的条件和要求，另一方面公开发行股票所带来的发行承销费用等高昂的资金成本以及漫长的发行周期所形成的时间成本都会成为初创企业不能承受之重。[①] 也就是说，初创企业的资本形成并不适合通过常规资本市场公开发行股票的融资方式。其次，初创企业寻求银行信贷的路径受阻。由于初创企业缺乏提供抵押担保的能力和充足的现金流，并不属于银行的优质信贷客户，银行往往会基于贷款风险的考量拒绝向中小企业尤其是初创企业提供贷款。小微企业"融资难"的问题相当明显。小微企业在正规金融中无法获得资金后只能转投非正规金融，即小额贷款公司、信用担保公司或民间借贷。但是非正规金融中高昂的风险对价使得小微企业融资成本过高，往往会成为资金饥渴的初创企业饮下的一杯毒酒，最终极易导致初创企业夭折。另外，"看起来很美"的股权投资、风险投资以及天使投资人也并不能成为初创企业的救世主。股权投资以认购原始股的方式，通过在公司上市或股权转让时退出以获取溢价收入，处于初创期的企业显然离这一目标较为遥远，因此很难成为股权投资机构所青睐的理想对象。即便是倾向于进行前期投资而言，更强的介入公司治理的动机以及各种对赌协议将会给初创企业戴上厚重的枷锁，[②] 控制权的旁落不利于初创企业按照创始人的意志自由发展。而天使投资与风投一样，更加青睐特定的高增长、高回报的高科技行业，[③] 并且具有非常鲜明的地域特色即集中于某些特定区域，比如硅谷等高新技术区。[④] 对于分散于各行各业和不同地区初创企业并不具有普适意义。总体

① Jeffrey J. Hass, Small Issue Public Offerings Conducted Over the Internet: Are They "Suitable" for the Retail Investor? S. Cal. L. Rev. Vol.72, 1998: 67—75.

② Jill E. Fisch, Can Internet Offerings Bridge the Small Business Capital Barrier? J. Small & Emerging Bus. L. Vol.2, 1998: 57—64.

③ Darian M. Ibrahim, The Puzzling Behavior of Angel Investors, Vand. L. Rev. Vol.61, 2008: 1405—1417.

④ See Simon C. Parker, The Economics of Entrepreneurship, Cambridge University Press, 2009: 249.

而言，现有传统的融资模式并不能很好地解决初创企业的融资需求。

众筹融资模式的出现给初创企业融资提供了一种新的解决方案，资金的供给与需求通过互联网实现有效匹配，大量的小额投资者可以跨越地域限制将资金转移给初创企业使用且对筹资者干预较小。尽管众筹融资并不一定能绝对完美地弥补传统融资方式的缺陷，但毕竟是一种全新且低成本的融资方式，能够有效地促进资本形成，解决初创企业的资本难题。如果对众筹融资施加严格的监管，过高的监管要求将使其高效便捷低成本的优势受到减损，不利于初创企业充分利用众筹融资完成资本形成。换言之，要充分发挥众筹融资的优势，使其真正成为传统融资模式的补充，有效地为初创企业资本形成创造条件，即应避免对其过度监管。

（二）加强监管的要求：投资者保护

投资者保护向来都是金融市场关注的重点，也是金融监管的重要目标之一，投资者受到有效保护不仅事关每个投资者的切身利益，而且关系到金融市场秩序及长远发展。众筹融资特殊的主体结构和融资模式使得投资者更容易暴露在风险之中，投资者保护面临着更严峻的考验。

首先，通过众筹融资募集资金的基本上都是并不成熟稳定的小微企业，而这些小微企业尤其是初创企业更容易出现经营失败。[1] 调查结果表明，大约80%的初创企业在设立后5~7年都曾失败或者不复存在。[2] 缺乏相应的信息搜集和处理能力的投资者极难对筹资者的经营前景进行有效判断，而筹资者经营失败将导致投资者血本无归。其次，互联网信息芜杂容易导致欺诈横行。筹资者直接通过网络向投资者募集资金，并无相应的保荐承销机构对其进行约束，其发布信息的真实性没有第三方中介机构的验证。投资者主要根据众筹平台上披露的信息以及搜索引擎检索网络上的相关资料作出投资决策，这些信息质量参差不齐且极易被操纵，容易造成对消费者的误导进而形成欺诈。最后，众筹融资面临着较高的代理成本以及信息不对称引发的投机主义。[3] 中小企业尤其是初创企业的经营具有较大的不确定性，由于在众筹融资模式中投资者投资数额和持股比例极少，且都是通过网络完成，其对于筹资者公司治理的介入程度不够，公司的重大经营决策都是由投资者并不熟悉的管理者做出，投资者既不能及时有效地对筹资者的经营状

---

① Howard M. Friedman, On Being Rich, Accredited, and Undiversified: The Lacunae in Contemporary Securities Regulation, Okla. L. Rev. Vol.47, 1994: 291-306.

② U.S. Government Accountability Office, Small Business: Efforts to Facilitate Equity Capital Formation, GAO/GGD-00190, 2000: 19.

③ See Ronald J. Gilson, Engineering a Venture Capital Market: Lessons from the American Experience, Stan. L. Rev. Vol.55, 2003: 1067-1077.

况进行了解，又不能指望筹资者诚信地与投资者及时沟通，投资者与筹资者之间存在着较为严重的信息不对称。简而言之，筹资者能够全面地掌控局面而投资者缺乏足够的信息以对公司进行监控。由此会出现大量的诸如不正当自我交易、超额薪酬、滥用公司机会等损害投资者利益的投机行为。[①] 此外，众筹融资结构中投资者的特殊性也更容易使其自身陷入到风险之中。众筹融资向最普通的一般投资者开放，这些投资者缺乏充足的投资知识和风险防控能力，并且容易对自身的投资能力进行错误评估。因此，众筹融资的投资者因其不成熟而缺乏足够的自我保护能力，在投资风险面前显得尤为脆弱。还有就是众筹融资未形成交易途径，使得投资者面临着不能转售的流动性风险。众筹门户不能像交易所那样提供交易平台，投资者不能通过转手交易获取溢价，只能根据筹资协议的安排在约定的时间退出，缺乏流动性使得投资者要承担更多的风险。[②] 易言之，缺乏流动性使得投资者只能一直承担欺诈和经营失败的风险，难以实现风险转移。

与其他融资模式相比，众筹融资的投资者面临的风险更为复杂多样，投资者更为脆弱，这就对投资者保护提出了更高的要求。要实现投资者保护的目标，需要强化对于众筹融资的监管，包括限制众筹门户的滥设，加强对信息披露真实性、有效性和及时性的要求，防范虚假信息与欺诈等方式，对本已脆弱的投资者进行有效的保护。

（三）适度监管：可行的中间道路

金融安全与金融效率是一组难以平衡的矛盾，放松监管，能够推动金融创新但却不利于金融安全；强化监管固然能实现金融安全，却会对金融创新形成抑制，因此监管限度一直是金融监管中永恒的悖论。对于众筹融资的监管，既要基于鼓励金融创新和促进资本形成放松监管，又要基于维护金融安全和保护投资者利益加强监管，任何片面地强调放松监管或者加强监管都会使众筹融资失去其应有的作用，可行的方案是对众筹融资采取适度的监管。一方面要对于募集资金注册进行豁免，尽可能减少融资过程中的审批，进一步降低中小企业特别是初创企业的融资成本，发挥众筹融资高效便利的优势，促进中小企业资本形成。另一方面要规范众筹融资的过程，规范众筹门户的运行，控制众筹融资的规模，加强对于信息披露的监管要求，防范和控制融资过程中欺诈，确保投资者利益得到有效的保护。

---

① George W. Dent，Venture Capital and the Future of Corporate Finance，Wash. U. L. Q. Vol.70，1992：1029-1032.

② See C. Steven Bradford，Crowdfunding and the Federal Securities Laws，Columbia Business Law Review，No.1，2012：108-109.

四、众筹融资监管制度的域外经验：
以 JOBS 法案为例

尽管众筹融资尚属于新生事物，但各国都开始关注并积极对其进行回应。2011 年 9 月 28 日，葡萄牙组织了一场国际众筹融资会议专门对众筹融资进行研讨。2011 年 11 月 18 日，欧洲发展机构协会（European Association of Development Agencies）发布了针对众筹融资的正式声明，提出了欧盟成员国应对未来众筹融资趋势的指南。在此之后，英国一家名为 Seedr 的公司获得监管许可从而成为世界上第一家股权众筹平台。[①] 其中最引人注目的是美国对于众筹融资监管的立法探索，从早先的立法尝试到 JOBS 法案的出台，勾勒出了相对较为完整的监管框架。

（一）JOBS 之前的立法尝试

在 JOBS 法案出台之前，美国立法机构提出了几项寻求众筹融资获得联邦证券监管豁免的法律草案，力图实现减少众筹融资监管障碍和保护投资者之间的平衡。也正是这些立法尝试，为 JOBS 法案的出台奠定了良好的基础。

在 2011 年 11 月初，美国众议院通过了《企业融资法案》（The Entrepreneur Access to Capital Act）[②]，其中重要的部分就是为小企业众筹融资创建了证券法豁免的安全港。该法案将众筹融资的募资总额限定在 100 万美元以内，提供了经审计的财务报告的筹资者的募资额可以达到 200 万美元；单个投资者的投资应限制在 1 万美元或者其年收入的 10% 以内；筹资者须向投资者进行风险提示并通知 SEC 以尽可能降低投资者风险；要求提供中介服务的众筹门户设置统一的信息处理标准以减少虚假信息。

参议员 Scott Brown 向参议院提交的《民主化融资法案》（Democratizing Access to Capital Act）[③] 是第二件回应众筹融资的法律草案。该草案与众议院的法案保持了整体的一致，但在三个方面做出了改变。首先是将单个投资者的投资限额从 1 万美元或年收入的 10% 降低到 1000 美元；其次是要求众筹融资必须通过众筹门户完成；最后是要求筹资者在获得联邦证券监管豁免时，还需要接受州和

---

① Andrew C. Fink, Protecting the Crowd and Raising Capital Through the JOBS Act, available at SSRN: http://ssrn.com/abstract=2046051 or http://dx.doi.org/10.2139/ssrn.2046051, 2012-11-27.

② H.R. 2930.

③ S. 1791.

北美证券管理协会（NASAA）的监管。

第三件针对众筹融资的立法草案是 2011 年 12 月 9 日参议员 Jeff Merkley 提出的《众筹融资》（Capital Raising Online While Deterring Fraud and Unethical Non-Disclosure Act）[①]。该草案对众筹融资的投资者单笔投资额进行更严格更详细的界分，并且限定了投资者的年度投资总额。年收入 5 万美元以下的投资者单笔投资不超过 500 美元，年度投资总额不超过 2000 美元；年收入 5 万~10 万美元的投资者单笔投资不超过年收入的 1%，年度投资总额不超过年收入的 4%；年收入 10 万美元以上的投资者单笔投资不超过年收入的 2%，年度投资总额不超过年收入的 8%。此外，该草案还对众筹门户规定了较多的义务，包括对筹资者进行审查、投资者教育、投资者分类和接受 SEC 监管等。

（二）JOBS 法案对众筹融资的回应

2012 年 4 月 5 日，JOBS 法案[②] 经美国总统奥巴马签署后正式生效。该法案对 1933 年《证券法》和 1934 年《证券交易法》中的部分条款进行了修订，将新兴公司（Emerging Growth Company）作为一个单独的发行人类型予以特殊监管，部分消除了私募发行中一般劝诱禁止的限制，提高了触发向 SEC 报告的股东人数门槛，并对众筹融资创设了特别豁免，以实现便利中小企业尤其是初创企业融资的目标。JOBS 法案中对于众筹融资的规定，集合了此前立法尝试的有益成果。

JOBS 法案为众筹融资创设了对于联邦《证券法》的豁免，通过众筹融资模式在 12 个月内的融资额不超过 100 万美元的发行人不受到联邦证券法的监管。并且限制了单个投资者投资额度，即投资者年收入少于 10 万美元的，其投资额不得超过 2000 美元或年收入的 5%，若投资者年收入等于或高于 10 万美元的，其投资额不得超过 10 万美元或年收入的 10%。[③] 单笔投资额超过上述要求的将不再适用豁免。此外，JOBS 法案还对于众筹融资中投资者数量达到触发注册标准的限制进行了豁免[④]，将公开发行的人数限制由 300 人界限提高到 1200 人[⑤]。使得众筹融资可以在较大范围的投资者中完成。

JOBS 法案对于为众筹融资提供中介服务的众筹门户虽然豁免其作为经纪商或承销商注册，[⑥] 但仍然要求其在 SEC 和相关自律监管组织进行注册，并提供包括风险提示和投资者教育等在内的相关信息，确保投资者知悉众筹融资的相关风险，采取相应措施减少欺诈，提前至少 21 日向 SEC 及潜在投资者披露发行人相

[①] S. 1790.
[②] H.R. 3606.
[③④] H.R. 3606. Section 302（a）.
[⑤] H.R. 3606. Section 601（b）.
[⑥] H.R. 3606. Section 304（a）.

关信息，确保只有在融资额达到预期数额后才将其转移给发行人，确保投资者在一定期限内的反悔权，采取措施保护投资者隐私，禁止众筹门户的董事、高管及其他具有类似地位的成员从发行人处获取经济利益。[①] 另外，JOBS 法案还要求众筹门户不得向投资者提供投资咨询或建议，不得劝诱投资者购买在其网站上显示的证券，不得占有、处置或操纵投资者的资金或证券。[②]

JOBS 法案对于筹资者即发行人也提出了相应的信息披露要求。发行人需向 SEC 报告并向投资者披露以下信息：①名称、组织形式、地址及网址；②董事、高管以及持股 20% 以上股东的基本情况；③经营情况的描述以及参与的商业计划；④过去 12 个月的财务状况，发行额度在 10 万美元以内的需提供纳税证明以及主要高管背书证明的财务报告，发行额度在 10 万~50 万美元的财务报告需经独立的公共会计师审核，发行额度在 50 万美元以上的需提供经审计的财务报告；⑤募集资金的目的和用途；⑥募集资金的数额及截止日期；⑦发行股份的价格或计算方法以及撤销投资的方式；⑧所有权及资本结构的描述。[③] 法案还要求发行人除直接通知投资者或众筹门户外不得发布广告，除非向 SEC 披露并得到认可不得向帮助其发行的任何人支付报酬，至少每年向 SEC 报告并向投资者披露经营结果以及财务报表。此外，发行人还需要满足 SEC 基于公共利益以及投资者保护所提出的要求。

（三）对 JOBS 法案的批评与反思

JOBS 法案的出台使得众筹融资的注册和披露负担得到极大的减轻，较低的融资成本能够促进初创企业的发展并创造就业机会。但是对于 JOBS 法案仍然存在着质疑和反对的声音，一个最重要的观点就是它不利于投资者保护。有学者指出对众筹融资的豁免会降低对投资者保护的水平，这与保护缺乏自我保护能力的中小投资者这一证券监管的基本理念背道而驰。[④] SEC 主席 Mary Schapiro 对于众筹融资豁免也是持反对态度，并认为这种降低投资者保护水平的做法会助长欺诈并损害市场信心，最终会使得融资成本更高。[⑤] 美国著名的证券法专家 Thomas Lee Hazen 也指出，JOBS 法案中对于投资者保护的设计实际上是很幼稚的。以作为豁免前提的单个投资者投资限额为例，不能指望发行人和众筹门户基于诚信对

①③ H.R. 3606. Section 302 (b).

② H.R. 3606. Section 304 (b).

④ See Joan MacLeod Heminway, Shelden Ryan Hoffman, Proceed at Your Peril: Crowdfunding and the Securities Act of 1933, Tenn. L. Rev. Vol.78, 2011: 937.

⑤ Chicago Tribune, An American Growth Bill: The Jobs Act Would Cut Red Tape for Growing Companies, Mar. 21, 2012, http://articles.chicagotribune.com/2012-03-21/news/ct-edit-investors-20120321_1_jobs-act-growth-bill-red-tape, 2012-12-12.

其进行监管，即使可以也难以避免单个投资者通过重复投资的方式规避这一限制。[①] 按照这些人的观点，JOBS 法案实际上是片面地注重了初创企业的资本形成而忽视了投资者保护。

实际上，投资者保护与资本形成反映着安全与效率这一对恒久的矛盾，很难实现两者之间的完美协调，但两者依然不可偏废。只要对众筹融资的风险进行充分的提示，愿意承担风险的投资者参与众筹的愿望就应当被尊重。我们不应因噎废食，片面地强调投资者的保护而将众筹融资这种新型便捷的融资模式扼杀在襁褓之中。[②] 并且并非只有限制豁免加强监管的方式才能实现投资者保护，投资者自身以及众筹门户可以实现自我监管。众多的投资者实际上可以利用众筹门户提供的内部论坛进行信息的交流与共享，形成一股自发的监管力量对筹资者行为进行约束。[③] 并且搜索引擎的广泛使用也能带来更多的信息，投资者通过信息共享可以增强透明度。并且众筹门户基于自身发展的考虑，也会对相关信息进行甄别并对筹资者进行监管以建立市场信心。众筹融资行业正在制定众筹平台认证标准（Crowdfunding Accreditation for Platform Standards，CAPS），通过统一的认证标准筛选出一批高质量且具有公信力的众筹门户以维持市场秩序。也就是说，投资者保护不能仅仅依赖监管部门，而应该充分发挥市场主体的自我监管（Self-Policing）能力，引导投资者自我意识风险、自我管理风险，强化众筹门户的自律监管，最终实现投资者保护与资本形成的有机统一。

五、中国语境下众筹融资的前瞻与制度回应

众筹融资作为一种新兴的融资模式，代表着互联网金融的发展方向与必然趋势。回归中国资本市场的现实语境，众筹融资的发展是可以预见的，研究众筹融资模式的法律构造和监管制度，目的正是在于为日后应对众筹融资的发展提供充足的理论准备。我们需要充分吸收和借鉴境外理论研究与立法实践的有益成果，及时地把握我国众筹融资的发展趋势，并前瞻性地做出相应的制度回应。

---

① Thomas Lee Hazen, Crowdfunding or Fraudfunding? Social Networks and the Securities Law: Why the Specially Tailored Exemption Must Be Conditioned On Meaningful Disclosure, North Carolina Law Review, Vol. 90, 2012: 1763.

② Andrew C. Fink, Protecting the Crowd and Raising Capital Through the JOBS Act, available at SSRN: http://ssrn.com/abstract=2046051 or http://dx.doi.org/10.2139/ssrn.2046051, 2012-11-27.

③ Zach O'Malley Greenburg, The JOBS Act's Real Impact on Crowdfunding, FORBES MONEYBUILDER April 5, 2012, http://www.forbes.com/sites/moneybuilder/2012/04/05/the-jobs-acts-real-impact-on-crowdfunding/. 2012-12-12.

（一）众筹融资离中国还有多远

尽管众筹融资尚属于新生事物，但正如境外众筹融资发展的一般路径，我国已经开始了众筹融资模式的萌芽，出现了一批提供赞助型众筹的门户。其中比较有代表性的如"点名时间"，该网站为筹资者提供免费发起众筹融资项目的平台，每个项目都有目标金额和时间限制，项目必须在发起人预设的时间内获得超过目标金额才算成功，没有达到目标的项目将退回所有支持者的款项。项目成功后，该网站监督项目发起人执行项目，并收取最终筹集资金的10%作为手续费，项目不成功则不收费。① 在该众筹门户上，筹资者已经完成了捐赠众筹②、奖励众筹③以及预购众筹④ 等各种类型的众筹融资。由于投资型众筹目前依然存在着法律障碍，所以并无成形的投资型众筹门户出现。

投资型众筹尤其是股权众筹所面临的法律障碍主要来自于《证券法》和《公司法》。首先，股权众筹不符合我国证券公开发行的监管规定。根据《证券法》第十条之规定："公开发行证券，必须符合法律、行政法规规定的条件，并依法报经国务院证券监督管理机构或者国务院授权的部门核准；未经依法核准，任何单位和个人不得公开发行证券。向不特定对象发行证券或者向特定对象发行证券累计超过200人的，视为公开发行。"股权众筹向不特定的众多投资者募集资金，实际上带有公开发行证券的性质。通过股权众筹募集资金的初创公司，基本上难以满足《证券法》规定的公开发行条件，并且需要报经证监会核准。这就给股权众筹设置了一道难以逾越的障碍。其次，股权众筹门户法律地位尴尬。正如前文所述，股权众筹门户具有经纪商的性质，其开展营业活动，必须根据《证券法》第一百二十二条之规定经过国务院证券监督管理机构审查批准，但要求众筹门户符合批准条件则具有较大的难度。在现行制度框架下股权众筹门户不可能产生。最后，股权众筹投资者数量可能突破公司股东人数限制。《公司法》要求有限责任公司股东人数不得超过50人，股份有限公司股东为2~200人。众筹融资的一大特点就是投资者众多，很容易超出上述限制。尽管可以通过隐名股东或股份代持等方式予以规避，但终究不是治本之策。此外，股权众筹还极有可能触发《刑法》第一百七十九条擅自发行股票、公司、企业债券罪。这些法律障碍直接阻碍

---

① 点名时间，http：//www.demohour.com/，2012-12-13。

② 如一个大学生发起的"情系湘西，筑梦九龙——每个孩子都有一个穿漂亮衣服的梦"项目成功筹集了目标金额172%的资金。http：//www.demohour.com/projects/309408，2012-12-13。

③ 如"一个傻子和一个疯子帮您无忧无虑上西藏"项目融资成功，对不同金额的支持者给予寄送明信片、客栈住宿优惠和小菜园冠名权等不同等级的奖励。http：//www.demohour.com/projects/305457，2012-12-13。

④ 如"I2Link 蓝牙防丢器"项目，支持者可以免费获得成品。http：//www.demohour.com/projects/306519，2012-12-13。

了股权众筹在我国的正常发展。

尽管我国现行监管制度并不允许，但市场还是在小规模地尝试股权众筹。目前已经有筹资者利用豆瓣、人人等社交网络平台尝试了股权众筹。例如在北京创立的"很多人的咖啡馆"即是通过众筹融资方式吸引了近80位股东出资设立的，在长沙、天津、武汉等城市均不乏这样的案例。[①] 众筹融资模式体现出了旺盛的市场需求和内在活力。

不仅市场深化孕育了众筹融资的现实发展，而且我国经济发展和多层次资本市场的完善也需要众筹融资。初创企业是现代市场经济中最具活力和创造力的主体，但这些企业由于自身规模和发展阶段的限制，往往被排除在主板、中小板、创业板以及"新三板"等资本市场之外。由于缺乏资产作为抵押，也极难从银行获取贷款；即使寻求风险投资是一条可行道路，但由于风投数量少覆盖面窄，往往能获得风投的初创企业也不过是凤毛麟角。[②] 初创企业的融资问题成为了横亘在企业发展和经济繁荣前面的一道鸿沟。只有引入众筹融资，使其成为常规资本市场的有益补充，全方位地拓展初创企业的融资渠道，便利其资本形成，才能培育和发展中小企业，进而促进经济的增长与繁荣，稳定和扩大就业，实现经济社会的全面发展。

（二）面对众筹融资浪潮的制度回应

众筹融资的勃兴是资本市场发展的必然趋势。我国的法律制度不能因循守旧、故步自封，而是应该顺应和把握社会变迁和时代发展的脉搏，及时地做出制度回应。这既是众筹融资发展的客观要求，也是制度作为一种要素的应有使命。笔者认为，众筹融资浪潮要求我们应该做出以下两方面的制度回应。

（1）消除制度障碍，构筑众筹融资的"安全港"。众筹融资作为信息化时代的新型融资模式，具有区别于传统融资模式的特殊之处，我们需要将众筹融资区别对待，寻求其在现行制度下的豁免，以有利于充分发挥众筹融资的天然优势促进初创企业的资本形成。首先，需要建立证券发行小额豁免制度，为众筹融资提供制度依据。由于众筹融资的数额一般不高且筹资者发展并不成熟，难以达到公开发行的要求，这种特殊性与既有的制度结构难以相容，这就要求现行证券发行制度为众筹融资开一道口子，允许融资额并不高的初创企业利用众筹门户向公众募集资金，并且尽可能减少证券监督管理机构对融资的行政审批以降低初创企业的融资成本。其次，需要明确众筹门户的法律地位并打通其获得核准设立的通

① 《众筹融资初试水，无名无分挑战监管》，http：//money.163.com/12/0918/00/8BL5C60I00252G50.html，2012-12-13。

② See Andy Cosh et al.，Outside Entrepreneurial Capital，ECON. J. Vol.119，2009：1494-1530.

道。境外已有的立法经验基本上都要求众筹门户在监管部门登记备案，以有利于对众筹融资进行监管。在我国目前的体制下众筹门户尤其是股权众筹门户难以获得合法地位，这就要求我国法制进行相应调整，对众筹门户这一新生事物进行确认和规范，通过设立合理的注册登记条件筛选适格的众筹门户，明确其法律地位并将其纳入监管对象范围。最后，需要妥善处理不同类型的公司通过众筹融资获取资金所出现的不适性。一般而言公开发行股份的公司都是将资本划分为等额股份的股份有限公司，但就初创公司的资本规模而言一般都是有限责任公司，这就带来了两个问题，一方面公开发行股份的资格受到限制，另一方面股东人数的限制也制约了参与众筹的投资者数量。对此，笔者认为可以允许筹资者以有限责任公司的形式公开募集资本，并且借鉴 JOBS 法案的做法适当提高公开发行认定人数标准。

（2）完善针对众筹融资的投资者保护制度。不能因为众筹融资中投资数额较小而认为无须保护，相反正是因为众筹融资中的投资者资金实力和风险承受能力有限而更是需要加强对其的保护。① 首先，要限制单个投资者的投资数额。选择众筹融资的往往是资金实力较弱而只能投入少量资金的投资者，这些投资者风险控制能力和承受能力均有限，而众筹融资本身风险较大，只有限制其投资数额才能尽可能地减少投资损失给其带来的影响。境外立法均将限制投资数额作为投资者保护的重要内容，我国亦宜吸收这一经验，结合绝对数额和占年收入比重的相对数额来对投资数额进行限制。其次，要赋予筹资者合理的信息披露义务。应要求筹资者在众筹门户发布融资项目时披露包括自身基本情况、筹资用途和资金使用计划，并及时地披露经营状况，以有利于投资者掌握相关信息，避免出现筹资者的不当行为。但是过高的信息披露义务会增加筹资者的融资成本不利于资本形成，而过低的信息披露义务则会降低透明度而容易影响投资者的利益，因此这种信息披露义务也应以保持合理适度为宜。最后，需要严格限制筹资者和众筹门户的行为，防范利益冲突。既要对筹资者的大股东或实际控制人可能出现的不正当自我交易和过高薪酬等进行控制，又要限制众筹门户及其雇员参与到众筹项目中获取不正当利益。从整体上看，众筹融资与一般融资方式有较大区别，投资者利益保护的工作也有其特殊性，应当结合众筹融资的特点来对投资者保护事宜进行有针对性的制度安排。

---

① See Franco Modigliani, Enrico Perotti, Protection of Minority Interest and the Development of Security Markets, Managerial and Decision Economics, Vol.18, 1997: 519–528.

六、结　语

信息化的发展催生了全新的互联网金融模式，也对金融法制提出了新的要求与挑战。众筹融资作为互联网金融的典型代表，将深刻影响未来初创企业的融资模式。凡事预则立、不预则废，厘清众筹融资的法律构造并探究合理的监管思路，做好相应的理论和制度准备，是有效应对众筹融资浪潮的现实要求。这就需要我们妥善地处理好初创企业资本形成与投资者保护的关系，通过合理的制度变革顺应众筹融资发展潮流。当然，需要说明的是制度回应并非一日之功，既不能操之过急地推进制度变革，又不能贻误时机影响众筹融资的发展，而是应该审慎地把握众筹融资的发展进程，有序地推进相应的制度构建。

（作者：袁康）

在线银行商业模式创新若干问题思考

近年来，各商业银行价值创造能力快速提高，综合竞争力提升明显，与国际一流商业银行的差距在不断缩小。同时，国内银行业也面临利率市场化、产品服务趋同、金融脱媒趋势加剧、同质化竞争激烈的发展挑战，传统商业银行经营模式落后于社会经济变革的步伐，已难以保证未来行业竞争优势的获得。因此，为适应当前经济金融发展趋势和更好地满足客户需求，创造竞争的相对优势，提升银行价值创造能力，探索建立适应现代经济发展要求的银行商业新模式势在必行。

本文从在线银行的概念及对传统银行业务的影响入手，从产品在线营销、在线交易渠道建设和在线银行产品创新等几个方面，对在线银行建设提出了相关解决思路。

一、在线银行概念及其对传统银行的影响

在线银行也可称为虚拟银行，通常是指银行利用 IT 技术为客户提供自助式的开户、销户、查询、对账、行内转账、跨行转账、信贷、网上证券、投资理财等服务项目。在线银行不仅仅包括网上银行，它是电话银行、转账电话、自助银行、POS 设备、手机银行和家居银行等各种电子银行进一步发展的形式。

在线银行正潜移默化地影响着我们的生活方式，它是金融领域的一场革命，已引发金融业经营管理模式、业务运作方式、经营理念、经营成本、营销方式和风险管理等一系列重大变革。商业银行 IT 建设如何顺应新时期经营战略转型与商业模式的创新要求，是金融科技工作者必须认真思考的问题。

二、加快在线营销手段和客户体验创新，提升客户服务水平

（一）创新在线营销，实现个性化营销和交叉营销

当前，各商业银行开发的各类客户关系管理系统已得到深入推广，实现了"采集、整合数据，了解客户情况，反映客户关系，加强风险监控"等目标。与此同时我们也应该看到，当前银行营销呈现渠道从单一趋向多样，以营销分析、规划和控制为主的现代银行营销 IT 手段不断涌现的背景下，现有的营销体系建设和 IT 营销支持手段距离增强多渠道营销、交叉营销能力、提升营销服务效率的市场要求还有差距。

具体来说，已有系统对在线营销的支持主要有以下不足：客户分析模块功能较为单一，不能提供对客户的深度分析，如客户的交易行为特征分析等，不利于进行个性化营销；缺乏目标客户群的产品营销信息的多种送达手段。现在银行的手机短信、信件、广告等是进行信息传递的主要方式，ATM、网银、电话银行和客服中心的营销功能未能充分发挥。

以上问题迫切需要构建一个综合营销管理平台对银行营销活动做全流程支持，其主要目标是通过数据分析、数据挖掘客户信息来驱动营销策略以及执行营销活动，建立一个闭环式的营销活动流程，包括营销活动的计划、制定、筹备、市场调查、目标客户锁定、培训、执行、效果跟踪、反馈和事后分析与报告，以增强营销管理的效率和效益。

从 IT 建设角度来看，可以整合各类客户关系管理系统、理财专家支持系统和分析型应用系统，构建具有全流程管理的综合营销平台。该平台通过分析和挖掘客户信息，主要包括客户、产品、账户和交易等信息，建立客户行为特征、利润贡献度和风险分析模型，多角度、全方位地反映全行各类客户的地理分布、风险状况、价值贡献和发展趋势，为业务部门确定目标市场、实施差别化市场营销策略提供强大的信息支持和技术支撑。在分析客户基础上，结合在线客服、外呼交易协同等系统建设，为各类渠道，包括高柜、低柜、ATM、电话银行、家居银行和客服中心等提供相关信息联动支持，实现在线个性化营销和交叉营销。

（二）创新在线服务，推动全行服务水平提升

在线银行最引以自傲的优势是"足不出户、轻松上网"以及"24 小时无间

断服务"等技术突破成果，这同时也构成了在线银行的明显缺陷——与人之间沟通匮乏导致客户的细分需求和一些即时触发的需求或困难难以得到真正满足和及时解决。如何在技术化与人性化之间取得动态平衡，是在线银行目前面临的一个关键性问题。

当前，江苏农行自行开发的在线客服系统已在南京完成试点并取得初步效果。下一步可将在线客户系统进行技术升级和功能扩充，将视频、声音、图片、文字、动画等多种媒体相结合，构建"多媒体远程营业厅"。"多媒体远程营业厅"在技术上是融新一代电话银行自助服务系统、语音在线服务系统、视频在线服务系统为一体的远程综合服务应用系统；在业务上是通过新型电子渠道的远程应用与传统业务流程整合，将传统的客服中心打造成与柜台渠道相并举，集服务、营销、交易于一体的远程渠道。

从渠道角度看，可将在线客服系统部署在网银、自助设备、带视频功能的电话或转账电话等相关渠道，在用户有需要时，客服人员或客户经理可通过语音和视频等方式与客户进行营销和服务，解答客户疑问，帮助客户完成交易。

（三）构建虚拟理财专区，提升用户黏性

当前，各家银行的网上银行均具有购买相关理财产品等功能，但由于客户对操作流程、产品收益与风险等缺乏深入了解，在线交易量不尽如人意。为此，可在网银上开发理财模拟交易系统供用户进行虚拟资金买卖，培养客户投资理财理念和技巧。客户可通过该系统自由进行资金分配和市场交易，并通过举办模拟交易大赛提高客户实战理财水平。在此基础上，构建在线理财专区，结合在线决策支持工具为客户理财提供：产品推荐、产品用户评价、销量排行、人气排行、理财规划、风险分析、产品推荐等服务，同时客户可在线进行股票、基金、保险、贵金属、期货、股指期货交易和外汇买卖等投资。

三、创新在线交易渠道，为银行经营战略
转型提供技术支撑

现代社会，渠道为王。在线银行作为银行主要的支付渠道、信息渠道、营销渠道和服务渠道，其类别已经较为丰富。但同时我们应该看到，银行业的每次渠道变革，均给先行者带来巨大的商机，电话银行、自助银行、转账电话和网上银行等无不如此。因此，在新技术不断涌现的今天，渠道的创新可为增强银行核心竞争力和经营战略转型提供有力的技术支撑。

（一）加大家居银行、流动银行和手机支付等新兴电子渠道技术创新

银行业应主动抓住当前"三网融合"、"物联网"、"3G"、"云计算"、"大数据"等前沿技术，并将之与银行现有产品相融合，发挥技术优势，拓展新的电子交易渠道。江苏农行可利用与江苏广电合作的"广电金融支付平台"项目，构建基于网银架构的家居银行，从而打造有江苏农行特色的新的在线金融交易渠道。借助 3G 网络，探讨实施流动银行的可行性，同时加大无线自助设备的建设力度。积极调研将手机与银行 IC 卡合二为一的新一代手机支付业务模式和技术内涵，结合具体业务背景，实现包括转账充值、小额快速支付、信用卡还款、代缴费、网上购物、预订酒店和机票等远程支付功能。

（二）优化和推广自助发卡及电子银行自助签约系统

随着银行卡种类的推陈出新，以及电子银行产品的种类越来越丰富，开卡和电子银行签约业务已成为银行窗口服务中占较大比重的服务之一。客户办理一张银行卡以及一项电子银行业务通常需要 10 分钟以上，大大占用了网点窗口的人力资源。为解决这一问题，国内多家银行已成功开发了自助发卡设备及配套系统。下一步，可对这类系统进行优化升级，将发卡、电子渠道签约、业务预处理和收费集于一体，所有业务开通的手续费、工本费均由后台自动发起扣收，可省去传统柜台办理业务需人工填表和资料核对等环节，其推广应用有利于减少网点排队，有效缓解柜面业务压力，促进网点分流转型。

（三）研发票据自助服务机具

支票是我国广泛使用的结算工具，是对公客户办理支付结算的主要手段，在传统支付结算中占据主导地位。但多年来，支票的受理渠道仍单一局限于银行柜面渠道，给客户的兑付带来一定不便，降低了支票使用的灵活性。

基于此，银行可与相关设备厂商共同研发"票据自助服务机具"。该机具的主要功能是，客户在兑付支票时可以直接把支票存入票据自助服务机具，输入必要信息，由系统自动进行票据真伪鉴别。鉴别通过的，系统打印支票图像作为受理回执给客户。系统后台可与全国支票影像交换系统等系统对接，对票据进行后续处理。

"票据自助服务机具"使客户能够通过自助兑付支票，一方面增强了支票使用的方便性和灵活性，有利于进一步推广支票的使用，另一方面实现了对柜面业务的分流，减少临柜人员的工作量。

（四）扩展自助设备功能，实施自助购物平台建设

近年来，银行的自助服务终端和 ATM 等设备投入量巨大，遍布于网点大堂、自助服务区和远程的社区、写字楼、学校、商场、车站、地铁、合作单位等场所。在给客户带来便捷金融服务的同时，这些设备还可以发挥更多的用途。可利用现有自助服务终端与第三方购物平台合作开发自助服务终端购物平台，让银行客户能在自助服务终端上自助办理特价购物、团购、优惠券打印、购买机票、分期付款等业务，不仅能满足服务持卡人、提升持卡人活跃度需求，提升银行对外服务形象，还能大幅提高银行自助服务终端中间业务收入。

四、完善在线产品体系，为商业模式创新夯实基础

产品是银行业务发展的基础，科技支撑产品创新和渠道创新，实现对需求的灵活、快速响应是科技创造价值的重要体现。当前，可从以下三个方面丰富和完善银行的在线产品：

（一）加大自助类金融产品开发和推广力度

自助类金融产品具有自动化程度高、方便、全天候服务等特点，目前功能也比较全面，可提供办理存取现、转账、交费、理财产品购买、部分业务签约等业务。这些产品的推出对分流柜面压力、提升银行形象发挥了重要作用。另外，我们也应该看到，与柜面相比，在线银行可提供的产品还有很大的拓展空间。

例如：由于信用卡和小额贷款申请等业务具有用户填报资料多、审批环节复杂等原因，一直未纳入到在线银行的产品线中。在申请这些产品过程中，用户难以知道产品的当前办理状态，客户满意度受到一定影响。随着"宅经济"的出现，已有客户具有在线申请这类业务的需求。

为此，可在网银上开发小额贷款和信用卡在线申请功能，目标客户是贷记卡申请客户、小额贷款申请客户、个人网银客户。通过客户的在线申请、后台人员初审、复审等环节实现此类业务的在线申请与审批。在申请过程中，客户可随时查询相关业务的当前状态。与此类似，个人自助结汇、外汇兑换、票据补打、在线分期付款等金融产品也可在在线银行的相关渠道上实现。

（二）开发门市业务预处理系统，加大标准化业务分流力度

现有的柜面业务，业务种类多、输入事项多，涉及交易繁杂，客户柜面办理

时，还要进行长时间语言沟通，存在客户排队时间长、业务处理耗时多、面临业务投诉等问题。

为此可开发"门市业务预处理系统"。通过该系统，办理标准化业务的客户可在等待时间为自己要办理的业务进行预处理，如将身份证信息连通到"联网核查系统"自动核查备案、将业务要素登记到系统后台等。该系统将客户充分利用起来，结合现有的集中管理模式，解放出更多的人力，节约营业成本，为拓展业务提供出更大的空间。未来，可考虑将其延伸到网银客户端等，实现客户自定预约功能，增加预处理的时间跨度。

（三）创新商业模式，构建电子商务平台

随着电子商务的井喷，网购一族日益成为主流消费群体，网络零售商、批发商数量和规模都迅猛增长。在此背景下，第三方支付取得长足发展，甚至威胁到银行作为支付的主体地位。面对第三方支付平台的强烈冲击，银行不应仅仅充当支付公司连接银行和客户的支付链，而应不断完善自身的电子支付系统，以拓展与客户直接相连的渠道，直接介入电子支付链。各银行可在网银上构建电子商务平台，客户通过电子商务平台，可浏览、查询和在线订购包括通信器材、家电产品、服装等各类商品，并可选择信用卡分期付款等功能。

（作者：程立国　陈建恒　徐永红）

基于服务主体的互联网金融运营
风险比较及监管思考

一、互联网金融基本概念

(一) 互联网金融的概念及特点

互联网金融主要是通过互联网企业发展来的，所以目前的研究多从技术和市场行为角度展开，认为其是科技与金融的结合。这样的理解可能算是一种归纳或是总结，没有从金融的本质上去考量。作为一种金融模式，互联网金融本质上是利用互联网技术从事融资、投资、支付、结算、资产管理等行为的金融活动，其与传统的商业银行间接融资和资本市场直接融资模式有显著区别，这种金融活动具有信息化、高效性和直接交易性等特点。

(二) 互联网金融的优势

(1) 互联网金融服务更全面、直接、广泛，高效。由于互联网金融的发展，客户对原有的传统金融分支机构的依赖性越来越小，取而代之的则是网络交易。网络交易无须面对面进行交易，这样不仅提高了金融服务效率，还提升了客户的金融交易需求。

(2) 互联网金融极大地降低了交易成本。互联网金融参与者通过网络进行金融活动，较之传统的固定金融设施投资小。同时，金融资源的可获得性对市场参与者机会均等，客户能够突破地域限制，以较小的成本在互联网上寻找需要的金融资源，降低交易成本。

(3) 交易信息相对对称。互联网金融通过网络生成交易信息，交易双方通过互联网搜集信息，能够较全面了解一个企业或个人的财力和信用情况，降低信息不对称。交易双方可以通过网络对交易主体和交易标的进行充分的了解和分析，交易信息相对透明。

二、互联网金融服务主体及主要运营模式

（一）互联网金融服务主体

主要有以下三类：一是以互联网技术来延展传统金融业务的银行机构。银行在前期金融电子化的基础上，依托自身在金融领域的先天优势，单独或通过合作等方式向互联网金融靠拢，逐步扩展业务。二是具有第三方支付业务的电商机构。目前，获得持牌的第三方支付机构达 250 余家，这些电商机构依托支付平台成立自身的金融机构或类金融机构，或与金融机构开展业务合作。三是网上借贷平台，通过搭建网上融资撮合平台，开展区别于传统模式的融资业务。这一行业刚刚起步却竞争激烈，据统计，截至目前全国约有 2000 家。

（二）互联网金融主要运营模式

1. 支付结算模式

无论是银行还是电商机构，其发展互联网金融的最直接目的是为了提升支付结算效率，通过互联网进行支付结算方便快捷、成本较低，其发展十分迅速。2012 年，银行通过网上进行支付结算金额达到约 900 万亿元，第三方支付市场交易额规模也达到 3.8 万亿元人民币。

2. 通过小额贷款公司或"银电"合作进行放贷模式

电商机构以直接放贷或与银行合作两种经营模式进军小额贷款服务领域。例如：阿里巴巴和苏宁具备开展独立贷款业务的资质，即小额贷款公司，二者采取由小额贷款公司直接放贷的模式。这种模式的优势在于可以直接积累用户的信用及行为数据，放贷灵活，有较强的控制力，劣势则在于有政策风险和巨大的资金压力，且受区域限制。而对于没有小额贷款公司的电商机构，采用与银行合作，电商将平台数据转化为银行认可的信用信息，银行依此完成独立审批发放贷款。这种模式有利于规避政策和资金风险，由银行出面，也能方便地提供更高额度、更长期限的授信。缺点在于容易重新陷入银行操作僵化、审批困难的境地。

3. 借助互联网平台进行保险、基金等金融产品销售模式

此种模式发展空间大，具有独特的渠道优势。2013 年 2 月，中国保监会同意由阿里巴巴、中国平安和腾讯参与设立众安在线财产保险有限公司，筹建期为 1 年，由此阿里巴巴进入保险领域。虽然互联网保险业务要受到保险理赔服务区域性限制，但众安在线财产保险理赔业务可尝试借助平安的线下渠道进行，其发

展空间还是可以期待的。在证券投资基金销售方面，证监会 2013 年 3 月 16 日正式出台《证券投资基金销售机构通过第三方电子商务平台开展业务暂行管理规定》，授予电商平台销售基金的权力，基金公司便可以借助电商平台接触到庞大的线上客户群，这显然是其他销售渠道不具备的优势。

4. 网贷平台融资模式

即大家所说的 P2P 模式，这种模式更多地提供了中介服务。由于服务对象和发展范围界限不固定，故其又衍生出以下几种模式：一是担保机构担保交易模式，此类平台作为中介，平台不吸储，不放贷，只提供金融信息服务，由合作的小贷公司和担保机构提供双重担保，这也是相对安全的 P2P 模式。二是 P2P 平台下的债权合同转让模式。这种模式下，借款需求和投资都是打散组合的，甚至由平台运营商作为最大债权人将资金出借给借款人，然后获取债权对其分割，通过债权转让形式将债权转移给其他投资人，获得借贷资金。三是大型金融集团推出的互联网服务平台。这种模式往往是由传统金融行业向互联网布局，在业务模式上金融色彩更浓，在风险控制、借贷资格审核方面比较规范。

三、各运营主体开展互联网金融业务的主要风险及比较

（一）主要风险

互联网金融的风险涉及法律、商业与政策等多个方面，过去一段时间各界一直存在着争论，本文认为主要集中于以下十个核心风险问题。

1. 征信风险

目前，我国尚未建立起完善的客户信用评估体系，缺少足够的客户信用评价数据，很难对借款个人及机构进行真实、准确、全面、有效的信用判断。同时，鉴于互联网的虚拟属性，互联网金融的数据真实性、广度、深度无法得到充分保障，加之部分企业线上线下无法有效结合，这将对互联网金融业务开展带来征信风险。

2. 信用风险

信用风险，是指由于与互联网金融进行交易的主体等对象不能按照合约履行责任而造成的风险。互联网金融业务办理过多依赖于数据优势，进行线上审核，线下核对手段和渠道不完善，服务主体与客户无法面对面接触，融资抵押物匮乏，资金流向控制手段不足，追偿机制和措施不完善，极易出现资金违约，信用

风险较高。

3. 流动性风险

互联网金融本质上属于金融业务，但其流动性会因为互联网特性而受到影响。尤其以电商和网贷平台为主的互联网金融企业，当受到负面的冲击，资金流动性就会出现危机，导致企业陷入经营困局，出现客户资金无法兑付等问题。

4. 信誉风险

互联网金融信誉风险产生的因素有很多，主要是由于推出的产品或服务正常实现；客户在接受互联网金融服务中遇到问题不能得到及时解决；严重网络故障，导致用网站功能部分或全部丧失；客户信息泄露，隐私安全无法得到有效的保障等问题，造成客户对互联网金融主体产生欺诈的误解，质疑其经营能力和业务可靠性，造成信誉风险。

5. 操作风险

巴塞尔银行监管委员会对操作风险的正式定义是：操作风险是指由于不完善或有问题的内部操作过程、人员、系统或外部事件而导致的直接或间接损失的风险。互联网金融操作风险主要涉及客户在网络申请的账户的授权使用、安全管理和预警、各类客户间的信息交换、电子认证等。此外，互联网金融可能因客户欠缺网络银行操作安全方面的知识，从而使自身暴露在高操作风险的环境中。

6. 技术风险

互联网金融迅猛发展得益于金融对互联网技术的充分利用，然而网络技术的稳定性、安全性风险也会转嫁到互联网金融行业，造成系统性风险。如果没有妥善维护和保存相关实体设备，导致设备破损或功能灭失，就会形成物理性的风险，无法有效抵挡外部恶意攻击。同时，选择的网络技术如果不成熟，会带来如信息送达的速度低、信息传输过程中断及网络极不稳定问题等，对主体业务开展造成严重影响。

7. 收益风险

依托互联网提供金融服务电商、网贷平台主体，就线上服务而言就省去了营业场所、人员等基础性成本，同时随着网络使用人数的不断增多，其在网上开展的各类金融理财产品也更易被客户所接受。因此，其运营模式与传统银行相比成本更低，收益更高，体现了其高效化的特性，而传统银行开展互联网金融业务必然需要增加相关技术人员、网点联网等技术改造资源，较之前两者，其所需的基础性资源投入成本要高很多，面临收益风险。

8. 纵向竞争风险

这主要指三大主体由于相互竞争引发的经营风险。互联网金融是跨行业发展，各大主体均借助自身优势快速发展，在当前互联网金融法律体系不完备的情况下，很可能出现各类主体企业质量良莠不齐、发展不均衡的情况，在无约束的市场中，行业发展很可能由于过度竞争导致秩序混乱，各主体相互排斥，最终伤及整个互联网金融行业。因此三者中的任何一方都面临其他两大主体的强势竞争，纵向竞争风险不可回避。

9. 法律风险

互联网金融处于高速发展的阶段，但与此较为不相适应的是目前尚未有一套完备的法律法规或行业制度体系与之相配套，使得很多时候服务主体在开展新的在线业务时面临无法可依的局面，面对原有法律体系，服务主体容易出现违法违规情况，存在法律风险。

10. 破产关停风险

互联网受众面广，影响大，如果出现前述的9大风险在短时间内过度集中和放大，互联网金融主体将面临重大经营危机。商业银行和小贷公司具有金融许可证，在重大危机时可以启动央行救助机制。但众多没有金融牌照的电商机构和网贷平台，没有建立起相应的保护担保措施，应对相关突发事件经验不足，加之危机援助手段不完善，又无央行支撑，重大的经营危机很可能会导致其破产关停，引发行业连锁反应，对互联网金融行业造成重创，进而导致严重的经济和社会问题。

（二）风险比较分析

根据上述陈述，以下对银行、电商机构、网贷平台从事互联网金融服务三大主体风险进行分析比较（见表35.1、图35.1）。

表35.1　互联网金融服务主体主要风险对比情况表

风险种类 服务主体	征信 风险	信用 风险	流动性 风险	信誉 风险	操作 风险	技术 风险	收益 风险	纵向竞 争风险	法律 风险	破产关 停风险
银行	中	低	低	低	高	高	高	高	低	极低
电商机构	低	中	高	中	低	低	低	低	中	低
网贷平台	高	高	高	高	低	高	低	低	极高	较高

对于仅仅利用互联网开展业务的传统银行，这类互联网金融服务主体由于是利用互联网对传统金融业务进行延伸，且本身内部制度及风险防控比较完善，由于其所体现的业务特征大体上仍是传统银行的业务特征，因此这类互联网金融服务主体风险主要在于电子制度是否按照要求实施以及银行从业人员是否按照操作流程从事业务等方面。其风险主要体现在：技术风险、操作风险、成本收益风险以及纵向竞争风险，总体风险状况相对其他两种最小。

电商机构由于不从事具体银行业务，而只是发布金融理财信息，因此这类互

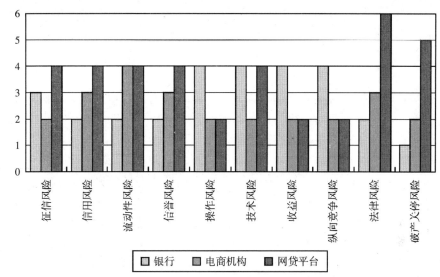

图 35.1 互联网金融服务主体主要风险对比

注：风险等级 1~6，分别为极低（1）、低（2）、中（3）、较高（4）、高（5）、极高（6）。

联网金融服务主体风险在于其是否违背金融类法律法规及国家相关政策，利用互联网发布信息的过程中是否严格按照经营范围开展业务等内容，以及推出理财金融等产品的销售是否按期正常进行等风险。因此，电商机构这类互联网金融风险主要集中在：信用风险、流动性风险、信誉风险以及法律风险。相对其他两种风险居中。

网贷平台由于其不仅将互联网作为业务开展平台，还将其作为金融撮合交易业务的组成部分，因此这类互联网金融服务主体涉及风险点较上述两类主体类型最多。首先，此类服务主体所开展的互联网金融依照法律制度是否符合规定；其次，具体制定的互联网金融业务操作规则以及业务数据处理是否符合金融保密性要求；最后，是否存在信誉制度、信用安全等方面的风险隐患。因此，这类主体风险主要归结集中在：征信风险、信用风险、流动性风险、信誉风险、技术风险、法律与监管风险、破产关停风险，其中，法律与监管带来的风险极高。因此，这类互联网金融服务主体风险较上述两类主体风险最高。

四、对互联网金融监管的思考

互联网金融正处于蓬勃发展的阶段，对其运行规律和未来发展方向尚无统一明确的认识，可能潜藏的风险仍需进一步探讨，本文认为对其监管可遵循以下几条基本思路。

（一）分类监管

鉴于互联网金融服务提供的主体差异，结合前文对各主体运营的风险比较分析，本文认为要根据风险差异，对不同主体实施适合主体性质的分类监管。

由于各商业银行开展的互联网金融业务是传统银行业务向互联网的延伸，对其金融业务的监管已形成较为成熟的体系，将互联网引入金融业务，高风险点主要来源于网络建设和运营等方面。因此，对其监管主要是在银行业金融机构原有监管体系的基础上，进一步强化"触网"业务的相关规定和制度，要求商业银行提高网络技术支持水平，提升互联网金融运营能力以降低业务操作风险，扩大和深入挖掘现有数据，在规范运营的前提下提升商业银行互联网金融业务的盈利能力，增强其在互联网金融行业内对比电商机构和网贷平台的纵向竞争力。同时，监管部门也要提升监管技术能力，加大风险防控的广度和深度，丰富监管手段，在稳健原则下，充实现有的监管体系。

提供互联网金融服务的电商机构，是利用成熟的互联网运营手段和技术以及客户大数据积累、挖掘与分析优势，将金融业务嫁接于互联网，其风险主要来源于金融业务相关方面。无论是成立小额贷款公司进行自主授信的电商机构还是利用互联网优势与银行合作开展信贷业务的电商机构，其金融业务也处于相对完善的监管体系中，其风险点主要来自传统金融业务与互联网是否能够无缝对接。鉴于电商机构的互联网优势，在提供互联网金融服务时会过度依赖网络数据提供，但由于网络虚拟的本质属性并不能完全保证较高的数据准确性和全面性，而传统的线下信息调查、采集和征信评估等手段并不是电商机构的强项，因此，对其应强化金融关联业务的监管。针对借贷业务，对拥有小贷公司牌照的机构，应基于原有监管体系扩充对利用互联网开展借贷活动的监管，使其始终在规范中运行。对具有第三方支付牌照的应重点关注因互联网金融业务扩张带来的支付规模扩大风险。对没有金融监管部门颁发业务牌照的电商应重点强化其与银、证、保合作对接中的风险监管，建立相应的银电合作规范和准入门槛，防止电商机构借助金融资源无序扩张，野蛮发展，对原有金融体系带来巨大的风险隐患。

网络贷款平台开展的 P2P 融资模式，是当前互联网金融监管的真空地带，它不同于前两种主体提供的金融服务，这种"不见面、不审查、无抵押"的快速贷款模式在提高资金使用效率的同时，也让贷款风险居高不下。同时，很多机构游走于灰色地带，给整个互联网金融行业持续健康发展都会带来巨大风险。因此，对网络贷款平台这种民间创新方式的监管，应重点考虑将其从"三不管"引入到监管体系，从建立和完善相关法律法规，明确监管机构、监管内容、监管手段，建立行业规范，设立监管和自律机制等方面进行全方位风险防控，防止此类机构无序发展引发经济金融风险和严重的社会风险。

（二）包容性监管

2013 年 8 月 12 日国务院办公厅发布《关于金融支持小微企业发展的实施意见》（国办发〔2013〕87 号），要求加快丰富和创新小微企业金融服务方式，充分利用互联网等新技术、新工具，不断创新互联网金融服务模式。互联网金融的出现，不仅是金融发展方式的一种革新，更对金融业未来发展的观念形成了冲击和影响，它不单搅动了金融业，起到了刺激传统金融发展的"鲇鱼效应"，而且凭借其互联网优势提升了金融服务效率，降低了金融服务成本，为破解小微企业融资困局提供了新的思路和方式，弥补了传统金融的不足，积极推动了普惠金融在中国的逐步实现。传统金融行业和互联网金融已经形成了相互博弈、相互促进、共同发展的态势，构成了中国广义的金融体系。互联网金融具有包容性金融的功能，具有促进包容性增长的功能。在诚实守信的前提下，一切有利于包容性增长的金融活动、金融服务，都应该受到尊重，受到鼓励。因此，对互联网金融这种创新，要清晰地看到其本质是市场供给迎合需求的产物，正符合党中央国务院关于强化创新驱动战略部署的战略要求，对其监管也要具备足够的包容性，不能用简单的行政手段进行管理制约，而是在其不触及非法吸收公共存款和非法集资的前提下，松严结合，鼓励其以市场规律创新发展，以法律手段为其树立行业框架和规则，以行政手段引导和辅助其规范运营，充分发挥其推动金融业和经济社会发展的重要作用。

（三）联合监管

互联网金融是金融与互联网的结合物，其不仅冲破了原有金融行业的范畴，也使原有互联网行业向前迈进了一大步，成为虚拟网络和实体经济相互交融、相互促进的典范。它的出现既利用了互联网的优势，又实现了金融的包容性发展，但与此同时，它也不可避免地会继承两个行业的各种风险，如何对其进行风险识别、预警和防控，不仅涉及对传统的金融机构监管的"一行三会"等部门，还会牵涉监管互联网企业的工信、商务等部门，其发展模式实现了跨产品、跨机构、跨市场，这就要求监管体制机制进行变革和创新。在当前金融分业监管的体制下，未来的一段时期的互联网金融监管要实现联合监管。不仅要实施跨行业、跨市场的交叉联合监管，还需实现行业自律与企业内控为基础的内部监管和外部职能部门法律行政监管的结合。在此，尤其要考虑的是各行业管理部门之间建立高规格的横向协调机构和协调机制，在管好自己"责任田"的前提下，主动沟通配合，积极推进联合立法执法，充分借鉴对担保公司等准金融机构监管中的经验和教训，避免出现立法与执法不属同门，相互脱节的"二元化"监管。

（四）综合监管

金融行业和互联网行业都有其固有的复杂性，每个行业的发展都是多种因素交织推动的结果，因此，对互联网金融的风险防控要注重综合治理，辅助其规范发展的监管也需要采取多种方式多种渠道，构建自上而下的较为完善系统的监管体系。从制度层面，要修订"商业法"、"证券法"、"票据法"等相关法律，根据现实发展情况研讨并增加相关的法律；建立互联网金融的准入机制，制定行业运行机制，设立有关技术建设、操作与安全保障的规范与准则；进一步完善征信体系，加强互联网金融运营主体的信息披露，强化个人隐私保护，保障服务对象的信息安全；建立健全纠纷协调和仲裁机制，建立异议申诉与处理渠道。从机构方面，要明确牵头部门，设立从上到下的各级各层的管理协调机构，综合协调各级"一行三会"、金融办、工信、商务、工商等行业管理部门，研讨修订和健全法律法规与制度机制体系，开展联合风险防控和企业运营监管；同时，还要加快建立各地行业协会，实现行业内部的引导约束，企业也要设立专业化的风险防控部门。从国际合作层面，要积极与有关国际组织和有关国家的金融监管部门建立互联网金融监管合作机制，并掌握国际最新技术，以此加强对借用网络平台进行非法避税、洗钱以及其他犯罪活动的全方位的管控，形成对我国乃至全球互联网金融健康运行的有力保障；同时，借助合作机制，对可能出现的国际司法管辖权纠纷、冲突等，及时与相关国际组织或有关国家的金融监管当局进行协调。

参考文献

[1] 侯婷，刘珊珊，陈华.网络金融监管存在的问题及其完善对策 [J].金融会计，2013（7）：66-70.

[2] 吕斌.互联网金融监管寻路 [J].法人，2013（7）：72-73.

[3] 苗燕，刘士余.互联网金融业务不能触及红线 [N].上海证券报，2013-08-14.

[4] 夏志琼.互联网金融风险应防患于未然 [N].证券时报，2013-09-05.

[5] 叶健.互联网金融呼唤监管加力 [N].国际商报，2013-08-14.

[6] 杜峰.P2P 网贷监管缺失存危机 互联网金融管理需求迫切 [N].通信信息报，2013-07-10.

（作者：中国人民银行开封市中心支行课题组）

互联和移动趋势下银行个贷
系统建设研究

作为新兴的商业模式与盈利模式，互联网金融和移动金融风起云涌、发展迅猛，对银行传统的个人信贷业务产生巨大的冲击，从长期趋势看，甚至有取代银行个贷业务主渠道地位的可能。互联互通、移动应用的大趋势不可逆转，银行只有尽快适应这种创新浪潮，建设全新的"智慧个贷"系统，才有可能抢占商机、赢得未来。

一、互联网金融和移动金融的核心竞争优势

"知己知彼，百战不殆"，银行要建设具有后发优势的新型个贷系统，必须深入分析和认真汲取市场上现有的互联网金融系统和移动金融系统的特点及优势。笔者认为，和银行传统的个贷系统相比，互联网金融和移动金融具有如下核心竞争优势：

1. 自主自由

客户通过传统的银行个贷系统办理业务，往往需要到银行的营业网点面见客户经理申请贷款，填写和提交一大堆本人及配偶的身份、职业、收入、财产（押品）等纸质材料信息，之后的贷款审批进展情况一无所知，很难合理安排资金的使用。比如：银行方面信贷规模紧张时，缴纳定金购买二手房的客户如果贷款迟迟审批不下来，就可能出现违约的风险。审批通过后还需要再到银行网点面签合同和凭证。贷款期间何时还款、还款账户金额是否充足、利率变化对还款额有无影响，这些信息需要客户自己留意，稍有疏忽就可能在征信报告中留下逾期记录。而互联网金融的自助类产品，如农行推出的"住房循环"、"卡捷贷"等业务，允许用户在额度有效期内通过互联网、网银、ATM、POS等渠道随借随还，并可以根据自己的资产和负债业务期限结构，自主设定贷款的金额、期限和还款方式，使客户摆脱了对银行柜员和客户经理的依赖，实现了业务操作的自主性。

在自由方面，IT和通信领域曾有句非常流行、形象和深刻的广告语——"无

线你的无限"。无线鼠标键盘、无线网络（蓝牙、WiFi、3G）、无线充电和近场通信（NFC）技术的发展，使人们摆脱了网线等各类数据连接线的限制，自由自在享受科技带来的方便。网上银行、自助银行、电话银行、掌上（智能手机、iPad等手持智能终端设备统称）银行、电视银行、短信银行的出现和发展，使客户摆脱了对银行网点和营业机具的依赖，给客户带来了操作上的自由。只要网络畅通，无论客户足不出户或身处海角天涯，也无论时间早晚，客户都可以通过互联网、手持智能终端（手机、iPad等）申请和办理贷款业务，均可以根据自己的需要随时随地办理申请、还款、补充资料等贷款业务，不再受诸多限制，如：附近有无银行网点、是否在营业时间内等，省去了奔波之累、排队之苦，获得了业务办理的自由。

2. 客观平等

稳健的货币政策，决定了信贷资金总体上还是卖方市场。银行信贷审批过程中经办人员个人倾向和主观判断影响最终结果的现象客观存在。互联网金融让数据说话，对客户交易数据和违约记录的深入挖掘，让身处网络两端的借贷双方即使互不见面，也能保证借款人申贷信息的真实和准确，并排除了审批人员的个人因素干扰和暗箱操作的可能，对于借款人而言客观公正。此外互联网金融强大的业务处理能力，使得因工作效率问题而人为设置的客户准入门槛大为降低，小微企业不用再拘泥于自身规模，就能得到和大客户同等的待遇。如：互联网金融的先行者阿里小微金融服务集团，秉持"数据不会骗人"理念，以阿里巴巴数据库中网店的注册信息、历史交易记录、销售额和现金流等信息为依据，推出了订单贷款、信用贷款等产品。只要网店有真实的订单，就可以快速放贷。经营状况好的网店，还可以凭借自己的业绩获得信用贷款。

3. 快捷低廉

对银行而言，借助互联网金融搭建了无所不在、24小时营业的虚拟网点。和新增物理网点相比，一来不需要央行烦琐的行政审批过程，二来节省了网点建设费等运营成本，三来利用计算机的计算能力和存储能力摊薄了人工成本。互联网金融办理贷款业务，审批流程极为高效简捷，不像传统银行那样，需要一家家调查、一笔笔审核。对客户而言，点几下键盘鼠标就可以办理业务，最快的贷款几分钟就可到账，最长的也不会超过七个工作日。互联网金融所具有的指尖操作、到账迅速的优势，对客户具有极大吸引力，银行传统的个贷系统简直无法比肩。

二、银行发展互联网金融的路径选择

（1）发挥自身优势，深入挖掘数据，建设新型智慧个贷系统。打铁还需自身硬，要保有个人融资主渠道地位，银行必须学习和吸收互联网金融、移动金融的核心优势，建设自己的智慧型个贷系统。接入渠道多、客户体验好、智能化程度高，不仰人鼻息，才能在竞争中掌握主动，不至于被边缘化。

建设智慧个贷系统，银行首要的是打破"部门系统"的壁垒。虽然和电商相比，银行缺乏客户的商品销售数据，但却拥有客户的存款数据、收入数据和贷款数据，只是由于分别存储在不同部门主管的业务系统中，导致信贷人员需要花费大量的精力和成本去确认客户的财务资质。大数据时代，数据挖掘尤为重要，银行要实现内部系统的互联互通，提高数据分析能力，做好客户的财富特征、行为偏好和风险评价方面的数据挖掘工作，在客户准入上准确筛选出高价值客户。

建设智慧个贷系统，银行还要做好制度创新和流程再造工作。由于缺乏监管机构和行业规范，互联网金融的运营模式多是将申贷和审贷流程尽量简化。从客户申请贷款到贷前调查、审核、发放和还款流程采用系统化、无纸化操作，贷款效率非常高。而银行在银监会、央行、审计署等外部监管机构的严密监控下，个贷系统的设计必须紧贴本行的信贷基本制度和各项管理办法，不能随意简化操作流程，内部运作非常严谨。一笔贷款的发放需通过受理、调查、审查、审批、放款审核、用信等诸多环节，流程复杂，效率较低。要借鉴和吸收互联网金融的新模式、新技术、新工具，银行需要在监管部门许可的前提下，制度先行，推动传统信贷作业模式的改造，提高信用评级、贷款定价、信贷审批等关键环节的技术含量，推动个贷全流程智能化运作。

（2）扬长避短，和电商合作发展以网络购物为基础的电商融资。互联网金融的发展，电商等新兴网络企业占据先发优势，"跑马圈地"式的抢占客户资源过程基本完成。在数据上，以阿里巴巴为代表的电子商务企业持有客户历年来完整的销售额、销售量、交易对手等交易数据，可以准确和快速地判断出客户交易行为的真假及所需借款额度及期限的合理性。这些都是银行所不具备的优势，因为银行所保留客户的动账流水，只有金额及期限，完全不记载这笔资金的来龙去脉。数据上的劣势，决定了银行不宜独立大规模发展以网络购物为基础的电商融资。银行应积极利用电商企业的客户优势、数据优势和技术优势，充分发挥自身的"牌照"优势和资金优势，实现优势互补，化竞争对手为合作伙伴，与电商合作发放网络贷款。

（3）对于互联网金融的"网络个人借款平台"模式，银行反而具有客户优势。该模式基本运作方式为：借款人在平台发放借款标的，投资者进行竞标向借款人放贷。银行具有数千万计的个人客户，在多年的业务往来中，完整记录这些客户的账务流水和履约记录，成熟的评级模型可以对其资产负债总额及期限搭配结构、还款能力等资信情况做出准确客观评判。这些都是 P2P 公司所不具备的优势。银行完全可以凭借这些优势，借助 P2P 公司的平台，对于资质优良的本行借款人所发的标的，作为理财产品推荐给本行客户，从中获取收益。

（4）在授信（合作）额度内，和保险商、生产厂家、销售公司（如：房产中介商）、消费金融公司（如：汽车金融公司）合作向客户提供信贷支持。目前国内大型生产型企业产能过剩问题比较突出，开始尝试个人融资业务以扩大销售，但在市场份额急剧扩大、销售业绩飞速上升的同时，应收账款占比也快速提高，为了改善资产负债表、利用银行机构和人员加大催收和追偿力度的，银企合作的要求比较强烈。保险、房产中介和汽车金融公司，出于自身业务发展动机，也有和银行合作的需要。这类合作伙伴规模大实力强，在其提供担保或保险的基础上，在其授信（合作）额度内，对其个人客户合作提供信贷支持，对银行而言可有效拓展业务领域，化解信贷风险，提高贷款收益，提升竞争能力，一举多得。如：农行和保险公司合作开展的保捷贷业务，和汽车金融公司合作开展的车联贷业务，上线以来，收益良好，成效斐然。

三、智慧个贷系统拓扑架构设计

（一）系统总体架构

从个贷业务发展情况来看，客户希望能够随时随地或足不出户办理申贷、用款和还款的需求逐步成为主流，到银行网点工作时间排队等候的"门店模式"日渐式微。从银行发展互联网金融的路径选择来看，银行会逐步扩大与电商、车商、保险、租赁、证券和房产中介的合作。为适应上述趋势，智慧个贷系统建设应坚持"智能开放、高效简捷、风险控制、自助互联、数据共享"理念，构建接口开放、灵活定制、智能自动的全新系统架构（如图 36.1 所示）。

（二）系统组成模块

1. 客户管理模块

客户管理模块负责采集和存储全行个人客户（借款人和担保人）的职业和财

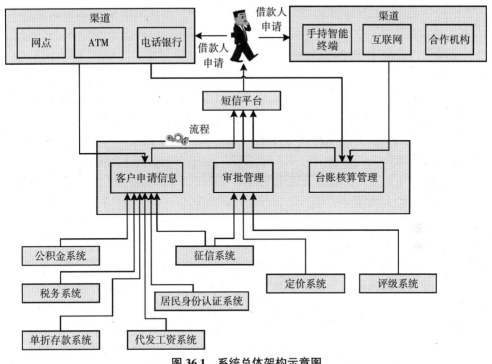

图 36.1　系统总体架构示意图

产等信息，可用于微观评价单个客户贡献度，也可用于宏观分析不同职业和收入人群的业务偏好。客户管理模块要连通公安部门居民身份证联网核查系统、税务系统、短信系统、征信系统、工资代发系统和单折系统，验证客户资料的准确性，挖掘分析客户的价值贡献度和诚信度，实现客户能否准入的自动判断。

2. 审批管理模块

审批管理模块要实现受理、调查、评级、审查、定价和审批的全流程网上作业，要构建智能自动的审批模型，规范业务办理，提高审批效率。审批管理模块要拓宽申请信息的受理渠道，自动接入电商、车商、房产中介等合作结构提交电子流信息。审批管理模块要打破工作场所限制，在保证安全的前提下允许内部员工通过外网渠道接入，把客户经理从办公桌前解放出来，避免客户经理内勤化。

3. 台账管理模块

台账管理模块要实现贷款发放的流程化管理，确保审批确定的定价、还款、期限等核算要求能真正落到实处。台账管理模块要改革传统合同、凭证签订方式和形式，在法律效力不变的前提下，探讨使用客户指纹、面孔或虹膜的电子影像代替签字、签章，减少客户往返银行网点次数，实现合同、凭证的电子化管理。台账管理模块要实现到期还款的短信提示，监控客户还款账户资金变动，余额不足或利息率变化引起还款额的变化，提前提醒客户。台账管理模块要允许借款人通过网银、互联网、iPad、掌上银行、电话银行等途径，自助使用贷款，自助还款，自助调整还款账户和其他存款账户的金额。

4. 监控管理模块

银行传统个贷系统监控的重点多是内部操作风险，智慧个贷系统的监控管理模块要重点监控借款人和保证人还款能力及抵质押品价值变化所引起的信用风险，对借款人的资金流向进行全程跟踪监测，排查和筛选虚假按揭、投机股市、高利贷等风险线索。对于骗贷、挪用、逾期欠息等行为，监控管理模块要实现自动冻结贷款可用额度、扣收保证金和冻结业务办理权限。此外要具备依据管理要求，对特定机构和特定客户进行停复牌管理的功能。

5. 担保管理模块

担保管理模块要实现全行担保人信息和质押品信息在线采集和集中管理。要引入合理的质押品估值模型，实现抵质押额度刚性管控，从根本上杜绝重复抵押和超值抵押现象，保障银行信贷资金第二还款来源安全。

6. 档案管理模块

档案管理模块要实现个贷档案集中化、影像化管理，建立电子档案和实物档案的对应关系，覆盖个贷档案从归档至销毁的整个管理周期，以此破解个贷集中经营的"档案集中管理"难题，解决个贷纸质档案保管期限长、易丢失和损毁的问题，全面提升个贷档案日常查看、调阅、盘点等工作的效率。

7. 报表管理模块

报表管理模块要提供多种数据统计分析工具，能够实现按机构、按员工、按客户和按产品考核业务收益。一要便于用户批量查询及下载个贷业务明细数据，二要提供简单易用的报表统计功能供日常使用，三要允许用户根据需要自主选择分析维度和统计指标，自定义统计分析相关数据。

四、智慧个贷系统设计要求

（一）系统接口标准化

在互联网技术和移动通信技术高速发展的今天，客户能否通过电脑、固定电话、ATM、iPad、手机等手持智能终端设备办理业务，已经成为一家银行业务系统是否先进的标志。要适应接入设备多样、办理渠道丰富、合作伙伴众多、数据接口多变的情况，需要银行具备强大的开发能力、系统持续改造和优化能力，更需要的是改变传统的"增加一个渠道新增一套接口"的工程模式，合理分析和归纳业务办理、风险控制所需要采集的开户、担保和审批信息，以格式化的数据标准和统一的接口路径，实现上下游系统数据接口的标准化，适应个贷业务渠道快速拓展的趋势。

（二）程序设计参数化

参数化体现在三个方面：

1. 规则引擎化

推出一种产品新写一套程序的模式，很难跟上个贷产品的创新步伐。笔者认为个贷产品创新的主要脉络是：在不断细分客户群体的基础上，业务办理条件和流程不断简化，担保方式、还款方式、周期、用（取）款渠道等贷款要素组合搭配之后就可以迅速推出一款新产品。业务规则的引擎化，就是把制度中可以量化的条件，不在程序上予以严格规定，交给用户（管理行）自主设定参数（如：金额高低、利率浮动区间、期限长短、客户年龄和收入限制等条件），借此快速搭配组合出新产品。业务规则如果能实现引擎化，则系统建设速度和产品创新速度基本可以并驾齐驱，新产品"上架"的周期也将大为缩短。

2. 界面定制化

产品不同，业务风险点未必一致；区域不同，管理侧重点不尽相同。界面定制化就是在充分体现一级法人管理意志，规定的流程和条件不走样、各项规章制度必须信息不减少的前提下，应允许各家分支行根据本地、本产品的实际业务管理要求增减界面信息。界面定制化能够较好地适应银行不同地区业务发展程度参差不齐、管理水平高低不一的现状，系统应用不再千篇一律。

3. 流程参数化

流程参数化体现在三个方面：①在通用流程基础上，不同业务品种可以根据本品种特点，取舍若干环节；②银行各分支行在总行规定的业务环节基础上，自主设定流经层级和部门；③操作人员根据职责分工，自主设定常用的提交机构或人员。比如个贷经营中心工作分工比较固定，利用该功能可以直接设定自己的业务后手，不需要再选择提交的部门和人员。

（三）审批决策智能化和自动化

在互联网金融蓬勃发展的今天，要求进行产品创新、缩短业务办理时间、增加业务渠道以应对竞争的呼声越来越高。个贷产品和客户的特点决定了其具备自动审批的可能。推行自动审批的前提是明确相关制度规定，但目前各家银行关于自动审批的制度基本处于空白，还需业务部门的不断探索和研究。

自动审批的难点是不通过实地调查和面谈面签，如何判断借款人或合作方提供数据的可信度问题。这就需要通过系统连通、数据挖掘来实现数据真实性、准确性的"自动"校验。如系统架构图所示，对于借款人通过互联网或合作方录入的身份信息、配偶信息和户籍信息，可以通过和公安部门居民身份证联网核查系统确认其真实性；对于借款人所留手机号码，可以通过短信系统校验其准确性；对于借款人的信用记录是否良好，可以通过征信系统查询其是否存在近24个月连续3期或累计6期的贷款或贷记卡不良信用记录、查询当期是否存在贷款和信用卡逾期、查询其是否存在呆账和资产处置信息等数据来验证；对于借款人收入情况，可以通过本行的工资代发系统验证是否属实，也可以通过税务部门的纳税记录倒算是否可靠。此外还可以根据借款人在本行单折系统的账户往来和留存余额等数据，客观评价其贡献度。

（四）系统操作人性化和快捷化

系统设计的优劣应以使用者体验好坏为依据。对外部客户来说，人性化就是操作简单，能够由程序计算、判断的信息，则不需人工录入、重复采集。对行内用户来说，快捷化就是能够从内外部挖掘出来的信息，不再需要人工判断。为此要从如下方面着手：①在系统设计上充分尊重业务人员的操作习惯，根据业务办理流程而不是程序模块来采集和管理信息。如：允许业务人员在受理客户贷款申请时，在一个界面完成该笔业务所需客户信息、质押品信息的调查，审查和审批人员也可以在一个界面看到所需的客户信息、质押品信息、申请信息和调查情况等。②按照管理的要求来加工和组织信息，如为强化担保能力管控，要提供按担保人、担保合同和担保物等统计分析维度，查看其所关联的行内外主债权到期日先后、风险状况和余额大小的功能。③大力推进操作批量化。部分个贷产品同质化程度较高，如同一区域的农户贷款、同一学校的助学贷款和同一楼盘的住房贷款，除了客户姓名、金额等信息不同外，期限、还款方式、利率、业务分类等字段基本相同，实现相近数据的批量导入、批量开户、批量受理/调查、批量评级与征信查询、批量审查、批量审批、批量登记合同及凭证、批量打印等操作，可以大大提高客户经理的工作效率。

五、系统建设的组织和资源保障

建设智慧个贷系统，对银行传统个人信贷作业模式来说是化茧为蝶。着眼于互联网时代对银行经营管理的全新要求，加快推动个人信贷业务在网络融资领域的业务布局，化解互联网金融、移动金融对银行个贷业务所带来的冲击，银行应对建设智慧个贷系统从战略层面上予以高度重视，在组织上予以保障，在资源上予以倾斜。

（1）要整合部门系统的数据资源，转变传统经营观念，银行需要成立由高管层牵头的领导小组，统筹协调全行个贷系统创新发展的战略规划、试点推进和落实实施过程。要在全行范围内跨部门遴选业务人员和技术人员，组成专家团队，全力保障系统建设的顺利推进。

（2）要加大对系统建设的资源倾斜，在财务费用、固定资产、技术开发和人力资源等方面，给予必要的专项支持。可以建立创新基金和风险基金，用于奖励重点创新项目和创意产品。强化考核激励，将个贷系统建设和业务创新发展目标细化分解，纳入银行年度经营计划和综合绩效考核体系。

（作者：高国勋　胡智宇）

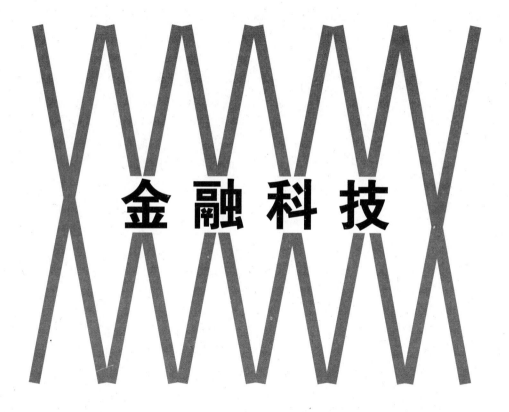

金融科技

大数据及在金融行业应用初探

一、大数据起源及基本含义

现代互联网技术的崛起，已被公认为是继农业革命、工业革命后，全面改变人类社会的"第三次革命"。互联网、移动互联网、物联网、云计算的快速兴起以及移动智能终端的快速普及，正使得当前人类社会的数据增长比以往任何一个时期都要快。美国互联网数据中心指出，一天之中，互联网产生的全部内容可以刻满 1.68 亿张 DVD；发出的社区帖子相当于《时代》杂志 770 年的文字量。2011年全球产生的数据量达到了 1.8ZB①，是历史上全人类说过所有话的数据量的 400倍，是有史以来人类生产的所有印刷材料数据量的 1 万倍。数据的演变和发展呈现越来越大、越来越快、越来越复杂的特性，进而催生了一个全新的概念——"大数据"。

最早提出"'大数据'时代已经到来"的机构是全球知名咨询公司麦肯锡，在其 2011 年出版的研究报告《大数据：创新、竞争和生产力的下一个新领域》中指出，数据已经渗透到每一个行业和业务领域，逐渐成为重要的生产因素，而人们对于海量数据的运用将预示着新一波生产率增长和商业模式创新浪潮的到来。

大数据作为一个新概念，目前业界还没有一个统一的定义。麦肯锡定义大数据为"数据集的大小超出了典型的数据库工具能够捕获、存储、管理和分析的范围"。大数据研究机构 Gartner 给出的定义是"无法用现有的软件工具提取、存储、搜索、共享、分析和处理的海量的、复杂的数据集合"。

业界通常用 4 个 V（即 Volume、Variety、Value、Velocity）来概括大数据的特征：①数据体量巨大。从 TB 级别，跃升到 PB 级别。②数据类型繁多。除通常的结构化数据外，还包括网络日志、视频、图片、地理位置信息等非结构化数据。③价值密度低，商业价值高。以视频为例，连续不间断的视频中，可能有用

---

① $1ZB = 2^{10}EB = 2^{20}PB = 2^{30}TB = 2^{40}GB = 2^{50}MB = 2^{60}KB = 2^{70}Byte$。

的数据仅仅有一两秒。④处理速度快。一般在秒级就需要有分析结果供商业决策，这是大数据区分于传统数据挖掘的最显著特征。

同时我们也应该看到，大数据技术的战略意义不在于掌握庞大的数据信息，而在于挖掘这些数据背后潜在的知识。大数据的实质就是将客户放到更大的社会背景环境下，通过对大数据挖掘、云计算、高效数据分析，准确定位客户在社会环境中所处的位置及其符合怎样一种商业模式。

二、大数据的发展现状

"大数据"引领时代发展已成为全球共识。当今时代，数据已经渗透到每一个行业和业务领域，成为重要的生产要素。数据今后成为决定企业胜负乃至国家竞争力的根本因素，"数据是新的石油和金矿"已经得到世界各国的普遍认同。

美国政府已于 2012 年加大投资，拉动"大数据"相关产业发展，并将"大数据战略"上升为国家意志。中国也已经深度融入"大数据"发展潮流，不仅诞生了阿里巴巴、百度、腾讯等优秀的互联网公司，推出了阿里信贷、淘宝数据魔方、受众引擎等数据平台，而且拥有了全球第一的互联网用户数和全球第一的互联网移动用户数。特别是中国共产党十八大报告明确把"信息化"纳入"四化同步"进程，并已经成立了中关村大数据产业联盟，正在建设国家级"大数据"处理与服务专业园区。"大数据"已不再只是一种手段，而将成为中国企业寻求发展的目标和路径。

当前，大数据已经在多个行业得到应用，例如：金融服务业的欺诈检测和 360°客户分析；交通运输业中的物流优化和缓解交通拥堵；医疗行业的病历分析和疾病监测；零售业中的全渠道营销和实时促销；能源业的智能电表分析等。

关于大数据领域最经典的案例再也不是老掉牙的"啤酒与尿布"，而是来自美国 Target 连锁超市构建的怀孕期间购买行为模型形成的一个 17 岁怀孕少女的真实故事。眼下，一个被称为"棱镜门"的事件非常引人关注。棱镜计划中的一个技术应用即是美国国家安全局通过从微软、雅虎、谷歌、苹果、Facebook 等九大 IT 业巨头获取客户的电子邮件、在线聊天内容、照片、文档、视频等网络私人数据，跟踪用户一举一动。棱镜计划中的另一个应用是监视社交媒体上的言论，当有大量人群聚集场所产生大量负面言论时，就会判断那里有发生游行或犯罪的预兆。在地图上显示这些信息后，当附近的警力薄弱时，就会向其他地区的警察发出指示，让他们前往这些有可能出现问题的地方，为现场补充警力，从而事先防范骚乱。

国内在大数据领域做得最好的案例是马云的大数据蓝图。阿里巴巴的支付宝和淘宝产品积累的，大多数是购物和支付类数据，通过并购和投资，又将众多外部数据（天猫、新浪微博等）集中在了一起，构成了更为庞大的可供分析使用的大数据中心。通过分析淘宝、天猫、支付宝、B2B上商家的各种数据，阿里巴巴进入了一个被传统银行忽略的市场，为平台上的小微企业提供无抵押小额信贷服务。同时，阿里又通过实时监测贷款商家的交易、退货、评分等经营情况，能随时了解客户还款能力，一旦客户交易情况下滑，系统会自动发出预警，从而规避贷款风险。截至2013年6月，阿里金融累计服务小微企业已经超过32万家，而坏账率仅为0.9%，低于很多银行。现在，阿里巴巴准备将这些经验复制到新浪微博和高德导航中。一些用户已经发现，自己在淘宝搜索过的商品，也会出现在自己新浪微博主页的下方。这些不断推送的精准广告，将为阿里巴巴带来更大的流量和收益。

大数据不仅为人们的工作、生活带来变革，美国数据分析技术权威维克托·迈尔·舍恩伯格在他所著的《大数据时代》中认为，大数据也将给人们的思维理念带来三大转变："要全体不要抽样，要效率不要绝对精确，要相关不要因果"。

1. 要全体不要抽样

在人类历史长河中，人们主要是依赖抽样数据、局部数据和片面数据去发现未知领域的规律。因此，人们对世界的认识往往是表面的、肤浅的、简单的、扭曲的或者是无知的。大数据时代的来临使人类第一次有机会和有条件，在非常多的领域和非常深入的层次获得和使用全面数据、完整数据和系统数据，深入探索现实世界的规律，获取过去不可能获取的知识，得到过去无法企及的商机。原来引以自豪的统计学上的抽样、样本又重回到全体、总体的大数据时代了。

2. 要效率不要绝对精确

大数据是传统技术无法处理的数据，它难以在业务容忍时间内使用传统软件捕获、管理和处理。这就要求使用者必须通过流量计算、分布化、冗余配置、云存储等技术构建新的平台，从而达到实时捕捉商机、精准营销的目的。大数据更看重的是效率而不是绝对的精确。

3. 要相关不要因果

大数据的出现，使得人们可以在很大程度上从对因果关系的追求中解脱出来，转而将注意力放在相关关系的发现和使用上。只要发现了两个现象之间存在的显著相关性，就可以创造巨大的经济或社会效益，而弄清二者为什么相关可以让学者们慢慢研究。大数据之所以可能成为一个"时代"，在很大程度上是因为这是一个可以由社会各界广泛参与、八面出击、处处开花结果的社会运动，而不仅仅是少数专家学者的研究对象。

思维转变过来，数据就能被巧妙地用来激发新产品和新型服务。人们对于海量数据的挖掘和应用，必将带来全新的创业方向、商业模式和投资机会。人类社会将从信息时代、知识时代迈向智能时代。

三、大数据在银行业的应用前景思考

数据是银行的核心竞争力之一，大数据应用是未来银行发展的方向。长期以来，银行对于传统的结构化数据的挖掘和分析处于领先水平，但在即将到来的大数据时代，银行对大数据的挖掘和分析能力严重不足，主要体现在两个方面：一方面，银行传统的数据库信息量并不丰富和完整，如在客户信息方面，银行拥有客户的基本身份信息，但缺少对客户性格特征、兴趣爱好、生活习惯、工作领域、家庭状况等信息的准确掌握；另一方面，银行缺乏对多种异构数据的分析手段，如银行客户网页浏览的行为信息、客户微博微信信息、客服语音信息、营业场所视频信息等，更谈不上对多种信息进行综合分析。

面对这场大数据变革，怎样才能有效掌握收集数据、分析数据、利用数据的办法和途径，怎样才能在海量数据中去伪存真、变"数"为宝，将成为金融业必须认真思考和探索的全新课题。

以下从市场营销、客户服务、风险管控和内部管理等角度举例介绍本文对于如何挖掘大数据背后的知识来支撑银行商业模式创新、提升核心竞争力的思考。

1. 拓展市场营销渠道

"微博、微信"作为一种创新性网络新媒体，是大数据及互联网时代下表达自我、传播思想、吸引关注、与人交流的最快、最方便的网络传播平台，作为互联网媒体的衍生产品，微博、微信的发展将会给银行在品牌管理、市场营销等诸多方面带来重要影响。

银行需积极着手创建官方微博、微信，开拓、扩展银行对外沟通渠道，从而更好地扩大品牌宣传、丰富营销渠道、改进客户服务、强化舆情处置。

通过在官方微博上发布各类银行宣传图片、视频等信息，转发最新金融财政信息，整合线上、线下各类活动，扩大品牌宣传的营销力。在微博内容建设上，尽量做到丰富多彩，不仅传播行内的新闻动态、推广业务品种，还可以将内容进行拓展，提供增值服务。如将微博内容进行详细的分类，开设诸如金融快讯、金融大讲堂、理财小贴士、投资顾问等栏目，多一些有人情味、有趣味的互动，拉近与客户的心理距离，获得客户的情感认同，从而提高银行对外服务水平、提升品牌价值。

在营销中除了要在银行官方微博上不断充实内容，还要以线下服务特色为依托和保障，针对"粉丝"关注的焦点，打造出一支分类鲜明的微博、微信金融服务团队，从而便于多方位、多角度提供全新金融咨询服务。此外，还要明确银行微博、微信运营战略，在布局上确定微博的多样化战略，要根据银行业务特色以及客户的多样化金融需求来建设多元化的微博账号。例如：客户想搜索信用卡服务信息，可以关注信用卡中心账号，如果客户想了解金融理财业务，可以对该银行的理财业务加"关注"，从而最终借助这一新兴的社会化媒体与网友互通有无，形成广泛传播的人际扩散效应。

通过开设专门的微信客服作为传统银行客户服务的重要补充渠道，客户可以通过发微信进行业务咨询、投诉建议，相比传统的电话、短信等受理方式，微信客服将能提供更丰富的图像、视频等沟通手段，便于客服人员了解并收集客户的需求，从而及时处理并反馈。

此外，通过利用腾讯公司开放的微信公众消息平台接口，将银行部分内部查询类系统与之对接，通过注册认证、身份校验、卡号绑定等措施，实现银行客户通过微信即可轻松完成简单的借记卡余额查询、明细查询、贷记卡账单查询等业务，从而逐步打造一个独特的"微信银行"渠道。

2. 创新客户服务手段

通过与第三方企事业单位的项目合作，可以构建出一整套针对特殊群体的大数据分析模型，从而为银行后续个性化客户营销提供数据基础。

以江苏省农业银行为例，可以在前期与交通管理部门、江苏省高速公路联网中心等第三方企事业单位联合推出的金穗驾驶无忧卡、金穗苏通贷记卡、金穗交通主题卡等联名卡基础上，通过与第三方单位在办卡及日常车辆行驶过程中的信息数据交互，如高速公路往来通行信息，实时获得车主的地理位置信息，结合大数据应用构建的客户营销响应模型（其分析属性主要包括客户年龄、收入、消费习惯、最近一次购买产品的时间、最近一个月的购买频率等），分析该客户的消费行为习惯，并将目的地城市的相关信用卡消费优惠信息以短信方式推送给该客户，包括住宿、餐饮、旅游等营销短信。

另外，借助以上项目的实施，可进一步打造银行特色化的营销宣传平台，为有车群体提供包括车辆年检信息、曝光提示、保险推荐、加油充值优惠、洗车等特色营销服务。

3. 深化风险管理模式

风险防控是银行经营管理的重要内容。基于大数据的应用，可以通过收集和分析客户的行为数据、消费数据、还款数据和社交网站等外部信息，归纳总结出"好客户"和"坏客户"的特征，并准确计算出不同属性值的客户群所具有的消费能力、还款概率，从而建立起能有效分辨好坏客户的数学模型，帮助银行树立信用风险的防线。

近年来，江浙粤众多中小企业"跑路"事件不时见诸报端，中小企业信贷风险不断加大，预测或发现老板"跑路"苗头成为银行面临的难题。从老板"跑路"的原因来看，主要包括国家宏观经济政策调整、信贷紧缩、民间借贷、经营不善、盲目担保引发资金链断裂等。从老板"跑路"的征兆来看，可能包括企业账户余额低于正常水平、企业现金流出大于流入、企业员工工资没有按时发放或工资额度减少、企业主个人账户资产明显偏离其正常水平等。

在外部数据获取上，与第三方网络搜索公司合作，由银行向其提供一定的企业、法人及企业所属行业等在内的关键字段作为搜索信息，由第三方公司定时、自动对各类网站、微博、微信等出现的关键信息进行搜索，并将获取的信息经过筛选、去重处理后提供给银行。通过掌握国家宏观调控信息、行业预警信息和企业负面新闻等，便于银行相关人员及时从外部了解行业趋势、企业经营业绩、法人等公司重要股东个人情况等关键信息。后续，银行也可以通过引入"网络爬虫"工具，研发自己的搜索引擎。

再者，整合银行现有的核心生产、客户贷款、中间业务等相关系统数据，建立企业与高管层、企业员工、上下游企业之间的关系视图。依据贷款信息和法人信息，关联核心业务系统中企业的账户信息和法人或高管在银行的资产情况，依据中间业务平台的代发工资系统将企业信息与企业员工信息进行关联，进而形成企业、高管、员工甚至关联企业的统一信息视图。在此基础上构建"老板跑路"分析模型，从员工工资是否按时发放、企业现金流出大于流入、账户余额低于平均水平、老板个人账户资产明显偏离其正常水平、老板个人银行卡账户发生异常（如在同一时间段内企业账户余额减少，企业主账户有资金转入；企业主银行卡消费行为偏离正常水平；银行卡消费地点较长时间段内不在企业所在地等）等维度，结合互联网上该企业的负面报告、相关行业风险报告、国家宏观经济政策变化等外部信息，可对中小企业倒闭、老板"跑路"等情况实现提前预判，从而及时调整信贷投放额度、回收银行资金，提高银行信用风险管理质量和水平。

4. 优化网点资源配置

网点人员、设备资源紧张是所有银行管理者的共识，但针对每个独立的网点和自助银行而言，最优化和科学的资源配置到底是什么，网点客户服务存在哪些问题，一直缺乏有效的数据分析形成经验总结来精确回答。通过大数据应用实施，可以提供解决这个问题的途径。

通过对具体网点业务经营情况的综合分析，详细展现包括交易对象、交易种类、交易渠道、交易量、各项业务指标等分析数据，就可以根据经验来评判网点经营状况和网点人员、网点银行机具资源配置的合理性，并且进一步总结经验形成知识，来辅助网点资源管理的经营决策。例如：对网点各项经营情况的要素进行细化，形成标准资源配置模型，将每个网点的数据信息代入，就可以规范排队叫号系统分类设置，提供正常日、节假日及特殊业务高峰期的客户经理、大堂经理、对公、对私（普通及 VIP）高低柜人员推荐配备，有利于网点岗位人员的科学设置与动态调整；还可以及时评价每台 ATM、自助终端等电子设备的效用，为自助机具的科学配置与管理提供依据。

从网点服务水平和效率角度来看，可以通过数据挖掘手段，分析从网点的电子化分流率、人均柜员办理业务数量、业务办理时间的长短、客户对柜员评价、客户投诉、自助设备故障率等维度，比较网点间的服务水平差异和存在的问题，进而为通过管理手段解决问题提供数据支持。

在"大数据时代"，银行所面临的竞争不仅来自于同行业内部，外部的挑战也日益严峻，前面提及的阿里小微信贷即是明显的例子。这种基于"大数据"分析能力的竞争优势已明显显示了这种威胁的现实性和急迫性。

四、银行业应对"大数据"的策略

尽管大数据对商业银行的影响目前而言还比较小，但从发展趋势看，银行业要充分认识大数据的颠覆性影响，未雨绸缪，早做布局。

1. 笃行"数据治行"理念

"大数据"革命必将颠覆银行传统观念和经营模式。银行业要强化"数据治行"理念，建立分析数据的习惯，重视"大数据"开发利用，提升全行的质量管理、数据管理，真正做到"人人心中有数"。要营造"数据治行"文化，倡导用数据说话，准确描述事实，将现有数据转化为信息资源，为高层管理和决策提供强有力的依据，让决策更加有的放矢，让发展更加贴近真实市场。

2. 深化银企合作

完整与综合的大数据注定难以被某一家企业或政府部门所独自掌控，企业之间的合作互赢是发展的潮流。银行业要打破传统数据源的边界，更加注重社交媒体等新型数据来源，通过与社交网络和大数据金融企业的合作获取尽可能多的客户信息，并从这些数据中挖掘出更多的价值。同时利用论坛、聊天工具、微博、博客等网络工具，增强对客户的了解和互动，将其打造成为与电话客服并行的重要服务渠道，将金融服务与移动网络、电子商务、社交网络等完美融合。

3. 强化数据治理

较高的数据质量是实施大数据应用的前提条件，无效的数据只能导致"垃圾进、垃圾出"。为此，银行业需完善并严格执行相关数据标准形成统一的数据规范，通过加强数据标准、信息分类编码标准和用户视图标准等方面标准的制定，实现数据信息共享、系统互连互通，解决"数据孤岛"问题；对数据问题"事前预防、事中监测、事后整改"，有效解决数据完整、准确和时效性问题，提升数据质量；优化数据架构，对信息数据进行科学的逻辑整合，为数据应用和数据服务创造有利的条件。

4. 建设核心能力

"大数据"时代首先对银行的数据驾驭能力提出了全新的挑战。银行业要从理念、系统、人才、管理等各个方面入手，着重培养在数据的收集与整合、数据分析和商业模式创新等方面的能力。

（作者：程立国　陈建恒　徐永红）

商业银行信息科技风险管理理论与实践

近年来，我国银行业的信息化建设经历了跨越式的快速发展，信息科技广泛、深入的应用拓宽了银行的服务渠道，加速了业务创新，并已成为管理决策的重要手段。我国商业银行已逐步实现了系统和数据大集中，极大提升了业务处理能力，为银行日益扩大的业务规模提供了有力的支撑。但是，信息科技为银行带来广泛机遇和革新的同时，也带来了巨大的挑战和风险。

一、银行业信息科技风险管理在全面
风险管理中的定位

银行对信息系统的高度依赖，虽带来了巨大的效益和管理上的便利，却也造成各种风险隐患集中的客观现状。信息系统的复杂化以及信息安全问题的日益突出，使得信息科技问题一经出现即会带来毁灭性影响。关联性极强且影响广泛，这些因素都决定了信息科技风险管理的重要地位。同时，银行业信息科技风险具有风险因素复杂、不确定性突出、损失难以计量以及影响范围广等特征，与其他风险具有明显的区别。

银行业全面风险（如图 38.1 所示）发展沿革说明，巴塞尔新资本协议框架更加关心如何利用资本来计量市场风险、信用风险以及操作风险的损失，并作为一种监管要求，强制银行计提相应的资本准备。但在其关注的三大风险中，信息科技风险仅仅被默认为操作风险的一部分，并未引起巴塞尔委员会的特别关注，信息科技风险管理与风险资本计量没有明显关系，未能体现信息科技风险对银行资本的影响和敏感性，使用现有的风险计量方法计量信息科技风险还需要进行大量的探索。

信息科技风险管理理论的沿革和理论分析说明，信息科技风险管理理论发展历史悠久，自成一体。信息科技风险完全具有从操作风险管理体系中提出来被单独管理的能力和可行性。当然现有的管理理论在行业特征上还不突出，对银行业信息科技风险计量的要求还欠考虑，因此在借鉴现有信息科技风险管理理论的基

础上，还需要兼顾风险计量的要求。

基于以上论述，建议将信息科技风险视为一种独立的、重要的风险类型被单独管理，与操作风险的管理分开。同时，应根据信息科技损失的特点设计与操作风险标准法和高级法匹配的计量模型，体现信息科技风险对银行资本的影响和敏感性。

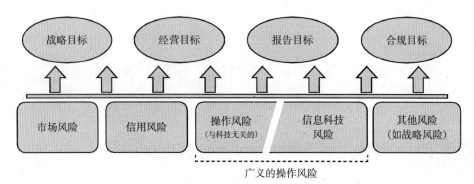

图 38.1　银行风险示意图

通过以上的分析可以得出，现有的理论框架尚不能满足信息科技风险管理的特殊要求，因此制定一套适用于银行业需求，同时兼顾信息科技风险管理和风险计量要求的信息科技风险管理框架体系是十分必要的。

二、银行业信息科技风险管理框架

根据相关调研和实践，结合上述研究分析，信息科技风险是全面风险管理的一个有机组成部分，信息科技风险管理的思路和理念与其他风险管理基本一致，因此信息科技风险管理框架应依据全面风险管理框架的思路，充分考虑国内银行业在全面风险管理以及操作风险管理中已有的实践、工具和方法进行搭建。通过信息科技风险管理框架，将信息科技风险偏好与容忍度、风险管理流程、风险管理工具、风险管理机制等基本要素进行有机的融合，覆盖银行业信息科技应用的各个关键流程和环节。本文提出的信息科技风险管理总体框架如图 38.2 所示。

信息科技风险战略居于管理体系最高层，它并非单独存在，而是与业务战略、信息科技战略、全面风险管理战略关系紧密。信息科技风险偏好是银行决策层综合考虑多种因素后做出的一种高层态度，包括银行愿意承担何种信息科技风险，最多承担多少风险，以何种方式承担这些风险，是否准备承担新的风险，以及为了获取新的业务收益愿意多承担多少风险等。信息科技风险容忍度指银行可接受的科技风险水平。直观上说，风险容忍度是在总体风险偏好基础上提出的更

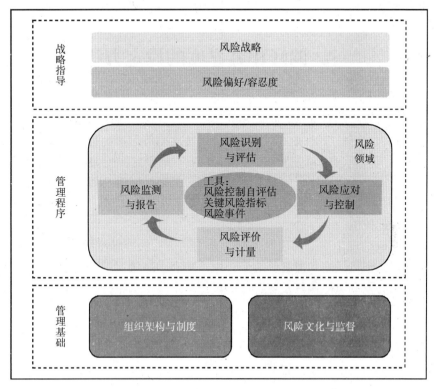

图 38.2 信息科技风险管理总体框架

直接、更便于观测的一系列指标。

信息科技风险管理程序是一个循环流程，包括风险识别与评估、风险应对与控制、风险评价与计量、风险监测与报告四个基本环节。在实践中上述流程是循环往复的，一方面对已识别的风险进行实时监测、计量、管理和控制，循环地进行风险管理工作；另一方面要通过风险管理流程的持续更新机制，不断识别新的风险、修正原有风险评估的结果，持续提高对风险的认识能力和对风险的应对能力。

信息科技风险管理的有效执行还应建立风险管理和报告制度、监督机制、培训机制、人力资源安排、组织架构和职责体系、文化与行为准则等基本要件。

基于此框架，银行可实现对信息科技风险的有效管理，但在具体落实实施过程中，有几个方面需要予以重点关注：偏好与容忍度的设定方法，如何有效识别信息科技风险，有效控制信息科技风险的成功因素，信息科技风险评价方法。

三、偏好和容忍度的设定方法

管理层对风险的态度是风险偏好的核心，它直接体现出银行对风险的一种主观价值取向，它受监管要求、业务战略、科技战略等因素的影响，也是不同银行之间差异化风险管理的精髓所在。"自上而下"地设定风险偏好，需要考虑银行内外各方的需求，包括银行的业务战略规划、外部的监管环境、银行客户的实际需求等要素。受这些要素驱动制定出的风险偏好更有针对性，可有效体现信息科技风险管理的价值。

目前主流的理论中，多数都强调"自上而下"的容忍度设定方法。"自上而下"主要指从银行战略和监管等层面，由董事会、高管层等，站在整个银行的战略视角提出并推动风险偏好及容忍度的设定，最终推动银行各部门付诸实施。然而在这一自上而下的风险偏好和容忍度设定过程中，始终无法脱离具体风险管理实践中发现的现实银行风险状况的因素。因此，信息科技容忍度的设定除了和风险偏好一样考虑"自上而下"，也需要从银行信息科技风险管理的微观层面推动一个"自下而上"的设定过程。

"自下而上"地设定信息科技风险偏好，必须以银行信息科技的现实情况作为参考基准，对信息科技管理各流程、各环节面临的风险进行全面深入的分析，了解风险状态，从而影响风险偏好的制定。"自下而上"的风险偏好设定是一种基于银行实际风险情况和实践操作经验的设定方法，其确定因素主要包括银行信息科技风险现状，以及银行在管理过程中获得的经验和当前风险管控能力。自下而上制定风险偏好主要关注科技风险管理工作对当前银行风险状态的适应和提升的能力，确保信息科技风险偏好是经过努力可达成的而非不切实际的愿景。

四、如何有效识别信息科技风险

一旦银行确立了其信息科技风险管理的战略定位，具体的风险管理工作也就随之展开了。风险识别工作是风险管理的起点，主要目的是充分地认识风险，并尽量准确地描述风险的基本特征，分析风险因素的威胁性、脆弱性，确定风险发生的可能性（或发生频率），以及分析风险影响的对象及其与业务流程、业务目标的关联关系，确定风险造成影响的具体领域、大小等方面。当前，很多银行在进行科技风险识别时，过分依赖某一标准或体系，覆盖面不足，且结果较大程度上受到评估人主观判断的制约。因此，根据银行业风险识别实践和参考各类风险识别方法，本文建议的风险识别方法如图38.3所示：

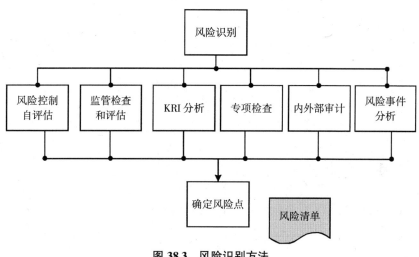

图38.3　风险识别方法

风险控制自评估是在基于诸多专业组织的专业意见、结合国内外行业最佳实践建立银行风险清单的基础上，识别固有风险和采取控制措施，对控制有效性进行评估后，确定出剩余风险，并按照一定的评估标准对评估结果进行赋值，形成风险评估初步结果的过程。这种识别方法应覆盖全部风险领域，是整体信息科技风险识别的基础。

关键风险指标（KRI）分析即银行通过对关键风险指标的追踪和监测，对超出正常范围的指标进行深入分析，分析造成指标异常的风险点，从而发现一些在风险控制自评估过程未被发现的风险点，或对原有不准确的风险控制评估结果进行适当调整。例如：可以使用软件上线回退率这一关键风险指标，分析系统开发工作中潜在的风险。关键风险指标分析是识别风险的重要环节，对预防事件发生起到重要作用。

信息科技风险事件通常是银行业信息科技管理的常规工作之一，是一项非常有效的风险识别与评估手段。银行可以通过对信息科技风险事件的收集和追踪，找出事件背后触发问题发生的关键风险领域和风险点，从而对原有风险识别结果进行丰富和完善；并通过事件分析调整和补充原有风险点及其风险程度。在分析信息科技风险事件时，应该对有影响风险事件分析其原因，发现存在的风险；对无影响风险事件进行定期的统计分析；同时收集外部同业事件以形成有益补充。

银行业风险管理的一大特征是会定期实施内外部审计，其中不可避免会有一些信息科技相关的审计发现。这些审计发现的问题，直接体现了银行信息科技的风险点。由于识别的主体的不同，以及审计人员的独立视角，多数审计发现恰恰是科技人员在内部识别风险时忽略的或不关注的。因此内外部审计发现的问题，可以被用来与相关的风险点、风险领域进行关联，从而找出未被识别的风险，或调整原有的风险评估结果。

监管检查是银行业特有的风险识别方法之一，银行由于其特殊的行业性质和经济地位，其所受的监管非常严格，通常由银行业监管机构对商业银行实施定期或不定期的检查。在对于银行信息科技领域的现场及非现场检查中，监管机构会发现银行存在的信息系统安全性或合规性等科技风险。

除上述风险识别方法和手段外，对银行来说，各类内部组织的专项检查和评估也是识别风险的一个重要手段，这些检查一般依据标准不同、使用方法和模型不同、分析思路不同，能够形成有效的互补作用，从而更加有效而全面地识别风险。例如：针对系统开发质量的 CMMI 成熟度评估、针对信息安全的 ISO27001 评估、针对信息科技内部控制的 COBIT 评估等；除此之外，由于监管部门的风险提示、行业内信息科技方面重大事件等原因也有可能促使银行发起内部专项检查。

在识别出信息科技风险后，应对风险进行动态评估以确定风险水平。在评估风险时，首先应当分别建立风险可能性和风险影响程度的评估标准。之后在充分收集了风险相关的信息后，根据风险评估及赋值方法，对风险可能性和影响程度做出判断，确定风险点的风险级别。

五、有效应对信息科技风险的成功因素

对于已经识别的信息科技风险，银行可通过信息科技决策和风险管理活动，在满足成本效益原则的前提下，按照一定的优先级对信息科技风险进行有效管理，将风险降低到银行总体风险容忍度之内，这一过程即是风险应对。如何有效地降低信息科技风险水平，从而达到内部管理以及监管合规等各方面要求，以下几方面因素可重点关注：

（一）借鉴领先控制实践

在科技风险控制过程中，国内外很多机构和组织都总结了大量的最佳控制实践，在制定控制策略甚至在制定风险基准清单时参考国内外最佳控制实践经验，对设计和执行风险控制工作有重要借鉴意义。

（二）高度关注业务连续性

信息科技风险事件从发生的频率和影响上可分为三类：高频率低影响事件、中频率中影响事件、低频率高影响事件。由于信息科技风险的特点，对于这三类事件，如处理不当或不及时，可能造成重大信息科技风险事件。

如：某分行和总行间备份线路故障，本来是无影响风险事件，也是高频事件，但如不及时恢复，一旦主线路也中断就直接影响分行全部业务。所以银行不仅要关注预防性控制措施和监测性控制措施，还要投入大量资源建立应急响应机制，确保任何告警和故障在最短时间内解决。在应急响应的同时，还应高度关注业务连续性工作，在某些特定条件下，科技故障的回复具有不可预测性，所以在业务方面制定连续性策略并演练能有效防止重大风险。

（三）防止控制过度

控制过度的话题在科技风险管理中并未引起足够的关注，银行应防止将信息科技风险管理演变成信息科技风险控制的倾向。风险管理成熟度高、风险控制完善的银行过度控制的问题体现得更明显，因为科技风险间存在复杂的相互影响，同时科技风险控制机制间也存在相互影响的作用，其中有些影响控制设计时能发现，但也存在大量影响难以通过控制或风险分析发现。而且银行的内外部环境、业务战略、科技战略等都是动态变化的，所以防止过度控制十分必要。防范过度控制应从两个方面考虑：效率和投入。只有从这两个方面才有可能识别出过度控制的问题。银行应从效率和投入方面建立防范风险过度控制的流程，定期识别那些由于过度控制造成的效率低下和无效投入。

六、信息科技风险评价方法

基于以上风险管理流程中的风险识别与评估、应对与控制等环节形成的关于风险的基础信息，风险管理人员进一步执行风险排序、匡算风险大小，并以资本的形式予以表示的过程即风险评价与计量，其通过风险与资本的关系，指导信息科技相关的业务决策。

风险评价首先按照风险领域累加风险点并形成各个领域的风险总值及分布情况，然后对风险评价结果进行纵向和横向比较分析，对不同工具的效力进行比较分析，对重大科技风险进行分析。

（一）横向评价

横向评价的意义在于信息科技风险的管理层可以将各个风险领域、子领域的最终风险赋值情况进行比较，发现风险水平较为突出的信息科技风险领域和子领域，并指导这些子领域的责任部门或岗位制定具有针对性、体系化的风险应对措施，也便于管理层追踪、推动高风险领域的风险应对方案的进展。通过上述横向的比较和评价过程，实现信息科技风险管理有重点地向高风险领域倾斜，推动信息科技相关管理资源和投入能够逐渐以风险导向进行配置。

（二）纵向评价

纵向评价的意义在于对某一特定风险控制领域或子领域，在不同时段，如不同月份或季度，将各领域的风险赋值进行比较，观察每个领域在不同时点的风险走向，便于管理层和风险管理部门跟踪每个领域的风险变化情况。发现风险波动异常或风险水平持续没有降低的领域，应及时检查并调整应对措施，控制信息技术风险。

（三）工具有效性评价

进行风险评价时，主要运用了三类评价工具，即评估类风险识别工具（包含自评估、内外部审计、监管检查、专项评估等），关键风险指标以及风险事件。虽然三类工具都可以帮助实现风险评价的工作，但在有效性程度上存在差异，故需对三种评价工具进行比较，改进脱离风险实际的评价工具。

在风险子领域分别计算出三种不同的评估工具所对应的风险评估加权得分后，将某一时点的评估类风险识别、关键风险指标（KRI）分析和科技风险事件分析三类评估工具对于各个子领域的风险评价加权得分进行横向对比。

（四）重大信息科技风险分析

上述风险评价过程主要面对非重大信息科技风险的分析，面对风险识别中发现的重大科技风险预警信号并未被纳入到常规的风险评价流程中，因此在风险评价过程中还需要对重大信息科技风险进行单独分析。重大信息科技风险预警信号作为风险评价的重要输出，可以帮助管理层理解风险评估的总体结果，同时能够有效地引起管理层对重要风险的关注，从而有效发挥风险评价结果引导风险管理资源配置的作用。

七、信息科技风险管理的其他环节

（一）信息科技风险计量探索

当前信息科技风险管理理论的主要关注度在管理和控制两个方面，对风险计量的研究几乎没有，但对于银行来说，如果能对信息科技风险精确计量到资本层面，一方面可以对风险控制进行投入和产出的精确分析，另一方面能够对信用、市场和操作三大类风险的资本计量结果有所补充，帮助银行更好地使用经济资本以抵御非预期损失。针对信息科技风险而言，损失数据不足、风险损失难以衡量、风险管理水平不成熟等因素都会导致计量的数据不够或数据质量达不到要求等问题。虽然这些挑战在短期内难以克服，但从长远来看，信息科技风险的计量对银行进行风险管理和资本配置具有重大的指导作用。因此，本课题根据操作风险的计量方法，寻求信息科技风险计量潜在可行的思路。

在操作风险的基本法和标准法下，资本的计量结果与操作风险本身之间不存在关联关系，其自然与信息科技风险因素、风险水平高低关系不紧密。本课题组认为银行可以尝试将信息科技风险水平与最终风险资本建立起简单的线性关系，考虑银行业务对信息科技的依赖程度结合信息科技集中度（R 科技对业务的支撑度）和信息科技风险水平（M 科技风险水平）两个维度来估计信息科技风险潜在的损失，将这两个维度作为调节系数体现到资本计量公式中。

另外，还可借鉴操作风险高级计量法计量信息科技风险，经过初步分析，使用类似操作风险中的损失分布计量法计量信息科技风险精确度较高。但是在操作层面，由于信息科技风险损失具有间接性和难以计量的特性，如何量化每一个信息科技风险点或风险时间的损失，仍是需要长期探索的现实难题。本课题组认为可尝试从科技风险事件的损失结果（财务影响、声誉影响、违规影响、客户影响、业务影响）的角度，进行科技风险损失量化的研究。

（二）信息科技风险管理基础

信息科技风险管理的有效执行还应建立风险管理和报告制度、监督机制、培训机制、人力资源安排、组织架构和职责体系、文化与行为准则等基本要件。

1. 组织架构与制度

应建立起"在董事会和高级管理层的领导下，层次化管理的信息科技风险管理架构"的职责和分工体系，以及风险管理制度、风险管理流程和风险管理手册等一系列制度。

2. 风险文化与监督

风险文化与监督主要分为风险文化、审计监督、绩效考核、教育培训、信息与沟通等部分。银行需明确将银行风险管理文化和行为准则传达到相关的人员与岗位，进行持续的风险管理培训和风险意识宣导，加强内部信息共享与沟通，同时建立并落实信息科技风险管理的考核及奖惩机制，保证风险管理的整个框架稳定地发挥作用。另外，银行应有明确的机构负责对整个信息科技风险管理体系运转进行审计监督，通过审计对风险管理体系的执行情况、质量、效力进行评估。

（作者：杨兵兵　黄登玺　赵锁柱）

大数据环境下银行数据分布与存储架构设想

近来，"大数据"这一 IT 行业的热门话题，在金融行业受到越来越多的各方关注，金融同业纷纷跃跃欲试。

一、 什么是大数据

所谓大数据，目前普遍一致的看法是指数据越发呈现以下特征：①大容量。数据存量巨大，至少是几十个 TB 级别，甚至几个 PB 级别。②多样性。不仅有传统的结构化数据，还有图像、视频、文本、网页等非结构化数据。③高速度。数据增长及处理速度加快，每日增长量都在 TB 级别，且有快速处理和快速分析等相应需求。④价值密度低。数据个体价值低，但数据整体反映的信息价值高。

二、银行业已进入大数据时代

银行业历经近 30 年的信息化建设，信息技术使用的深度和广度，以及银行业所处的快速变化的时代环境，决定了银行业已经进入了大数据时代。

在数据爆发式增长的今天，银行每天都在生成或获取海量数据。这些数据，或基于法规遵从的存储需求，或基于市场营销或产品设计的数据分析需求，或基于风险与安全控制的行为审计需求，需要我们对其进行存储与计算，其中一部分数据还需要及时计算。不难发现，银行业目前的数据特征以及数据处理要求，基本符合大数据特征。银行业已经进入大数据时代。

三、传统数据存储与处理技术能否满足
大数据时代要求

当前业界普遍采用的数据架构，可以从数据处理和数据存储两个维度分析，但总体上是一个多层架构。

（一）数据处理

从数据处理的维度看，我们的数据架构是一个多层架构。最底层是业务处理系统数据层，该层数据通过业务处理过程来采集，并支撑、控制着业务处理的后续过程，通常称为ODS层。通过对ODS层数据的主动输出、抽取、转换等形成了以后各类数据处理系统以及相应的数据层（ADS层）。总的来看数量巨大，各层之间、各类系统之间冗余也巨大。

为了解决冗余问题和数据逻辑关系一致性问题，各类企业及IT供应商也在力推数据仓库建设。即以一套统一且完整的数据模型和一个超级数据存储与处理系统，来实现对来自各类系统的数据的统一存储，同时满足各类数据分析使用需求，这就是数据仓库系统的建设思路。但遗憾的是，它面临两个极难解决的问题：

（1）数据模型问题，它包括统一数据概念和关系化各种数据项。统一数据概念和数据标准极为困难，比如我们将"存款"这个概念视同银行从业者耳熟能详的概念，但当要获取一个"存款"数据时，每个系统给出的概念、范围以及数值却不同。关系化各类数据项也极为困难。我们的金融业务中究竟需要多少个数据项才能满足描述业务过程和分析的需要？这些数据项之间的关系是什么？这个模型极难建立，且数据模型本身将伴随我们对数据的理解和使用方式等不断变化，将趋近于完善，但始终无法完善。一些知名IT厂商都提出了自己的数据概念模型，彼此差异并不大，但都没有解决当下风险管理的需求，由于模型设计困难，不少数据仓库系统实际上只是各类业务系统数据的堆积。

（2）超级数据存储与处理平台问题，按传统的思路，在解决了数据模型问题以后，我们只需建一个超级数据仓库，并在数据仓库之上建立若干数据集市，这一架构就可以解决各类后续需求。但是，仅就结构化数据而言，由于信息化的深入，数据量的增长已经使得数据仓库难以应对，而已经深入地影响着我们工作和生活的互联网上的非结构化数据，数据仓库则根本不能管理。所以这里不得不提出一个问题，集中、层次化的数据处理架构——数据仓库技术能否满足当下需要，还是发展方向吗？

（二）数据存储

信息技术发展至今，我们已经形成了思维习惯访问频度高的数据，其存储成本也高。我们必须以访问频度分级，分别采用不同成本的技术来存储管理不同频度的数据。这样就形成了包括 CPU 缓存、内存、固态盘、高性能存储、低性能存储、磁带等在内的多级存储体系，来满足不同容量、不同访问频度、不同保存时间、不同可用性要求的存储需求。

这一数据存储架构在大数据环境下正面临着挑战。高性能磁盘系统虽然存储量大、速度也快，但价格却十分高；磁带系统虽然存储量大、成本低，但访问效率极低。那么是否有高性能、高容量、低成本、高可用、持久化的存储技术或架构？

四、大数据处理引擎
——分布式数据存储与处理技术

目前，业界及各开源社区都推出了各式各样的大数据平台或产品及大数据解决方案。而这一切几乎都围绕着利用分布式架构增强计算与存储资源的横向扩展能力。

互联网公司经过 21 世纪初互联网泡沫的洗礼，在紧扣客户需求、降低运营成本等方面的技术创新已经走在了传统的 IT 供应商和传统 IT 应用大户（如金融业）的前面，为金融业解决目前棘手的数据存储与处理问题，提供了他山之石。通过对 Google，Yahoo，Facebook 等互联网公司的研究，我们会发现在其数据存储与处理架构上，都采用了分布式计算和分布式文件系统。

（一）分布式计算——易获得的横向扩展能力

分布式计算，使得我们可以把一个需要非常大计算能力才能解决的问题分成许多小部分，然后把这些分配给许多计算节点进行处理，最后把这些计算结果综合起来得到最终的结果。这种计算模式，改变了我们原有的数据库模式，其灵活可扩展的架构，使得计算性能的横向扩展更易实现。

（二）分布式文件系统——性能与成本兼顾

分布式文件系统，多部署于低廉的硬件上。在分布式文件系统中，数据文件被分割成一个或多个数据块，存储在一组数据节点上，通过多副本的机制有效保证了数据的可用性和完整性。同时，还提供高吞吐量来访问应用程序的数据，适合有着超大数据集的应用程序。一些分布式文件系统还可以实现流的形式访问文件系统中的数据。在集群中，我们可以通过横向扩展，来提高其性能与吞吐量。这为我们在高性能磁盘系统高效高成本和磁带系统效率低成本低的两难之间，找到了大数据存储的解决方案。

五、银行大数据解决方案
——多种数据处理平台相结合

传统以事务为中心的数据库基本架构设计，受纵向扩展能力和高昂成本的限制，已无法满足越来越多的大数据分析需求。鉴于此，我们数据存储与处理技术也随之由"一种架构支持所有应用"向"多种架构支持多类应用"转变。

（一）大数据时代的数据处理与存储架构

在大数据时代，为了更好地挖掘不同类型数据的价值，同时更有效地使用各类数据处理平台。大数据存储和管理方案，应采用多种处理平台相结合的模式，以实现高效率、低成本存储管理大数据的目标。

从数据处理维度看，对于业务处理层（ODS层），鉴于其对事务完整性和高实时性的要求，可采用传统的高性能关系型数据库作为处理平台。而对于数据消费层（ADS层），则可以采用大数据技术，使用分布式数据库（MPP）和 Hadoop技术来作为分析型数据库处理平台。未来，业务处理层各应用系统将主动发布各类业务处理数据，而各类主题的数据消费系统则按自身功能定位和数据需求按需对这些数据进行获取、加工、转换及处理。

从数据存储维度看，对于业务处理系统将仅存在在线存储和备援恢复存储；对于数据消费系统，则利用分布式文件系统的多副本机制，只有一个计算存储于一体化的平台即可，不再需要备援恢复、历史数据等数据层。

（二）数据消费层 MPP or Hadoop

大数据技术使对体量快速增长的数据消费层数据处理成为可能。目前，大数据分布式的数据处理与存储方式，主流的解决方案有两种——MPP 分布式数据库和 Hadoop 分布式系统。下面对这两种解决方案的异同做一个简单的分析比较：

表 39.1　MPP 分布式数据库、Hadoop 分布式系统对比

	MPP 分布式数据库	Hadoop 分布式系统
部署平台	基于 x-86 通用平台	基于 x-86 通用平台
复杂多表关联分析性能	通过索引、分区键等保障复杂分析性能	缺少高效索引、数据索引和查询优化，性能较低
非结构化数据处理	关系数据模型，不能直接处理非结构化数据	非关系模型，提供文件访问接口，编程灵活
响应实时性	基于通用平台实时性高	对数据处理优化少实时性较差，Nosql 单键查询性能好
数据规模	具备良好扩展能力，可处理 PB 级数据	具备良好扩展能力，可处理 PB 级数据
高可靠性	基于通用平台，可靠性略差	基于通用平台，软件解决可靠性问题，可靠性略差
采购成本	通用硬件平台可在一定程度上降低成本	基于通用硬件和开源软件，采购成本低
运维成本	产品化水平一般，基于 SQL 开发成本低	产品化程度较低，管理工具略缺乏，MapReduce 等并行计算对开发者要求高
外围工具支持	丰富	较少

　　由此可见，MPP 分布式数据库较 Hadoop 分布式系统，在复杂逻辑的结构化数据处理上具有一定的优势，且可基于 SQL 开发，对于有较丰富 SQL 经验的银行系统开发者开发与运维更容易。当然，业界 MPP 分布式数据库产品价格也要高于 Hadoop 产品。

　　综上所述，是否意味着 MPP 分布式数据库就是大数据处理的最佳解决方案呢？我们不妨从银行系统数据的价值密度和数据特征来考虑这个问题。对于银行系统数据，我们基本可以达成这样一个共识：银行系统数据中，结构化数据价值密度通常高于非结构化或半结构化数据，而在银行数据中非结构化数据同时占用了大量的存储资源。这是因为银行系统中结构化数据以账务数据为主，而非结构化数据则主要集中在凭影像等数据。当然结构化数据中也包括部分日志信息等价值密度不高的数据。

　　正如前文提到的，数据存储与处理技术在由"一种架构支持所有应用"向"多种架构支持多类应用"转变。同样对于数据消费层数据处理技术，也应根据数据价值密度疏密及数据特征等的异同采用与之相匹配的架构来支持不同应用。对于数据消费层数据中，那些价值密度高的交易及账务数据可采用 MPP 分布式数据库构建数据处理平台；对于那些价值密度不高的结构化数据和非（半）结构化数据则可以采用 Hadoop 分布式系统作为处理平台。

　　大数据技术的异军突起，无疑给数据存储与处理领域带来了巨大的改变。但我们也必须清楚地认识到，没有任何一门技术或工具可以解决我们所有的问题。我们必须因地制宜，充分地思考各种技术、各类产品的特点以及数据与应用的特

征。只有为合适的数据和应用选择合适的技术和产品，才能使数据发挥最大的价值，才能使技术产生最大效益。未来，大数据环境下银行的数据分布与存储架构，必将是一个多种数据处理平台相结合的数据存储与处理架构。

（作者：奇兰涛　杨唯实）

可配置的境外核心业务系统探索与构建

一、前　言

近年来，随着全球经济金融一体化的不断深入，中资银行迎来国际化发展的广阔空间，作为四大国有银行之一，中国农业银行（以下简称"农行"）国际化战略稳步前行，2012年农行专门制定了《境外业务发展规划》，随着首尔分行、英国子行、纽约分行、迪拜分行等相继开业，农行境外机构建设步伐正稳中加速。

为支撑境外业务的发展，需要构建一套支持所有境外分行需求的境外核心业务系统。境外核心业务系统需要满足分行所有种类的业务开展需要，包含单证业务（包含进口、出口）、资金业务（包含货币市场、债券与证券、衍生品、外汇）、零售业务、贷款及贸易融资业务、汇款、会计核算、管理会计、额度控管、资金清算等。

但由于各境外分行所在国家的法律法规、监管要求、语言环境等都各不相同，各境外分行的业务规则、会计规则、监管规则往往不一致，甚至迥然不同，我们在境外核心业务系统设计时需要考虑各分行属地化及个性化需求。同时我们发现，在相当一部分情况下，这些属地化、个性化需求涉及系统最基础的业务逻辑变动，这就要求我们在境外核心业务系统构建时采取合适的构建技术，构建可配置的境外核心业务系统。

农行十分重视境外信息化建设工作，并成功研制了自主版权的面向境外分行、以客户为中心的全功能境外核心业务系统。本文结合农行构建境外核心业务系统实践，根据境外核心业务系统配置化要求，对可配置软件系统构建技术进行了深入探索，并给出了以程序逻辑分支和配置文件为基础，辅助以程序自适应及代码生成工具构建可配置境外核心业务系统的方法。

二、相关可配置软件系统构建技术

（一）基于程序逻辑分支的构建技术

基于程序逻辑分支构建技术，就是不同分行的本地化、个性化功能通过使用不同的程序逻辑来实现。

如图 40.1 所示，业务模块 A 涉及业务逻辑 1，需要访问到本地逻辑，程序逻辑分支构建通过实现 Local Source1、Local Source2、Local Source3 等本地差异逻辑，来实现分行的本地化、个性化需求：

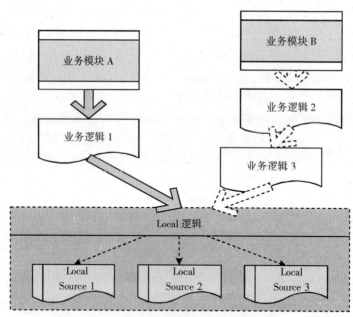

图 40.1　基于程序逻辑分支的系统构建

但是这里存在几个问题：

第一，如果系统中的层次结构很复杂，如果业务模块 B 同样也需要根据版本特性来确定自己的行为，这时可能使得 Local 逻辑的接口变得十分复杂。

第二，Local 中涉及的逻辑会非常多。系统中所有的差异性需求都将放到 Local 中，很快这些逻辑就会失去控制。

第三，Local 逻辑会随着系统的不断扩展，或者在维护过程中变得臃肿，最终成为顽疾。

（二）基于配置文件的构建技术

基于配置文件的构建技术，就是不同的版本采用同一程序逻辑，程序逻辑加上配置文件最终满足用户的需求。在这种情况下，开发人员不仅需要开发代码，而且需要设计配置文件的格式（系统的可配置能力）。

如图 40.2 所示，公共 Local 程序读取配置文件，将配置文件中的配置元素返回给程序模块，这种处理方式遇到的问题与采用程序分支技术模式非常类似。

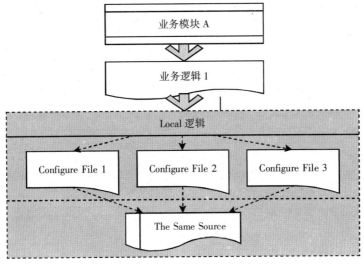

图 40.2　基于配置文件的系统构建

值得注意的是，基于配置文件的软件构建需要在整体设计上考虑，而且基于配置文件的软件构建只能处理相对简单的逻辑，例如控制界面显示、是否调用逻辑等。

（三）程序自适应构建技术

程序自适应指的是在增加某个输入域并利用它修改数据表的对应字段时只需改动交易输入参数；同时在数据结构变更时，能做到程序自动地适应，无须做任何改动，从根本上杜绝了数据结构变动对程序的影响。

程序最基础的功能，数据读取、插入、修改、查询、删除都可以通过配置方式实现，意味着在理论上，存在以配置方式替代程序编写的可能。

(四) 基于工具支持的可配置构建技术

在通常的代码开发时，工具能做的是代码生成工作，包括框架代码以及简单的控制代码，但是更多的情况下仍然需要手工修改源码文件。目前多种开发SDK，如.Net 框架中提供了一系列的类来完成（System.CodeDom Name Space 等），也可以自行创建相关生成工具，实现比较简单的情况也并不复杂。

在基于配置的软件构建技术中，工具的目标不仅可以用于代码生成，还可以生成和管理配置文件。代码由开发人员编写，工具生成配置文件后经过测试就可以发布，如图 40.3 所示。

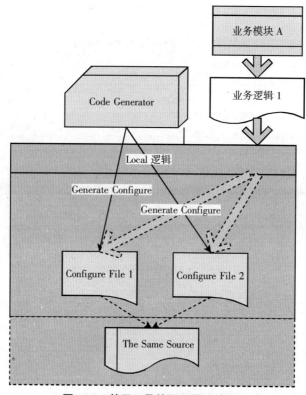

图 40.3　基于工具的可配置系统构建

这里代码与配置的分界线会影响到工具的复杂度，需要在代码编写、配置文件管理、工具编写方面进行进一步权衡。

三、可配置软件系统构建技术权衡

在农业银行境外核心业务系统具体构建中，由于各分行差异化需求内容、粒度都不一样，设计和开发人员还需要在程序逻辑分支粒度、代码和配置方面进一步权衡，以选取最优的可配置构建技术。

（一）程序逻辑分支粒度的权衡

在基于程序逻辑分支的软件构建技术中，存在程序逻辑分支的粒度问题。在什么情况下进行程序逻辑分拆将影响到所有模块的详细设计，以及代码的可读性、可维护性。

我们来看看采用程序逻辑分支构建的两个极端（如图 40.4 所示）：

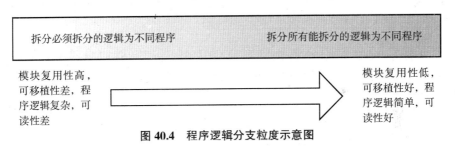

图 40.4 程序逻辑分支粒度示意图

"拆分必须拆分的逻辑"是基于程序逻辑构建的最低限度。判断是否达到了这个最低标准的方式非常简单，就是观察系统中是否存在因分行差异而引起的多个程序或函数。

"拆分所有能拆分的逻辑"是另外一个极端，达到的最终效果就是不同分行的差异性业务完全走不同的程序。

居于左侧的模块复用度高，但程序逻辑复杂，随着对境外分行的增加，或者在维护过程中改进，将变得十分臃肿。居于右侧的模块复用度低，但是程序逻辑简单，可读性高。

在具体的设计实现中，我们需要权衡程序拆分利弊，在这两个极端之间找到一个平衡点。

（二）代码与配置的权衡

在基于配置文件的软件构建技术中，代码和配置之间需要仔细权衡，使用配置文件存在两个极端，如图 40.5 所示。

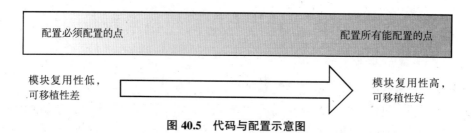

图 40.5 代码与配置示意图

"配置必须配置的点"是配置文件的最低限度。判断是否达到了这个最低标准的方式非常简单，就是观察系统中是否存在因分行差异功能而引起的多份代码。

"配置所有能配置的所有点"是另外一个极端，达到的最终效果就是分行所有差异性功能都可以通过配置文件进行配置。

居于左侧的模块复用度低，但配置文件简单，易于维护；居于右侧的模块复用度高，配置文件复杂。我们也需要在这两个极端之间找到一个平衡点。

（三）以程序逻辑分支和配置文件为基础，辅助以程序自适应及代码生成工具构建可配置境外核心业务系统

在境外核心业务系统的实施过程中，由于各家境外分行个性化属地化差异需求内容、粒度都不一样，单纯采用某一种技术来实施境外核心业务系统构建，不能满足境外各分行多样化以及个性化的需求。

我们在进行系统研发时，结合传统配置技术，探索出了以程序逻辑分支和配置文件为基础，辅助以代码生成及程序自适应工具，进行境外核心业务系统构建的方法，并在此基础上实现了完全可配置的境外核心业务系统。

四、可配置境外核心业务系统实现

（一）以程序逻辑分支和配置文件为基础

境外核心业务系统是以程序逻辑分支及配置文件为基础实现系统可配置的，对于复杂的业务逻辑，我们采用程序逻辑分支来实现；对于相对简单的业务逻辑，我们采用配置文件来实现。

一般来说，各家分行的个性化需求，其业务逻辑都会比较复杂，在改造的过程中，我们通常采用不同的程序逻辑来实现，这样能够保证不同分行之间的业务逻辑不会相互干扰，程序可读性也比较高。由于程序逻辑分支策略的原理和实现都比较简单，我们在这里就不再详细阐述。

对于相对简单的业务逻辑，我们采用配置文件来实现，境外核心业务系统在所有模块中都使用了配置文件，下面以 CM（公共）模块的利息税功能为例介绍系统的可配置实现：

1. 利息税功能需求

不同的国家，在对给客户的存款（含定期存款、活期存款、同业拆借、债券等）利息中，根据当地税管局的要求，会代税管局扣取一部分利息税；而且不同的国家在税率值的设置、对税值的币种要求、出扣税信息的要求等方面各不相同；此外对于出税务单的条件，各个国家的规定也不一致，以韩国、美国和英国为例：

（1）韩国利息税需求。按照韩国监管当局要求，利息税需要区别客户种类、国别种类、业务种类按照不同的税率计算，分为收入税和居民税，并由银行代扣代缴。其中具体的税率根据客户所在国家、客户居民、非居民、客户个人、公司等属性而确定，其值会根据韩国监管当局的要求而改变。

（2）美国利息预扣税需求。根据美国 IRS 管理当局的要求，纽约分行向客户支付某些款项时，须按照 IRS 给定的比例对客户这部分收入所应纳税额进行代扣，对于起预扣税比例根据客户公民、非公民属性确定，但是持有 W-8 或 W-9 表的客户可以免于由银行进行代扣；IRS 会不定期检查银行所提供客户纳税号（TIN）是否有效，若发现无效，将通知银行，由银行对客户相应信息进行核查，确定是否需要进行补扣利息收入税。

（3）英国利息预扣税需求。英国无须进行利息税预扣。

2. 利息税功能实现

面对这种差异化的需求，我们选择使用基于配置文件的构建技术实现利息税功能：

（1）建立交易参数文件。针对是否需要进行利息税预扣，设计一个交易控制文件（数据库表），来控制交易的分支，结构如表 40.1 所示。

表 40.1　交易控制表结构

序号	字段名	字段中文名	数据类型	备注
1	control_id	可以是程序名或交易码	char（15）	
2	control_str	控制串	char（100）	
3	Emark	控制串的说明	char（1024）	

对于美国需求，在控制表里增加一条新的记录：

insert tab_CommTrtControlPara

select 'InteTax'，'11'，'第一位为 1 表示需要利息税预扣，第二位为 1 表示需要利息税金额不为零才出利息税税单'

对于韩国需求，在控制表里增加一条新的记录：

insert tab_CommTrtControlPara

select 'InteTax'，'12'，'第一位为 1 表示需要利息税预扣，第二位为 2 表示不管利息税是否为零都要出利息税税单'

对于英国系统：

insert tab_CommTrtControlPara

select 'InteTax'，'00'，'第一位为 0 表示不需要利息税预扣，第二位为 0 表示不需要出具利息税税单'

（2）设计交易参数读取公共函数。int CM_GetTrtControlPara（char szControlId [15+1]，char szValue [100+1]）读取配置的控制值（为了不影响其他分行的正常交易，设定为公共函数如果取不到此控制值，也不会报错，将送出 100 位的空格值）。

（3）设置利息税税率表。不同的国家可以配置不同的税率如表 40.2 所示：

表 40.2 利息税税率表

序号	字段名	字段中文名	数据类型	备注
1	centre_id	中心号	char（11）	
2	product_type	产品类别	char（2）	储蓄存款、定期存款、同业存款、韩元债券、其他业务
3	country_id	国家号	char（2）	
4	cust_type	客户类型	char（2）	个人、公司、银行
5	da_flag	Acu，dbu 标志	char	
6	residant_flag	居民非居民标识	char	
7	interest_tax_rate	利息收入税税率	Float	
8	inhabitant_tax_rate	居民税税率	Float	

（4）设计利息税计算函数。int CM_CalTax（char centre_id [6+1]，char cust_id [6+1]，char product_type [2+1] ……）

    {

预处理

    if（szControlStr [0] ==' 1'）/* ××分行特有 */

      {

```
if (! VERIFY_NORMAL (AP_DEMAND (BUSI_CATEGORY, cmtri220.cat-
egory)))
    {
        AP_RESPERR (AP_RESPCODE_LOGERR," get %s err"," category");
        return FAIL;
    }
读取利息税税率值进行具体计算

…后续特殊逻辑处理…
    }
}
```

（二）以代码生成工具及程序自适应为辅助

1. 程序自适应

在贷款、进口、出口、贸易融资等业务组件中，各分行在交易界面要素、交易控制等方面都有不同的处理，而在面函处理、电文处理等方面往往差异更大，并且在分行应用过程中，交易界面要素、交易控制、面函及电文处理都有可能发生频繁变动，进而影响后台数据库结构修改，在传统设计中，数据库结构变动必然影响程序修改，变动频繁则将严重影响程序稳定性。

为了解决数据结构调整带来程序设计变动的问题，我们引入了程序自适应技术，以配置方式替代程序编写的可能。在境外核心业务系统的研发中，我们在贷款、进口、出口、贸易融资等多个业务模块中使用了程序自适应技术，具体设计如下：

（1）首先针对交易类型配置交易要素及 XML 路径。在这里我们使用了交易字段控制表 tab_CommTran，用于记录每个交易的交易字段及对应的 XML 路径，针对具体的交易，可以在 tab_CommTran 中交易信息配置，如表 40.3 所示。

表 40.3 交易字段控制

序号	字段名	字段中文名	数据类型	备注
1	tran_code	交易代码	varchar（6）	
2	fld_name	交易字段名	varchar（30）	
3	fld_desc	交易字段说明	varchar（30）	
4	xml_node	XML 节点名	varchar（30）	
5	io_flag	输入输出标志	char（1）	

注：值得注意的是 tab_CommTran 中字段名和业务交易主档表中字段名必须一致。

（2）创建工作区表 tab_LNDetail 存储具体交易的交易要素。每次业务交易，系统交易处理函数会将交易信息保存至工作区 tab_LNDetail，如表 40.4 所示：

表 40.4 交易工作区

序号	字段名	字段中文名	数据类型	备注
1	deal_no	交易编号	varchar（15）	
2	serial	交易序号	int	
3	fld_name	交易字段名	varchar（30）	
4	fld_value	字段值	varchar（100）	
5	fld_oldvalue	字段前一次值	char（100）	
6	io_flag	输入输出标志	char（1）	

（3）程序自适应实现。利用交易记录配置表 tab_CommTran 表，输入处理程序就会自动将交易需要的输入字段从路径中取出放入工作区 tab_LNDetail 的对应字段中，后续处理如下：

① 自适应程序自动从数据库汇总取出字段列表：

```
SELECT a.name，a.usertype
    from sysobjects b，syscolumns a
    WHERE b.type='U'
    and a.id=b.id and b.name='业务主档表名'
```

② 自适应程序会自动从工作区 tab_LNDetail 中取出字段值，并根据取出的字段列表，组装插入 sql 语句：

```
insert  '业务主档表名'
    （'字段名1'，'字段名2'，'字段名3'，'字段名4'，…）
    select  '字段名1'，
            '字段名2'，
            '字段名3'，
            '字段名4'，
                …
FROM  tab_LNDetail
WHERE  deal_no = '业务交易编号'
```

从读入输入信息，再根据输入字段去特定数据表读取其他信息，插入或修改删除数据；最后形成输出数据，业务处理的基本架构能够用参数配置的方式实现。

这样就实现了根据交易参数表，插入/修改/删除数据，而无须手工一条条编写语句；在数据结构变更时也无须因此修改程序。

2. 代码生成工具

在境外核心业务系统的设计与开发中，通过仔细分析和辨别，境外核心业务系统一个业务交易通常被划分为以下相对独立的几个操作流程：

- 交易输入
- 基本的业务处理
- 会计处理
- 额度处理
- 电文处理
- 资金来源去向与外币兑换
- 费用
- 公共应用处理
- 交易输出

自适应交易技术实现了交易输入输出和基本业务处理的配置化实现，而会计、额度、电文、资金来源、费用和公共应用都实现了封装并提供了接口固定的调用函数。在这些前提下，依托系统架构和开发模板，我们开发出了程序自动生成工具，能够读取相应参数自动生成业务处理，会计记账，额度扣占/归还，产生电文，登记头寸头盘和待处理功能的源程序。

境外核心业务系统在 LN（贷款）、IM（进口）、EX（出口）、TF（贸易融资）、CM（公共）等模块大量使用了代码生成工具，开发人员通过配置方式设置好输入输出的接口文件，然后执行生成工具脚本，就能生成可编译的联机程序，大大提高了开发人员的工作效率。

（三）进一步探讨

在实际系统构建中，在系统可配置的同时，维持系统的设计一致性，保证系统的可维护性和可扩展性，对于系统的可持续发展非常关键。

我们认为，在具体系统实施中可配置构建技术还可以进一步改进，具体为：以业务需求为导向，以系统框架为参照，以提高工作效率、保证系统可维护性、保持系统的设计一致性为目标，结合实际工作经验，确定代码和配置之间的契合点，进而指导系统设计；在配置度高的情况下，不同的模块定义了特有的配置文件规则，这些规则的统一对保证一致性也是一个挑战，需要设计和开发人员在实际工作中进行权衡。

五、总 结

本文来自于中国农业银行境外核心业务系统的实际工程项目，农行境外业务正处于快速发展阶段，各境外分行日常生产经营需要境外核心业务系统的支撑，由于境外分行所在国家的法律法规、监管要求、语言环境等都彼此不同，这就需要境外核心业务系统在设计上实现可配置，以满足境外各分行多样化以及个性化的需求。

本文介绍并比较了传统的可配置软件系统构建技术，结合农行实际情况，提出了以程序逻辑分支和配置文件为基础，辅助以程序自适应及代码生成工具的构建技术，并在此基础上实现了完全可配置的境外核心业务系统，该系统目前能很好地支持境外分行生产经营和业务发展的需要。文章同时探讨了该构建技术的进一步改进方向，希望给同业在境外核心系统构建方面提供参考和帮助。

参考文献

[1] Jasrslav Tulach. 王磊，朱兴译. 软件架构设计的艺术 [M]. 北京：人民邮电出版社，2011.

[2] [美] 沙洛维等. 敏捷技能修炼：敏捷软件开发与设计的最佳实践 [M]. 郑立等译，北京：机械工业出版社，2012.

[3] 张小花，曾一，涂争光. 架构软件配置管理模型 [J]. 计算机工程与设计，27 (4).

[4] 陈亮亮. 多版本软件构建策略 [J]. 软件世界，2007 (15).

[5] 中国农业银行. 农业银行境外核心业务系统需求说明书.

[6] 中国农业银行. 农业银行境外核心业务系统详细设计说明书.

（作者：赵志宇　黎章　李欣　刘炼洪）

ISO 管理体系融合在银行 IT 变更管理中的实践

一、概　述

　　商业银行 IT 变更指商业银行应用系统由于业务需求、缺陷修复、性能改进、资源变化等各种不确定因素导致程序、数据、资源等进行的变化或修改。随着信息化不断深入和业务快速发展，银行生产系统规模日趋庞大，系统结构越来越复杂，系统变更频率也越来越频繁。与此同时，业务发展对信息系统依赖程度在不断增加，对应用系统事故几乎"零容忍"，近些年来，变更风险所带来的社会影响面越来越大，在一定程度上加大了 IT 系统变更和维护难度。如何降低变更风险，保证生产系统的连续性，加强银行生产系统变更风险管理，已经不断引起商业银行高层的重视。

　　银行的 IT 变更管理经历了一个从无到有、从粗放到逐步精细化的发展过程，各银行都在不断加强自身的 IT 管理，实现管理标准化。国际标准化组织（ISO）经过多年的经验积累和实践，制定出多项管理标准，它们都是为保证企业整体管理体系而分工不同、各有侧重、各负其责。其中和 IT 变更管理相关的标准主要有 ISO27001 和 ISO20000，ISO27001 以信息安全为中心，ISO20000 以信息服务为中心。借助 ISO 标准化管理体系，结合商业银行本身的特点，形成一套完整的 IT 变更管理标准体系，即横向遵从流程体系、纵向遵从安全体系，已成为做好 IT 变更管理的一个必要手段。

　　本文在对 ISO20000 和 ISO27001 定位和适用范围进行分析的基础上，重点阐述两个标准之间的关联和融合，并以国内某大型国有银行为例进行案例说明，通过将两个标准体系在变更管理方面进行融合并应用，为 ISO20000 和 ISO27001 等标准体系实施提供借鉴。

二、ISO20000 和 ISO27001 在变更管理中的应用

（一）ISO20000 与 ISO27001 的定位

ISO20000 是第一个关于 IT 服务管理体系要求的国际标准，秉承"以客户为中心，以流程为导向"的理念，强调按照 PDCA（即"策划—实施—检查—处理"）[1] 的方法论持续改进组织所提供的 IT 服务。IT 服务组织要获得 ISO20000 的认证，必须证明它能够对标准中涉及的所有 5 组 13 个流程都具有以上的管理控制力。ISO20000 系列对流程的最佳实践进行了总结，可适用于不同规模、类型和结构的组织，服务管理流程最佳实践要求并不会因为组织形式不同而被改变。

ISO27001 是基于风险的规范，它关注公司管理的信息安全方面、有形和无形资产信息资产保护、合法和合乎契约的义务，以及对组织信息和通信技术（ICT）系统和商业企业运作的多方威胁[2]。ISO27001 采用 PDCA 过程方法，基于风险评估的风险管理理念，全面系统地持续改进组织的安全管理，信息安全管理体系认证 ISO27001 具有普遍的适用性，不受地域、产业类别和公司规模限制，从目前的获得认证的企业情况看，较多的是涉及电信、保险、银行、数据处理中心、IC 制造和软件外包等行业。

（二）ISO20000 与 ISO27001 对变更管理的要求

ISO20000 指出变更管理目标是"确保以受控的方式评估、批准、实施和评审所有变更"[3][4]，评估是评估变更对应用可用性和服务连续性的影响，批准是管理者检查变更内容并批准实施，实施是变更实施人员实施变更的整个过程，评审是变更实施后的验证和总结如表 41.1 所示。

表 41.1　ISO20000 关于变更管理的要求

变更过程	评估	批准	实施	评审
具体要求	1. 变更范围和分级	3. 批准和检查	5. 版本控制	7. 定期分析历史记录
	2. 变更风险	4. 补救方法	6. 验证结果	8. 记录改进措施

ISO27001 指出变更过程应包括变更风险评估、变更效果分析、安全控制规范[5]，风险评估是对变更内容、应用环境等各方面风险进行辨识和分析的过程，变更效果分析是对变更前与变更后应用系统变化的分析过程，安全控制规范是对

变更实施过程中或实施之后可能产生运行风险，制定合理的安全措施，以控制风险的发生、扩散和蔓延（见表41.2）。

表41.2　ISO27001关于变更管理的要求

安全框架	具体要求
变更风险评估	1. 评估潜在影响；2. 告知变更细节并获批准；3. 变更计划和测试
变更效果分析	4. 识别所有变更内容；5. 不干扰业务过程；6. 回退程序
安全控制规范	7. 更新系统文档；8. 版本控制；9. 保留变更痕迹

三、ISO20000与ISO27001在变更管理的融合

ISO20000的服务管理思想在ISO27001中涉及不多，对于承担运维管理和安全管理的部门来说，IT服务管理思想都是值得借鉴和采用的，而ISO20000中流程管理思路，不论是运维管理还是信息安全管理都可以采用，尤其对于ISO27001的体系建设和133个控制措施，利用ISO20000体系中的事件、问题、变更、发布、配置管理等流程将ISO27001的要点进行关联，将要点连成线，形成以流程为导向的IT风险管理策略。

ISO27001主要讲的是信息安全管理体系的建设、运行、维护和改进，对于信息安全管理，标准中反复强调的是保证信息的CIA（即保密性、完整性和可用性），三者整合是信息安全管理的目的，而ISO20000的最终目的是要管理IT系统可用性，完成了ISO27001中的可用性管理。

从变更管理的角度来讲，ISO标准体系的实施在很大程度上提高了IT变更管理的质量，符合体系规范，在一定程度上可以帮助变更管理发挥较大效用。但是，如果能够在实际实施过程中，将两套体系的变更管理部分融合，将能发挥其更大效用。体系融合的方法就是按照标准化原理，对企业相关的规范性文件进行简化、统一、协调、优化[6]。

在ISO20000中对变更流程提出确保以受控的方式评估、批准、实施和评审所有变更，在ISO27001中对变更管理的安全性提出要做到风险评估、变更效果分析、安全控制规范。ISO20000中变更管理的4个流程任务与ISO27001中变更管理的3个安全要素是密不可分的，每个关键任务都是按照3个安全要素流转控制的，每个安全要素都要充分融入到4个流程任务中。

因此，将变更管理的4个流程任务与3个安全要素紧密联系起来，可以构成一个高安全低风险的变更管理体系，从而可以同时从规范化和流程化两方面做好

变更管理工作。将这两方面综合起来，进行交叉分析，可以形成一个由点到面，点面结合的立体化管理过程，如图 41.1 所示。

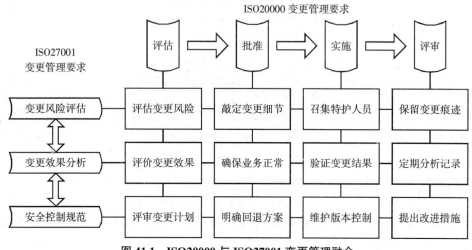

图 41.1　ISO20000 与 ISO27001 变更管理融合

四、实　践

以某大型国有银行 A 银行为例，A 银行每年进行 200 多个应用项目研发，同时承担几百个应用系统的运维工作，为有效防控变更风险，A 银行在变更管理方面作出了积极的探索。自 2010 年至今，经过 3 年探索实践，已逐步建立起一套完善的变更管理机制，并制定了《信息系统生产变更管理规程》、《应用系统变更集中评审管理规程》、《应用系统变更验证方案实施细则》、《应用系统变更应急方案指南》等一系列规章制度，从而规范并指导变更管理活动，同时 A 银行通过专业的软件工具 IT 运维服务台，规范并控制变更处理的流程。

A 银行变更管理流程以变更评审为核心，包括变更申请、变更受理、变更评审、变更实施、变更验证、变更回顾六个环节，以上六个步骤在 A 银行均已实现流程化、规范化，并记录变更处理结果，保存经验到知识库。将 ISO 中涉及变更管理的控制项充分融入到 IT 服务流程的任务中，有效地加强了 IT 变更管理的安全性，有效地控制了 IT 变更风险，实现了以 IT 服务管理为指导，以风险管理为核心，以流程化管理为主线对 ISO27001 和 ISO20000 的变更管理进行融合，如图 41.2 所示。

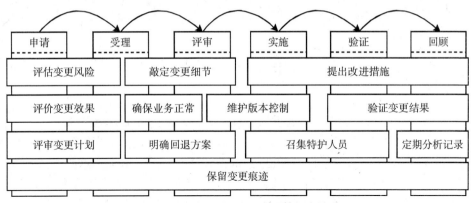

图41.2 ISO 在 A 银行 IT 变更管理中的应用

如图所示：

第一步，应用开发部门对应用系统变更需求发起变更申请，并准备程序、数据等变更资源以及应急回退方案、系统测试报告、风险评估报告、变更实施方案等申请文档。

第二步，技术保障部门受理变更评审工作并分配评审任务到指定评审员，变更评审员审核变更申请文档完整性并针对变更风险、应急回退方案、变更计划等做初步评估。

第三步，在变更实施前，变更评审小组召开变更评审会议，评审小组主要由主管领导、专家、项目经理以及各系统评审员组成，变更评审会议正式审核并确定变更实施细节、业务连续性、版本控制以及应急回退方案等内容，只有通过变更评审小组的审议，变更方能实施。

第四步，变更实施一般由一线运维部门承担，正式变更时，必须备份系统上一版本内容，且整个变更过程需有开发人员现场支持。

第五步，变更实施完成后，由业务和开发人员按照制订的验证计划实施验证，并及时反馈验证结果，对验证结果不符合验证计划要求的内容经多方评估后可采取相应的应急措施，在变更实施和验证的整个过程中遇到的问题需及时记录并反馈给相关人员。

第六步，信息科技管理部门定期分析变更实施情况、提出改进措施并发布分析报告。

通过对 ISO20000 与 ISO27001 的研究、融合与实践，A 银行实现了变更申请规范化、变更过程合规化、变更实施有序化，有效防控了投产变更风险，提高了变更执行的成功率，为 A 银行在科技风险管理与防控方面作出了积极贡献，以 A 银行 2012 年度为例，变更异常率同比降低 50%，目前 A 银行在总行层面的变更管理机制相对完善，后期将在一级分行逐步进行推广执行。

五、总 结

随着银行信息化建设的快速发展，IT 管理工作将发挥越来越重要的作用。IT 管理相关理论和系列标准会更好地为"商业银行科技组织体系高效运转，科技能力大幅提升"这一目标提供很好的理论依据和技术保障。然而，这些方法不能生搬硬套，也不是一蹴而就的，需要结合自身信息化管理的现状、需求以及特点，进行选择和应用，这是一个循序渐进的过程。各商业银行已陆续获得 ISO20000 认证，建立起了符合国际先进标准的 IT 服务管理体系，同时银行的信息科技风险管理水平也正在逐步向 ISO27001 提出的要求靠拢，相信通过继续加强研究和探索，不断改进和完善，能够形成适合银行自身特点的 IT 管理标准体系实践。

参考文献

［1］武占春，王青，李明树. 一种基于 PDCA 的软件过程控制与改进模型［J］. Journal of Software，2006（8）：1671.

［2］罗思. ISO/IEC27001 信息安全管理体系标准浅析［J］. 中国标准化，2007（4）：21.

［3］ISO/IEC 20000-1：2005 信息技术—服务管理［S］. 2005.

［4］ISO/IEC 20000-2：2005 服务管理实施指南［S］. 2005.

［5］ISO27002：2005 信息安全管理实施指南［S］. 2005.

［6］李毅，赵祖明.企业标准体系文件是整合企业其他各类管理体系文件的平台［J］. Standard Science，2010（6）：61-65.

（作者：关博　高文宏　王小强　范福军）

Hadoop 在大数据分析应用中的实践

一、引 言

大数据时代已经来临，数据深刻影响着银行的未来发展，拥有数据就获得了话语权。数据的价值来源于对海量客户交易数据、客户行为数据的深层挖掘和分析，以便做到精准定位和营销，进而根据不同客户和市场需求设计不同的金融产品，提升银行的盈利能力。基于大数据的分析应用创新，目前已经成为各商业银行竞争的焦点。大数据分析应用问题使企业越来越难以应付，企业的数据处理能力面临巨大的挑战。对于业务快速发展的中国农业银行来说，大数据分析应用问题同样给技术处理带来很大的困扰。

目前，对于中国农业银行（以下简"农行"）来说，尚无合适的工具对大数据进行处理，加快大数据技术研究及其在农行的应用十分必要。农行需要找到能够处理大数据的合适工具，来应对当前以及未来的大数据问题，以便能够更好地掌握大数据、利用大数据，洞悉大数据的背后价值，为农行的业务发展提供坚强的技术支撑。

基于 Hadoop 的大数据分析型应用常用的技术处理主要有数据加载、数据压缩、数据指标加工、规则计算、统计分析等功能。作为分析型应用的典型系统，反洗钱系统的数据处理基本囊括了大数据分析应用的主要功能。所以项目组以反洗钱系统数据处理为应用场景，研究 Hadoop 技术在农行大数据分析系统建设上的应用，实现反洗钱系统对全行完整交易信息分析和信息保存使用的需求。通过研究掌握 Hadoop 关键技术，结合农行实际拓展 Hadoop 的典型应用场景，力争充分发挥 Hadoop 的技术优势和成本优势，解决大数据处理问题。

（一）反洗钱项目背景及目前遇到的问题

据我国《反洗钱法》，反洗钱是为了预防通过各种方式掩饰、隐瞒毒品犯罪、黑社会性质的组织犯罪、恐怖活动犯罪、走私犯罪、贪污贿赂犯罪、破坏金融管理秩序犯罪、金融诈骗犯罪等犯罪所得及其收益的来源和性质的洗钱活动，依法采取相关措施的行为。

从这个概念可以看出，洗钱是一种金融活动，金融机构开展反洗钱是一项法律义务。根据中国人民银行的监管要求，目前农行反洗钱工作内容包括以下三项：大额交易和可疑交易报告，客户风险等级分类，客户身份识别和客户身份资料及交易记录保存。

为了落实反洗钱相关的监管要求，加强风险防范，在技术实现上的具体任务主要有以下内容。一是采集全量完整交易信息：采集全行所有金融性交易，形成完整的资金链条，交易对手信息齐全；二是构建以客户为中心的统一视图：实现以客户为中心的交易、账户、客户信息整体视图；三是实现以客户为中心的综合分析，包括客户风险等级分类、客户身份识别、大额交易和可疑预警的自动识别等；四是可疑预警的人工判断及数据报送、存档、管理等相应的功能；五是客户资料及相关历史数据保存。

由于数据量大，处理逻辑复杂，目前基于 Sybase IQ 数据库的反洗钱系统，面临储多问题，比如基于运行效率和资源方面的考虑，实际仅处理了较大金额的交易，存在一定的遗漏风险；另外批量处理时间过长，业务高峰季，影响联机交易正常开放的现象时有发生；等等。

（二）Hadoop 简介

Hadoop 是一个能够对大数据进行分布式处理的软件框架，能够让用户轻松架构和使用的分布式计算平台，使用户可以轻松地在 Hadoop 上开发和运行处理海量数据的应用程序。它主要有以下几个优点：

（1）高扩展性：Hadoop 是在可用的计算机集群间分配数据并完成计算任务的，这些集群可以方便地扩展到数以千计的节点中。

（2）高效性：Hadoop 以并行的方式工作，能够在节点之间动态地移动数据，并保证各个节点的动态平衡，因此处理速度非常快。

（3）高容错性：Hadoop 能够自动保存数据的多个副本，并且能够自动将失败的任务重新分配。

Hadoop 带有用 Java 语言编写的框架，因此运行在 Linux 生产平台上是非常理想的。Hadoop 上的应用程序也可以使用其他语言编写，比如 "C++"。

Hadoop 主要包括两部分：Hadoop 分布式文件系统（Hadoop Distributed File System，HDFS）和 MapReduce 编程模型。其中 HDFS 能为应用程序提供高吞吐率的数据访问，能对文件系统数据进行流式访问，从而适用于批量数据的处理。HDFS 为文件采用一种"一次写多次读"的访问模型，从而简化了数据一致性问题，使高吞吐率数据访问成为可能。

（三）MapReduce 简介

MapReduce 是一种编程模型，主要用于大规模数据集的并行运算。MapReduce 通过把对数据集的大规模操作分发给网络上的每个节点实现并行，每个节点会周期性地把完成的工作和状态更新报告回来。如果一个节点保持沉默超过一个预设的时间间隔，主节点将这个节点记录为死亡状态，并把分配给这个节点的数据发送到别的节点。

MapReduce 两个重要的概念 Map 和 Reduce 分别指 MapReduce 处理中的两个重要的过程，如图 42.1 所示，Map 过程将一个任务分为多个子任务，Reduce 则将所有子任务运算所得的结果进行合并产生原始任务预期的结果并输出到 HDFS 中。

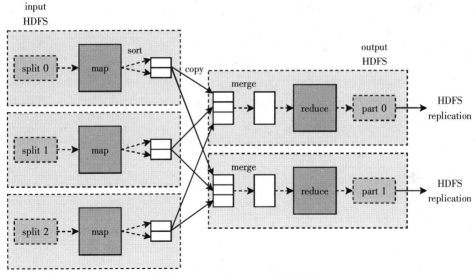

图 42.1　MapReduce 的原理图

二、系统概述

（一）功能需求

如图 42.2 所示，基于 Hadoop 的反洗钱系统主要实现了批量数据处理和分析功能，包括基础数据准备、客户信息处理、账户信息处理、交易信息采集以及大额规则、可疑规则等。其中基础数据准备主要有数据加载、清洗、转换、增全量合并、LZO 压缩等处理过程；客户信息处理主要是关联合并客户相关表，形成客户数据模型（宽表）；账户信息处理是对按照各类账户主档、产品主档、合约主档等账户相关信息，形成不同业务账户数据模型；交易信息采集主要是从核心业务系统的传票表、日志表入手，采集交易相关数据，形成包括交易对手在内的完整交易信息，同时对个别交易，还需通过外围系统交易流水补充交易对手信息，相关外围系统主要有超级网银、大小额支付、国际结算业务系统、西联汇款等。随后关联账户模型、客户模型，形成以客户为中心的交易视图。最后进行大额规则处理和可疑规则处理，将满足相应规则的交易、账户及客户生成大额报告和可疑预警。可疑交易分析需要累积较长时段的全量交易进行分析。

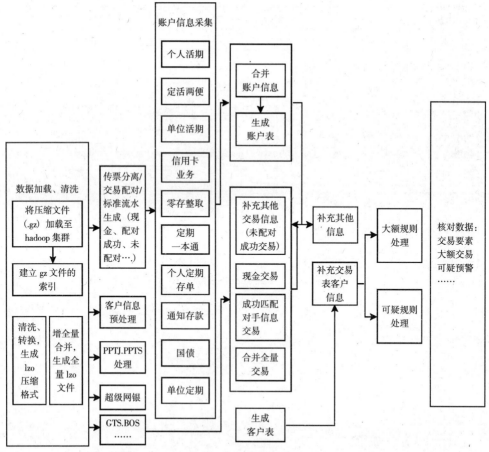

图 42.2 基于 Hadoop 的反洗钱项目的系统功能需求

（二）逻辑架构

基于 Hadoop 的反洗钱系统的逻辑架构如图 42.3 所示，主要包括数据基础层、数据处理层、规则处理层、数据应用层。数据存储采用 HDFS，数据的处理、规则计算采用 MapReduce 和 Hive 结合，调度采用 Oozie 实现。基于 Hadoop 强大的处理能力，系统运行逻辑充分并行化和基础数据全量处理。

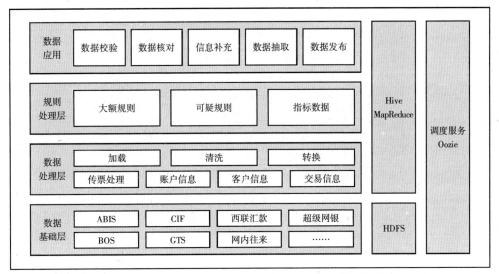

图 42.3　基于 Hadoop 的反洗钱项目实现逻辑架构图

（三）物理架构

基于 Hadoop 的反洗钱系统的物理架构，如图 42.4 所示，数据采集经由数据交换平台和接口机，数据的存储与处理采用 Hadoop 集群，调度控制服务器上部署 Oozie，Hadoop 集群采用多台 X86 的服务器组成。

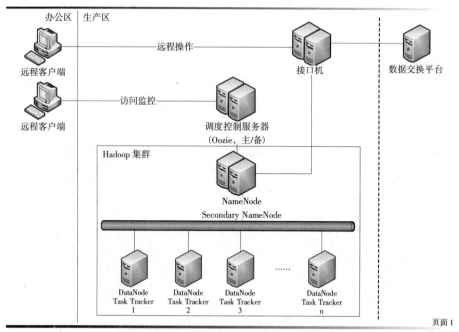

图 42.4 基于 Hadoop 的反洗钱项目的物理架构

三、关键技术及系统的具体实现

（一）MapReduce 实现表关联技术

在关系型数据库中，join 操作仅使用简单的命令完成，数据库引擎会处理所有工作。不幸的是，MapReduce 中的 join 不会这么简单。MapReduce 每次操作一个键值对，一般来自相同的输入。当我们处理两个以上输入数据集时，很可能有不同的结构，所以我们需要知道记录来自哪个数据集，以便正确地处理。

根据输入数据集的特点，MapReduce 实现关联的手段可以是 Reduce 端表连接，也可以是 Map 端表连接。

1. Reduce 端表连接

Reduce 端表连接是 MapReduce join 中最简单的实现，能执行所有 join 类型，也没有对数据集大小的限制，并且能做多数据集之间的 join。如果要 join 的数据集非常巨大，就只能选这种 join。

Reduce 端表连接的缺陷主要是有大量数据发送到 Reduce，需要大量的网络传输。

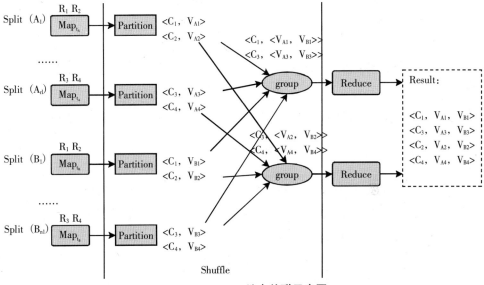

图 42.5 Reduce 端表关联示意图

2. Map 端表连接

Map 端表连接是一种特殊的 join，用于一个大数据和许多小数据集关联的情况。使用分布式缓存加载小数据集，在 Map setup 阶段加载进入内存，Map 中对每条读入的大数据集记录，在内存中查找与之关联的小数据记录。这种模式能够消除 Reduce 阶段的 shuffle。

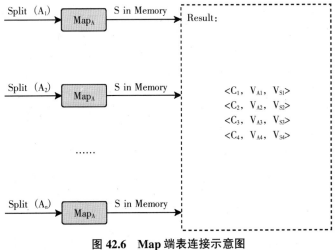

图 42.6 Map 端表连接示意图

使用 Map 端表连接，需要注意的是，只能有一个大数据集，其他要 join 的数据集有严格的大小限制。除了这个大数据集作为 map 输入外，其他数据在 map 任务的 setup 阶段都要装载到内存，会受到 jvm 堆大小的限制。

3. 更复杂的连接

多个大数据集，拥有相同的关联主键，关联只输出部分字段，许多主键不同的小数据集需要处理，在现实项目中涉及场景很多，过程比较复杂，这里不再详述。

（二）LZO 压缩技术

Hadoop 原生是支持 gzip 和 bzip2 压缩的，这两种压缩虽然压缩比率比 lzo 大，但是在做 map reduce 解压缩的时候，无法进行分片，所以通常不会用 gzip 或者 bzip2。在 Hadoop 中使用 LZO 压缩算法可以减小数据的大小和数据的磁盘读写时间，不仅如此 LZO 是基于 block 分块的，这样它就能允许数据被分解成 chunk，并行的被 Hadoop 处理，编码解码库本地化，压缩解压速度最快，具有可接受的压缩比。这些特点使得 LZO 成为 Hadoop 上的一种很好的压缩格式。

在本项目中采用了 LZO 压缩的技术，对数据输入和数据输出压缩，减少磁盘 I/O 数据量，提高程序执行效率，同时对 Map 和 Reduce 中间数据进行压缩，减少 MapReduce 时 Shuffle 数据量，提高执行效率。

（三）RCFile 存储模式

RCFile（Record Columnar File）存储结构遵循的是"先水平划分，再垂直划分"的设计理念。它结合了行存储和列存储的优点：首先，RCFile 保证同一行的数据位于同一节点，因此元组重构的开销很低；其次，像列存储一样，RCFile 能够利用列维度的数据压缩，并且能跳过不必要的列读取。

基于 Hadoop 的反洗钱项目中采用了 RCFile 行列混合存储机制，显著降低了反洗钱处理中连接操作的数据读取量。下面从数据格式、压缩方式、数据追加等角度深入阐述 RCFile。

1. 数据格式

RCFile 在 HDFS 分布式文件系统之上设计并实现，如图 42.7 所示，RCFile 按照下面的数据格式来存储一张表。

RCFile 基于 HDFS 架构，表格占用多个 HDFS 块。每个 HDFS 块中，RCFile 以行组为基本单位来组织记录。也就是说，存储在一个 HDFS 块中的所有记录被划分为多个行组。对于一张表，所有行组大小都相同。一个 HDFS 块会有一个或多个行组。

一个行组包括三个部分。第一部分是行组头部的同步标识，主要用于分隔

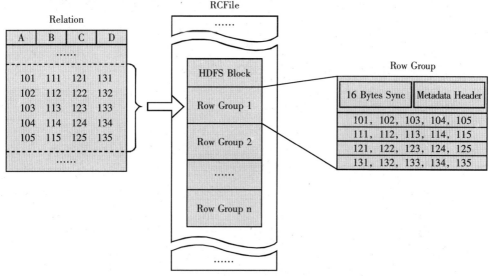

图 42.7   RCFile 数据存储示意图

HDFS 块中的两个连续行组；第二部分是行组的元数据头部，用于存储行组单元的信息，包括行组中的记录数、每个列的字节数、列中每个域的字节数；第三部分是表格数据段，即实际的列存储数据。在该部分中，同一列的所有域顺序存储。从图 42.7 可以看出，首先存储了列 A 的所有域，然后存储列 B 的所有域等。

2. 压缩方式

RCFile 的每个行组中，元数据头部和表格数据段分别进行压缩。

对于所有元数据头部，RCFile 使用 RLE（Run Length Encoding）算法来压缩数据。由于同一列中所有域的长度值都顺序存储在该部分，RLE 算法能够找到重复值的长序列，尤其对于固定的域长度。

表格数据段不会作为整个单元来压缩；相反每个列被独立压缩，使用 Gzip 压缩算法。RCFile 使用重量级的 Gzip 压缩算法，是为了获得较好的压缩比，而不使用 RLE 算法的原因在于此时列数据非排序。此外，由于 Lazy 压缩策略，当处理一个行组时，RCFile 不需要解压所有列。因此，相对较高的 Gzip 解压开销可以减少。

3. 数据追加

RCFile 不支持任意方式的数据写操作，仅提供一种追加接口，这是因为底层的 HDFS 当前仅仅支持数据追加写文件尾部。数据追加方法描述如下：

RCFile 为每列创建并维护一个内存 Column Holder，当记录追加时，所有域被分发，每个域追加到其对应的 Column Holder。此外，RCFile 在元数据头部中记录每个域对应的元数据。

RCFile 提供两个参数来控制在刷写到磁盘之前，内存中缓存多少个记录。一个参数是记录数的限制，另一个是内存缓存的大小限制。

RCFile 首先压缩元数据头部并写到磁盘，然后分别压缩每个 Column Holder，并将压缩后的 Column Holder 写出到底层文件系统中的一个行组中。

（四）Hive 自定义函数

Hive 是一个基于 Hadoop 的开源数据仓库工具，用于存储和处理海量结构化数据。它把海量数据存储于 Hadoop 文件系统，而不是数据库，但提供了一套类数据库的数据存储和处理机制，并采用 HQL（类 SQL）语言对这些数据进行自动化管理和处理。可以把 Hive 中海量结构化数据看成一个个的表，而实际上这些数据是分布式存储在 HDFS 中的。Hive 经过对语句进行解析和转换，最终生成一系列基于 Hadoop 的 MapReduce 任务，通过执行这些任务完成数据处理。

UDF（User-Defined Functions，用户自定义函数）根据 Hive 框架预定义接口，可以对 Hive 框架进行扩展，增强 HiveQL 功能，完成某些复杂逻辑的处理。

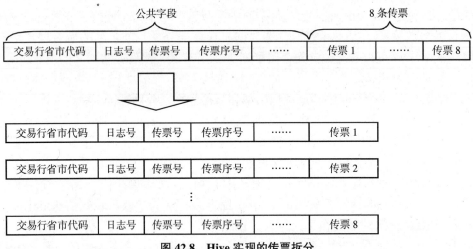

图 42.8 Hive 实现的传票拆分

使用 UDF 的好处：简化了 HiveQL 编写，降低了开发成本，提升了处理性能。如图 42.8 所示，以前在 Sybase IQ 的反洗钱系统中必须用 8 个 SQL 语句执行 8 次才能拆分出传票，采用 UDF 利用一趟扫描就完成传票拆分，减少作业数量，降低了数据遍历次数，为系统的数据处理节约了时间。

（五）工作流调度

Oozie 是一种高效的开源调度软件，在本项目中使用 Oozie 工作流引擎完成后续数据处理流程的调度。Oozie 是一种 Java Web 应用程序，它运行在 Java servlet 容器 Tomcat 中，并使用数据库来存储以下内容：工作流定义、当前运行的工作流实例（包括实例的状态和变量）。

Oozie 的特点：

任务适应性方面，Oozie 支持 Hive，ssh，shell，MapReduce 等各种类型的任务，还允许用户拓展自定义任务类型。

调度算法方面，Oozie 使用以 DAG（无环有向图）为基础的作业调度算法，支持工作流中的依赖、选择、并行等逻辑关系。

界面方面，可以通过 Web 界面方便地查看工作流执行进度，各节点完成时间，并且可以直接链接跳转到相应 Hadoop 任务的日志中。

在 Ooize 中，工作流是一个由动作（Action）节点和控制流节点组成的 DAG（有向无环图）。动作节点运行 MapReduce 作业或 Pig 作业来执行工作流任务，就像 HDFS 的移动文件操作。控制流节点通过构建条件逻辑（不同执行分支的执行依赖于前一个动作节点的输出结果）或并行执行来管理活动之间的工作流执行情况。当工作流结束时，Oozie 通过发送一个 HTTP 的回调向客户端通知工作流的状态。还可以在每次进入工作流或退出一个动作节点时接收到回调。

Oozie 可以通过两种不同的方式来检测计算或处理任务是否完成，也就是回调和轮询。当 Oozie 启动了计算或处理任务的时候，它会为任务提供唯一的回调 URL，然后任务会在完成的时候发送通知给特定的 URL。在任务无法触发回调 URL 的情况下（可能是因为任何原因，比如说网络闪断），或者当任务的类型无法在完成时触发回调 URL 的时候，Oozie 有一种机制，可以对计算或处理任务进行轮询，从而保证能够完成任务。

图 42.9 展示了在本项目中配置 Oozie 作业信息，及 Oozie 作业输出结果信息。

（六）MapReduce 实现的增全量合并

增全量合并是数据处理的普遍场景，基于 MapReduce 的增全量合并实现方法是将增量数据分发到每个 MapTask，MapTask 将对应分片的全量数据与增量数据合并，多个 MapTask 中的某一个 Task 对增量数据进行清洗并输出到合并后的全量数据。利用分布式缓存存储增量数据，每个 MapTask 只在内存存储增量数据的 PrimaryKey 字段，处理第一个分片（start=0）的 MapTask 对增量数据进行清洗等处理。图 42.10 示意了增全量合并的过程。

图 42.9 使用 Oozie 的工作流调度的作业与输出结果信息

（七）MapReduce 实现的大额、可疑规则

利用 MapReduce 的强大的分布式计算能力，在 Map 端分别对个人、对公账户（和客户）的本、外币，借方、贷方的交易金额、交易次数、交易平均金额、销户次数、与上一次交易时差、异常还款等信息进行初步统计。在 Combiner 端进行数据深加工，进一步地计算各项统计信息、加工需要的数据，从而减少集群上需要传输的数据量。在 Reduce 端根据规则判断个人、对公账户，客户是否触发了大额、可疑的规则，如果触发了规则，则按照设定的格式生成大额、可疑预警信息表。

农行量化的大额规则有四大条 34 小条，可疑规则十大条 100 多小条，业务规则极其复杂，由于涉及保密内容，MapReduce 实现的大额、可疑的技术细节在本文中不再详细叙述。

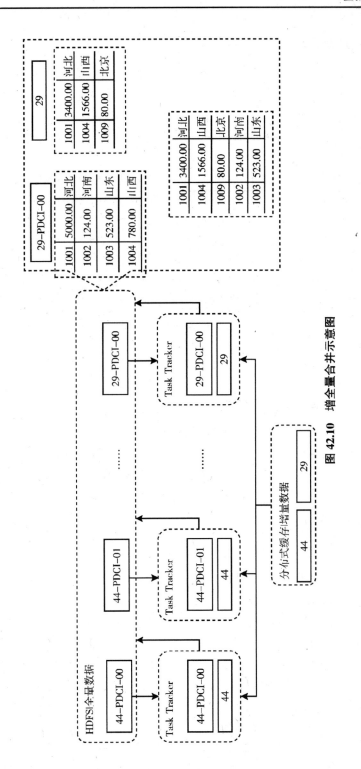

图 42.10 增全量合并示意图

（八）数据加载优化

数据加载优化改造前：须经过数据落地、解压、PUT 等，步骤烦琐，本地向 HDFS 传输数据量大，占用大量集群磁盘空间。

数据加载优化改造后：如图 42.11 所示，数据无须解压落地，gzip 压缩文件直接加载，向 HDFS 传输数据量小，节约集群磁盘空间，方便之后 MapReduce 程序使用。

用 5G 大小的 Gzip 压缩文件做测试，改造前解压耗费时间 9m53.031s；put 耗费时间 18m51.607s；共耗费时间 28m44.638s，改造后共耗费时间 6m40.631s。

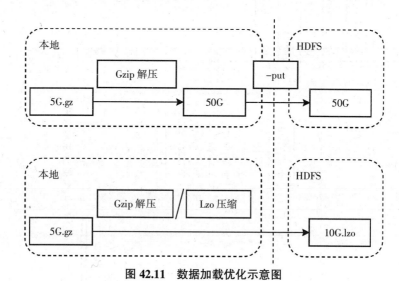

图 42.11　数据加载优化示意图

（九）集群配置及优化

对集群的调优要与集群上运行计算任务的负载模式相匹配，根据对集群负载情况的监控，对集群持续优化调整，主要采取以下措施：

1. 扩大 Shuffle 的内存配置

MapReduce Shuffle 阶段可能产生数次内存向磁盘的溢写，提高分配给 Shuffle 的内存可以减少溢写次数提升性能。

2. 提升 Reduce 端数据获取并行度

在数据传输阶段 Reduce 端使用合理的并发线程（20 个）去 Map 端获取数据可以提升 Shuffle 过程的性能。

3. 提升 Reduce 端归并排序并行度

在 Reduce 端进行数据的归并处理时调整扩大归并算法的线程数目可以提高

Shuffle 阶段排序效率。

4. 选择合适的 HDFS 文件分片大小

Map Task 启动时需要启动 JVM 初始化 Map 函数，通过对 HDFS 中文件分片大小的配置可以影响 Map Task 数目节省初始化 MapTask 的开销。

四、实验结果

在基于 Hadoop 的反洗钱项目的测试中，项目组主要做了两种的测试，反洗钱整体流程的测试和专项技术测试。

（一）反洗钱流程测试

以某月终全量数据处理为例，比对原 Sybase IQ 生产环境，运行情况如表42.1 所示：

表 42.1　反洗钱流程测试性能对照

主要流程	Sybase IQ 反洗钱流程			Hadoop 反洗钱流程		
	主要处理内容	时长		主要处理内容	时长	
数据加载	解压、加载、增全量合并	6~7 小时	6~7 小时	加载、清洗、转码、增全量合并	1 小时	1 小时
数据处理	传票分拆（×元以上）	16 分钟	2 小时 50 分	传票分拆、对手匹配（1元以上）	20 分钟	1 小时 30 分
	账户信息采集（10 个过程）	40 分钟		账户信息采集（10 个脚本）	50 分钟	
	客户信息采集（并行）	2 小时		客户信息采集	15 分钟	
	交易对手匹配	40 分钟		补充客户、账户信息，生标准流水	20 分钟	
规则计算	大额、可疑规则	7~8 小时	7~8 小时	大额、可疑规则	1 小时	1 小时

注：基于 Sybase IQ 的反洗钱原生产环境：Sybase IQ 服务器为 22C 68G 的 AIX 小型机；Hadoop 测试环境：8 台 PC Server；单台配置：48C 96G 600G×5（实测总读写速度 50M/S）千兆网。

从表 42.1 的测试结果可以看出，与 Sybase IQ 相比较，Hadoop 技术在数据加载、数据处理、规则计算方面都有很大的优势，大大地减小了系统全过程处理的时间。特别在数据加载和规则计算方面更是有绝对的优势，且 Hadoop 的数据处理量要远大于 Sybase IQ 的数据处理量，Hadoop 处理了 1 元以上的所有交易，而Sybase IQ 仅仅处理了 ×元以上的交易。

（二）专项测试

（1）数据加载测试。数据加载测试时，随着接口机数目的增加，处理的数据量也成倍数增加。表42.2测试结果显示，接口机越多，单位数据从文件系统传输到 Hadoop 集群的速率越快，导入的时间越少，说明 HDFS 整体 IQ 能力主要瓶颈是数据发送端网络带宽。

表 42.2 大文件从文件系统传输到 Hadoop 集群的速率

接口机数目	1	2	3	4
导入时间（S）	224	228	254	280
传输速率（M/S）	44.64	87.72	118.11	142.86

数据加载测试时，随着接口机数目的增加，处理的数据量也成倍数增加。表42.3测试结果显示，接口机越多，多个小文件情况下（每个大小 1M，共 10000个表），数据从文件系统传输到 Hadoop 集群的速率增长不明显、HDFS 存储大量小文件没有优势。

表 42.3 多个小文件从文件系统传输到 Hadoop 集群的速率

接口机数目	1	2	3	4
导入时间（S）	957	814	684	752
传输速率（M/S）	10.45	24.57	43.86	53.19

数据加载测试时，随着接口机数目的增加，处理的数据量也成倍数增加。表42.4测试结果显示，单个大文件（大小为 10G），单位数据从 Hadoop 集群传输到文件系统的导出速率越快，但是导出的速度不如导入的速度快，说明 Hadoop 的get 操作时候主要是写磁盘操作。

表 42.4 大文件从 Hadoop 集群传输到文件系统的速率

接口机数目	1	2	3	4
导出时间（S）	275	426	433	567
传输速率（M/S）	36.36	46.95	69.28	70.55

数据加载测试时，随着接口机数目的增加，处理的数据量也成倍数增加。表42.5 显示了多个小文件（每个大小 1M），单位数据从 Hadoop 集群传输到文件系统的速率增长慢。HDFS 处理小文件读出请求不占优势。

表 42.5　多个小文件从 Hadoop 集群传输到文件系统

接口机数目	1	2	3	4
导出时间（S）	786	877	1292	1266
传输速率（M/S）	12.72	22.81	23.22	31.60

（2）表关联测试——大表关联。表 42.6 描述了 CIF 五张大表的具体情况，包括每个表的表名、列数、记录数、大小、解压后的大小。测试中我们使用 Hive 对 CIF 的五张大表，根据客户 ID 进行关联。如图 42.12 所示，Hive 对五张大表进行关联的执行时间 1383.604 秒（23 分 3 秒）。

表 42.6　CIF 五张大表的基本信息

	表名	记录数	列数	大小（Rcfile+Lzo）	解压大小（压缩比 6）
源表	基本信息表	8.38 亿	10	24G	144G
	证件号码表	8.76 亿	6	20G	120G
	扩展信息表	2.23 亿	49	4.7G	28.2G
	电话号码表	1.53 亿	11	2.3G	13.8G
	个人地址表	4.59 亿	8	19G	114G
结果表	客户信息综合	10.06 亿	80	87G	522G

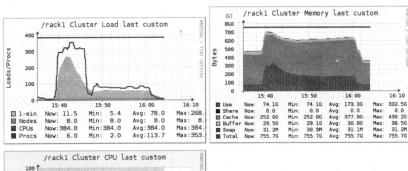

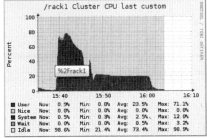

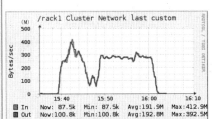

图 42.12　Hive 对五张大表进行关联的执行情况

（3）使用 Hive 对一张大表和一张小表进行关联。表 42.7 描述了活期账户主档表和汇率表的信息，包括表名、记录数、列数、解压前文件大小，解压后文件大小。测试主要利用 Hive 对一张大表和一张小表进行关联，执行情况如图 42.13 所示，执行时间为 6 分 30 秒。

表 42.7　Hive 对一张大表和小表进行关联

	表名	记录数	列数	大小（Rcfile+Lzo）	解压大小（压缩比 6）
大表	个人活期账户主档	10 亿	27	23G	138G
小表	汇率表	28			
结果表		10 亿	27	23G	138G

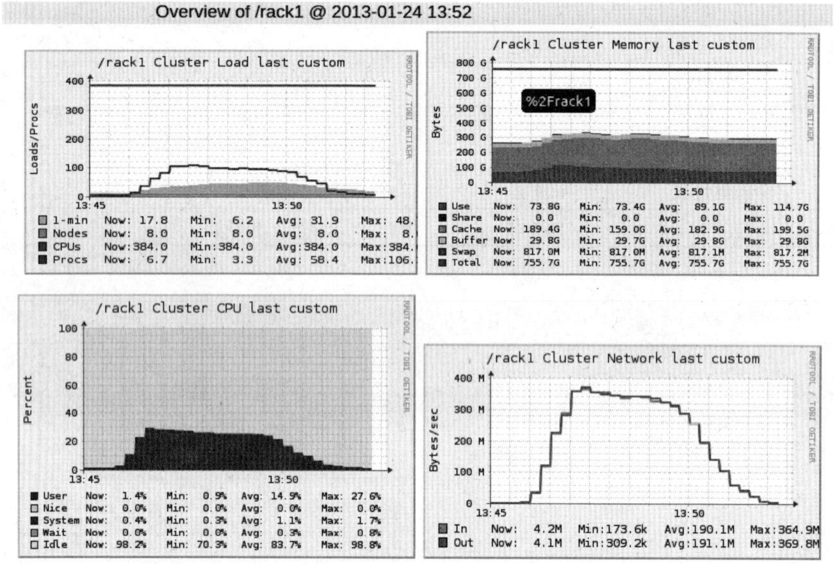

图 42.13　Hive 实现的大表和小表执行情况

五、总结与展望

本文首先介绍了反洗钱系统的背景及基于 Sybase IQ 的原系统遇到的问题，介绍了 Hadoop、MapReduce 技术概要，然后介绍了基于 Hadoop 的反洗钱系统的总体需求、逻辑架构、物理架构，详细阐述了系统涉及的关键技术：增全量合并，LZO 压缩，MapReduce 实现的表关联，MapReduce 的大额，可疑规则计算，

Oozie 调度。最后对照 Sybase IQ 与 Hadoop 全流程的测试情况，及各项单项性能的测试，体现了 Hadoop 在大数据分析型应用中具有的巨大优势。

从 Hadoop 在反洗钱系统中应用的经验来看，Hadoop 在农行数据分析应用中，有广泛的适用场景，在数据加载、表关联、时间拉链、各项统计指标计算加工、数据存储等方面都有明显的技术优势。此外项目组还探索了数据挖掘软件 Mahout 的应用，以反洗钱的可疑交易为场景，利用朴素贝叶斯等算法进行了模型训练、校验和可疑识别，取得了很好的效果。Hadoop 在反洗钱系统中的应用实践，为农行大数据处理及分析型应用使用 Hadoop 探索了可行之路。

数据时代，适者生存。正如比尔·盖茨所说，传统银行如恐龙，不变则死。数据将是下一个社会发展阶段的石油和金矿，数据之争就是未来之争。未来的农业银行不仅要做数据大行，更要做数据分析、数据挖掘的大行，占据价值链核心位置，从数据中获得洞察力，引领传统模式变革。相信 Hadoop 技术将在农行各种数据分析型应用、各种统计指标的加工计算以及数据仓库、数据挖掘、互联网金融等方面发挥越来越重要的作用。Hadoop 将助力农行拥抱"大数据"时代，从数据中攫取价值，从数据中赢取未来。

参考文献

[1] 盛海燕，周涛. 大数据时代 [M]. 杭州：浙江人民出版社，2012.

[2] 韩冀中. Hadoop 实战 [M]. 杭州：浙江人民出版社，2012.

[3] 周敏奇，王晓玲，金澈清，钱卫宁. Hadoop 权威指南（第 2 版）[M]. 北京：清华大学出版社，2011.

[4] Hadoop Distributed File System [EB/OL]. http：//hadoop.apache.org/hdfs/，2011.

[5] Hadoop MapBeduce [EB/OL]. http：//hadoop.apache.org/mapreduce/，2011.

[6] 余楚礼，肖迎元，尹波. 一种基于 Hadoop 的并行关联规则算法 [J]. 天津理工大学学报，2011（2）.

[7] Zhang S.，Han J.，Liu Z.，et al. Parallelinzing spatial join with MapReduce. In：Proceedings of 2009 IEEE International Conference on Cluster Computing，New Orleans，Louisiana，USA，2009.

（作者：张勇　曹震　丁毅　韩叶茂）

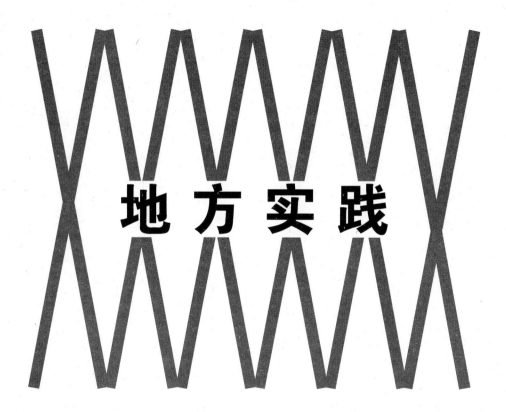

地 方 实 践

拓展珠海市"四位一体"服务功能
促进科技、金融、产业结合

一、前　言

为解决中小企业融资难问题，2005年11月，珠海市创立了政府、银行、担保机构和贷款企业共同参与的中小企业"四位一体"融资模式。在社会各界的关心支持下，"四位一体"融资服务平台致力于聚集和整合企业、金融、科技和政策资源，营造和优化企业融资、信用和创新环境，通过政府风险准备金、贷款贴息等政策引导银行加大对中小企业的信贷投放，有效缓解了中小企业融资难问题，走出了一条具有特色的中小企业融资新路，成为珠海市创新发展的亮点。为进一步提升"四位一体"融资服务功能，促进科技、金融和产业结合，推动创新驱动战略，本文对"四位一体"的现状、问题、方向和科技金融服务升级等研究如下。

二、"四位一体"的运行模式和流程

（一）"四位一体"的运行模式

珠海市"四位一体"融资服务平台是由政府、银行、担保机构和中小企业共同参与，通过财政专项资金引导，担保机构提供担保，银行以一定杠杆率向中小企业提供贷款的中小企业融资服务体系。其主要特点有如下六点：

（1）基本原则：共同推进、合作共赢、风险合理共担。

（2）运作机制：完全市场化运作。由珠海市中小企业服务中心向合作银行和担保机构推荐有融资需求的企业，由担保机构出具担保并经合作银行贷审会批准同意后发放贷款。市中小企业服务中心根据银行实际发放贷款额在相应银行存入风险准备金。

（3）风险控制：为保证风险合理共担，政府为每笔贷款提供4%、5%或10%以内的有限风险保证责任。为有效控制风险，由政府、银行和担保机构三方共同建立贷前审查、贷中管理和风险处理的三级风险控制机制。

（4）风险合理分担："四位一体"各方共同承担贷款风险，其中贷款企业承担还款责任，担保机构承担全部保证责任，政府仅以单笔贷款的风险准备金为限承担责任，担保机构无法承担责任由银行最后承担。

（5）贷款项目贴息：借款企业全额归还贷款本息后可申请政府贴息，贴息按贷款当期中国人民银行公布的基准利率测算。贴息金额不超过同期贷款基准利率利息的50%，同一贷款企业年度最高贴息额不超过50万元。

（6）风险分担机制：借款人承担100%的第一还款责任。担保公司为借款人提供90%~100%连带责任保证。市政府设立的风险准备金转存为风险保证金，合作银行提供的贷款按风险保证金的一定比例放大。其中根据珠海市市委、市政府《关于加快工业产业集群发展的若干意见》（珠字〔2008〕1号）文件规定的八大产业集群贷款按10倍比例放大，其他行业按20倍或25倍比例放大。银行发放每笔贷款时，市中小企业服务中心按贷款本金的4%、5%或10%逐笔在贷款银行存入风险保证金，承担逐笔贷款相对应的有限代偿责任。

（二）"四位一体"融资平台运作流程

根据《关于在珠海市部分银行、担保机构推进"四位一体"融资模式的工作方案》以及相关管理办法，中小企业"四位一体"融资操作流程如图43.1所示：

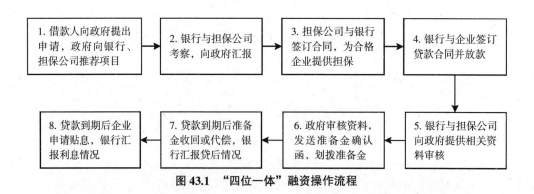

图43.1　"四位一体"融资操作流程

图中"政府"即"珠海市中小企业服务中心"具体负责受理贷款申请、项目推荐、贴息申报、风险准备金运作。

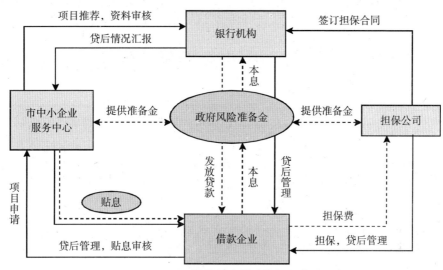

图 43.2 "四位一体"融资模式参与各方关系图

三、"四位一体"为中小企业提供贷款服务总体情况

"四位一体"融资模式由珠海市政府、国家开发银行（以下简称"国开行"）广东省分行在 2005 年 11 月创立启动。基本做法是：市政府授权市中小企业服务中心管理风险准备金并负责将符合市产业政策的中小企业贷款项目推荐给国开行或其授信的担保机构。经担保机构调研评价并确认担保后，省一级国开行审贷通过发放贷款，政府提供 5% 的风险准备金。对政府推荐的项目，银行适当降低贷款门槛。省一级国开行承诺为珠海市中小企业提供 10 亿元贷款额度。2006~2007年，国开行累计向 10 家中小企业发放贷款 9350 万元。"四位一体"开局闪亮，成效瞩目，示范带动明显，既受到中小企业的热烈欢迎，又唤起其他商业银行和担保机构参与的热情。

鉴于有融资需求的中小企业较多，2008 年 4 月，珠海市政府推出一系列政策措施，在全市大力推广"四位一体"融资模式。经过五年多的探索发展，"四位一体"已成为珠海市解决中小企业融资的重要渠道，取得了巨大成效。截至2013 年 8 月底，市财政共安排政府风险准备金 9400 万元，滚动使用 2.74 亿元，推动银行累计为 1009 家企业发放贷款 1390 笔共 91.1 亿元。

四、"四位一体"中小企业贷款的主要特点

根据市中小企业服务中心提供的中小企业"四位一体"融资平台部分贷款贴息项目汇总数据，在 2010 年 7 月至 2012 年 6 月两年间，贷款企业 211 家，贷款总金额 181251 万元，实际利息 7918.6 万元，补贴利息 3163.41 万元。通过对这部分数据分析后可得到以下结论。

1. 借款企业地域分布较为集中

贷款企业数和贷款金额总量均集中在香洲区。香洲区贷款企业占 71.56%，贷款金额占 72.52%、金湾区分别为 18.96%，16.35%；斗门区分别为 9.48%，11.13%。

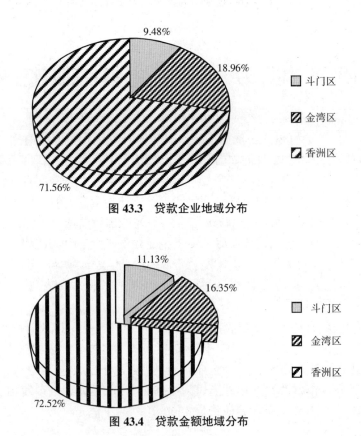

图 43.3 贷款企业地域分布

图 43.4 贷款金额地域分布

2. 贷款企业涉及行业面较广

贷款企业涉及百货、包装、电器、电子、服务、服装、工程、化工、贸易、汽摩配件、软件、设备制造、食品、五金、物流、医药 16 个行业。以电子、五金、贸易、化工、包装、电器、服装等行业的融资需求较大,其中电子与五金最为突出。

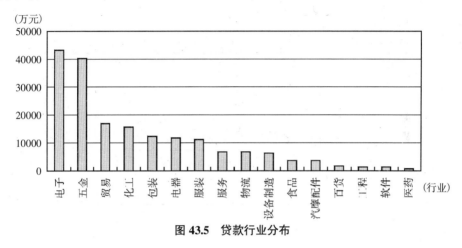

图 43.5 贷款行业分布

3. 小额贷款比例高

在 211 笔借款中,低于 500 万元的小额贷款 133 笔,占比较大,达到 63.03%。其中低于 200 万元的小额贷款 53 笔,占比 25.12%。符合国家及省、市

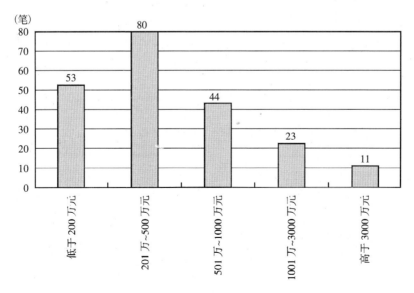

图 43.6 企业贷款规模分布

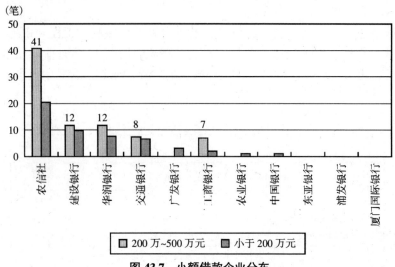

图 43.7　小额借款企业分布

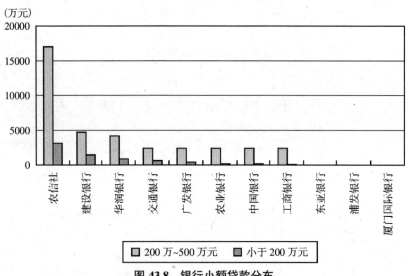

图 43.8　银行小额贷款分布

政府关于支持中小微企业的战略意图。

　　在小额贷款业务中，市农信社、建行、华润银行、交行和市中小担保、中融担保表现较为突出。

　　4. 一年期流动资金贷款比例高

　　全部贷款以 1 年或低于 1 年的流动资金贷款为主，占比超过 90%。

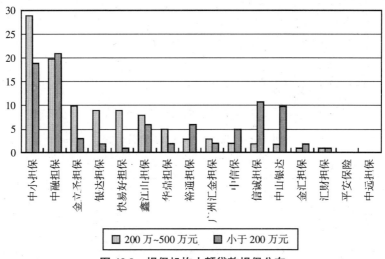

图 43.9 担保机构小额贷款担保分布

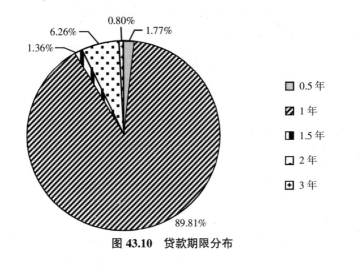

图 43.10 贷款期限分布

5. 担保机构与信用保险机构并举，积极参与中小企业贷款担保

有14家担保机构和2家保险机构参与了中小企业贷款担保。14家担保机构为中小企业担保贷款90960万元，占比50.04%；两家保险公司，中信保公司的保单质押贷款86565万元，占比47.76%；平安保险的保单质押贷款3996万元，占比2.2%。以中信保公司担保最多，其次是市中小担保公司。

6. 对高新技术企业贷款

有11家高新技术企业获得贷款总额2.143亿元，占比11.82%。

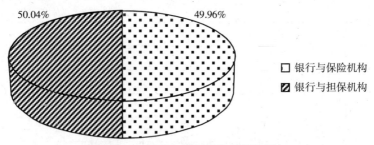

图 43.11 银行与担保机构业务比例

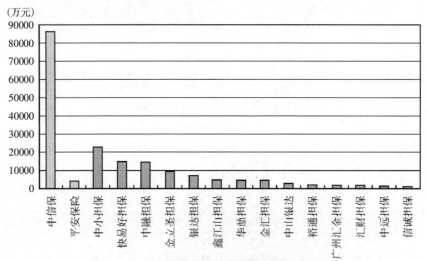

图 43.12 担保和保险机构业务分布

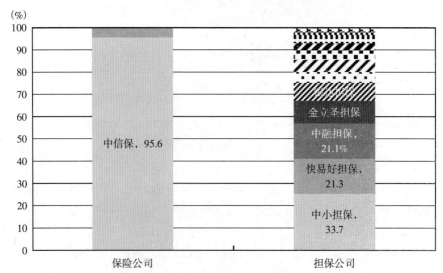

图 43.13 担保机构和保险公司业务比例

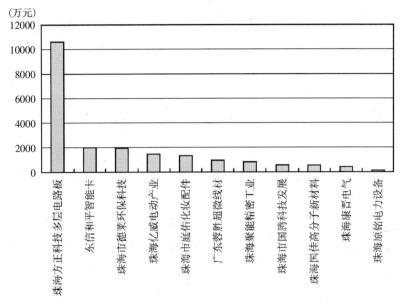

图 43.14　高新技术企业贷款额

7. 引导和推动多家银行向中小企业贷款

11 家银行机构参与了对中小企业的信贷投放，其中交行、市农信社、市农行、工行、建行等贷款力度较大。

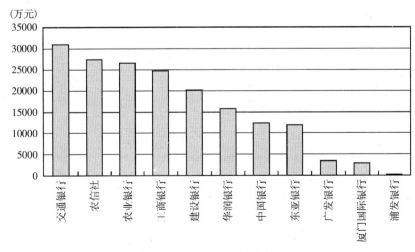

图 43.15　贷款银行分布

8. 信贷资产质量优良

211 家贷款企业，贷款总额 18.1251 亿元，其中担保类贷款 9.069 亿元，仅有 2 笔贷款发生代偿 270 万元，代偿率仅为 0.298%。

五、"四位一体"融资服务平台取得的实效

经过探索、实践和创新，"四位一体"融资模式稳步发展，日臻成熟，取得了以下成效。

1. 发挥了财政资金的引导和杠杆放大作用

政府提供风险准备金引导和推动银行对中小企业贷款是珠海市"四位一体"融资模式的主要创新点。政府风险准备金的作用：一是引导银行向政府推荐的中小企业贷款；二是替代银行向借款企业和担保机构收取还款保证金（4%~10%），增加企业实际用款量，降低了融资成本；三是在借款人逾期无力偿还或贷款本金发生损失时，承担有限代偿责任（4%~10%），实现政策资金风险补偿；四是降低审贷风险敞口，为企业增信，提高了银行和担保机构审贷速度。

截至 2013 年 8 月底，市财政共安排政府风险准备金 9400 万元，累计滚动使用 2.74 亿元，累计为 1009 家企业发放贷款 1390 笔共 91.1 亿贷款。政府专项资金引导各类银行加大对中小企业信贷投放作用十分突出，其中，2012 年 1~10 月政府动用风险准备金 5148 万元，引导银行贷款 113236.2 万元，放大倍数为 20.9，发挥了财政资金的杠杆放大效应。

"四位一体"运作至今，只有 10 家企业 11 笔贷款发生代偿，对应贷款 3600 万元，风险准备金代偿 212.3 万元，担保机构追回 6 笔贷款部分本金后退回 110.68 万元，实际代偿 101.62 万元。不良贷款率为 0.787%，政府风险准备金实际代偿率仅为 0.022%，达到了较好水平。

2. 有效缓解了中小企业融资难、贷款难、担保难问题

截至 2013 年 8 月底，"四位一体"融资模式累计为 1009 家企业发放贷款 1390 笔共 91.1 亿元贷款。

2008~2013 年"四位一体"贷款企业数量、贷款金额如图 43.16、图 43.17 所示。

可见，"四位一体"融资模式服务的贷款企业、贷款金额稳步增长，尤其从 2010 年起，增长迅速，发展势头强劲。

3. 突出了市委、市政府重点扶持产业的发展

为促进产业结构优化，加快转型升级，政府风险准备金采用了差别化杠杆率，珠海市政府对重点扶持八大产业提供 10% 的风险准备金，其他产业提供 4%

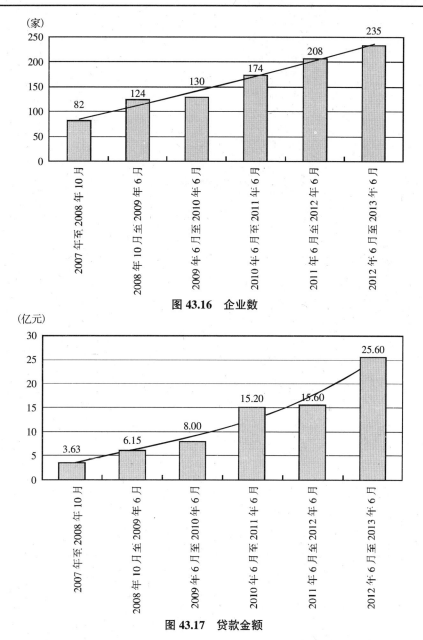

图 43.16 企业数

图 43.17 贷款金额

的风险准备金，引导银行以 10~25 倍放大倍数对中小企业提供贷款。

2011 年，在"四位一体"贷款企业中，属政府重点扶持的八大产业集群企业占贷款总额的 75%，八大产业集群贷款分布占比如图 43.18 所示。

4. 引导和促进金融机构创新服务

"四位一体"融资模式引导和推动市农信社、市工行、建行、中行、交行等

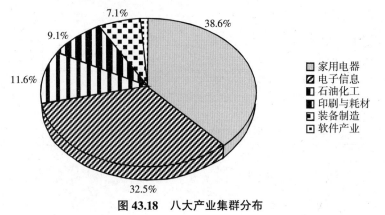

图 43.18 八大产业集群分布

图例：
□ 家用电器
▨ 电子信息
▣ 石油化工
■ 印刷与耗材
▤ 装备制造
▫ 软件产业

图 43.19 八大产业集群企业贷款分布

13 家银行机构对中小企业的信贷投放。其中市农信社、市交行对科技型中小企业贷款较为突出。"四位一体"融资模式也吸引了国家开发银行、中国信用保险等政策性金融机构和平安保险参与金融创新服务。

5. 支持和引导担保行业规范健康发展

"四位一体"融资模式，政府通过提供风险准备金引导和推动，推荐有融资需求企业，提供公共服务，发放贷款贴息等，一方面为珠海市的担保行业创造了业务需求，另一方面也为支持和引导担保行业规范健康发展提供了政策环境。2010 年，银监会出台《融资性担保公司管理暂行办法》，广东省出台《广东省〈融资性担保公司管理暂行办法〉实施细则》后，珠海市有 13 家担保公司顺利取得了省金融办颁发的 融资担保许可证。这 13 家担保公司全部在"四位一体"融资平台开展中小企业贷款担保，得益于"四位一体"融资模式助推担保公司业务拓展和创新担保方式。有效防范了社会金融风险。

6. 降低了企业融资成本

"四位一体"平台为中小企业降低融资成本效果显著。

一方面，政府的风险准备金替代了银行向借款企业和担保机构收取的还款保证金（4%~10%），增加了企业借款实际使用量，降低了融资成本；另一方面，市财政预算对获贷企业按基准利率50%提供贴息扶持，单个企业年度最高限额50万元。贴息资金有效地降低了企业融资成本。

2008~2009年，为应对世界金融危机，帮助中小企业渡过难关，市财政安排了1000万元贴息资金。随后逐年递增，截至2013年6月底，七年累计贴息1.03亿元，有效降低了获贷企业的融资成本。

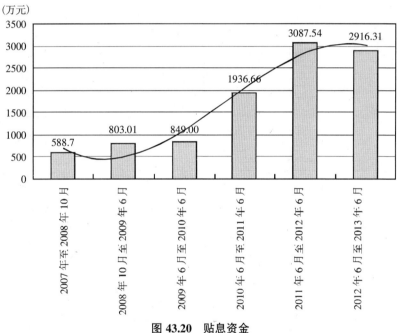

图43.20　贴息资金

7. 促进中小企业健康发展

"四位一体"为中小企业解决贷款并提供贴息支持，有效地促进了珠海市中小企业发展，取得了较好的社会和经济效益。经初步统计：

在2008~2009年国际金融危机大背景下，获得贷款支持的中小企业仍能逆势前行、高速发展。企业销售额、利润、纳税和就业均有显著增长。例如，珠海市尉发工贸有限公司是一家生产高低压配电柜、电表箱，精密箱柜的民营企业。从2008年、2011年，公司连续四年获得"四位一体"流动资金贷款和贴息支持，产值和税收增长保持在20%以上。企业已发展成为集产品设计研发、制造、外协加工和产品贸易为一体的综合性企业，产品远销日本、德国、新加坡等国家。

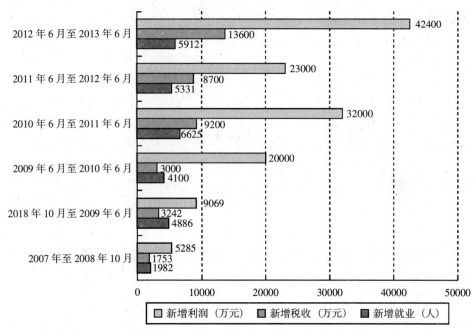

图 43.21 平台企业就业、税收与利润增长

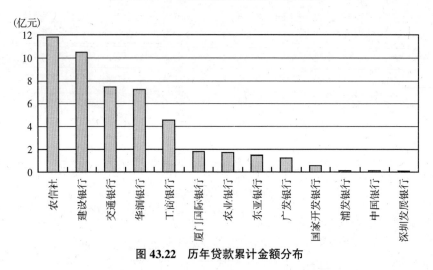

图 43.22 历年贷款累计金额分布

8. 各类银行、担保机构、保险公司踊跃参与

中小企业"四位一体"融资模式从起步时仅1家金融机构和1家担保机构参与的封闭型小平台，发展到现在由市农信社、市工行、建行、中行、交行等13家金融机构和市中小企业融资担保、市中融融资担保等16家信用担保机构，中信保和平安保险2家保险机构参与的开放型的大平台。

9. 获得贷款的企业科技创新能力大大加强

获得贷款支持的企业，均表现出良好的发展势头，创新能力也大大加强，承担国家、省市科技计划及项目大幅度增长，取得了较好的社会和经济效益。其中有 4 家企业已成功上市，有 5 家正在积极筹备上市，珠海安联锐视科技有限公司、珠海市名实陶瓷阀有限公司等列入了珠海市上市后备企业。2008 年以来，广东蓉胜超微线材股份有限公司、广东德豪润达电气股份有限公司、珠海慧生能源技术发展有限公司、珠海市可利电气有限公司、珠海市名实陶瓷阀有限公司等 50 多家企业获得了国家高新技术企业认定，其中有珠海市可利电气有限公司（加拿大上市）、珠海泰坦科技股份有限公司（中国香港地区上市）、广东蓉胜超微线材股份有限公司、广东德豪润达电气股份 4 家上市公司。

珠海正友科技有限公司是一家集模具制造、注塑成型、产品组装于一体的民营科技企业，现有员工 800 多人。从 2009 年起，公司通过"四位一体"连续三年获得银行贷款和连续两年获得政府贴息支持后，生产规模迅速扩大，厂房、设备和员工数量均增加 100% 以上，年产销由 4000 万元增长到 9000 万元，利润率提高了 30%，利税额也大幅提高。公司研发创新能力和制造水平更是显著提升，进入了通信器材、汽车零件、自动控制，医疗器械、影音器材等高端领域。

10. 为开展科技型中小企业投融资服务奠定了基础

（1）市政府高度重视，珠海市出台一系列相关政策，设立专项资金。

（2）广东省科技厅在珠海市开展科技金融试点工作。

（3）安排专门机构组织落实。由市中小企业服务中心具体承办"四位一体"相关工作，市信用担保协会配合开展。

（4）已建立起贷款企业及有贷款需求企业项目资源库，大约有 1000 多家企业，保存有企业经营及财务数据。

（5）承办单位与各类银行、证券、保险、担保等金融及中介服务机构建立了合作关系。

（6）服务业绩显著。举办和组织企业参加各类投融资会议、培训等，帮助1009 家企业解决贷款 1390 笔共 91.1 亿元，贷款企业遍及全市各区、镇、高新区。

（7）体制创新优势。珠海市大部制改革先行先试，市科技工贸和信息化局能有效地整合科技、工业、商贸、新经济、知识产权和信息化等企业资源。

（8）政府主管部门重视总体布局、顶层设计。

（9）为全省的中小企业融资服务工作提供了经验和示范。经过几年的探索、实践和创新，"四位一体"已开辟了一条符合珠海实际的风险准备金引导的中小企业贷款路径，设计出政府风险准备金的审批、划拨、存款、质押、代偿和核销等的操作及运作模式，财政贴息资金运作模式。

六、"四位一体"目前存在的主要问题

（1）扶持重点不够突出。2008年出台的"四位一体"《工作方案》，主要依据市委市政府《关于加快工业产业集群发展的若干意见》（珠字〔2008〕1号）要求，重点扶持电子信息制造、家用电器、石油化工、生物医药及医疗器械、印刷及办公自动化耗材、软件产业集群、装备制造、游艇制造八大产业集群的中小企业。随着经济发展和创新驱动战略的推进，"四位一体"更应紧密关注科技型中小企业、"三高一特"等现代产业，助推珠海加快转型升级。

（2）扶持范围不够广、力度不够大。2008年《工作方案》主要扶持珠海八大产业集群企业及为大型企业提供加工、销售、供应配套的企业和科技型、创业型、促进就业型、商贸物流型等企业。目标是在3~5年累计发放贷款30亿~40亿元。随着国家产业政策调整，发展战略性新兴产业，提高企业研发能力、自主创新能力和核心竞争力显得尤为重要。"四位一体"应结合产业转型升级和科技创新发展的新形势，进一步加大对科技型、"三高一特"现代产业和出口创汇型、配套加工型、资源综合利用型等中小企业的融资支持力度，力争每年发放贷款25亿~30亿元，进一步拉动银行信贷，扩大融资覆盖面。

（3）政策扶持缺乏差异性、倾斜性。2008年"四位一体"《工作方案》对所有纳入融资平台的企业采取同等的扶持标准。这些企业既有创新型、科技型企业，也有传统制造业、一般服务业和出口信用保单融资企业，没作细致分类，实行差异化扶持。政府风险准备金虽对贷款企业实施不同比例的杠杆率，对八大产业集群企业给予了相对较高的增信，但对纳入融资平台所有借款企业的贴息比例和额度却是相同的，没切实降低重点扶持企业的融资成本，难以体现财政资金引导和倾斜作用。

（4）贷款担保条件过于拘谨。目前"四位一体"仅限于担保贷款、保单质押贷款。对抵押贷款、无形资产质押贷款、股权质押贷款等尚未开展。中小企业一般都存在抵押物不足、不规范等通病。目前国家不断完善无形资产和股权质押融资政策，鼓励银行开展中小企业无形资产质押贷款。"四位一体"应开展风险准备金扩大信贷担保增信品种，探索无形资产质押贷款和科技企业股权质押贷款等业务。

（5）尚未建立信息化管理系统。随着纳入"四位一体"融资平台的企业越来越多，合作银行、担保机构不断增多，贷款申请受理、项目推荐、贴息审查和风险准备金运作等管理工作日益繁重。利用信息化手段提高工作效率，建立综合信息服务平台、融资数据库和管理系统显得尤为重要。

（6）中小企业直接融资尚未涉及。目前虽有 1009 家企业通过"四位一体"获得银行贷款，建立起贷款企业资源库，但尚未系统地开展中小企业贷后分析，投融资信息研究。可考虑构建投融资项目资源库和中小企业成长路线图培育机制。一方面向银行和其他金融投资机构推荐科技型中小企业投融资项目，延伸科技金融服务；另一方面为政府决策提供参考和依据。

（7）科技管理体制机制改革创新难度较大。省科技金融结合试点市工作具有综合性、系统性、创新性，缺乏既有理论又有实际操作经验、既懂科技又懂金融的高端复合型人才。

（8）当前宏观经济增长压力加大，民营企业生态环境严峻。由于长期"宽货币、高利率"的大环境以及影子银行、房地产泡沫、地方债务持续膨胀，金融潜在风险上升，银行对民营担保业全面收紧，中小企业融资难问题将更为突出。

七、 拓展服务功能，促进科技金融结合是 "四位一体"转型升级的主要方向

促进科技和金融结合是党中央、国务院的重大战略部署，已经成为科技和经济工作的重要组成部分。加强科技和金融的紧密结合，既是推动科技成果转化、培育战略性新兴产业的重要举措，又是深化科技体制改革的重要着力点。

珠海市在"四位一体"融资服务和企业资源基础上，拓展为高新技术产业、战略性新兴产业和科技型中小企业投融资服务功能，促进科技、金融、产业融合，是"四位一体"融资平台转型升级的主要方向。

八、 科技金融内涵和科技金融工作的主要内容

科学技术是第一生产力，金融是现代经济的核心。历次产业革命的实践都充分证明，科技创新和金融创新紧密结合是人类社会变革生产方式和生活方式的重要引擎。

科技金融内涵是指通过创新财政科技投入方式，引导和促进金融投资机构创新金融产品，改进服务模式，搭建服务平台，实现科技创新链条与金融资本链条的有机结合，为初创期到成熟期各发展阶段的科技企业提供融资支持和金融服务

的一系列政策和制度的系统安排。加强科技与金融的结合，不仅有利于发挥科技对经济社会发展的支撑作用，也有利于金融创新和金融的持续发展。

科技金融工作的主要内容：一是在科技创新、财税支持、金融监管以及统筹协同方面营造政策环境。二是在创业投资、银行信贷、科技保险、多层次资本市场以及担保、信托、债券等领域创新产品、服务模式和对接方式。三是依托地方开展促进科技和金融结合试点，鼓励地方和金融机构开展先行先试。四是构建科技金融公共服务体系。

九、全国科技金融结合创新实践的主要特点

当前，科技金融结合已成为各省市加快转型升级、建设创新型国家、培育发展战略性新兴产业的重要抓手。全国各省市科技金融结合的创新实践主要特点有：

（1）建立风险分担机制。出台多种政策，如设立风险准备金，创业投资引导基金，有效分散和化解银行和创业投资机构支持科技型中小企业的风险。

（2）建立科技金融服务平台，吸引各类金融、投资和中介机构为科技企业提供高效、全方位投融资服务。

（3）引入信用征信、评级、信用促进会等建设中小企业信用体系。

（4）创新科技金融的服务组织，如建立科技支行、科技小额贷款公司、创业投资集团。

（5）开展国家或地方科技金融试点（省、市、区）等。

十、广东省科技金融结合的创新实践

广东省科技厅近年来全力推动科技与金融的结合，初步形成了科技与金融互动的良好局面，走出一条具有广东特色的科技与金融结合的路子。

1. 政银合作，助力科技型中小企业贷款成效显著

为落实省科技厅和国家开发银行广东省分行 2007 年 9 月签署的《科技与开发性金融合作协议》，省科技厅设立了 1 亿元的科技型中小企业贷款风险准备金。2008 年 3 月，省科技厅批准成立广东省科技型中小企业投融资服务中心。该中心致力于聚集整合科技金融资源，营造优化广东省自主创新的投融资环境，探索科技金融结合的有效途径，为科技型中小企业提供投融资公共服务，破解科技型

中小企业融资难题，取得以下实效。

（1）科技与开发性金融合作成效显著。2008年9月至2010年12月，受理全省科技贷款项目342个，向国家开发银行省分行推荐贷款项目196个，申贷总额37.69亿元。国开行发放贷款总额10.18亿元，41个贷款企业（53笔贷款）分布在广州、佛山和东莞等8个地市，涉及电子信息、新材料和新能源等20多个行业。

中心还指导18家科技企业分别向中国银行、中国工商银行、中国建设银行、广东发展银行等9家商业银行贷款5.86亿元。贷款偿还率100%。获得贷款支持的企业，均表现出良好发展势头，创新能力大大加强，取得了较好的社会和经济效益，其中5家企业已成功在创业板上市。

（2）开辟了一条符合广东实际的政府专项资金引导拉动银行向科技企业贷款的有效路径，设计出风险准备金运作模式、管理制度及操作细则。办理了3375万元风险准备金的报批、质押手续。通过滚动使用风险准备金2185万元，撬动了国开行10.18亿元贷款资金，创造了较高的杠杆效率。

（3）已建立起项目资源库（约600多家企业），与30多家银行、证券、保险、创投等金融投资机构及担保机构建立了合作关系，成为科技金融服务的窗口、联结各类资源的纽带和桥梁。

（4）开拓科技企业知识产权质押贷款业务。有5家企业以发明专利、商标等无形资产嫁接反担保资产通过担保机构向银行成功借款累计1.11亿元，其中2家还获得广州试点专利权质押贷款3000万元。指导东莞市为11家企业发放专利权质押贷款15笔累计6288万元。

（5）2009年5月，省科技厅在珠海、东莞和中山三市启动了科技金融结合试点市工作，与三市政府共同设立1.5亿元的省市联合风险准备金，引导银行和担保机构创新金融产品，加大对科技型中小企业的信贷融资支持力度。

（6）积极开展企业投融资服务及项目开发、辅导和培训工作。走访全省地市科技部门、高新区和科技企业，了解融资需求，开展科技金融政策与业务宣讲，为企业提供投融资咨询服务。建立项目资源库及培育机制，根据科技型中小企业成长路线图，为企业提供成长全过程的投资、融资、引资服务。建设"广东科技投融资担保网"，为金融机构、担保机构和科技企业提供投融资综合信息、咨询及交流平台。

（7）起草了《广东省科技型中小企业融资担保风险准备金管理暂行办法》、《广东省科技金融结合试点市科技贷款风险准备金管理暂行办法》以及相关操作细则等政策文件，完成了《科技金融合作问题研究》、《广东知识产权质押融资若干问题研究》、《科技型中小企业投融资担保体系建设》、《广东科技与金融创新发展模式研究》、《广东省促进科技和金融结合试点实施方案（科技部、一行三会）》、

《广东省人民政府办公厅关于促进科技和金融结合的实施意见》等研究课题，为政府部门制定科技金融政策提供决策参考。

（8）落实省科技厅与国家开发银行、中国银行、招商银行、光大银行、中国出口信用保险公司、广东发展银行、民生银行、中信银行等的合作协议，积极组织企业申报科技贷款、节能减排贷款和科技信用保险等金融支持。

（9）率先创办专业镇科技金融服务平台。经省财厅、省科技厅批准，省生产力促进中心在中山市小榄村镇银行开户，存入省属风险准备金1000万元。截至2013年7月，联合受理了7批共63家企业的147笔贷款，村镇银行发放贷款合计4.18亿元。累计办理了省属风险准备金质押存款893.04万元。

2. 创新机制，拓展科技型中小企业股权融资渠道

（1）设立广东省创业风险投资资金。为鼓励和吸引高层次人才到广东省创新、创业，实现产业、项目与人才的结合，形成高层次人才集聚，促进高技术产业特别是战略性新兴产业发展，省财政在"十二五"期间安排10亿元，分年注入省粤科风险集团，引入新型风险管理模式，发挥国有风险资本带动作用，吸引社会资金进入创业投资领域。粤科集团还与各地市财政、创业投资联合成立地市产业投资基金，通过参股、担保等方式，促进创业资本进入科技创新。10亿元创投资金将用于发起设立注册资本为30亿元的省科技创新基金，总规模约20亿元的区域创投基金，目标注册资本10亿元的科技小额贷款公司和科技融资担保公司，直接带动社会投资近70亿元，间接带动社会投资约300亿元。

（2）于2012年8月9日，成立了广州市股权交易中心，以"零门槛"挂牌融资特色率先开辟了科技型中小企业股权OTC市场融资新渠道。目前已有393家企业实现挂牌交易，实现融资交易总额13.12亿元。

（3）设立了一系列产业投资基金，引导创业投资流向科技型中小企业。2011年，广州市开发区设立了10亿元创业投资引导基金和种子基金，撬动了近100亿元规模的创业投资资金，使广州开发区成为中国创业投资的重要集聚地。

（4）设立了天使投资基金。2012年6月举行"广东粤穗天使行动"系列活动，通过举办广东科技创新创业大赛，设立了广东粤穗天使投资基金，总规模5亿元，在5年内分期募集。首期资金1亿元，由省粤科集团和广州风投各出资5000万元。

（5）为科技型企业上市提供资助和补贴。如中山市企业上市后，政府将连续两年给予补助，以对地方经济贡献增额为考核指标，单年最高补贴可达1000万元。企业完成改制，上市前辅导，向证监会提出上市申请并获受理，补助100万元。经核准发行股票并上市的，给予奖励100万元。广州金融创新服务区建立对科技企业从创立、成长，直到上市的全过程的扶持体系，并对企业上市进行资助。在境内中小板、主板上市的企业给予300万元资助，在创业板上市给予200

万元资助，在"新三板"挂牌给予120万元资助。东莞市上市后备企业聘请中介机构辅导，且按规定支付必要费用，并通过省证监局验收，资助100万元；向境内外证券管理机构提交上市申请获得受理的，奖励100万元；对于已在境内外证券交易所上市，且注册地在东莞市的，市财政给予连续两年的专项资助，资助额度以新增对地方经济的贡献额度为考核指标，年度资助金额最高不超过1000万元。

3. 探索提升，科技金融创新亮点纷呈

（1）佛山南海建立了广东金融高新技术服务区，一方面将发展高端金融后援产业，将金融后台的招商重点放在金融产品研发中心、清算结算中心、金融信息咨询中心、理财服务中心等高端金融后台机构，致力建设辐射亚太的现代金融后援产业服务基地；另一方面还将大力发展私募创投及融资租赁等创新型金融产业，出台优惠政策和系列扶持措施，以吸引国内外私募股权投资机构进驻，致力建设中国最佳私募基金及风险投资集聚区。

（2）省科技厅于2009年选择了金融服务比较完善的珠海、东莞和中山市开展科技金融试点市工作。珠海市首创"四位一体"融资模式，联合13家金融机构和15家信用担保机构，累计为1009家中小企业发放贷款超过90.1亿元，贴息1.03亿元。东莞市科技、财政、金融、银监等部门联合互动，重点开展知识产权质押贷款，使11家科技企业获得银行知识产权质押贷款6288万元。

（3）设计了"EMC+供应链+金融"模式，解决了LED应用过程中融资问题。

（4）2012年在番禺试点中国银行科技支行，由省市区联合建立科技贷款"风险池"，为科技企业担保融资。

（5）提出构建科技企业上市辅导孵育体系思路，带头成立了广东省科技资本研究院。辅导和推进科技型企业引进创业投资或上市融资。

（6）率先研究创建科技金融特派员服务机制。

（7）依托中国（华南）国际技术产权交易中心，在前海现代服务业合作区成立"中国新产业技术产权交易所"。

（8）2011年底国家批准的广州、深圳、佛山、东莞四个地区作为国家科技金融结合的首批试点工作已全面铺开。

十一、 珠海市开展科技、金融和产业融合的有利条件

1. 经济实力持续增强

珠海市自2007年确立了电子信息、家电、石油化工、电力能源、生物医药、

精密机械制造六大主导产业后，这些产业发展迅速，已发挥主导作用，对珠海社会经济发展形成带动，经济实力显著提升。"十一五"期间，珠海经济保持了较快增长。全市生产总值（GDP）2010年达到1202.58亿元，年平均增长12.3%。人均生产总值达到8万元（折合1.2万美元），年平均增长10.5%。

2012年，全市生产总值（GDP）达1504.1亿元，同比增长7%。人均生产总值9.5万元，约合1.5万美元，增长6.1%。公共财政预算收入162.6亿元，增长13.4%。城镇居民人均可支配收入32980元，增长14.8%。全市规模以上工业增加值644.8亿元，增长6.3%。完成全社会固定资产投资787.6亿元，增长23.6%，增速居广东省前列。实际利用外资14.5亿美元、内资188亿元，分别增长8.2%和37.3%。社会消费品零售总额635.2亿元，增长12.7%。总体来看，全市产业结构调整步伐加快，实现了"十二五"良好开局。

2. 转型升级初见成效

2012年，高新技术产业表现瞩目，先进制造业、高技术制造业增加值占规模以上工业增加值比重分别提升至45%、24%。节能减排成效明显，单位GDP能耗继续居全省低位。创新驱动能力增强，全市科技支出占财政支出的4.2%，发明专利申请量和授权量增长59%和70%。高层次、高技能和创新型人才队伍不断壮大。

珠海市正迎来大发展的新机遇，提出了以高端特色产业集聚发展为方向、以环境宜居功能完善的城市建设为载体、以科技和产业的创新融合为核心推动力、以适应产业发展需求的高端人才队伍为支撑、以构建法治化国际化运营商环境为保障的城市创新发展理念。

为加快发展以高端制造业、高端服务业、高新技术产业、特色海洋经济和生态农业为重点的"三高一特"现代产业，提升城市核心竞争力，珠海市将着力打造五大平台。①横琴定位为高端服务业和金融创新服务基地；②高新区打造成珠海北部智慧新城，重点发展互联网、智能电网产业为核心的智慧产业；③航空产业园成为全国最大、世界一流的通用航空产业基地，并建成年产50万辆新能源汽车的产业基地；④高栏港经济区构建以海洋工程装备制造、清洁能源、石油化工为主导，以港口物流业为支撑的"3+1"产业高端制造业基地；⑤万山区打造成为特色海洋经济发展基地。五大平台为珠海的科技、金融和产业融合提供了更广阔的发展空间。

3. 科技事业发展迅速

近年来，珠海市的转型升级也推动了科技事业的良好发展。主要体现在科技投入逐年增长，科技成果逐年增加。2012年，珠海全社会R&D经费达21.05亿元，占GDP的比重为2.05%。2012年，全市有6个项目获广东省科学技术奖，3个项目通过省级科技成果鉴定。全年申请专利7097件，增长26.9%，其中发明专利 2287 件，增长 54.1%。专利授权量 4936 件，增长 33.8%，其中发明专利授权量 503 件，增长 55.7%。截至年底，全市经广东省认定的高新技术企业 285 家，新增 54 家，经认定和年审通过的软件企业 238 家，新增 21 家。全市共有产学研示范基地 11 家，国家重点实验室分支机构 5 家，广东省企业重点实验室 1 家。国家级工程中心 4 家，省级 26 家，市级 39 家。国家级企业技术中心 2 个、省级 35 个、市级重点企业技术中心 119 个。截至年底，全市拥有中国世界名牌产品 1 个，中国名牌产品 4 个，广东省名牌产品 83 个；拥有中国驰名商标 9 个，广东省著名商标 86 个。

4. 金融市场完善、资源丰富

2011 年以来，有 11 家新银行机构经批准进入珠海市场，相当于特区 30 年成立银行机构总数的 55%。截至 2012 年底，全市共有银行业金融机构 31 家，营业网点 453 个，从业人员突破 1 万人。全市中外资金融机构本外币各项存款余额 3449.70 亿元，增长 15.8%。其中，单位存款余额 2055.26 亿元，增长 18.9%；个人储蓄存款余额 1234.72 亿元，增长 12.0%。年末中外资金融机构本外币各项贷款余额 1920.30 亿元，增长 17.2%。其中，短期贷款余额 604.35 亿元，增长 39.5%；中长期贷款余额 1200.79 亿元，增长 10.2%。

截至 2012 年末，全市共有上市公司 30 家，在深沪上市的企业 23 家，中国香港地区上市 4 家，美国上市 1 家，加拿大上市 1 家，澳大利亚上市 1 家。全市共有证券期货经营机构有 29 家，基金管理公司有 3 家。其中分属于 14 家全国性证券公司的证券营业部 25 家，分属于 4 家期货公司的期货营业部 4 家。2012 年，全市的证券经营机构实现股票、基金、权证、债券成交总额 4004.55 亿元，比 2011 年增长 1.3%。全市共有各类保险营业机构（含网点）123 个，比 2011 年增加 5 个。

5. 科技型中小企业融资需求突出

在珠海市"三高一特"产业发展进程中，科技型中小企业仍是主力军，其融资问题仍然严峻。据占珠海市信贷规模近 80% 的八家金融机构相关统计资料显示，2011 年末 5000 万元以上的授信客户为 137 家，贷款余额为 211.90 亿元，占据了八家银行贷款总余额的 53.3%。其中，1 亿元以上的授信客户为 77 家，贷款余额 185 亿元，占 43.4%。银行的贷款集中在少数的优质客户身上。随着存贷比的不断下降，银行贷款的聚集度也同步提高，中小企业的融资难问题显得更为突出。因此通过拓展"四位一体"融资平台服务功能，发挥财政资金的引导和推动作用，帮助部分中小企业尤其是科技型中小企业解决融资难问题是十分必要的。

十二、 拓展"四位一体"服务功能，促进科技、金融、产业结合的建议

1. 突出"四位一体"优势，重点扶持科技型企业

修改现"四位一体"工作方案及其配套文件，突出"四位一体"优势，重点扶持科技型企业、"三高一特"产业企业，实行分类扶持，加大重点扶持类政府风险准备金投入，提高贴息比例，着重解决科技型企业、"三高一特"产业企业融资难问题。

2. 全方位融入省科技金融服务体系

（1）纵深开展省科技金融结合试点市工作；

（2）与省科技型中小企业服务中心开展合作全方位合作；

（3）在扩大与广东省风险投资集团合作的基础上，引进广东省科技小额贷款公司和广东省科技担保公司前来珠海市开展业务；

（4）根据科技型中小微企业不同发展阶段的金融需求特点，提供多层次、全方位、一站式投资、融资、引资咨询服务。

3. 以"四位一体"为载体，设立市科技金融服务中心

市科技金融服务中心作为公共服务机构，不以盈利为目的，为科技型中小企业提供投融资专业服务。市科技金融服务中心以"四位一体"为载体，加挂在市中小企业服务机构上，实行两块牌子，一套人马，发挥其现有企业、金融资源优势，提高效率。

十三、 设立珠海市科技金融服务中心的初步方案

1. 总体思路

贯彻落实国务院《关于金融支持经济结构调整和转型升级的指导意见》、《关于金融支持小微企业发展的实施意见》和广东省省政府《关于促进科技和金融结合的实施意见》等文件精神，针对珠海市实施创新驱动发展战略和加快转型升级面临的新形势、新任务，通过制定扶持政策，创新财政投入方式，设立专项资金，整合"四位一体"资源，拓展服务功能，提高服务效率，在全国率先建立科技金融一站式公共服务体系，引导和促进银行、证券、保险、信托等金融机构及

创投、基金等投资机构创新金融产品、改进服务模式，实现科技创新与金融资本的有效结合，为处在不同发展阶段、不同行业的科技企业提供差异化金融服务。

2. 指导思想

全面贯彻落实中共十八大和全国科技创新大会精神，准确把握中央实施创新驱动发展战略、深化科技体制改革和加快国家创新体系建设的总体部署要求。加强科技创新和金融创新的结合，加快实施《国家中长期科学和技术发展规划纲要（2006~2020 年)》及其配套政策，以科学发展为主题，以转变经济发展方式为主线，以"三个定位，两个率先"为总目标，坚持以人为本，解放思想，大胆探索，推进"四位一体"融资平台的转型升级。发挥科技产业政策引导及财政专项资金的杠杆作用，带动金融资源参与创新驱动，营造优化自主创新的投融资环境，构建科技金融一站式公共服务体系。聚集各类科技和金融资源，为科技型企业、"三高一特"现代产业提供有效融资渠道和相关服务，为促进珠海市建设国家级创新型、创业型、生态型城市，实现经济社会跨越发展提供引领支撑。

3. 现实意义

（1）有利于为科技企业自主经营创新提供融资支持，全面推进珠海市建设国家创新型城市。

（2）有利于发挥政府资源的引导和财政专项资金的杠杆效应，拉动社会金融资本积极投入科技企业自主创新。

（3）有利于进一步完善和深化"四位一体"融资平台服务功能，纵深推进省科技和金融结合试点市工作。

（4）有利于构筑珠海市现代科技服务支撑体系，改善创新环境。

（5）有利于探索科技管理体制改革路径，提高政府科技投入效益。开展先行先试，提供示范，积累经验。

4. 基本原则

（1）统筹规划、体制创新。加强多部门、多区镇沟通协调，统筹制定科技金融发展规划，优化配置资源，创新体制机制，优化政策环境，完善公共服务，解放思想，抢抓机遇，破解难题，形成合力，开创科技金融发展的新局面。

（2）因地制宜，突出特色。在尊重科技金融发展规律的基础上，根据珠海市和各区镇科技发展水平、金融资源聚集程度、产业特征和发展趋势等实际，明确发展目标和任务，发挥自身特色和比较优势，整体推进与专项突破相结合，开展创新实践。

（3）聚集优势，多方共赢。充分发挥政府的组织优势、政策优势和金融机构的资本优势、产品优势，通过公共服务和政策引导，运用市场机制，推动各类社会金融资本积极投入科技创新，突破科技型中小企业融资瓶颈，实现多方共赢和可持续发展。

5. 总体目标

用 3 年时间，探索开辟一条具有珠海特色的、政府引导推动的社会金融资本支持科技企业有效路径；把"四位一体"融资平台建成一个功能完善的、全方位、多渠道、一站式的科技型中小企业投源服务体系；实现传统金融与科技金融互动支持，股权融资与债权融资相互促进，投资、融资、引资协同发展，有效地解决科技型中小企业的融资发展问题。使珠海市科技金融创新水平和服务能力走在全省前列。

6. 主要职能

科技金融服务中心成立后的主要任务：在珠海市"四位一体"融资模式体系内组建市科技型中小企业贷款服务、创业（风险）投资服务和科技资本市场服务三大专业服务平台，形成一个功能完善、多元化、多层次、多渠道、一站式的科技金融公共服务体系。

（1）科技型中小企业贷款服务平台职能。①协助政府出台相关政策，鼓励各类银行、金融投资机构、担保机构、中介服务机构在珠海市设立分支机构。鼓励国有商业银行在高新区等设立科技支行。重点与已签约的 13 家银行开展科技型中小企业贷款合作。②完善"四位一体"贷款风险准备金制度，建立科技型中小企业贷款风险分担或补偿机制，引导和促进各类银行加大科技信贷投入。③鼓励各区（功能区）设立政府风险准备金，实施科技型中小企业贷款省、市、区政府风险准备金联动机制。④建立科技金融专业服务团队，全年开发、辅导、受理科技型中小企业贷款申报，组织专家评议，向各合作银行推荐。⑤管理科技贷款风险准备金，开展贷款风险准备金转存、质押、代偿、核算、核销等工作。⑥贯彻实施各级政府对贷款企业的贴息或补贴，对担保机构及服务平台后补贴等工作。⑦建立项目资源库，形成科技型中小企业成长路线图计划培育系统和培育机制。⑧建立知识产权贷款补贴或贴息资金，在现有"四位一体"融资体系项目资源库内，挑选和评价部分企业，开展知识产权担保增信贷款或抵押增信贷款。⑨建立专项风险补偿基金，探索开展科技企业信用贷款、知识产权质押贷款和高新技术企业股权质押贷款试点。

（2）创业（风险）投资服务平台职能。①设立创业投资基金，发挥政府资本的带动作用，每年以不低于财政收入增长率的比例逐年递增创业投资引导基金，拉动更多社会资本投入市高新技术及战略性新兴产业。②市政府授权市科技金融服务中心管理部分创业投资引导基金，结合实际选择和引进国内外优秀创投基金和管理团队，采取国际上通行的运作方式，创新引导基金管理模式，探索运作评价体系和激励、约束机制。③鼓励市科技金融服务中心在现有的"四位一体"融资体系项目资源库内，为各类创业投资机构提供项目资源，为科技企业引进风险投资提供培育、辅导、咨询等服务。④进一步完善创投企业税收优惠政策，拓宽各类资金来源，吸引国内外创投资金进入珠海市，鼓励各类专业机构发起组建基金管理公司、创业投资机构和股权投资机构。

（3）科技资本市场服务平台职能。①贯彻实施珠海市政府关于对本市企业进行股份制改造给予扶持及奖励的相关政策，受理企业股改扶持资金、上市或"新三板"等OTC挂牌奖励申请，实施调研评价及资金发放。②支持企业进行股份制改造。一方面将指导企业建立现代企业制度、规范化经营；另一方面辅导企业为引进投资者、资本运作、申请上市或"新三板"等OTC挂牌做好准备。③依托"四位一体"融资体系项目资源建立珠海市科技企业上市资源库和培育机制，深入企业调研，跟踪科技企业，制定科技型中小型企业上市路线图计划（或"新三板"等OTC挂牌计划），排列20~30家拟上市企业的重点培育"金字塔"形梯队，指导企业明确发展方向、规范运作管理、夯实上市基础。④集合国内优秀的证券公司、律师、会计师、评估师、投资咨询、OTC保荐等中介机构，开辟企业上市"绿色通道"。⑤根据股改、辅导、保荐、审核等流程，对拟上市企业提供引进创投私募指导，优化股权结构，与投资基金对接，协调解决上市进程中的问题；与证监部门、交易所的对接，加快创业板拟上市企业的审批进程；加强对中介机构的管理、指导和推荐，提高其服务质量与水平。

7. 拟解决的关键问题

（1）建立与经济发展和科技创新相适应的科技金融管理体系；

（2）完善有利于科技金融创新发展的政策环境；

（3）建立统筹协调科技资源和金融资源，跨部门的科技金融协调机制；

（4）搭建一个涵盖银行、证券、信托、创投、保险、基金、产权交易等金融投资行业的融资支持体系（金融超市）；

（5）完成科技金融风险准备金路线图研究，构建一个功能完善的、多元化、多层次、多渠道、一站式的科技金融公共服务体系，为中小微企业提供全方位服务；

（6）聚集和培养一支既懂技术又懂金融的复合型高端科技金融骨干人才队伍；

（7）建立一个综合项目资源库，形成科技型中小企业成长路线图计划培育机制。

8. 政策支持和重点目标

（1）成立市科技金融领导小组，制定科技金融总体发展规划，研究确定科技金融服务体系的管理体制、政策支持和运行机制。

（2）根据《关于推进我市科技金融工作的指导意见》（珠科工贸信字〔2011〕28号），市科技工贸信息局设立了科技金融专项资金，每年不少于3000万元，提供政策保障。

（3）省财政、省科技厅出资1000万元和市财政出资4000万元，设立广东省和珠海市联合科技贷款风险准备金，应由市科技金融中心操作管理，引导和拉动各类银行加大对科技型中小企业的信贷投入。

（4）积极开发、辅导和推荐科技型中小企业贷款项目，3年内贷款余额保持在30亿元以上，市政府每年安排贴息资金3000万元。

（5）每年在项目资源库中遴选10~20家科技企业接受市中心上市辅导培育，力争每年5~8家在市科技金融服务中心推荐下引进风险及创业投资，每年培育3~5家在中小板及创业板上市，或通过"新三板"、天交所等OTC股权交易市场实现资本扩张。建议市财政对中小板及创业板上市企业补助300万元，在"新三板"、天交所股权挂牌交易补助120万元。

（6）借鉴先进省市经验，结合本市实际，3年内策划组建市担保基金、创投引导基金、种子基金等方案。建议市政府率先设立知识产权贷款担保基金每年500万元，天使基金每年500万元，由市科技金融服务中心管理。3年内组建或引进创业投资机构3~5家，资本规模10亿~20亿元。

9. 预期成果

（1）建成科技金融服务中心；可组织申报国家或省级科技金融结合试点。

（2）建立项目资源库，形成科技型中小企业成长路线图计划培育系统和培育机制。

（3）下设科技型中小企业助贷服务、创业（风险）投资服务和科技资本市场服务三大平台，服务企业1000家。

（4）3年内帮助科技型中小企业实现累计超过50亿元的间接融资。帮助企业实现累计超过10亿元的直接融资。

（5）3年内引导300家企业进入市科技型中小企业成长路线图计划培育系统，形成"金字塔"型科技企业上市梯队，培育50家企业成为路线图计划重点培育企业，20家成为上市后备企业，5~10家企业申报上市或"新三板"等OTC挂牌交易。

10. 科技金融服务中心业务系统图（见图 43.24）

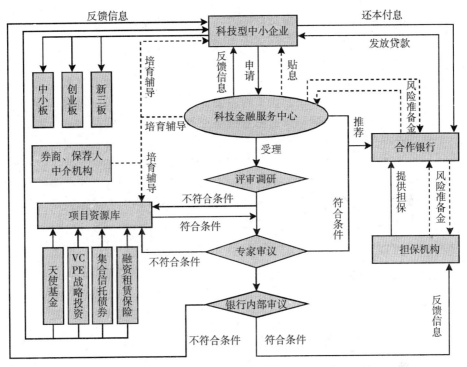

图 43.24　科技金融服务中心业务系统

（作者：胡峻　李仲　杨国安）

新型农村金融支持科技特派员农村科技创业

宁夏回族自治区（以下简称"宁夏"）的科技特派员工作走在了全国前列，并被全国称之为"宁夏模式"。宁夏科技特派员成功的一个重要因素就是金融支持。科技特派员制度在满足"农民增收、农村发展、农业增效"等方面建立利益共同体，在农业生产经营过程中有机结合，促进农业科技进步、生产有序发展等方面起到积极的推动作用。宁夏小额贷款公司在涉农贷款的扶持方面紧紧抓住"科技兴农"的方向，利用信贷杠杆，扶持和帮助大量科技特派员企业及涉农经济经营体，在推动农业产业科技进步的同时，也有效地保证了贷款资金的健康有效运营。

一、支持科技特派员创业行动，助推农业产业科技进步

主要做法一：宁夏科技特派员型小额贷款公司涉农贷款的发放优先准入有科技特派员进驻、扶持的区、市级农业示范合作组织，在贷款前期考察中，相关科技特派员对所经营的产业进行较为详尽的阐述，特别是在病虫害防治、畜禽防疫措施、产品销售市场等方面拥有较为有效的控制和市场定位，帮助小额贷款公司业务人员更加准确掌握贷款户情况，从而更加准确测算贷款户资金需求量及还款来源的可靠程度。

主要做法二：创新贷款品种。经济的发展离不开金融的支持，为使科技特派员创业项目能落在实处，提升科技特派员创业行动的科技含量，宁夏科技特派员型小额贷款公司创新贷款品种，如"以物抵贷"，宁夏科技特派员型小额贷款公司与中农金合农业生产资料有限责任公司（隶属宁夏回族自治区供销社）签署的战略合作协议中约定，小贷公司为全区农户发放的用于购买化肥、种子等生产资料的贷款，采用"以物抵贷"形式，即由小贷公司与农户签订借款合同，由中农金合公司所属各地农资经营部门提供担保，农户可凭借款合同到指定农资经营部

门获取合同借款金额的农资。依据合同约定，小贷公司将合同借款金额如数转入农资经营部门（即担保人）所开立的银行账户，借款本息由农户依据合同约定直接向小贷公司归还。"以物抵贷"的特点：①确保贷款资金专项用于涉农经济。②贷款担保可有效落实。③保证农户取得的生产资料的质量，防止假冒伪劣农资对涉农户的损害。"以物抵贷"的基础就是确保农业种植户在当地科技人员的指导下，合理使用优质种子、化肥等生产资料，因地制宜发展生产。

主要做法三：每年依托当地最大的科技特派员型企业，面向银川、银北、银南等地区，按照市场资金链各环节需求，发放科技特派员型小微贷款。据统计，每年宁夏小额贷款公司发放的科技特派员型贷款近亿元，为当地农户在取得农业丰收的同时，也为农业科技进步助推一把力。

主要做法四：对于有科技人员保驾护航的涉农贷款户，在贷款利率上实行降低 1~2 个百分点的优惠政策，受到广大贷款农户的好评，从而有力发挥了科技特派员的示范带动作用。2013 年宁夏科技特派员型小额贷款公司此类贷款累积发放已超过 8000 万元，通过相应措施的不断改进，引导更多涉农经营户走向"科技兴农、科技富农"的良性发展道路。

二、支持科技特派员创业行动，确保贷款资金健康有效运营

科技特派员不仅确保了所从事的农业产业的科学发展，而且对小额贷款公司贷款资金的安全、合理、有效运行起到一定的保证作用。例如：针对 2013 年年初养殖业疫情较为突出的时期，为帮助农户尽快走出低谷，实现较为理想的经济效益，小额贷款公司在审查贷户相应防疫措施等基本情况时，重点支持管理规范、措施到位的养殖专业户。在实际贷款发放过程中，为进一步促进科技力量作用的发挥，宁夏科技特派员型小额贷款公司在贷款期限上注重科技特派员的意见，因人而异，合理制定贷款使用期限及还本收息方式，使贷户灵活合理使用资金，最大程度实现收益增长，并在贷户资金回流期归还贷款。截至目前，宁夏科技特派员型小额贷款公司所发放的科技特派员型小微贷款全部按照合同约定收回贷款本息，未发生逾期和不良贷款。

三、金融服务与科技创新相结合，带动农村经济发展

金融与科技相结合是创业行动顺利实施的关键，科技是第一生产力，是经济发展的根本保证，金融是科技的坚强后盾，两者密不可分，互相促进，在实施科技特派员创业行动中，宁夏科技特派员型小额贷款公司通过贷款资金扶持，力促了科技成果转化为直接生产力。通过科技示范、金融扶持，带动了当地县域经济的发展，深受基层广大农民群众的欢迎。小额贷款公司试点工作几年来，已取得了初步成效，科技带动示范作用日显突出。

（1）促进县域经济发展和农民增收。小贷公司小额微贷资金的投入，科技特派员的创业，极大地促进了农村产业结构调整，使农民增收快、农业增效快、农村致富快，给农村带来了生机，经济发展和产业结构调整给农民带来了实惠。2012 年，宁夏全区地区生产总值达 2400 亿元，同比增长 12%，完成财政收入 264 亿元，农民人均纯收入达到 6180.3 元，同比增长 14.2%。

（2）小贷公司小额微贷资金融入科技成果的转化，成为现代农业的"催化剂"，促进了农业结构的调整。

在科技特派员创业行动中，小贷公司坚持服务牵引和典型示范，注重培育发展龙头企业，实施科技特派员技术承包，充分发挥科技转化的典型辐射带动作用。如下派到养殖专业户和园区的科技特派员，在他们的带动下，使当地畜牧业呈现良好的发展态势。科技特派员马小国等五人，怀揣小贷公司发放的贷款，承包无公害蔬菜生产基地，在承包的温室种植蔬菜搞试验，再将积累的成功经验，采用现场讲解、亲身示范指导、深入农户面授交流、集中培训等方式，传授给其他菜农，把科技的触角延伸到农户，使农民在最短的时间内吸收了大量的农业技术知识。由于科技力量的不断注入，小额微贷资金的有效投入，辐射带动了优势农产品基地建设。

（3）小贷公司小额微贷资金支持和科技特派员创业行动有机结合，成为提升民营企业发展水平的"助推器"。

小额微贷资金的注入和科技特派员创业的结合，提升了各类民营企业的发展水平，推动了技术的创新和管理水平的提高，加快了资本、资源、市场、技术、品牌等生产要素的集成重组。

（4）利用小贷公司小额微贷优势，帮助科技特派员组织好农产品流通。

科技特派员创业行动的实施和科技承包，小贷公司小额微贷资金的支持，使当地各类产销协会充分发挥自身优势，帮助农民分析和预测市场行情，疏通农产

品流通渠道，使农民既增产又增收。如：马铃薯产销协会、脱水蔬菜协会、种子繁育协会、牛羊养殖合作社在销售旺季，多方联系统一定价收购，使当地农民种植的马铃薯、脱水蔬菜、种子和牛羊肉销得出、有效益。在协会的辐射带动下，园区建设水平的提高，订单农业的快速发展，有力地促进了农作物种植区域的布局优化，形成了产品特色鲜明、比较效益突出、辐射带动范围广、市场竞争优势明显的农产品基地。

科技特派员制度的实施，不仅帮助了广大农户，也有效地提升了宁夏小额贷款公司积极开展"三农"贷款业务的热情和动力。零逾期给小贷公司带来了欣慰，也鼓舞了进一步支持涉农经济发展的士气，相信科技的力量不仅助推生产力，同时也带动着我们的金融服务走向更广阔的空间。

(作者：王艳)

科技金融、技术创新对南昌核心
增长极的作用分析

一、引　言

2012年6月，江西省政府正式下发《关于全力支持南昌发展打造核心增长极的若干意见》，全力支持南昌发展打造核心增长极。鼓励支持省会南昌创新发展体制机制，大力提升综合实力和竞争力，成为带动江西省发展的核心增长极。2013年6月，南昌市已经初步制定了《把南昌打造成为带动全省发展的核心增长极规划》，坚持以大投入推动大建设，坚持以改革开放带动大发展，坚持把发展大产业作为主攻方向，着力打造带动江西全省发展的核心增长极。在打造"南昌核心增长极"这个大的时代背景下，科技、经济和社会的发展紧密相连，其中，科技创新是经济和社会发展的主驱动引擎。但是光有科技创新活动，却没有管理创新和金融创新的支撑，科技创新这个链条无论如何是延伸不到经济和社会发展中去的。同时我们注意到，由于科技金融、技术创新及经济增长三者是作用与反作用的相互联动关系，而它们的相互作用的程度与方向会因时空的不同而存在很大的差异。因此，本文试图通过建立指标体系来定量分析南昌市的科技金融、技术创新对经济增长极的影响作用，明确影响作用的程度及方向，分析南昌市科技金融体系在推动经济发展中的优势和问题，并给出了相关启示及建议。

二、科技金融、技术创新及增长极三大指标体系

指标体系的构建要遵守一定的准则，本文主要依据全面性、系统性、可操作性等特点来对科技金融、技术创新及增长极构建一个完整的指标体系。

（一）科技金融指标体系

要衡量科技金融对经济增长极的影响程度，首先要建立一套以科技金融理论为支撑，能跟踪地区的科技金融发展轨迹并可衡量其发展状况与发展潜力的指标体系系统。在参考借鉴前人研究成果的基础上，本文主要从财政科技投入、创业风险投资、科技资本市场、科技信贷、科技金融产出及科技金融环境六个角度来构建科技金融指标体系，一共包含了 23 个指数，以全面系统地反映科技金融的现实发展情况。具体指标及计算如下：

（1）财政科技投入指标体系包括：财政科技拨款力度 X1：财政科技拨款/财政支出。R&D 经费投入强度 X2：研发经费支出/国内生产总值。R&D 市场化程度 X3：企业 R&D 投入/R&D 总投入。科技人力资源投入 X4：科技活动人员/地区总人口。

（2）创业风险投资支持指标体系包括：创业风险投资支持力度 X5：创业风险投资额/高新技术企业收入。创业风险投资支持潜力 X6：创业风险投资管理额/高新技术企业收入。创业风险投资强度 X7：高新技术产业创业风险投资额/创业风险投资高新技术企业数。

（3）科技资本市场指标体系包括：资本市场支持力度 X8：证券市场融资额/高新技术企业收入。上市公司资本化率 X9：证券市值/地区 GDP。上市高新技术企业比重 X10：高新技术上市公司数量/高新技术企业数。科技保险深度 X11：科技保险保费/高新技术产业工业增加值。科技保险密度 X12：科技保险保费/高新技术企业总数。

（4）科技信贷指标体系包括：科技贷款支持力度 X13：短期贷款/总贷款。科技贷款支持潜力 X14：M2/高新技术企业收入。科技贷款力度 X15：金融机构科技贷款额/科技经费支出。科技贷款市场化程度 X16：商业银行科技贷款/科技贷款总额。

（5）科技金融产出指标体系包括：技术市场成交率 X17：技术市场成交合同金额/科技经费支出。高新技术产业化程度 X18：高新技术产业增加值/地区 GDP。专利产出率 X19：专利数/R&D 总投入。高新技术出口强度 X20：高新技术产品出口销售收入/高新技术产品销售收入。单位 R&D 投入效率 X21：高新技术产业工业增加值/ R&D 总投入。

（6）科技金融环境指标体系包括：担保体系完备程度 X22：担保机构担保额/科技贷款额。科技保险补贴力度 X23：保险补贴/科技保险保费。

（二）技术创新指标体系

而对于技术创新的指标体系的建构则主要参考《2008 年国家高新区技术创新

能力评价指标体系》并结合南昌地区的实际情况，选取能综合反映技术创新的支撑、投入、管理配置及产出等能力的指标作为本文的技术创新的指标体系，一共包含了 7 个指标。其指标分别为：R&D 人员数（Y1）、R&D 经费（Y2）、高新技术产业产值（Y3）、授权发明专利数（Y4）、科学技术支出占财政支出的比重（Y5）、技术市场交易额占 GDP 的比重（Y6）和每万人中在校大学生人数（Y7）。

（三）增长极指标体系

科技金融与技术创新的指标体系建构可在参考借鉴前人研究成果的基础上结合地区自身实质特征来构建，而对于经济增长极的衡量指标体系就缺乏相关文献的参考，这也是本文研究的难点所在。为了能真实合理全面系统地反映南昌地区的经济增长极情况，本文基于增长极相关理论，分别从经济龙头作用、极化聚集作用、扩散辐射作用、低碳示范作用、创新示范作用这五方面构建可反映增长极的指标体系，经济增长极的二级指标体系构成具体如下：

（1）经济龙头作用：地区生产总值，全社会固定资产投资，财政总收入，规模以上工业增加值，社会消费品零售总额，GDP 增长率。

（2）极化聚集作用：城市人口总数，公共汽车客运总量，人均道路面积，人均城市环境基础设施建设完成投资额，人均公共绿地面积，人均邮电业务量，人均用电量，每万人拥有医生数，年末金融机构存款余额。

（3）扩散辐射作用：客运量，货运总量，出口总额，人均实际利用外资，移动电话普及率，每万人拥有国际互联网户数。

（4）低碳示范作用：绿色覆盖率，亿元 GDP 二氧化硫排放量，环境保护投资占 GDP 比重，空气质量优良率，能源消费弹性系数。

（5）创新示范作用：每万人从事自然科学活动人员数，每万人中在校大学生人数，人均科教财政支出，高新技术企业数。

三、因子分析

为了构建信息全面的指标体系，采用了多个指标，为了避免维数灾难，我们采用因子分析方法先对指标体系进行降维处理，本节主要实证分析南昌地区的科技金融、技术创新与增长极的边际关系，以衡量南昌地区的科技金融发展水平和技术创新能力对该地区的核心增长极的影响程度。

（一）数据来源

本文主要收集 2008~2012 年南昌地区的指标数据，这些数据主要来源于 2008~2012 年的《江西统计年鉴》、《南昌统计年鉴》、《南昌市国民经济和社会发展统计公报》及《中国创业投资年度统计报告》等文献，并通过整理计算而得到原始指标数据，为了准确衡量各指标之间的关系，因而本文对原始数据进行标准化处理。由于篇幅限制，正文不显示数据内容。

（二）因子模型

本部分将运用 SPSS13.0 软件分别对南昌的科技金融、技术创新及增长极的指标体系提取公因子。

1. 科技金融的公因子

从科技金融指标体系内容看，其二级指标有 6 个，三级指标有 23 个，而这些指标之间又存在不同程度的相关性，因而要反映其对增长极的影响程度就必须先进行降维，通过降维提取出具有代表性的公因子作为边际分析的基础指标。通过软件运行得到科技金融体系的方差解释如表 45.1 所示。

表 45.1　科技金融二级指标的主成分解释原始变量总方差

主成分		特征根		因子载荷	
		总计	累积解释比（%）	总计	累积解释比（%）
财政科技投入	1	2.162	54.049	2.162	54.049
	2	1.230	84.789	1.230	84.789
创业风险投资	1	2.686	89.533	2.686	89.533
科技资本市场	1	2.939	58.781	2.939	58.781
	2	1.798	94.744	1.798	94.744
科技信贷	1	2.624	65.595	2.624	65.595
科技金融产出	1	3.573	71.453	3.573	71.453
	2	1.033	92.105	1.033	92.105
科技金融环境	1	1.154	57.684	1.154	57.684

从表 45.1 可看出，科技金融的二级指标中各指标的相关性相对较强，从而经过因子分析提取的主成分因子的效果良好。总体而言，五大子体系内提取 1~2 个主成分就基本可以解释其绝大部分综合信息量，前 2 个主成分的解释度均大于 85%。因此，本文以各主成分的贡献率为权重分别计算科技金融体系中的六大子体系的因子综合得分，以其为综合指标来分析其对南昌增长极发展的影响情况，进而间接来测量科技金融对增长极的影响程度。

2. 技术创新的公因子

技术创新指标体系仅有 7 个指标，而这些指标的相关系数基本均在 0.5 以上，这说明可以通过因子分析来提取主要公因子。通过软件分析得到其因子贡献率，如表 45.2 所示。

表 45.2　技术创新的主成分解释原始变量总方差

主成分	特征根		因子载荷	
	总计	方差累积解释比（%）	总计	方差累积解释比（%）
1	4.635	66.207	4.635	66.207
2	1.927	27.527	1.927	93.734

从表 45.2 的主成分分析可知，第一主成分对技术创新的贡献率高达 66.207%，而前两个主成分的解释程度达到 93.734%。因此，本文可采用前两个公因子作用衡量南昌技术创新的指标。又通过因子转换矩阵可知，第一个公因子主要与高新技术产业产值（Y3）、授权发明专利数（Y4）、科学技术支出占财政支出的比重（Y5）、技术市场交易额占 GDP 的比重（Y6）的相关度较高，而第二个公因子与 R&D 人员数（Y1）、R&D 经费（Y2）和每万人中在校大学生人数（Y7）的相关性较为显著，因此可命名第一公因子为技术产出因素，而第二个公因子为技术投入因素。

3. 经济增长极的公因子

南昌的经济增长极指标体系分有五大子体系，每个子体系中又由多个指标所构成。为了能充分说明各指标在子体系的作用及科技金融、技术创新对增长极的影响分析，本文分两种情况对增长极指标体系进行因子分析。一种情况是五大子指标体系各自提取公因子；另一种情况是对总体系的 30 个指标进行因子分析，提取综合公共因子。

（1）五大子体系的公因子。通过软件对增长极中的五大子体系分别作因子分析得到各自的样本方差贡献率，如表 45.3 所示。

表 45.3　增长极中的五大子体系的主成分解释原始变量总方差

主成分		特征根		因子载荷	
		总计	方差累积解释比（%）	总计	方差累积解释比（%）
经济龙头作用	1	5.445	90.756	5.445	90.756
极化聚集作用	1	7.409	82.322	7.409	82.322
扩散辐射作用	1	4.609	76.813	4.609	76.813
	2	1.084	94.877	1.084	94.877

续表

主成分		特征根		因子载荷	
		总计	方差累积解释比（%）	总计	方差累积解释比（%）
低碳示范作用	1	2.424	48.490	2.424	48.490
	2	1.147	71.429	1.147	71.429
创新示范作用	1	2.297	57.436	2.297	57.436
	2	1.362	91.486	1.362	91.486

从表 45.3 可知，经济龙头作用、极化聚集作用、扩散辐射作用和创新示范作用的第一主成分的方差贡献率基本均在 80% 以上，这说明第一个公因子可以解释其对应二级指标的 80% 以上的信息，总体上提取的效果较为理想。而仅有低碳示范作用指标的第一主成分的方差贡献率偏小，其代表低碳示范作用的效果相对较差，但也有 50% 的解释能力，勉强能接受。

通过因子得分系数矩阵可计算出增长极中的经济龙头作用、极化聚集作用、扩散辐射作用、低碳示范作用及创新示范作用的第一公因子得分值，具体得分如表 45.4 所示。

（2）增长极指标体系的综合公因子。以南昌地区的增长极指标体系作为一个大的整体，并运用 SPSS13.0 软件对其进行因子分析得到其方差贡献率，如表 45.4 所示。

表 45.4　增长极总体系的主成分解释原始变量总方差

主成分	特征根		因子载荷	
	总计	方差累积解释比（%）	总计	方差累积解释比（%）
1	21.465	71.551	21.465	71.551
2	4.143	85.362	4.143	85.362
3	2.520	93.762	2.520	93.762
4	1.872	100.000	1.872	100.000

从表 45.4 可看出，南昌增长极的前 4 个公因子的贡献率达到 100%，其包含了整个指标体系的所有信息，并且第一个公因子的解释能力也高达 71.551%，这说明南昌增长极指标的相关性较强，提取的公因子很具有代表性。

4. 科技金融、技术创新及增长极的公因子得分

为了能从定量上分析南昌科技金融、技术创新发展程度对经济增长极发展的影响情况，本文依据各公因子得分数值并以因子所对应的方差贡献率为权重分别计算各体系的综合得分，具体结果如表 45.5 所示。

表 45.5 科技金融、技术创新及增长极的公因子得分

指标	科技金融						
年份	财政科技投入	创业风险投资	科技资本市场	科技信贷	科技金融产出	科技金融环境	综合得分
2008	0.751557	−1.29796	−0.23848	1.5202	0.825872	1.4934	−0.6610
2009	1.304672	0.00016	−0.66089	0.00139	0.787294	0.02291	−0.5424
2010	−0.48858	−0.44252	−0.46931	0.219	−0.69823	−0.33586	−0.1882
2011	−0.88039	0.32011	1.0371	−0.61908	−0.50664	−1.28294	0.3876
2012	−0.68727	1.42021	0.33158	−1.12151	−0.40829	0.10249	1.0041
指标	技术创新						
年份	技术产出	技术投入	综合得分				
2008	−1.3286	−1.1978	−1.2093				
2009	−0.7433	1.4834	−0.0838				
2010	0.3675	0.2774	0.3196				
2011	0.6343	−0.0271	0.4125				
2012	1.0701	−0.5360	0.5610				
指标	增长极						
年份	经济龙头作用	极化聚集作用	扩散辐射作用	低碳示范作用	创新示范作用	综合得分	
2008	−1.26046	−1.14124	−1.01313	−0.51754	−0.57438	−0.89271	
2009	−0.42861	−0.56659	−0.28227	−0.53036	−0.36909	−0.61205	
2010	−0.21538	−0.12536	−0.23457	0.70354	−0.24587	0.171995	
2011	0.52345	0.33327	0.482965	0.326443	0.069653	0.468077	
2012	1.381	1.49992	1.047012	0.017922	1.119693	0.86469	

四、边际作用分析

边际分析是研究一种可变因素的数量变动对其他可变因素变动的影响程度的方法。此方法的起源可追溯到马尔萨斯，其于 1814 年曾提及运用微分法对经济进行分析。1824 年，汤普逊首次将微分法运用于经济分析，研究政府的商品和劳务采购获得最大利益的条件。随后边际分析法在经济领域得到了广泛应用，主要用于有约束条件下最优投入/产量的确定，及其相关变量增量的边际分析。由于 2009 年为全球金融危机复苏的转折点，因而本文主要从三个视角来分析 2010~2012 年的南昌科技金融、技术创新对南昌增长极的边际分析。具体如下：

（一）科技金融、技术创新综合因子对增长极综合因子的边际分析

综合因子可以衡量增长极（F^z）、科技金融（F^x）和技术创新（F^y）发展水平的相对总指标，因而可通过三者的综合因子得分的边际分析以间接分析三者的发展水平之间的相互促进作用的程度及方向。依据表 45.5 的数据，运用 Matlab 软件编程得到的边际分析结果如表 45.6 所示。

表 45.6　综合因子之间的边际分析结果

年份	$F^x \to F^z$	$F^y \to F^z$	$F^x \to F^z/F^y \to F^z(\%)$
2010	0.4518	0.5145	87.80
2011	1.9447	0.3138	619.81
2012	1.5544	0.3744	415.15
平均	1.3170	0.4009	328.50

如表 45.6 所示，南昌的科技金融、技术创新水平与增长极的边际效应为正向相关，即科技金融和技术创新水平的提高会有利于南昌经济增长极的形成并促进其发展，反之则相反。但科技金融对增长极的作用明显大于技术创新对增长极的作用。南昌科技金融的快速发展是影响其增长极发展的主要因素，其对增长极发展的贡献度是技术创新的 5 倍左右。因此可知，南昌地区的科技金融发展是经济增长极发展的首要因素。

（二）科技金融、技术创新子体系因子对增长极的边际分析

上述分析了科技金融与技术创新对增长极的总体影响作用，而科技金融与技术创新都包含若干个子体系，为了明确各子体系对增长极的贡献程度，本文以子体系因子为基础对增长极综合因子进行边际分析，分析结果如下表 45.7 所示。

表 45.7　子体系因子对增长极的边际分析结果

年份	$F_1^x \to F^z$	$F_2^x \to F^z$	$F_3^x \to F^z$	$F_4^x \to F^z$
2010	2.2872	−0.5646	0.2443	0.2775
2011	−1.3233	2.5757	5.0878	−2.8306
2012	0.4869	2.7737	−1.7789	−1.2668
平均	0.4836	1.5950	1.1844	−1.2733
年份	$F_5^x \to F^z$	$F_6^x \to F^z$	$F_1^y \to F^z$	$F_2^y \to F^z$
2010	1.8947	−0.4576	1.4168	−1.5382
2011	0.6471	−3.1987	0.9011	−1.0284
2012	0.2480	3.4932	1.0988	−1.2831
平均	0.9299	−0.0544	1.1389	−1.2832

从表 45.7 可知，科技金融与技术创新的各子体系对增长极的影响存在明显的差异性，并且不同年份的同一子体系在对增长极发展的影响和方向也相差悬殊。从科技金融角度看，财政科技投入、创业风险投资、科技资本市场和科技金融产出这四个子体系对南昌增长极的发展起促进的作用，呈现显著的正效应，而科技信贷与科技金融环境对增长极的影响呈负效应作用。这主要是因为每年的经济效应大小不同而导致其边际效应相差较大。并且在六大子体系中，创业风险投资对增长极的贡献率最大，高达 1.595 个百分点，其次是科技信贷，为 1.2733 个百分点，而环境状况对增长极的影响作用最小，仅有 0.0544 个百分点。在 2010 年，财政科技投入的边际弹性为 2.2872，其对增长极影响程度最大；2011 年对增长极贡献最大的是创业风险投资，其边际弹性系数为 5.0878 个百分点；2012 年则是科技金融环境因素对增长极的影响程度最为显著。

从技术创新角度分析，技术创新中的技术产出和技术投入两个子体系对增长极的影响方向正好相反。技术产出能够促进增长极的发展，呈正的边际效应，而技术投入则制约着增长极的发展，呈负的边际效应。这主要是因为科学研究的收益具有明显的滞后性，即现阶段的科研投入要经过较长的一段时期才能获得显著的收益，而由于社会经济资源的有限性，现阶段的科研投入将会减少相应资源投入于其他领域，因而对经济增长极的发展起到一定程度的制约作用。技术产出与技术投入对增长极的影响程度基本呈反向相似，2010 年两者的边际增量约为 1.5，而 2011 年和 2012 年递减水平约为 1。因此，要合理分配社会现有的资源于技术创新研究，在保证技术研发得到发展的同时又不阻碍经济的增长。

（三）科技金融与技术创新子体系因子对增长极子体系因子的边际分析

上述是基于宏观面而展开分析的，在此本文从微观层面深入分析科技金融与技术创新的内部因子对增长极的影响程度与方向，以找出影响南昌经济增长极发展的主要因素，便于政府部门能有针对性地提出具体有效的措施来提高增长极的发展水平，进而提高地区人们的生活质量与水平。通过对科技金融与技术创新的子体系对增长极的子体系进行边际分析得到如表 45.8 所示的结果。

表 45.8　子体系之间的边际分析结果

年份	$F_1^i \rightarrow F_1^z$	$F_1^i \rightarrow F_2^z$	$F_1^i \rightarrow F_3^z$	$F_1^i \rightarrow F_4^z$	$F_1^i \rightarrow F_5^z$	$F_2^i \rightarrow F_1^z$	$F_2^i \rightarrow F_2^z$	$F_2^i \rightarrow F_3^z$	$F_2^i \rightarrow F_4^z$	$F_2^i \rightarrow F_5^z$
2010	8.4099	4.0642	3.7594	−1.4533	1.4553	−2.0761	−1.0033	9.2805	−0.3588	−3.5926
2011	−0.5303	−0.8543	−0.5461	1.0390	−1.2418	1.0322	1.6628	1.0628	−2.0224	2.4170
2012	0.2252	0.1655	0.3424	−0.6260	0.1839	1.2828	0.9430	1.9504	−3.5657	1.0477
平均	2.7016	1.1251	1.1853	−0.3468	0.1325	0.0797	0.5342	4.0979	−1.9823	−0.0426

年份	$F_3 \to F_1$	$F_3 \to F_2$	$F_3 \to F_3$	$F_3 \to F_4$	$F_3 \to F_5$	$F_4 \to F_1$	$F_4 \to F_2$	$F_4 \to F_3$	$F_4 \to F_4$	$F_4 \to F_5$
2010	0.8985	0.4342	4.0164	0.1553	1.5548	1.0205	0.4932	−4.5621	0.1764	1.7660
2011	2.0389	3.2846	2.0994	−3.9948	4.7743	−1.1343	−1.8274	−1.1680	2.2225	−2.6562
2012	−0.8227	−0.6047	−1.2508	2.2868	−0.6719	−0.5859	−0.4307	−0.8908	1.6285	−0.4785
平均	0.7049	1.0380	1.6217	−0.5176	1.8857	−0.2332	−0.5883	−2.2069	1.3424	−0.4562

年份	$F_5 \to F_1$	$F_5 \to F_2$	$F_5 \to F_3$	$F_5 \to F_4$	$F_5 \to F_5$	$F_6 \to F_1$	$F_6 \to F_2$	$F_6 \to F_3$	$F_6 \to F_4$	$F_6 \to F_5$
2010	6.9668	3.3668	3.1143	1.2039	−1.2056	−1.6825	−0.8131	7.5214	−0.2908	−2.9116
2011	0.2593	0.4177	0.2670	−0.5081	0.6072	1.2819	2.0650	−1.3199	2.5115	3.0016
2012	0.1147	0.0843	0.1744	−0.3188	0.0937	1.6156	1.1875	2.4562	4.4906	1.3194
平均	2.4469	1.2896	1.1852	0.1257	−0.1682	0.4050	0.8131	2.8859	2.2371	0.4698

年份	$F_1 \to F_1$	$F_1 \to F_2$	$F_1 \to F_3$	$F_1 \to F_4$	$F_1 \to F_5$	$F_2 \to F_1$	$F_2 \to F_2$	$F_2 \to F_3$	$F_2 \to F_4$	$F_2 \to F_5$
2010	5.2094	2.5175	2.3287	0.9002	9.0148	−5.6559	−2.7333	−2.5283	−0.9774	−9.7874
2011	0.3611	0.5817	0.3718	−0.7075	0.8456	−0.4121	−0.6639	−0.4244	0.8075	−0.9651
2012	0.5082	0.3735	0.7726	−1.4125	0.4150	−0.5934	−0.4362	−0.9022	1.6495	−0.4846
平均	2.0262	1.1576	1.1577	−0.4066	3.4251	−2.2205	−1.2778	−1.2850	0.4932	−3.7457

从整体来看，科技金融体系中的六大子体系因子对南昌增长极中子体系的边际效应基本均为正，这说明科技金融中的财政科技投入、创业风险投资、科技资本市场、科技信贷、科技金融产出、科技金融环境六个因素对增长极中的经济龙头作用、极化聚集作用、扩散辐射作用、低碳示范作用、创新示范作用因素起着不同程度的正向促进作用。技术创新体系中的技术产出因子总体上对增长极中的子体系因素也基本表现出正效应作用，而技术投入则大多数呈现负效应性。

从单个因素的边际效应来分析：

（1）财政科技投入对增长极中的经济龙头子体系的作用最为显著，其平均边际增量为2.7016，其次是对扩散辐射和极化聚集作用子体系，两者的平均边际增量为1.1853和1.1251。而财政科技投入对低碳示范作用体系的边际弹性却−0.3468，这说明了财政科技投入的增加不但没有提高能源的高效利用，反而降低了其利用效率，主要原因可能是财政对科研的投入加大了对社会能源的需求，从而更多的不合格或低浓度的煤炭能源被使用，最终使得社会低碳示范作用明显下降。

（2）创业风险投资对扩散辐射和低碳示范因子的影响作用较为显著，其边际弹性分别为4.0979和−1.9823，即创业风险投资每增加一个单位将会促使增长极中的扩散辐射作用因子增加4.0979个单位，而低碳示范作用因子则减少1.9823个单位。而其对增长极中的其他子体系因子的影响作用均不太显著。

（3）科技资本市场在促进增长极发展中所起的作用也较为显著，其对创新示范和扩散辐射的作用最为明显，边际弹性系数分别为1.8857和1.6217，说明其是富有弹性的，即其提高一个单位将会引起创新示范和扩散辐射有较大幅度的提升。而其对极化聚集因素的影响是单位弹性的，即其上升或下降一个单位将会引起极化聚集因素的同度变化。对增长极中的其他子体系则是呈现缺乏弹性的效果。

（4）科技信贷对增长极的子体系边际增量大都为负值，这说明其对增长极总体上是起制约的作用，这与上述分析结果一致。从科技信贷的指标构建分析可知，造成负效应的结果可能是政府或金融机构对科技贷款投资偏大而引起资金利用效率低下，同时又使得缺乏资金的其他行业得不到充足资金，进而可能导致整个社会经济发展有所下降。其对扩散辐射的阻碍作用最严重，其边际弹性为-2.2069，是其他边际弹性的 4 倍以上。

（5）科技金融产出对经济龙头作用因素的影响作用显著高于其他因素，其边际增量为 2.4469，这说明了只要科技金融产出增加 1 个百分点，将会促进经济龙头作用上升 2.4469 个百分点。另外，其对极化聚集作用和扩散辐射作用的影响也是富有弹性的，而对低碳示范和创新示范作用则表现出缺乏弹性特征，它们的边际增量分别为 1.2896、1.1852、0.1257 和-0.1682。

（6）从上述分析可知，科技金融环境对增长极的总边际弹性是负的且缺乏弹性，但其对增长极中子体系则表现出不同特征。其对增长极子体系因素的 3 年平均边际弹性均呈现为正相关，但只有对扩散辐射和低碳示范作用因素表现出富有弹性特征，弹性大小分别为 2.8859 和 2.2371，而对其他三个子体系则均表现出缺乏弹性特征。

（7）从表 45.3 可知，技术创新中技术产出因子不但总体上与增长极呈正相关关系，而且还对增长极中的子体系因素起正的促进作用。其对创新示范的促进作用最大，边际增量为 3.4251，其次是对经济龙头作用因素，弹性为 2.0262，而对其他因素影响则为单位弹性或是缺乏弹性的特征。同时，技术投入子体系对增长极总体上呈负相关关系，这与上述分析保持同样的结论，但其对增长极中的每个因素的影响程度却明显不同，其对创新示范的负影响最为明显，边际增量为-3.7457，即其变动 1 个百分点将会引起创新示范反向变动 3.7457 个百分点。而其对低碳示范作用的影响不够敏感，其边际弹性仅有 0.4932。

（四）小结

本文通过构建科技金融、技术创新及增长极的指标体系，并运用因子分析模型分别对其提取公因子，再根据公因子的方差贡献率来计算各指标体系的综合因子得分，然后以因子得分指标为基础并运用边际分析方法来研究科技金融与技术创新对增长极的影响程度及方向。从而可得到以下几点主要结论：

（1）科技金融与技术创新对增长极起到正的边际效应作用。通过边际分析可知，南昌的科技金融对增长极的平均边际增量为 1.317，呈现富有弹性的特征，而技术创新对增长极的平均边际增量为 0.4009，呈现缺乏弹性的特征。并且科技金融对增长极的促进作用显著大于技术创新对增长极的影响程度，因而科技金融是影响增长极发展的主导因素。

（2）科技金融与技术创新指标体系中的各个因素对增长极总体水平的影响程度及方向呈现显著的差异性。从表 45.2 可知，科技金融体系中的创业风险投资、科技资本市场、科技金融产出和财政科技投入对增长极起到促进作用，其中创业风险投资与科技资本市场对增长极的边际增量为 1.595 和 1.2733，均大于 1，呈现富有弹性的特征。技术创新体系中的技术产出对增长极的边际增量大于 1，两者存在正相关关系，而技术投入则对增长极起着制约的作用，这主要是因为技术研发的收益具有显著的滞后效应。

（3）增长极体系中的因素受科技金融与技术创新影响的主导因素不同。经分析可知，增长极中的经济龙头作用主要受财政科技投入和科技金融产出因素的影响；极化聚集作用的影响因素则是科技金融产出和技术创新；扩散辐射和创新示范作用主要受科技金融产出与技术创新因素影响；而影响低碳示范作用的主要因素是创业风险投资与技术创新。

五、对策建议

结合已有实证分析结果及各大指标体系的构建情况，本文从科技金融与技术创新角度提出打造南昌经济核心增长极的政策建议。

（一）促进科技金融发展的措施

为了实现南昌"十二五"规划的战略目标，重点促进南昌的产业结构调整转型和转变经济发展方式，以打造南昌核心增长极，则需要做好以下几个方面：

（1）深化财政科技投入方式改革。首先，要落实财政科技投入方式改革就必须优化完善科技金融的财政科技计划管理体制机制，坚持"公开、公正、公平"原则，加强科技计划管理，重点规范科技计划项目"受理—立项—验收"全过程的操作机制，健全"立项—管理—监督"相对分离的科技计划体制。其次，丰富财政科技投入手段，以充分发挥财政资金的杠杆作用，加快构建以政府投入为引导、企业投入为主体、社会金融组织和民间资本广泛参与的多元化科技投入新体系。最后，要稳步推进科技风险投资，积极探索财政科技投入资金进入创业风险行业的模式和途径，进一步整合集成市财政科技投入资金，加大科技创业风险投资资金规模。

（2）推行有利于创业风险投资业发展的积极的财税政策。尽管国内目前已经出台了鼓励创业风险投资发展的优惠政策，但由于绝大部分高新技术企业的特点是风险高、潜力大、规模小、经营历史短，因而很难通过传统的渠道融资，加之中国正处于经济转型阶段，总体而言，政府对高新技术企业的扶持力度还不够。因此，政府应该出台更多的针对创业风险投资机构的财税激励措施，提高创业风险投资的预期收益率，从而促进地区经济增长极的形成与发展。

（3）构建科技信贷支持体系。对于构建科技信贷支持体系主要有以下四点：

①引导商业银行加大信贷支持。加大财政科技投入对科技型企业商业信贷的支持力度，从财政科技投入专项资金中划拨引导资金，发挥市场资源配置的基础性功能，同时还要搭建"政银企"对接合作平台，构建快速高效支持科技创新创业的信贷服务体系。

②稳健推动科技担保服务。坚持政府管理风险的原则，整合现有金融资源，组建南昌市科技担保有限责任公司，为企业增信提供商业信贷担保服务。进一步提高科技型企业信贷担保保费补贴标准，鼓励和支持金融性担保机构为科技型企业提供商业信贷担保。

③创新科技信贷支持模式。积极探索"政府+银行+民间资本"合作提供科技信贷支持的模式，由政府出资，委托国有科技投资经营机构，吸收银行和民间财团参与，共同组建南昌市科技小额贷款公司和南昌科技银行，为科技型企业实施科技成果转化和产业化项目提供便捷、快速的信贷支持。

④推动知识产权质押融资。按照国家知识产权局的总体部署和要求，加大市财政对知识产权质押融资的支持力度，积极推动全国（南昌）知识产权质押融资试点。深化与银行的合作，进一步健全和完善知识产权质押融资评估评价机制以及财政补贴激励机制，为科技成果流通和知识产权质押融资提供服务。同时，积极做好知识产权证券化和知识产权保险开展的前期准备工作。

（4）建立高新技术企业信用体系。参照借鉴国内外自主创新示范区信用体系建设的成功经验和模式，在南昌高新技术开发区率先建立高新技术企业数据库，开展区内高新技术企业信用征信和评级，推动建立高新区高新技术企业信用报告制度，每年发布年度报告。取得经验后，建立南昌市高新科技企业信用报告制度，为全市高新技术企业融资提供信用支持。

（5）大力培育发展金融中介服务机构。按照"组织多元化，功能专业化，服务公共化"的构想，重点培育和建设一批为科技金融提供优质高效服务的专业服务平台和服务团队。组建南昌市科技专家库，搭建网上科技专家工作平台，为科技型企业贷款项目、科技风险投资项目和科技成果评估评价等提供咨询服务；大力培育和发展一批促进科技金融结合中介服务机构，在各县（区）和省级以上园

（区）建立生产力促进中心，为科技型企业融资牵线搭桥；在市科技行政主管部门和南昌高新技术开发区分别建立科技金融服务平台，打造一批市场化运作的科技金融重点服务机构，整合集成科技金融资源，为企业融资提供综合配套服务。

（6）营造促进科技金融结合环境。每年集中组织一次科技金融结合主题活动，充分运用电视、电台、网络、报刊等舆论宣传工具，宣传国家和省、市鼓励和支持促进科技金融结合的优惠政策措施，以及试点成功经验，扩散试点示范效应；每年组织开展一次科技金融结合计划行动，聚集南昌地区银行业、证券业、保险业、社会民间投资机构和从事科技金融结合中介服务机构等专业人员，深入企业、园区、产业基地与创新企业家和创新团队直接对接洽谈，为企业提供科技金融结合服务；每年组织一次科技金融业务培训，提高专业人员素质和服务水平。

（二）促进技术创新的措施

技术创新水平直接关系到增长极的形成与发展，因此要合理有效地采取相应的措施来促进技术创新，本文提出如下几点建议：

（1）准确定位研究，激发与提高企业技术创新能力。在研发投入强度上，坚持技术创新的研发投入增长高于研发总经费增长的原则。在研发投入结构上，面向高新技术产业各领域，实施两个"导向"：一是目标导向，通过制定地区具有优势的高新技术产业发展目标，实现研发投入精准化；二是重点导向，即研发经费要重点支持战略性新兴高技术的产业领域中前沿性、基础性和其性技术的研究。

同时，要优先支持高新技术企业进行机制创新，促进技术型企业成为自主创新生力军，并支持行业龙头企业建立高水平研究院，推进大中型高技术企业普遍建立工程技术研究中心，完善科技条件平台开放共享机制。

（2）加大高新技术产业市场需求侧的引导与支持力度，以市场发展带动科研的深化。目前大多数高新技术产业还处于技术成熟度差、生产成本高、市场拓展难的成长阶段，因而需要针对不同高新技术产业领域特点采取有针对性举措，加大对高新技术产业需求侧的引导与支持力度，努力创造高新技术产业的初始市场需求。一是组织推动高新技术产业新产品的市场应用，以尽快扩大市场应用规模。二是着力创造良好的市场应用环境，综合运用价格杠杆、税收优惠、费用减免、标准体系建设、完善基础设施等手段，优化新技术产品的市场应用环境。

（3）实施科技人才工程，把握关键人才资源。引进与培育技术创新人才并重，为战略性高新技术产业发展提供有力支撑。一方面要制定有足够吸引力的政策，采取团队引进、核心人才引进、项目引进等方式，吸引和集聚更多的高端科技人才进入高新技术产业领域；另一方面要注重人才培养体系建设，通过制订高新技术产业人才培养计划，采取人才培养基地、校企合作、定向培养等方式，培养适应产业需求的高水平研发人才。

（4）加强高新技术产业基地建设，促进产学研联盟。面对土地资源日趋紧张的局面，地方政府应出台相应的政策，统筹规划高新技术产业的发展布局，保障产业发展空间，并重点推进建设本地区优势的高新技术产业基地。

高新技术产品经常出自于高校和科研院所，而目前我国许多高校和研究所均面临着科研资金短缺的现象，这阻碍了科研进程。因此，政府要推动"产学研"联合机制的建设，以促进和鼓励企业与高校或科研院所的长期稳定的合作，并通过委托开发、联合开发等形式开展产学研联合，逐步形成以企业为主体、高等院校和科研院所积极参与的产学研联合体，以实现高新技术的产业化。

（5）营造高新技术产业发展的优良环境。优良环境的营造需要从三方面着手：一是在地区层面制定知识产权保护政策，并积极引进、组建相应的法律和管理人才队伍，以应对在国际化竞争中可能出现的各类问题；二是创造公平的市场准入和贸易环境，激发企业内在创新的动力，保护企业正当的创新行为；三是加强对高新技术产业发展情况的预警和政策引导；四是重视新资源的合理优化配置，在跨地区、跨部门、跨组织的合作创新中，政府要引导资源的合理流动和企业的理性发展，避免低水平重复建设。

参考文献

［1］Pedro L.R., Paulo C.J. Using Electre Trioutranking Method to Sort MOMIL Predominated Solutions［J］. European Journal of Operational Research, 2004.

［2］King R., Levine R. Finance, Entrepreneurship and Growth: Theory and Evidence［J］. Journal of Monetary Economics, 1993（3）: 523-542.

［3］Alessandra C., Stoneman P. Financial Constraints to Innovation in the UK: Evidence from CIS2 and CIS3［J］. Oxford Economic Paper, 2008, 60（4）: 711-730.

［4］Keuschning Christian. Venture Capital Backed Growth［J］. Journal of Economic Growth, 2004.

［5］Greenwood J. and Jovanovic B. Financial Development, Growth, and the Distribution of Income［J］. Journal of Political Economy, 1990.

［6］Deek, Kee. Trading Volume and Asset Liquidity［J］. Quarterly Journal of Economics, 2003

［7］Morales. R.I. Money and Capital in Economic Development, Washington DC: The Brookings Institution, 2004.

［8］赵昌文，陈春发，唐英凯. 科技金融［M］. 北京：科学出版社，2009.

［9］王晓雨. 中国区域增长极的极化与扩散效应研究［D］. 吉林大学博士论文，2011.

［10］徐玉莲. 区域科技创新与科技金融协同发展模式与机制研究［D］. 哈尔滨理工大学博士论文，2012.

［11］傅家骥，技术经济学［M］.北京：清华大学出版社，1998.

［12］贾蔚文等.技术创新——科技与经济一体化发展的道路［M］.北京：中国经济出版社，1994.

［13］陈刚，尹希果，潘杨.中国的金融发展、分税制改革与经济增长［J］.金融研究，2006（2）.

［14］姗娜.科技金融的结合机制与政策研究［D］.浙江大学硕士论文，2011.

［15］王瑾.技术创新促进区域经济增长的机理研究［J］.经济纵横，2003（11）：26–28.

（作者：易蓉）

促进科技与金融结合，加快乌鲁木齐高新技术产业开发区（新市区）科技型企业发展

科技型中小企业对于一个国家经济发展和技术进步的重要作用，以及自身所具有的高风险特点，决定了在其发展过程中政府必须给予大力扶持。孵育科技型中小企业成长和发展是一项系统工程，这些企业的技术开发、产品试制、市场推广、管理提升等都需要建立在有优质资金流的基础上。因此，有效的金融政策及其制度安排是非常必要和重要的。

科技型中小企业以技术创新带动体制创新，总体规模和实力不断增强，已成为高新技术产业化的生力军及支撑和推动经济持续、稳定、快速增长的重要力量。但随着经济的发展，科技型中小企业发展中的一些问题也逐渐显现出来，其中最突出的就是融资难问题。由于缺乏可靠的融资渠道，大批技术水平高、市场前景好的高科技项目难以实现商品化和产业化。统计资料显示，我国每年专利技术的实施率仅为10%左右。因此，如何为科技型中小企业创造一个更好的融资环境，已成为迫切需要解决的问题。

根据企业融资的生命周期理论，处于不同发展阶段的科技型中小企业融资模式有着不同的特点，具体表现为以下四个阶段：

初创期：内源融资+政府扶持资金。初创期的企业很难从商业银行获得资金，也不易获得风险投资，企业主要依靠所有者的资本投入，也可通过寻求合作者获得资金。

成长期：吸引风险投资。风险投资可以在企业发展的不同时期分期注入资本，获得一定股份或认股期权，并指导企业规范经营、制定发展战略、联系业务伙伴，但不干预日常经营。通过创业者或管理层持股等方式设立激励性很强的报酬体系，与企业形成一种利益共生关系，发挥创业者的积极性和天赋，弱化融资中的逆向选择行为和融资后的败德行为。视公司发展状况，风险资金从小到大分期投入，资金风险可控，从而降低了融资的风险和成本。

扩张期：债权融资比重上升。债权融资包括中小企业打包贷款、企业债券融资等。处于扩张期的企业资产规模较大，业务记录较完备，信息透明度进一步提高，信用评价工作在此阶段可以开展。技术风险在前两个阶段已基本解决，但市

场风险和管理风险加大。此时由于企业已符合商业银行的贷款要求，可以获得商业贷款，因此企业融资以债权融资为主，风险投资比重下降。由于企业市场风险和管理风险较大，不一定符合资本市场直接融资的要求，因此股权融资比重还很小。

成熟期：股权融资+改制上市。股权融资，即开办创业投资"引导"基金，积极鼓励和吸引社会资本投资中小创新企业，并鼓励处于成熟期的科技型中小企业上市融资。进入成熟期后，随着企业规模的扩大，企业盈利的增加，各方面管理制度的完善，企业融资渠道的选择也逐步增加。这时，由于盈利的增加，企业有能力增加自身积累，将盈余转化为资本。同时，商业银行也愿意在这个时期为企业提供贷款，企业可以通过银行贷款来获得资金。符合条件的企业还可选择上市或发行债券来筹集资金。

从上面的分析中可以看出，企业从初创期、成长期、扩张期、成熟期到走向衰退期，就像一步一步在阶梯上迈进，每一步都需要不同的融资战略。具体表现为处于不同发展阶段的科技型中小企业有着不同的融资需求和融资方式，因此，可以根据科技型中小企业随着生命周期的变化所需要的融资渠道及融资方式的不同，提供相应的融资服务，以满足处于不同发展阶段的科技型中小企业的不同融资需求。

初创期的企业需要投入大量的资金用于新技术及新产品的开发。当企业进入成长阶段后，随着新产品的入市，产品数量剧增，资金需求主要集中在产品生产成本和市场营销投入两个方面。当企业实现高速成长后，必然形成对规模的要求，此时的资金需求包括对生产设备、场地的扩大和改造以及研发的费用、市场开发投入的增加等。

为满足技术创新和企业发展的资金需求，科技型中小企业需通过多种渠道筹集资金，可选的筹资方式主要有自筹资金、直接融资、间接融资和政策性融资等。自筹资金包括股东的资金投入、个人财产和私人拆借以及企业经营性融资资金（包括客户预付款和供应商的分期付款等）；直接融资指以债券或股票的形式公开向社会筹集资金，也包括引入风险投资资金；间接融资主要包括抵押贷款、担保贷款和信用贷款等各种短期和中长期贷款；政策性融资主要涉及政府对发展科技型中小企业的财税扶持、对中小企业贷款的担保以及对中小企业发展的专项基金支持等。尽管表面上，科技型中小企业的筹资渠道呈现多元化的特点，但实际上筹资难问题仍然是阻碍科技型中小企业发展的"瓶颈"。

金融是我国国民经济的重要枢纽，对全社会的资金起着基础性的配置调节作用；信用担保体系给金融和科技企业的结合提供一个强大的支撑力量。从信用体系出发，寻求担保体系的配合，转嫁一定的风险，或者说风险共担、利益共享；然后进一步发展风险投资体系，从担保产业走向风险投资产业，把风险从担保公司逐步转移到风险投资公司，这样银行的风险可以固定在某种比例下不加大，形成一个强大的银行组合群体，共同推动整个科技产业化、科技企业的群体发展和地方经济整体做大做强。同时，担保产业本身的发展也需要顺应新的理念、顺应新的体系，通过资本运作和它本身对业务运作的双重放大，来配合科技和金融的结合。

近年来，乌鲁木齐高新技术产业开发区（新市区）高度重视科技创新工作，在加大政府科技投入、完善科技创新体系基础上，坚持科技与金融两者有机结合，全力支持科技型中小企业发展，努力提升高新技术产业发展水平，加快经济发展由投资驱动向创新驱动转变的步伐，形成了一批具有自主知识产权和强大市场竞争力的企业队伍，带动了区域经济健康发展。本文从乌鲁木齐高新技术产业开发区（新市区）科技与金融相结合的探索与实践出发，深入探析具体做法与取得的成效，通过理性思考得出一些具有借鉴意义的启示，并进一步提出促进科技金融有机结合的建议。

一、乌鲁木齐高新技术产业开发区（新市区）科技金融体系建设状况

1. 积极推进三大平台建设，为科技企业提供全方位服务

这三大平台包括乌鲁木齐高新技术产业开发区（新市区）创业孵化服务中心、区融资担保公司和新疆产权交易中心。其中创业孵化服务中心集聚了创投机构、中介机构以及科技企业，实现了投融资服务一体化；区融资担保公司通过聚合银行、担保、投资、政府等力量为科技型企业提供全面金融服务；新疆产权交易中心（以下简称"交易中心"）为未上市的科技中小企业提供股权交易场所。交易中心于2012年9月3日经自治区人民政府《关于同意成立新疆股权交易中心有限公司的批复》（新政函〔2012〕198号）批准设立。2012年10月25日经自治区工商局核准注册成立。交易中心作为自治区人民政府批准的区域性股权市场，将立足新疆，辐射中亚，是全国多层次资本市场的重要组成部分，对完善自治区金融市场体系和功能，推动自治区中小企业持续、高效、快速发展具有重要作用；对争取乌鲁木齐高新技术产业开发区（新市区）高新企业进入全国代办股份转让系统挂牌交易试点，进而实现区域股权交易市场与全国性场外交易市场、交易所市场的顺利对接，解决成长型企业的融资困难都具有重大意义。此外，交易中心积极申请加入自治区未上市股份转让试点。为达不到上市条件但股权清晰、具有持续经营能力的科技型中小企业提供流转顺畅的股份转让和交易平台。

2. 创新四大融资方式，拓宽科技企业融资渠道

这四大融资方式包括创业投资引导基金、创业板上市、银行信贷、债权基金。其中，创业投资引导基金和创业板为科技型中小企业打开了直接融资的大门；政策性银行以及商业银行通过创新信贷产品，为科技型企业提供间接融资，此外，各种债权基金的发行进一步拓宽了间接融资渠道。

科技型企业通过上市不仅能扩大直接融资的渠道，改善融资的环境，而且优化了科技的治理结构和优化配置。经过市金融办等相关部门的积极推动，乌鲁木齐高新技术产业开发区（新市区）科技型中小企业的上市工作取得了良好的成效。截至目前，已培育出新疆康地种业科技股份有限公司、新疆熙菱信息技术股份有限公司、新疆百富餐饮股份有限公司、新疆德蓝股份有限公司等创业板拟上市企业。现在，乌鲁木齐高新技术产业开发区（新市区）企业创业板上市工作目标明确，不仅将重点推进已申报企业的上市进程，还将按照"申报一批、辅导一批、重点培育一批、组建储备一批"的总体思路，把培育优质上市资源作为一项长期的战略任务和基础性工作来抓，充分挖掘和补充新的后备力量，争取将更多条件成熟的企业纳入创业板上市后备企业队伍，夯实上市基础。

政策性银行、商业银行、融资担保公司加强科技、金融与信用担保的结合，积极创新针对科技型中小企业的信贷模式，探索建立科技部门推荐、担保公司融资担保、银行独立审贷、三方联合监管的合作机制，在充分沟通交流的基础上，力争在整体框架下与有关金融机构达成全面合作协议，形成政银企合作交流的良好机制。建立企业信息通报、日常联系和联席会议制度，及时通报中小企业相关动态信息、资金供求情况和银行支持企业推出的新政策、新产品，解决银企贷款担保信息不对称问题。每年科技部门向全社会公开征集科技创新企业，认真进行形式审查，重点评价项目技术的先进性、成熟度和成果转化、产业化的可行性、项目品牌价值等，对符合申报条件的企业择优向担保公司、金融机构进行推介，并适时组织科技型中小企业与金融机构举办项目对接洽谈活动。

区政府积极探索财政资金的扶持方式，通过"股权基金"的运作方式，有效拓展了科技企业的融资渠道。为贯彻落实国家支持新疆跨越式大发展的方针政策，乌鲁木齐高新技术产业开发区（新市区）率先在私募股权投资领域迈出了历史性关键一步，2010年9月，乌鲁木齐高新技术产业开发区（新市区）以乌鲁木齐高新技术产业开发区国资公司出资5000万元参股新疆联创永津基金。该基金是由上海永宣（联创）创业投资管理有限公司发起设立的新疆第一家股权投资基金，也是新疆注册的第一家有限合伙制企业。该基金首期规模为12.6亿元，二期规模不少于30亿元，为新疆乃至西部目前最大的股权投资基金。基金重点投向于新疆稀缺资源、资源深加工、战略性新兴产业等方面。为管好此基金，上海联创还在新疆专门设立了新疆永津创业投资管理公司，并且该基金及管理公司

均注册于乌鲁木齐高新技术产业开发区。这一举措将积极推进乌鲁木齐高新技术产业开发区（新市区）科技与金融相结合，创建新型投融资体系建设的进程，同时对解决乌鲁木齐高新技术产业开发区（新市区）中小企业融资难，引导社会资本促进高新技术企业快速发展，并坚定不移地实施以市场为导向的优势资源转换战略，着力打造新兴支柱产业奠定了坚实的基础。

3. 加强三大保障体系建设，建立长效服务机制

这三大保障体系包括财政资金保障、金融服务保障以及科技金融政策保障。其中，科技投入是创新活动开展的基础；担保能力是中小企业解决融资难的重要突破口；政策环境是政府作用于科技金融的重要体现。

近年来，乌鲁木齐高新技术产业开发区（新市区）不断加大科技创新投入，以推动科技强市和创新型城市建设。在全社会 R&D 投入、地方财政科技拨款、企业技术开发费支出、人均财政教育经费支出等方面大幅提高。

随着对科技创新以及科技与金融结合认识的不断加深，乌鲁木齐高新技术产业开发区（新市区）区委、区政府出台了一系列与"科技金融体系"建设相关的政策。

二、乌鲁木齐高新技术产业开发区（新市区）在科技金融体系建设中存在的问题

1. 科技金融三大平台作用未能充分发挥

政府与创投机构、企业和中介之间的合作机制尚未完全建立。如相关部门对企业的服务不够深入，未能准确根据机构偏好推介项目，造成投资项目对接成功率没有达到预期的目标，而对有融资需求的企业服务也缺少多样性，不能满足多数企业在发展过程中的服务需求。除此之外，乌鲁木齐高新技术产业开发区（新市区）的股权投资机构规模较小，大多是国内本土机构，在人才、管理、投资方面与具有跨国公司背景的大型创投管理企业还存在较大差距。

产权交易中心刚刚开始试运行，功能和地位未能得到充分体现。实际操作过程中，乌鲁木齐高新技术产业开发区（新市区）科技型中小企业通过产交所进行股权交易和知识产权交易的数量很少。

银行推动的金融产品创新大多流于形式，没有实质性突破。这种限制包括：一是债权融资审批流程过长。大多数银行仍将科技型中小企业贷款与其他贷款按同样标准考核，多数银行由远离企业的上级行进行贷款决策，影响了基层行员工的积极性及适应企业特点改造业务流程的主动性。二是科技型中小企业获得额度

过少。科技型企业的特点在于轻资产、高需求,相对其拥有的资产,部分初创期科技企业需要资金的金额大、时间急,作为借贷资金主要来源方的银行按原有评价体系核定的信贷限额并不符合科技型中小企业的高成长性,使多数企业不得不转向其他融资渠道。三是金融机构现有知识结构过于简单。高新技术企业科技含量高,多涉及新服务、新材料、新能源、新商业模式等新经济元素,银行缺乏熟悉这类企业运作规律的专业人才,面对量大面广的科技型中小企业,无法满足其融资需求。同时在为"轻资产"的科技型中小企业提供贷款时,由于反担保物不足或者无抵押担保贷款,银行从担保公司获得期权收益合法性还有待明确,科技银行的贷款风险仍然存在。

2. 融资担保产品无法满足企业融资需求

商业银行、政策性银行为解决科技企业融资难问题,不断创新信贷产品,但是通过知识产权融资等无形资产质押获得贷款的企业还很少,多数科技企业还是被挡在了银行融资大门之外。一是无形资产质押贷款需解决运作障碍。国内为无形资产质押融资提供质押物备案、评估、交易、股权转让的交易平台较少,知识产权保护及相关权利的合法行使存在障碍,若通过法律途径解决,也存在造成审判难、执行难等问题。二是抵质押贷款还需进一步体制创新,盘活科技型中小企业的休眠资产。例如,科技型中小企业若进口核心设备,在设备获得关税减免的同时,需由海关监管5年,在此期间这些设备无法进行抵押。除设备外,企业的应收账款、专利技术,都需要创新金融产品加以激活,为企业带来发展流动资金。

科技型企业在融资担保申请中遇到了诸如信贷配给、知识产权及动产难以作为反担保资产等问题,担保机构也存在着收益与风险不对称、政策性与商业性不兼容等突出问题。

投资机构与科技银行之间还需互动合作,这样可以最大限度地为科技型中小企业做好服务。前者为极具发展潜力的科技型中小企业进行风险投资、协助上市;后者在为科技型企业开展金融服务的同时可以向股权投资机构推荐一些优秀的中小企业。

3. 保障体系还需进一步完善

出台的一系列规划和财税扶持政策还需进一步修改和落实,如针对高新技术企业按15%征收所得税、企业研发费150%加计抵扣政策主要受惠对象是应缴纳所得税的企业,而初创期无盈利、没有产生应税收入的科技型中小企业无法享受。

财政资金的使用方式有待改进,效率有待提高。创业投资引导基金中财政撬动社会资金的效果有限,每年到位资金大大超出了实际投入到科技企业项目中的资金,即资金使用效率偏低;区融资担保公司注册资本金的补充来自每年的财政预算,在当前区财政收入吃紧的情况下,注册资本金的持续补充有较大难度。

乌鲁木齐高新技术产业开发区（新市区）支持科技金融体系创新过多依赖于财政资金，对民间资金的利用不够。一是民间资本规模庞大，同时也处于分散、无序、非理性的流动局面，政府应采取有力措施，千方百计激活民间资本，让民间资本投资科技企业，这是科技企业扩大投融资领域、增加资金来源的很好渠道。二是基金投资不够活跃。许多科技型中小企业在创立初期，出现资金困难时，不知道如何寻求投资机构的股权投入，创投公司对企业了解不深入，沟通不够，也造成了创投资金对中小企业的投资障碍。三是上市融资存在障碍。主板、中小板、创业板上市门槛高、排队时间长、费用高，科技型中小企业往往无法达到上市融资的要求。四是担保机制尚未充分发挥作用。国内多数担保机构没有专门针对科技型中小企业的运作机制，在额度审批和项目选择上存在和银行一样的"嫌贫爱富"倾向。五是中介服务及评估机构不足。价值评估机构的常规评估方法很难与银行达成风险共识，国内尚缺少为科技型中小企业提供专业评估服务的中介机构。

三、完善乌鲁木齐高新技术产业开发区（新市区）科技金融体系的对策建议

1. 以两大体系建设为基础，构建资金和担保双保险

（1）建设适应新形势要求的基金支持体系。增加乌鲁木齐高新技术产业开发区（新市区）创投引导基金规模，放宽准入条件，吸引更多的社会资金进入，形成有效的基金支持体系。

首先，提高创投引导基金使用效率。进一步明确乌鲁木齐高新技术产业开发区（新市区）引导基金的定位，强调政府放权，让专家来管理，通过专业机构来运营，按市场经济规律办事。丰富创投引导基金运作方式。建议在原来阶段参股和跟进投资两种运作模式基础上增加融资担保（对信用良好的创业投资企业提供融资担保）方式。

其次，完善中小企业集合债发行模式。联合多家有实力的担保公司对中小企业集合债进行担保，解决单一担保机构对众多企业担保的风险控制问题。创新债权产品。通过引入新的合作方——政策性银行，以吸收国家开发银行低息贷款，这种形式不再通过信托理财方式吸引社会资金，跳出了银监会提高信托类理财产品认购门槛的限制，而且简化了资金筹集程序，降低了企业的融资成本。

最后，规模发展私募股权投资基金。加快引导金融机构紧紧围绕"科技大区、工业强区、商贸新区、生态示范区"这一目标，充分发挥乌鲁木齐高新技术

产业开发区体制机制和新市区社会管理两大优势，全力抓好主城片区、城北片区和甘泉堡片区的规划建设，着力打造北区工业园、甘泉堡工业园、火炬创业园和新大科技园四大创业平台，重点吸引中小金融总部和外资金融机构。着力打造资金与资产管理中心，力求在结构调整、招商引资、科技创新、园区建设、总部基地五个方面取得新突破，做大做强新能源、新材料、生物医药、装备制造、煤电煤化、现代服务业六大支柱产业，努力形成"围绕一个目标、发挥两大优势、打造三区四园、力求五个突破、做强六大产业"的发展思路，加快扩容提速，实现二次腾飞，确保新区经济发展再上新台阶。

（2）健全融资担保体系，突出发挥担保作用。在现行严格的金融监管下，要改变银行对科技型中小企业的风险偏好，除了政府鼓励和引导外，担保在科技企业间接融资链中也起到非常重要的作用。如果能充分发挥担保公司的作用，可以在解决科技企业的融资难题中起到事半功倍的效果。建议可以通过鼓励发展、分担风险、评定业绩、政策担保等方法，推动担保公司开展科技型中小企业担保业务。

首先，减轻政策性担保公司负担。鉴于担保业务的政策性功能和非营利性特点，建议适当减免一定税费以减少负担。出台鼓励担保机构发展的各项政策，尤其是加大对专门服务科技型中小企业担保机构的政策倾斜，提供包括免税、补助、资本注入、保费补贴等在内的优惠政策，帮助担保公司提高对代偿率及代偿损失率的容忍度；通过建立高新技术企业信用担保基金，以参股、委托运作等方式支持担保机构的设立与发展。建议税务系统对属于地方财政科技预算的担保风险补偿资金纳税作另行规定，在担保企业计算应纳税所得额时从收入总额中扣除，以保证财政资金的有效利用。政府对担保机构的运作进行有效监督可促进担保机构的规范运营，政府相关部门如工商、国土、房管、公证等部门的支持和信息资源共享将促进信用担保机构健康可持续的发展。

其次，探索新型担保方式。做大知识产权质押担保。鼓励和支持高科技型企业用专有知识技术、许可专利、商标权、版权（如电影的版权、网络游戏的版权）等作质押，帮助中小企业取得融资，替代担保和抵押品的不足。针对银行对高科技型产品评估难点，建议银监、院校、政府三方面建立联动，推荐各行各业的专家作为中小企业贷款的授信委员会专门聘请的委员，对高科技含量的中小企业，给予恰当的调查，弥补银行业金融机构人才的不足。鼓励民资通过担保行业为中小企业提供融资服务。对现有担保机构进行规范整顿，鼓励社会资本和国外投资机构出资设立中小企业融资性担保机构，使融资性担保机构和整个担保行业逐步走上依法审慎经营的轨道。做好网络担保创新。总结网络"风险池"等创新担保的有效经验，鼓励更多的银行与商务平台合作共建网络担保体系，支持科技型中小企业通过网络银行获得贷款，开拓网上销售市场。借鉴上海浦东新区经验设立科技企业信用互助担保基金，引导科技企业认缴部分基金，与金融机构合作对科技企业发放担保贷款。继续组织开展担保机构的信用评级，完善评级体系建设和评级指标设置。

再次，进行评定业绩：做大做强乌鲁木齐高新技术产业开发区（新市区）现有的担保机构，完善对担保公司的信用评级体系，鼓励担保公司不断创新担保方式，促进乌鲁木齐高新技术产业开发区（新市区）再担保机制的形成。建立担保机构评级制度，制定规范、严格的担保机构评级系统，规范担保行业发展；对担保机构年内开展的业务进行评比，奖励先进，督促后进。

最后，发挥政策担保作用：对政府需要重点扶持和鼓励发展的科技型中小企业，通过政策性担保运作平台提供直接担保，扶持科技型中小企业做大做强。

2. 以四大平台建设为抓手，积极做好企业投融资服务

（1）做大做强创业孵化服务中心，吸引更多专业机构入驻。加大投融资平台开发，争取吸引大型的知名股权投资机构入驻，通过它们的专业服务团队为企业打造信息咨询、业务指导等综合服务体系。扩大服务种类和服务范围。为企业提供创业辅导、科技政策咨询、融资方案设计、知识产权代理、上市融资咨询等科技金融服务。建立有层次的项目推荐制度。收集到的项目首先保证入驻在服务中心、设办公点的投融资机构；其次推荐给服务中心会员单位；最后通过网络发布等方式推荐给社会投资机构。做好与科技局的业务对接。进一步发挥专业平台对政府资助项目的服务，扩大项目受理、初选和专家评审功能，科技局可考虑将种子资金、创新基金等科技计划项目的受理、初审、监理、验收等职能放至创业服务中心。

（2）加大对相关银行的支持力度。如相关银行向科技型中小企业发放的贷款基准利率可享受20%的比例得到补贴，为保证相关银行贷款业务的正常进行，建议设立创业贷款专项补偿基金，既可以保证补贴及时到位，又加大了补偿力度。此外，建议可以考虑将部分专项扶持资金（如服务外包专项资金、新能源专项资金、信息化专项资金、文化创意产业专项资金等）托管在相关银行，作为增加存款的来源。另外，区政府可出台具体政策，允许市创业投资引导基金阶段参股部分基金托管在相关银行，在吸收存款的同时，与股权投资机构共同分享大量科技型中小企业信息，结合政府、银行、担保、投资机构四方力量支持乌鲁木齐高新技术产业开发区（新市区）的优质企业做大做强。探索设立具有独立法人资格的科技银行。建议由乌鲁木齐市商业银行和相关银行合资成立具有独立法人资格的"科技银行"，新组建的科技银行将拥有多元化的股权结构，允许企业资金、民间资金等参与其中。创新信贷产品，科技银行要加大贷款产品的创新和开发力度，进一步健全信贷风险补偿机制，继续深入探索银行、创投与担保公司合作的"贷投结合"模式、期权分享模式等。

（3）做强新疆产权交易中心。打造专业的技术产权交易市场，完善创业资本的退出机制。要积极探索建立产权市场做市商制度，促进各类产权有序流转。同时，也可通过国际合作方式，将产权交易引入国际资本市场、将境外产权转让引入国内市场，在全球范围内进行企业产权的流转服务，促进国内资源与国际资源的紧密结合，为国内外的私募资本创造良好的运作环境和条件。产权交易中心要与上海联合产权交易所、北京产权交易所、天津产权交易中心三大产权机构建立战略合作伙伴关系，并融入长江流域产权交易同市场和泛珠三角产权交易共同市场，强化交易信息、交易方式、交易项目、交易规则、交易市场和监管体系等方面的联动。出台优惠政策，鼓励吸引更多的科技企业到产权交易中心交易。进行股权交易和知识产权交易，探索科技成果退出渠道。联合会计师事务所、律师事务所、咨询公司、担保公司等各种中介机构，对技术成果进行完善的评估，有利于成果的及时转化，为买卖双方搭建桥梁。创新技术交易市场的管理机制，建议由区科技局、区创业孵化服务中心、产权交易中心、区融资担保公司四方联合投资成立有限责任公司，转变部分政府职能，走市场经济道路，借助孵化器公司和协会的力量寻找项目资源，实行会员与非会员相结合的运行机制，以社会效益为主，兼顾经济效益。

（4）做精创业板培育基地。借鉴中关村国家自主创新示范区创业板企业培育中心的运作模式，通过创业者培育、创业培育、上市培育和上市后管理四个服务环节，形成宝塔式、全链条培育结构。采用政府引导、市场化运作的方式，逐步形成科技创业投资基金、科技创业投资公司、科技金融机构、科技担保、法律服务、技术评估、技术交易等产业服务链。做好创业板上市培育工作。加强与证监会、交易所的交流沟通，及时掌握最新政策动向，促进拟上市企业把握上市时机，继续深化上市服务工作。

此外，全国中小企业股份转让系统有限责任公司已于 2012 年 9 月 20 日正式成立，其经营范围是"组织安排非上市股份公司股份的公开转让；为非上市股份公司融资、并购相关业务提供服务；为市场参与者提供信息、技术服务"。该公司负责运营的全国中小企业股份转让系统是经国务院批准设立的证券交易场所，直属于中国证监会。

全国中小企业股份转让系统致力于助推创新创业，致力于改善中小企业发展的金融环境，致力于服务全国范围内的非上市股份公司。作为证券交易市场，全国股份转让系统主要具有八个方面的功能：直接融资、并购重组、股份流动、股权激励、规范治理、信用增进、价值发现、提升形象。总的来说，转让系统的制度设计吸取了中关村代办系统试点的经验、吸取国外场外市场的实践经验，更注重我国中小企业发展的实际及对资本市场的需求，力求使市场的构建更切合实际。

应积极争取乌鲁木齐高新技术产业开发区（新市区）进入全国中小企业股份转让系统试点范围，并做好相关配套措施，对乌鲁木齐高新技术产业开发区（新市区）内企业进行储备和培育，进入挂牌程序，建立拟挂牌企业的评审机制，完善拟进入全国股份转让系统企业名录，建立专业化的中介服务团队，筛选资质好、执业能力强的中介机构承担企业挂牌保荐、财务顾问、审计评估、法律服务等方面的任务。建立健全协作监管体系，建立风险监管体系和工作机制，有关部门要加强对"新三板"试点工作的组织领导。

3. 以"管理、人才、政策、资金"为支撑，营造良好发展环境

科技金融创新发展离不开协调有序的政府管理、复合型高端科技金融人才、专业有效的政策和资金扶持，其中"人才资源"是创新之本，也是科技金融支撑体系建设的核心。

（1）建立健全管理机制。建立部门与金融监管机构之间的协调机制。加强部门与金融机构在科技项目融资、科技项目风险管理、小额信贷等方面的合作，提高乌鲁木齐高新技术产业开发区（新市区）科技金融工作水平。

（2）吸引培养专业人才。利用好中国科技金融高级人才对接平台组织乌鲁木齐高新技术产业开发区（新市区）高新技术企业、金融机构等积极参加招聘，吸引一批既熟悉国际金融市场规则又有丰富实战经验的高端金融和管理型人才来创业。建立科技金融人才培训基地，举办多种形式的科技金融人才培训活动。建立人才激励机制，调动各类人才的积极性和工作热情。

（3）落实完善政策措施。建立健全科技与金融结合政策体系，科技与金融结合需要制度化、正规化，纳入法制建设轨道。建议将已经出台的政策按照体系进行整理。制定出乌鲁木齐高新技术产业开发区（新市区）科技金融发展的短期、中长期目标以及战略方针。根据运行实际情况，对科技金融相关政策作及时修改。

（4）用活用好财政资金。拓宽财政资金使用渠道，建立多种形式的专项基金，如科技成果推广周转金、民营科技机构贷款担保基金等用于一些高回报、高风险的项目的科技贷款的担保和补偿。注重发挥财政资金的引导功能，规范财政资金使用方式。如重庆市就出台了《科技投融资补助资金管理暂行办法》，每年安排专项补助资金以投资风险补助、投资保障补助、投融资服务补助、科技贷款补助、科技担保补助等多种方式对乌鲁木齐高新技术产业开发区（新市区）的创业投资机构、投融资服务机构、银行、科技担保机构及科技企业进行补助。

（5）要推动科技型企业信用评级。推动工商局、海关、税务、水、电、气管理部门统计的科技型企业数据信息化整合，通过组建企业信用评级协会的方式，引导企业建立信用自律制度，并向金融机构开放，为科技型中小企业融资创造良好的外部环境。

（6）建立重点企业信息库，通过专业服务团队为企业打造信息咨询、业务指导等综合服务体系，将有限的资源集中服务于重点企业，扶持企业做大做强。

（7）制定无形资产评估管理细则，统一质押登记制度，搭建无形资产质押融资服务平台。

科学技术是第一生产力，金融是现代经济的核心，推动科技和金融的紧密结合，是加快自主创新和科技成果产业化、完善科技金融体系、实现经济发展方式根本转变、促进国民经济又好又快发展的根本途径。乌鲁木齐高新技术产业开发区（新市区）应高度重视科技创新工作，在加大政府科技投入、完善科技创新体系的基础上，坚持科技与金融两者有机结合，全力支持科技型中小企业发展，努力提升高新技术产业发展水平，加快经济发展由投资驱动向创新驱动转变的步伐，形成一批具有自主知识产权和强大市场竞争力的企业队伍，带动区域经济健康发展。

（作者：乌鲁木齐高新技术融资担保有限公司）

争做科技金融的实践者和领先者

——北京银行中关村分行科技金融实务探索

一、引　言

　　科技金融已经成为我国提升自主创新能力、转变经济发展方式的一项重要的理念创新和现实的驱动力量，不仅得到了政府的高度重视和大力引导，也得到了科技界、产业界、金融界的共同关注和积极参与。

　　在政策层面，2011 年 10 月，科技部等部门发布的《关于促进科技和金融结合加快实施自主创新战略的若干意见》，特别强调了金融创新的作用、科技和金融结合的意义，该文件指出：

　　"科学技术是第一生产力，金融是现代经济的核心。科技创新和产业化需要金融的支持，同时也为金融体系健康发展拓展了空间。就全球产业革命而言，每一次产业革命的兴起无不源于科技创新，成于金融创新。"

　　"深化科技、金融和管理改革创新，实现科技资源与金融资源的有效对接，加快形成多元化、多层次、多渠道的科技投融资体系，为深入实施自主创新战略提供重要保障。"

　　在 2012 年 8 月国家发改委等 9 部委和北京市联合发布的《关于中关村国家自主创新示范区建设国家科技金融创新中心的意见》中，将科技金融界定为："科技金融是促进科技创新和高技术产业发展的金融资源综合配置与创新服务，是实现科技与金融更加紧密结合的一系列体制机制安排。科技金融创新包括金融制度、业务、组织、市场创新，是国家技术创新体系和金融创新系统的重要组成部分。"

　　在理论研究层面，有代表性的是国务院发展研究中心企业所所长赵昌文对科技金融的定义："科技金融是指促进科技开发、科技成果转化和高新技术产业发展的一系列金融工具、金融制度、金融政策与金融服务的系统性、创新性安排，是由向科学与技术创新活动提供融资源的政府、企业、市场、社会中介机构等各种主体及其在科技创新融资过程中的行为活动共同组成的一个体系，是国家创新体系和金融体系的重要组成部分。"[1]

上述政策指引和理论研究，对开展科技金融实践具有很好的启发和指导作用。北京银行中关村分行在 10 余年探索科技金融实务的过程中，也逐步形成了对科技金融业务的一些理解和认识：

（1）科技金融是促进技术与资本有机、高效结合的一系列体制机制安排，科技金融创新包括：金融制度、业务、产品、组织、市场等多方面的创新和完善，是国家技术创新体系和金融创新系统的重要组成部分。

（2）科技与金融既是现代经济发展的两大关键要素，同时又分属于不同的领域和范畴，在融合的过程中必然会面临很多困难和问题，特别是表现为界面和接口的问题。

（3）一般来看，科技创新包括了科技研发、科技成果转化、科技型企业成长壮大三个阶段。在这个科技创新的全过程、全链条中，相比而言，科技研发属于公共资源支持的范畴；科技型大企业在成熟的市场经济环境中能够享有多样化的融资渠道、多元化的金融机构服务、比较优势的谈判地位，基本不存在融资难的问题；而科技成果转化的环节，由于技术与市场的"跨界"结合，由于风险和不确定性较大，由于我国金融体系发展还不完备，特别需要金融创新的支持和推动。因此，科技成果转化环节就成为科技金融服务的重点和难点，表现在企业端，就是如何为科技型、创新型、创业型中小企业[2]的成长提供高效的金融支持。

（4）从中国与美国、中关村地区与硅谷地区的对比来看，二者在高新技术领域的科技创新、商业模式创新、产业发展方面的差距正在逐步缩小，我们在个别技术领域的发展甚至还处于世界领先水平。但是，金融体系的完善和金融创新的差距还很大，多元化、多层次、多渠道的科技金融体系还没有形成。

（5）虽然从美国硅谷等地的国外经验来看，创业投资是扶持科技型、创新型、创业型中小企业成长的金融主力军，但是鉴于我国目前直接融资体系尚不发达，长期以来对贷款的惯性依赖较大，加上银行贷款成本低、操作时间较快、不分享企业股权和控制权等特点和优势，使得很多科技型中小企业将银行贷款作为外部融资的主渠道。

综上，无论在宏观还是微观、政策还是市场、产业还是金融业的角度来看，科技金融的探索和创新都具有重要的意义。而北京银行中关村分行植根中关村国家自主创新示范区、长期服务科技型中小企业的实践，将为我国科技金融体系建设提供有益的思考和范例。

---

① 赵昌文等.科技金融[M].北京：科学出版社，2009.
② 除了特别注明以外，下文中的"中小企业"都泛指"中小微企业"。

二、科技型中小企业信贷融资的难点

（一）中小企业信贷融资的普遍困难

一般来看，大家普遍认为，中小企业在信贷融资方面主要面临以下一些问题：

1. 经营管理欠规范

中小企业普遍规模小、自有资本少、成立时间短、人才短缺、日常管理不健全，易受外部环境和风险的不利影响。

2. 缺乏抵押物

大多数中小企业拥有土地、房产、设备等固定资产的比例较低，并且常常产权不明晰，因此符合信贷融资要求的抵押资产很少。

3. 缺少信息和信用记录

中小企业普遍在公司治理、经营管理、财务管理等方面不健全，产品、资金、业绩等信息规范化、透明度低。

4. 操作成本偏高

在没有形成专门的操作模式和工具的情况下，单位贷款的处理成本往往随贷款规模的上升而下降，因此，中小企业贷款的操作成本相比大型企业而言偏高。

上述这些具体困难和问题可以归结为一条，就是资金使用者（中小企业）与资金提供者（银行等金融机构）之间的信息不对称，这是导致中小企业"融资难"的根本原因。正如马凯在 2013 年 7 月 15 日全国小微企业金融服务经验交流电视电话会议上所讲的："小微企业融资难，表面上看是缺钱，实质上是缺信息、缺信用。"

这种"信息不对称"或"两缺"的客观事实，使得中小企业"融资难"成为世界性的一个普遍难题。据了解，即使在市场经济成熟的国家和地区，中小企业获得外部正规融资的比率也仅在 30%左右。只不过在我国目前过渡经济的特定时期，中小企业"融资难"的问题体现得更为突出。

因此，缓解中小企业"融资难"的出路和措施也就归结和聚焦为：如何降低信息的不对称，即解决"两缺"的问题。

（二）科技型中小企业信贷融资的独特性

科技型中小企业除了具有上述的普遍性融资困难以外，还在以下方面体现出一些独特的特征和难点。如此，在中小企业普遍面临融资困难的基本情境下，以技术为主导、处于创业期的科技型中小企业的融资更是"难上加难"。

1. 发展特征不同

科技型中小企业主要是技术密集型企业，企业核心资产和竞争力体现在技术和人力资源，以创业为主要表现形式，经营业绩呈现非线性增长的模式，与其他中小企业相比，收入和利润的波动性更大。这里的创业已经不仅仅是"创办一家新企业"的简单含义，在新经济的时代，创业是集技术创新、产品创新、商业模式创新、管理创新、业态创新于一体的一种经济活动，已经成为创新成果产业化的主要渠道、创新价值实现的主要形式。

2. 融资需求特征不同

中小企业的融资需求的突出特点是："短、小、频、急"。"短"是指贷款期限短，一般短期流动资金贷款居多；"小"是指融资额度比较小；"频"是指申请和办理融资的频率明显高于大型企业；"急"是指融资的时效性要求高，要求金融机构在尽可能短的时间内响应和满足中小企业的资金需求。除了具有上述4个普遍的需求特点以外，科技型中小企业又多了1个特点——"变"，是指由于科技型中小企业技术和商业模式的原创性、市场的原生性和不确定性，使得企业的经营状况相比其他中小企业具有更大的变动性和波动性。

3. 风险特征不同

一方面，从风险的类型和表现形式来看，除了具有"巴塞尔协议"所提到的信用风险、市场风险、操作风险三大风险以外，综上所述，科技型中小企业的融资风险还突出地具有技术风险、创业风险。技术风险包括技术研发或中试失败、技术落后或不成熟、技术流失等；创业风险的含义更广泛，广义上看，包括了创业企业发展过程中的技术、市场、管理、团队、融资、合规、外部环境等各类风险，狭义上看，主要包括创业机会识别、外部环境变化、创业团队变动等方面的风险。另一方面，从风险管理的角度来看，与大型企业相比，对中小企业信贷融资的风险管理，要更侧重于现场调查、非财务信息等交叉检验技术和报表还原技术，侧重于企业主的信用状况，侧重于贷款的笔数而不是贷款的金额，侧重于分期还款。不仅如此，在此基础上，科技型中小企业信贷融资的风险管理还要更侧重技术风险和创业风险的识别和管理，具体方法包括新兴行业和市场分析、技术专家评价、技术手段辅助管理等。

4. 作业模式不同

与非科技型中小企业一样，科技型中小企业的信贷业务操作，在贷前调查和贷后管理的过程中，更多地需要"现场作业"，即在中小企业的办公地、经营地、生产地现场收集、调查和验证信息。除此之外，由于科技型中小企业的创业团队较多以技术型人才为主，在创业早期阶段更多的精力侧重于技术研发和市场开拓，因此，还需要银行信贷人员"辅导作业"，即帮助科技型中小企业和创业者来完善融资规划、细化融资需求、梳理经营数据、规范资金使用等。另外，随着互联网、移动网络的普及，科技型中小企业更青睐于 ICT 技术的应用，因此也要求银行信贷业务更多地引入和采用"网络化作业"的方式。

5. 激励约束机制不同

众所周知，中小企业相对于大企业来说具有更高的风险性，不良率也会较高。因此，为积极推进中小企业信贷融资，就需要在风险管理、绩效考评中，给予基层经营单位、客户经理较高的风险容忍度和特别的激励考核制度。在中国银监会新近发布的《关于进一步做好小微企业金融服务工作的指导意见》（银监发〔2013〕37 号）中，不仅要求"银行业金融机构应根据自身风险状况和内控水平，适度提高对小微企业不良贷款的容忍度，并制定相应的小微企业金融服务从业人员尽职免责办法"，而且还对提高小微企业不良贷款容忍度首次提出了具体的扶持政策，即"银行业金融机构小微企业贷款不良率高出全辖各项贷款不良率 2 个百分点以内的，该项指标不作为当年监管评级的扣分因素"。与非科技型中小企业相比，科技型中小企业由于具有更大的技术风险和创业风险，因此需要更有效的激励机制。基于此，我们看到，很多地方的政府主管部门，都对科技型中小企业的信贷融资出台了专门的激励政策，包括风险补偿、利率和费用补贴、业务规模和增量奖励等。

6. 对银行信贷人员的要求不同

基于以上的独特性，对服务于科技型中小企业的银行信贷人员来说，不仅要具有服务传统中小企业的一些基本素质、职业技能、操作经验，还需要了解、掌握一些技术发展的新知识以及市场、商业模式的新动态。此外，还需要按照信息、生物、环保、文化创意等不同的技术领域和行业，培训和组建相对专业、专营的团队和客户经理。

（三）银行贷款与创业投资的对比

对于中小企业的成长来说，"首次股权融资（包括天使投资、VC、PE 等）"、"首次公开发行上市"（IPO）都是一次融资的飞跃。对于投资机构和中介服务机构来说，也是一种全新的融资产品（服务）供给。同样类似地，中小企业尤其是科技型中小企业的首次信贷融资，对企业成长过程来说也是一次融资的跨越。对银行机构来说，科技型中小企业的信贷服务也是一种创新性的融资产品设计和供给。

从美国硅谷等地的成功经验来看，科技型中小企业的融资主渠道应当是以创业团队自有资金为代表的内源性融资和以天使投资、创业投资为代表的外部股权融资。我国近些年扶持自主创新和科技型企业发展的实践也表明，创业投资是推动科技型中小企业快速发展的有效金融支持措施。

虽然，在扶持科技型中小企业方面，银行贷款可以参考和借鉴创业投资的一些理念和方法，例如：对新技术、新产品、新市场、新商业模式的判断，对企业经营风险和未来盈利的预测和控制，对核心创业团队的评价，对企业核心资产的评估，等等。但是，由于二者在以下基本模式和关键点上的差异，使得银行机构难以完全采用创业投资机构的评价角度、评价方法，也很难得出完全一致的决策结论。银行必须构建符合贷款属性的专门的评价和管理方法。这也意味着，科技型中小企业在寻求创业投资和银行贷款的过程中，需要准备不同的商业方案和资料，突出不同的卖点和侧重点。

表 47.1　银行贷款与创业投资的差异比较

差异点	银行贷款	创业投资
1. 资金来源	大众人群 平均风险承受能力低	小众人群 风险承受能力高
2. 评价模型	主要基于过去的业绩判断未来的还款能力	主要考量未来的盈利能力
3. 风险类型	低风险、低回报 大数定律（较低的不良容忍度）	高风险、高回报 小数定律（较高的投资失败率）
4. 收益实现	现金还款	现金、资产、股权收益
5. 期限	时间刚性 多为 1 年	时间弹性 3~7 年
6. 收益与企业盈利的相关性	无	正相关
7. 资金成本	相对固定的利率	分享企业股权和收益
8. 关注的核心问题	①贷多少（贷款额） ②干什么用（贷款用途） ③拿什么还（第一和第二还款来源）	①融多少（投资额） ②几年能退出（投资期） ③能赚多少倍（投资回报率）

三、北京银行中关村分行科技金融业务发展实践

北京银行中关村分行（以下简称分行）于 2011 年 5 月 28 日在中关村国家自主创新示范区核心区开业，前身是 2000 年成立的北京银行中关村科技园区管理部。分行以科技金融业务为战略重点和业务特色，13 年来一直致力于服务中关村示范区的科技型企业，是北京银行在京的第一家分行，也是中关村示范区内第一家以科技金融为特色的分行级银行机构。目前分行总资产超过 1600 亿元，约占北京银行全行总资产的 14%，辖内共有 43 家网点。

（一）分行发展历程

1. 与中关村示范区共同成长

1999 年，国务院批复加快建设中关村科技园区，北京银行满怀创新的勇气和服务科技型中小企业的责任，率先设立了中关村科技园区管理部和支行，成为中关村科技型企业融资服务和科技金融创新的开拓者。2009 年，国家批准建设中关村国家自主创新示范区，北京银行响应国家和北京市的号召，将中关村科技园区管理部更名、升级为中关村分行，其成为中关村示范区内第一家分行级的特色银行机构。

2. 创造了中关村科技金融的多项第一

早在 13 年前，北京银行就开始在中关村进行战略布局和金融创新。第一家以中关村科技园区命名的支行、第一家中小企业服务中心、第一款专门服务于中关村科技型中小微企业的信贷产品、第一批中关村科技园区中小企业信用贷款工作试点合作银行、第一家推出中小企业金融服务品牌、第一家科技型中小企业信贷专营机构、第一家分行级银行机构、第一家私人银行中心……这众多的第一，见证了北京银行在中关村科技金融创新方面的脚步和进步。

3. 科技金融业务规模领先、特色显著

目前，分行累计为中关村示范区 4000 户中小企业提供信贷融资超过 800 亿元，在同业中排名第一。截至 2013 年 6 月末，分行中小微企业贷款余额为 295 亿元、1664 户。

分行的科技型中小企业信贷融资突出的特点有：

——科技型企业占比高。科技型中小企业贷款客户在分行中小企业贷款客户总数中占 45%。

——服务小微企业多。在分行中小企业贷款客户中，小微企业占 91%，贷款额 500 万元以下的企业占 70%。

——户均贷款额低。1 亿元以下中小企业贷款的户均贷款额平均为 800 万元，最小贷款额为 2 万元。

——初创企业多。50%左右的中小企业贷款客户为首次信贷融资，分行也成为中关村众多科技型小微企业的首家服务银行机构。

——长期持续服务。分行不仅提供首笔信贷融资，还坚持为科技型中小企业提供长期、持续的融资服务。在分行多年的支持下，联想集团、神州数码、新东方、科兴生物、北陆药业、光线传媒、天壕节能等一批科技型中小微企业成长为领军企业或行业内的"小巨人"。

——信贷产品创新市场占有率高。分行操作的"瞪羚计划"贷款户数存量在中关村示范区占比 70%，留学归国人员创业企业担保贷款户数存量占比 80%，科技型中小企业信用贷款户数累计发放占比53%，知识产权质押贷款户数累计发放占比45%。

——重点企业服务市场占有率高。在中关村示范区的科技型企业中，分行服务的境内创业板上市的企业贷款户数存量占比61%，境内中小板上市企业贷款户数存量占比50%，"新三板"挂牌企业贷款户数存量占比60%。

（二）科技金融的创新做法

1. 着眼"战略"，17年坚持服务中小微企业

北京银行是国内较早定位和服务于中小企业的商业银行。北京银行董事会、经营班子始终高度重视中小企业发展，坚决贯彻小微企业金融服务的"六项机制"和"四单原则"，打造科技金融、绿色金融、文化金融的特色品牌。成立17年来，北京银行始终坚持"服务首都经济、服务中小企业、服务首都市民"的战略定位，明确和践行"支持中小企业就是支持我们自己"、"中小银行就应该与中小企业唇齿相依"、"服务小企业、成就大事业"的业务发展理念。

在中关村科技园区成立之初，分行就确立了发展科技金融、服务中小企业的经营理念。支持科技型中小企业是一项艰苦的工作，风险高、规模小、见效慢。在刚开始操作科技型中小企业业务的时候，并没有可借鉴的成功经验，但是在监管机构、中关村管委会、海淀区政府等各级政府部门的正确指引和大力支持下，分行经过10余年的探索和坚持，逐渐形成了一套行之有效的科技型中小企业业务特色产品、操作流程和服务模式。正是这种长远的战略眼光、明确的战略定位、坚持的战略执行，使得分行在科技型中小企业业务方面取得了今天的成绩，在中关村这个中国的科技创新中心树立了科技金融的品牌形象。

特别是，2012年11月，北京银行以打造"科技企业最佳金融服务银行"为愿景，发布《北京银行科技金融三年发展规划》，明确了加快科技金融发展的主要指标，要实现"四个不低于"，即：科技企业信贷业务增速不低于全行信贷业务平均增速；未来3年累计为科技企业投放不低于1000亿元的信贷支持；重点培育不低于1000家高成长型科技企业；累计建设科技企业专营支行不低于20家。同时，分行迅速启动实施《科技型小微企业"增千户"行动计划》，在未来3年内，实现每年新增科技型小微企业贷款客户1000户，提升服务科技型小微企业信贷规模，积极探索小微企业金融服务新模式。

北京银行科技金融服务的战略可以初步总结为：

——聚焦中小。分行明确将市场定位、业务重心、经营重点确定为科技型中小企业，尤其是创业期的科技型小微企业。围绕中关村这样的企业群体来创新开发融资产品、服务流程，培养和建立专门、专业的服务团队，资源投入、考核激励、品牌建设也都以科技金融创新为中心。同时，不仅为初创期的小微企业提供

融资服务，还着眼于企业创新成长的全过程，为成长期、成熟期、腾飞期的企业都开发了一系列的组合融资产品和方案。

——融入区域。分行的发展始终深深植根于中关村示范区，紧紧把握中关村"国家战略、先行先试、协同创新、创业经济、辐射带动"的基本面特征来谋划科技金融创新，如此才能够更深入地了解和把握中关村科技型中小企业的特点和需求。在此过程中，分行十分注重与各界力量的合作，包括：率先与中关村管委会、北京市科委、海淀区政府等政府机构合作，聚焦重点领域、重点企业，发展"瞪羚计划"贷款、信用贷款、知识产权质押贷款等科技金融创新业务；率先与中关村科技担保公司等中介机构合作，联合开发特色产品，开拓银担合作的新模式；率先与 VC 等投资机构合作，开展认股权贷款、投贷联动等组合融资服务。这也印证了 Banerjee 等（1994）关于"长期互动"的假说（Long-term Interaction Hypothesis），他认为，中小金融机构一般是地方性金融机构，专门为地方中小企业服务，通过长期的合作关系，它们对地方中小企业经营状况的了解程度逐渐增加，有助于解决信息不对称问题，也即获得信息优势。

——综合服务。为满足科技型企业发展多样化的需求，北京银行逐步搭建了多层次的金融服务体系，进一步提升企业的满意度和体验。一是融资产品服务了科技型企业从创业期、成长期到成熟期、腾飞期的各个阶段。二是从单一的融资服务转向全面金融服务，为企业提供包括流动资金贷款、项目融资、银团贷款、并购贷款、代发工资、网上银行等服务；根据企业的直接融资需求，为企业提供区域集优债券、中小企业私募债、私募债权基金等服务；根据企业高管、员工的个人需求，提供消费信贷、投资理财、网上银行等服务。

2. 着眼"团队"，搭建"四专"的组织架构

——专门的中小企业事业部。2011 年 12 月，北京银行在总行层面建立了中小企业事业部。2011 年 5 月，北京银行在中关村示范区核心区专门成立了分行级的科技金融特色机构——中关村分行。2013 年 7 月，分行率先成立了中小企业事业部，集成中小企业贷前、贷中、贷后的各项职能。

——专业的信贷工厂。2010 年，北京银行在分行下属的中关村海淀园支行率先启动了中小企业"信贷工厂"试点。所谓中小企业"信贷工厂"，是借鉴工厂流水线的操作方式，明确划分市场营销、业务操作、信贷审批、贷款发放、贷后管理等环节，支行配备营销经理、信贷经理，分行派驻风险经理和风险官，实现了营销与操作职能的分离，提升了中小企业贷款业务的效率。截至 2013 年 6 月末，中关村海淀园支行中小企业贷款户数 445 户、34.3 亿元，其中，小微企业贷款户数占 88%，科技型中小企业贷款户数占 55%，是中关村示范区唯一一家科技型中小企业业务占比超过 50% 的专营机构。2010 年，该支行作为唯一一家银行机构的代表，接待了北京市郭金龙书记和时任中国银监会主席刘明康的视察。

该支行还荣获了中国银监会授予的"2011年度小微企业金融服务先进单位"称号，中关村管委会等单位授予的"2011年度科技金融工作先进单位"称号。

——专营支行。2009年，北京银行在中关村地区设立了北京市第一家科技型中小企业信贷专营机构——中关村海淀园支行。目前，中小企业专营支行已经达到12家，其中，仅在中关村地区就有专营支行6家，并均以科技金融为特色定位。

——专职的客户经理。在分行下属的43家支行中，每家支行都有专职的中小企业客户经理，总人数达到近200人。

3. 着眼"风险"，从"两缺"到"两增"

针对中小企业信贷融资的"两缺"问题，泰隆银行曾经总结出了著名的"看三表"、"查三品"的审贷方法。"看三表"是指通过查看中小企业的水表、电表、海关报表等非财务、非企业主观信息，来了解和把握企业的实际经营情况。"查三品"是指通过了解企业主人品、企业产品、抵押品的情况，来判断该企业贷款的风险水平。应当说，对于非科技型中小企业的信贷融资来说，"看三表"、"查三品"的方法确实能够起到增加信息和信用来源的作用，可以有效缓解"两缺"的问题。

但是上述"看三表"、"查三品"的方法主要适用于生产制造型的中小企业，对于科技型中小企业来说并不太奏效。例如：科技型中小企业是技术密集、人才密集型企业，通常表现的共性特点是"人脑+电脑"，因此，水表、电表、海关报表并不能反映企业经营的变化；科技型中小企业的产品往往也是新型产品、无形产品、知识产权价值较高的产品，难以直接、客观地反映融资的风险状况；科技型中小企业具有"轻资产"的普遍特征，更缺乏有效的可抵押资产。

在10余年操作科技型中小企业贷款经验的基础上，分行总结出了"看三创"、"三结合"的辅助方法，以缓解中小企业融资"两缺"的问题，达到"两增"（增信息、增信用）的效果。

——看三创。即：调查和了解科技型中小企业核心技术的创新水平、领导团队的创业能力、商业模式的创利潜力。核心技术、创业团队、商业模式，恰恰是科技型中小企业成功发展的3个要素。技术创新水平高、团队创业能力强、商业模式好的企业，往往成长性、盈利性好，还款能力强，风险也较低。同时，分行也在探索一些定量化、信息化、标准化的调查和分析方法。

——三结合。即：在审查科技型中小企业贷款申请的过程中，结合考量以下三方面的信息和信用状况。一是结合外部合作平台的名单和评价，包括政府主管部门发布的重点扶持企业名单、孵化器等创业辅导机构的服务企业名单、协会等中介组织和产业促进机构发布的重点和优选名单、创投机构已投资或意向投资的企业群体，等等；二是结合创业者、创业团队的信用，创业期的中小企业更符合"人合"企业的特点，创业者（团队）的信用状况直接影响到了创业企业的信用状况，尤其"连续创业者"对创业企业的增信作用更显著；三是结合多样化的风险缓释措施，针对科技型中小企业的特点，开发了保证、抵押、质押等多种多样的操作方式，既包括企业的无形资产和收益权、创业者（团队）的个人资产，还包括专业担保机构等第三方保证、政府风险补偿基金，等等。

4. 着眼"产品"，建立综合化产品体系

北京银行结合中小企业的不同行业和成长周期特点，特别甄选符合国家产业政策导向的行业——高新技术、文化创意、节能减排、民生保障等领域给予优先支持，整合形成包括"创融通"、"及时予"、"腾飞宝"三大核心产品包和"科技金融"、"文化金融"、"绿色金融"三大特色行业包、合计50多种产品组成的"小巨人"成长融资服务方案，推出"智权贷"、"创意贷"、"软件贷"、"信用贷"、"节能贷"、"短贷宝"、供应链融资等特色产品和"百家主动授信"服务方案。

北京银行特别聚焦科技型中小企业，针对企业发展的创业期、成长期、成熟期、腾飞期等不同阶段的特点和需求，制定了全套的组合融资服务产品，在信贷产品创新方面开创了多个行业内和区域内的第一。2003年，第一家与政府机构合作推出小额担保贷款，第一家与中关村管委会合作推出"瞪羚计划"贷款、留学人员创业企业担保贷款、软件外包企业担保贷款、集成电路设计企业担保贷款；2007年，国内第一家与国际金融公司签署中国节能减排融资项目合作协议；2007年，成为第一批中关村科技园区科技型中小企业信用贷款工作试点的合作银行；2010年，第一家推出"百家主动授信"综合融资服务方案。2012年，分行又针对中关村地区科技型小微企业的特点，创新推出小额信用贷、科技贷、科技链等特色创新产品，再次开创了科技金融的先例。2013年5月，分行与中关村地区的创新型孵化平台——"车库咖啡"签订战略合作协议，为4家早期的创业企业量身打造"创业贷"产品，发放贷款32万元，目前已累计发放9户、142万元，户均15万元。

5. 着眼"品牌"，铸就核心竞争力

2007年，北京银行在同业中率先推出"小巨人"中小企业融资服务品牌和综合融资方案。"小"是企业起步发展的昨天与今天，"巨人"是企业跨越腾飞的明天与未来。"小巨人"，以一个造型活泼的太阳娃娃为品牌吉祥物，寓意年轻的北京银行和中小企业的茁壮成长都需要汲取阳光的力量，并且永远保持蓬勃的朝气和激情。以"小巨人"命名中小企业成长融资方案，寄予了北京银行与广大中小企业客户相伴成长、共创未来的美好愿望。北京银行着重向"注重客户生命周期、解决方案思维模式、团队营销顾问导向、激励一线客户接触、制定差异业务流程、实现跨部门合作共享"六个方向发展，从而有效地为中小企业客户带来最大的价值。

北京银行通过平面媒体、广播、城市电视、网站、地铁、举办品牌发布会和

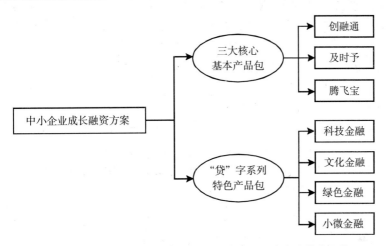

图 47.1 北京银行"小巨人"中小企业成长融资方案整体架构

表 47.2 北京银行针对科技型企业不同发展阶段的组合产品服务

科技型企业发展阶段	主要特点和需求	北京银行特色融资产品和服务
1. 创业期	首次信贷融资、项目和市场启动	创业贷 短贷宝 创业卡 见贷即保 投贷联动 ……
2. 成长期	快速增长 规模扩大	"瞪羚计划"贷款 节能贷 创意贷 科技贷 科技链 信托贷款买断 ……
3. 成熟期	挂牌/上市 建设研发和产业化基地	高端客户个人授信 信用贷 软件贷 智权贷 订单贷 供应链融资 个人高端客户授信 ……
4. 腾飞期	并购重组 多元化、跨区域拓展	主动授信 并购贷款 现金管理 债务融资 私人银行服务 ……

专项产品推介会等不同渠道，开展中小企业融资服务品牌宣传。"小巨人"中小企业融资服务品牌荣获《21世纪经济报道》颁发的第五届"中国最佳品牌建设案例"奖，蝉联两届由《金融时报》社颁布的"中小企业融资服务最佳方案"荣誉称号，极大提升了北京银行中小企业服务品牌的知名度和美誉度。

四、科技金融服务案例

（一）创新贷款抵质押品

1. 创业贷

——产品简介：中关村示范区有一大批创业阶段的小微企业，由于轻资产和高风险的特性，获得的融资支持特别是银行信贷支持非常有限。这些企业有的没有公司、没有资产、没有报表，但是有知识、有技术、有市场、有用户。为此，分行针对这个创业群体设计了"创业贷"，给予50万元以下、1年以内的、以信用担保方式为主的流动资金贷款业务。

——服务案例：2013年5月，分行与"车库咖啡"签署了战略合作协议，为车库咖啡及入驻的创业团队提供包括存贷款服务、公司注册服务、日常结算服务、专属信用卡业务、公司及个人理财咨询等在内的一揽子综合金融服务。当天，在与车库咖啡签署协议和产品推出发布会现场，4个科技、文化类创业团队获得北京银行中关村分行提供的小额信用流动资金贷款共计32万元。这些企业分别从事移动互联网游戏开发、自主品牌服装设计销售、高校快递物流终端设备和服务运营、餐饮多媒体机安装，其共同特点是处于起步阶段，最短的成立时间尚不足2个月，且均未实现盈利。

2. 信用贷

——产品简介：是为中关村示范区内的科技型中小企业量身定做的无抵押、无担保的信用贷款，有效解决了这类企业本身轻资产而难以向银行申请贷款融资的问题。"信用贷"单户贷款金额可达2000万元，享受政府20%~40%的贴息支持。目前在中关村地区发放的信用贷款中，中关村分行占比达到一半以上。2012年11月，"信用贷"更是被中国银行业协会评选为"2012年服务中小微企业及三农双十佳产品特优奖"。

——服务案例：SMDF科技股份有限公司，如今已是中国计算机辅助设计软件领域的领军企业，但当年也曾经历了科技型中小企业同样的融资困境。分行在前期调查中了解到，该企业是国家大力鼓励的科技成果产业化的典型企业，是

"中关村国家自主创新示范区创新型企业"。结合企业发展现状，分行向企业推荐了"信用贷"产品，并从 2011 年起至 2013 年的三年间，先后发放累计 2700 万元的信用贷款。

3. 软件贷

——产品简介：是北京银行以软件企业合法有效的软件著作权及软件产品登记证书为质押而发放的贷款。北京银行与北京市经济和信息化委员会于 2011 年签署了战略合作协议，共同搭建软件企业融资服务平台，特别是针对软件类企业轻资产、快增长和无形资产比重高的特点，专门开发了"软件贷"信贷产品。软件企业无须固定资产质押、无须担保机构担保，除缴纳贷款利息外，无其他任何费用。

——服务案例：GLWD 公司是专业从事边缘网光传输和综合接入设备的设计开发、生产制造和营销服务的高科技企业。作为电信运营单位的服务商，该公司处于一个高速发展期，融资需求日益增长。结合公司的现实融资需求和软件企业的普遍特点，分行为企业提供了 500 万元的"软件贷"流动资金贷款。

4. 小额信用贷

——产品简介：针对北京地区优质小微企业尤其是轻资产、融资急的科技型小微企业提供的专项金融服务，贷款额度最高可达 500 万元，期限最长 1 年；业务条件简明适用，企业只要经营满 3 年、资产负债率不超过 70%、拥有订单需求即可申请。

——服务案例：HJ 软件技术有限公司一直专注于企业管理软件开发，在信息化领域深耕多年，不仅具有完全独立自主知识产权的 ERP 软件系列产品，还创立了自有品牌。随着企业经营规模扩大，迫切希望银行贷款支持，然而由于可抵押、担保的资产较少，企业融资面临着"瓶颈"。分行经过实地考察，最终向企业提供了 100 万元、无抵押和担保的小额信用贷款。同时，为了缓解企业的还款压力，设定了按月还款的还款方式。

5. 智权贷

——产品简介：是以中小企业的知识产权作为质押的融资方式，可以得到政府的贴息支持。北京银行"智权贷"最高提供 3 年期贷款支持，融资额度最高可达 3000 万元。

——服务案例：THJN 科技股份有限公司是 2007 年成立的节能服务公司。为了进一步扶持公司良性发展，支持节能减排业务，分行以其拥有的 1 项发明专利和 6 项实用新型专利作为质押物，向其发放了 1500 万元的"智权贷"流动资金贷款，帮助企业解决了资金短缺的问题，使企业真正能够将其所有的知识产权技术运用到实际生产中。

6. 创意贷

——产品简介："创意贷"是北京银行为面临融资难题的中小文化创意企业量身定做的"文化金融"专项金融服务方案，主要针对文艺演出、出版发行、影视制作、动漫网游、广告会展、艺术品交易、设计创意、文化旅游、文化体育休闲 9 大类文化创意行业和文化创意集聚区建设提供贷款。除了融资服务涵盖范围广之外，"创意贷"还着眼于文化创意企业无形资产丰富却难以评估的特点，在传统的抵押担保方式外，创新推出版权质押的担保方式，将版权作为文化创意企业贷款的核心质押物。同时，还可接受商标权、专利权等知识产权质押、应收账款质押、未来收益权质押、法人代表无限连带责任、打包贷款模式等组合担保方式，对优质的文化创意企业提供信用贷款。企业还可享受相关政府部门的贴息政策支持。

——服务案例：2013 年 4 月，第 28 届沙特阿拉伯"杰纳第利亚遗产文化节"在沙特首都利雅得隆重举行。中国作为本届文化节的主宾国，以"璀璨中华"为活动主题，向沙特阿拉伯人民全面展示了中华传统文化与现代中国风貌。此次活动的承办方是 LSJL 国际广告有限公司，几个月前还在为活动资金缺口而四处奔波。后来，分行通过"创意贷"特色信贷产品，向企业发放了 560 万元贷款，帮助公司解了燃眉之急。

7. 科技链

——产品简介：该业务依托科技产业核心客户及其下游经销商长期稳定的贸易关系，由核心客户推荐，银行经调查评审后对准入的下游经销商提供信用贷款。该业务实现了全程电子化，客户订单提交、放款、还款均在网上实时申请和处理，满足 7×24 小时、365 天不间断的放款和还款处理需求，实现了真正意义上的网络贷款。

——服务案例：XGLY 科技有限公司是首批受益于此融资渠道的神州数码集团公司分销商之一，该公司是一家以代理销售笔记本电脑的贸易型公司。随着企业经营规模的扩大，该公司的自有资金已不能满足企业日常经营周转和贸易正常进行的需要，尤其遇到大客户回款不及时的情况时，资金压力会更大。分行向该公司发放了"科技链"贷款，首笔 366 万元，公司可用于集中采购或补充短期流动资金，以保证贸易和交易的顺利进行。

8. 节能贷

——产品简介：由于我国合同能源管理行业起步较晚，大多数节能服务公司都还是处于发展阶段的中小企业，在获得银行贷款方面存在一定困难。针对节能服务公司缺少资产抵押的特点，北京银行"节能贷"产品的特点有：一是引入了未来受益权质押贷款的模式；二是结合合同能源管理的投入产出周期长的特点，可提供最长 5 年的授信服务；三是还款方式灵活，可制订分期还款计划；四是为解决前期垫付资金的难题，创新授信方式，既可提供"单笔融资"，也可进行"打包融资"。

——服务案例：ZTD 工程咨询有限公司是国家发改委公布的节能服务公司第二批名单成员企业，承担了大量的水利电力建设项目的监理及技术咨询工作，在电力系统专业设备监理工作中位居前列。分行为其执行的张家口发电厂合同能源管理项目发放了"节能贷"350 万元。

9. 科技贷

——产品简介：科技贷是北京银行与北京市科委合作的成果，旨在为获得财政资金支持的科技型中小企业提供一对一的授信服务，其特点：一是与政府部门紧密联动；二是以信用贷款的方式发放，企业不需要提供实物资产抵押和担保；三是快捷，最快可以实现一天放款。

——服务案例：FSBY 科技有限公司致力于网络和数据安全产品的开发，虽然拥有多项技术专利和稳定的客户群体，但由于"规模小、投资少、风险高"，在向银行申请贷款融资的过程中屡屡碰壁。分行通过市科委下属的北京高技术创业服务中心了解到了该公司的情况，特别是了解到北京市科技型中小企业创新资金将给予该企业无偿资助。分行进而为该企业设计了"科技贷"的专项金融服务方案，在短短一周的时间内就完成了 32 万元贷款的调查、审查、放款的全部工作。

10. "瞪羚计划"贷款

——产品简介：中关村有一大批处于高速发展中的中小高新技术企业，这些极具创新活力、发展迅速的企业，犹如善于跳跃和奔跑的羚羊，因而被形象地称为"瞪羚企业"。然而，大量"瞪羚企业"却面临着产业发展资金匮乏、融资渠道狭窄的问题。为此，中关村科技园区管委会制订实施了"瞪羚计划"，将信用评价、信用激励和约束机制同担保贷款业务进行有机结合，通过政府的引导和推动，凝聚金融资源，构建高效、低成本的担保贷款渠道。北京银行是首家与中关村管委会合作推出"瞪羚计划"贷款的银行。"瞪羚计划"贷款的优势在于：担保公司免初审，担保费优惠；银行审批速度快，利率优惠；可获得政府贴息支持等。

——服务案例：ZXR 网络科技有限公司是一家致力于知识产权增值服务的网络运营科技公司，具备高新技术企业资格、"双软"证书，但是除了办公电脑设备和知识产权外，该公司并无其他实物资产。分行根据企业情况，设计了"瞪羚计划"贷款方案，最终向该公司发放了一笔 200 万元的贷款，不仅在短时间内解决了企业的资金问题，还帮助企业掌握了扶持政策，降低了融资成本。

（二）分阶段连续支持

1. 创业期企业

QNWW 科技有限公司主营业务是提供移动智能终端等相关设备以及后台信息系统解决方案，已成为顺丰快递最大的移动智能终端的提供商。作为初创期企业，公司流动资金紧张，希望与银行建立信贷合作关系，但公司没有可抵押的资产，并要求贷款操作简捷。此时，适逢分行推出"创业贷"产品，与企业的需求不谋而合。分行在一周内完成贷款审批，高效地为企业发放了贷款 50 万元。

2. 成长期企业

BTHJ 集团股份有限公司成立于 1995 年，致力于在水和环境领域为客户提供一体化的涉及和运营优质服务，是中国领先的水和环境工程总承包商和运营商。公司从 2006 年起与北京银行建立信贷合作关系，从当年的 2000 万元流动资金贷款已经发展为目前 5.5 亿元的综合授信额度，业务品种包含流动资金贷款、银行承兑汇票、信用证和保函。2013 年，公司在北京银行获得企业的第一笔信用贷款 3000 万元。公司一直以北京银行作为其主要合作银行，近两年发展迅速，已提交了上市申请。

3. 成熟期企业

KXSW 公司成立于 2001 年，主营人用疫苗及相关产品的研发、生产和销售，先后独家研发了 SARS 疫苗、大流行流感疫苗等疫苗产品，具有一定的市场知名度和占有率，只是企业发展初期，缺乏充足的资金支持。2003 年，北京银行"小巨人"团队与企业初次接触，为其发放了首笔 500 万元贷款用于企业扩大生产。自 2003 年起，北京银行对该公司的支持力度不断加大，贷款额度逐年递增，业务品种由单一贷款转为综合授信，担保方式也由最初的担保公司保证进一步扩展为无担保信用贷款。2009 年，北京银行积极响应政府号召，向企业提供了 1 亿元中小企业信用贷款，支持其加紧生产甲型 H1N1 疫苗，为市流感防控工作提供了有力的保障。

4. 腾飞期企业

XDF 教育科技集团是国内知名的私立教育机构，在 1993 年成立之初，就与北京银行建立了业务合作关系。基于北京银行的优质贴心服务，该集团始终将分行作为主结算行，其所有在京分支机构均在北京银行开立基本账户，并一直使用北京银行的企业网银、自助机具，并通过北京银行开展现金管理、结售汇以及上万名员工的工资代发。

（三）综合化融资服务

1. 并购贷款

BDXT 导航技术股份公司是我国最早上市的卫星导航企业。上市之后，该公司的行业龙头地位逐步稳固，但是导航领域巨大的市场容量正在加速释放，为快速完成布局、抢占市场先机，2010 年，公司决定采取股权"收购+增资"的方式投资深圳市某公司，以 5488 万元收购目标公司 30%的股权，并同时增资。此次并购投资方式主要是现金收购，BDXT 公司面临突出的资金短缺问题。为此，分行组成专业的并购团队，在法律、流程等环节给予了企业很多专业建议，并及时发放并购贷款 2000 万元，帮助公司以资本为杠杆，迅速完成战略部署和产业整合。

2. 短期融资券

SJHB 新材料股份有限公司是一家致力于能源净化的科技型民营生产企业，自 2000 年公司成立之时起就与分行结下了不解之缘，那时公司在北京银行只有 500 万元的担保贷款。2010 年 4 月，该公司在创业板成功上市。银行间市场交易商协会推出的短期融资券是一种非金融企业在银行间债券市场发行的，约定在 1 年内还本付息的债务融资工具。2011 年，分行投行团队正式承接了该公司的短期融资券发行工作，量身定做了"注册 4 亿、分期发行"的融资方案。2012 年 8 月，SJHB 第一期 2 亿元的短期融资券以 6.3%的利率成功发行，利率水平、融资额度都优于银行贷款。

3. 个人经营性贷款

YKZN 环境科技有限公司是清华大学环境专业毕业生发起创办的一家绿色建筑咨询性质的高科技公司，从事绿色建筑咨询、区域能源规划、建筑物冷热系统规划及可再生能源综合利用综合解决方案等方面的业务。2011 年 5 月，针对公司规模小、轻资产的特点，分行以公司法人代表的个人信用和资产为基础，向其发放了 150 万元个人授信贷款（"短贷宝"），用于企业经营，及时解决了企业发展中的资金难题。

4. 高管个人授信

DQY 农业科技股份有限公司是一家无公害鸡蛋生产及销售、国际领先的生态农业企业公司，在北京地区市场占有率领先。2013 年 1 月，为支持公司与昌平粮食收储库采购饲料，分行向公司董事长个人发放了 1000 万元的高端个人客户授信，为无抵押的个人信用贷款，几天内就解决了企业的燃眉之急。

5. 特色零售服务

RTDL 信息技术（集团）有限公司是中国领先的全方位 IT 服务及行业解决方案提供商，荣获商务部评选的"中国服务外包十大领军企业"及工信部评选的

"中国软件业务收入前百家企业"。分行在为企业提供贷款融资服务的基础上，还为其提供专属联名信用卡、代发工资、高管主动授信等服务，并为其13000余员工免费办理专业版网银、手机银行、理财顾问服务。其中，与软通动力公司合作发行的专属信用卡卡面由该公司设计，将慈善功能植入其中，员工刷卡金额的千分之一会自动汇集至指定的慈善监管账户，为需要帮助的人士奉献爱心。

五、小　结

北京银行中关村分行13年科技金融创新的历程虽然并不算长，但是也的确积累了可观的实践案例、数据和经验，为后来的金融机构、研究机构提供了有益的样本和借鉴。在科技金融创新渐行渐远、互联网金融脱颖而出的今天，北京银行中关村分行将始终坚持"科技金融、文化金融、绿色金融"的特色化、差异化发展路线，紧紧围绕科技型中小企业成长的不同阶段和不同需求，创新中小企业融资服务的产品、服务和体制机制，按照"专业化队伍、针对性产品、适用性流程、批量化渠道"的"四位一体"的工作方针，以中关村国家自主创新示范区核心区为根据地，与科技型企业的创新发展并驾齐驱，努力打造中国的"硅谷银行"和中国银行业最佳科技金融特色分行。

参考文献

［1］林毅夫等.中小金融机构发展与中小企业融资［J］.经济研究，2001（1）.

［2］许学军等.商业银行中小企业贷款业务［M］.上海：上海财经大学出版社，2010.

［3］熊泽森.中小企业信贷融资制度创新研究［M］.北京：中国金融出版社，2010.

（作者：谢强华）

济宁市科技金融实践探索与创新

近年来，济宁市充分发挥科技和金融结合优势，引导社会资本积极参与科技创新活动，搭建科技金融服务平台，建立科技创新多元化的投融资体制，助推战略性新兴产业和高新技术产业快速发展。通过制定相关政策引导，在结合机制上不断创新，使人才、技术、资本等要素有效地向科技型企业聚集，实现资源的高效配置，为推进产业结构调整、促进经济增长方式转变、培育战略性新兴产业、提高自主创新能力提供了强有力的科技金融支撑。

一、科技金融 "济宁模式" 新探索

为推动科技金融工作开展，济宁市不断探索和积累，以信用体系建设为基础，以五项运行机制为保障，进一步完善科技、银行、担保、创投、券商联动的投融资机制，着力建设 "投、保、贷、补、扶" 五位一体的多元化科技金融服务体系。

（一）信用体系为基础

信用评价是银行与企业之间的桥梁和纽带，通过引进担保机构等，合作构建科技、财政、银行、担保机构和相关服务机构等多方共担的风险控制体系，坚持构建 "科技部门推荐、银行独立审贷、科技政策引导、多元化市场运作" 的科技与金融合作信贷模式。发展更加专业的资产评估机构，在无形资产评估等方面为知识产权质押融资创造条件，加强企业利用专利融资的能力。

（二）五项运行机制为保障

1. 多方联动机制

搭建科技金融机构架构，在不同主体间建立起信息共享、利益共赢的联动机制。建立三个层次的管理架构：一是宏观管理层。成立济宁市科技金融领导小组，研究科技金融发展的重大问题，制定发展战略，协调出台系统的政策，加强

全市各县（市区）和高新区、北湖度假区科技金融宏观管理和业务指导。二是协调指导层。由市科技局、财政局、人社局、金融办等部门，定期召开联席会议，会商科技金融服务体系建设的具体问题，协调各部门职责任务落实。三是实施操作层。成立科技金融促进会，整合各类中介机构，协调政府、金融机构、投资公司和科技企业建立高效协作机制，有效降低交易成本和融资成本，促进融资各方共同建设科技金融服务体系。

2. 责任机制

建立市科技金融工作领导小组，建立各部门联席会议制度，明确各主体的责任范围，形成权责制衡的机制，实现各个主体在融资过程中无缝链接和统筹协调，降低融资成本。

3. 信用激励机制

加大科技金融信用激励机制的建设，提高各主体参与科技金融建设的积极性，设立科技金融专项资金，通过对企业贷款贴息，对科技信贷中未出现风险损失的金融机构和担保公司给予一定的奖励基金，对科技信贷中未出现风险的授信企业给予科技项目的优先扶持等措施，鼓励银行和担保机构提供贷款，拓宽科技企业融资渠道。

4. 风险补偿机制

由科技金融专项资金列支风险补偿资金，创新科技经费使用方式，对科技信贷中因不可抗拒因素出现风险，对风险所产生的实际损失进行补偿，为贷款企业承担有限代偿责任。通过政府增信，引导银行向科技型企业发放贷款。

5. 分周期持续支持机制

针对科技型中小企业在不同成长阶段所对应的不同层次、不同功能的融资需求，通过企业初创期天使基金培育、企业成长期科技信贷支持、企业成熟期股权直接投资、扩张期私募股权投资与上市培育四阶段扶持方式，构建科技型企业全生命周期融资模式。

（三）五位一体科技金融体系为抓手

以"投、保、贷"为融资渠道，以"补、扶"为基本手段，着力构建五位一体的科技投融资体系。

1. "投"——创业风险投资

做大风险投资基金规模。按照"政府引导，市场运作"的原则，设立济宁英飞尼迪创业投资中心（有限合伙）作为引导基金与国内外知名创业投资机构合作建立创投基金，实行引导基金"引投"和风险投资公司"直投"并举，推动风险投资基金投向科技成果转化项目、高新技术产业化项目和创新型企业。

2.“保”——科技融资担保服务

整合资源共建济宁市融资担保服务平台。与山东省科技融资担保公司等担保公司共建济宁市科技型中小企业融资担保服务平台，多数为政府出资成立，科技担保条件较低，专业为科技型中小企业投资融资担保及相关服务，在风险可控制的前提下，实现担保放大效应，撬动和集聚信贷资源支持企业科技创新。

3.“贷”——创新金融服务产品

建立联动协作机制。与农业银行等银行签署科技金融战略合作协议，开辟“授信绿色通道”，创新信贷模式；建立科技小额贷款公司，引导资金投向科技小微企业；创新金融服务方式和金融产品，扩大抵质押范围，将知识产权质押贷款做成科技型中小企业重要融资方式。

4.“补”——完善、落实科技与金融结合政策

根据国家、省科技金融政策，落实《济宁市人民政府关于加强科技金融工作的意见》、《济宁市科技信贷补偿资金管理暂行办法》等文件精神，设立科技信贷补偿资金，给予企业贷款贴息，银行、担保公司风险补偿和奖励。

5.“扶”——聚集资源，搭建平台，扶持企业发展

融扶持于服务之中。成立鲁南工程技术研究院、鲁南技术产权交易中心、科技人才创新创业孵化园等公共服务平台，融合各类中介服务机构，提供成果转化、创业发展、人才培养与引进、技术产权交易、知识产权评估等方面的服务。

通过建立完善“政府引导、企业主体、市场运作、多元集聚”的科技投融资体制，逐步形成了创投引导、专利质押、风险补偿等支持科技型中小企业金融服务新路径。一是率先设立政府创业投资引导基金，大力发展创业投资。市财政出资成立山东科创投资有限公司，作为政府引导创投基金投资的主体，引进国外先进投资理念和技术、拓展国际投资多元渠道，成立省内第一家外资参股的创投基金。创建“未来之星”天使基金，主要扶持济宁市企业创新中小微企业，帮助其提高生存能力，实现快速成长。采取贷款贴息、政策性担保、知识产权质押等方式，吸引金融资金更多地向科技型中小企业倾斜。以山东科创投资有限公司作为科技参股创业投资的“母基金”，设立未来之星天使基金和创业基金，引进国内外创投机构增资扩股。二是率先开展专利权质押贷款，创新科技信贷模式。市科技局与济宁银行合作，成立省内第一家科技银行——济宁银行科技支行，定期举办科银企对接活动。创新贷款担保模式，在省内率先开展知识产权质押贷款。先后与建行济宁分行、银联担保公司银行和担保公司签订科技金融战略合作协议，创新“科技部门推荐、银行独立审贷、科技政策引导、多元化市场运作”的合作信贷模式。三是建立风险补偿奖励机制。对签订合作协议的银行和担保公司因不可抗拒因素出现风险而产生的实际损失进行补偿，对发放贷款额和担保额达到一定数量、未出现风险损失的，按比例给予奖励，引导银行和担保公司增加科技信贷。

二、存在问题分析

济宁市科技金融虽然已初具规模，但是仍然存在亟待完善、解决的问题。

（一）服务配套机制不完善

一是科技金融服务中介机构不完善。集信息咨询、产权评估、知识产权、法律事务所、会计师事务所等科技金融中介服务于一体的科技金融服务中心尚不健全，尤其针对目前开展的知识产权质押贷款，针对科技型企业的股权、专利权、商标权等无形资产的评估、转让、交易体系发展滞后，缺乏专业的、能够取得银行信任的权威评估机构，导致银行在开展无形资产质押贷款方面非常谨慎。二是科技金融政策不完善。济宁市五位一体的科技金融体系要依靠系统性、科学性的科技金融政策体系来支撑。目前，除了扶持科技金融发展的国家、省政策外，济宁市出台的政策只涉及信用激励和风险补偿两项机制，围绕企业发展四个周期的投融资工作都已经开展，但是配套的政策却相对滞后，导致政策应有的指导与引导作用缺失。

（二）科技企业自身共性问题明显

目前，济宁市企业还存在着一些共性的突出问题。一是产权性障碍。部分即将上市的企业，由于历史沿革，一些企业股权不明晰，股权结构不合理。二是体制性障碍。科技型中小企业在创业初期主要精力集中在技术研发和人力资源管理等方面，企业制度如财务、营销、风险控制等环节相对薄弱，难以符合银行的信贷要求。三是税收问题。由于许多中小企业财务的不规范，一旦进入上市程序，将暴露出一些涉税问题，必须要有妥善的解决方案。四是企业的相关法律纠纷问题等。

（三）科技信贷体系不健全

一是科技信贷金融产品缺失。目前已经签约合作银行的信贷产品主要还是面向传统产业客户和传统有形资产，未建立针对济宁市科技型企业的金融产品，尤其是以专利质押贷款为重点的信贷产品和针对无形资产质押贷款的服务支持系统。二是信用共享机制不完善。整合企业信用评级信息、担保公司评级信息、高企信用信息的综合信用平台尚未建立。金融机构信用理念是资本信用，企业信用理念是技术信用、创新信用、人才信用，而双方由于信息不透明，对对方不了解，导致科技金融主体双方信息不对称，信用理念不一致，放大了金融机构放贷的主动选择权。

(四) 相关服务体系仍待改进

一是融资渠道有待拓宽。目前融资渠道仅限于创业投资、股权投资、科技信贷、知识产权质押贷款、财政资金注入、小额贷款等成熟融资方式，企业上市融资、债务融资等其他适合科技型企业融资方式刚刚起步或尚未开展。二是缺乏专业管理团队。在科技金融工作发展战略整体规划、建立高效的科技金融运作机制上，缺乏懂金融、懂技术的复合型人才（团队），专业人才缺乏成为制约济宁市科技金融发展的"瓶颈"。

三、对策研究

(一) 进一步完善支持自主创新的科技金融政策体系

科技金融工作的顺利发展需要系统性、规范化、科学化的制度保障机制。制定创业投资引导基金管理办法，采取阶段参股、跟进投资、风险补助、投资保障等方式鼓励风投机构加大投资力度；制定科技保险扶持政策和科技型中小企业上市资助政策，对开展科技保险业务、参加科技保险投资的科技型中小企业及保险机构给予一定保费补助，对企业上市前期中介费用给予补助等。逐步建立、完善覆盖科技金融全体系的保障制度。

(二) 进一步优化科技金融发展环境

一是优化服务方式。采取政策性支持和市场化支持并举的服务方式，不断研究科技金融服务企业的新情况、新问题，制定并调整有关政策措施。通过举办科银企对接会等多种方式，推动科技企业与金融机构的战略合作。二是完善风险补偿机制和信用贷款机制。进一步发挥科技信贷补偿资金的作用，鼓励银行加大对企业信贷的投放力度。由市扩大到县（市、区）出资财政风险补偿资金，科技贷款覆盖全市。三是积极引进中介服务机构。加强市场化服务功能，整合资源，组建一支集产权评估、信息咨询、法律咨询、财务、融资、培训等多功能为一体的中介机构群，以此为基础，建设科技金融服务中心。

（三）进一步推动多层次资本市场融资

一是多措并举，鼓励科技型企业上市融资。采取"科技专项扶持+创业投资扶持"模式，集成科技重大专项和产业化专项、创业投资等资源，支持具有持续盈利能力、主管业务突出、规范运作、成长性好的科技型企业根据自身条件，选择在主板、中小企业板、创业板上市，或在"新三板"挂牌。加大对上市企业的资金支持力度，进一步落实好科技型企业上市奖励支持政策。二是拓展科技型企业债务融资。鼓励有能力的科技型中小企业发行中小企业集合债券、票据、信托等融资产品，组织和推动科技型企业捆绑式集合发债，组织有能力的科技型企业发行短期融资券和中小企业集合票，探索科技型企业在资本市场的新融资渠道。三是充分发挥鲁南产权交易中心的作用。为非上市科技型企业提供股权登记托管、产权（股权）交易、企业信用服务、融资性服务等，为多层次资本市场培育更多的上市企业资源。通过中国专利高新技术产品博览会，积极推动产权交易市场与技术市场的整合，搭建统一的产权交易平台。四是通过举办各种对接活动，吸引投资公司、券商和高新技术企业参加，传递国内外各层次投融资信息，构建产业界和金融界互动对接、投融资的渠道。

（四）构筑以信用平台为基础的投融资信息服务平台

一是构筑信用信息平台，完善信息共享机制。鼓励有融资需求的企业、所有合作担保公司参加专业机构信用评级，并将信息（包括参评单位基本情况、历次信用评级结果、评级报告等）入库管理。以高企信用信息数据库、企业专业机构评级数据库、担保公司专业评级数据库及科技金融服务网站为核心，开发信息集成网站，将科技部门、科技型企业、各金融机构、担保公司、专业评级机构紧密联系起来，实现各类信息透明化，信用信息共享化，建立科技企业"信用通行证"，使企业快速得到政策扶持和融资帮助。二是在信用平台基础上，建立投融资平台。根据企业融资时的运作流程，开发信息管理系统，对投融资工作进行贷前的申请和贷后的管理，支持企业贷款融资的运作流程，缩短申请融资时间，降低融资成本。信用平台、投融资平台作为科技金融服务平台的两翼，加上服务中介集成服务、科技金融服务中心主体管理，为企业提供全方位的融资服务。

（五）进一步推进科技信贷体系创新

在完善济宁银行科技支行的基础上，鼓励所有合作银行设立科技信贷专营机构。一是创新金融服务方式，适当下发信贷审批权限，优化整合信贷流程，缩短项目申请、技术评审等中间过程，提高效率，建立"授信绿色通道"，为科技型企业提供高效、快捷的融资服务。建立符合科技型企业的科技金融信贷管理体系。二是设立开发科技金融产品。借鉴上海在科技金融服务产品和科技金融贷款方面的创新举措，设立"未来星"、"科灵通"等针对科技型企业、覆盖科技型企业四个生命周期的金融产品。

（六）引进专业管理团队，市场化运作和政府引导分开

积极引进具有丰富管理经验的高层次科技金融专业团队，可借鉴上海久有基金团队力量和人才资源，对济宁市科技金融工作进行市场化的日常管理和运营，市科技局在宏观政策、运行机制及发展方向上统筹协调和引导。

（作者：马红卫）

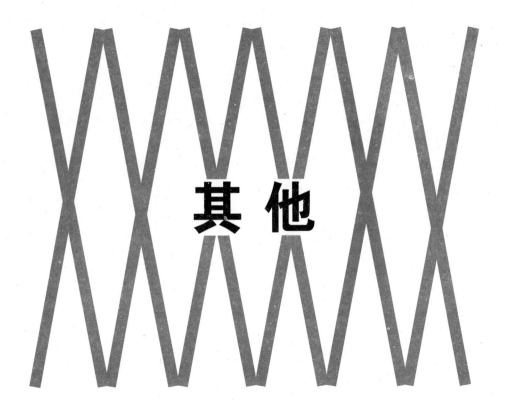

其他

新型城镇化背景下市场化融资路径研究

改革开放三十多年，我国的城镇化水平大幅上升，从 1978 年的 18%提高到 2011 年的 51%。从未来的发展来看，我国经济的持续增长仍将带来对非农产品和服务需求的相对快速扩张，城镇常住人口的增长将超过农村，城镇化率继续提高。但人口红利接近顶点、劳动力转移的刘易斯拐点已经发生，我国非农产业劳动力供给开始了趋势性紧张的过程。我国将成为人类历史上第一个在人口老龄化的背景下完成城镇化的主要经济体，由此将面临其他经济体在城镇化过程中所不曾面临的问题和挑战，其中融资问题是一个突出的问题。

在"稳增长、调结构、促改革"的政策背景下，"以人为核心的城镇化"被明确提出，而"用好增量，盘活存量"则成为融资的关键。在新型城镇化的建设过程中，是否能够探索符合中国财税体系特色、市场化的融资路径？本文试图对这些问题加以探讨并提出政策建议。

一、新型城镇化理论与一般融资方式

（一）新型城镇化与融资：理论分析框架

根据美国地理学家诺瑟姆的理论，城镇化过程可分为三个阶段：①初始阶段，城镇化率低于 30%，工业部门可以提供的就业机会有限，城镇化进程缓慢；②加速发展阶段，城镇化率介于 30%~70%，工业部门迅猛发展，为农村剩余劳动力提供大量就业机会；③后期阶段，城镇化率高于 70%，农业人口比重维持稳定水平，城镇化速度开始趋缓，社会形态向更高层次发展。我国 2012 年城镇人口为 7.1182 亿，城镇化率为 52.57%，按照诺瑟姆理论，我国仍然处于城镇化加速发展阶段。而且，如果按照户籍人口计算，事实上 2012 年我国的城镇化率只达到 36%。

按照钱纳里的世界发展模型，一国的工业化率达到 30%时，城镇化率可以达到 60%；工业化率达到 40%时，城镇化率一般在 75%以上。目前，我国的工业化率接近 40%，但城镇化率才不到 50%，相同的工业化水平下，城镇化率比世界平均水平低 20 个百分点还多。因此，中国城镇化任重道远。而从生活方式、社会文化和城乡协调标准来看，中国离城市型社会的要求更是相差甚远，过去中国城镇化质量并没有与城镇化水平同步提高，城镇化速度与质量明显不匹配。

在总结过去城镇化的经验与教训的基础上，中共十八大报告提出，坚持走中国特色新型工业化、信息化、城镇化、农业现代化道路。同时，2012 年年底召开的中央经济工作会议强调，"积极稳妥推进城镇化，着力提高城镇化质量。要构建科学合理的城市格局，把有序推进农业转移人口市民化作为重要任务抓实抓好，把生态文明理念和原则全面融入城镇化全过程，走集约、智能、绿色、低碳的新型城镇化道路。"新型城镇化的实质主要体现在：

1. 以人为本，民生优先

新型城镇化就是要摒弃城市面积扩张和简单的人口比例增加，以改善民生为目的，消除制度屏障，破解"双二元"结构，建立公平利益分配机制，保障人们利益，促使资源公平合理分配，基本公共服务均等化，使城镇化过程能增进人们福利。

2. 合理布局，协调推进

根据城镇发展的客观规律，积极探索城镇发展的新模式，立足当前，着眼长远，进一步明确城镇的发展定位、功能分区，与产业转移相结合，着力优化城镇空间布局。根据目前城镇化存在的问题，结合国家社会经济发展目标，新型城镇化建设，按照"以大城市为依托，以中小城市为重点，逐步形成辐射作用大的城市群，促进大中小城市和小城镇协调发展"的要求，不断提升城镇化的质量和水平。在新型城镇化下，城市的规模将向"两头"和深处延伸，"两头"指的是：一方面是城市群的发展，优化提升长三角、珠三角、京津冀等现有城市群，培育和壮大新的城市群；另一方面是中小城市及小城镇的发展，挖掘、整合现有中小城市资源，强化中小城市产业功能，增强小城镇公共服务和居住功能。同时，进一步促进人口分布、经济布局与资源环境相协调，改善人居环境，集约节约，节能减排，建设低碳生态城市。

3. 城乡统筹，一体发展

新型城镇化就是要城乡统筹，一体发展，要把工业与农业、城市与乡村、城镇居民与农村居民作为一个整体，进行统筹规划和综合研究，通过体制改革和政策调整，促进城乡在规划建设、产业发展、市场信息、政策措施、生态环境保护、社会事业发展方面的协调发展，改变长期形成的城乡二元经济结构。新型城镇化要解决农村土地流转和农村剩余劳动力的转移问题，对具有内在关联的城乡物质要素和精神要素进行系统安排，促进城乡资源要素，包括劳动力、技术、资金、信息等生产要素的合理流动和优化配置，优化区域间产业结构和布局，缩小城乡经济和居民收入差距，促进城乡经济的融合发展，实现城乡生产方式和生活方式的一体化。

总体来说，新型城镇化的"新"体现在：解决"双二元结构"；城市规模向"两头"延伸；注重城市群、中小城市和城镇的发展；推进农业现代化，进一步发展第三产业；提倡"绿色城市"和"智慧城市"。

（二）我国城镇化的一般融资方式

国家统计局统计口径将城镇固定资产投资资金来源分为国家预算内资金、国内贷款、利用外资、自筹资金和其他资金五种方式。住房和城乡建设部（时为建设部）综合财政司（2002）则将市政项目融资方式划分为中央财政拨款、地方财政拨款、国内贷款、自筹资金、其他资金与利用外资等几种方式。市政项目主要包括城市生存和发展所必须具备的工程性基础设施和社会性基础设施建设。建设项目根据性质和资金来源可以分为经营性和非经营性项目。其中经营性项目是具有盈利能力的项目，负责基础性项目的设立和运营，并可以自身的经营收入还本付息；非经营项目主要包括公益性和半公益性项目，由政府财政全额兜底偿还贷款本息。

具体来说，由政府直接投资的项目集中在三个主要的行业（如表 49.1 所示）：交通运输、仓储和邮政业；水利、环境和公共设施管理业；电力、热力、燃气及水的生产和供应业。其中交通运输、仓储和邮政业有经营性收入，后两者收入有限或没有收入。所以针对前者可以发行收入型债券进行融资，而对后两者只能发行由政府的税收来保障的市政债（相当于一般责任债券）。

表 49.1 政府直接投资主要行业盈利能力和融资方式

行业	盈利能力	融资方式
交通运输、仓储和邮政业	强	收入型债券
电力、热力、燃气及水的生产和供应业	弱	政府市政债券
水利、环境和公共设施管理业	基本没有	政府市政债券

另外，除了地方政府发行债券（或城投公司发行城投债以外），BOT（Build, Operate and Transfer）方式也被广泛应用在高速公路建设、城市主干道、污水处理厂等城市基础设施建设中。

二、我国城镇化建设融资的变迁

伴随着经济管理体制和经济发展状况的变化，我国城市基础设施建设融资体系大致经历了三个阶段：财政性融资阶段——财政性融资与银行贷款融资相结合阶段——融资渠道多元化阶段。

（一）财政性融资阶段

改革开放以前，由于我国实行计划经济体制，一切社会资源由国家分配，因此，城市基础设施建设也全由政府包办，各级财政投资成为了城市基础设施建设的主要来源。1953~1980 年，我国基本建设投资总额中，财政预算拨款所占比重大约为 80%。这一阶段城市基础设施建设融资处于财政性融资阶段。此时，城市基础设施投资作为城市固定资产投资的一部分，通过城市建设和城市财政预算计划投资，由地方财政实行统收统支。基础设施建设项目列入基本建设项目，其投资列入财政支出预算，建设部门完全按照计划进行建设。

表 49.2 财政资金占基本建设投资的比重

时期	"一五" (1953~1957 年)	"二五" (1958~1962 年)	"三五" (1966~1970 年)	"四五" (1971~1975 年)	"五五" (1976~1980 年)
比重（%）	88.5	78.3	89.3	82.5	72.4

资料来源：《中国统计年鉴》(2008)。

除财政预算资金之外，财政性融资阶段的城市基础设施建设融资还有另外三个方面：一是行政收费渠道（实施或提高基础设施产品和服务收费等）；二是项目配套投资渠道（主要是房地产开发商为城市基础设施提供配套资金）；三是其他融资渠道（包括市政设施部门专营权有限期出让、引进外资、国内金融机构的短期贷款等）。

这种依靠政府财政的融资方式导致我国城市基础设施建设总体投入不足，城市化发展缓慢。1955~1980 年，城镇人口比重仅从 13.48% 提高到 19.39%。

（二）财政性融资与银行贷款融资相结合阶段

改革开放后，国家逐步放开对私人经济的限制，国民经济出现快速发展，对城市基础设施建设的需求不断增强，建设资金缺口不断扩大。与此同时，国家对企业实行减税让利政策，财政收入增长缓慢，而居民收入却大幅提高，居民储蓄连年增加，银行可贷资金大幅增多。1984年国务院发布《国务院批转国家计委关于改进计划体制的若干暂行规定的通知》，对基础设施建设全面实行"拨改贷"，银行贷款成为了城市基础设施建设的另一个重要资金来源渠道。

在此阶段，银行大规模地参与城市基础设施建设。全社会固定资产投资中，国内贷款资金规模从1981年的122亿元增加到1992年的2214亿元，占比从12.7%提高到27.4%。与此同时，财政预算内资金占比在不断降低，从1981年的28.1%下降到1992年的4.3%。然而，城市基础设施建设融资对银行的依赖以及资金使用缺乏完善的科学决策机制，导致风险向银行集中，最终成为20世纪90年代的银行坏账风波的重要原因。

（三）融资渠道多元化阶段

随着我国社会主义市场经济体制的确立，市场活力不断提高，经济步入快速发展阶段，农村劳动力向城市转移加快，城镇化提速，城市基础设施建设融资需要增加。并且，随着市场经济体制不断完善，股票市场、债券市场等直接融资方式建立并快速发展，最终形成多元化的城市基础设施建设融资格局，主要包括以下几种渠道：

（1）财政资金。即中央与地方预算内资金，包括中央专项补助、国债资金、城市维护建设费、公用事业附加、城建类行政事业收费等。目前，全社会固定投资中，国家预算内资金所占比例维持在4%左右，对城镇化融资支持有限。

（2）土地出让收入。随着土地有偿使用制度的推广，以及房地产行业的持续膨胀，作为地方政府的"预算外收入"的土地出让收入高速增长，成为城市基础设施建设的重要资金来源。2001年，全国土地出让收入仅为1295.89亿元，但2012年，这一数字已经高达27010.66亿元，与地方财政收入的比值为44.22%，成为了名副其实的"第二财政"。但土地资源毕竟有限，依靠土地出让收入为城镇化融资并不是可持续的渠道。

（3）间接融资。即银行贷款。这部分资金在社会固定投资中占有一定比重，但比重在逐年下降，从1993年的23.5%下降到2011年的13.4%。但目前，这部分资金来源却成为了地方政府债务的主要风险点。根据审计署《全国地方政府性债务审计结果》（2011）地方政府性债务中，银行贷款占比79.01%。这部分银行贷款虽然有力地支持了城镇化建设，但贷款的短期性与城镇化资金运用的长期性导致资金期限错配；并且提高贷款的地方商业银行均为地方政府控制，容易导致贷款风险把控不严，形成风险集中。

（4）直接融资。随着资本市场发展，越来越多的城镇化融资选择了股票市场、债券市场，以及以战略合作的方式引进社保基金、产业基金等。但近年来，股票市场低迷不振，而基金等融资方式尚不成熟，因此，直接融资呈现出以债券市场为主的状况。具体看，主要包括两个部分：一是财政部代发地方政府债券。2009~2012 年，中央共代发地方政府债 9000 亿元，2013 年预算代发 3500 亿元，相对城镇化建设资金总规模来说并不是很大。二是发行企业债券。自 1992 年中央允许上海浦东新区发行建设债券之后，企业债券融资开始成为城镇化融资渠道，并在 2008 年金融危机之后迅速发展。根据 Wind 数据，城投债发行规模从 2006 年的 525 亿元增加到 2012 年的 1.14 万亿元。债券品种也从以往的单一企业债扩大到企业债、公司债、中期票据、短期融资券等。

从城镇化融资方式的演变过程可以看出，单靠财政资金投入难以满足城镇化建设庞大的资金需求，并且财政资金在城镇化建设过程中的使用效率较低；而银行贷款为城镇化融资又因为银行与政府千丝万缕的联系易导致风险集聚。因此，引导社会各方力量参与城镇化融资，并提高融资方式的市场化水平，成为未来提高城镇化质量的关键。

三、城镇化建设融资的国际经验及国内新实践

城镇化是一个国家经济发展与社会进步必须经历的过程，发达资本主义国家城镇化起步较早，城市化水平较高。以美、日、欧为代表的西方发达国家，其城镇化率都达到了 80% 的水平。在其漫长的城镇化过程中，这些发达国家在城镇化融资模式上不断创新，最终形成了适合自身发展的城镇化融资方式。本文对几个具有代表性的发达国家和地区城镇化融资模式进行介绍，并对近年来我国城镇化融资新实践进行分析，进而为建立适合我国城镇化建设的融资模式提供参考。

（一）城镇化建设融资的国际经验

在城镇化进程中，需要大量资金投入基础设施、公用事业和公共服务领域。就基础设施而言，主要包括市内道路、公交线路（机动车线路和轨道交通等）、交通干道设施、地下地面各类管道、桥梁、隧道等。经过多年的发展，在基础设施建设领域，发达国家都有一套成熟的体系和政策。取其所长，避其所短，扬弃地学习外国经验，可以更好地推动我国城镇化发展。

1. 美国：高度发达的市场体系

信奉市场规律、市场体系高度发达是美国的特点，一般来说，其经济哲学是"凡是民间能做的事情政府绝不插手"，因此，美国城市建设很大程度上由民间资

本投入，通过市场竞争的方式建成，政府主要关注于非经营性的基础设施建设。然而，非经营性基础设施建设融资，市场也起着主要作用。

首先，发行市政债券。这是非经营性基础设施建设的主要融资方式，可分为两类：一类是收入债券，以城镇化项目建成后的服务收入作为偿债依据；另一类是一般责任债券，以发行人征税能力作为保证，未来税收收入作为偿债依据。政府发行市政债券必须有律师出具法律意见书，确认债券的约束力和合法性，发行规模也有相关限制。为了支持市政债券发行，政府给予了市政债券免税优惠。并且，美国国会通过了《1975 年证券法修订案》，详细规定了有关市政债券的法律问题，使私人部门投资市政债券有了法律保障。此外，美国还设立管理市政债券的专门机构——市政债券法规制定委员会（MSRB）来专门监管市政债券市场，规范券商银行、经纪人和交易商的行为。截至 2012 年第二季度末，美国市政债存量为 3.73 万亿美元，将近一半都被严格意义上的"个人"持有，其中家庭部门从 2004 年以来，持有了 8400 亿美元的市政债，占美国市政债存量的 22.55%。

其次，将非经营性基础设施转化为经营性基础设施。即通过政府支付"影子价格"手段来实现。如地方政府需要修一架大桥，但出于公共利益等方面的原因政府不希望过桥收费，而政府即期也没有足够的资金来建设这座桥。此时美国政府会鼓励私人出资来建设大桥，政府每年会根据大桥的通车量来给予出资人一定的费用，通过这一"影子价格"机制可以刺激私人部门对基础设施建设的出资，以市场化手段刺激城市基础设施建设。

最后，TIF（Tax Increment Financing）模式，即"税款增量融资法"。这种融资模式以开发项目前后的固定资产征税差额为项目开发资金。比如投资总额达 7400 亿美元的华盛顿特区大型购物中心 Gallery Place 就是以此融资方式建造的。建造前，政府会预先为 Gallery Place 的建设发放贷款，等其完工增收收益后再提高该地区的税率，直到投资全部收回。这种方式的特点就是通过贷款某大型基础设施建设，会带动这一地区各行各业整体的经济发展，使各行各业的收益都有所提高。政府增税来收回成本，不会对当地经济造成负面影响。"实际上，TIF 是一个自我融资的机制。它着眼的正是这一区域将来潜在增长的价值，而以未来收益预支到当下的基础设施建设。因此，不会增加税收负担。然而，采取此种融资模式，必须有一个前提，即以将来税收预期高于当期税收。"当然，如果投资预算资金是要通过增税来实现，一般需要居民 2/3 投票通过。一旦 TIF 被批准，必须公开招标，不可私下交易。并且政府部门还要对投资建设的全过程进行监督。通过施工监督和事后审计两个手段进行 TIF 的监管，如果因为监管不力而导致投资失控，政府官员要就此事负责。TIF 模式在美国也属于新型模式，应用范围并不十分广泛。

2. 欧洲：银行主导的金融体系

在欧洲各国，债券市场同样非常发达，只不过债券市场中的参与者以银行为主，特别是在欧洲各国基础设施、公共事业和公共服务等城镇化项目融资时，被称为市政债银行的金融机构发挥着巨大作用。因此，所谓欧洲由银行主导的金融体系并不是说金融体系只有银行一种金融机构，只是说各种金融活动都是由银行出面完成。

在欧洲，当需要为城镇化项目融资时，政府并不直接进入到资本市场，而是通过公私部门之间的纽带——市政债银行——代理发行市政债券，这主要是因为欧洲内部各国家政权都集中在中央政府，且欧洲业已存在的以商业银行为主导的金融体系。即使以贷款方式从商业银行那里筹集项目资金，商业银行同样需要到债券市场上举债获得运营资金。

在法国、西班牙以及其他欧洲大陆国家，城镇化项目的资金大多通过私人市政债银行（如前不久沸沸扬扬的德克夏银行）发行特定目的债券筹集，且具有非常悠久的历史。1816 年，法国储蓄银行成立，1987 年，该银行重组为法兰西地区信托银行。西班牙和比利时的市政债银行，同样在 19 世纪后期相继成立。

不过，20 世纪 80 年代以来，西欧的这些市政债银行被迫跟随欧盟的金融政策进行改革，以往的政府补贴和政府担保贷款被取消，所有权也逐渐由政府部门向私人部门让渡。特别是在比利时、法国和西班牙，其国内市政债银行彻底完成了私有化。不久前出现危机的全球金融集团德克夏，就是在 1996 年由法兰西地区信托银行和比利时市政债银行比利时社区信托银行合并而来的。

欧洲市政债银行多为政府所有（或者政府占主导），且在市场中拥有极大的垄断权利。例如，德国政府就允许本国市政债银行垄断当地居民的储蓄账户，而且支付低于市场利率的存款利率。此外，市政债银行还能获得丰厚的政府补贴、政府注资乃至政府提供担保的贷款。在德国，地方政府则拥有更大的市政项目决策空间。在其司法管辖区内，只要符合法律规定，地方政府就可以通过政府或私人市政债银行发行特定目的债券。在瑞典，一个名叫 Kommuninvest I Svergige Aktiebolang 的机构占据了瑞典国内特定目的债券市场的主导地位，份额超过四成。

尽管德国和瑞典的市政债银行依然属于国有，但能够享受的优待今非昔比。不仅之前的政策倾斜和财政补贴完全取消，自身还需要开拓市场，面对全球的投资者进行融资。例如，瑞典的 Kommuninvest 银行，2004 年时就已经在全球金融市场中累计发行了 95 亿美元债券。

在英国，由于其本土拥有发达的金融市场，基础设施、公共事业和公共服务融资会更加依赖债券市场，商业银行未必可以发挥主导作用。但是，地方政府为市政项目融资时，需要通过公共项目贷款委员会（Public Works Loan Board, PWLB）审议，然后，再由该委员会出面决定相关融资事宜。

3. 日本：政府主导规划以及民资参与建设

日本具有人口密度大、土地资源稀缺的特点，其人口主要集中于东京、大阪、名古屋及其周边城市的三大都市圈，因此，日本有一套非常先进的区域基础设施建设体系。日本是一个十分重视基础设施建设的国家，主管基础设施建设的部门为建设省。建设省对中央政府的基础设施项目进行直接管理和实施。建设省共有公务员 2.37 万人，可见日本政府对于基础设施建设的重视。

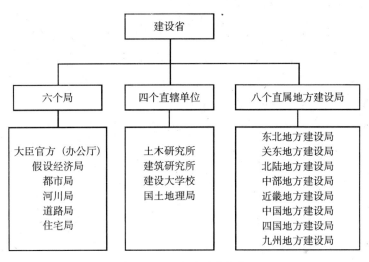

图 49.1　日本建设省架构

20 世纪 50~70 年代，日本的基础设施建设以政府出资为主，基础设施建设水平是各级政府官员能力考核的重要指标。1956~1985 年的 30 年间，日本政府在基础设施建设上的投资就达到 600 万亿日元，每年用于基础设施建设上的投资占到 GDP 的 3%~4%。20 世纪 90 年代开始，日本经济出现衰退，政府税收收入减少，财政赤字上升，难以负担高额的基础设施建设投入以及现存项目维护所需资金。此后，日本基础设施建设投资主导力量由政府转向民间。

在基础设施建设与开发方面，日本有着完整的法律体系。1950 年，日本通过了《国土综合开发法》，作为日本国土资源开发利用的基本法，具有高度的中央集权色彩，制定全国或者大地区的基础设施建设规划。从 1962 年开始，日本《全国综合开发规划》《国土形成规划》共制定 6 次。2005 年修改了《国土综合开发法》，在国土审计会建立了规划部。涉及基础设施建设和国土开发的法律法规有 80 多部。完整的法律体系，确保了政府主导规划作用的发挥。

此外，日本政府还成立"开发银行"向国内基础设施建设提供长期低息贷款。财政投资优惠低息制度不仅促进了基础设施部门的高速增长，更重要的是政府向这些投资周期长、资金需求量大和投资风险较高的行业的集中投入，对民间资本产生了极大的诱导效应，大量民间金融机构竞相向政策性银行投资的部门提供贷款，有效地保障了大规模基础设施建设对资本的需求。同时，日本大力实施工程保修制度，基础设施建设领域投保率接近100%，有效控制了烂尾楼的出现。

（二）近期我国地方政府融资的新实践

2013年5月对江西和湖北8家融资平台公司的调研显示，不少公司在融资渠道上有不同程度的创新。下面简要介绍几种创新性融资工具。

1. 分离交易可转换债券

分离交易可转债的全称是"认股权和债券分离交易的可转换公司债券"，它是债券和股票的混合融资品种。普通可转债是具有债权和期权双重属性的一种融资工具，其持有人可以选择持有债券到期，获取公司还本付息，也可以选择在约定的时间内转换成股票，享受股利分配或资本增值。分离交易可转债与普通可转债的本质区别在于分离交易可转债的投资者在行使了认股权利后，其债权依然存在，而普通可转债的投资者一旦行使了认股权利就不再享有债权。分离交易可转换债券的发行成本比普通可转债低，而且如果投资者行使分离交易可转债所附带的认股权时必须再缴股款，所以发债企业可以融入更多资金。江西省高速公路投资集团有限责任公司2008年就曾发行分离交易可转换债券募集资金12亿元用于支付收购温厚高速和九景高速应付的30亿元收购价款。

2. 私募债

私募债务融资是指融资人通过协商、招标等非社会公开方式，向特定投资人出售债权进行的融资，包括债券发行以外的各种借款。相比其他融资方式，私募债更便捷高效。发行审核采取备案制，审批周期更快，而且私募债募集资金用途比较灵活。在融资成本方面，私募债的综合融资成本比信托资金和民间借贷低，部分地区还能获得政策贴息。例如，武汉地铁集团有限公司曾通过发行私募债融资。

3. 资产证券化

资产证券化是以特定资产组合或特定现金流为支持，发行可交易证券的一种融资形式。传统的证券发行是以企业为基础，而资产证券化则是以特定的资产池为基础发行证券。资产证券化可以降低融资成本，增强借款能力。虽然本次调研的城投企业都还未进行过资产证券化的实践，但多数都表示正在积极探索中。

除了上面提及的这些创新产品外，还有委托式保贴商业票据等其他新型工具。

（三）启示

从城镇化建设融资的国际经验和国内实践看，各国均经历了一个由政府投资主导到民间资金主导的过程，对我们至少有以下几点启示：

（1）城镇化建设资金需求量大，依靠有限的财政资金和银行贷款难以满足。以城镇化进程中的城市开发区建设为例，开发区基本上是从郊区荒地或转换的农田起步，生产和生活基础设施都要从头开始建设，需要大量资金支持，仅依靠财政资金和银行贷款往往会出现巨大资金缺口，影响建设进程。从国际经验看，城镇化刚起步时，城市基础设施建设资金需求量小，政府投资一般都能满足；但随着城镇化持续推进，资金需求压力不断增加，并且政府主导建设的弊端也会逐步显现。此时，需要引入民间资本，一来可以弥补建设融资缺口，二来可以提高项目建设与管理效率。

（2）政府需为民间资金参与城镇化建设提供引导。一般来说，城镇化基础设施项目建设周期相对较长（有的长达 10 年或 20 年以上），周期长意味着风险较大，民间资本难以承受。并且，城镇基础设施项目的自身经济收益一般非常有限或完全无收益，如城镇内道路、涵洞、管线等根本不能向使用者收取费用，隧道、桥梁或轨道交通项目其收费也受制于多种因素，往往不足以通过收费收回投资。因此，民间资金参与城镇化建设的积极性并不高，需要政府给予优惠，加强引导。市政债券免税、对基础设施企业实行低税率与贷款贴息、给予基础设施企业政策扶持（如：偏向性政府采购）等，都是政府引导民间资本参与城镇化建设的常用手段。

（3）政府应发挥主导城镇化建设规划作用。城镇化建设主要涉及公用事业，即指城镇居民生产经营、日常生活所不可缺少的基本条件。主要包括环境卫生、安全；公共旅客运输；自来水、电力、煤气、热力的生产、分配和供应；污水、雨水排放；文化体育场所、娱乐场所、公园；房屋修缮、邮政通信等。这些方面具有较强的公共性，不一定必须要政府生产，但由政府提供更能保证公平、公正。从国际经验看，这种主导规划作用一般以相关法律为支撑。例如：日本的《国土综合开发法》、《全国综合开发规划》、《国土形成规划》、《北海道开发法》；美国的《合同竞争法案》、《购买美国产品法》、《服务合同法案》、《贸易协定法案》、《联邦采购政策办公室法案》、《小额采购业务法案》；欧洲的《公共工程指令》、《公共部门货物采购指令》、《公用事业指令》和《公共服务指令》等。通过前期规划与后期政府采购的方式发挥政府在城镇化建设中的积极作用。

总体来说，城镇化建设融资需要政府与私人通力协作。政府应该发挥总揽全局的作用，但这种作用通过法律、法规的间接手段更为有效。民间资本则可在政府引导下，间接参与城镇化建设，发挥其效率方面的优势。

四、直接债务融资支持新型城镇化建设的建议

（一）规范地方政府融资行为

从当前情况看，城镇化项目在债券市场融资主要以融资平台为载体，并有少量的地方政府债。融资平台公司与地方政府有着千丝万缕的联系，其经营方式也未能实现真正公司化，发债过程中涉及政府隐性担保，存在较强的道德风险；而地方政府债发行过程中的非市场化因素更多，财务信息披露等也更加不完善。未来要想进一步提升债券市场对城镇化融资的支持作用，以政府角度看，就必须以市场化为首要原则，提高城镇化项目融资的市场化水平。

短期来看，一方面，对现有以地方政府融资平台为载体的城镇化项目融资实施去政府化。即对地方政府融资平台进行分类处理。从事收益性项目（如：公路、水务、电力等）建设的融资平台，需厘清与政府的关系，严格按照公司化方式经营。其在债券市场融资可以借鉴国外市政债中的收益性债券，政府对其债券融资给予一定优惠，如：免征利息所得税等。从事无收益或者微收益性项目（如：市政道路、绿化等）建设的融资平台，应逐步取消，划归由财政提供资金，或者将来发行以政府税收为还款担保的一般责任债券。另一方面，现有地方政府自行发债试点中，应减少地方政府干预，探索建立市场化的地方政府债券评级、定价、信息披露以及风险处置制度。

长期来看，需推动《预算法》修改，给予地方政府举债权，建立"一级政府、一级财权、一级事权、一级举债权"的合理财政体制。以"市政债"为发展方向，需要政府提高运行的规范性，以适应债券市场高度市场化要求。一是要不断优化政府决策机制，保证城镇化项目建设的科学性与合理性，防止盲目投资与重复建设而影响债券偿还；二是推动政府财务信息公开，如政府财政收支明细、资产负债情况、项目融资资金使用情况等，为地方政府债券信用评级以及风险识别提供足够信息。

（二）发展债券等市场化的融资途径

从近年来债券市场发展经验看，创新是其发展取得突破的重要原因。同样，城镇化建设依托债券市场融资也离不开创新这一推动力，具体讲，包括两方面的创新：

（1）城镇化项目建设方式的创新。从我国城镇化融资实践与国外经验看，城

镇化项目虽属公共物品，但完全由政府提供会出现资金不足，而完全由私人提供又会出现"搭便车"问题。因此，可以考虑采用公私合作（Public-Private Partnerships，PPP）这一创新方式。公私合作模式是指私人部门首先与政府部门建立某一市政项目的合作关系，然后由私人部门进行设计、建造、运营、管理以及为新的市政项目进行融资，在双方约定的一定期限内，私人部门必须接受政府部门的监管。

公私合作的核心是市政项目收费权的让渡，即私人部门建设市政项目，然后以服务收费的方式回收市政项目建设、运营和维护的成本。政府会对私人部门提供市政服务的质量进行监督，如果达不到事先约定的标准，政府有权力对提供市政服务的私人部门进行惩罚。具体类型有以下几种：

表 49.3　公私合营的类型

合约类型	特点
设计和建造 （Design Build，D&B）	政府提出项目功能和规格标准，交由私人部门设计和建造，完工后归还政府运营
运营和维护 （Operate Maintain，O&M）	政府在一定时期内，将自有市政项目交由私人部门，由其负责项目日常运营和维护
设计、建造和运营 （Design Build Operate，DBO）	这实际上是前面两种类型的综合，政府从市政项目建设初期就将所有事宜全权委托私人部门，相应地，私人部门承担所有项目风险
建造、所有、运营和转让 （Build Own Operate Transfer，BOOT）	私人部门负责市政项目的设计、建造、融资、运营、维护，并承担项目所有风险。双方合作约定到期后，项目所有权无偿归还给政府
建造、所有和运营 （Build Own Operate，BOO）	与 BOOT 类似，但私人部门拥有项目的永久所有权。作为回报，政府只需要缴纳一段时间的服务费用（剩下时间都免费）
租赁经营制 （Lease Own Operate，LOO）	与 BOO 类似，私人部门租赁政府部门所有的市政项目，在租期内负责项目的翻新和扩建，不涉及"新项目"的建造
完全联合	私人部门和政府部门形成完全的联合关系，共同分担市政项目的成本和风险，共同收取项目服务费用。双方事先签订的合约，需要对合作期限、服务价格和服务质量进行约定。任何关于项目可能的收益或成本，都需要按照事先双方的约定进行分配

资料来源：匡桦：《市政项目融资——一个全球视角的比较分析》。

（2）债券市场针对城镇化的债券产品创新。城镇化项目建设方式的创新在于引入私人部门，并协调好政府与私人部门的关系。但要充分发挥这种创新性的作用，还需要产品创新的配合。

私人部门融资成本一般高于政府部门，因此，公私合营可以考虑引入政府信用降低私人部门融资成本，例如：信用担保融资计划。比较有代表性的是英国，英国政府首先发行国债，然后以市场利率或者稍低的价格向私人部门提供贷款（信用担保融资计划贷款），严格规定私人部门只能将贷款投入事先约定的市政项目建设，项目运营资金也不能使用这笔贷款。另外，还可以利用引入政府优惠的方式降低私人部门参与城镇化建设的成本，即私人部门免税债券。也就是参与市政项目的私人部门发行债券，投资人获取债券收益时免税，这种债券在美国市场十分普遍。此融资方式能降低私人部门融资成本并提高私人部门参与城镇化建设的动力，但应严格限制此类债券资金使用范围，防止滥用，保护市场公平。

城镇化项目一般固定投资多、投资回收周期长、收益较低，缺乏短期流动性，但未来现金流稳定，比较适合资产证券化的融资手段。通过设立特殊目的公司（SPV），将市政项目服务收费转化成为有价证券，吸引市场投资者注意，从而将缺乏流动性的既有资产转化成为极富流动性的有价证券，覆盖市政项目可能面临的流动性风险敞口。这种市政项目资产证券化融资模式在我国债券市场已有尝试，即资产支持票据（ABN），但其与真正的资产证券化还有一定差距，存在法律制度上的障碍。要想进一步发展，还有赖于法律条文的完善与信息透明度的提高。

（三）探讨以项目为标的的直接债务融资方式

以项目为标的融资是指以项目的名义筹措一年期以上的资金，以项目营运收入承担债务偿还责任的融资形式。以项目为标的的融资形式又有很多，包括产品支付、设备使用协议、BOT融资、TOT融资、PPP融资、PFI融资、ABS融资等。

以项目为标的的融资和传统融资相比，最主要的特点是"就项目论项目"，具体来看有如下特点：

1. 融资主体具有排他性

以项目为标的的融资的偿债担保是项目自身未来的现金流量，而不是项目自身以外的资产，所以债权人更关注项目本身的前景及可用于还款的未来现金流，这也决定了项目的融资额度和融资成本。

2. 追索权具有有限性

传统融资方式一般是以借款人全部资产作为担保的，追索权具有完全性；而在以项目为标的的融资中，债权人除和签约方另有特别约定外，不能追索项目自身以外的任何形式的资产。

这两个特点会驱使债权人对项目的各种风险因素和收益做充分论证。当项目融资额巨大、回收期较长时，融资程序比传统融资复杂，成本会高于银行贷款，因此债务人也要衡量自身的成本效益，利用一切优势条件，设计出最有利的融资方案。

虽然以项目为标的的融资方式比较复杂，但也可以达到传统融资模式无法达到的目标。一是有限追索权保证了项目投资者在项目失败时，不至于涉及其他的财产；二是在国家和政府建设项目中，政府可以通过以项目为标的的融资模式将债务对政府预算的负面影响降到最低；三是对于跨国公司进行海外合资投资项目，特别是对没有经营控制权的企业或投资于风险较大的国家或地区，可以有效地将公司其他业务与项目风险实施分离，从而限制项目风险或国家风险。

由此可见，以项目为标的的融资对于城镇化进程中的大型建设项目，特别是基础设施和能源、交通运输等资金密集型的项目具有更大的吸引力和运作空间。

（四）提升城镇化融资的风险监控及主体培育

1. 城镇化融资的风险监控

（1）城镇化融资方式选择。从政府的角度来讲，未来城镇化的建设和发展主要以完善城镇基础设施的建设为主，城镇基础设施属于公共产品，按照公共产品的定义，可以将公共品分为纯公共品和准公共品，纯公共品是非经营性的，或称为纯公益性产品；而准公共品存在经营的可能性，具有盈利的空间，可称其为可经营性公共产品。

根据公共品的定义，将城镇化过程中的基础设施建设分为可经营性基础设施项目和非可经营性基础设施项目。世界银行在 1994 年的《世界发展报告——为发展提供基础设施》中明确提出在以基础设施为核心的政府公共投资领域引入"可经营性"或"可销售性"的概念，通过引入市场力量最大限度使私人投资参与公共基础设施投资领域。因此在未来的城镇化融资方式中，要构建政府和市场相结合的融资模式。

在构建政府城镇化建设融资方式时，地方政府进行了有效的探索。在基于《中华人民共和国预算法》、《中华人民共和国担保法》、《贷款通则》中规定不允许地方政府发债、进行抵押担保等法律事实。地方政府通过多种方式为城镇化基础设施建设进行融资。第一，通过土地出让为基础设施建设进行融资，但随着国家政策对土地市场的规范和土地供应的减少，土地出让融资在未来将会逐渐降低。第二，地方政府通过搭建地方政府融资平台进行融资。然而在 2010 年后，国家出台了一系列的法律法规规范了地方政府融资平台的行为，之后地方政府开始寻求以信托和债券为主的市场化融资方式。

根据以上对城镇化过程中基础设施项目的分类和我国地方政府在以往融资模式的总结，将未来城镇化建设的融资方式归纳如图 49.2 所示。

第一，纯公益性项目融资模式选择。城镇基础设施项目中的纯公益性项目属于纯公共品，此类产品只是为生产或生活提供便利，为经济发展提供基础性服

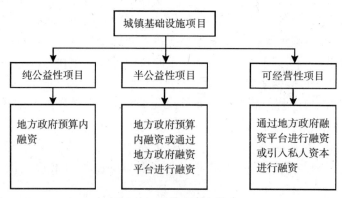

图 49.2　城镇化融资模式

务，不具有经营和盈利的可能性，因此应由政府提供，政府应将其纳入到预算对其进行投融资建设。对于地方政府的投融资方式的选择，我们主张通过市场化方式进行，即除通过税收收入获得资金外，对于纯公益性项目所缺少的资金，应通过发放市政债或资产证券化等方式进行融资。

第二，半公益性项目融资模式选择。城镇化建设项目中的半公益性项目属于准公共品，盈利的可能性较低，但具有盈利的空间，对于此类项目的融资可以通过两种方式：一是地方政府直接将其纳入到政府预算中进行投融资建设；二是通过将其纳入到地方政府融资平台，进行投融资建设。

第三，可经营性项目融资模式选择。城镇化基础设施建设中的可经营性项目，也可归类于准公共品，这类项目是可经营性的，并且是可盈利的，这类项目可不必纳入政府预算管理，可以通过地方政府融资平台进行投融资建设，或通过引进民间资本进行投融资建设。

（2）城镇化融资风险监控。

第一，地方政府融资风险监控。

一是加强政府基础设施项目的分类管理融资原则，避免纯公益性项目的融资风险。分离地方政府融资平台的公益性项目和非公益性项目，纯公益性项目纳入地方政府的预算管理，可经营性项目仍归入地方政府融资平台管理。

二是建立地方政府债务融资合理空间评估体系。有效的地方政府债务风险预警和防范机制不仅体现在事后监控，而且要注重把握事前监管。在目前的行政管理体制框架下，逐步构建地方政府债务融资的合理空间评估体系是可行的、必要的。所谓合理的融资空间大体来说就是基于当地的社会经济发展情况（如：城市化、工业化水平，人口规模，GDP，财政收支规模与结构，公共资源的禀赋及其合理利用状况等）和地方政府负债状况、偿债准备情况、信誉水平等因素，经过量化分析评估后给出一个在未来年度当地政府为开工新项目进行再融资的合理规模。科学合理的融资空间评估机制能够指导和约束地方政府的再融资行为，有助于实现地方政府融资行为的可持续发展。

三是建立地方政府债务的风险预警机制。地方政府债务风险预警系统是在对债务进行定性和定量分析的基础上，利用计算机、网络，收集各类与债务风险相关的数据，构建评估地方政府债务风险的指标体系（如：偿债率、债务率、负债率等），并建立地方政府债务风险预警模型，从而评估预警地方政府债务风险程度，最终为各级政府监控地方政府债务运行和制定化解风险对策提供科学依据。在这方面，可以借鉴哥伦比亚的债务预警体系[①]（如表 49.4 所示），逐步构建结合我国实际的机制来管控地方政府性债务。

表 49.4　哥伦比亚地方政府债务风险预警系统

指标	绿灯	黄灯	红灯
流动性指标（利息支出/经常性盈余）	<40%	40%~60%	>60%
偿债能力指标（债务余额/经常性支出）	<80%	<80%	>80%
借款规定	地方政府可以自行签订新的借款合同	如果债务增长未超过中央银行制定的通货膨胀目标，地方政府可以自行举债。否则，必须接受财政部的授权，前提是要与贷款方的金融机构签订业绩合同	如果债务增长未超过中央银行制定的通货膨胀目标，地方政府可以自行举债。否则，必须接受财政部的授权，前提是要与贷款方的金融机构签订业绩合同。

四是建立系统的地方政府债务风险监管机制。"预算软约束"是刺激地方政府寻求预算外资金和过度借款的重要因素，防控地方政府债务风险必须防止"预算软约束"，为此，针对政府债务风险状况的监管框架和责任考核机制必不可少，尤其是我国地方政府已经公开发行债券的情况下，地方政府偿债风险会产生广泛的社会影响，更要加强对政府性债务风险的监管和责任考核，树立良好的政府信誉。建立地方政府债务风险责任考核机制，形成利益与风险相对称的约束制度，防范道德风险主要从以下几个方面进行。①清晰界定各级政府之间的风险责任，

---

① 为了控制和管理地方政府债务，1993~1997 年，哥伦比亚政府建立了"红绿灯"系统，该系统将每个地方政府的债务与其偿付能力联系起来，用"红绿灯"两个指标来预警中央政府所要承担的潜在的额外地方债务。第一个指标是利息支出与"操作性盈余"（Operational Savings）的比率，反映地方政府资金的流动性。第二个指标是债务余额与当年收入的比率，反映中长期债务的可持续性。面临黄灯和红灯的地方政府只有在财政部的批准和满足贷款人所要求的绩效时才能进行借款。绩效是有关收入增加、支出的削减、当年盈余和债务状况等的一系列目标的规定。

防止下级政府道德风险，避免其可以随意地向上级政府转移自身应当承担的政府性债务风险。对于最低限度的不可避免的救助，应建立一种制度安排，让下级政府清楚地了解在什么样的情况下上级政府才会救助，强化各级政府规避风险的动机，提高其防范风险的努力程度。②推行针对高层级地方政府（如省级）的辖区政府债务风险责任考核机制，对各级地方政府的责任考核应包括整个辖区内的政府债务风险状况，避免高层地方政府只顾本级政府财政可持续运行，对下级地方政府的债务困境或冒险行为视而不见，导致县乡等基层财政风险层层转移，最后本区域内都难以解决，只能由中央兜底。③在优化政府各部门职责配置的基础上，重新审视政府部门之间的财政关系，明确各个部门的风险责任。对于地方财政参与融资、担保等经济行为应在统一的框架下实施，建立统一的规则，防止各个部门各行其是，偏离整体的目标。④建立新的政府评价机制，从时间上明确各届政府之间的风险责任，防止政府隐藏任期内的风险，或向未来转移风险。⑤加强金融监管，消除供给方"纵容性贷款"。明确对银行、政府债券购买者等资金供给方的责任，他们向政府提供贷款和资金的活动属于市场化的投资行为，应在事前进行风险评估，及时监督或关注政府财政风险状况，并最终承担自行决策所带来的相应投资风险。

五是扭转政绩考核导向，抑制地方官员投融资冲动。GDP指标考核导向直接影响地方官员的政绩观，在此政绩观的引导下，地方官员本能地产生投资冲动增加GDP，拼命上马地方自身财力无法支撑、对地方经济社会发展没有太大价值的投资项目，进而导致地方政府产生借债投资的融资冲动。可以说，GDP考核导向是地方政府债务膨胀的内在诱因。为了从源头上防止地方政府债务膨胀，抑制地方政府投资冲动减少债务融资冲动，显然就要改变官员考核"指挥棒"的方向，从唯GDP考核导向升级为包括经济发展、民生改善、社会管理三大维度在内的综合政绩评价体系，实现地方从"经济建设型"政府向"公共服务型"政府转变，降低地方政府债务风险。

第二，地方政府融资平台融资风险监控。

一是确认融资平台的风险内部化原则，强化了地方融资平台债务的项目收益型债务特征。加强政府融资平台的规范管理，增强内生的造血功能，减少对政府财政的外部依赖。坚持分类管理原则，对不同类型的融资平台区别对待。对经营性政府融资平台，应促进投资主体多元化，加强投资项目管理，提高项目投资效率，努力做到自负盈亏。对于以政府公益性项目投融资为主体的融资平台要逐渐将其进行拆分，将纯公共品的公益性项目纳入到预算内进行投资和管理，防止因地方政府无力偿还债务而引发债务危机。

二是完善公司治理结构，以现代企业制度为建设目标。明确政府对融资平台的投资人身份，切实做到政企分开，减少政府对融资平台经营管理、人事财务决策的行政命令。相当部分的融资平台债务高筑，不顾自身的实际偿付能力拼命举债，主要的根源就是政企不分，政府为了获得更好的政绩，命令融资平台企业拉高本来已经紧绷的杠杆，为众多基础设施项目融资。通过改进公司治理结构，使融资平台真正成为自主经营、自负盈亏、自担风险的法人实体，同时，融资平台还要提高市场化程度，完善市场运作机制，提升融资平台的市场营销能力、资源整合能力、内部控制能力和现金流能力。改变过去经营向政府要活路，困难向政府要帮助，发展向政府要主意，员工由政府来安插的局面，最终减少对政府财力的依赖，也减少政府对融资平台经营管理决策的直接干预。

三是政府应加强对地方政府融资平台的管理。政府对地方政府融资平台的监管主要包括对平台公司建立的审批和对平台公司经营过程中的监管。对于新建立的融资平台要强化其自身的盈利性，坚决禁止纯公益性项目通过平台公司进行融资建设。同时，地方政府要建立地方政府融资平台的风险预警系统，通过指标考核机制来整顿地方政融资平台行为，对经营不善的融资平台要进行查处和整治，提高融资平台的效率，防范融资平台因经营不善而导致的债务风险。

四是加强商业银行对地方政府融资平台的风险管控。商业银行应加强通过融资平台的信贷资产分析，强化贷前审批、做实贷后管理等方式，加强对融资平台的风险管控。

2. 城镇化融资的主体培育

在城镇化过程中，地方政府将成为投资建设的主体，监控地方政府的融资风险将有效提升我国的城镇化进程，通过以上的分析，可以看到未来城镇化有效的融资方式是政府与市场相结合，除继续加强商业银行间接融资方式外，应加大通过直接融资和引进民间资本等方式拓宽融资渠道。下面探讨几种可行的城镇化融资方式。

第一，推进财税体制改革，增加地方政府可支配财力。尽管中央政府通过转移支付把三成资金财税收入返还到地方，在总量上来看似乎实现了中央地方财权与事权的匹配，但是问题就出在转移支付的结构失衡上。从转移支付的结构来看，发达地区维护既得利益税收返还和随意性较大的中央专项转移支付占比过高，而真正能否缩小东部与西部的财力差距、均等化地区间基本公共服务能力的一般转移支付占比又较小。这就使得为了经济发展扭转落后局面，欠发达地区更加依赖融资平台这个特别载体来举债搞建设，而欠发达地区的融资平台现金流覆盖债务本息能力更加薄弱，反过来欠发达地区的融资平台的还债能力又更加依赖地方财政，从而陷入了一个恶性循环。因此，必须完善财政转移支付制度，压缩专项转移支付增加一般转移支付。另外，要拓展地方政府的税源，增加地方政府的财政收入，降低中央财政收入，努力做到地方政府的财权与事权相匹配，缓解地方政府因事权过大而导致的债务压力。

第二，继续维持商业银行的直接融资方式。从 20 世纪 90 年代至今，商业银行是地方政府融资平台的主要资金供给者，国家审计署 2011 年披露的数据显示，截至 2010 年底，地方政府债务资金来源中，79.01%是银行贷款，规模为 8.47 万亿元。因此将继续维持商业银行资金供给者的角色，但要将加强对贷款项目的贷前审批和贷后管理。

第三，建立地方政府债券市场，通过债券市场对地方政府的融资形成市场约束机制。自主发行地方债券可以让地方政府拥有更多可供选择的融资渠道，地方债券给地方政府更多支配权，可以更多地投向市政设施和保障房等公益性民生项目，同时，这也有利于弥补地方政府的财政资金缺口，增强资本性公共产品供给能力，缓解融资平台债务的偿还压力。发行地方政府债券可以通过市场对政府行为进行有效的监督，有偿债能力的政府可以在市场上顺利发行债券。

第四，探索资产证券化。地方政府投融资平台发展过程中最大的问题是投资规模与资金来源不匹配，融资渠道单一，风险分散程度较小。推动地方政府融资平台证券化，有助于改善平台公司依赖银行贷款的间接融资模式，同时利用资本市场提高融资平台的信息透明度、运行规范性。根据地方政府融资平台建设运行项目的盈利性特点，可以逐步推进两种类型的资产证券化：一是对融资平台的项目贷款进行证券化，将流动性不佳的中长期贷款转变为现金资产，分散过度集中于银行体系的风险；二是针对未来可产生稳定收益的经营性项目，可以收费权、价格管理权等权益为基础进行证券化，借助债务资本市场解决融资平台的资金需求。

第五，准许民间资本进入可经营性基础设施建设项目。以参股、合资、投资等方式吸收民间资本，多元化拓宽融资平台的资金来源，补充融资平台的资金血液，降低资产负债率和债务依存度，在吸收民间资本的同时，地方政府将可以腾出更多的资金，用于滚动开发新增建设项目，或者集中资金用于公益性民生建设项目。另外，吸收民间资本有利于植入市场基因提高新增建设项目的投资效率。吸收民间资本，融资平台从政府部门独资转变为官民合资，股权结构开始多元化。民间资本出资后，还会参与融资平台的经营管理，带入市场化的投资、运营理念，植入市场基因和商业基因，减少融资平台行政化色彩，提高融资平台的经营效率和投资效率，实现良性循环和可持续发展，带动城镇升级和产业升级。

（五）建立多层次债务资本市场，进一步丰富融资渠道

党的十八大报告强调要"健全促进宏观经济稳定、支持实体经济发展的现代金融体系，加快发展多层次资本市场"，这是第一次把"加快发展多层次资本市场"写进党的报告。建设多层次的资本市场的原因：一方面，基于满足不同金融

功能的多层次资本市场，可以发挥单一层次的资本市场所不具备的特殊功能；另一方面，资本市场投资者和融资者群体内部均存在差异性，这种差异性决定了资本市场也需要进行市场细分，以满足不同群体的需求。因此，适当的分层，可能是发展和管理市场、满足供需关系的一个重要基础（周小川，2012）①。

在我国新型城镇化的建设过程中，各类融资主体、融资需求也表现出了很强的层次化特征。从实践上看，各地融资平台所依托的行政级别有不同层次，同时，市政建设项目也有经营性项目和非经营性项目之分，非经营性项目又分为公益性项目和半公益性项目。不同层次和类别的项目对应不同的风险收益特征和相应的监管要求，从而需要不同层次的资本市场和产品来满足其融资需求。同时，这些具有差异化的产品对应不同的发行特性、交易特性和投资特性，这也要求具有不同层次、不同特色的一二级资本市场来适应这些要求。

在多层次资本市场的体系内，多层次债务资本市场对地方政府债务具有"近约束"效应。一般来讲，债券融资具有"一对多"、公开、透明等特性，在债务偿还时间、金额和资金用途等方面都对融资方有较强的市场化约束，违约事件对地方金融生态亦会产生较大影响，这都有助于抑制在"预算软约束"下地方政府盲目投资的行为。而未来地方政府能够自主发债之后，如果能把地方政府债务体系作为多层次债务资本市场的一部分，地方债主要出售给当地居民，那么当地居民会基于自身的养老金、福利等问题来考虑是否购买，即通过"用脚投票"约束地方政府，形成对地方政府债务的"近约束"，进一步规范地方政府的投融资行为。同时，我国当前资本市场的发展（更多的是股权资本市场的发展）尚未根本改变社会融资结构过度依赖银行的问题，资本市场自身结构不平衡的问题比较突出，股大债小的局面还没有得到根本改善。而且，债市自身结构仍不均衡，公司信用类债券余额仅为全部债券余额的25%左右。鉴于此，多层次资本市场的建设战略，应立足更广义的内涵，在推进各个市场层次平衡、有序地发展的前提下，加大对债务资本市场的战略布局。

多层次债务资本市场的发展离不开产品创新和进一步丰富融资渠道。从现状来看，债券场外市场已经有了一定分层，CP、MTN、SCP属于主板市场的标准化产品；SMECN属于"中小板"，也是标准化产品；PPN、ABN属于"三板"，投资人范围有限，可以个性化设计。但是现在的格局仍呈现扁平化，个性化产品、有结构设计的产品往往面临"需求不足"的问题。为坚持"增量"扩容与"存量"盘活相结合、继续深入挖掘需求，一是要继续坚持"增量"扩容与"存量"盘活的方针，既要发挥永续票据、市政建设票据创新带来的增量扩容空间，又要以扩大资产证券化、激活信用风险工具为突破口，通过盘活存量扩空间。二是在

---

① 周小川. 资本市场的多层次特性［J］. 经济导刊，2012（7）：28-39.

私募平台下推出"再创新"的产品线。择机推出私募资产支持票据以及并购债、高收益债、债股联动产品等直接服务于实体经济和新型城镇化建设的基础创新产品，并研究以债务融资工具为载体，逐步涵盖理财产品、结构化产品等创新产品。三是可开拓外国债券市场，即中国债券市场国际板，并推动境内地方政府和融资平台赴港融资，发展人民币离岸债券市场。四是在推动信用风险缓释工具运用的基础上，进一步发展CDO、CMO等以风险管理为目的的衍生产品市场，研究发展指数型的债券组合产品，适时开展债券期货和期权交易，给普通（中小）投资者提供组合投资的工具，逐渐形成发行人—核心机构投资人—中小投资人的价值链。

（作者：中国银行间市场交易商协会课题组）

构建国有资本境外投资国别风险指数期权体系

　　随着连日来一系列国际政治危机和自然灾害的频繁出现，中国境外国有资产安全问题开始日益凸显。特别是金融危机以来，世界经济在缓慢复苏中艰难转型，不稳定、不确定性因素显著增加，境外投资风险已逐渐显现。令人高兴的是，国家已经注意到了这些问题。在"十二五"规划中就明确提出，要"健全境外投资促进体系，提高企业对外投资便利化程度，维护我国海外权益，防范各类风险"。2011年4月20日国务院常务会议在研究部署2011年深化经济体制改革重点工作时也强调，要"深化涉外经济体制改革，建立健全境外投资风险防控机制"。如何积极响应国家号召，更好地防范境外投资风险，确保中国境外国有资产的安全已经成为亟待研究的迫切课题。

　　风险问题可以说是由来已久，对风险的防范各国也在不断探索。随着全球资本市场的越发完善，已经有越来越多的目光将风险防范问题着眼于资本市场。1992年，受地震等自然灾害造成严重经济损失的困扰，美国在芝加哥商品交易所（CBOT）推出保险市场与资本市场结合的巨灾期货产品，在机构投资者与套利者之间进行交易，增加流动性分散风险，在巨灾风险证券化领域迈出了第一步，为今后其他品种的推出提供了重要的借鉴意义[1]。而中国作为新兴资本市场，在技术模仿和技术借鉴方面具有较强的后发优势，特别是在2005年启动的股权分置改革以来，中国资本市场取得了全面健康稳步发展，法规体系更加健全，市场运行环境更加完善。在"十二五"规划中国家也明确指出，"要大力发展金融市场，继续鼓励金融创新"、"推进期货和金融衍生品市场发展"。可以说，国家在金融创新方面是鼓励的，在推进期货和金融衍生品市场发展方面是支持的，而资本市场经过这些年的发展作为基础平台也是合格的。鉴于此，可否通过期货产品创新，将国有资本境外投资风险控制问题与国内资本市场有效结合，充分发挥资本市场所具有的分散风险和风险补偿的功能，利用风险证券化手段更好地防范国有资本境外投资风险，维护境外国有资产安全，确保境外国有资产的保值增值，是我们需要研究的一个新问题。

---

　　① 俞乔. 我们急需建立巨灾风险金融保障机制［N］. 经济观察报，2008-06-07.

一、境外投资国别风险证券化的必要性

（一）国有资本境外投资面临巨大的国别风险

所谓境外投资国别风险，是指由于某一投资东道国或地区经济、政治、社会、自然等投资环境变化及特殊事件爆发，使得投资者在该投资东道国或地区的资产及利益面临巨大的安全风险隐患，导致境外投资严重损失的可能性。境外投资国别风险可能由一国或地区经济状况恶化、政治和社会动荡、资产被国有化或被征用、外汇管制、恶性通货膨胀或大规模自然灾害等情况引发。2011年3月爆发的利比亚危机，就是本文所述的典型的境外投资国别风险。它在给我国在利境外投资带来巨大损失的同时，也使我们清楚地认识到以政治风险为代表的境外投资国别风险可能远比生产经营风险等更为棘手、更难控制，后果也更为严重。特别是近年来国际政治、经济、自然环境复杂多变，除战争、国有化征收、一般自然灾害等传统风险外，恐怖主义、经济民族主义、以核危机为首的新兴自然灾害等非传统风险也开始显露头角。从理论上讲，境外投资的决策风险、经营管理风险等内部风险以及企业间的恶性竞争风险等可以通过企业"自练内功"和政府加强监管等积极主动的方式将风险扼杀在摇篮里，但境外投资国别风险作为一种系统性风险，我们很难通过自己的双手左右风险的爆发，而且这种风险一旦爆发，我们将面临巨大损失，也因此使得境外投资国别风险已成为我国国有资本境外投资面临的最主要风险。

（二）国别风险证券化有利于境外投资国别风险的有效转移

针对境外投资国别风险的防范，目前主要有风险规避和风险转移两种途径。风险规避主要是通过加强境外投资事前的风险评估和事中的风险预警及控制及时发现风险并采取措施远离风险。而风险转移则主要是通过国际间争端解决公约、我国政府与当地政府签订投资保障协定或由企业向保险公司购买特种保险等方式将风险转移。

可以说，理论上这两种途径都能很好地对境外投资的国别风险进行防范。但是，一方面，由于目前风险评估、风险预警及控制的研究和实践无论国内还是国外尚都处于起步阶段，很难及时、科学、准确地对境外投资国别风险进行评估和预判。而且，我们也不可因境外投资存在风险而"因噎废食"，放弃大好的投资机会，这与我国的"走出去"战略也不甚相符。另一方面，由于我国境外投资很大一部分集中在非洲，而且以获取当地自然资源为目的，很难要求投资东道国当地政府与我国签订投资保障协定而将国别风险转移到投资东道国。此外，很多非洲国家并不是《解决国家与其它国家公民间投资争端解决公约》的缔约国，我们也难以通过国际间争端解决公约转移风险。而采取向我国保险公司购买特种保险转移风险这一措施，也只是将企业的损失转移给了保险公司，从国家层面上看，无非是将损失从"左口袋"转移到了"右口袋"，无法从真正意义上将境外投资国别风险进行转移。

随着金融业的日益发达与完善，利用金融衍生品方式将风险消化于资本市场已不再是痴人说梦。2007 年美国芝加哥商品交易所成功发行 CME-Carvill 飓风指数期货期权，将风险证券化应用于具体实践，在拓宽巨灾风险管理工具方面做出了卓有成效的有益尝试，开创了风险证券化实践成功的先河。

鉴于此，我们可以通过构建国有资本境外投资国别风险指数期权体系作为风险规避和风险转移的有益补充，在资本市场将企业境外投资的国别风险进行对冲和分散，与前两者共同构建形成一套完整的"事前风险评估、事中风险预警及控制、事后风险分散及转移"的国有资本境外投资风险防控体系，切实确保境外国有资产的安全。

二、构建国有资本境外投资国别风险指数期权体系的几点初步思考

（一）国别风险指数期权的定义和基本原理

所谓国别风险指数期权，是以国别风险指数为标的物的金融期权合约，即国别风险指数期权的购买者付给期权的出售方一笔期权费，以取得在未来某个时间或该时间之前，以某种价格水平，即国别风险指数水平卖出特定国家国别风险指数合约的选择权。国别风险指数期权赋予持有人在特定日（欧式）或在特定日之前（美式），以指定价格卖出特定国家国别风险指数合约的权利，但这并非一项责任，国别风险指数期权买家需为此项权利缴付期权费。而国别风险指数期权卖家则可收取期权金，但有责任在期权买家行使卖出权利时，履行买入特定国别风险指数合约的义务。

境外投资国别风险指数期权的预定目的是分散境外投资的系统性风险，主要为国别风险，即通过引入国别风险指数期权，通过套期保值等手段为市场提供了对冲国别风险的途径。如果境外投资企业在某国进行海外投资，担心因投资东道

国国别风险加剧而导致投资血本无归可能性增加时，可在资本市场上向期权出售方支付一笔期权费后，购买未来某一特定时期、一定数量的与预计净损失（应扣除风险爆发前可通过转移人员、资产等方式避免的损失以及可能通过投保而获得的补偿等）相当的该投资东道国的看涨国别风险指数期权，防止未来因国别风险加剧造成损失可能性的增加。如果在约定时期内投资东道国国别风险确实加剧时，他可以卖出手中持有的国别风险指数期权取得盈利，弥补因国别风险加剧而造成的境外投资损失；如果在约定时期内投资东道国国别风险没有加剧甚至下降时，他可放弃执行期权而损失掉期权费，但由于国别风险没有给其造成额外损失，也使其损失仅限于期权费而已。

（二）国别风险指数期权的功能

第一，国有资本境外投资国别风险指数期权产品可以通过期权交易在资本市场分散国有资本境外投资的国别风险，更好地维护境外国有资产的安全。第二，可以协助为我国国有资本境外投资国别风险进行承保的保险公司，如中国出口信用保险公司等转移风险，减小承保压力，增加（再）保险公司的承保能力。第三，为风险规避公司提供平滑或稳定其经营业绩的平台。第四，为资本市场的风险爱好者和风险投资者提供更多的投资选择机会。第五，为投资东道国政府提供一个向投资者"表决心"的手段，保证切实维护本国投资环境良好稳定的局面。购买期权产品方式和要求投资东道国与我国政府签订投资保障协定方式的主要区别在于，一方面，购买期权产品方式是投资东道国与企业之间的商业行为，无须我国政府出面，减轻了政府的负担，也规避了一定的不必要的国际政治风险。另一方面，由于期权购买方要向期权出售方支付期权费，因此购买期权产品方式更是一种互利行为，而非附加给投资东道国的绝对单边义务行为，使投资东道国政府有利可图，也更容易和乐于接受。第六，为政府或相关机构提供一个为国有企业境外投资国别风险进行弥补和担保的途径。

（三）国别风险指数期权的参与主体

境外投资国别风险指数期权的购买者可以分为两类。一类是境外投资企业，通过购买所投资东道国的国别风险指数期权转移和分散境外投资的国别风险；另一类主要是境外投资的保险与再保险公司，通过购买所投资东道国的国别风险指数期权一方面转移和分散保险风险，另一方面平滑或稳定其经营业绩。

而境外投资国别风险指数期权的出售者主要为三类。第一类是国内外风险爱好者和投资者，即套利基金、社保基金、投资银行等机构投资者。第二类是投资东道国政府，为使投资者放心在本国投资，可与投资者签订以本国境外投资风险指数为标的的期权合约，此举一方面可以让投资者吃下"定心丸"，另一方面也可以激励投资东道国政府为减少损失而确保国别风险不爆发，同时也可以正向激励投资东道国政府为获得不菲的期权费而努力确保该国国别风险不爆发。第三类是投资国政府相关机构通过"国有资本境外投资国别风险亏损准备金"与境外投资国有企业（不为保险公司服务）签订投资东道国国别风险指数期权合约，用境外投资国别风险亏损准备金帮助企业转移国别风险。使用期权合约方式的好处是使企业切实关注境外投资的国别风险，不会觉得有亏损准备金大包大揽就可以不顾境外投资国别风险而盲目投资。因为如果对未来国别风险指数估计偏低，使期权出售方以较低价格购买期权，企业仍要自行承担未能弥补的亏损缺口，而对未来国别风险指数大大高估，以"狮子大开口"方式让期权出售方以离谱价格购买期权，期权出售方也无法接受，该项期权合约在一开始便不可能真正成交。此外，如企业不及时提前关注投资东道国国别风险，待其风险压力巨大、随时可能爆发时才有所警觉，按期权出售人理性假设分析，此时也无法通过期权交易方式转移风险。因此，只有合理、适时评估境外投资国别风险，才能使企业更加合理地规避国别风险。第四类是特定条件下的投资国政府，作为一种担保措施，与特定投资目的的境外投资企业或其保险公司签订投资东道国国别风险指数期权合约，让境外投资企业及其保险公司吃下"定心丸"。

（四）构建国别风险指数期权的注意事项

1. 国别风险指数的运行

首先，国别风险指数的设计。由于国内外评级机构、国家风险评估机构等只是定期发布国别风险情况，无法满足国别风险指数实时更新的需要，因此我们要对国别风险指数进行自行设计，无法直接采取拿来主义。国别风险指数应全面反映投资东道国的环境风险。可从投资东道国的政治环境、法律环境、地理环境、社会环境、政策环境、经济环境、金融环境等方面对投资东道国的国别风险进行评估，形成政府动荡指数、法律环境友好指数、自然灾害危机指数、社会环境友好指数、政策稳定友好指数、经济环境健康指数、金融系统成熟指数等国别风险指数下的多个子指数。每个子指数由多个维度指标进行评估，如政府动荡指数可通过战争冲突可能性、政府贪污渎职程度、政府与军队关系程度等指标进行评估。根据各维度指标对体现子指数的重要程度确定各维度指标的权数，通过专家打分等方式共同构成子指数评估值。根据各子指数对体现国别风险指数的重要程度以及对我国境外投资影响密切程度等确定各子指数的权数，最终共同构成国别风险指数评估值。具体国别风险指数体系如图50.1所示。

其次，国别风险指数的提供方。由独立于政府、国家部门、国有企业及其他相关利益方的第三方机构提供。可建立非盈利性的中国风险指数研究发布中心，主要负责研究和发布国有资本境外投资国别风险指数以及日后的其他风险指数。

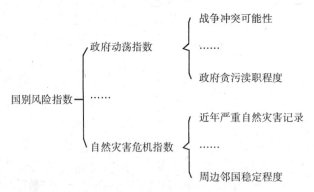

图 50.1　某国国别风险指数体系

为确保其独立性，除经费由国家承担外，其董事会等高管人员、专业工作人员应独立于政府、国家部门、国有企业及其他相关利益者，以使其提供的国别风险指数更加公正、独立，减少外界干预，规避道德风险。此外，该中心工作流程应公开透明，在一定条件下，社会公众特别是利益相关者可对其在指数提供方面的程序性问题进行质疑（不可对技术性问题质疑），董事会有义务就社会公众的质疑进行公开解释。

在业务上，中国风险指数研究发布中心应在确保自身独立性的前提下，与国内外著名信用评级机构、国别风险评估机构和研究机构以及国家各相关部委，如商务部、外交部、国务院国资委、驻外使领馆经商参处、驻外大使馆等密切联系和合作，建立信息沟通和共享机制，充分吸收和运用相关机构提供的国别信息，以使国别风险指数更加科学、公正。

需要强调的是，为规避道德风险，该中心切不可由单一业务部门负责一个国家的国别风险指数的研究，应采取分散化方式以指数内容分类成立业务部门，如政府动荡指数研究部、法律环境友好指数研究部等。各研究部下再以国别分设研究组，如利比亚组、日本组等。具体结构如图 50.2 所示。

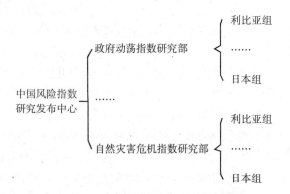

图 50.2　中国风险指数研究发布中心结构

再次，国别风险指数的评估。采取个人模块负责制，由各专业人员在收集相关国别信息的基础上加以技术分析得出自己负责模块的估值。如在政府动荡指数研究部叙利亚组的工作人员，主要就叙利亚的政治环境收集材料、进行研究和分析，并最后得出评估值。需要强调的是，该组的工作人员并不是在集体讨论的基础上得出统一的估值，而是个人负责得出自己的估值，在上传给中心信息系统后，由中心信息系统随机抽取规定数量的估值利用统计学方法得出利比亚政府动荡指数最终值，各子指数最终值通过中心信息系统的组合得出利比亚国别风险指数。

最后，国别风险指数的审核和公布。以某国国别风险指数的运行为例，发布的前一天，由各专业人员就自己负责的部分进行研究估值（但不上传至电脑），在对外公布当天前一定时间，由各专业人员将前一天自己负责评价的子指数评估值通过计算机网络上传至中心信息系统，由中心信息系统随机挑选规定数量的子指数值利用统计学方法得出各子指数值再组合后得出当天的某国国别风险指数。国别风险指数得出后，交由中国风险指数研究发布中心专业委员会专家组以简单多数方式进行表决（不讨论），表决通过后送董事会主席签署公布。

2. 国别风险指数期权的定价

定价问题是国别风险指数期权产品设计时最为复杂的环节，也是决定其能否成功的极为关键环节。国别风险指数期权的定价主要涉及两个方面，一方面是期权费的定价，即一般期权的价格，是期权的买方为了获得执行期权的权利，必须向期权的卖方支付的费用。由于期权费是期权卖方的唯一收益，必须制定合理的价位才能对期权卖方具有吸引力，以促成国别风险指数期权交易的成功。由于期权费的定价在目前有相对较为成熟的理论和实践经验，在此不再赘述。另一方面，由于指数期权的特殊性，其定价除了期权费外，还需将指数赋予具体的价格，即每1点国别风险指数期权的价格是多少，也就是每点报价值。在每点报价值的制定方面，国内外依然有较为成熟的理论及实践经验，但需要强调的一点是，某国国别风险指数每点报价值的制定，必须考虑我国国有资本在该国的投资规模以及国别风险指数的大概预定数值范围，只有这样才能使国别风险指数每点报价值的制定更加科学和合理。最后需要指出的是，由于本文所指的国有资本境外投资国别风险指数期货体系是由几个或十几个乃至几十个中国境外投资主要东道国的国别风险指数期货产品组成，如利比亚国别风险指数期货、日本国别风险指数期货等，因此在定价时应根据不同国家的国别风险程度和我国在该国境外投资规模程度就期权费价格和每点报价值分别定价，切不可为谋求方便而在未考虑各国国别风险程度和我国在该国境外投资规模程度的条件下随意指定统一价格。

3. 构建国别风险指数期权的其他配套改革措施

第一，建立完善相关的法律法规体系，为国别风险指数期权的顺利高效公正运行提供法律支持和保护。如，应在相应的法律法规中，确定中国风险指数研究发布中心的地位和独立性，为其机构及专业工作人员坚守独立性、不受人为干预、保守秘密等提供法律保护，就危及中国风险指数研究发布中心独立性的有关单位或人员追究刑事责任，就中国风险指数研究发布中心及其专业工作人员违规干预指数运行，泄露相关秘密追究刑事责任等。

第二，风险期权期货交易市场，通过收费会员制为会员（含买卖双方）提供风险期权期货的相应服务。主要职责为：为以风险及相关事物为标的物的期权期货产品交易提供平台和技术支持；制定风险期权期货产品的交易制度，确保风险期权期货交易的标准化和规范化；研究开发国家急缺的分散风险降低损失的期权期货产品，如灾害指数期权期货等。

第三，建立国有资本境外投资国别风险亏损准备金制度。国有资本境外投资国别风险亏损准备金可由三部分组成，一部分是根据企业上缴的国有资本收益按一定比例划拨至境外投资国别风险亏损准备金，另一部分是根据国有企业境外投资额度按一定比例提取，最后一部分为国家的直接财政拨款。

第四，建立隶属于国务院的非营利性的中国境外投资风险保障公司。主要职责为：首先，负责运营国有资本境外投资国别风险亏损准备金，利用国别风险指数期权等方式对国有资本境外投资因国别风险造成的亏损进行弥补；其次，利用政府拨款对符合国家宏观战略规划的国有企业境外投资勘察所需部分经费进行补贴，还可对国有企业在境外投资的前期费用给予资助；最后，对境外投资的风险保障工作进行研究。中国境外投资风险保障公司待条件成熟后，也可采取适当方式对非国有资本的境外投资进行上述补偿和服务。

4. 应对国有企业购买国有资本境外投资国别风险指数期权期货商品加以一定限制，严守套期保值原则

虽然国有资本境外投资国别风险指数期权期货商品是为国有企业量身定做的，意在更好地为国有资本境外投资分散国别风险等系统性风险，更好地维护境外国有资产的安全，但这并不表明国有企业可以随意购买该期权期货产品。早在2009年国务院国资委就印发了《关于进一步加强中央企业金融衍生业务监管的通知》（国资发评价〔2009〕19号），要求中央企业在购买金融衍生品时严守套期保值原则。因此，国有企业在购买国有资本境外投资国别风险指数期权期货商品时一定仍要严守套期保值原则，一方面，只允许购买与所投资国相应的国别风险指数期权期货产品。如某企业未在利比亚投资，则不可购买利比亚国别风险指数期权期货产品。另一方面，购买额度应以本企业在投资东道国的最大预计损失为限。如某企业在利比亚只投资了100万美元，却预购买价值200万美元的利比亚国别风险指数期权期货产品，也是不被允许的。

5. 可以采取试点方式逐步推进

一方面，对国别风险指数的适用国别进行试点推进。一开始可选取我国国有资本境外投资最为集中或国别风险分散和转移最为迫切的国家进行试点，如利比亚等，对该国的国有资本境外投资国别风险指数进行研究和设计，就该国风险情况及我国在该国境外资产规模等对指数价格和期权费用进行研究和设计，开发出一款专门适用利比亚的国有资本境外投资国别风险指数期权产品加以试运行。在试点运行的过程中不断吸取经验，逐步地开发出适用我国国有资本境外投资其他主要投资东道国的风险指数期权产品，最终形成覆盖我国全部主要境外投资东道国的风险指数期权产品群。

另一方面，对国别风险指数进行试点推进。由于境外投资国别风险涉及的风险面较大，立即全面实施的确难度较大，但若等到全部风险指标设计完毕再实施也无法有力保障现阶段国有资本境外投资国别风险的防范。因此，可在相对成熟条件下，针对目前国有资本境外投资面临的最主要风险，如政治风险等进行测算和评估，构建一个简单的由一个或几个维度指标组成的专门评估政治风险的国有资本境外投资国别风险指数，在此指数的基础上形成国别风险指数期权进行小范围的试点运行。在试点运行的过程中不断吸取经验，不断地将其他与国别风险紧密相关的风险按重要性排序陆续吸纳到国别风险指数中来，最终形成完善的、综合的、全面的国有资本境外投资国别风险指数及其期权体系。

除国有资本境外投资国别风险指数期权外，待时机成熟后也可推出仍以国别风险指数为标的物的国有资本境外投资国别风险指数期货产品、以国别风险特殊事件爆发为标的物的期权期货产品等，更好地利用资本市场对国有资本境外投资的国别风险进行有效转移和分散，维护境外国有资产的安全。

（作者：张路）

制度创新助推地区经济发展的"后发赶超"

——贵阳市促进科技与金融结合的制度安排

一、近现代世界史上后发国家或地区的工业化"赶超"历程

"后发赶超"又称"经济结构跨越式升级",它是指在一定历史条件下国家或地区的产业结构,由落后状态快速跨越产业结构发展过程中某个特定阶段的超常规发展行为。它是生产力不平衡发展规律对产业结构发挥作用和产业非线性发展的结果,是后发国家或地区在技术创新条件下后发优势的体现[1]。

自 18 世纪英国工业革命以后,工业化构成了各国经济增长的主体,它是后发国家实现整个经济增长、经济发展和国家现代化的最重要的途径——近现代世界史上的发达国家都要经过工业强国这一重要过程。工业化不仅表现为促使一个国家或地区的主导产业由农业转变为工业,而且还包含着经济总量的扩张、经济结构升级所带来的生产力进步。钱纳里(1989)认为工业化"一般可由国内生产总值中制造业份额的增加来度量"[2]。总结归纳近现代世界史上发达国家或地区的工业化历史,其工业化进程可分为四个代际,包括第一代工业化国家英国,第二代工业化国家美国、法国和德国等以及第三代工业化国家日本、第四代工业化国家或地区亚洲四小龙等构成了"后发"国家或地区,各国或地区的"后发赶超"模式也各不相同:

(1)自由内生型的美式后发赶超。在后发赶超的进程中,美国创立了新的企业形式——股份公司,以金融资本把原来一些分散的生产过程加以集权式科学管理。因此可以说,正确的制度安排是美国工业化顺利推进的必要条件。在此期间,美国选择了有利于工业化的土地制度、专利制度、现代企业制度、教育人才制度和贸易保护政策,这些政策对美国等成功实现赶超发挥了不可替代的重要作用。

（2）政府主导型的德日后发赶超。在发展模式上，德、日两国发挥后发优势都选择政府主导型的工业化发展模式。除了建立强有力的政府和一个主动积极的官僚体系外，随着工业化发展对规模经济的要求，德日两国创新企业组织方式——以企业卡特尔化为主要趋势，带动了产业规模经济的实现，有效地参与了国际经济竞争。

（3）亚洲四小龙的新型工业化赶超。作为后起国家或地区的亚洲四小龙走出了独特的新型工业化之路，其政府在工业化中起了重要作用，政府不但要制定正确的适合本国的工业化发展战略（进口替代战略→实现国家工业体系的完善和增强→出口导向型战略→产业结构进一步升级），利用自身劳动力廉价的后发优势承接发达国家劳动密集型产业的转移，大力发展劳动密集型产业发展制成品出口产业。在此期间，而且政府还通过制度创新，进而创造有利于工业化的环境，如设立独特财税政策的出口加工区以利用外资和引进技术、改革企业组织（韩国的大集团战略）、大力发展科教事业等[3]。

通过上述比较可以发现，"后发赶超"进程中的制度创新是导致美国、德国、日本及亚洲四小龙后来居上的重要因素。

二、制度创新是经济发展"后发赶超"的重要路径

马克思观点认为：由生产力决定的经济制度是具体化的生产关系，其功能在于通过生产、分配、交换和消费方面有效的制度安排，确保经济系统循环的顺利实现。我国有学者认为这种生产关系的总和可以定义为制度[4]。经济高速增长和产业结构变动是资本、劳动和技术等各种因素共同作用的结果，现有的研究成果已表明制度也是其中一个不可忽视的重要因素。新制度经济学派认为，制度作为经济主体的行为规则以其内在的激励机制决定着经济主体的行为模式和效率。落后国家或地区之所以落后主要是因为缺乏有效的经济制度。资本、劳动力和技术等要素只有在有效制度下才能发挥功能实现最佳组合，因此后发国家或地区的政府更应自觉地承担起制度创新的使命。

在经济增长过程中，制度变迁与产业结构升级是相互联系综合发挥作用的，三者之间存在着循环互动的关系（如图51.1所示）：①制度是经济增长的基础制度，决定和制约着微观经济主体的行为方式，并通过资源配置作用规定了产业结构变动的方向和效率；②制度变迁与经济结构优化升级有密切的关系，制度变迁可以通过两个途径（生产资源的配置环境、加快技术进步）来决定和影响经济结构变动。如果制度变迁、结构升级与经济增长三者间能良性循环则地区社会经济

发展呈螺旋式上升发展，但是它们之间关系并不总是自动地达成一致的[5]。因此，作为经济增长基本要素之一的制度，必须随着经济增长的新要求进行动态的调整。欠发达地区的社会经济发展落后的原因，就在于其产业结构与制度安排滞后于经济增长。制度安排滞后又意味着既存制度为维护成本很大的低效制度，由于制度的"路径依赖"特性，自我调整动力有限。

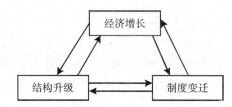

图 51.1　制度变迁、结构升级与经济增长互动

贵州省的工业化进程相对滞后于全国水平，尚处于工业化初期后半阶段。根据后发国家或地区的"赶超"历程与制度之间的关系，欠发达区域的经济发展和经济增长必须着眼于"努力把本地的资源优势、比较优势转化为经济优势"[6]，既要从区位条件、发展基础、资源禀赋、产业结构和环境容量等经济技术因素方面来考虑如何解构后发优势、重建比较优势，更要把制度创新作为内生变量纳入区域经济发展，破除制度创新的障碍，构建适宜于"加速发展、加快转型、推动跨越"的制度安排。

三、科技与金融的结合是贵州"后发赶超"过程中的制度创新

截至 2010 年，全国已开始进入工业化后期，而贵州省工业化评估综合指数为 26.2，尚处于工业化初期后半阶段，需要实施"后发赶超"战略加快经济社会发展[7]。2012 年 10 月 7 日，温家宝到贵州考察时就强调，贵州要逐步缩小与全国和其他地区的差距，努力实现经济社会发展的历史性跨越[8]。根据"后发优势"理论，贵州作为欠发达省份可以直接吸收来自于发达国家和先进地区的最新工业技术，以达到"经济结构跨越式超常规发展"的目的。原贵州省省委书记栗战书就要求"贵州后发要善于营造后发优势、想方设法发挥、挖掘这些优势，同时借鉴别人的经验教训，少走弯路，减少损失。"[9]

2011 年是实施贵州"工业强省"战略的开局之年，全年实现 GDP 5701.84 亿元，增速达 15%，创下了该省 20 年来最高增长纪录，2012 年贵州省 GDP 预

期增幅为 14%，增速跃居全国首位；全省 2011 年的新开工项目达 1.3 万个，较 2010 年增长 90%。民间投资总额达 2400 亿元，较 2010 年增长六成以上。一年多来"贵州速度"令人瞩目，但贵州省社科院宋明认为"贵州资源禀赋优异要转化为发展优势，需要更多高级要素的整合，比如体制突破、创新能力等，向更深层体制改革领域寻找空间，解决贵州经济社会发展中的一些深层次、结构性问题"。在"学习贯彻温家宝总理的重要指示精神"上，贵州省省委书记、省长赵克志就强调"坚持用改革的办法破解发展难题，继续深化财税金融体制等改革，努力在重点领域和关键环节取得新突破"。

　　欠发达地区如何用改革的办法破解发展难题，借助新一轮技术革命跨越"要素驱动"的发展阶段①，将理论上的后发优势转变为现实的比较优势？ 笔者认为，欠发达地区（贵州）可以通过科技型企业②，承接国际技术转移以及新一轮技术革命，实现经济发展的"后发赶超"。但由于技术创新高风险性及其收益的不确定性，科技型中小企业融资问题非常明显。将欠发达地区理论上的后发优势转变为现实的比较优势，须解决科技型企业发展遭遇到的资金"瓶颈"。

　　一直以来，技术进步和创新是推动经济增长的重要因素，熊彼特就指出技术进步和创新是经济体系的内生变量，经济的长期稳定增长是由技术进步和创新引起的。当前，金融已成为组织和集聚全社会科技创新要素的重要手段，美欧等发达国家科技型企业的资金需求主要通过其风险投资（天使资金、VC、PE）来解决，但由于我国风险投资业不发达，加之银行业所奉行的抵押物资产重型化等稳健性经营原则，使我国科技型中小企业融资问题更为严重困难。Carlota Perez (2002) 在研究"金融创新"在三次工业革命中成功产业化的作用发现：新技术早期的崛起是一个爆炸性增长时期，会导致经济出现极大的动荡和不确定性。风险资本家为获取高额利润，迅速投资于新技术领域，会产生金融资本与技术创新的高度耦合，从而出现技术创新的繁荣和金融资产的几何级数增长[10]。既有金融理论与若干发达国家和地区的实践也表明，金融发展程度与区域经济增长特别是创新能力提升有密切的正相关关系[11]。

　　由此，在经济形势较为低迷的"新一轮工业革命孕育期"，欠发达地区借助机遇实现后发比较优势，必须解决长期以来科技型企业发展遭遇的资金"瓶颈"，而其中的关键就在于要有相应的"金融制度创新"来保障新技术革命的"顺利生产"。作者认为，"促进科技与金融的结合"是贵州"后发赶超"过程中实施制度

---

　　① 美国哈佛大学波特教授的国家竞争优势理论表明，经济发展一般要经历要素驱动、投资驱动、创新驱动和财富驱动四个阶段。

　　② 科技型中小企业已经成为技术创新的主要载体和经济增长的重要推动力量，在促进科技成果转化和产业化、以创新带动就业、建设创新型国家中发挥着重要作用。

创新的举措之一，其实质就是要加快推进金融支持科技创新，加强政府、企业及金融机构紧密合作，整合多方资源为科技企业搭建投融资平台，构建科技风险投资和科技贷款担保体系，形成多元化、多层次、多渠道的科技投融资制度安排。

四、贵阳市促进科技与金融结合的具体制度安排

作为贵州省经济社会发展的"火车头"和黔中经济区崛起的"发动机"，贵阳市正进入工业化、城镇化加速发展的时期，但经济总量不高、人均收入水平低、欠发达仍是贵阳市的基本市情。因此必须按照赵克志书记"只要符合科学发展观，有条件、有效益，就要努力加快发展"的要求，贯彻落实"加速发展、加快转型、推动跨越"的主基调，推进"工业强市战略和城镇化带动战略"的实施，加快科技成果转化，增强自主创新能力，培育发展战略性新兴产业，支撑和引领经济发展方式转变。

为此，自 2011 年初以来贵阳市积极借鉴国内外促进科技和金融结合的先进经验和政策措施，启动实施了促进科技和金融结合工作，通过推动科技与金融的有机结合，多方整合资源为科技企业搭建投融资平台，构建科技风险投资和科技贷款担保体系，在全市初步形成了多元化、多层次、多渠道的科技金融制度安排，主要体现在五个方面。

（一）注重政策顶层设计，推进金融制度创新

从 2011 年 3 月至今，贵阳市相继出台了《贵阳市科技金融专项补助资金管理办法》、《贵阳市创业投资引导基金管理暂行办法》、《贵阳市星级信用科技企业培育计划管理暂行办法》、《贵阳市促进科技和金融结合工作方案（2011~2015 年)》等政策文件，为深入开展科技和金融结合工作打牢了制度基础。通过制度创新，贵阳市已初步形成以"五公司、一中心"为引领，"五平台、一通道"为支撑，"五补助、一补充"为保障的多元化、多层次、多渠道的科技投融资服务体系。所谓"五公司、一中心"，即组建五类公司，包括科技风险投资公司、科技担保公司、科技小额贷款公司、科技企业信用服务公司、科技成果评估交易公司以及科技金融服务中心；所谓"五平台、一通道"，即通过搭建天使资金平台、股权投资平台、贷款合作平台、信用服务平台、产权交易平台，支持企业加快成长，推动和帮助企业进入上市融资和股份代办转让系统等场外交易市场挂牌的通道；所谓"五补助、一补充"，即政府科技部门为企业和创投机构提供投资风险补助、融资保障补助、科技贷款利息补助、科技担保费补助、科技保险费

补助，为银行、科技小额贷款公司、科技担保机构、科技保险机构提供风险准备金补充。

（二）完善创业投资体系，力促科技成果转化和产业化

贵阳市高度重视建立健全科技创业投资机构及服务体系。2008年，贵州省和贵阳市共建贵州省科技风险投资有限公司。2010年，省风投公司发起组建鼎信博成创业投资有限公司，获科技部创业投资引导基金阶段参股3000万元。2011年以来，省风投公司还与贵阳国家高新区、贵阳国家经济技术开发区以及其他地方政府合作成立了9家创投机构。至今，省风投公司及参股机构累计为356家企业提供融资服务58.9亿元。投资业务方面，2012年实施投资企业13家，投资金额共计12914万元；同时，当年完成5家被投资企业的国有股权退出工作，退出金额共1333.1万元，国有资产增值率达80%。担保业务方面，省风投公司全资子公司——贵州天信担保有限公司全年共为99家企业担保贷款114040万元，截至2012年12月31日，在担保企业84家，在担保责任余额69950万元。2012年，天信公司连续第二年获得贵阳市科技金融专项资金最高额50万元支持。

为加快构建有利于促进科技成果转化的体制机制，近年来，贵阳市着重建设以"三台（科技成果信息对接平台、评估交易平台、项目孵化平台）、一库（科技成果资源数据库）、一网（科技成果转化网）"为主的服务体系，特别是与贵州阳光产权交易所联合组建贵阳火炬科技成果评估交易公司，在解决科技成果的评估作价、质押、转让退出等问题以及消除金融机构顾虑方面进行了积极探索。拟设立天使投资基金主要投资于初创期、起步期的科技型微小企业，今年拟将贵阳市科富创业投资基金整合成为贵阳博实火炬新兴产业创业投资基金，基金总规模为1亿元，主要投资于贵阳市产业结构调整升级过程中出现的高成长企业。

（三）加强配套服务体系建设，增设科技金融计划

为加强科技金融配套服务体系建设，2011年以来贵阳市相继成立了事业机构贵阳科技金融服务中心，受理和初审各类专项补助申请；成立了市场化运作的贵阳火炬高新技术服务中心（成果转化应用中心），并充分发挥贵阳生产力促进中心的作用，多方整合资源，积极为创投、银行和企业投融资活动提供专业化服务；建设科技金融人才队伍，超常规引进和培养科技金融人才，为科技型中小微企业的发展提供高水平的投融资服务。

为推进财政科技资金使用方式和途径改革，进一步发挥财政科技投入的放大、引导和增信效应，贵阳市在科技计划管理体系中特别增设了"科技金融计划"，该计划专项资金主要用于设立科技创业投资引导基金、科技成果转化基金、科技信贷专营和配套机构的引导资金以及科技金融专项补助等方面。2011年首

次设立科技金融计划专项资金 3471 万元，2012 年增加至 4926.3 万元，同比增幅达 42%。2011 年，贵阳市科技局共为 20 家科技企业和金融机构兑现科技金融专项补助资金 656 万元。其中，贵阳朗玛信息技术股份有限公司是获得贵阳市科技金融专项补助资金的首家企业，该公司已于 2012 年 2 月 16 日在深圳证券交易所创业板成功上市。2012 年，贵阳市科技局共为 36 家科技企业和金融机构兑现科技金融专项补助资金 1065.3 万元，同比增长 62%，两年累计为科技企业提供近 30 亿元的融资服务。

截至目前，在科技金融计划的支持下，依托贵阳市科技金融服务中心和贵州省科技风险投资公司等机构，贵阳市共引进参与科技金融服务体系建设的社会资金 15 亿元左右（不含银行科技贷款），并且组建了 15 家科技金融服务机构，累计帮助科技型中小企业获得各类融资服务金额近 50 亿元。通过实施科技金融计划，积极引导银行、创投、担保、保险等机构支持科技企业发展，有效解决金融机构与科技企业长期信息不对称、风险不对称的问题，也解决了资金难以找到好项目的难题。该计划的实施，在帮助科技企业缓解其融资无门之难、担保抵押之困、疲于奔波之累的同时，又节约了科技企业融资的直接和间接成本。

（四）搭建科技贷款合作平台，培育科技信贷专营和配套机构

2011 年以来，贵阳市科技局与贵阳银行、招商银行贵阳分行、交通银行贵州省分行等 8 家银行先后签订《战略合作协议》，共同搭建科技企业贷款合作平台，并探索形成了四个机制：优质企业的相互推荐机制、贷款项目的联合评审机制、信贷风险的双重过滤机制、失信行为的惩戒约束机制。另外贵阳市科技局会同贵阳银行营业部、建设银行城东支行等 5 家银行分支机构开展了"科技支行"试点工作，正在积极探索科技支行的贷款流程、贷审标准、风控制度等，市科技局与"科技支行"建设银行城东支行合作研发的"科捷贷"融资产品即将上报审批。截至目前，贵阳科技贷款合作平台共获授信 53 亿元，实际贷款近 30 亿元。

在科技贷款合作平台逐步成型、壮大的同时，贵阳市科技信贷专营和配套机构的组建也在加速推进。2011 年以来，贵阳市科技局会同相关部门积极探索实施知识产权质押、股权质押、应收账款质押等贷款担保方式，鼓励民间资本进入科技担保等领域，目前，贵阳火炬小额贷款公司正在上报审批中，以 10% 的国有资本投入，吸引和带动了 90% 的社会资本参与。

（五）启动星级信用培育计划，完善科技企业信用体系建设

建设科技型中小企业信用体系能推动科技型中小企业建立现代企业制度、更新投融资观念、切实解决科技型中小微企业融资难问题的突破口。2012 年初，贵阳市科技局和中国人民银行贵阳中心支行进行创新探索，联合制定颁布了《贵

阳市星级信用科技企业培育计划管理暂行办法》，启动实施了"贵阳市星级信用科技企业培育计划"，并成立贵州火炬信用评价服务有限公司推动计划实施。贵阳市科技局按照"信用星级越高、扶持力度越大"的原则，对不同星级信用等级的企业给予不同的科技贷款利息补助和科技担保费补助。

目前，贵州火炬信用评价服务有限公司已对贵阳市内的26家科技企业开展了信用评价服务。其中，贵阳学通仪器仪表有限公司、贵州凯科特材料有限公司、贵州航宇科技发展有限公司是第一批开展信用评价的企业，在他们获得"星级信用科技企业"认定后，"科技支行"建行城东支行迅速对贵阳学通仪器仪表有限公司、贵州凯科特材料有限公司两家企业通过绿色通道直接办理发放首笔200万元和300万元贷款，"科技支行"贵阳银行兴筑支行给予贵州航宇科技发展有限公司5000万元的信用贷款，支持公司研发产品，扩大生产规模，占领市场。

通过实施星级信用科技企业培育计划，给科技企业开展信用评价和建立信用档案，有助于解决好银企信息不对称问题，逐步打破银企之间"难贷款"和"贷款难"的僵局，营造一个金融机构愿意贷、敢于贷，科技企业能够贷、守信还的和谐诚信环境，实现以信用促融资，以融资促发展。

后　记

贵阳市促进科技与金融结合的制度安排，加快了区域高新技术发展、促进了产业转型升级，有效发挥了科技对产业的支撑引领作用、推进了新型工业化进程。据不完全统计，目前贵阳市科技金融服务体系已有近10家银行、近20家创业投资机构、3家信用评价服务公司、1家科技成果评估交易机构在为数百家科技型企业服务。总的看，这批企业成长迅速，销售额稳步增长。截至2012年上半年，贵阳市国家高新技术企业达118家，科技型中小微型企业近2000家，尽管总量还不大，但增速很快。一大批科技型企业、包括海外留学人才创业企业都加快了在贵阳落户的步伐。通过构建"三个五、三个一"科技投融资服务体系，贵阳市正形成包含从种子期、初创期、成长期到成熟期，覆盖创业到上市全过程，跨越资金市场和资本市场，统筹直接/间接融资、债权/股权融资、内源/外源融资的综合性科技投融资服务供应链，使高新技术企业和科技型中小微型企业融资需求得到有效解决，使银行、创投机构、担保机构、保险机构、科技企业实现互利共赢，有力促进了贵阳市产业结构调整和经济发展方式转变，贵阳市正在成为中西部地区促进科技和金融结合的先行先试区。

附1：促进科技与金融结合相关政策文件索引

[1] 关于印发促进科技和金融结合试点实施方案的通知（国科发财〔2010〕720）

[2] 关于促进科技和金融结合加快实施自主创新战略的若干意见（国科发财〔2011〕540号）

[3] 贵阳市促进科技和金融结合工作方案（2011~2015年）

[4] 贵阳市人民政府办公厅关于印发《贵阳市科技创业投资引导基金管理暂行办法》的通知（筑府办发〔2011〕40号）

[5] 贵阳市科技金融专项补助资金管理办法（筑科通〔2012〕37号）

[6] 关于印发《贵阳市星级信用科技企业培育计划管理暂行办法》的通知（筑科发〔2012〕1号）

附2：科技金融补助方式释义

[1] 投资风险补助。该补助是对创投机构投资风险的补助。创投机构在向科技企业完成股权投资后，可申请该补助，补助不超过实际投资额的5%，单笔投资补助金额最高不超过人民币150万元；具有天使基金性质的创投机构在完成向种子期、初创期科技企业投资后，可申请投资风险补助。投资风险补助不超过实际投资额的15%，单笔投资补助金额最高不超过人民币150万元。

[2] 融资保障补助。该补助是对科技企业经创投机构辅导并获得创投机构投资后给予的资助。融资保障分两个阶段进行，在创投机构与"辅导企业"签订《投资意向书》和《辅导承诺书》后，对"辅导企业"进行投资前补助，补助金额20万元，在创投机构完成投资，经工商注册变更登记后，对"辅导企业"进行投资后补助，补助金额30万元；对拟申请上市、拟到"新三板"挂牌的科技企业，在完成股改并经工商注册变更登记后，给予最高20万元补助，在上市申请经证监会正式受理后，给予最高30万元补助；对参与集合票据、集合债券、私募债券发行的科技企业一次性给予融资保障补助30万~50万元。

[3] 科技贷款利息补助。该补助是对科技企业及科研院所获得专项科技贷款

后的利息补助。最高不超过同期人民银行贷款基准利率的 50%，同一科技企业的补助累计三年不超过 100 万元；知识产权、订单、应收账款等质押贷款，最高不超过同期人民银行贷款基准利率的 70%，同一科技企业的补助累计三年不超过 150 万元。

［4］科技担保费补助。该补助是对科技企业获得科技担保机构的担保时产生的费用给予的补助。科技企业通过科技担保机构获得银行或科技小额贷款公司的科技贷款所支付的担保费，每笔可申请不超过担保费 50%的补助，同一科技企业的补助累计三年不超过 50 万元。

［5］科技保险费补助。该补助科技企业参加科技保险的保险费用支出给予的补助。科技企业投保科技保险后，可申请不超过保险费 50%的补助，每个企业每年度科技保险费补助总额不超过 20 万元。

［6］风险准备金的补充。该补充是指对银行、科技小额贷款公司、科技担保机构和科技保险机构给予的风险补偿。主要有四类：一是对银行风险准备金的补充，按照银行当年新增的一年期（含）以上科技贷款金额给予 1%的补助；对接受科技企业以知识产权、股权、订单、应收账款出质直接贷款的银行给予科技贷款金额 2%的补助。每年每家银行补助总额不超过 100 万元。二是对科技小额贷款公司风险准备金的补充，按照科技小额贷款公司当年新增的三个月（含）以上科技贷款金额给予 3%的补助。每年每家科技小额贷款公司补助总额不超过 100 万元。三是对科技担保机构风险准备金的补充，按照科技担保机构当年新增科技担保余额的 1%给予补助，每年每家科技担保机构补助总额不超过 50 万元。四是对科技保险机构风险准备金的补充，按照科技保险机构当年新增科技保险额的 1%给予补助，每年每家科技保险机构补助金额不超过 50 万元。

参考文献

［1］于刃刚.主导产业论 ［M］.北京：人民出版社，2003.

［2］钱纳里.工业化与经济增长的比较研究 ［M］.上海：上海三联书店，1989.

［3］the World Bank. The East Asian Miracle：Growth and Public Policy ［M］. New York：Oxford University New，1993.

［4］李通屏.中国消费制度变迁研究 ［M］.北京：经济科学出版社，2005.

［5］金明善等.赶超经济理论 ［M］.北京：人民出版社，2001.

［6］赵克志：后发赶超　加快发展 ［N］.经济日报，2012-03-07.

［7］中国科学院现代化研究中心.中国现代化报告 ［R］.北京：北京大学出版社，2010（13）.

［8］坚定信心、艰苦奋斗，贵州的明天一定会更加美好！——温家宝考察贵州工作纪实 ［N］.贵州日报，2012-10-12（1）.

［9］龚金星，汪志球.乘势"后发赶超"　走出"经济洼地"——访贵州省委书记、省人大

常委会主任栗战书 ［N］. 人民日报，2012-03-07 （14）.

   ［10］ Carlota Perez. 技术革命与金融资本 ［M］. 田方萌译. 北京：中国人民大学出版社，2007.

   ［11］ 胡永佳. 构筑区域创新服务体系 ［N］. 学习时报，2012-02-20.

（作者：胡永佳　张宇）

附录

首届全国科技金融征文启事

科学技术是第一生产力，金融是现代经济的核心。历次产业革命的实践都充分证明，科技创新和金融创新紧密结合是人类社会变革生产方式和生活方式的重要引擎。促进科技和金融结合，是党中央、国务院的重大战略部署，是深化科技体制改革、实现创新驱动发展的重要着力点。为加强科技和金融结合，推进科技金融理论发展与实践创新，繁荣中国特色自主创新道路理论体系，经研究决定举办全国首届科技金融征文活动。

一、主办单位

中国科技金融促进会（以下简称"促进会"）、国家社科基金重大项目"创新型国家背景下的科技创新与金融创新结合问题研究"课题组、《中国科技金融（内刊)》编辑部（简介见附件1）。

二、征文主题

1. 创业风险投资。

2. 科技信贷。

3. 多层次资本市场。

4. 科技保险。

5. 科技金融服务平台。

6. 科技金融实践探索与创新。

7. 国际科技金融理论新进展。

8. 科技金融案例研究。

9. 其他科技金融相关主题。

学者（机构）可以围绕（但不限于）以上主题展开研究，并根据自身特长，自拟征文题目。

三、征文对象与群体

有关部委政策研究部门、相关学会与行业协会、地方科技及金融部门、国家高新区管委会、高校科研单位、创业投资企业、科技小额贷款公司、科技担保公司、科技金融合作服务平台以及银行业、证券业、保险业、信托业等金融机构中的团队或个人。

四、征文要求

1. 紧密结合征文主题，未公开发表或近 3 年公开发表（出版）的研究成果。

2. 征文分为三类：学术理论类、政策研究类、案例分析类。征文后附作者姓名、单位、通信地址、邮政编码、联系电话、E-mail 地址。学术理论类论文规范参考《中国科技论坛》现刊。

3. 征文截稿日期：2013 年 9 月 30 日（以寄出地邮戳日期为准）。

五、评选与相关待遇

1. 本次所有征文将由专家进行匿名评审，以确定入选论文。入选论文汇编成公开出版论文集并支付相应稿酬。

2. 优秀论文作者将由促进会颁发证书；特别优秀的，聘为促进会专家；经全国社科规划办批准后增补为"创新型国家背景下的科技创新与金融创新结合问题研究"课题组成员直至子课题负责人。

3. 优秀论文将入选《中国科技金融（内刊）》，并向全国社科规划办《成果要报》、《光明日报》、《中国科技金融发展报告》（简介见附件 2）和相关公开发行期刊推荐。

4. 邀请优秀论文作者参加促进会举办的全国性交流论坛。

六、联系方式

论文要求提供便于通信、编辑和出版的电子版本，一律采用 MS Word 格式，以电子邮件发送至：

kjjrzw@163.com;

wqykjb@163.com;

zmxkjb@163.com（同时发送上述三个邮箱）。

已公开发表的期刊论文复印件或出版的专编著原件寄送至：

北京市海淀区玉渊潭南路 8 号 505 室　中国科学技术发展战略研究院科技投资研究所（收）（邮政编码：100038）（信封注明"科技金融征文"）。

联系人：王秋颖，张明喜

电　话：010-58884603，58884608

传　真：010-58884619

中国科技金融促进会

国家社科基金重大项目"创新型国家背景下的科技创新与金融创新结合问题研究"课题组

《中国科技金融（内刊）》编辑部

2013 年 6 月 1 日

附件 1　主办单位简介

1. 中国科技金融促进会简介

中国科技金融促进会系在中华人民共和国民政部注册的全国性一级社会团体，成立于 1992 年。促进会既是我国科技金融深入合作的结晶，也是开展科技金融工作的重要平台。二十多年来，促进会的发展壮大得益于科技部、中国科协、中国人民银行、银监会、证监会、保监会、中国农业银行、中国工商银行、华融资产管理公司等部门、机构及其领导同志的共同持续推动，得益于社会有关各界和广大会员的大力支持。根据我国社会团体管理办法，促进会现由国家科技部主管。

促进会秉承"合作、开放、创新、服务"的宗旨，联合科技界和金融界等多方力量，凝聚共识、实践探索，在科技与金融、政府与企业、成果与资金、人才与项目之间编织纽带，架起桥梁，为科技和金融多种形式的结合，拓宽科技投融资渠道，推动科技成果产业化做出了应有的贡献。

促进会曾先后参与《促进科技成果转化法》、《中共中央、国务院关于加速科学技术进步的决定》、《中小企业促进法》、《证券投资基金法》等的调研和起草工作，向中央领导同志以及科技部、"一行三会"等金融管理部门提交过多项建议；发起科技企业与创业投资、银行、证券、保险、担保、科技金融服务平台的对接活动，成功地为一批优质科技企业提供融资辅导服务。

促进会的会员遍及全国科技与金融领域，吸收了政府管理者、著名学者、优秀企业家、成功投资家等个人会员，以及众多的科技企业、金融机构和社会团体等单位会员。此外，促进会还与国内外一批规范专业的财务、法律、知识产权、技术交易、社会团体等机构建立起合作或联盟关系。

促进会高度重视推动科技金融理论研究，全力发挥好科技金融全国性学会作用，举办各类学术论坛讲座，组织学者专家研讨，并以多种形式推荐发表和出版优秀研究成果，为科技金融实践提供强有力的理论支撑。

2.《中国科技金融（内刊)》及主办单位中国科学技术发展战略研究院科技投资研究所简介

《中国科技金融（内刊)》是促进我国科技金融工作的重要全国性信息平台，由科学技术部科研条件与财务司主管，中国科学技术发展战略研究院科技投资研究所主办。刊物坚持政策权威性、理论前瞻性、实践指导性、读者实用性、精简节约性的宗旨，立足中国现实，兼顾国际比较，面向科技金融理论、政策和实践前沿，重点关注创业风险投资、银行信贷、资本市场、科技保险和高科技产业的发展，致力于刊发原创性论文，并及时登载政策和相关领域动态信息，以推动科技和金融的深入结合。刊物创办以来，以"协同创新"为理念，逐步认识并满足科技金融事业跨部门、跨领域、多学科、交叉性、集成性等特点需求，在各方共同努力和支持下，已初步实现办刊宗旨与目标。读者对象为中央和地方科技、财税、国资、人民银行、银监、证监、保监、高新区管委会等部门决策者，银行业、证券业、保险业等主要金融机构和创业风险投资机构经营管理者，优秀科技企业家，高校科研机构相关学者专家。本刊物为月刊，内部发行，重点服务，月发行量已接近 3000 册。

中国科学技术发展战略研究院是科技部直属的综合性软科学研究机构，主要从事国家科学技术发展战略、政策、体制、管理、预测、投资、评价以及科技促进经济社会发展等方面的研究，为国家科技、经济、社会发展的宏观决策提供咨询和建议。该战略研究院院长由全国政协副主席、科技部部长万钢兼任。战略研究院的前身——研究中心是于 1982 年 10 月在中国改革开放和经济发展的大潮中由国务院正式批准成立的。我国改革开放的总设计师邓小平同志亲自为新成立的研究中心题名：中国科学技术促进发展研究中心。

科技投资研究所隶属战略研究院，主要研究科技创新的金融与财税支撑体系及其有效实践形式，包括国家科技资产管理制度、国家科技预算制度、国家科技投入绩效评价与管理，创新创业金融服务机制、国家重大科技项目的投融资机制，以及旨在促进企业创新的投融资体制与政策工具。跟踪分析国内外有关创业投资与科技创新的理论及政策研究的进展，对国内创业金融、创业投资活动进行前瞻性理论与政策研究。

3. 国家社科基金重大项目"创新型国家背景下的科技创新与金融创新结合问题研究"课题组简介

2011 年 10 月 25 日，全国哲学和社会科学规划领导小组批准中国科学技术发展战略研究院组织申报的"创新型国家背景下的科技创新与金融创新结合问题研究"立项国家社会基金重大项目，项目执行期 4 年。"创新型国家背景下的科技创新与金融创新结合问题研究"项目是国家社科基金首次将科技创新与金融创新结合问题列为集中攻关方向，标志着科技和金融结合已成为全国社会科学界关注的重大理论和政策问题，将为促进科技和金融结合实践提供有力学术支撑。

附件 2　《中国科技金融发展报告》简介

为贯彻落实中共十八大确定的创新驱动发展战略和《中共中央、国务院关于深化科技体制改革　加快国家创新体系建设的意见》精神，全面反映全国促进科技和金融结合工作的成就和经验，促进科技和金融结合试点工作部际协调指导小组秘书处自 2013 年起，以政府出版物形式公开发布《中国科技金融发展报告》。

目前，首部《中国科技金融发展报告》已由经济管理出版社公开出版发行，并经科技部推荐，分送给十二届全国人大代表、十二届全国政协委员以及有关各方参阅。